Sage

法律与社会

（第三版）

Matthew Lippman

［美］马修·利普曼 —————— 著

刘路阳　杨清平 等 —————— 译

Law and Society

(Third Edition)

法律出版社
LAW PRESS·CHINA
—— 北京 ——

Law and Society, Third Edition
by Matthew Lippman

著作权合同登记号
图字：01-2023-5372

作者介绍

马修·利普曼，美国芝加哥伊利诺伊大学（University of Illinois at Chicago，UIC）犯罪学、法律和司法系名誉教授，教授刑法和刑事诉讼已有30多年。

在芝加哥约翰·马歇尔法学院教授国际刑法。他在西北大学获得政治学博士学位，在哈佛大学法学院获得法学硕士学位；他是宾夕法尼亚州律师协会的成员。他曾6次被UIC的毕业生投票授予杰出教学银圈奖，还获得了伊利诺伊大学校友会颁发的UIC火焰奖，以及卓越教学奖、教学认可（作品集）奖和荣誉学院年度奖。

利普曼教授是100篇文章的作者，是6本书的作者或合著者。2018年，利普曼教授获得SAGE出版社颁发的基石作者奖。他的作品被数百种学术出版物引用，并被美国国内和国际法院和组织引用。他曾担任UIC犯罪学、法律和司法系的各个主要行政职位，包括系主任、本科研究部主任及研究生研究部主任。

序　　言

传统上,法律的学术研究集中于司法判决、法规以及法律评论。法律是以规则的逻辑体系呈现的。用首席大法官约翰·罗伯茨的话来说,法官就像棒球比赛中"判断好球和坏球的裁判员",在裁决案件时几乎没有自由裁量权。

20 世纪 60 年代,从事法律跨学科研究的学者将自己定位为"法律与社会"或"社会中的法律"这一新兴领域的学者。从这种多学科方法的角度来看,法律是社会、经济、政治和心理力量的产物,而不仅仅是分析推理和逻辑的产物。研究法律与社会的学者将研究的焦点从"黑字体法"转移到以下方面:法律的起源、发展和功能等问题;纠纷解决;心理和政治因素对司法判决的影响;法律的影响;法律与社会变革的关系;法律与社会管控;种族、阶级、性别与法律;法律和法律体系的多元性。

法律和社会的研究学者提请人们注意这样一个事实,即"文本上的法律"往往与"实施中的法律"大不相同。

本书反映了作者 30 多年教学的见解,旨在对法律和社会领域作一明白易懂的介绍,重点是犯罪、社会正义、人权和法律的文献。毫无疑问,它具有决然的跨学科性,并采用具体的案例和社会科学来说明核心概念。本书围绕"法律对社会的影响以及社会对法律的影响"这一核心问题展开。

关于第三版

第三版对本书做了一些修改，以纳入新的研究，并使本书尽可能地与时俱进。

新材料：内容已全面更新，以反映新的政策发展，体现多个领域的法律与社会类最新出版成果，涉及移民、警察、使用致命武力、堕胎、女性律师及人权等。

新技术：随着技术的发展超过了现行的立法，社会需要探索的数字时代面临的法律问题越来越多。

第三版全面研究了涉及隐私、网络犯罪、监控、身份盗窃以及技术提出的新挑战等问题。

新的主题：涵盖了一些新的主题，包括亲密伴侣暴力和涉及社交媒体与技术领域的当代问题，并扩大了范围，如生育权、移民和治安问题。

请注意，新近的事态发展已尽量收录在本书中，但有若干预料中的深刻变化不可能在《法律与社会》出版前充分收录。

致　谢

多位学者对前几版书稿的贡献是无价的,我从他们令人钦佩的评论中获益匪浅。这些评论显示出他们对教育过程的显著的洞察力和鼓舞人心的奉献精神。我要特别感谢审阅本版书稿的杰出学者:

雷蒙德·E. 巴兰科,密西西比州立大学;

萨拉·M. 本森,圣何塞州立大学;

凯伦·戈登,亚利桑那州立大学;

蒂莫西·林德伯格,明尼苏达大学莫里斯分校;

莉迪亚·蒂德,休斯敦大学;

科林·沃克,得州农工大学金斯维尔分校。

SAGE 出版社工作人员是作者可能遇到的最熟练的专业人士。SAGE 是一家致力于出版高质量书籍的出版公司,一位作者能在 SAGE 出书是很幸运的。编辑杰西卡·米勒(Jessica Miller)给予了我极大的支持和鼓励,并为修订本书提供了重要指导。高级项目编辑特雷西·布扬(Tracy Buyan)精通并整理了无数与出版稿件相关的细节,并再次表现出惊人的技术和能力。梅琳达·马森(Melinda Masson)一丝不苟与睿智的文字编辑使本书质量得到了极大的提高。感谢内容开发编辑劳拉·卡恩斯(Laura Kearns)对研究网站所付出的辛勤工作。

芝加哥伊利诺伊大学方面,我必须提到格雷格·马提欧斯昂、约翰·哈格多恩、丽莎·弗洛曼、贝丝·里奇、戈登·米斯纳(已故)、比尔·麦卡蒂、劳里·沙夫纳、彼得·伊巴拉、达格玛·洛伦兹、丹尼斯·贾德、埃文·麦肯齐、丹尼斯·罗森鲍姆、吉恩·斯卡拉梅拉(已故)、贝蒂·波姆斯、南希·西里洛和院长阿斯特里丹·提略。当然,我非常感激我的学生们,他们不断地提供新的和创造性的见解。

我很幸运有忠实的朋友,他们给了我灵感和鼓励。这些人包括我亲爱的朋友韦恩·克斯泰特、黛博拉·艾伦-巴伯、阿加塔·菲贾科夫斯基、莎伦·萨文斯基、明迪·拉扎鲁斯-布莱克、克里斯·克拉克、唐娜·多尼、琳恩·洛布拉维科(已故)、肖恩·麦康维尔、谢尔登·罗辛、布莱恩·伯克、梅芙·伯克、比尔·莱恩、肯·简达、安娜玛丽·帕斯托雷、克里·彼得森、杰斯·马汉、奥奈达·梅兰托、罗宾·瓦格纳、詹妮弗·伍德、汤姆·莫兰特、玛丽安·斯普利特、奥利弗·门德尔松和玛丽·卡维齐尼。我还要感谢已故的拉尔夫·塞姆斯克和伊莎多拉·塞姆斯克以及他们的家人。我将永远感激杰里·韦斯特比,是他第一次邀请我为 SAGE 撰稿。在整个写作过程中,玛丽·哈尔伯格博士一直是我重要的支持来源,已故的莉迪亚·雅努斯一直是我真正的榜样和灵感来源。我衷心感谢我挚爱的妻子、我的智力与灵感启迪者娜塔莎·巴恩斯教授,感谢她一直以来给予的鼓励和支持。

我家有两个人住在芝加哥。我的妹妹杰西卡·李普曼博士和我的侄女阿米莉亚·巴雷特教授一直是我的鼓励和慷慨帮助的源泉。最后,我要把这本书献给我已故的父母,S. G. 利普曼先生和夫人,是他们培养了我对学习的热爱。我已故的父亲利普曼(S. G. Lippman)从事法律工作 70 年,为最弱势的社会群体服务。他相信法律是最高的召唤,从不拒绝任何有需要的人。对他来说,法律是一种追求正义的激情召唤,是讨论、辩论和魅力的无尽源泉。

目　　录

第一章　法律与社会导论

引　言

我们在驾车、租房以及工作等日常生活中经常遇到法律问题。近年来，只要翻开报纸，上网浏览新闻，就会看到对同性婚姻、堕胎以及吸食大麻合法化等问题在法律上的争议。另外还有文章讨论美国无人机政策、对华尔街投资者"内线交易"的最新检举、对关塔那摩被囚人员的起诉，以及各种备受瞩目的审判。

本章对法律与社会的互动进行初步研究。为什么我们感兴趣于法律对社会的影响和社会对法律的影响？为什么要费力劳神地去研究法律与社会的关系？我们的研究为什么不限定于刑法的硬性规定或人身伤害？请看莱斯利·琼斯（Leslie Jones）在《捉鬼敢死队》（*Ghostbusters*）中的表演在推特（Twitter）上受到的攻击吧。

2016 年 7 月，喜剧女演员琼斯在推特上收到了来自"喷子"的雪崩式攻击，她是重拍这部 1984 年的电影的联合主演，这部电影的主演都是女性。她最初花了一整天的时间转发她所说的"仇恨与种族主义"的推文，并初次宣布她"将在今夜带着泪水和非常悲伤的心情离开推特"。

两天后，在与推特首席执行官杰克·多尔西会面后，琼斯宣布她不会离开推特，并重新激活了她的账号。琼斯表示，这些侮辱"并没有伤害到我"，尽管"当时让我害怕的是不公正，一群人为了这样一个病态的原因而攻击你。……这太恶心、太卑鄙、太没必要了"，她解释说，如果她没有转发这些信息，"就不会有人知道"这些对她的袭击。

多尔西随后关闭了许多向琼斯发送"仇恨信息"的账号，包括保守派评论员米洛·扬诺波鲁斯的账户,他当时是布莱巴特(Breitbart)网站的技术编辑,据报道他有大约30万粉丝。推特发表声明称:“人们应该能够在推特上表达不同的观点和信仰。但没有人应该在网上遭受有针对性的辱骂,我们规定禁止煽动或参与有针对性地辱骂或骚扰他人。”

扬诺波鲁斯回应说:“推特不代表言论自由。他们所代表的是对‘左’派认可的思想进行精心美化的外表,以及不会偏离安全(全球主义)思想太远的保守派。就像之前的许多平台一样,它们强化群体思维的努力将导致它们的毁灭。”推特后来表示,公司正在采取措施,提高打击恶语相向或恶意攻击的能力(见第十二章)。

读到这些事实,法律系学生可能会得出这样的结论:尽管宪法第一修正案禁止政府限制言论表达,但推特作为一家私营公司,可以自由地撤销扬诺波鲁斯的账户。如果对此事进行法律和社会视角的分析,就会把对琼斯的攻击放在对非裔美国人的历史诽谤的背景下,调查电影《捉鬼敢死队》的文化意义,并追问为什么琼斯的出镜和全女性演员阵容会引发攻击。法律和社会视角的调查还将涉及其他领域,包括社交媒体在鼓励群体攻击方面的作用,以及反思科技公司在监管言论方面发挥的前所未有的作用。法律和社会视角也可能审查不同种族和性别群体是否认为仇恨言论应该受到宪法第一修正案的保护。

从比较的视角出发,人们会问,为什么美国是少数几个不对发表歧视性言论的个人追究民事和刑事责任的国家之一,并会把美国对网络言论普遍缺乏监管与欧洲所采取的限制性做法进行比较。

第一章介绍法律与社会研究中的各种基本要素(见表1.1),当你阅读正文时,要记住本章的内容。

表1.1 法律与社会研究的基本要素

法律的定义	确立和维持社会管控的正式和非正式的方法,以及界定法律的途径
法系	主要的全球法律传统
法律的功能	法律在社会中的作用
法律的负面功能	法律在社会中可能发挥的消极作用
研读法律	学习法律的三种主要方法
法律与社会研究的视角	思考法律与社会关系的主要不同方法

法律的定义

随着“二战”的结束，大独裁者希特勒领导的纳粹政权被推翻；如何对待那些同纳粹政权合作的人，成了德意志联邦共和国面临的一个问题。在战争期间，有个妇女举报其丈夫违反了纳粹法律，控告其发表了批评希特勒的言论，这名所谓的“恶妇”告发其丈夫的动机是让自己能够追求婚外情；结果其丈夫被判刑、监禁，继而被发配到俄国前线，实际上等于被判处了死刑。不料，这名丈夫从战争中幸存了下来，并依据《1871 年德意志法典》以非法剥夺其人身自由为由，对其妻子提起刑事诉讼；西德法院判定这名“恶妇”有罪，理由是纳粹法律违反了基本的正义原则。

著名的牛津大学法学教授哈特辩称，这名“恶妇”遵循的是纳粹法律，被判有罪实属不当（Hart 1958）。哈特教授牵强地认为，战后新的德国政府最好的办法是通过一项法律，宣布纳粹法律“无效”。而美国法学教授朗·富勒则认为，邪恶的法律不能被认作法律，德国法院对那个妻子的有罪判决是适当的（Fuller 1958）。

这起“恶妇”案牵出了有关法律定义的问题。非民主的、暴力的纳粹专制政府通过的法令难道不是法律吗？首先，既然纳粹法律由曾执政的纳粹政权通过，被当时的法官据以判决那位丈夫有罪，而且数千万德国人对之尊从不悖，那么，纳粹法律怎能不被认为对民主的德国政府具有约束力？其次，不道德的法律就不是具有约束力的法律吗？法律和道德是各自独立存在的吗？设想纳粹政权通过立法认可 10 万个身心受到折磨的人安乐死，又立法批准对 30 万人消毒。作为个体的人们怎能断定一部法律是否道德？我们难道能够指望个体自己去判断一部法律是否道德，并决定是否要遵守吗？我们怎能要求个体承受不遵守法律所带来的后果呢？

法律的定义还有更多，我们不可能在此一一讨论。下面讨论的每个定义都体现出对法律定义的深刻见解。著名的法律人类学家 E. 亚当森·霍贝尔（E. Adamson Hoebel）指出，寻求法律的定义类似于“寻找耶稣用过的圣杯”（Hoebel 1979：18）。在学习这些不同的定义时，请思考法律的定义应该包含什么内容。

在讨论法律之前,我们需要对“规范”“道德规范”“民俗”等相关术语做出界定。

我们如何定义法律以及法律应该包括哪些内容,这很大程度上反映了我们的社会。

规范、道德规范与民俗

价值是关于何者为道德、何者为不道德,何者为好、何者为坏,何者为可接受、何者为不可接受的核心信念。美国的核心价值包括正义、平等、个人自由、人的生命神圣不可侵犯,另外还有个人责任、尊重他人宗教信仰和高度重视家庭以及爱国主义的强烈道德感。

规范是价值的“行为方面”,它告诉我们在具体情境中该如何行为,我们从小就学习行为规范。民俗是一种非正式的规范,它指导我们的日常交往和行为,包括我们同老师和家人交往的习惯、着装方式、语言使用,甚至是给服务员的小费。

道德规范是另一种非正式规范。它是关于是非对错的被深刻而强烈信奉的规范。一个人违反了道德规范会受到强烈的谴责,如对儿童的性虐待。另外,人们还有一种保护私有财产的牢固的道德规范。道德规范不是一成不变的。在美国历史上,美国黑人曾被视为财产,没有个人权利。于是,反对承认奴隶是公民,就成了一种牢固的道德规范。近年来,人们正在形成一种道德规范,即反对对任何人实施极刑,杀人犯中的“十恶不赦者”除外。道德规范也可能是不确定的,彼此冲突的。那种认为生命神圣的道德规范使得一些人反对堕胎和安乐死,而另一些人则认为反对堕胎和安乐死同保护个人隐私的道德规范以及承认个人有权对自己的身体做主的道德规范相矛盾。虽然爱国主义在美国是一种牢固的道德规范,但是一些人认为焚烧美国国旗的行为必须得到宽容,因为这属于言论自由。

规范为我们的许多法律奠定了基础。反对剥夺无辜者生命的道德规范体现在刑法杀人罪条款中,人人平等、反对歧视的道德规范依法得到实施。民俗也可以是法律的基础,如规定人们“自扫门前雪”的法律,以及拴狗、清理宠物粪便或垃圾分类投放的法律。

可见，道德规范和民俗都是非正式的规范；而法律是通过外部强制手段加以实施的正式的规范，政府独有实施制裁的权利，如罚款、监禁、暂扣行医执照或律师执业许可证，或把非法滞留美国的人驱逐出境。正式规范也可以由民间组织或私人团体配合政府或代替政府实施。职业体育联盟对使用违禁药物的运动员实行禁赛处罚，而使用违禁药物又涉嫌违法。大学可制定反对论文剽窃的规定，对违反规定的学生做出延迟毕业的处分，因为学生应该提交自己写作的论文。在这种情况下，受处分的学生则不会受到政府的刑事起诉。

我们现在把注意力转到对法律下定义的各种方法的考察上来。民俗和道德规范，如前所述，都是确立与确保秩序的非正式规范。随着社会变得越来越复杂，人们依靠的将会是法律管控社会的正规机制（Pound 1943：20）。

人们从不同的视角定义法律，而且这些视角往往与下定义的学者的研究兴趣密切相关。法律的定义不存在正确或不准确，每个定义都有助于我们理解法律，各个理论往往都有特定的重点。罗伯特·基德认为，给法律下定义就像设计一款汽车，有的设计者会为了外观牺牲速度，而有的设计者会为了舒适而牺牲外观和速度（Kidder 1983：20）。法律的定义远远不止我们在本章所能讨论到的这些。下面的定义反映出定义法律的一些主要方法，现对下列方法做一介绍。

定义法律的方法

法律与政府权威

问到法律的定义，多数人都可能回答说，他们认为法律是政府颁布与实施的法规、条例、规则。我们可以对缴税发牢骚，但我们得承认“法律就是法律”。法律与社会研究的代表人物唐纳德·布莱克给法律所下的定义反映了人们对法律的普遍看法。

> 法律是政府对社会的管控……对一个国家及其公民生活的规范（Black 1972：1086）。

布莱克把法律看作政府对社会所实施的管控,社会管控指的是对个人行为和群体行为的管理。政府通过官方的公共机构(如法院、警察局、国内收入署或机动车管理局)管理个人和组织的行为(社会管控),如在网页上不难找到有关机动车购买、驾驶和维修的法律与管理规定。布莱克的定义没有把兄弟会、姐妹会等私立组织实行的规定或公司企业实行的管理其职工在岗行为的制度归入法律范畴,其好处就是在法律和非法律之间划定了明确的界限。同时,布莱克的定义也不把习俗和传统看作法律。例如,奏唱国歌时脱帽是一种传统,其执行效力靠的是社会压力,不是靠政府罚款或政府处罚;所以,在布莱克看来,传统不应被看作法律。布莱克观点的逻辑是,政府是至高无上的,其官方的、权威性的规章制度高于民间及私人组织的规章制度。兄弟会成员可自由管理其内部事务,但是如果在管理活动中按照惯例把新成员当作傻瓜加以侮辱则违反了法律,兄弟会成员就会面临政府的刑事起诉。

布莱克定义的第二部分要求人们注意法律在塑造"国家及其公民生活的规范"中的作用。法律建立并强化社会的核心价值与信仰。例如,刑法维护核心的宗教价值和对十诫的信仰,其中包括"汝不可杀人"与"汝不可偷窃"的训诫。布莱克指出,法律依赖多种社会管控方式,包括刑罚、赔偿受害人、调解纠纷、治疗性或非自愿性收容以及发放和扣留执照。

布莱克对法律的定义是基于英国哲学家约翰·奥斯丁(John Austin, 1790—1859年)提出的著名的法律命令理论,即法律是"主权者的命令"。奥斯丁被誉为法律实证主义的创始人之一。法律实证主义认为,成文的法律就是法律,它不涉及法律的道德内容(见第二章)。

实践中的法律

最高法院大法官奥利弗·温德尔·霍姆斯(Oliver Wendell Holmes)是一位颇有影响力的大法官。他给出的法律定义注重的是"实践中"的法律,而不是"成文法上的法律":

> 法律是对法庭在实践中将如何作为的预示。其他夸大其词的定义都不是我对法律所表达的意思(Holmes 1897:457)。

同布莱克一样,霍姆斯对法律的定义以官方的政府机构为中心,尽管他的着眼点是法庭。与布莱克不同的是,霍姆斯认为法律是法庭对法律的实际解读而非写在法典上的文字。霍姆斯在著述中曾提到,一个“坏人”在掂量应如何行动时,想知道的往往是法庭将如何对他做出判决,而对写在法典上的法律没有什么兴趣。

霍姆斯的实用方法是所谓的法律现实主义的法律运动的基础。对法律现实主义,我们随后将在文中进行详细阐述(见第二章)。他的定义虽令人迷惑,但实际上很有道理。美国宪法第一修正案规定,国会不得制定任何“剥夺言论自由”的法律。“剥夺言论自由”的含义需要从对最高法院判例的仔细研究中得到确认。最高法院认为,言论自由不保护淫秽言语、儿童色情作品、威胁和鼓动暴乱的言论,但是,焚烧美国国旗则作为象征性言论受到保护。也就是说,阅读宪法第一修正案并不能使你了解法院如何解读言论自由。言论自由的含义只有在仔细研究过法院的判例后才能明确。在霍姆斯看来,法院的判决涉及政策的选择,而不仅是机械的程序。法律总是在发展变化,而且在某种程度上是不确定的。

霍姆斯指出,法律条文的含义只有经法院判决解释后才算清晰,这一点很重要。霍姆斯把着眼点放在法院,因为他认为是法院负责解释立法机关所通过的法律。正如重要的法理学家卡尔·卢埃林(Karl Llewellyn)所指出的,霍姆斯让我们关注的问题是,“纸上的法律条文在多大程度上是具有实际意义的,又在多大程度上只是文字而已”(Llewellyn 1962:24)。

法律与人身强制

多位学者从使用强制尤其是人身强制方面来定义法律。人类学家霍贝尔在著述中写道:“任何人如果无视或违反某种社会规范,通常都要受到由社会承认的特权个体或组织所实施的身体强制措施或威胁,那么这种社会规范就是合法的”(Hoebel 1979:28)。

根据违法者通常都会受到人身强制处罚这一事实,霍贝尔的定义把社会规范与法律区别开来。根据他的定义,几乎不被执行的法律不被看作法律,因为法律必须“被遵照执行”。同时,他也把法律限定在有权执行人身强制处罚的个体或官方机构的实施上。根据霍贝尔的定义,美国老西部地区的法律就不能被称为法律,因为那里执法所依据的是当时的民间律令。霍贝尔的定义引出了这样一个问题,即一些违法者并没有受到人身强制处罚,而是罚款、没收财产等非人身强制的处罚。

法律、强制与专业化

作为最具有影响力的社会学理论家之一,马克斯·韦伯(Max Weber,1864—1920年)在其不朽的著作《经济与社会》中详细阐明了他的法律理论。他的定义突出强调法律的基本方面是对身体或心理的强制。尽管韦伯在法律定义上似乎与霍贝尔相同,但仍稍有区别。“规则,只有在依靠(身体或心理的)强制的可能性从外部加以推行、得到人们一致遵守,对违反者由专门工作人员随时执行报复的情况下,才能被称为法律”(Weber 1954:34)。韦伯的定义强调使用身体或心理的强制来实现人们对法律的遵守。强制由“工作人员”或由负责执法的法官、警察等公职人员来执行。政府当局可以实施身体或心理强制,而民间组织中的个人通常只能实施心理强制。韦伯认为人们遵守法律,不仅是因为担心受到身体强制的威胁,也是为了避免尴尬与羞辱。

不同于霍贝尔的是,韦伯提出了法律可通过身体强制或心理强制加以执行。然而,对于人们出于责任、义务和传统,即便是在没有受到外部威胁的情况下也照样遵守法律这一点,二人都没做出解释。

法律与公正

菲利普·塞尔兹尼克与加利福尼亚大学伯克利分校法律社会学的其他支持者主张,法律的定义必须包含正义或道德成分(Kidder 1983:25)。

法律定义如果不含有道德成分,就很可能把希特勒的法令视为法律。如果是这样,那就意味着,1941年那些相聚在柏林万赛城堡并起草灭绝欧洲犹太人计划的人可以辩称他们“只是遵守了法令”而已。然而,在纽伦堡审判中,胜利的同盟国做出的回应是,宣告无论德国国内法律有何规定,大屠杀都是罪恶的,纳粹官员必须承认他们参与屠杀犹太人、波兰人、俄国人及其他族群人的行为构成谋杀罪。而法律的定义中加入道德成分就为区分“合法”与“非法”的命令与法律奠定了基础(Nonet 1976;Nonet and Selznick 1978;Selznick 1961)。

从道德上定义法律所存在的问题,不是法律是否由某官员颁布并承载着处罚,而是法律是否服务并增进人的尊严与福祉。一部法律如果缺乏道德内容就不能被视为法律(Sutton 2001)。

塞尔兹尼克的法律定义中一个显而易见的问题是,人们不可避免地对法律是否增进人的尊严与福祉持不同意见。例如,对于平权法案是增进平等,还是一种歧视形式,人们的看法不一。一些人认为个人有死亡的权力,而另一些人却认为这是一种谋杀。尽管很难确定什么样的法律可增进人的尊严与公众福祉,但是塞尔兹尼克却提出了一个重要的问题,这就是法律是否能够同道德相脱离。

朗·富勒赞同塞尔兹尼克关于一部法律必须符合某些道德标准的观点。富勒关注的是一部“好的法律”的特征。富勒在其著名的寓言故事《雷克斯王》中提出了一部“好的法律”需要达到的标准。雷克斯王在位时,想要解决他的臣民所面临的问题;不过,他很快就为起草一部法典的复杂性感到麻烦,于是就决定亲自担任法官,裁决所有的纷争。然而,雷克斯王再一次遇到了巨大的困难,他的臣民公开反对他,最终雷克斯王至死也没有实现他的目标。

富勒解释称,雷克斯王在制定一部“好的法律”的尝试中,在八个方面存在失败,这八个标准包含富勒所说的法律的“内在道德”。一部法律,如果不能达到这八个标准,就不能被认为是公正的。一个违背“内在道德”的例子是逆向立法,如雷克斯王在一个行为发生后才宣布该行为非法,这样就造成一些人认为自己依法行事,但后来却发现自己触犯了法律。另一个违背法律“内在道德”的例子是规定相互矛盾的义务,如一部法律要求人们在元旦安装新车牌,而另一部法律却要惩罚在元旦工作的人。(Fuller 1964:33-92)

法律与社会融合

作为法律人类学的先驱之一,布罗尼斯拉夫·马林诺夫斯基(Bronislaw Malinowski,1884—1955 年)提出了一个十分不同的法律概念。他提出的定义是:

> 法律是一系列具有约束力的义务……由社会结构中固有的互惠和公众性的特定机制保持其效力(Malinowski 1982:2,46-47)。

马林诺夫斯基对南太平洋上的多个岛国进行了研究;这些岛国并没有正式的政府、法院和警察,甚至也没有成文的法规。在对这些岛国的研究中,马林诺夫斯基用一个著名的例子描绘了社会关系如何通过一个交换项链、臂章、鱼和番薯的复杂系统得以维持。这些用以交换的礼物成了社会纽带,把人们相互联结在一起,并把人们与社会联结在一起。赠送礼物的规则基于人们相互分享的社会期望,每个人从小就学习赠送礼物的规则,而那些不遵守赠礼规则的人遭遇的则是当众难堪、嘲笑和排斥。

马林诺夫斯基把赠送礼物的习惯法看作通过创造社会关系来整合社会,被认为是有助于建立法律研究的结构功能主义方法。在你的经历中,你和你的多个朋友在饭馆或咖啡馆可能会轮流买单。这种交换有助于建立把你和朋友们联结在一起的纽带。马林诺夫斯基的观点由于模糊了传统与行为习惯模式和法律之间的区别而受到人们的批评。然而,他强调的是,小型社会的法律本质可能有别于西方工业社会的法律本质。

法律与习俗

法律人类学家保罗·博哈南(Paul Bohannan)认为法律的基础是习俗。习俗是在社会中形成的行为模式。

> 法律是社会代理人在专门处理法律问题的机构中重新创造的习俗(转引自 Kidder 1983:34)。

人们从观察和教育以及像儿童一样参与习俗活动中学得习俗。博哈南认为,如果一个社会在某种情况下在是否继续遵循习俗问题上产生了分歧,那么习俗就受到了削弱。于是,习俗便通过被纳入法律得到肯定和加强。博哈南把这个过程称作"再制度化"或习俗的法律化。一旦习俗成为法律的一部分,就有警察和法院等官方机构负责实施执行。在博哈南看来,习俗是走向法律的第一步。

卢埃林和霍贝尔通过讲述一位名叫"狼躺下"的夏安族武士的故事,对"再制度化"的过程作了阐明。狼躺下的马被另一个武士在不经他同意的情况下"借"了去,但这个做法违反了夏安族人的习俗;于是狼躺下向酋长团投诉说,没有马他就无法打猎,无法捕鱼。酋长团迫使借马人道歉,借马人表示要把马还给主人。借助这一事件,酋长团把习俗变成了正式的规则:未经主人同意不得借马。根据这一规则,马的主人有权要求归还未经同意被"借"走的马。借马人如拒绝归还,则要受到鞭打。由于马对夏安族人来说至关重要,所以酋长团认识到,如果对随意牵走他人马匹的行为不加制止,部族社会就会陷入混乱。

于是,习俗变成了由部落长老执行的法律(Llewellyn and Hoebel 1941:18–28)。

法律和习俗之间的关系可能比博哈南所表明的更为复杂。在某些情况下,法律反作用于习俗,试图改变人们的习惯做法。一个被经常引用的例子是,联邦政府要求,犹他州必须在其宪法中禁止一夫多妻习俗,才能在1896年加入联邦。但是,各种偏远分散的小摩门教派却违抗摩门教对一夫多妻的禁令,继续认可一夫多妻。

再看一个离我们更近的例子。2006年,在"佐治亚州诉伦道夫"案中,联邦最高法院裁定,警方取得被告人配偶的同意进入其家中搜查毒品,其行为是不正当的。最高法院多数意见认为,人们"对礼貌的习俗性期待"是宪法第四修正案的基础;一个人应一位朋友邀请来到他与别人共同居住的房屋门口,如果另一人站在门口说"出去",这位客人就不便进屋[*Georgia v. Randolph*, 547 U. S. 103(2006)]。

法律定义总结

总之,前面讨论的法律定义彼此不同。这里将总结好的几个主要差异列于表1.2。

表1.2　法律定义差异的总结

公法与私法	法律的一些定义仅限于公职人员的行为;其他定义足够广泛,涵盖个人和组织
成文法和执行中的法律	一些定义侧重于法典中的成文法,而另一些定义侧重于法院解释的"现行"法律
成文法与强制	一些定义要求法律应该成文,而其他定义则认为任何通过身体或心理强制或武力执行的规则都是法律
道德与法律	大多数法律的定义并不要求法律具有道德维度,其他学者认为法律不能与道德分开
法律与习俗	有些定义足够宽泛,既包括成文法,也包括习惯法

正义的定义

我们通常把法律等同于正义,比如说把罪犯送上"正义的法庭"。观察人士可能会对他们支持的判决表示欢迎,宣称"正义得到了伸张",或者宣称该案的结果是一个"公正"的结果。然而,案件中败诉的一方可能会将结果描述为"不公正"或抱怨法官在审判中的裁决"不公正"。

关于正义的定义有很多,从促进美德到最大化社会福利,我们无法逐个讨论。

也许最有影响力的定义是在《民法大全》(*Corpus Juris Civilis*)中,这是一部由查士丁尼大帝(约482—565年)治下起草的法典,其中的《查士丁尼法典》将正义定义为"恒定和永远希望给每个人应得的东西"。根据雷蒙德·瓦克斯(Raymond Wacks)的解释,这个定义包含了三个核心要素:重视个人的重要性,一贯公正地对待个人,平等地对待个人(Wacks 2006:59)。

瓦克斯指出,罗马人的正义观念体现在正义和法律女神忒弥斯身上,其雕像通常立在法院的入口处。她通常被塑造成一只手里拿着剑,另一只手里拿着一对天平的形象。剑象征着司法的权力,天平象征着中立与公正的司法;而眼罩则强调了正义是盲目的,不受外界压力或影响的干扰。

古希腊哲学家亚里士多德(Aristotle,前384年至前322年)将正义定义为把东西等额地分配给那些平等的人。亚里士多德提出了应该使用什么标准来确定平等的问题,并询问我们应该如何确定为几个长笛演奏者中的哪一个提供最大的长笛供应。每个长笛演奏者都应该获得相同的长笛供应吗?最有前途、潜力最大的演奏者应该得到最多的长笛吗?或者,最好的演奏者应该获得最多的长笛吗?亚里士多德指出,使用正义标准作为平等可能会在不同的社会中导致不同的结果,这取决于如何定义平等。他个人的回答是,最好的演奏者应该得到最多的长笛,因为他或她将创造最高质量的音乐并造福社会。长笛的目的是演奏,最好的演奏者才会实现真正的目的(Sandel 2009:186-190)。

2001年,美国最高法院被要求裁定患有先天性循环疾病的25岁高尔夫球手凯西·马丁在参加职业高尔夫球手协会巡回赛时是否有权使用高尔夫球车而不是步行。马丁表示,他能够像任何其他职业高尔夫球手一样击球,但需要高尔夫球车将自己定位在球附近。高尔夫 PGA 锦标赛举办方认为,步行在高尔夫运动中测试竞争对手的耐力和力量,步行是高尔夫 PGA 锦标赛的重要组成部分。马丁辩称,根据《美国残疾人法》,他有权乘坐手推车,否则他将无法参加职业高尔夫锦标赛。他认为,手推车不会为他提供比其他高尔夫球手更多的优势,允许他乘坐手推车不会从根本上改变比赛的性质。最高法院裁定马丁胜诉。大法官安东宁·斯卡利亚(Antonin Scalia)和大法官克拉伦斯·托马斯持不同意见,他们指出,体育比赛是基于身体素质的,而身体素质并不是均匀分布的,最高法院不应该参与重新设计规则。那么,"凯西·马丁"案[*PGA Tour v. Casey Martin*,532 U. S. 661(2001)]的公正结果是什么呢?

试想一下:在美国和全球范围内开发的任何 COVID-19 疫苗的分配应采用什么原则?例如,疫苗的分配是否应该以摇号为基础?美国老年人是否应该因为他们的年龄而成为最后一批接种疫苗的人?你是否赞成所有国家都能平等获得疫苗?

我们在阅读本书时将遇到的关于正义的主要类别列于表 1.3。

表 1.3　正义的分类

公正类别	定义
比较正义	个人在类似情况下应该以类似的方式对待
歧视性正义	根据种族、阶级、民族或性别等特征有选择地对个人执行法律
分配正义	政府将资源(例如税收减免、财政援助)分配给个人
程序正义	政府的决定是通过公平的程序达成的(见第六章)
恢复性正义	受到伤害的个人将因其受伤和财产损失而获得赔偿
报应正义	政府惩罚伤害他人和/或社会的个人
实质正义	言论自由和在审判中由律师代表的权利等基本的公民权利、政治权利和财产权利受到保护,不受政府干预

法 系

本部分讨论法系。世界上有四种主要的法律传统:普通法、民法、社会主义法以及伊斯兰法。本部分主要谈普通法系和民法法系,也会简要谈到新兴的国际法体系。

著名的比较法学者约翰·亨利·梅里曼(John Henry Merryman)认为,这些不同的法系反映出一个事实,即全球被分为多个国家,且各国都有自己的历史和传统。梅里曼所说的传统,是指人们对如何制定与使用法律以及对法律改革过程的态度(Merryman and Pérez-Perdomo 2007:1-5)。

英国和美国的法律体系在许多方面都存在不同,但英美被认为同属一个法系,因为它们有着共同的传统并且都致力于通过法官判决进行法律改革。这与伊斯兰法律传统非常不同。伊斯兰法律传统遍布全球,广泛融合了不同的法律体系。

我们须记住,大多数法律体系是"不同传统融合"的产物。世界上大多数国家都受到贸易、旅游、殖民主义和外来移民的影响。土耳其是最有影响的伊斯兰国家之一,也是世界主要国家之一。土耳其法律除受到伊斯兰法律以及本国习俗影响外,还受到瑞士、德国、法国等国和罗马法的影响,近来又受到美国法律和欧洲各种法律变革的影响。我们更须记住,法律体系是在不断发展和变化的,是不断吸收国外法律发展成果的,而不是一成不变的(Orucu 2007)。

普通法法系

英国普通法的起源可追溯到1066年征服者威廉在黑斯廷斯战役中取得胜利这一事件。在诺曼入侵时,英国法律在全国各地不尽相同;除了受到在促使英国人皈依基督教时期实行的教会法的长期影响外,英国法律还把惯例同前罗马及日耳曼部落占领者的法律结合在一起。当时,人们发生了争端都是由控制着大面积土地的地方领主或郡(县)法庭解决。

涉及国王的诸如征税等案件归皇家法院受理,而日常司法问题则归属分散在各地的地方法院处理。后来,人们逐渐认识到皇家法院比地方法院更公平;因此,当皇家法院的法官在全国各地出巡时,人们开始请求他们裁决当地纠纷案件。由于当时没有成文法,这些王室法官便遵循当地习俗做出裁决。

为了统一司法制度,诺曼王朝的一代代国王把司法惯例和皇家司法人员的判决进行记录整理。到了亨利二世统治时期(1154—1189年),判例汇编工作基本上都已完成,因此亨利二世被称为"普通法之父"。地方法官开始根据这些判例判决遇到的案件。这样一来,英国的法律得到了统一。这部被记录下来的法律被称作普通法,因为它对英国全国都是普遍适用的法律。在第一批全面汇编英国法律和程序的书籍中,有一部是由国王亨利二世的顾问拉努夫·德·格兰维尔编著的,书名是《论英格兰王国的法律和习俗》,于1188年出版。另一部重要的汇集地方法官判决案例的书是亨利·德·布拉克顿在1220年至1260年所著的《关于英国的法律与习俗》。

苏珊娜·塞缪尔斯阐述了统一司法判决标准的好处。她指出,英国地方法官在遗产继承案件上采用各种不同的标准,如把不动产公平地分给死者的多个儿子,或者分给最小的儿子,也可能将一部分留给女儿。而普通法法官们则依照诺曼征服者的惯例采用长子继承制,也就是将遗产留给最年长的儿子。无论这种做法对其他子女多么不公平,它都具有确定性、清晰性和一致性,并减少了在遗产问题上的纠纷。次子及年龄更小的儿子从小就意识到他们需要依靠自己在世上打拼(Samuels 2006:59)。

普通法是"法官法"或"判例法",这是其与众不同的方面。普通法是法官在审理实际案件中所做判决的产物。它不同于民法传统(下文讨论)。民法传统是基于法学专家起草的法规,普通法源自地方法官的经验和判决,而不是精英人士将其观点强加给地方法官的产物。

普通法法官会留心判例(遵循先例),依照其他法官的判例来判决案件。判例确保法官依照法律而不是自己的观点做出判决。换句话说,是"同案同判"。循例裁决的做法是对其他法官的司法裁决的尊重,同时,法官借助其他法官处理相似案件的洞察力与智慧,可保障司法判决的一致性和可预测性。

当然,审理案件不是一个完全自动的、机械的过程,不是把某个案件的一个个证据投进自动售货机,按下开关,就会得到判决结果。每个案件的实际情况是不一样的,法官会把眼前的案件跟以前的案件区分开来。例如,在过去的案件中,磨坊主会因为未能如约磨好农户的粮食而承担责任。然而,磨坊主因未能如期把面粉送到而赔偿经济损失的规定,在第二个案件中可能需要做出修改。又如,由于洪水冲毁了道路,面粉无法运送。然而,在下一个案件中,审判发现,致使磨坊主无法运送面粉的暴风雨是他本该预料到的。因此,可以看出,普通法具有持续的发展性与动态性。

我们随后在文中将要谈到的普通法的另一个重要方面是审判的抗辩性。原告律师与被告律师通过激烈诉辩,并通过查问与交互询问证人得出事实真相。这一点与其他法律传统不同。普通法也允许社区成员参与审判,这种做法已演变为陪审团制度。

普通法传统体现了对个人权利与自由的强烈关注。1215 年的《大宪章》是普通法发展史上一个重要的里程碑。《大宪章》由英国多位男爵拟定,旨在限制约翰国王的权力。《大宪章》为我们今天习以为常的若干权利奠定了基础,这些权利包括享有陪审团陪审权、拒绝自证其罪权以及限制刑罚。

民权与自由发展史上第二个具有重大意义的事件就是 1689 年的"光荣革命"。"光荣革命"废黜了国王詹姆士二世,把王位传于原来的继承者詹姆士二世的女儿玛丽和女婿威廉。《权利法案》的通过使议会重掌大权。威廉和女王玛丽接受《权利法案》,并宣布君主遵守议会通过的法律,未经议会同意不得征收税赋。《权利法案》确立了许多保护个人抵制君主的权利,包括议会选举、禁止酷刑与怪异的刑罚以及向政府诉冤请愿的权利。这些权利原则对普通法传入北美英国殖民地是十分重要的。

在普通法传入美国和加拿大的过程中,威廉·布莱克斯通(William Blackstone,1723—1780 年)于 1765 年到 1769 年所著的《英国法释义》是最重要的文献之一。布莱克斯通的这部四卷本的著作编入了涉及个人权利、侵权、法律程序、所有权和刑法的普通法。据说只有《圣经》对合众国缔造者的思想影响超过了这部著作。词语"不可剥夺的权利""无代表,不纳税"就是来自布莱克斯通的著作并且深刻地影响了美国《独立宣言》与《宪法》的起草。

普通法是大不列颠、爱尔兰、北爱尔兰、加拿大(不含魁北克)、新西兰、澳大利亚以及大多数前英属殖民地的主要法律体系。实际上,纯粹的普通法并不存在。在美国,从建国初期开始,人们就不信任律师,并抵制采用判例法,认为判例法是不民主的。因此,州立法机关和美国国会便将普通法的规则体现于成文法中。美国法官仍然使用普通法判例和原则解释立法机关通过的法规。在其他国家,人们把普通法传统与其他法律相结合。例如,南非把英国普通法与罗马—荷兰法律相结合,而印度则把普通法与印度法律相结合。

民法法系

对大多数美国人而言，民法是用于处理私人纠纷（如合同）和不法行为（如人身伤害）的法律，不同于刑法。刑法用于审判由国家公诉的刑事犯罪。民法体系有着非常不同的含义。

民法体系体现着一种法律传统，即立法机关通过的法规是唯一被承认的法源。民法是历史最悠久且使用最广泛的法律体系，也是欧洲、拉丁美洲、非洲和大部分亚洲地区主要的法律体系（Merryman and Pérez-Perdomo 2007：6，23）。

民法的起源可以追溯到罗马。当时，罗马皇帝委托各种法学家撰写对纠纷各方均有约束力的判书，法学家也可就假想或想象的案件自由撰写判书；这样，就出现了大量的判书。其中有许多判书是相互冲突，彼此矛盾的。527年，查士丁尼大帝责成16名法学专家整理这些判书，疏解其矛盾，删除其谬判，从而编纂出了一套成文法典。533年，一部宏大的《查士丁尼民法大全》正式颁布。同时，查士丁尼大帝颁下诏书，宣布其法律条文为最终定本，任何人不得对其做书面解释或非议（Merryman and Pérez-Perdomo 2007：6-14）。

当时，罗马法与教会法并存。罗马法适用于世俗社会，而教会法则由教会法庭用于判决信仰案件。教会法的主要来源是罗马教皇颁布的法令。教会法具有罗马法的成文特征，并且为咨询离婚和儿童监护权等教会关心的世俗问题提供指导（Reichel 2008：114-115）。

5世纪，随着罗马遭到日耳曼条顿部落“洗劫”，罗马法和教会法被日耳曼法所取代。在11世纪的中世纪文艺复兴运动中，罗马法和教会法又重新引起了人们的兴趣。数以千计的学生聚集在博洛尼亚学习罗马法和教会法。而后，这些学子怀着对系统编撰的成文法典价值的敬仰回到各自的国家。世俗的罗马法与教会法最终同为规范欧洲商人间贸易关系而逐渐形成的习惯法相结合，成为新的整个欧洲法律传统的三大柱石（Glendon，Carozza and Picker 2016：24-27）。

17世纪至18世纪，欧洲民族主义的兴起推动了欧洲民族法典的发展。1804年《法兰西民法典》，由4位杰出法学家组成的委员会起草，被认为是第一部近代民事法典。拿破仑把这部法典看作其留给法国人民的遗产，并自称是“伟大的立法者”。这部法典也被称作《拿破仑法典》，其2000多款条文不仅是对已有法律的总结，还对法国法律体系进行了深刻的变革，反映了法国革命的价值观。

《拿破仑法典》行文清晰简明,便于普通公民理解。这部法典废止了先前所有的法规、法令,旨在对法律有一个完整的、全面的表述。起草委员会强调,没有必要从长远的眼光使该法典面面俱到。从理论上说,普通人不难理解该部法典的内容,并能够在法庭上据此处理自己的案件。

《拿破仑法典》对个人权利的保护反映在保护私有财产和契约性权利的条文中,体现了法国大革命的精神。拿破仑认为这部法典具有永不过时的普适性,并在其占领的比利时、荷兰、意大利以及波兰的部分地区和德国的西部地区加以推行。在19世纪、20世纪,伴随法国的殖民主义扩张和文化输出,法国法律对北美洲、拉丁美洲、非洲和亚洲的影响不断扩大(Glendon et al. 2016:39-40,49-50)。

《德国民法典》也被证明是一部有影响力的文献。这部宏大而复杂的法典花费了近30年的时间起草,于20世纪初生效。法典的起草者查阅了德国历史上全部的法律文献,从中选出了可作为新的法典基础的条文。事实证明,这部法典对许多国家的法典起草产生了影响,这些国家包括奥地利、捷克斯洛伐克、希腊、匈牙利、意大利、瑞士以及南斯拉夫、巴西、葡萄牙和日本(Glendon et al. 2016:39-48,53-55)。

你可能已有结论,认为在普通法传统和民法传统之间有一个哲学界限。普通法强调法官在法律发展中的作用。英国法律的发展就是法官处理实际问题的结果。相比之下,民法体系体现在解决所有问题的明确成文的法典中,是学者和立法者的产物;法官只根据法典判案,却无权"制定法律"。

普通法是在法官沿用判例的基础上逐渐成为法律的。在民法传统中,"法典至高无上",法官依据的不是其他法庭的裁决而是法典,依据法典中所规定的条文审理案件。1942年的《意大利民法典》明确规定,除了"文字的实际意义……和立法意图表示的意义",不得赋予法规"其他意义"。然而,民事法典在实践中并不总是一清二楚,法官也常常参照其他法官的裁决而裁决(Merryman and Pérez-Perdomo 2007:44)。

在美国,法官有权审查法规的合宪性。通过进行司法审查,最高法院可以发现州或联邦某个法律违背宪法的某个条文。在大多数民法国家里,人们认为,法院不应该推翻合法议员的决定,因此无权审查法规条文的合宪性。在民事诉讼体系中,如果下级法院对法规条文理解不当,那么上级法院可以推翻下级法院的裁定。

关于民法(大陆法)体系中的法定审判程序,我们随后将在文中进行更详细的阐述。普通法涉及律师之间的对抗性辩论;而与之相反的是,在民法体系的纠问制中,为了完整、准确地陈述事实,法官和律师会进行合作,共同调查取证。在普通法体系的抗辩制中,人们相信,事实真相在双方律师的对抗性辩论中越辩越明。在民法体系中,被告在刑事案件调查中享有的权利是有限的,因为重点是被告要如实交代罪行。在实践中,普通法系和民法法系相互有所借鉴。

<table>
<tr><th colspan="2">法　治</th></tr>
<tr><td>普通法系和民法法系传统的核心组成部分是“法治”。世界正义工程指出,法治涉及四项普遍原则:
1. 政府和政府官员依法对其行为负责。
2. 法律明确、广泛可用、稳定和公平,保护基本个人权利,包括保护人身和财产安全。</td><td>3. 法律的制定、颁布和执行过程是公开的,法律是可以理解、有效和公平的。
4. 正义是由合格、有道德、独立、客观的人们伸张的,他们有足够的资源并反映社会的构成。
如未能满足其中一项或多项条件,可能会破坏对法律的尊严和个体遵守法律的意愿。</td></tr>
</table>

国际法

国际法是管理世界上国家间关系的法律。人们认为国际法不属于任何法系,虽然国际法日益重要。由于世界变得越来越“小”以及各国间贸易、文化和人员往来不断增多,世界变得更加紧密,这个过程被称作“全球化”。例如,在音乐和饮食方面,各国文化出现了有趣的融合。

欧洲国家经济合作的正式形式是欧洲共同体。欧洲共同体成员国之间相互开放边界,以方便物流与人员往来。欧洲人权法院对欧洲国家的法律进行审查,确保各国的法律保护言论自由、免受酷刑与虐待等权利(Shaw 1986)。

国际公法用于管理国家间的关系以及海洋法、贸易、外层空间、外交官待遇、战争法与罪犯引渡等领域。“二战”后,国际人权保护运动兴起。人权法对一个国家如何保护个体的人权做了详细规定,其中有许多内容都是美国公民已经享有的权利。国际私法用于管理国际的企业经营业务。美国公司企业在非洲、亚洲或欧洲开展业务会涉及国际私法。

我们这里重点谈谈国际公法。国际公法领域可能令人困惑,因为国际社会并不像一个国家的政治体制那样组织有致:有国家元首,还有立法机关,而国家元首和立法机关拥有管理国家和公民的权力与权威。

联合国是一个全球性国际组织;此外,还有隶属于联合国的地区性组织,如美洲国家组织。联合国没有军队,无从以武力要挟成员国执行其决议;但是,联合国可以迫使一个国家遵守其决议,甚至可以对一个国家实行经济制裁。在科威特战争以及利比亚战争等少数情况下,联合国曾组成并派出其成员国联军实施军事行动。

国际法的主要法源是各国同意接受的条约与协定。条约规定的内容必须被纳入一个国家的国内法才具有法律效力。例如,《防止及惩治灭绝种族罪公约》已被纳入美国联邦法律。

此外,根据有关条约,还成立了各种国际司法机构,各国可自愿加入。例如,国际法院就是隶属于联合国的一个法院,负责受理一国控诉另一国的案件。例如,一国诉另一国改变河道,致使该国无法公平享有水资源。国际刑事法院成立于2002年,对发生在成员国境内的各种国际犯罪案件或针对缔约国国民的国际犯罪案件具有司法管辖权。美国法律的适用范围正在不断地扩大到境外,各种刑事法规都涉及对境外犯罪的司法管辖,例如对境外犯有酷刑或灭绝种族罪行的美国公民提起公诉。

然而,世界各国情况不同是国际法在制定和施行中遇到的一个困难。如果有人控告伊斯兰教法所规定的处罚违反了人权,那么,伊斯兰国家就会以这是真主的意旨为由加以抵制。

法律的功能

法律在社会中有着多种“工作”或功能(Hoebel 1979;Schur 1968)。法律的功能包括社会管控、纠纷解决以及社会变革。

社会管控功能

社会管控是一个确保个体“正当行为”的过程。在小型社会中,由于人们有着共同的背景、种族身份和价值观,社会管控可通过朋友与邻居的压力得以实现。如果有人挑战了小型社会的价值,就会被驱逐出去。如果有人违反了小型社会的价值但不算严重，就会受到羞辱，同时也起到威慑他人的作用。小型社会甚至也容不得质疑核心信仰的不同意见，于是在其内部便产生了多个派别（Friedman 1977：11）。

在大型和多元的社会中，社会的压力一直都起着十分重要的作用。人们会从老师与父母的表扬中得到鼓舞，但不会对亲友的批评无动于衷。大型社会中的人生活中都难免与各种部门单位打交道，而这些部门单位也各有着管理措施。一个雇员如果经常迟到，就会受到解雇、停职或扣发工资的处分，而逾期还书则会被图书馆罚款，酒吧可拒绝接待惹麻烦的主顾或“醉鬼”，宾馆可取消晚上逾时到店客人的预订，饭店达不到卫生标准会被吊销营业许可证。

法律是用于确保对大型与多元社会实施管控的主要制度。人们有着不同的价值观、不同的收入水平以及多样的态度，非正式的社会压力往往不足以保障社会管控。一个人可能认同、鼓励和支持吸毒或斗狗的文化。劳伦斯·弗里德曼列举了法律在保持社会管控中的多个功能。首先，法律通常会以书面形式界定出那些必须受到法律制裁的越轨行为。其次，法律对惩罚越轨者的机构和程序做出规定，这通常包括法院、公诉人和陪审团。最后，法律对用于调查与侦查犯罪案件的程序做出规定。例如，法律规定警察有权对犯罪嫌疑人实施搜查、拘留和审讯（Friedman 1977：11）。

当然，一项法律仅仅获得通过，并不意味着该项法律就可以成功管控社会上的越轨行为。当地方纷纷出台条例要求狗的主人清理其宠物的粪便时，各个城市的人们还是对此产生了争议。一些狗的主人直言不讳地发表了对被迫收拾狗粪的不满，而且，环卫工人也不愿去处理垃圾里的粪便。为此，纽约市政府对不及时收拾其宠物的粪便的狗主人处以高达 250 美元的罚款。大多数狗主人无疑是遵守“狗巴巴”条例的。尽管如此，这项条例还是很难施行；人们在许多情况下之所以遵守条例，是因为受到社区居民和其他狗主人的社会压力。

弗里德曼认为，法律还发挥着次级社会管控的功能。一个窃贼被判坐牢，既是惩罚也是教育警示。这既是给窃贼的教训，也是给出席庭审判决的每个人的警示，还是给阅读过或听说过判决消息的每个人的警示。有罪判决鼓励了守法行为，震慑了违法行为（Friedman 1977：14）。

同时，法律也通过奖励管控人们的行为。例如，那些给慈善事业捐款或在自家房屋上安装太阳能电池板的人，可获得减税奖励。

纠纷解决功能

法律的第二个功能是解决纠纷。弗里德曼把“纠纷”定义为“对于某事物价值所持有的不一致的主张”。他指出,纠纷可能是“危险的”,因为纠纷很容易失控,导致反击甚至暴力,决斗就是一个例子。在美国,决斗曾经是维护个人荣誉与解决纠纷的方法;直到进入19世纪后,各州才颁布法律禁止决斗(Friedman 1977:12)。

弗里德曼把纠纷分为小纠纷和大纠纷两种。小纠纷指合同、离婚和土地所有权等方面的小微纠纷,大纠纷则指员工和雇主之间或消费者和不合格产品生产商之间的严重纠纷。

纠纷和冲突可以通过双方协商获得解决。纠纷和冲突如果演变为法律纠纷,就会引起法庭诉讼。涉事双方如果希望避免法院裁决的不确定性,可自行解决纠纷,而不必去打一场耗费时日或花费不菲的官司。

立法机关同样可以通过立法来解决纠纷。1983年,迫于非洲裔美国人社区的压力,美国国会把马丁·路德·金的生日定为联邦节日。最初呼吁国会将马丁·路德·金的生日定为联邦节日的请愿发生在1968年,后经600万人签名以及15年的游说,该项法律才获得通过。直到1993年亚利桑那州才承认马丁·路德·金日,而南卡罗来纳州于2000年才最终承认该节日(Friedman 1977:12)。

社会变革功能

法律的第三个功能是促进社会变革。在“布朗诉教育局”案中,美国最高法院责成美国各学校废除种族隔离;与此同时,国会通过一系列立法,确保在全国范围内人人享有平等进入餐厅、入住旅馆和使用其他设施的权利,以及保护公民个人的投票权。法律也可以引发短期内就可看到成效的变革,诸如要求司机使用安全带或在驾驶中使用免提移动电话。然而,离开了支持变革的政治运动的推动,法律能否有效地引起社会变革却是一个问题(Friedman 1977:12-13)。

“布朗诉教育局”案和民权法案告诫各州和私营企业“你不可”歧视。弗里德曼认为,法律也“创造权利”。国会可以通过立法使受伤老兵获得伤后精神失调的医疗保健,或者获得与该疾患有关的抚恤金。根据《美国法典》1983年卷赋予的权利,每个公民都可控告州或当地政府侵犯其公民权和自由(Friedman 1977:13)。

弗里德曼发现,法律的另一个功能是保存记录。各州保存的记录涉及出生、死亡、婚姻、房屋买卖及职业许可等(Friedman 1977:13-14)。

法律的负面功能

法律并不总是保护人,并促进有益的社会进步。法律也可被用来压制人,限制人的权利。人们对法律体系的敬畏掩盖了法律的负面功能。负面功能,是指法律维护少数人的利益,加剧社会不公,或阻碍公民享有人权,而不是增进社会福祉。

美国印第安人早期的法律史反映出 19 世纪其所遭受的偏见与歧视。1823 年,在"约翰逊诉麦金托什"案[*Johnson v. M'Intosh*,21 U. S. 543(1823)]中,美国最高法院认为,北美是欧洲基督徒发现的,北美土著居民对其占据的土地不具有所有权。大法官约翰·马歇尔在裁决书中写道,印第安人"是受政府永久庇护和监护的……低等种族","对他们所'游走'的土地没有所有权"。印第安人只是佃农,其对土地的占有完全是政府地主的恩赐而已。

1830 年,安德鲁·杰克逊总统提出的《印第安人清除法案》得到了国会的批准。根据该项法案,杰克逊总统把生活在密西西比河东部的印第安人迁往密西西比河西部俄克拉何马州的无人占据的土地上。1838 年到 1839 年,14000 名北美印第安切罗基人中有 4000 人在被强制迁徙的所谓"泪水之路"的西进运动中消亡。1887 年《土地分配大法》准许美国政府将储备土地分配给土著居民,将剩余的土地出售给外来者。此项法案使联邦政府攫取近 9000 万英亩的储备土地,其中大部分土地卖给了白人庄园主和开发商。1903 年,在"罗恩·沃夫诉希契科克"案中,美国最高法院认定,国会有权获取和出售土著印第安人居住的土地。最高法院认为,"中央政府对一个曾经强大而现在弱小并在人数上减少了的种族的剩余土地行使权力,对保护他们及保护他们杂居其中的人们的安全是必要的"[*Lone Wolf v. Hitchcock*,187 U. S. 553(1903)]。

最高法院的司法裁定之所以剥夺美国土著居民的土地所有权,是因为这些土著人缺乏确立其对所居住的土地所有权的书面契约和文书。根据习惯法,北美是欧洲人“发现”的“无人占据”的陆地。因此,那里的土著人没有土地所有权,而且,作为佃农,他们可以被联邦政府遣散(Harring 1994;Robertson 2007;Wilkinson 1987)。

20 世纪早期,童工在矿井里从事危险的工作,在纺织厂、玻璃厂、牡蛎和虾罐头工厂长时间地做苦工。他们的工资只能维持生计,健康受到损害,成为工业事故的受害者,很少或根本没有受过教育。美国最高法院在早期劳工案“哈默诉达根哈特”案[*Hammer v. Dagenhart*,247 U. S. 251(1918)]中裁定,联邦法律禁止在州际贸易中运输童工制造的商品是违宪的。最高法院的理由是,规定各州工厂和矿山童工劳动时间的权力是“纯粹的州事务”,超出了国会的权力范围。

“哈默诉达根哈特”案的裁决受到了工业监管的自由市场机制的影响,这种机制在著名的“洛克纳诉纽约州”案[*Lochner v. New York*, 198 U. S. 45(1905)]中得到了充分体现。

洛克纳谈到了面包店工人的困境,他们在光线昏暗、空气中充满灰尘和烟雾的狭小空间里长时间工作,工资很低。在许多情况下,面包师被要求睡在他们工作的店里。这些情况导致面包房工人的预期寿命明显低于其他行业的工人。1895 年,纽约州通过立法,规定了面包店工人的工作时间和工作条件。美国最高法院的 5 名法官多数认为,纽约法律要求面包店员工的工作时间每天少于 10 小时,每周少于 60 小时,这是对个人(面包师)签订合同的权利和自由的不合理、不必要和任意干涉。“可能存在少量不健康”的事实并不能证明“立法干预(合同)自由”是正当的。

洛克纳案和达根哈特案早已被最高法院驳回,不过,放弃这些判决中确立的原则对达根哈特这样的工人来说太晚了。他从 12 岁起每天工作 12 小时。20 岁时他诉说道:“看看我! 体重 105 磅(不足 48 公斤),一个没有受过教育的成年人。也许我错了,但我认为我在棉纺厂的这些年耽误了我的成长。他们不让我上学。我不得不在三年级后辍学,现在我需要失去的教育”(Millhiser 2015:63-106)。

1927 年,备受尊敬的最高法院法官奥利弗·温德尔·霍姆斯以 8 票赞成、1 票反对的结果裁定,弗吉尼亚州对“弱智的白人妇女”嘉莉·巴克实施绝育是符合宪法的。霍姆斯认为,这个手术是必要的,因为遗传在“低能”和“精神错乱的传播”中起着重要作用。对巴克和其他像她一样的人进行绝育,将使他们能够在生活上自给自足,并防止他们继续构成"麻烦"。霍姆斯指出,鉴于"最优秀的公民"为国家而战尚且需要自我牺牲,"如果不能号召那些已经削弱国家力量的人"做出"较小的牺牲……防止我们被低能弱智所拖累,那才是咄咄怪事"。他用一句著名的警句结束了自己的观点:"(如果)不等着低能的后代犯了罪而把他们处决,或者让他们饿死……社会就要阻止那些明显不适合生育的人继续繁衍,这样更好……三代低能就够了"[*Buck v. Bell*,274 U. S. 200(1927)]。

到1979年,弗吉尼亚州已经绝育了7450人,全国总共有6万到7万人被绝育,仅加利福尼亚州就有2万人。2002年,弗吉尼亚州州长马克·华纳为联邦的优生学做法"真诚地道歉"。两名州议员向雷蒙德·哈德罗提交了大会的奖状,他在16岁时离家出走,被迫绝育,后来在"二战"中成为一名受勋士兵。弗吉尼亚州随后同意向每位幸存的受害者提供2.5万美元,北卡罗来纳州早些时候已经道歉,并同意向每位幸存的受害者提供5万美元(Cohen 2016)。

法庭有时被有意识地当作镇压的工具。在德国纳粹建立的第三帝国统治的12年间,有至少32000人,或因是犹太人,或因抗议纳粹政权,或因持不同政见而被处以死刑。而那些实施反犹太人暴行的人则被无罪开释,甚至得到赞扬。而在其他情况下,有些人则因"他们是谁"而不是"他们做了什么"而获罪。1942年,柏林特别法庭首席法官奥斯瓦得·罗桑(Oswald Rothaug),判定柏林犹太社团领袖里欧·凯茨恩伯戈对32岁的德国女子艾琳·塞勒犯有种族猥亵罪。有证据显示,塞勒和凯茨恩伯戈两家是世交,凯茨恩伯戈亲吻了塞勒的脸颊,而年轻的塞勒坐在男方的腿上。尽管种族亵渎在法律定义上是犹太人与雅利安人之间发生性关系,也尽管有证据证明凯茨恩伯戈医学上并不具备发生此种行为的能力,然而,罗桑还是武断地裁决:"犹太人是我们的灾难",犹太人和德国人之间任何身体上的接触都足以构成种族亵渎罪。于是,凯茨恩伯戈的生命就这样终结在断头台上(Lippman 1997)。

同时,法庭也被用于扼杀言论自由。美国现在大约有30个州出台了法律,禁止所谓的"针对公众参与的策略性诉讼",这类诉讼被用于恐吓批评企业和组织的人士。如果批评人士签订协议停止其批评,法律诉讼通常就会被撤销。例如,贾斯汀·库尔茨,一位21岁的大学生,被一家拖车公司起诉并被要求赔偿75万美元,原因是库尔茨在脸书网页上发布指责拖车公司的言论,称该公司拖走他的汽车是非法行为。后迫于无奈,库尔茨只得同意删帖,不再公开批评,于是,拖车公司便撤销了对他的起诉。

女评论人士奥普拉·温弗瑞(Oprah Winfrey)曾表示,她不会在刚看过“疯牛病”节目就吃汉堡包。于是,得克萨斯州牧场主联合对温弗瑞提起法律诉讼,要求判其赔偿损失1200万美元。这起诉讼是最有影响的“针对公众参与的策略性诉讼”之一。结果是陪审团做出了有利于温弗瑞的裁定。医生和其他卫生健康职业人士也越来越多地让患者签署协议,让其保证不在网上发布负面评论。

为了多方面保护民众,美国至少有30个州制定了反“策略性诉讼”的法律。其中,加利福尼亚州制定的法律影响最为深远。根据该法律,法院可以驳回蓄意报复和阻止个人对“公共利益”问题发表评论的法律诉讼。

表1.4列出了法律的若干负面功能(Friedman 1977:15-16)。

表1.4 法律的若干负面功能

骚扰	法律诉讼被用来进行骚扰或报复,而非为民伸冤,匡扶正义
偏见	法律反映人们的歧视与偏见,或反映强大经济利益体的利益
压制	法律被专制政权用作压制工具
僵化	法律是以一套明确的规则为基础的。法律规定,一个人只有在面临急迫的暴力威胁时才可自卫。然而,有些妇女,由于长期受虐待,于是便趁着施虐者熟睡将其杀死,而法院则通常否认其防卫的正当性。一些法律评论人士则认为,否认“受虐妇女”自卫的正当性是不公平的,因为受虐妇女完全有理由相信,施虐者不久仍会对其施以暴力
拘泥判例	过于依照先前的判例造成法律变革缓慢。法官关心的是维护对法律的尊重,因此也不会采用还不为社会所接受的变革。1896年,在“普莱西诉弗格森”案中,美国最高法院裁定,分立而平等的教育机构满足了宪法第十四修正案对禁止种族歧视的规定[*Plessy v. Ferguson*, 163 U. S. 537(1896)]。此后,最高法院一直拘泥于这个判例。1954年,最高法院在“布朗诉教育局”案中最终打破先例,裁定教育机构分立为不平等[*Brown v. Board of Education*, 347 U. S. 483(1954)]

续表

诉诸司法的机会不均等	一个人如果能够雇得起实力雄厚的律师事务所或优秀的私人律师,能够雇得起专家和调查人员,则比缺乏资源的人更有机会从刑事指控中获得无罪判决,或在民事诉讼中打赢官司。在刑事诉讼中,能够出得起保释金的被告人比被迫羁押在狱中等待审判的人更有机会获得无罪释放
保守	战争和危机发生时,法院不会质疑政治决策者所做出的决策。"二战"中,美国最高法院支持政府对 11.2 万名日本移民和日裔美国人实行收容的决策[*Korematsu v. United States*,323 U. S. 214(1944)]
阻碍政治运动	依赖法律和法院解决问题会阻碍民主政治运动。个人和组织如果依靠法院裁决问题,就会分散游说立法机关和建立政治联盟的精力。依靠非民选的法官做出公共政策裁决被批评为不民主
阻碍社会变革	法律限制人们运用法律维护自己的权利和自由的能力。例如,1996 年,国会通过《监狱诉讼改革法案》,旨在限制州监狱服刑人员为其公民权利受到侵犯而向联邦法院提起诉讼的能力,结果造成联邦法律诉讼案件从 1995 年的 42000 件下降到 2000 年的 26000 件(Calavita 2010:40)
不作为	研究人员有材料证明,1877 年至 1950 年间,美国南方 12 个州对非裔美国人实施私刑 4084 起,其中只有少数案件受到刑事起诉和有罪判决。直到国会在 2020 年通过了《埃米特·蒂尔反私刑法》,联邦政府才通过了联邦私刑法

至此,本章介绍了法律与社会研究的基础知识。你可回顾一下法律的定义、法系以及法律的功能与负面功能。下一部分,我们将讨论法律研究的三个主要方法。

法律研究

法律研究有各种方法与途径,本部分分为法律研究以及法律与社会研究。这种区分有点夸张,因为任何一种法律研究都可能包含这些研究的要素。

法律研究

法律专业学生通常都对“黑字体法”感兴趣,因为代拟遗嘱、起草合同或判定司机在车祸中的责任都需要遵循这些规则。法学院教育注重规则以及在各种可能情况下规则的应用。规则见于案例和立法法规,在某些情况下,见于政府机构颁布的条例。

法律研究是一门应用性的实践学科,旨在培养执业律师。法学院学生通常不愿学习法律史或理论问题,他们希望走出教室去了解盗窃罪、抢劫罪和入室盗窃罪的区别。

从英国传到北美殖民地的普通法是一套全面的法规。美国人对法官不信任,希望法律能够适用于普通人,于是,州立法机关和美国国会通过的法规就融入了普通法的内容。作为对这些法规的补充,还有政府行政机构发布的管理条例、办法与规定,这些行政法规用于管理汽车运输、无线广播标准、食品安全以及公共土地上的放牧和石油开采等领域。

法律研究基于不同的研究领域或基础构建模块,对此我们将在稍后讨论。法律的两个主要领域是公法和私法:公法解决公民与国家之间的关系,而私法则解决个体与群体之间的关系。

公法由刑法和刑事诉讼法、国家法以及行政法三个部分组成。刑法和刑事诉讼法针对的是犯罪行为与犯罪惩处的界定以及对犯罪案件的调查侦破程序。国家法针对的是:(1)政府的体制与政府各分支机构的职能;(2)政府各分支机构的相互关系;(3)对政府权力及工作人员权利的限定。行政法对行政主体的各种行政职权加以规定。行政部门管理着诸如从消费者保护、广播电视到选举、环境以及税收等几乎社会的各个方面。

私法涉及合同、侵权和财产。合同包含个体间合同和团体间合同的订立与执行。侵权涉及侵害人身、财产、隐私、名誉等个人权益与赔偿,以及个人精神伤害的赔偿。财产法明确了什么是财产(例如,一个想法是不是财产),谁拥有财产,以及解决所有权纠纷的规则是什么。私法还包括其他几个领域,例如公司法、家庭法以及版权与专利法。公司法用于处理公司及合伙关系的组织与活动问题。家庭法针对的是结婚、离婚、子女及婚姻财产问题。版权与专利法则是保护创意作品的创作者的权益。

在法学院,学生要学习法官裁决上诉案件的意见书,因为这些意见书是对法律和宪法规定的解释。在解释这些法律规定的过程中,法官十分倚重其他法官在裁决类似案件时的判例。法官所做出的上诉裁定意见通常以确凿的事实为依据,以法律为准绳。裁定意见通常采用专业的法律术语和措辞;对此,普通读者较难理解。法律教育并不怎么重视审判过程。

在学生和法学教授及大多数公众心目中,法律被看作一个逻辑系统,搬出判例和其他材料就能得到答案,如同把钱投入自动售货机就能马上得到可口可乐一样。法学生通常要学习各种逻辑推理方法,用以得出合理的结论。对"黑体字法"律师来说,法律判决是根据法律作出的决定,法官的个人品性或政治观点对案件的判决结果几乎没有什么影响。2005 年,最高法院首席大法官约翰·罗伯茨在确认听证会上表示,他会像判罚投球和击球的棒球裁判那样,公平客观地运用法律。

下文将在本书中谈回到法律是一门科学的概念。现在大多数法学教授都会认为判例只是出发点,实际上法官并不一定依据判例做出判决。法官不可避免地会在一定程度上做出独立的判决。艾伦·哈钦森认为,法律是一个"活的传统",从来都不是一成不变的。他把法律比作一项正在进行的工作,法官总是在不断地使法律适应变化了的条件和新的挑战(Hutchinson 2011:1-8)。

在 1805 年著名的"皮尔森诉波斯特"案中,罗德维克·波斯特和他的朋友们在纽约市附近的长岛猎狐。他们嗅到狐狸的气味并沿着海滩穷追不舍。恰在这时,一个叫作杰西·皮尔森的当地居民,素来对波斯特这样的新居民心怀怨恨,突然出现并射杀了狐狸,接着抓起那只死狐狸就跑了。谁是狐狸的正当所有者呢?是首先发现并差点猎杀狐狸的波斯特,还是打死了狐狸的皮尔森呢?

汤普金斯法官根据罗马法和习惯法以 2∶1 的表决结果做出有利于皮尔森的判决。汤普金斯法官认为,狐狸是自然界的自由物种,对狐狸的所有权只能归属"实际占有者"。"单纯追踪"并不能构成所有权。然而,亨利·布罗克霍斯特·利文斯顿法官对此持有不同意见,他依据习惯法做出自己的裁决。他指出,狐狸是世界的敌人,应该给予波斯特奖赏,以表彰他为社会消除有害动物所做的努力。"皮尔森诉波斯特"案维持了对野生狐狸所有权的判决——所有权属于剥夺狐狸天赋自由权并实际占有的人。如果狐狸逃走,所有权便随之消失。据以往的判例,鲭鱼所有权属于用渔网捕得鲭鱼的渔夫,而不属于追踪并围堵鲭鱼的渔夫。而在涉及鲸的案例中,法庭则沿用利文斯顿法官的判决,认可了捕鲸人之间约定俗成的惯例,即所有权属于用鱼叉叉死鲸的人,而不是在沙滩上捡到鲸尸体的人。

"皮尔森诉波斯特"案再次浮出是在 2001 年。旧金山巨人队的巴里·邦德把破纪录的第 73 个全垒打球击向太平洋贝尔球场观众看台,这个价值数十万美元的棒球引起球迷们争相抢夺。戴着手套的亚利克斯·波波夫抢到了球,但在推搡的过程中,球又被帕特里克·哈亚希抢走。波波夫最后把哈亚希告上法庭,声称他是球的合法所有者。职业棒球大联盟也主张拥有球的所有权。球的所有权究竟该归谁?凯文·麦卡锡法官认为,当球被扔出球场的那一刻起职业棒球大联盟就放弃了对球的所有权,波波夫只是暂时地接到了球,而哈亚希才是合法所有者。然而,麦卡锡法官最终以折中的方式把 45 万美元的拍卖所得平均分给了波波夫和哈亚希(Hutchinson 2011:67-88)。

法律与社会研究

"黑体字法"和法理学都认为,法律是一个脱离政治、经济、心理和历史而存在的自足的体系。而法律与社会研究则采取相反的方法,研究外部事件对法律的影响。在法律与社会的研究过程中,人们采取了多学科研究的方式,涉及人类学、历史学、政治学、心理学、社会学以及哲学,当然也少不了法律和法理学(Calavita 2010:4-5)。

卡拉维塔以宪法第一修正案对言论自由的保护为例来说明她的观点。言论自由这项宪法所赋予的权利被认为是美国民主制度的一个基本方面。她认为,法院历来都是根据政治气候对言论自由的尺度进行把控(Calavita 2010:4-5)。

例如,法院在战争时期特别关注的是保护国家安全。对第一次世界大战期间美国最高法院如何为维护国家安全利益而回避言论自由的情况,领军的宪法律师、芝加哥大学的杰弗里·R. 斯通(Geoffrey R. Stone)曾做过描述(Stone 2004:135-234)。已故的哈里·卡尔文(Harry Kalven)认为,法院的判决都是对那些能够"穿透法庭"的"不同程度的社会情绪的反应"(Kalven 1988:147)。在"申克诉合众国"案中,申克向人们散发了一个小册子,小册子对征兵工作提出了强烈的指责,并且呼吁人们给他们的国会议员写信,要求废除其所称的极其荒谬的做法。然而,最高法院认为:"当一个国家处于战争状态的时候,许多事情和平时期可能会被提及……但只要人们还在战斗,这些事情就不会得到容忍,最高法院不可能认定这些事情受任何宪法权利的保护”[*Schenck v. United States*,249 U. S. 47(1919)]。

另一个战争时期外部因素影响司法判决的例子是,“二战”期间对美籍日本人的拘禁。日本袭击了珍珠港后,罗斯福总统签发了第 9066 号行政命令,迫使 12 万具有日本血统的人口进行大迁移——主要是从加利福尼亚州、华盛顿州、俄勒冈州、亚利桑那州迁移——并把他们关进集中营。2/3 的被迁移和被拘禁的人属于美国公民。大规模拘禁日裔人士的目的是消除对国家安全的威胁,尽管美国联邦调查局以威胁美国安全和抵制大规模拘禁为由已经拘留了 2 万日本血统的人。在“平林诉合众国”案[*Hirabayashi v. United States*,320 U. S. 81(1943)]和“是松诉合众国”案[*Korematsu v. United State*,323 U. S. 214(1944)]中,美国最高法院裁定认为,这种拘禁是基于国家安全的需要,而不是由于种族歧视。对此持有异议的多个大法官质问道:人们在没有被证明对国家安全构成威胁的情况下怎能受到拘禁呢?大法官弗兰克·墨菲公开指责这些裁决是“种族主义的合法化”,并且指出,只有对那些在美国居住且被认为对美国构成威胁的德国人和意大利人才可以拘禁。

1944 年,在罗斯福政府宣布释放被拘禁者之后,美国最高法院下令对远藤三雅予以释放,因为法院判定她是忠诚的美国人,对国家安全不构成威胁[Ex parte Endo,323 U. S. 283(1944)]。最高法院指出,忠诚是“一个关乎情感与思想的问题,而不是种族、宗教或肤色的问题”。后来,许多自由派的最高法院大法官总是在著述中提到,他们对于当初做出准许拘禁日裔美国人的决定深感后悔。

1988 年,罗纳德·里根总统在签署《公民自由法案》时宣布,把日裔美国人关进集中营是基于“种族偏见、战时癔病和政治领导无能”而不是基于国家安全的“严重不公行为”。该法案向日裔美国人表达了总统的歉意,并给予了赔偿。联邦法院后来撤销了对弗雷德·是松和戈登·平林的有罪判决。此二人当时都拒绝服从拘禁令,理由是美国政府隐瞒了表明日裔美国人没有构成内部威胁的证据(Stone 2004:283-307)。

2018 年,在“特朗普诉夏威夷”案中,美国最高法院维持了唐纳德·特朗普总统禁止一些以穆斯林为主的国家的个人进入美国的禁令的合宪性。首席大法官罗伯茨在多数意见中指出,是松案“严重错误”“在历史的法庭上已被推翻”“在宪法下没有法律地位”[*Trump v. Hawaii*,585 U. S. __(2018)]。

对战争影响司法裁决的研究挑战了这样一种观念,即法律裁决就像裁判员判罚球和击球一样是机械的。事实是,法律受到一系列因素的影响,包括战时压力,法官保持公众支持的愿望,维护总统、国会和军方决定的压力,以及种族偏见。

弗里德曼和他的合著者在书中提出了研究法律与社会的另一种途径。他们把法律研究的方法分为内部方法和外部方法。内部方法侧重于具体的法庭案件、法律章程以及宪法条款,旨在为具体的法律问题提供答案。法律与社会研究均依赖社会科学方法从“外部”看待法律,探寻外部的社会因素对法律的影响以及法律如何影响社会观念与社会实践(Friedman, Pérez-Perdomo and Gómez 2011:2-3)。

下一部分,我们将要介绍的是法律与社会研究的两个视角,你会感到这两个视角对于你理解接下来的内容很有帮助。

法律与社会研究的两个视角

研究法律和社会的学者往往通过共识观和冲突观这两种截然不同的理论视角去考察法律和社会的关系。

一种是共识观:社会是价值共享的,相对稳定的。法律是用于解决可能发生的偶然性社会纠纷并保持社会稳定与平衡的机制。法律的核心功能就是保障人们相互合作以及社会平稳统一地运作。

另一种是冲突观。冲突被认为是社会的主要方面,这是与共识观截然相反的。社会被看作由竞争的群体组成的;而法律是一个强制性的工具,由占主导地位的、强有力的群体用来维持其权力和统治。

两种观点的争论已经成为法律与社会研究中的一个经久不衰的主题,而且这一争论也不可能会停息。共识观和冲突观是研究法律与社会之间关系的两个很有用的视角。

共识观

共识观认为,社会建立在共有的价值之上。尽管美国人对其种族、宗教的态度多有不同,但是享有共同的信念,包括体现在宪法第一修正案中的诸如宗教自由、言论自由等原则以及对个人责任的信念。

罗斯科·庞德(Roscoe Pound,1870—1964年)是一位最为认同共识观的理论家。他认为,法律的作用就是调和各方利益并确保社会平衡。这就要求个人的权利和欲望必要时须做出妥协,以确保社会的强大与稳定。法律就像一个受人尊重的朋友,他负责及时消除朋友间偶尔可能发生的误解,以确保误解不至于恶化或诉诸武力。法官和立法者的作用就是致力于"社会工程",并找到个人与社会诉求之间的平衡点,从而实现社会和谐。庞德以法律如何有效地服务于社会为标准来评判一部法律的好坏(Pound 1942,1943,1954)。

庞德认为,法律增进了六个方面的"社会利益",这些"社会利益"对于保持社会的安全稳定是必不可少的。一个"社会利益"就是"一个声明、一种需要、一种要求、一个期待",包含诸多广泛的领域。社会利益包括生活质量、道德坚守以及资源保护。安全利益包括保证个人健康与安全以及合同义务的履行。有时各种利益之间会发生冲突,那么就必须找到平衡点。登机的旅客必须接受对其本人及其行李的安全检查,以防止恐怖主义对社会造成的威胁。在这种情况下,为了社会的安全与福祉,法律就会对个人的隐私权和不受侵犯的权利有所限制。

社会建立的基础是共识,但这一理念不应被误解为社会胶着于过去或现在,从而停滞不前。庞德使用"法律的社会化"来描述法律为不断适应各种利益和保障个人成就所经历的发展和完善。在过去的几十年里,尽管我们看到妇女、少数族裔、身心残疾者、消费者甚至是动物的权利都得到了扩大,但是美国社会却保持了相对的稳定。

在庞德看来,在确保社会机器平稳有效运行的各种"社会管控"机制中,法律是最重要的机制。不过,他也许低估了其他社会管控机制的作用。例如,教育传授给人们历史知识以及富有成效地为社会工作所必需的技能。教育和宗教一起帮助塑造我们的价值与信仰。

塔尔科特·帕森斯(Talcott Parsons,1902—1979年)详细阐述了庞德的观点。他认为法律是社会联系的纽带,旨在确保社会中的不同个体得以合作共事。法律好比身体的一个组织,它维系着身体各部分正常运行与共同协作。人们日常生活中要遵守交通规则,商业活动要遵守协议,房东和租户要遵守租赁合同。换句话说,法律确立了人们的信任和期待,这种信任和期待维持着社会的平稳与协调运作。

约翰·萨顿(John Sutton)认为,把投票权给予生活在南方的非洲裔美国人,是法律如何回应将个人融入社会并对维护政治进程完整性利益加以保护的一个例子。1947 年,11 个老联邦州只有 12%的适龄非裔登记投票,而在密西西比州却只有 1%的黑人登记投票。多种机制被用来剥夺黑人的选举权,这些机制包括人头税、识字测试以及把黑人选民排除在外的所谓的白人初级选举。1957 年和 1960 年,国会通过立法保护黑人投票权的努力被证明是失败的,因为国会通过的法律必须有赖于各县遭受选举官员歧视的黑人提起诉讼才能起作用。这种情况随着 1964 年林登 · 约翰逊总统的连任才得到改变,因为约翰逊总统本人贫苦的社会出身让他对权利平等负有深切的、矢志不渝的责任。

在目睹了从塞尔玛到亚拉巴马州的蒙哥马利市的游行中争取公民权利的激进分子遭受毒打后,美国公众以强烈的舆论推动着美国黑人投票权问题的解决。作为对这一事件的回应,国会以压倒性多数通过了一个强有力的支持黑人投票权的法案,授权联邦政府对有歧视历史的管辖区的投票过程实施严密管控。1965 年《选举权法案》通过增加非裔投票登记以及打破白人支配选举过程的局面,从而改变了南方的政治格局。这项法案对于终结非裔的二等公民地位是重要的一步,也反映了人们对每个公民都有平等选举权的坚定信念。只要占南方各州人口很大比例的黑人在选举过程中仍遭受排斥,美国的民主在世人眼里就无法保持其合法性(Sutton 2001:163-174)。

2013 年,最高法院裁定,《投票权法案》的一项核心条款违宪。罗伯茨大法官解释说,这项所谓的预先批准条款要求所"涵盖"的各州须先获得司法部的授权方可改变投票法,而现在这一预先批准条款不再需要。非裔美国人的登记和投票,以及非裔政治官员的选举在这些州也有了显著改善,并与白人"接近平等"。然而,持异议的露丝 · 巴德 · 金斯伯格(Ruth Bader Ginsburg)大法官却指出,国会在重新授权这些条款时发现,非裔在投票方面仍然面临障碍,该裁定完整地保留了该法案的条款,即授权采取法律诉讼,挑战因种族原因限制或拒绝任何个人投票的做法[*Shelby County v. Holder*, 570 U. S. 529(2013)];罗伯茨大法官可能过于乐观地认为,不再需要《投票权法案》的预先批准条款。纽约大学法学院的布伦南司法中心还发现,以前被预先许可要求涵盖的各州已经"大幅度剥夺选民的选举权"(Brennan Center for Justice 2018)。

莱纳德 · 戴维斯(Lennard Davis)追溯了《美国残疾人法》和 2008 年《美国残疾人法修正案》的历史。戴维斯指出,残疾人是美国最大的弱势群体。从历史上看,他们属于最贫穷的公民,很少有机会乘坐公共交通工具,无法进入建筑物,在接受教育方面也面临障碍。《美国残疾人法》承认残疾是一个公民权利问题,并确立了残疾人的平等权利。该法禁止私营和公营部门在就业方面歧视残疾人,要求公共设施和私人设施无障碍,并要求为残疾人提供便利的电信服务。戴维斯指出,《美国残疾人法》提供了一套统一的标准,尽管它在确保残疾人就业方面存在不足,但在公共活动中发挥确保无障碍通道、无障碍浴室和手语翻译的存在(Davis 2015)。

2004 年,在"田纳西州诉莱恩"案(*Tennessee v. Lane*)中,美国最高法院维持了《美国残疾人法》的合宪性。乔治·莱恩在一次车祸中髋部和骨盆骨折。莱恩的两条腿都打了石膏,只能坐在轮椅上,无法爬上法院二楼的楼梯。据报道,当他拖着身子爬上楼梯接受传讯时,法官和法院工作人员嘲笑他。在审判日,莱恩拒绝爬楼梯,并因未能出席审判而被捕,后来他承认使用了被吊销的执照。在审判期间,他的律师在楼梯间上下穿梭,与莱恩沟通。美国最高法院以 5 票赞成、4 票反对的结果裁定,国会曾以符合宪法的适当方式做出过规定,保护残疾人参加法庭诉讼的基本权利,田纳西州必须为残疾人在公共建筑内提供合理的通道。大法官约翰·保罗·史蒂文斯(John Paul Stevens)指出,立法记录表明,"对残疾人的歧视在诸如……教育、交通、通讯、娱乐、制度化、医疗服务、投票和公共服务等关键领域持续存在。这一发现,加上大量关于残疾人歧视的记录……清楚地表明……公共服务和公共设施的提供不足是预防性立法的适当主题"[*Tennessee v. Lane*,541 U. S. 509(2004)]。

劳伦斯·弗里德曼和杰克·拉丁斯基关于劳动事故法的文章是运用法律平衡企业和工人之间利益的一个经典案例(Friedman and Ladinsky 1967)。在劳动事故中受伤的工人可以要求雇主赔偿损失,然而,同主雇员赔偿办法规定,一个雇员不能因其他雇员造成的伤害向雇主提起诉讼。在 19 世纪美国工业革命期间,工人遭遇的事故不断增多,而工厂主们却把事故归咎于工厂里的工人而回避自己的责任,结果,因工致残的工人没有获得赔偿就被辞退。然而,这种情况无论多么不幸,都被看作经济发展与进步的代价(Friedman and Ladinsky 1967)。

迫于劳动事故受害人数不断上升的压力,法院开始为同主雇员赔偿办法创造特例。据估计,从 1900 年开始,劳动事故共造成 3.5 万人死亡和 200 万人受伤,从 1889 年到 1990 年,铁路工人受伤人数翻了一倍。企业家们面临着工人日益不安的情绪、不断增长的诉讼费用和伤害赔偿,以及日益上涨的企业事故保险费用等诸多压力。为了解决这一问题,各州采取了工人补偿计划,对雇员疗伤期间所得补偿金额做出严格限制。例如,在威斯康星州,如果一起事故造成工人局部残疾,工人疗伤期间只可领到周薪的65%作为补偿;支付给死者家属的死亡抚恤金额是固定的。

弗里德曼和拉丁斯基指出,无论是企业还是工人都不认为工人赔偿计划是理想的解决方案,不过,这个计划的折中方案却让双方都能接受,而且,达成协议总比在工人健康和安全问题上继续争论更为可取。对此,司法部门出台了解决办法,以避免工人不安和不断就工伤事故提出诉讼。弗里德曼和拉丁斯基认为,这种"解决办法"往往是双方都可接受的妥协方案。

《退伍军人权利法案》等一批社会项目使个人和社会从中受益。该法案为从"二战"归来的退伍军人提供教育深造基金和开办企业或购买房屋的贷款,以及专门设立的遍布全美各地的退伍军人事务部医疗中心。《退伍军人权利法案》为数百万退伍军人回归平民生活提供了保障,并为社会提供了受过良好教育的劳动力,从而助力美国成为世界上最强大的经济体并负责重建饱受战争蹂躏的欧洲(Friedman 2005:562-563)。

庞德尽管乐观,但也承认,法律并不能解决所有的问题,或赔偿每一起事故。打官司也好,为法律改革进行游说也好,这些既耗时间,又费金钱,超出了大多数人的经济能力。有时,人们意识到"你无法与市政厅为敌",于是就接受了不公。政府机构由于财力有限,不能依法保护环境以及保障企业工人和煤矿矿工的健康与安全。

共识观认为法律保障社会稳定与合作,这一观点受到了冲突观的挑战。冲突观认为,纠纷和冲突是社会的核心特征。近年来人们就枪支拥有权、堕胎权、自杀权和联邦赤字所产生的争执提出了这样一个问题,即过去可能存在的共识是否已经破裂?

冲突观

冲突观是基于这样的认识,即社会的特征是对金钱、权力和价值的竞争。社会的形状就像金字塔,拥有财富和权力的人高居在金字塔的顶端,而人民群众则处于下端甚至是底端。法律是统治阶级用来维持其统治地位与实现其目标的一种工具。

已故著名的激进历史学家霍华德·津恩(Howard Zinn)在著述中指出,在过去,农奴看得见他们受封建地主剥削,因为他们在土地上辛勤生产出的农产品大部分都被封建地主剥夺而去。而在今天,大多数人往往敬畏地去看待法律,并不完全懂得法律是用来剥削他们的基本工具之一。人们对法律的理解能力被法律令人困惑的复杂性和浩瀚无边的“法规文库”所限制。大多数人可能不太清楚使大公司受益的免税代码的存在。美国企业税收所占份额从 20 世纪 50 年代中期的 30%下降到 2009 年的 6.6%。美国最大的公司通用电气 2010 年没有对其 142 亿美元的盈利纳税,节省税金 32 亿美元。津恩通过讲述一位大矿主的故事的细节抓住了问题的要害。当被问到在当地人吃不饱饭的情况下为什么煤矿的经营者竟然纳税那么少时,这位煤老板答道:“我反正是严格依法纳税。”津恩提出的问题是,谁制定法律,又是谁从中受益(Zinn 1971:18)。

冲突观最重要的支持者之一、犯罪学家理查德·奎尼指出,刑法乃至其他法律总体上大概都是统治阶级的“工具”,也是国家用来“维持”现行的政治经济制度的“工具”。在奎尼看来,法律具有欺骗性,它使人们误认为现行体制公平合理,人人都拥有平等的权利,都能够影响法律。品一品这个熟悉的说法:如果你拥有印刷机,言论自由才有意义(Quinney 1974:16,24)。

冲突观的一些命题如下(Quinney 1974:16;Williams 1980:214-215):

(1)社会的特征是冲突和冲突群体。

(2)社会被经济实力最强和政治权力最大的集团所支配,这些集团制定与执行法律,并运用法律维护其自身利益和主张。

(3)统治集团利用警察和其他社会管控机构执行增进其自身利益和价值的法律。

(4)社会弱势群体只拥有有限的政治权利,并且对法律的制定和实施没有什么影响。

(5)优势群体定义犯罪和非法行为,而弱势群体的行为更有可能被认为是犯罪,其成员也更有可能受到更严厉的惩罚。司法双重标准的一个例子是,没有人去追诉华尔街人士的刑事责任,尽管他们的行为导致了近年全球经济的衰退。

(6)人们往往把现行的法律体制看作一种自然而又必然的社会秩序,而且不肯停下来问一问现行的法律体制是否公平公正,甚至也不去考虑一下如何改变。

进步组织民权团(Civil Rights Corps)的创始人亚历克·卡拉卡特萨尼斯

(Alec Karakatsanis)赞同奎尼的观点。他根据自己的经验认为,现在存在一个庞大的刑事司法“惩罚性官僚机构”,它在现行的大规模监禁和控制体系中拥有既得利益。有意义的社会转型需要解决财富、教育、医疗保健和住房方面的差距,以及消除性别歧视和种族主义,并愿意对华尔街的富人使用刑法(Karakatsanis 2019)。

冲突观的一个例子是18世纪英国的《黑人法案》。在影响深远的法律史著作《辉格党人与猎人》中,英国历史学家E. P. 汤普森(E. P. Thompson)描述了1723年5月英国下议院通过的《黑人法案》是如何为国王和地主贵族的利益服务的,它维护了这些富有的精英们狩猎、捕鱼、开发和扩大对林地的控制的专有权,而这些林地通常是免费提供给农村人口的。木材、采石场、泥炭、沼泽等自然资源被这些企业家精英视为可保护、开发和出售的有价值的经济资源。猎鹿作为一种精英娱乐形式和获得越来越值钱的鹿肉产品的一种手段而受到重视。在大多数情况下,乡绅们用墙、栅栏和树篱把土地圈起来。

直到1823年才被废除的《黑人法案》运用刑法保护圈地,并规定了50多种罪名,其中许多罪名可判处死刑。这些罪名主要用来惩罚未经授权的猎鹿、盗猎野兔或偷捕鱼类,以及非法开采木材和其他自然资源。反对这项法律的当地农民和猎人被称为“黑人”,因为他们用煤烟和油脂把脸涂黑来伪装自己。“黑人”因为拒绝接受地主阶层侵占他们作为英国自由居民传统上赖以生存的土地,就被贴上了普通罪犯的标签。

汤普森的结论是,就《黑人法案》而言,法律被特权阶层用作赤裸裸的阶层利益和权力的工具,以对抗没有特权的农村人口(Hay et al. 2011; Thompson 1975)。

威廉·钱布里斯关于《英国流浪法》的论文,是研究法律服务于强大经济集团的经典之作。1348年,黑死病(由鼠传播的疾病)肆虐欧洲,英国约50%的人口死亡,现实劳动人口急剧减少。钱布里斯指出,出台《英国流浪法》的目的是确保廉价劳工持续供给。1349年,英国颁布了《英国流浪法》,规定工资必须保持在黑死病暴发前的水平,并且禁止人们跳槽到工资更高的工作岗位或接受更高的工资。该法同时也试图强迫人们工作,因为它规定救济无业人员是犯罪行为。1360年,60岁以下的人如果违反就业规定就要受到拘禁15天的处罚。1499年,该法作了修改,规定违法者要被关在仓库里3天不许吃喝,然后释放。

随着时间的推移,《英国流浪法》已很少被执行。工业工厂经济渐渐取代了封建制度。新兴实业家和商人无意于将工人拴在土地上,因为他们需要可在工厂和商店工作的自由的、流动的劳动力。农奴制逐渐衰落,并在16世纪被废除。

《英国流浪法》最初怎样服务于封建地主的强大经济利益,后来又如何转为保护新兴商人阶级的利益,钱布里斯的文章对此进行了案例研究。他的研究传达出的另外一种信息是,《英国流浪法》歧视穷人,损害穷人的利益,而维护的是"富人和权贵"的利益(Deflem 2008:123)。

《美国流浪法》历史上采用了英国的法律规定,用以管制无家可归者、乞丐、妓女、赌徒、无业者、黑帮团伙以及被视作"麻烦"的人。和英国的做法一样,美国也运用流浪法控制犯罪,强迫他们工作,并把不良分子赶到"平民区"和"红灯区"从而使之与社会隔离(Foote 1956)。《美国流浪法》以其宽泛、具有弹性的规定赋予警察不同程度违宪的自由裁量权,因而最终被废除[*Papachristou v. Jacksonville*,405 U. S. 156(1971)]。

我们应注意的是,冲突观把社会群体间的竞争视作政治和道德上的双重竞争。约瑟夫·古斯菲尔德(Joseph Gusfield,1986年)在对"禁酒运动"的经典研究中指出,不饮酒的"干燥势力"主要是农村中产阶级的福音派新教徒,他们受到来自城市的天主教移民和日耳曼路德教移民的威胁。虽然这些移民群体没有政治与经济上的势力,但他们对农村新教徒的统治地位长期构成威胁。为了应对这一局面,新教徒尝试改变这些"酗酒成瘾"的、"缺乏道德"的移民,使他们接受美国中产阶级的价值观。

19世纪40年代和50年代,乡村福音派新教团体将戒酒作为一种身份象征和美国中产阶级的核心特征。20世纪伊始,美国的城市化和天主教化进程迅速加快。新教团体担心会失去自己的影响力,而且面临很快失去政治控制力的现实。作为应对措施,他们成功推动了宪法第十八修正案的通过。该修正案禁止酒类生产、销售和运输。古斯菲尔德指出,关于禁酒问题的争论虽然形式上是围绕"恶魔酒精"的危害性展开的,但实质上代表着中产阶级新教徒禁欲文化与移民带来的工人阶层饮酒文化之间的冲突。尽管南欧人和东欧人不断流入,但禁酒确保了新教徒纯洁的生活方式得以保留(Gusfield 1986)。禁酒运动的中心目标是地方的酒馆,这是移民文化和政治组织的中心。外来移民被描绘成威胁美国的生活方式,因为他们被指责不道德、从事犯罪活动、信奉天主教和缺乏职业道德。美国南部各州的反酒精运动针对的是非洲裔和工人阶层的白人,加利福尼亚州的反酒精运动针对的是西班牙裔(McGirr 2016)。

宪法第十八修正案在获得批准 14 年后遭到废除,结果造成作为社会可接受度象征的新教中产阶级节制主义霸权地位的衰落。与此同时,城市移民群体的影响力和饮酒文化不断得到增强。古斯菲尔德所描述的新教徒与天主教移民之间的冲突,可否使你想起他们在当代的冲突?

冲突观要求我们在审视法律和法律体制的时候,必须关注谁是赢家、谁是输家。冲突观学者批评指出,法律与法律的实施只不过是为富人和权势阶层服务而已。尽管如此,我们在继续阅读本书时不要因冲突观而忽视共识观。

本章总结

社会秩序的建立和维护是以社会管控的非正规方式和正规方式相结合为基础的。由于社会情况日益复杂,社会秩序的建立和维护主要依赖法律这个社会管控的正规机制。

定义法律的方式多种多样,每个定义一般都反映出定义提出者的个人视角。有的定义聚焦于权威性、政府性机构颁布施行的正式规定,而有的定义则聚焦于以强制手段实施的规定。

然而,不管其定义如何界定,法律在社会中发挥着多种功能,如社会管控、纠纷解决以及社会变革。尽管法律很重要,但法律也有着反向功能或对社会的负面影响。一个明显的例子就是把法律当作一种镇压的机制。

世界各国的法律体系可划入不同的法律传统。传统代表着对如何立法、如何执法以及对法律变革进程的态度。法律的四个主要传统或体系分别是习惯法、民法、社会主义法和伊斯兰教法。国际法的作用是管理民族—国家之间的关系。研究分析一个法律体系有着多种不同的视角:既可以是法律原则研究视角、法理学研究视角,也可以是法律与社会研究视角。

研究法律与社会之间的关系有着多种不同的方法,一般可分为共识观方法和冲突观方法。这两大方法对于学习法律与社会关系的诸多理论非常重要,请记住这些方法。下一章,我们将讨论法律与社会研究的基本理论方法。

第二章　法律与司法理论

引　言

本章将对法律的起源和基础的一些主要理论进行综述。一些思想家和思想流派对许多法律的问题都做了广泛的阐述。在阅读本章过程中，请思考一下：理论家在试图阐述什么问题？不同理论之间有何不同？这些不同理论家阐述的问题包括：

法律演进的因素是什么？

法律是如何进行历史性演进的？

法律所依据的哲学原则是什么？

法律与社会之间是否存在某种关系？

法律是否可用以影响和改革社会？

法官与陪审团基于哪些因素做出裁定？

学习法律与社会应采用什么方法？

法律是中立的还是为社会的某些利益服务的？

法律体制

我们把法律看作法律体制的多个组成部分之一，这对我们考察关于法律的起源、发展和目标的各种理论可能有所裨益。马丁·戈尔丁（Martin Golding）认为一个法律体制要求具有下列“法律活动”，见表 2.1（Golding 1975：17）。

表 2.1　法律体制的组成部分

法律	对社会治理的正式规则做出定义
立法	专门机构从事法律的制定和修改
执法	专门机构执行法律
解决纠纷	由专门机构解决人们之间的纠纷

戈尔丁指出,并非所有的法律体制都满足这些要求。

一说到法律体制,我们想到的往往是美国和欧洲的法律体制。欧美法律体制都有详细的、成文的民事和刑事法律,而且这些法律由立法机关起草,经各初审法院和上诉法院解释,并且被警方和其他执法机构执行。而行政管理机构负责管理的是银行、食品与药品安全、教育以及交通等领域。

还有一些其他的、不够详细的法律体制,不具备一个法律体制所通常需要的全部要素。亚当森·霍贝尔描述过科曼奇部落,这个美国土著部落 19 世纪的家乡位于黄石河和密苏里河的上游,负责管理部落的酋长缺乏正规的法律权威,而且对部落成员几乎没有管制权,当时没有司法机构或立法机构,没有解决纠纷或制定法律的正规机制,执法行为由部落每一个成员根据惯例来实施(Hoebel 1979:127-141)。偷妻和通奸在当时很普遍,因为武士们常常以此展示自己的男子气概和力量,他们通常情况下都愿意付给"不贞的有夫之妇"一笔合理的赔偿金。拿不到赔偿金,那个妻子的丈夫就有权召集朋友和邻居或者一位"强大的武士"来对这个家伙进行身体惩罚;反过来,这个丈夫在武士被暴打致死后,也难免遭受死者亲友的报复。

各个不同的爱斯基摩社会缺乏政府、法院、警察或者成文法。官司纠纷往往因杀人、通奸和婚姻而起,又往往通过血腥报复来解决,具体方式有摔跤、撞头、直臂殴打头部。有的因纽特人通过"斗歌"来解决纠纷。胜负依据围观人群的反应来决定。在西格陵兰,一名斗歌者还有其全家人组成的合唱队前来助阵(Hoebel 1979:67-99)。

可见,法律体制多种多样,各不相同。但法律体制的发展并不是偶然的;法律是响应社会性质而发展的,也有人说,是响应社会的经济要求而发展的。这一认识得到相当广泛的认可。随着社会发展,法律体制从"简单"形式走向"复杂"形式,这是法律体制演变的前提条件。反过来,法律也可以通过禁止破坏性活动和提供经济发展的条件来影响社会(Schwartz and Miller 1975)。

我们可以勾勒出法律体制发展的三个阶段，如表 2.2 所示（Hoebel 1979）。

表 2.2　法律体制发展的三个阶段

前现代法律体制	主要产生于渔猎采集社会。生活在这种社会中的人们有着共同的种族渊源，面对面的合作和部族生活方式把历史和个体联结起来。人们按照习惯法处理婚姻、子女抚育、乱伦、杀人和性侵犯等问题。个体依靠自身解决争端
过渡时期法律体制	在向农业社会过渡时期，地主积聚了大量的财富。与此同时，法律体制得以产生，用以解决土地、农作物、雇工和商品销售方面的纠纷。农业推动着运输业、银行业、生活消费品和教育体制的发展
现代法律体制	一个广泛的民法与刑法体系得以发展形成。社会需要专门机构管理日益专业化的领域，如银行、食品药品以及经济等。一个由地方、国家和专业警察队伍组成的体制得以建立。处理法律案件的程序规则和证据规则得以建立，而且，法院还建立了上诉机制，以确保审判结果公平公正。法院依靠判例判案以保证审判结果的可预测性和延续性

法学理论家提出了各种理论来解释在这些不同司法体系中法律的起源、性质、发展和目的。但大多数理论远远没有提供适用于各种法律制度的全面解释。

我们不妨把这些理论当作思考法律的途径。接下来，我们会提到各种理论。先从自然法开始。

自然法学派

自然法学派将法律视为一套适用于一切历史时代一切社会的普遍原则。这些原则可以通过理性来发现。理想的社会就应该依照自然法的原则来治理，因为自然法的原则反映了万物有序配置的神圣意志。实在法与自然法相矛盾，被认为是不公正的、不合法的，因而也不应受到遵从。

亚里士多德恰当地把自然法的概念表达了出来。他在对自然法的解释中指出：自然法“无论在哪里都有着同样的力量，并不因人们的这种或那种想法而存在”。罗马哲学家西塞罗认为:“事实上存在一个真正的法则,叫作正确理性,它符合自然,适用于全体人类,具有不变性与永恒性。”西塞罗列出了从自然法中得出的各种原则,包括避免伤害他人的义务,自卫权和保护他人免受伤害的权利,以及禁止欺骗的权力(Kelly 1992)。

托马斯·阿奎那(Thomas Aquinas,1225—1274 年)在其写作于 1265 年至 1274 年的《神学大全》中,从宗教上对自然法做了明确而全面的论述。阿奎那提出法律的四个范畴,即永恒法(唯有神知)、自然法(永恒法,可以被人类所知的)、神法(出现于经文中)和人类法(由政府当局颁布的法律)。人类法,如果符合永恒法或自然法,便是正义的,因为它服务于人类的善行;一个法律,如果不符合永恒法或自然法,就“根本不是法律”。

任何颁布的法律都具有法律地位,阿奎那并不接受这一观点。一部不公正的法律是“暴力”,而不是“法律”。不公正的法律有三类:旨在有利于法律制定者而不是公众利益的法律;旨在有利于社会却不公平地加重了某些社会成员负担的法律;法律制定者逾越法定权限所制定的法律。

尽管自然法与宗教没有必然的联系,但是自然法往往带有罗马教会或其他传统宗教的色彩。比如,现世人文主义者认为,免受饥饿、暴力和虐待以及获得教育和医疗,这些是一切社会所努力实现的价值。然而,人们就自然法内容达成一致意见却成了难题。

自然法在 20 世纪迎来了一次复兴,它为“二战”后对纳粹战犯的纽伦堡审判以及联合国制定多个国际人权法案提供了知识基础。牛津大学的法学理论家约翰·菲尼斯(John Finnis)在其著作《自然法和自然权利》中重申了自然法理论。菲尼斯认为,“真正有利于人类”的“不证自明”的原则是存在的(Finnis 2011)。在当代关于“死亡权”的争论中,我们可以看到自然法的回响。

与自然法学派相反,法律实证主义是在政府、法律、命令和条例范围内看到法律。

法律实证主义

约翰·奥斯丁是英国哲学家,以其实证主义主张而著称。“实证主义”一词源于拉丁文“*positum*”,意思是法律是由颁布或制定而来的。奥斯丁在伦敦大学的一系列演讲中清晰地阐述了他的观点。后来他把这些演讲内容以《法律学范围之限定》为题，于 1832 年出版。

奥斯丁开辟了法律实证主义的学科分支，这个分支还被人们冠以不同的名称，如形式主义法学、概念论法学或分析法学（Schur 1968：26）。

奥斯丁对法律规则的"善""恶"并不关心，认为善恶问题是"法律外的"问题（Schur 1968：26）。他认为，法律是最高统治者的命令。命令就是命令，伴随命令的是对不服从者施加致残或惩罚的威胁。他认为，一部法律，即使是不道德的，但只要是根据合法程序制定与颁布的，人们也应该遵守。"法律的存在是一回事；而法律的优劣是另外一回事。……一部法律，只要实际存在，就是法律，即使我们不喜欢它，即使它与我们据以赞同或反对的条文有不同"（Austin 1995：157）。奥斯丁指出，宣称那些坏的法律或违背上帝意志的法律，"都是无效的，无法容忍的，是宣扬无政府状态"（Austin 1995：186）。让人有些困惑的是奥斯丁使用的是"最高统治者"（sovereign）一词，这个词他认为是指任何让社会大多数人"具有服从习惯"的个人或特定群体。现代法律学者唐纳德·J. 布莱克（Donald J. Black）指出，法律是"政府对社会的控制手段"，从而拓宽了奥斯丁的法律定义。布莱克的法律定义有一优势，就是它清晰地表明最高统治者包括政府的行政和立法机构，也包括法院（Black 1976）。

奥斯丁的法律实证主义理论是由著名的英国政治哲学家托马斯·霍布斯（Thomas Hobbes，1588—1679 年）提出的，他在《利维坦》一书中认为，人类最初生活在一种自然状态中，这种状态下的生活是"肮脏、野蛮和短暂的"。个人为了逃离这种致命的环境，形成了一种社会契约，在这种契约中，他们用自己的自由换取强大君主统治的安全。对霍布斯来说，法律就是君主的命令，个人必须服从。他写道："法律……是他以权力命令别人做或不做（什么）的言语……"（Kelly 1992：237）。

实证主义的长处是，它清晰地阐明了法律的内容以及法律的所在。实证主义者不一定拥护现行的法律；他们只是主张，只要法律没有改变和修改，人们就应该遵守法律。

汉斯·凯尔森（Hans Kelsen，1881—1973 年）是一位奥地利学者，先后在欧洲和哈佛大学法学院任教。凯尔森主张他所谓的"法律的纯理论"。他之所以把这个理论叫作"纯理论"，是因为他认为道德不应该在对法律的合法性评估中起任何作用。法律只要有人遵守，就是有效的（Kelsen 1967）。

尽管哈特(H. L. A. Hart,1807—1992 年)坚持认为一个法律制度应该包括他所定义的二级规则,但他支持法律实证主义。二级规则包含以下三个部分:权力和义务的表述(例如刑事法规);变动规则(例如如何修订规则);确定是否违反规则的机制(例如法院)(Hart 1961)。

哈特的贡献在于他认为法律比君主的无论什么命令都要复杂得多。

可见,自然法和实证主义之间存在矛盾。自然法认为,法律只有和自然秩序相一致才是合法的;而实证主义则认为,按照既定程序制定的法律就是合法的,必须遵守。当讨论公民抗命时,这种矛盾经常出现(见第十章)。

法律功利主义

杰里米·边沁(Jeremy Bentham,1748—1832 年)以其功利主义哲学和法律应该使“最大多数人的最大幸福”最大化的观点而著称。最大幸福论是功利主义的基石;其思想基础是,人们在个人生活中所作所为的目的就是使快乐最大化,使痛苦最小化。边沁认为,社会政策也应该遵循这一原则。

边沁是法律工具主义的支持者。法律工具主义认为,法律设计的初衷应该是实现特定的目的和目标。他认为自然法和自然权利的概念都是“踩着高跷的废话”,因为他认为权利只有体现在具体的法律中才存在。他质问道,当一个人的食物权和一条面包权可能导致另一个人的食物权和一条面包权被剥夺时,怎么能说权利存在?边沁指出,权利激励人们狂热地追求他们认为自己有权拥有的东西,而法律的作用应该是抑制狂热和竞争。

马丁·戈尔丁用一个例子来阐释边沁的理论。他指出,如果“超长时间停车”的罚款是 1 美元,而停车场的停车费却是 2 美元,那么就等于鼓励了违法,打击了守法。同时,戈尔丁还认为,为了促使人们把车停在停车场,罚款 10 美元可能又过头了(Golding 1975:77)。

与意大利犯罪学者西萨尔·贝卡里亚(Cesare Beccaria,1738—1794 年)一样,边沁对他所认为的刑事审判系统缺乏公正表示不满。例如,被告人在未被指控的情况下便遭监禁,法官和检察官腐败受贿,刑讯逼供,以及监禁条件恶劣。英国对 200 多种犯罪采用死刑判决,包括扒窃、偷拿食物,甚至有些犯人在执行死刑前就已被掏空内脏或被肢解。

贝卡利亚在《论犯罪与刑罚》(1764 年首版)一书中指出,刑事处罚应该与所犯罪行相当,而且应该对犯罪人和其他人起到震慑作用,使之不敢犯罪。刑罚的目的并不是报复或使人受苦。贝卡利亚认为,有效的刑罚必须做到快、准、狠。刑罚的严酷应该略重于犯罪的快意;过了这个度的刑罚就是不必要的,不适当的,不人道的。快而准的刑罚能够强化罪与罚的联系(Beccaria 1988)。

贝卡利亚的观点从欧洲传到美国,并启发了边沁对美国刑事司法政策的批评。

功利主义继续在关于威慑和惩罚的辩论中产生影响(见第九章)。

绝对律令

1785 年,德国道德哲学家伊曼努尔·康德(Immanuel Kant,1724—1804 年)写了《道德形而上学基础》一书,旨在作为研究功利主义的新途径。

康德认为,人类能够用理性安排自己的生活,而不受情感和冲动的控制。他指出,人类应该依靠自己的理性能力,自觉地在任何时候都尊重和关心所有人,并将其视为普遍的自然法则。康德指出,人类理应得到绝对的尊重,因为他们是理性的、理智的:“我认为,人,一般来说,每一个理性的存在,都是作为自己的目的而存在的,而不仅仅是作为被这个或那个意志任意使用的工具”(Kant 1993:30)。这个“人性准则”使康德提出了他所谓的“绝对律令”:“你要这样行为,永远都把人性,无论是你自己的还是他人的,同时用作目的,而决不只是用作手段。”康德的“绝对律令”要求我们要尊重所有人,不管他们是谁,住在哪里,因为他们具有理性的能力(Sandel 2009:122)。

康德把人类视为“目的本身”,并批评功利主义将人视为“达到目的的手段”(Sandel 2009:110)。例如,功利主义的观念是,医疗保健应该给予年轻人,而不是老年人,因为年轻人比老年人有更长的寿命,有可能为国家的未来做出更大的贡献。对这种功利的观念,康德给予了谴责。缺乏道德基础的法律不应该被遵守,因为它是君主的命令。

接下来要讨论的欧洲历史法学派,是对自然法的另一种反应,这个学派根据历史的力量来解释法律。

历史法学派

19世纪的历史法学派直接把法律与社会相联系,并且把法律的来源定位于社会的历史发展。随着社会发展,工业工厂、银行、交通以及大规模的粮食生产出现了;历史学派认为,法律体系应随之制定出一个复杂的工业社会所需要的法律制度。例如,一旦人们开始在工厂工作,开始在商店或餐馆购买食物而不是自带食物,那么,就需要有一套食品安全检查与规定付诸实施。

萨维尼(Friedrich Carl von Savigny,1779—1861年)是一位重要的较早提倡从历史角度研究法律的学者。他曾是德国柏林大学的一个专家,研究罗马法历史和罗马法对欧洲当代法律的影响。他反对存在统一的、永恒的自然法,而且也反对法律是至高无上的统治者命令的产物。相反,萨维尼认为,法律是与社会相联系的,法律反映他所定义的人民的“精神”,反映一个社会的价值观、习惯和信仰。如果一部法律与社会“精神”相冲突,统治者便会很难推行。

亨利·梅因爵士(1822—1888年)是英国剑桥大学的一个学者,出版有根据讲稿整理的著作《古老的法律》。他主张法律学者应该研究法律的历史演变,并在其讲稿中对法律的发展进行了从古代社会到19世纪的追溯。他认为,尽管各个社会在某些方面不同,但都按照相似的模式进行发展。

梅因著名的发现是,社会从家庭和地位到合同的进化。在一个以家庭为基础的社会,个人的特权和机会取决于家庭威望、权力和名声。一个家庭的父亲对妻子和子女以及他名下所有财产实施绝对的操控。

梅因认为,随着社会的发展,有权力的家庭失去了对权力的支配。社会关系开始以人与人之间签署的合同或协议为基础。例如,奴隶的“地位”被仆人与主人之间的契约关系所取代。封建农奴被组成工会的工人所取代,由工会为他们交涉用工条件。最重要的是,梅因发现,进步的社会运动迄今为止都是一个从地位到合同的运动(Maine 1970:165)。

和梅因同时期著书立说的,还有赫伯特·斯宾塞(Herbert Spencer,1820—1903年)。斯宾塞对法律和社会的历史关系进行了详细描述。他勾勒出法律演变的五个阶段,并且同梅因一样认为,工业化进程会使基于继承地位和特权的法律体系被基于个人平等、权力和机会的法律体系所取代。一个由君主命令和宗教原则构成的法律体系不可避免地会被一个基于“社会共识”的法律体系所取代。斯宾塞深信,随着社会的发展,除了需要其提供公共安全服务之外,社会对政府的需求会日益减少(Spencer 1884)。

斯宾塞是查尔斯·罗伯特·达尔文(Charles Robert Darwin)的一位忠实信徒,并且将“适者生存”这一生物学理论视为社会的典范。斯宾塞极大地影响了一批学者,其中有耶鲁大学教授威廉·格雷厄姆·萨姆纳(William Graham Sumner)。萨姆纳以“社会达尔文主义”而知名,他主张独立自主和严苛的个人主义(Sumner 1911)。

萨姆纳明确阐述了一种苛刻的思想理论。这种理论以经济竞争、自由市场和不介入保护穷人与弱势群体的有限政府为基础。他反对公办教育、医疗保障以及对穷人与弱势群体的扶持,因为这些做法干预了自然选择法则。

经典社会学理论

三大主要的早期社会学家——埃米尔·涂尔干(Emile Durkheim,1858—1917年)、马克斯·韦伯、卡尔·马克思(Karl Marx,1818—1883年)都在著作中论述过法律与社会的关系。经典社会学理论承认,法律与社会相互作用。特别是马克思和涂尔干都系统地建立理论;他们认为:法律受社会的影响,法律依社会影响而发生变革。

没有哪个思想家的著作能像马克思的著作一样影响深远,你一定熟知马克思主义的基本原理。马克思把社会的发展划分为多个不同的社会经济阶段,但他关注的是资本主义向共产主义的过渡。

马克思主要关注的是存在于英国的工业资本主义。在资本主义制度下,资产阶级掌握着生产资料,例如工具、机械设备、工厂等。然而,无产阶级或工人却几乎不拥有任何财产,而且,他们在工厂的劳动受到剥削。资产阶级要永久维护这种不公平;因为他们乐于剥削工人,并且乐于实现自身利益的最大化。

马克思认为,在工业资本主义制度下,社会精英占有生产资料,而工人阶级则在不安全的工作条件下为了维持生活所需的最低工资而从事长时间的劳动。马克思把法律看作上层建筑的一部分,上层建筑由社会中人们之间的经济关系(经济基础)所决定。马克思在《哲学的贫困》(Marx 1900:197)中写道:“法规……永远只不过是用语言表达的经济关系的意志。”虽然法律表面看是公平的,但法律却是为工业利益服务的。经济精英解释法律规定并用来维持其对财产的控制权,他们使工人阶级相信社会是公平公正的,从而误导无产阶级。马克思在其著名的《共产党宣言》中对资产阶级说道:“正像你们的法不过是被奉为法律的你们这个阶级的意志一样,而这种意志的内容是由你们这个阶级的物质生活条件决定的。”(Marx and Engels 1955:47)

马克思在报纸上发表了一系列文章,批评1837年在莱茵兰正式通过的《林木盗窃法》及德国其他地方正式通过的类似法律。《林木盗窃法》禁止农民为养家糊口、越冬取暖从事伐取木材及其他生活资料的传统做法。德国经济的快速增长,意味着林木资源被企业用于建造船只、制造机器及修筑道路。马克思指出,该法律是经济精英用来提高他们自身利益的一个例证。他指出,把拾取散落木材的行为定为犯罪导致了“穷人为谎言而牺牲”。马克思也谴责一系列审查报刊的法律,认为这些法律的目的是打压批评政府的意见(Trevino 2008:102)。

马克思在《政治经济学批判》(1972:263)中预言,资本主义将会瓦解,并将被共产主义所取代,无产阶级专政以“各尽所能,各取所需”原则为基础。在这个阶段,私有财产被取消,这个乌托邦与极乐社会不需要法律。马克思的辩证唯物主义理论的一个辩证的观点就是,资本主义和劳动者之间的革命性冲突不可避免。

马克斯·韦伯是一位杰出的德国政治经济学教授,被认为是现代最有影响力、最为重要的社会学思想家之一。韦伯对法律与社会最重要的贡献就是他对政治统治的论述。他把政治统治定义为具体的法令会被一群人所服从的可能性。这个群体中如有人不服从,则可在身体与心理上强迫其服从。让人服从的较为简便的一个办法就是借助权威,或者因为某个领导人的命令被认为是“公正的”或“理所应当的”。韦伯区分出三种类型的权威,可以帮助我们理解不同类型的法律推理以及人们为什么要遵守法律。在现实中,任何统治者都对这三种权威的某些方面加以综合利用(Weber 1954)。

法律权威的类型

魅力权威(charismatic authority):魅力权威基于个人的非凡的品性,具有与上帝相联系的魔力、超自然的或英雄般的能力,因此人们服从其裁决。魅力权威所做的决断，根据的是其洞察力、直觉或心灵启示，不受限于先例、逻辑或事理的连贯性。韦伯用以阐述魅力权威的主要例子是希伯来先知阿摩司、以赛亚、耶利米、以西结与何西阿。

传统权威：传统权威的合法性是以个人官职地位的高低尤以世袭身份为基础，例如法老和封建领主等。这些统治者具有断案的判别力，并根据其判断力决策。

理性—法律权威：行使法理权威的个人根据规定程序执掌权力，并依据成文法律中的目标和非个人性的规则做出决策。人们之所以服从这样的人，是因为规则的合法性，他所做的决定是根据规则而不是其对统治者的个人忠诚。

韦伯在其给出的法律定义中强调，法律是依靠强制力支撑的，这点与风俗习惯或道德准则不同。“如果一个规则可能被一群职员运用身体上或心理上的强制力以使人遵守或对违犯者加以惩处，从而得到外在的维护，那么这条规则就被称为法律”（Weber 1978：34）。

韦伯继而提出法律思维的四种理想类型（详见下述）。在韦伯的分类理论中，法律程序要么是形式的，要么是实体的。无论分析的结果如何，形式法都是按照既定的统一规则进行的。实体法涉及个案分析，法律程序也可能涉及合理或不合理的法律。理性程序包括逻辑分析或既定的分析方法。不合理的程序包括魔法、神的启示或超自然现象。

法律思维的类型

形式非理性思维：所做出的裁决是非理性的，不加解释的，依据的是魔法、神谕或个人洞察力，但魅力权威和传统权威仍遵循既有规定程序。

实质非理性思维：魅力权威和传统权威基于道德、宗教和政治因素视具体情况进行裁决，而不是按总的规则裁决，毫不考虑多种案件之间的一致性。韦伯指出，这种裁决方式类似于卡迪司法（Khadi-justice），即穆斯林法官对市场中买卖纠纷的仲裁方式。

实质理性思维：实质裁决由魅力权威和传统权威做出，依据的是从非法律的、政治的与宗教的文献中得来的原则，关心的是与宗教的、伦理的或政治的理想相一致，而不是与事情的“真理”相一致。韦伯曾提到佛教帝阿育王（前 264 年至前 226 年），他就是遵照佛教的宗教与精神原则进行裁决的。

形式理性思维：在极少涉及道德或宗教因素的法律文献中找到法律规

则,并对之进行逻辑分析,然后据此做出裁决。普适性的规则都以书面形式发布,并统一施行,这样结果就具有很高的可预测性。形式理性思维至关重要的一面是其脱离了宗教法庭,促成了世俗法律制度的发展。

韦伯把法律同社会联系在一起。他认为,形式理性思维为近代欧洲的工业资本主义发展做出了重要贡献。他认为,经济和法律之间不存在因果关系,法律是受社会、文化和政治因素影响的。他还认为,经济发展受到清晰、明确和可预测的法律规则的推动,因为法律规则规范着人与人之间的关系。然而,形式法律理性却对工业资本主义的发展至关重要。有了规范货物交付与付款的普遍建立和接受的规则,个人就可以签订合同出售商品;同时,一旦出现违反合同的行为,法庭就会以违约为由判决赔偿损失。随着社会变得日益复杂,法律的数量也在不断增加,而挑战在于如何确保这些法律得到沟通和解释。韦伯认识到形式理性可能与实质正义相冲突。例如,一旦双方签订合同,一般都要强制执行,不管具体情况如何。想一想一个年轻人遇到这种情况,一方面穷困潦倒,另一方面法律仍要求他继续偿还学生贷款。

涂尔干是第三位主要的法律社会学家。涂尔干被认为是第一个法国社会学家。他在巴黎大学致力于对社会的科学研究,被授予教授头衔。涂尔干在《社会分工论》一书中对社会的团结这个把社会粘连在一起的"胶水"进行了探讨。

社会是靠着人们的团结感聚合在一起的;随着社会的发展,各个社会有着各种不同类型的团结。涂尔干把法律看作社会团结类型的反映。机械团结存在于同族的、工业化前的小型社会。那里的人们有着共同的世界观、信仰、价值观、生活方式和习惯,通常从事同种类型的劳动——打猎、种地、手工艺品制作以及养育孩子。人们信守相同的价值观、宗教和生活方式,几乎不容许有意见分歧和个性。涂尔干在书中写道:"我们不应因为一种行为是有罪的,就说这种行为冒犯了公共意识,而应说因为它冒犯了公共意识,所以才是有罪的"(Durkheim 1964:40)。

相反,有机团结出现在大规模的、多样化的社会,有着经济上的劳动分工。社会凝聚力的基础是个体间的相互依存,而不是共同的社群意识和共同的价值观。有机团结的特点是庞大的工业化社会群。尽管人们有着不同的观点和价值,但是每个人都能够从事一种为别人所需要的工作,这一事实让他们维系在一起。

涂尔干认为，社会从机械团结到有机团结是历史发展的必然趋势。社会组织的任何一种类型都有不同的法规进路，并以此为特征。机械团结与镇压性的制裁相联系。镇压性处罚是严厉的制裁，反映出对冒犯社会价值观行为的道德上的残暴与愤怒。违反法规的行为冲击了维系社会团结的价值，违法者因而受到严惩。

有机团结以补偿为特征。通过强调对遭受伤害的个人给予经济赔偿，从而达到实现和解与公平以及维持社会成员间的积极关系的目的。基于有机团结在社会中的法律形式是合同，人们利用合同来规范与他人相互依赖的关系。刑事处罚包括监禁与罚金，而不包括体罚，因为法律对罪犯是讲人道的。与基于机械团结的社会相比，基于有机团结的社会要复杂得多，因而法律也会更多，还会有更多的机构管理诸如银行、税务以及交通等领域的活动。

涂尔干指出，我们无法观察一个社会的团结形式；然而，法律的类型则有助于我们深刻了解一个社会的社会团结类型。

法律现实主义

美国法律现实主义运动认为，法律的实际功能应是核心。会聚在现实主义大旗下的一批不同的学者认为，法律外因素诠释了法律的裁决，这些因素包括法官的经历、偏见与心理，以及强大的社会利益与势力，而不是法律逻辑与判例。因此，学者应关注那些"现实的"原因，这些原因可以解释法官和陪审团因何作出的裁决。

奥利弗·温德尔·霍姆斯（小）（Oliver Wendell Holmes Jr.，1841—1935年）是马萨诸塞州最高法院法官的儿子，他追随其父亲的脚步，成为马萨诸塞州高等法院的一名法官。1902 年，霍姆斯（小）由西奥多·罗斯福总统提名为联邦最高法院大法官，并成为 20 世纪最伟大的法官之一。霍姆斯的法律哲学思想就是后来广为人知的"法律现实主义"。

法律形式主义认为，法律规定是逻辑分析的产物，案件的审判结果受制于对法律规定的机械应用。霍姆斯向法律形式主义发起挑战，认为"法律的生命不在于逻辑，而在于经验"。

在霍姆斯看来，法官们最先发现结果，这种结果反映了其个人成见、政治思想或者对公共政策的偏好。然后,他们才找到法律规定用以支持他们的个人观点,使得这种观点公正合理。正如埃德温·舒尔所指出的,霍姆斯认为法官是“制造”法律而不是“找到”法律(Schur 1968:43)。霍姆斯的思想以法律现实主义而著称,因为他提倡着眼于法律是如何实际上发挥作用,而不是关注应用法律所得出的结果。

按照霍姆斯的说法,法律不是数学题,可以有一个机械的、预定的结果。大多数情况下,法律规则存在冲突,案件的结果受到强大的政治和经济利益的支配。他指出,“最终的胜利”总是属于“最强者”。

霍姆斯关注的是法院如何实际裁决案件,而不是法律有什么规定。他指出,预测法院“事实上会做”什么,“不会再做”什么,“就是我所说的法律的含义”。他指出,律师在预测司法裁决的时候,应该从“坏人”的观点去看待法律,因为“坏人”不关心道德因素或道德准则,只关心案件结果。换句话说,关注点应该放在法院实际所起的作用上,而不是放在对法律规定的分析上(Holmes 1938:461)。

霍姆斯认为,陪审团也是根据自己的善恶观念来裁决案件,而不是自动地依照法律在作出裁决。

霍姆斯关注法律如何在实际上发挥作用而不是关注法律书本条文的观点,鼓舞了多位学者,如卡尔·卢埃林(1893—1962年),E.亚当森·霍贝尔(1906—1993年)和杰罗姆·弗兰克(1889—1957年)。卢埃林和霍贝尔因《夏延人方式》(1941年)一书而著名。该书是他们对夏延族印第安人法律的实证研究。在《法律与现代精神》(1930年)和《法院受审》(1950年)两书中,弗兰克着眼于研究审判法庭上的法官和陪审团。他指出,律师是那么急切地打赢官司,证人的证词是那么不准确与偏颇,证词记录是那么不完整,以至于审判最终未必产生一个公平合理的判决。他把审判中的不可预测性和可靠性比作向一名做手术的外科医生的眼睛里撒辣椒粉,并提议对审判程序进行彻底改革。弗兰克建议,弗洛伊德精神分析法可能是解释法官行为的有效方法。瑟曼·阿诺德(Thurman Arnold)在一本仍然很重要的书中认为,法律通过将注意力集中在团结社会的理想上,并将人们的注意力从社会的缺点上转移开来,从而发挥象征性的作用(Arnold 1962:23-70)。

书本上的法律条文同实际执行的法律存在不同,司法裁决是基于法律逻辑以外的因素。霍姆斯与法律现实主义者很早就提出的这一观点已被今天的法律学界广为接受。霍姆斯主张对法律去神秘化,把法律规则视作对公共政策的反映性选择,而不是视作理性和逻辑的产物。

法律现实主义除号召法律学者观察法律之外,对法官和陪审员的裁决进行实证研究方面也作出了重要贡献。现实主义者同时相信,社会在不断发展,而法律必须调整以适应新的情况。他们对公共政策和法制改革的关心,鼓舞了很多在新政时期为富兰克林·德拉诺·罗斯福总统工作的人们。

社会学法学

罗斯科·庞德,哈佛法学院普通法学教授,在 1906 年的一次对美国律师协会的演讲中首次明确表达的思想构成社会学法学基础。他认为,评判法律的依据应该是"法律所产生的结果",而不是法律的逻辑一致性。法律的真正目的是使人们的生活更容易更幸福。他反对法律是"自动售货机"的说法——法官拉动操纵杆,一个逻辑一致的判决便从机器中出现。庞德希望法律致力于"社会工程",以解决社会问题为目标,而不是专注于法规之间的逻辑一致性。

庞德是在城市化、移民化、经济力量集中与贫困加剧以及劳动剥削同时存在的时期进行研究写作的。他写作的目的是促使律师和法官研究法律的影响,并使用法律解决社会问题。

庞德敦促律师和法官查阅政治学、社会学和经济学领域新出现的不断增多的文献,并分析法律和社会之间的关系。这是一项工程,庞德给这项工程贴上了社会学法学的标签。庞德提倡一种行动导向的、实用的法学,根据社会影响而不是逻辑分析,对法律和司法裁决进行设计和评价(Pound 1908:605)。

庞德利用心理学来识别各种不同的社会利益——例如身体安全、经济发展和环境保护,这些对社会都是核心性的问题。他系统地认为,法律的功能就是保障人民享有这些利益,并调整发展经济与环境主义者要求保护资源等竞争性诉求。

社会学法学的一个持久影响是把法律研究与社会科学联系起来,开创了把社会科学资料应用于诉讼案情和裁决研究的先例。社会学法学的重要作用还在于提醒人们注意书本上的法律和实践中的法律之间的差异。

牛津大学教授 A. V. 戴西(A. V. Dicey,1835—1922 年)在哈佛法学院的一系列讲座中认为,英国法律的发展依赖于公众舆论。他认为,在任何时候都有一套占主导地位的信仰、情感和公认的原则,正是这些"共同构成了一个特定时代的民意原则"。这些民意源自一个或一群思想家的思想,并塑造了法律。戴西常常提到那些改变了我们对世界看法的有影响的思想家,如进化论的提出者查尔斯·罗伯特·达尔文。这些思想家的观点不断被其追随者提起,并传播开来。这些思想之所以能成功地引导公众舆论,是因为依靠思想的力量、信徒的热情,而最重要的是,依靠引发人们去质疑其信仰的变化了的社会环境。除非社会面临紧急情况或危机,否则,社会舆论的转变及其所带来的法律上的变革通常都是步履缓慢的。受其法律教育影响,法官们特别不愿意接受法律的快速变革;在他们看来,法律和社会是以一个审慎和渐进的方式演变的。

戴西认为,法律变革通常是立法者在青年时期就有的想法,而且只有在几十年后当他们获得有影响力的职位和权力时才可实施。老一辈要完全实现自己想法的能力受到年轻一代施加的影响的限制;而年轻一代,由于其社会环境不同,通常秉持不同的观点。然而,成功的法律变革会激起社会舆论的改变,而社会舆论也会随之接纳一些意义深远的变革(Dicey 1905:1-42)。

功能主义法学

功能主义法学是 20 世纪 40 年代和 50 年代研究法律和社会的主要理论方法。这种理论方法的起源可以追溯到法国学者奥古斯特·孔德(Auguste Comte,1798—1857 年)的著作。孔德在生物体与社会有机体之间做了一个类比。正如构成生物有机体的各个不同部分都发挥着必要的作用以维持机体运转那样,各种社会活动和建制也发挥着各自的作用以维持社会运转。比如,教育对于传播技术、世界观、价值观和历史是很重要的。

功能主义法学认为,法律在帮助维持社会系统平衡及有效运行方面发挥着重要的功能。本章上文中我们已谈论到的涂尔干为研究犯罪提供了一个独特视角。他认为,打击不轨行为对于确保社会健康与充分运作起着重要的作用。涂尔干认为,对于不轨行为的定罪和惩罚有助于加强社会价值观,团结人民反对共同的威胁,为刑事司法专业人员创造工作岗位,而且还可能引发激进人士抗议法律并催生社会变革。

著名社会人类家阿尔弗雷德·拉德克利夫-布朗(Alfred Radcliffe-Brown,1881—1955 年)曾运用过功能分析,布罗尼斯拉夫·马林诺夫斯基在其对巴布亚新几内亚超布连群岛岛民的研究中也运用了功能分析(Malinowski 1982:46-47)。

社会学家罗伯特·K.默顿(Robert K. Merton)曾对功能分析进行过有意义的分类。默顿呼吁人们注意“外显功能”和“内隐功能”的存在。外显功能是“对社会系统进行改造或调整的结果”,而内隐功能“既不是有意造成,也不是被认识到”的结果。默顿还指出,一个社会活动或建制可能出现功能障碍,从而削弱其对社会系统的改造或调整的作用(Merton 1968)。

塔尔科特·帕森斯也许是功能主义最具影响力的倡导者。他在其著作《社会系统》(1951 年)中把社会或社会任一部分视为一个社会系统。法律可被视为社会的一个子系统,或者说,法律可被作为一个独立的社会系统来研究。帕森斯以高度抽象的方式表达其思想,而在本讨论中我们只讲他那复杂的功能理论的共性问题,因为在该理论中法律只是许多重要组成部分之一。

帕森斯认为,社会系统为了生存和繁荣,必须满足以下四个功能的要求:

(1)法律通过不断调整子系统确保应对当前的挑战来执行统合功能;

(2)法律有助于实现规范的一致性,提升大多数美国人所珍视的自由、自主和对人的尊重等价值观;

(3)法律通过解决纠纷和维护各个子系统之间的和谐与秩序来发挥综合作用;

(4)法律也作为一种社会管控形式发挥作用,这意味着法律规定什么是不轨行为并引导个体以合法的方式行事。

从功能分析层面看,法律是维系社会统一、避免社会分裂的黏合剂。想想看,法律是如何解决消费者与商家的纠纷以及劳资纠纷的,是如何通过禁止不法经营行为以及禁止剥削和虐待工人来应对社会环境的变化的。

我们上文提到过的卢埃林曾提出“法律—工作”(Law-jobs)这一概念,用以描述法律的多种功能。卢埃林的研究由重要的学者亚当森和威廉·奥伯特所继承。弗里德曼列出了法律的一些功能(Friedman 1977:17-20),其中包括解决纠纷,管理社会,创立规范和价值观,记录数以千计的交易项目,发布帮助人们决定如何行为的规章与标准,以及为个人和团体提供关于纠纷的公平裁定。

功能主义法学认为,法律维护社会平衡与均衡,这个观点与那种认为社会处在持续的压力、矛盾与纷争中的看法不一致。

我们接下来将把注意力转移到较新的理解法律的方法上。英国法律学家罗杰·科特雷尔认为,这些方法很大程度上得益于法律现实主义者的工作(Cotterrell 1989:207)。

法律文化学

近年来,随着人们对法律与文化关系的兴趣不断增加,法律和社会研究被称作发生了"文化转向"(Calavita 2016:173-177)。对法律与文化关系或法律文化学的研究可以追溯到孟德斯鸠(Baron de Montesquieu,1689—1755 年)。他最著名的理论是提出政府各机构权力分立和制衡才能最有效地保证政治稳定(Montesquieu 1886)。

"法律文化学"研究的是一个国家的法律文化如何反映、强化一个社会更大的文化并在某些情况下如何与一个社会更大的文化发生不一致。文化被认为是一个"棘手的"有待界定的概念。文化广义上被认为是一种"看待世界的方式",是一个社会的历史、价值观、政治和宗教传统以及社会、经济和政治体制的总和。反过来,文化有助于创造一种"法律文化",它是一种看待法律在社会中所起作用的方式(Friedman, Pérez-Perdomo and Gómez 2011:117-170; Geertz 1989:214-216; Nafziger, Paterson and Renteln 2010)。一个研究法律和文化关系的例子是,一项早期对欧洲国家的研究发现,不同国家的人们看待法律的方式有着明显的不同。有人宣称"只要不被抓住,你就可以违反你不赞成的法律"。对此,93%的英国受访者表示强烈反对,然而,法国、卢森堡、比利时和葡萄牙大约 25%的受访者却强烈同意这一观点。这些不同的欧洲国家在对法律的看法上出现的差异与多种因素有关,包括对一个国家政府的信任程度(Gibson and Caldeira 1996)。另一项研究发现,联合国外交官如果是来自那些对腐败容忍度较高的国家,其违反停车规定的情况往往就较多,而如果是来自对腐败容忍度较低的国家,则其违规情况就较少(Fisman and Miguel 2006)。

法律行为主义

从事司法政治研究的政治学家们最先对司法裁定进行定量分析。司法行为主义依靠统计技术检验法官的个人品行与其司法判决内容之间是否存在关联。把司法意见分为"自由"和"保守"可以让人们洞悉法官的判决是否和党派身份、性别、种族或宗教有关。这种定量分析的结果显示,法官如何判决案件不是通过法律分析决定,而是由法官的社会政治信仰决定(Epstein, Landes and Posner 2013)。

司法行为主义(judicial behavioralism)是法律行为主义(legal behavioralism)的一方面,是法律与社会研究的一个更大的实证研究方法。法律社会学家唐纳德·布莱克在1972年发表的一篇文章中认为,法律社会学应该是客观的、价值中立的,并且依赖法律定量分析方法。公共政策问题、道德问题和公平问题不应沦落到用定量的方法分析,也不应是社会学家关心的问题。这种方法遭到菲利普·诺内的全面否定。他主张使用一种规范方法,按照这种方法研究法律社会学所解决的社会所面临的道德和公共政策问题(Nonet 1976)。

在几本重要的著作中,布莱克用以衡量法律的方式是一些指标的频数。这些指标包括通过了多少法律,颁布了多少规章,受理了多少诉状,向警方报案有多少起,提出起诉多少件,多少人被判有罪,受理多少件民事诉讼,被驳回的裁定有多少。他概括地指出,不同社会有不同数量的法律。

布莱克为评测法律的称量、方向和类型提出了一个复杂的框架。法律的量是指一种行为是否受到法律的管控以及是否受到制裁。法律方向是指纠纷各方之间是否存在社会差距。法律类型可以是刑事的、赔偿性的、治疗性的或调解性的。布莱克借助一个复杂的框架提出有关法律的多种不同议题。这些议题的基础是阶层差异(不平等)、形态差异(劳动分工)、文化的富有度(社会背景的多样性)、正式组织(政治与经济领域的中心性)以及非法律的社会控制(同辈同伴压力)。

布莱克"法律几何学"的案例是一个流浪汉对一个富人的犯罪。布莱克认为,在评测法律的称量的过程中,受害人和罪犯之间的社会差距要比犯罪的严重程度重要得多。流浪汉对一个富人的犯罪带有"向上方向",相对于"向下方向”,它涉及更多的法律责任。富人作为受害人,更有可能报警,坚持要求检察官立案起诉,提出民事损害赔偿,还有可能出庭要求判刑。反之,富人对流浪者实施了犯罪,就可能以罚金(赔偿)、调解(和解)或者心理咨询(心理治疗)而了事。从布莱克的框架可以预测到,同样的犯罪会产生不同类型的法律对策和不同的惩罚,这一点取决于罪犯和受害人的阶级地位(Black 1976:28)。文中引用的涉及定量或统计分析的大量研究就属于法律分析的行为主义方法。

法律自由意志主义

自由意志主义的核心原则是个人自由的最大化。根据自由意志论,个人只要不妨碍他人自由,或不伤害他人,就有权做其想做的任何事情,并有权选择如何使用个人财产。自由意志论认为,政府仅限于打击犯罪,保护私有财产,执行合同及保卫国防。自由意志论者反对政府出台名目繁多的政策(Sandel 2009:60)。

家长式统治:旨在保护个人自身不受伤害的法律是不公平的。这包括要求使用安全带、摩托车头盔以及要求个人购买保险的法律。那些冒险受到人身伤害的个人必须承担自己负担医疗费用的责任,而不能把这种费用强加给社会。

道德立法:自由意志主义者认为,那些利用国家权力提升道德的法律是不公正的。因此,他们反对禁止性交易、麻醉药和同性婚姻的法律。

收入再分配:自由意志主义者反对要求人们帮助他人的法律,尤其是用税收实行财富的再分配。个人所交的税款不应该用来支持为他人服务的低成本住房、公共教育和医疗保健。

自由:人们基于人种、种族或性别所产生的就业歧视也不应该受到禁止,而应该由他们自己决定自己公司企业的招聘对象。自由意志主义者还反对颁发执照。政府不应该阻碍人们做发型师、水管工或不动产代理人。

罗比特·诺齐克在《无政府·国家与乌托邦》(1977 年)一书中清楚地表示,迈克尔·桑德尔倡导的是“自由意志主义主张的道德关键”,即自我所有权的概念。诺齐克推理指出,以再分配为目的对个人劳动所得征税,这实质上是政府在要求人们从事没有补偿的工作。“如果人们强迫你做……没有回报的工作,……这就使得他们成了你的财产共有人;把你的财产所有权赋予他们”

(Sandel 2009:65)。

我们每个人都可能愿意花 1 美元看一场滚石乐队的表演,最后,滚石乐队就会比别人富有。诺齐克认为,如果把滚石乐队赚的钱再分配给另一个不太成功的乐队,在这样的机制中,人们愿意花 1 美元看滚石乐队表演的自由决定就会被扭曲。凯伦·莱巴克慈指出,对诺齐克来说,“公平是由分配方式决定的,而不是由分配的东西决定的”,一些人比其他人富裕,这一事实可能是“不幸的”,但并非“不公”(Lebancqz 1987:56-58)。

自由市场理论倡导者与自由意志主义者一致认为,商品自由交换使得个人自由最大化。他们也认为,市场的基本好处就是增加了总的社会财富,并且带来了更好的服务交付。

“择校”就是一个例子。学生家长拿到了政府发放的教育代金券,这种代金券可用于所有公立学校或折抵私立学校的部分费用。理论上,家长会使用他们的代金券送孩子上“最好的”学校。这就激励学校去提高办学水平。这样一来,办学水平差的学校就会吸引不到学生,就会难以为继。

自由意志论受到约翰·罗尔斯(John Rawls,1921—2002 年)颇受争议的著作《正义论》(1970 年)的挑战。罗尔斯把我们所有人都遣回自然状态。他质问我们一致赞同以什么原则作为新社会的基础。罗尔斯认为,应该选择两条原则:第一条是,每个人都有平等的权利拥有与他人同样的自由并存的最“广泛的基本自由”;第二条是,虽然不要求人们的收入和财富平等,但任何不平等都必须有利于社会上最不富裕的人。

罗尔斯的“差异理论”认为,出身不由己,有些人一出生就具有某些继承性的财产优势或智力优势。结果就造成人们在不同的起跑线上开始人生的赛跑。他认为,这些优势不是理所应当的,而且在自由市场机制中这些人还享有如大学录取等优势。罗尔斯认为,这些优势应当被视为社会资源,而且每个人都应该分享这些人的成就。因此,这些有优势的人应该缴纳更多的税款作为补偿,也应该提供特殊项目,如为弱势群体兴办儿童教育,创造增加他们经济收入的机会。

罗尔斯指出,有天赋的人受到社会的奖赏有些偶然。一个技艺精湛的棒球运动员或者电视名人换个国家就不可能像在美国一样赚到数百万美元。对富人有利的税收制度和酬金制度反映了以某种方式把社会组织起来的决策。罗尔斯主张,这种组织体制不应是一成不变的,我们应该和全社会一起共享我们的自然优势所带来的利益。

说到罗尔斯,我们不妨试问一下,职业运动联赛为何经常地改变比赛规则以吸引球迷看球赛。尽管我们接受经常调整规则的目的,即让比赛更加具有吸引力,或缩短比赛时间,但是我们却对规则的改变仍感到不满。

法律经济学

法律经济学将经济学原理和计量经济学定量分析应用于法律规则。法律经济学的一个分支试图证明现有的法律规则是基于经济原则的,而另一个分支则提出对法律原则进行改革,使其更加有效。这种理论方法的优点是使用定量技术和证据来评估法律规则的优点(Posner 1973)。

法律经济学在很大程度上基于意大利经济学家维尔弗雷多·帕累托(Vilfredo Pareto,1848—1923年)的思想,并以以下几个原则为前提:

(1)效率。法律应努力实现最有效的结果,而不是侧重于个人权利。

(2)私人议决。争端最好交给私人协商和自由市场解决,而不是由政府出面解决。

(3)数据。法律分析应依靠定量分析,而不能仅仅依靠逻辑分析。

尽管近年来学者已将经济原则应用于一系列法律领域,但是,法律经济学的一个主要焦点是民事侵权法或人身伤害法(Calabresi 1970)。

法律经济学的影响可以通过威慑犯罪的一种熟悉的方法来说明。加里·贝克尔(Gary Becker)在他1968年的文章《罪与罚:一种经济学方法》中指出,罪犯是"效用最大化者",他们根据机会和犯罪活动的成本与收益来决定是否犯罪。贝克尔认为,像任何其他经济活动一样,犯罪活动可以通过调整"价格"或刑事惩罚的可能性和数量来增加或减少。在这种方法下,犯罪活动的代价将会增加,直到大多数犯罪活动得到制止。贝克尔方法的批评者认为,限制警察战术和刑事处罚期限的公正性问题应从属于预防犯罪的效率(Becker 1968)。

人们经常批评法律经济学过于苛刻,尽管它的原则一直在关于是否需要在环境等领域制定政府法规的辩论中极具影响力。我们是否应该考虑“成本最大化”,并在工人安全规则的代价和企业财务负担之间进行权衡?

批判法学

批判法学运动始于 1997 年在威斯康星州麦迪逊市召开的一次会议。艾伦·亨特在 1989 年的著述中发现,大约 700 篇已发表文章的作者把自己认同为“批判者”(Hunt 1989)。亨特指出,批判法学存在不同的流派,这些流派松散地团结在“对法律和法学理论进行不妥协的进攻”的大旗下。

批判法学被称作美国法律现实主义的直接继承者,也同样认为政治和法律就是一回事。批判法学和美国现实主义的不同点在于,批判法学更专注于法律的推理和法律的实质。批判法学运动有几个突出的主题(Trevino 2008:391-398)。

不确定性:没有唯一正确的答案。法官似乎是以法律为依据,但可能做出各种不同的判决,这被称作法律的“可翻转性”。

反形式主义:法律不是一个逻辑的、理性的推理体系。法官运用法律所做出的判决反映了他们自己的思想观念。

矛盾性:法律问题的解决方法,没有一个统一的价值观。有时候,涉及搜查和拘留的法规似乎关照个人权益,但有时候,这些法规却倾向于袒护警方。

边缘性:大部分人在人际交往中都不会参照法律,可见,法律的重要性被夸大了。在人际关系中,我们处理重要事情依靠的都是“握手”和彼此信任。

观念:法律反映了对富人和现行经济体制有利的一种基本观念。富人有更高的财产计税基础,因此郊区学校会比城市学校得到更多的拨款,这种做法不会被看作违背法律保护公平的原则。

差距:批判法学揭示了法律和社会现实之间的差距。比如,法律规定人人都可以通过公平的竞争进入大学,因此有人认为,平权运动是不必要的。批判法学批判了这种观念,指出法律规定与弱势群体面临着向上进取的经济障碍之间存在的差距。

乌托邦式改革:批判法学的核心人物罗伯托·昂格尔提出了“异端理论”,即把一个领域的原则应用于另一个领域。比如,他认为,民主原则应该从公共领域扩展到工作场所。

批判种族主义法学和女权主义法学对批判法学提出了异议,认为批判法学并没有对歧视及其问题给予足够重视。

批判种族主义法学

批判种族主义法学关注种族与法律问题,它源于批判法学,也同样认为,法律既不是中立的,也不是客观的,而是一种用来维持强大的经济政治利益体统治的机制。然而,批判种族主义法学与批判法学还是有所不同的,其不同点在于:批判种族主义法学聚焦于法律是怎样维护种族主义的,并且将种族主义视为美国社会永久持续的、根深蒂固的一个方面,而不是孤立的、歧视性决策的产物。批判种族主义法学认为,种族主义实质上遍布于美国社会生活的每个角落,而法律是支持与维护种族主义的一种机制。而且,批判种族主义法学理论比批判法学更加关注公共政策改革。

批判种族主义法学理论率先倡导借助讲述受害者的遭遇来批判种族主义的影响。这种方法适用于那些过去不被学术文献提到的人,使他们能够充分表达自己的心声。通过讲述遭遇,人们恰当地反映了种族主义的现实,而又避免专业法律探讨的那种沉重感。

理查德·德尔加多和吉恩·斯特凡契奇(Richard Delgado and Jean Stefancic)列举了几项批判种族主义法学理论的特征,其中包括:怀疑法律制度真的支持"色盲"和基于业绩的成就作为克服公民选举权缺失及民族劣势的有效方法;记录种族主义历史如何持续影响法律并维持"白人特权";认可作为种族主义受害者的普通人的知识和见解;提倡以根除"种族压迫"为目标的社会激进主义(Delgado and Stefancic 2001:6-12,2017:19-34)。

批判种族主义法学还提出交叉法这一概念,交叉法就是观察种族、性别、阶级、性取向以及民族起源是如何在共同作用下形成歧视的(Crenshaw 1995)。

女权主义法学

一些学者认为批判法学并没有充分说明法律和法律体系的"性别"问题,于是便产生了女权主义法学。女权主义法学学者致力于论证法律是如何被用来使女性居于从属地位的。

女权主义法学有多种研究方法,所有这些方法都致力于重新思考法律对待性别的态度。我们这个简短的概述不可能充分呈现不同学者群体的思想观点,但是这些不同的思想观点都共同关注到一点,那就是法律在促使女性依附于男性这一问题上发挥着怎样的作用(Chamallas 2012;Levit and Verchick 2016)。

自由女权主义者和公平女权主义者致力于改革法律体制,实现男女平等。自由女权主义律师成功挑战了那些把女性排斥出陪审团与多种职业岗位的法律,同时还致力于改革侵害女性的法律,例如,废除了为被控强奸其妻子的男子提供"婚姻豁免权"的州法律。还有的法律目的是保护妇女,但实际上却把妇女置于不利的地位,例如限制她们可以工作的时数,这样的法律受到挑战。然而,争取平等的斗争还远未完成,例如女性没有获得同工同酬的待遇,继续遭受升职提薪的无形障碍——"玻璃天花板",没有获得足够的产假和育儿假,也没有获得日托服务。

文化女权主义或差异女权主义对男女一视同仁的观点发起了挑战,主张对法律原则进行重大改革和"女性化"改造。文化女权主义认为,形式上的法律平等并不能确保女性得到公平对待。例如,法官通常根据预期的未来收益来计算侵权行为造成的损害赔偿。这种方法的缺点是对被侵害妇女不利,因为她们的损害赔偿通常根据预计在养育子女期间的缺勤情况进行折扣。自愿离职的女性没有资格获得失业补偿,这一要求使因家庭生活需要而离职的女性处于不利地位。文化女权主义提出的解决方案是,根据不同的情况,有区别地对待女性与男性。

男女不同的观念在很大程度上受到教育心理学家卡罗尔·吉利根(Carol Gilligan)的"不同声音"理论的影响。吉利根认为女孩和男孩的道德发展不同。女孩受到的教育是同情、同理心和归属感,相比之下,男孩则被灌输个人主义和独立意识。由于受到早期教育影响,女性具有“关怀伦理”,并具有联系感和对他人福祉的关心,相比之下,男性拥有“正义伦理”,关心权利、规则和义务等概念。换句话说,女性关心的是人,而男性关心的是抽象的规则(Gilligan 1982)。

支配论女权主义(dominance feminism)把法律原则看作权力问题。男性主宰着社会和法律体制,因而他们所制定的法律规则与法律程序都是男人价值观的反映。支配论女权主义者指向的是色情法以及在性骚扰、卖淫和强奸方面的执法情况。现行的对抗性法律制度和男性设计的法规不能实现女性同男性的平等,因而整个司法体制需要进行女权主义的改革。

“反本质主义”和“交叉主义”的女权主义学者认为,没有统一的女权主义的立场,任何分析都应该探究种族和阶层如何与性别相互作用以影响女性的问题。例如,批判种族女权主义者认为,研究住房歧视问题应考虑性别、种族和收入如何共同影响有色人种单身母亲租住公寓的能力。换句话说,任何分析都必须考虑各种因素是如何共同相互作用的。同样重要的是,要认识到每一个女性都不是面临同样的情况。

“多重意识”的概念由松田·马里教授提出,他提倡从诉求往往不被学者认识或考虑的群体的角度来分析法律。例如,提高快餐业女性员工的最低工资将导致消费品物价上涨,这一问题应该通过认识到单身母亲依靠目前的最低工资养活自己和孩子所面临的困难来加以平衡。采用多种观点的过程也是“提高意识”或增强妇女团结意识及妇女应对各种挑战意识的过程(Matsuda 1989)。

女权主义方法被用来揭示传统(男性)分析模式通常无法揭示的法律问题的多个方面。这包括“问女人的问题”,涉及从女性的角度而不是从男性的角度分析问题,这是主要的分析模式。这涉及审查法律或政策对妇女产生影响的数据。

第一个问题是法律是否以差别化的方式得到执行。孩子的监护权在大多数情况下是判给男性而不是女性吗?升职的男性多于女性,或被学校开除的女生多于男生吗?第二个问题是,法律或政策适用上的差异是否有证据证明其合理,或这种差异是否基于歧视性适用法律。例如,在20世纪早期,孕妇被剥夺了享受伤残假的机会。这是基于一个错误的假设,即怀孕期间的假期会更长,而且比其他基于健康的残疾假期成本更高。

女权主义方法的一个重要组成部分是讲述女性的个人遭遇,以便记录法律或政策的影响，并发现歧视性法律或政策，因为在她们讲述自己的遭遇之前，这些歧视性的法律或政策可能并不明显。讲述遭遇可以使人们意识到女性在工作场所都有共同的经历，比如性骚扰，并使女性联合起来解决性别歧视行为。在阅读到诸如堕胎之类的问题时（见第十章），请记住上述观点。

国际女权主义研究的发展领域集中在全球对妇女的社会经济压迫，以及国内法和国际法对妇女保护的失败。国际女权主义研究考察了诸如全球贫困女性化问题；妇女缺乏保健问题；食品不安全问题；政府未能进行干预以制止侵害妇女的压制性社会行为，如童养媳、"烧新娘"、荣誉杀人、性奴役、家庭暴力和女性生殖器官切割。其他令人非常关切的领域是妇女和国际移民以及妇女作为战争中的性受害者（Wing 2000）。

法律人文学

法律人文学是一种利用人文学、媒体、英语和哲学的洞察力来理解法律的运动（Sarat，Anderson and Frank 2014）。

朱迪思·雷斯尼克和丹尼斯·柯蒂斯阐释了人文学和建筑学如何为不同文化中的法律观点提供洞见。一个例子是探索为什么正义在历史上被描绘成一位手持剑（法律的暴力）和天平（法律的公平）的女神，以及为什么"正义女神"在不同的时间点被描绘成蒙上或不蒙上眼罩。被蒙住眼睛的"正义女神"最初是欺骗和愚弄法官的能力的象征，但后来逐渐成为公正和中立的法律的象征。

近年来，人们又回到了这样一种观点，即需要移除眼罩，这样正义女神就不再无法面对法律体制中不公平的真相（Resnick and Curtis 2013：62-105）。

本章总结

法律制度有着显著的多样性，因而产生了各种不同的关于法律起源、发展、功能及本质的理论。这些法律理论中有不少充其量不过是研究法律的视角，而不是对法律全面的阐释。

自然法学派把法律看作一个普遍的法则体系，而这些法则是通过人类理性发现的，适用于所有历史时期的所有社会。这与法律实证主义形成对比，后者将法律视为正式颁布的规则和规定。

功利主义关注公共政策，因而提出的问题是："什么才是对于最大多数人最好的政策？"康德直截了当地批评功利主义以牺牲部分人的利益来使多数人受益的意愿，康德认为：所有的人类都值得尊重，都应该被作为"目的"而不是"手段"来对待。

19世纪法律历史学派把法律与社会相联系，并在社会的历史发展中发现了法律的来源。农业社会的法规不同于工业社会所需要的法规。经典社会学理论家进而间接地把法律与社会联系起来。尤其是马克思与涂尔干把法律看作社会经济配置的产物。韦伯探讨了权威的本质和人们遵守法律的原因。

法律现实主义把法律分析从对法律规则的分析中解放了出来，认为法官和陪审团的裁决可用法外因素加以解释。霍姆斯认为，法律不是机械的有着预定结果的数学题。他声称，在大多数情况下案件的结果都是由强大的政治、经济利益所决定的。社会法学认为，法律是嵌入社会中的，社会法学关注社会对法律的影响，而且最重要的，是关注如何利用法律促进社会进步。而功能主义则认为，法律在维护社会系统平衡方面发挥了重要作用。

法律自由意志主义以个体自由最大化为基础。在法律自由意志主义看来，个体只要不干涉他人自由或危害他人，便可以做任何想做的事情，可以随意使用个人财产。

法律自由意志主义主张把个体尽可能多地从法律规定中解放出来，与批判法学、批判种族主义法学和女权主义法学形成了对比。后面的几种理论，尽管认为法律是对阶层、种族和政治特权的保护，但均从根本上认为，法律可被用作社会变革和进步的工具。法律人文学突出了人文学对我们理解法律的贡献。

第三章　法院、立法机关和行政机关的组织结构与职能

引　言

美国的立法是法院、立法机关和行政机关的产物。立法者花费时间和精力制定法律以解决迫切的社会政策问题,并把各种责任赋予核能、交通安全、消费者事务以及环境保护等专业技术领域的行政部门。

政府的行政部门负责执行立法机关通过的法律。行政机关和立法机关以及行政机关的行为又要接受法院的司法审查。

本章讨论法院、立法机关和行政机关的组织结构和职能,及其在立法过程中所起的作用。

法院与纠纷的裁决

法院的主要职能是裁决纠纷。如果一方提出主张、要求或权利,而另一方不同意,双方不能达成一致,就产生了纠纷。

个人、组织和政府都可能遇到纠纷。纠纷可通过审判程序解决,也可在庭外以非正式的方式解决,个人也可以放弃起诉。纠纷有以下几种类型(Goldman and Sarat 1989:4–6)。

私人纠纷:私人纠纷涉及两个个体,任何一方均不代表政府。纠纷的一方如果不能得到满意的解决办法,可以向法院起诉,要求赔偿损失。例如,你可以起诉车祸的肇事方,要求赔偿所受到的伤害与侵害。

公诉纠纷:政府可依靠法院保护公共健康、公共安全与公共福利。例如,政府对造成空气和水污染的企业提起法律诉讼,或者对地方或州剥夺公民投票权的行为提起法律诉讼。公诉纠纷可依据民法或刑法进行审理。政府可以要求损害赔偿,或责令停止污染行为,也可以追究刑事责任。

民诉纠纷:个人或组织控告政府违反法律或宪法规定。例如,控告州政府对未成年人和智力障碍人员施用死刑。

法院在纠纷中作出的最终决定被称为裁决。法院裁决可解决"一揽子"问题,同时,在这一过程中也会产生新的问题,必须在今后的纠纷中加以解决。在"罗珀诉西蒙斯"案中,最高法院废除了对未成年人使用的死刑[*Roper v. Simmons*,543 U. S. 551(2005)]。这一判决引发的疑问是,对犯了杀人罪或非杀人罪的青少年是否应该处以终身监禁[*Graham v. Florida*,560 U. S. _48(2010);*Miller v. Alabama*,567 U. S. _460(2012)]。2016年,在"蒙哥马利诉路易斯安那州"案(Montgomery v. Louisiana)中,最高法院认为,米勒案(Miller v. Alabama)追溯性地适用于米勒案判决前被判处终身监禁不得假释的青少年,各州必须为被监禁的青少年提供机会,表明他们应该被重新判刑或获准假释。蒙哥马利案的判决适用于大约2300名因杀人而被判终身监禁不得假释的青少年[*Montgomery v. Louisiana*,577 U. S. ___(2016)]。

法官无权控制或主宰被要求裁决的诉讼要求。面对案件,法官别无选择,只能处理诉讼当事人提出的诉求,无论是涉及平权行动、无家可归、堕胎还是枪支管制。换句话说,法庭不能处理尚未列入其诉讼事件表中的案件。

美国最高法院每年都会收到成千上万人的案件复审申请,但是其中仅有少数案件得到复审。最高法院可在裁决中注明,未决问题留待以后解决。

美国州和联邦法院均由财政经费支持,受理任何人提出的合法要求、合法主张或维护自身合法权益的诉讼。这与专门法庭不同,专门法庭的管辖范围有限,行使专门的职能。例如,大学司法委员会裁决学生是否违反了大学规章制度;全国大学生体育协会组织听证会,裁定大学体育项目是否违反了全国大学生体育协会的规则,是否应予留用察看。

在美国法律体制中,法官应该是客观中立的裁决者,在案件纠纷中不应偏袒任何一方。只有法官做到"超然在上",不介入纠纷,公众才能认为法庭的裁决是公平客观的。对于将司法程序视为解决纠纷的中立而合法的机制的人来说,即使判决结果并不令人满意,他们也会接受。因此,在解决争端时,他们很少使用暴力、恐吓或者自救手段。这样,法院的司法职能促进了社会稳定。法院的另一个重要职能是立法(Jacob 1996:1-15;Shapiro 1981),对此,我们随后将在本章进行讨论。

联邦法院的发展历程

《邦联条例》存在的一个主要问题就是未设立全国性的法院,以裁决各州法院之间的纠纷。1787 年,在费城召开的制宪会议正式通过一项决议,要求建立国家司法机构(Corsi 1984:162-166;Richardson and Vines 1970:16-35)。

国家司法体制的结构继续成为辩论的重大主题。一方面,反联邦党人反对建立国家司法制度。他们认为,这会侵犯各州的权力、干扰国会,以及威胁公民自由权。在反联邦党人看来,州法院应该独立判决案件,不受联邦法院的监督。另一方面,联邦党人支持建立一个强有力的全国性政府,以便能够团结全国,促进经济发展。在涉及本居民的诉讼案件中,人们不能指望州法院能对来自其他州的异乡人进行公正的审讯。

最后,反联邦党人与联邦党人达成了妥协。《宪法》第 3 条规定设立一个最高法院,并让国会对国家司法制度的具体细节进行补充。第 3 条规定:"合众国的司法权属于一个最高法院以及由国会随时下令设立的低级法院。"根据宪法第 3 条授权而设立的法院,称为第 3 条法院。

1789 年,联邦党人在美国第一届国会上成功地使《司法条例》获得通过。该条例规定单独建立一个由 13 个联邦地区法院组成的司法体系。该条例算是一种妥协。联邦地区法院在州界以内行使管辖权。联邦地区法院的法官从法院所在州中选出。地区法院分为三个巡回法院。每个巡回法院由一个地区法院法官和两个联邦最高法院大法官组成。对于严重犯罪案、涉及不同州公民且涉及 500 美元及以上的民事案件以及美国是原告的案件,巡回法院具有初审管辖权。巡回法院对地区法院案件具有上诉管辖权。巡回法院制度使最高法院法官颇为辛苦,因为他们作为上诉法院法官必须在全国"巡回"。实际上,巡回法院并不常开庭。直到 1875 年,法官们才卸下这个责任。

中央政府是集权还是分权的争论持续了整个 19 世纪。反对扩大联邦权力的政治家坚持认为,通过扩大州法院的管辖权,让州法院审理联邦案件,可以解决联邦未处理案件堆积如山的问题。支持中央集权的人反对说,联邦法官和联邦法院的数量应当扩大,以减轻最高法院法官的负担。

1891 年,在争论了近百年之后,那些支持中央政府集权的人最终获得胜利,通过了《上诉法院法》,该法案规定设立巡回上诉法院。这些新设立的法院审理联邦法院审判的上诉案件,使最高法院从琐碎案件的复审中解脱了出来。1925 年的《司法法》使最高法院的大部分裁量管辖权由最高法院自行决定。根据这两项法律,最高法院可以只处理具有国家重要性的案件。这是具有重大意义的一步,因为最高法院现在可以从容地处理那些数量有限但影响整个国家进程的重要案件(White 2016:371)。

司法体系的组织结构

世界上大多数国家实行单一、统一的法院体制。然而,美国实行的是由联邦法院体制和州法院体制组成的双重法院体制。联邦法院体制是根据宪法及国会通过的法规而设立的;而州法院体制则是根据州宪法及州法规而设立的。

50 个州的法院体制彼此间有着很大程度上的差异,实际上存在 50 个独立的州法院体制,因为每个州都有自己的法律、司法程序、判例以及对州法院判决的上诉制度。

在有些情况下,联邦法院和州法院对某一案件均有司法管辖权,或称为共同司法管辖权。比如,一个州拥有对本州境内持有毒品的人提出起诉的司法权,而联邦政府对该案也同样有司法权,因为联邦政府有权管理国内毒品与麻醉品市场。如果案件涉及联邦法律问题,比如州法律是否违背宪法第一修正案关于言论自由的规定,那么案件可从州法院上诉至联邦法院。

一个令人高兴的转折是,美国宪法第五修正案保护个人免受双重审理,即免于因一罪而被起诉二次。特里 · 尼克尔斯因参与 1995 年俄克拉何马城默拉联邦大楼爆炸事件被联邦法庭宣判有罪,该爆炸事件导致 168 人死亡,伤者不计其数。陪审团对是否执行死刑僵持不下,因此尼克尔斯被判终身监禁。俄克拉何马城市民强烈要求应判尼克尔斯死刑,并向州法院提出诉讼。州法院的陪审团也陷入僵局,尼克尔斯再次逃过死刑。组织爆炸事件并引爆炸弹的提摩太 · 麦克维被联邦法院宣判有罪并于 2001 年处决,俄克拉何马城市民这才得到一些安慰。

一个人既可以在州或联邦刑事法庭被起诉,也可以被起诉赔偿损失。在尼克尔·布朗·辛普森和罗恩·戈德曼被谋杀案中,刑事法庭判决辛普森无罪,而后民事法庭又判他犯有过失致死罪,并判其赔偿受害者家属 3350 万美元。

司法把控

法院对案件拥有司法管辖权是法院审理案件的前提条件。司法管辖权既是法院审理案件的权力,也是由法律或宪法确立的权力。

法官们制定了一些原则,以限制法院未经全面充分调查研究就对案件做出判决的能力。这些原则确保提起诉讼的个人与诉讼结果有个人利害关系,并将起到积极的示范作用。这些原则还通过限制需要法官审理的案件数量来节省法官的时间和精力。可诉性是一个描述一系列前提条件的术语,一个案件必须符合这些条件方可提交法院审理。

诉由消失案件不予审理原则。法院不会审理诉由消失案件,诉由消失案件即原告不会受到审判结果影响的案件。在"德夫尼斯诉奥德加特"案中,德夫尼斯诉称,他曾在法学院录取过程中遭受歧视。在等待案件审理结果之际,德夫尼斯突然被录取。因此,最高法院拒绝听审他的案件,因为到最高法院作出裁决时他也该大学毕业了[*DeFunis v. Odegaard*,416 U. S. 312(1974)]。

诉讼主体资格成立原则。个体必须受到其所挑战之法律的影响。在"洛杉矶市诉里昂斯"案中,被告曾遭受警方可能致命的锁喉。最高法院裁定被告缺乏诉讼主体资格,因为他将来不可能成为警方锁喉的受害者[*City of Los Angeles v. Lyons*,461 U. S. 95(1993)]。在刑事案件中,法院同样根据诉讼主体资格成立原则否定个体具有依靠辩护的能力。例如,拒绝在国外服役的军人不具备援用"纽伦堡辩护"的诉讼主体资格,因为他们没有直接接到犯战争罪的命令[*Levy v. Parker*,396 U. S. 1204(1969)]。

案件成熟性原则。法院仅限于对"案件和争议"行使审判权,不会提供"咨询建议"。学生如果还没有被要求接受药物检测,就不能要求法院裁定一项拟议的要求所有学生接受药检的政策是否符合宪法。

防止共谋欺诈原则。个人为了把问题诉至最高法院而“故意制造冲突”的案件,最高法院不予受理。

行政手段穷尽原则。个人必须尝试依靠行政手段解决问题,一切行政手段无效后,方可诉至法院。一个学生如果要就学校的规定提起法律诉讼,必须首先尽力说服学校领导层及校董事会改变规定。

政治问题不予审理原则。法院不会对其他政府机构的宪法权力范围内的问题予以裁决。越南战争期间,面临征召入伍的人们提起诉讼,要求法院以该战争非法为由阻止征召他们入伍。决定是否使用武装力量,是美国宪法赋予总统及国会的权力。因此,联邦法院拒绝对美国的军事干预是否合法作出裁定。

国家机密回避原则。涉案证据证词如果披露出去可能会危害国家安全,则应被排除在审判之外。这一原则最初被用来阻止向空军提起损害赔偿的法律诉讼,因为披露飞机坠毁的细节会泄露有关机组人员执行绝密任务的信息[*United States v. Reynolds*,345 U. S. 1(1953)]。最近,最高法院裁定,一些记者、律师和人权活动人士没有资格挑战政府对美国公民的监控政策,理由是监控计划是保密的,原告无法证明他们受到政府监控[*Clapper v. Amnesty International USA*,568 U. S. 398(2013)]。

另外,无法获得法律援助或者没有能力支付诉讼费用,也会限制个人提起法律诉讼的能力。

联邦法院的管辖权

就本讨论而言,管辖权是指法院审理和裁决案件的法律权力。根据美国《宪法》第 3 条的规定,联邦法院有权审理那些体现所谓的“联邦问题原则”的案件,包括美国作为涉案一方的案件,涉及国会所颁法律的案件,提出宪法问题的案件,以及需要对国际条约进行解释的案件。国会同时还给予联邦法院处理多样性案件的管辖权,包括涉及不同州籍公民的个人索赔金额在 75000 美元以上的案件。许多案件不属于联邦法院的管辖范围,而是属于州法院的管辖范围。这些案件包括个人伤害诉讼、离婚诉讼、违反合同诉讼和租赁纠纷诉讼。

联邦司法系统主要由联邦地区法院、联邦上诉法院和最高法院组成。联邦司法系统也包括各类具有专门管辖权的法院,如破产法院、美国国际贸易法院和美国索赔法院。还有一些法院不属于联邦司法系统,如军事法院、退伍军人上诉法院和美国税务法院。

联邦地区法院

全国 94 个联邦地区法院是联邦司法体系中的主力军,也差不多是每一个诉讼案件进入联邦司法系统的第一站。地区法院拥有跨州管辖权,或者说拥有涉及不同州籍公民的个人索赔金额超过 75000 美元的民事案件的司法管辖权。跨州管辖权的理论依据是,一个州法院的法官可能会偏袒本州公民,然而一个联邦法院的法官则不会偏袒任何一方。

每个州至少设有一个地区法院,而加利福尼亚州和得克萨斯州则设有四个以上地区法院。联邦地区法院的法官大约共有 678 位。地区法院的审判由一位法官主持。被指定参加地方法院审判的法官少则 2 名,多则 28 名,具体人数视该州地理区域大小而定。一个重要的但很少被提及的法官队伍有 429 名治安法官。这些治安法官的任务是处理当地小微案件。他们对轻微的、日常的法律事务的处理,节省了地区法院法官的时间。例如,治安法官听审警方关于签发逮捕令或搜查令的请求,召开保释听证会。

美国法院行政办公室保存着联邦法院的统计数据。2018 年,地方法院共受理民事、刑事案件 37 万件,其中民事案件 28.2 万多件,刑事案件 8.7 万多件。最多的刑事案件涉及移民,35%涉及毒品,13%涉及枪支和爆炸物。其他刑事案件涉及白领犯罪、银行抢劫、邮件诈骗和侵犯公民权利。2016 年,地方法院审理了 5.4 万多起囚犯提出的人身保护权申诉书,质疑遭受监禁的合宪性。人身保护权申诉书由囚犯个人提出,他们已经用尽了所在州的各种补救措施,称自己被不公正地定罪和监禁。

凡是看过好莱坞电影中表现审判画面的人,都会熟知联邦地区审判法院这个机构。律师请出证人出庭接受盘问,法官对各种证据的可采性做出裁定,并对陪审团即将据以评判案件事实的法律进行指导。在民事案件中败诉的一方,如果认为法官判决有误,或者是在刑事案件中被判有罪的被告,都可以法官误判为由提出上诉。法官的误判可能缘于所谓的采纳了煽动性的、带有偏见的证据,或被陪审团进行了误导,或在刑事案件中采信了警察非法获得的证据。

联邦上诉法院

地区法院的上诉案可提交至联邦上诉法院,也称之为联邦巡回法院。在13个上诉法院中,有11个上诉法院在巡回时对地区法院有着司法管辖权,第九巡回法院是最大的一个巡回法院,管辖着阿拉斯加州、夏威夷州、加利福尼亚州、内华达州、亚利桑那州、爱达荷州、俄勒冈州、华盛顿州、蒙大拿州、关岛和北马里亚纳群岛。联邦上诉法院法官恳求称,它们面对大量的上诉案件,颇感办案资源不足。因此,近年来,国会对上诉法院的数量有所增加。

在哥伦比亚特区,由于不服联邦机构的判决而提出上诉的案件数量较大,因此,第十二巡回法院专门管辖该特区。第十三巡回法院由国会于1982年设立,在专利申请范围、政府合同、商标注册及退伍军人福利等专门领域行使全国性的司法权。

上诉法院有179名法官。第九巡回法院共有29名法官。而对缅因州、马萨诸塞州、新罕布什尔州和波多黎各自治区行使管辖权的第二巡回法院却仅有6名法官。大约36.8%的联邦上诉法院法官是女性。

3名上诉法院法官共同听审不服地区法院判决的上诉案。法官翻阅由律师递呈的名为"简诉书"的书面诉状,然后听取口头辩论,并询问律师。最后法官们就维持还是推翻地区法院的裁决进行投票表决。遇到重大的案件,全体上诉法庭的法官都会出庭,共同审理案件。除非上诉法院的判决被最高法院否定,否则,上诉法院的裁定将作为各巡回上诉法院有约束力的判例。

上诉法院可确认下级法院的判决,也可根据法官的过错影响了审判结果这一情况而推翻下级法院的判决。一个判决被推翻,便为新的一轮审判开启了大门。

2018年,在联邦上诉法院提起的上诉约为50500件;近20%是刑事案件,其中75%涉及毒品、移民、枪支和爆炸物、财产犯罪及欺诈。上诉法院还审议了14000多件由地区法院提出的人身保护权申诉,其中大部分是囚犯提出的。正如下一部分所讨论的,最高法院只受理从上诉法院的判决中提出的数量有限的上诉。因此,上诉法院也就成了在其巡回区以其判例控制地区法院判决的法院。上诉法院的判决可能彼此不同,最高法院通常会通过发布澄清法律的裁决来解决这些不同。

联邦法院体系的上层是最高法院。

美国最高法院

《宪法》第3条第2款规定了最高法院的司法管辖权,并赋予最高法院上诉管辖权,以管辖联邦体系中的案件、各州法院涉及联邦宪法问题的案件(譬如,警察对犯罪嫌疑人的审问是否违反了宪法第五修正案赋予犯罪嫌疑人的拒绝自认犯罪的权利),以及涉及解释国际条约的案件。例如,国际外交协定是否要求各州安排被判死刑的墨西哥公民会见墨西哥大使馆代表,最高法院需对此做出解释。

最高法院对几个类型的案件拥有初审管辖权,这些类型包括:州与州之间的纠纷案件,美国政府与州之间的纠纷案件,以及州与外国公民之间的纠纷案件。对于属于其初审管辖权范围内的案件,最高法院也不一定要审理。在最高法院的历史上,这样的案件不足200件。在为数不多的案件中,最高法院充当初审法院,听取证人证词和律师论辩。

最高法院对联邦上诉法院和州最高法院的上诉案件行使自由裁量管辖权。也就是说,最高法院法官对具体案件是否做出裁定,由他们自己选择。

最高法院每年通常收到7000件要求复审的诉状。尽管这种"把自己的案子一路打到最高法院"的威胁十分常见,然而现实情况是,最高法院每届投票审理的案件不到90起。换句话说,最高法院不会是每一刑事被告人的"终审法院"。

一个人如果想要最高法院考虑审理其案件,可以申请一份调卷令,也就是一份发给下级法院的将案卷呈送最高法院的命令。根据"四人原则"的要求,审理一起案件需要得到9位最高法院法官中的4位的投票支持。没能取得4位法官支持的申诉状将被驳回,下级法院的裁决仍然有效,但最高法院决定拒绝受理某一案件并不意味着支持或反对上诉法院的裁定。

最高法院受理的大多数上诉案件都是来自联邦上诉法院或州最高法院,少数案件来自联邦地区法院。2018年至2019年,最高法院共对74起案件作出了完整的裁决。在这些案件中,82%是来自联邦上诉法院的上诉案件,15%是来自州最高法院的上诉案件。列入最高法院审理事件表的案件中,大约 78% 是民事案件,17% 是刑事案件,6% 是犯人提出的人身保护权申诉案,质疑其刑事定罪的合宪性(SCOTUSblog 2019)。

和传统智慧相反,最高法院并不会去纠正联邦法院和州法院的每一起误判。最高法院做出的每一起裁定都是影响所有下级联邦法院和所有州法院今后判决的判例,并对审判系统保证一致性起着监管作用。对于一起案件,当上诉法院之间、上诉法院和州最高法院之间或州最高法院之间意见出现分歧时,最高法院才会受理上诉。例如,对于注射死刑是否为一项残忍而异常的刑罚,法官在刑事审判的量刑阶段允许受害人陈述是否合宪,如果各上诉法院意见不一,最高法院才会介入。

最高法院通常愿意受理的另一类上诉案,即那些反映出重大的宪法问题的案件,为了国家利益,这些问题必须受理。例如,涉及关塔那摩监狱囚犯待遇问题的一系列案件,以及"布什诉戈尔"案——最高法院维持佛罗里达州的总统选举结果,致使乔治·W. 布什最终当选[*Bush v. Gore*,531 U. S. 98(2000)]。

最高法院和其他由多名法官组成的小组可发布意见一致或非一致的书面裁定。多数意见需要有 5 位最高法院法官同意。一位法官出于不同的推理思路或论证方式可同意多数意见,同时可写出一份同意意见。在一件案子中,如果大多数法官支持某一特定的判决结果而无法对该判决的理由达成一致,那么,该多数意见就包括一份多数意见和一份或多份赞同意见。在首席大法官同意多数意见的情况下,首席大法官就会指定一名法官来撰写多数意见裁决书;在首席大法官不同意多数意见的情况下,则由赞同多数意见的一名资深大法官撰写或指定一名大法官撰写多数意见裁决书。由首席大法官或资深大法官写就的裁决书通常会比其他大法官写就的更有分量。

不同意多数裁决意见的大法官可写下自己的反对意见,或者和其他大法官一起发表一份反对意见。反对意见十分重要,因为反对意见可能会在以后引起足够数量的大法官的注意而成为多数意见。例如,在"佩恩诉田纳西州"案中,最高法院推翻了之前的两份裁定,并维持了死刑判决阶段受害人影响陈述的合宪性[*Payne v. Tennessee*,501 U. S. 808(1991)]。

颇具影响力的网站"SCOTUSblog"分析了美国最高法院 2018 年至 2019 年开庭期的裁决情况,发现大约 39% 的案件是通过一致投票作出的裁定。在大约一半的案件中,大法官们加入了单一的意见;7% 的案件是 8 : 1 表决裁定,

11%的案件是 7 : 2 表决裁定,15%的案件是 6 : 3 表决裁定,28%的案件是 5 : 4 表决裁定。一致表决裁定的案件比例较低,5 : 4 表决裁定的比例高于 2010 年至 2017 年的平均水平。近 65%的来自巡回法院的上诉判决被最高法院推翻。三个巡回法院(第二、第八和第九)的判决被驳回的多于被维持的,另有三个巡回上诉法院的判决被维持的多于被驳回的。在其他巡回法院的案件中,维持和驳回的比例各占一半。来自第九巡回法院的上诉案件占最高法院受理案件总数的 19%,其作出的 85%的判决被最高法院推翻。第二、第六和第十一巡回法院被最高法院受理的案件各占总案件的 7%,驻纽约市的第二巡回法院上诉案件推翻率为第二高。州最高法院的上诉案占最高法院受理案件总数的 15%,其 11 个案件中有 9 个被最高法院推翻(SCOTUSblog 2019)。

最近,最高法院的自由派和保守派法官已经开始明确表示他们对彼此的不满。大法官斯蒂芬·布雷耶批评了占多数的保守派不顾他的要求推迟考虑下级法院暂缓执行一名亚拉巴马州的囚犯死刑的请求,以便讨论该犯的申诉书。可是,保守派大法官们反而在凌晨 3 点发布了一份撤销下级法院暂缓执行的命令。布雷耶指出:"这样继续进行下去质疑了公正作为刑事司法系统基础的基本原则。在没有提交所有最高法院大法官明天上午讨论的情况下,在半夜处理这件事是……不幸的"(Liptak 2019a)。

最高法院的意见会导致各种不同的结果。最高法院可同意并维持上诉法院的判决,或者不同意并推翻其判决。而且,最高法院也有可能维持部分的判决,也有可能推翻部分的判决。另外,最高法院也可能发现下级法院错误地使用了法律标准,在这种情况下,最高法院可提出指导意见,推翻案件判决并发回下级法院执行最高法院的指导意见。

最高法院法官的背景

联邦法院法官由美国总统提名,而且必须获得美国参议院多数表决批准。联邦法官不必具有律师身份,但被任命为联邦法官的人都有法律学位。

联邦地区法院和上诉法院法官从相对狭小的法律职业中选拔。劳伦斯·鲍姆在资料中提到,联邦法官大多数都出身于地位高的家庭,63%的上诉法院法官读过私立大学,另有 23%的上诉法院法官读过常春藤盟校(美国东北部最著名的八所大学)。一个人要成为联邦法官,通常需要先从检察官或政治家秘书做起,然后到私人律师事务所从事挣钱多的法律工作,最后才得到任命成为法官。大约 2/3 的联邦地区法院和上诉法院法官拥有资产净值 50 万美元以上,近 50%的地区法院法官和超 50%的上诉法院法官是百万富翁(Baum 2008:125)。

很多联邦法院法官在获任命前都曾在政治上十分活跃。历任总统通常利用司法任命的方式奖励其政治上的支持者。而且,这些政治活动分子中许多人都与美国参议院本党议员有着关系,而参议院是宪法规定负责批准总统提出的司法任命的机构。

总统当然希望任命那些赞同其法律思想的人为法官,而且被任命者的档案都要被总统工作人员彻底审查。

联邦法院法官如果在岗位上表现突出,就可以像爬梯子一样在事业上步步高升。在任命的 9 位最高法院大法官中,有 8 人以前是巡回上诉法院的法官。总统和参议员如果支持在法官岗位上只做"面子活儿"的被提名人,就会使自己很尴尬,他们都不希望这样做。也正因如此,他们都支持那些司法业绩优良的被提名人。

司法系统最重大的变革是现任法官的多样性。30 年前,联邦法院是"白人男孩俱乐部"。现在,在上诉法院的法官中,女法官占 30%以上,少数族裔法官约占 25%(Baum 2013:124)。

最高法院曾被指责是一个精英人士的联邦机构,不能代表美国。最高法院由 9 名大法官组成:1 名首席大法官和 8 名助理大法官。截至 2019 年,最高法院已有 114 名大法官,包括 17 名首席大法官和 97 名助理大法官。首位天主教徒大法官罗杰·托尼直到 1835 年才获任命,另外有 13 名天主教徒大法官,其中 5 名现仍在职。首位犹太人大法官路易斯·布兰代斯于 1916 年获得任命,另外还有 5 名犹太人大法官,其中 3 名现仍在任。尼尔·M. 戈萨奇(Neil M. Gorsuch)是自 2010 年约翰·保罗·史蒂文斯退休以来,首位在最高法院任职的主流新教成员。

瑟古德·马歇尔于 1965 年获林登·约翰逊总统任命,是最高法院首位黑人大法官。克拉伦斯·托马斯是第二位黑人大法官,现仍在职。

索尼娅·索托马约尔大法官由巴拉克·奥巴马总统任命,是第一位西班牙裔大法官。至今还没有一位亚裔大法官。桑德拉·戴·奥康纳(Sandra Day O'Connor)于 1981 年获罗纳德·里根总统任命成为第一位女性大法官,随后又有 3 位女性大法官任职于最高法院。从历史上看,大多数大法官都是出身于中上阶层或上流阶层，只有两位现任大法官克拉伦斯·托马斯和索尼娅·索托马约尔是出身中下阶层，而最高法院其他现任大法官均出身于中等阶层。在2018—2019审判年度，在以罗伯茨为首席大法官的最高法院，所有9名大法官的净资产至少为100万美元，而且大多数人的净资产要高得多。

最高法院大法官通常毕业于名流的私立本科大学和法学院。现任最高法院大法官有5名毕业于哈佛法学院，2名毕业于耶鲁法学院，1名毕业于哥伦比亚大学（露丝·巴德·金斯伯格，从哈佛大学转学）。他们大多来自波士顿和首都华盛顿特区之间的东海岸走廊，或者在东海岸生活了很长时间。

近些年，最高法院大法官的职业背景有了相当大的改变。过去，被任命为最高法院大法官的人或取得过竞选性职位，或供职于总统的行政部门。例如，曾经的首席大法官厄尔·沃伦曾是加利福尼亚州的州长，获得共和党总统德怀特·艾森豪威尔的任命。在“布朗诉教育局”案中，沃伦被认为成功说服了其他大法官并共同裁定，隔离制学校违宪。瑟古德·马歇尔是沃伦为首席大法官时的最高法院大法官，他原是一位著名的民权事务律师，有着法庭诉讼和全国巡回上诉法院诉讼的丰富经历。这两位法官以其突出的实际工作背景而成为最高法院大法官。

近几十年见证了一个重大的转变，那就是任命具有广泛经验的在任法官为最高法院大法官，然后是任命经验丰富的法律教授和公司执业律师担任大法官。批评人士指出，虽然升职到最高法院的现任法官拥有明显的法律能力，但是，最高法院也应该把政治家、出庭律师或商人吸收进来，因为他们能够把各自的实际经验带给最高法院。1937年至1968年被任命为最高法院大法官的21人中，约有一半人担任过法官，38%的人担任过民选公职，超过1/4的人曾领导过一个行政机构。相比之下，1969年至2017年被任命并任职于最高法院的17名大法官中有14名直接来自下级法院法官岗位。只有奥康纳曾担任过民选公职，克拉伦斯·托马斯是唯一曾经领导过一个行政机关的近期才获得任命的大法官。最近被任命为最高法院大法官的一些人只有很少或者根本没有政府工作经验。当代大法官在职业生涯中从事法律工作的中位数比例为87%，而1937年至1968年任命的大法官在职业生涯中从事法律工作的中位数比例为67%（Baum 2019：55）。

从前，历任总统倾向于提名他们认识的人担任最高法院大法官。1949年，哈里·杜鲁门提名他过去在参议院的同事和密友谢尔曼·明顿为最高法院大法官。林登·约翰逊试图将他的朋友阿伯·福塔斯大法官提升为首席大法官,但没有成功,他任命另一位朋友、前国会同事霍默·索恩伯里担任最高法院大法官的努力也遭到了挫折。近十多年来,提名方式发生了一些变化,总统根据个人的资格和意识形态的兼容性来提名。新近 13 名被提名人中只有两人是总统的熟人。2009 年,奥巴马总统在提名索托马约尔为最高法院大法官的前几天才首次会见了她(Baum 2019:42)。

最高法院大法官的提名也涉及气。从 1969 年到 1992 年,最高法院的每一项任命都是由共和党总统作出的,这意味着整整一代合格的民主党律师和法官被提名的可能性很小。

2017 年 2 月,新当选总统的唐纳德·特朗普任命科罗拉多州丹佛市的联邦上诉法院法官尼尔·M. 戈萨奇为大法官,以填补因安东宁·斯卡利亚大法官逝世而造成的职位空缺。戈萨奇大法官宪法解释的司法理念沿袭了斯卡利亚大法官的理念,他的任命恢复了最高法院以 5∶4 的保守派多数。49 岁的戈萨奇是过去 25 年来最年轻的最高法院大法官提名人。作为科罗拉多州人,又曾在丹佛第十巡回上诉法院任职,戈萨奇给最高法院带来了一定程度的地区多样性,他获提名也符合最近十多年来延续的方式。他的母亲是罗纳德·里根领导下的环境保护局局长;他在东海岸接受教育,也曾就读于哈佛法学院以及英国牛津大学;他曾担任最高法院大法官安东尼·肯尼迪的书记员。他最初于 2006 年被乔治·W. 布什总统任命为联邦法官。他曾作为巡回法院法官所作出的司法决定和成为最高法院大法官以来的意见使他成为最高法院中最保守的成员之一。

2018 年 7 月,特朗普总统提名另一位保守派法学家——54 岁的布雷特·卡瓦诺接替退休的最高法院大法官安东尼·肯尼迪。卡瓦诺与戈萨奇就读于同一所私立高中,分别毕业于耶鲁大学和耶鲁大学法学院,也曾担任肯尼迪大法官的书记员。之后,他在调查比尔·克林顿总统的独立检察官肯·斯塔尔的办公室工作。在 2000 年总统大选中为乔治·W. 布什竞选团队工作后,卡瓦诺在白宫担任布什总统的秘书,布什总统随后任命卡瓦诺为华盛顿特区巡回法院法官。卡瓦诺在最高法院的确认听证会上否认了他在高中时期性侵克里斯汀·布拉西·福特教授的指控,参议院司法委员会举行了补充听证会,审议福特教授的指控。美国公众在卡瓦诺是否应该得到确认的问题上存在分歧,自 2005 年的哈里特·迈尔斯和 1987 年的罗伯特·博克以来,他获得的支持率比任何一位提名人都要低。公众的分歧可以从 50∶48 的微弱多数通过有利于卡瓦诺的确认上反映出来(Hulse 2019)。

我们应该强调最高法院的精英特性吗?一种观点认为,最高法院是全体国民的代表这个理念十分重要,因为它是一个非选举性机构,其法官只要品行良好,可终身任职。最高法院对堕胎、枪支管理以及商务管理等众多问题的裁定,对美国人的生活有着深刻的影响。最高法院大法官代表国家这一认识,有助于最高法院赢得公众对其裁决的支持。每一位大法官都会把其背景和经验带给最高法院。一位来自西部的大法官,如果不了解情况,就不可能对土地保护、环境和移民问题等有着敏锐的感知。

另一种观点认为,最高法院是精英机构,其法官应该从"最优秀、最智慧"的人士中选拔。与其特权家庭背景相比,一个法官起草公正合理的法律意见书的能力更为重要。人们因敬重大法官的智慧与公正而尊重最高法院的裁定。

不管怎样,最高法院的人员构成总是随着美国人口特征情况的变化而改变。如前所述,目前有 3 位女性大法官(其中 1 位是西班牙裔)和 3 位犹太人大法官。过去最高法院是新教徒大法官占多数,如今是天主教徒在任大法官居多,有 5 位,还有 1 位大法官在天主教徒家庭长大,目前在圣公会教堂做礼拜。

值得一提的是,对于大法官应何时自愿退出最高法院的问题,一直存在争议。如果大法官退休,则他们有资格获得丰厚的养老金,而丰厚的养老金不太可能成为大法官决定是否离职的重要考虑因素。据推测,自"二战"以来,尽管身体或精神能力明显下降,但仍有 7 名大法官在一段时间内继续留在最高法院。然而,奥康纳于 2008 年退休,大卫・苏特于 2009 年退休,两人均健康状况良好。除了苏特和波特・斯图尔特,自 1970 年以来,所有退休的大法官在 70 岁以上仍在最高法院任职,其中有 8 人在 80 岁或 80 岁以上仍在最高法院任职。法官们考虑是否退休的一个因素是,现任总统是否有可能任命一位与他们有相同法律观点的大法官。肯尼迪大法官在宣布退休时,可能已经预料到他的前法律助理卡瓦诺将被任命接替他的职位。据翔实记录证明,也有总统迫使大法官辞职的情况。1965 年,约翰逊总统说服亚瑟・戈德堡担任驻联合国大使,以在最高法院创造一个空缺。这在当时成为一件人尽皆知的事(Baum 2019:64-69)。

最高法院对司法审查权的认定与行使是最高法院争论最激烈的一个事项。

司法审查

亚历山大·汉密尔顿在《联邦党人文集》中提出,美国人没有理由为一个强有力的司法机关的发展而担忧。司法机关是“危险性最小的部门”。他指出,法院依靠立法机关提供经费,依靠行政机关执行其裁决。

最高法院在1790年至1799年判决的重大案件极少。最高法院名声不高,人们拒绝接受任命出任最高法院大法官。首席大法官约翰·杰伊离开最高法院,去往新泽西州接任一个在他看来更为重要的职位。1801年,随着约翰·马歇尔被约翰·亚当斯总统任命为首席大法官,最高法院意外地获得了在全国的主导地位。

1803年,在“马伯里诉麦迪逊”案中,首席大法官马歇尔改变了美国历史的进程,当时他裁定,最高法院由宪法授权行使司法审查权,基于该权威,最高法院主张拥有解释宪法的权力,有权裁定国会与总统的行为是否为宪法授权。

在马伯里案中,亚当斯总统在即将离任时突然任命了数位忠诚的联邦党人为法官。威廉姆·马伯里便是这些“午夜法官”中的一位。尽管他被参议院批准,但在亚当斯离职时他尚未收到担任华盛顿特区治安法官的委任书。亚当斯的继任者,共和党总统托马斯·杰斐逊指示其国务卿詹姆斯·麦迪逊不发给马伯里委任书。马伯里请求最高法院命令麦迪逊发给他委任书。首席法官马歇尔发现,尽管马伯里有权获得委任书,但是在1789年《司法条例》中,有一条款规定最高法院在涉及此类的案件中具有初始管辖权,而这一规定是违宪的。马歇尔法官解释道,宪法是国家至高无上的法律,当法规条例与宪法相冲突时,最高法院有权宣布该法规条例违宪并拒绝执行[*Marbury v. Madison*,5 U. S. 137 (1803)]。13年后,在“马丁诉亨特的租户”案中,最高法院驳回了与联邦宪法规定相冲突的州法律[*Martin v. Hunter's Lessee*,1 U. S. 304(1816)]。

宪法的制定者是否有意让联邦法官行使司法审查权,仍存在争议。不管宪法起草者有何目的,司法审查权让最高法院卷入美国民众生活的各类主要问题中,如堕胎、枪支管理、死刑以及对关塔那摩监狱囚犯的对待等问题。新闻记者安东尼·路易斯写道,有时候,美国最高法院其实并不怎么像个法院,还不如说像一尊“非常强大的”神,安坐在“遥不可及的宝座”上(Lewis 1964:11)。

赞成最高法院行使司法审查权推翻州法律和联邦法律的法官,被认为是赞成司法能动主义。赞成最高法院做出裁决以避免直接推翻一项由议员通过的法律的法官,被认为是赞成司法克制主义。坚持司法能动主义的法官对宪法和法律进行宽泛的解释,认为法律应该适应变化着的情况。坚持司法克制主义的法官不肯逾越法律条文的字面规定。传统观点认为,司法能动主义法官多为自由主义的民主党人,而司法克制主义法官多为保守主义的共和党人。然而,现实中也存在自由派法官和保守派法官都有司法能动主义或司法节制主义作为的例子。人们对有司法能动主义作为的非选举产生的最高法院法官进行了批评,这种批评可归结为一个问题:“谁的公牛被刺中了。”

对司法能动主义的主要批评是,非选举产生的法官“竟然在进行法官立法”,而这种立法行为本应是经选举产生的立法议员的事情。在“米兰达诉亚利桑那州”案中,最高法院认为,美国宪法第五修正案关于禁止自证其罪的条款不仅适用于法庭,还扩大到法庭以外,以保护那些受到警方审讯的人。联邦最高法院认为全国警察都必须牢记米兰达案所给予的警告。最高法院在过去的40年中审理了近50宗涉及警察审讯的案件,一而再、再而三地做出了约束警方审讯行为的裁定[*Miranda v. Arizona*,384 U. S. 436(1996)]。

最高法院在行使司法审查权时会发现自己身处政治旋涡之中。在20世纪60年代一系列饱受争议的案件中,最高法院竖起了一道“隔离墙”,以把教会与国家分割开来。在1962年“恩格尔诉瓦伊塔尔”案中,最高法院否定了公众的观点,认为无教派的祈祷违反了宪法第一修正案禁止“建立宗教”的规定。最高法院认为,“为任何美国民众组织编写官方祈祷词用以吟诵,并作为政府推行的宗教项目的一部分,并不是政府的职责所在”[*Engel v. Vitale*,370 U. S. 421(1962)]。

2000年,在“圣达菲独立学区诉多伊”案中,最高法院裁定,允许学生在学校橄榄球比赛中带领祈祷违反了宪法第一修正案中政教分离的规定。史蒂文斯大法官在他的多数派裁决中认为,学校赞助宗教信息是不允许的,因为它向“不信教的听众传达了这样的信息:他们是局外人,不是政治团体的正式成员,同时也向信教的听众传达了这样的信息:他们是局内人,是政治团体的宠儿”[*Santa Fe Independent school District v. Doe*,530 U. S. 290(2000)]。

2015年,在“奥贝格费尔诉霍奇斯”案中,美国最高法院裁定,根据宪法第十四修正案的平等保护条款,同性伴侣享有结婚的基本权利。而已故大法官安东宁·斯卡利亚则持不同意见,理由是该决定没有法律依据,并认为最高法院阻碍了美国正在进行的关于同性婚姻的民主辩论。他指出,“把同性婚姻的政策问题交由一个经过挑选的、贵族的、不具高度代表性的九人小组来考虑和解决,违反了甚至比'无代表则不纳税'更根本的原则:无代表则不进行社会变革"[*Obergefell v. Hodges*,576 U. S. ___(2015)]。

2010 年,在"公民联合诉联邦选举委员会"案中,最高法院以 5 位法官赞成的多数表决废除了国会的一项法令,该法令限制公司和工会在总统初选和大选中利用自己的资金支付"竞选宣传"费用。最高法院多数意见裁定认为,联邦竞选法限制了公司的言论自由,与宪法不符,而且,政府如果利用法律决定"一个人可以从哪里获取信息以及不该听取哪些不可靠信息,便是利用审查来控制思想……这是违法的。第一修正案承认我们拥有独立思想的自由"[*Citizens United v. Federal Election Commission*,__U. S. __(2010)]。

奥巴马总统利用向国会发表国情咨文的机会抨击了最高法院的这一裁定,因为这个裁定是实力雄厚的大公司的胜利,因为这些大公司利用自身权力"淹没美国普通民众声音",并威胁到选举过程的公正性。

2012 年,最高法院再次卷入政治论战。在"全国独立企业联盟诉西贝利厄斯"案中,首席大法官约翰·罗伯茨竟然站到 4 名自由派大法官一边表决裁定《平价医疗法案》符合宪法。罗伯茨首席大法官这一举动让最高法院观察员们感到十分吃惊,他们原本预料罗伯茨首席大法官会站在保守派大法官一边裁定该法案违宪。由于明显感觉到最高法院维护宪法的作用有限,罗伯茨首席大法官指出,有关决定"应该由我国当选领导人来做。民众如果对其不满,可以罢免他们"。

最高法院也曾毫不犹豫地裁定,总统已经逾越宪法赋予他的权力。其中一个最著名的例子是"钢铁厂接管"案。最高法院裁定认为,哈里·杜鲁门总统在朝鲜战争期间为防止劳工罢工而下令联邦政府接管全国钢铁厂的行为违宪[*Youngstown Sheet & Tube Co. v. Sawyer*,343 U. S. 579(1952)]。

在"纽约时报公司诉美国"案中,最高法院认为,尼克松政府阻止《纽约时报》和《华盛顿邮报》刊登五角大楼文件(一份被泄露给报界的国防部机密的越南战争史文件)的做法,构成了对宪法第一修正案规定的新闻出版权的预先限制,属违宪行为[*New York Times Co. v. United States*,403 U. S. 713(1971)]。

奥巴马总统的政策也曾被最高法院否决。2016 年,美国最高法院未能支持奥巴马总统的行政命令。该命令使大约 500 万无证移民免于被驱逐出境,并允许他们在美国合法工作[*United States v. Texas*,579 U. S. ___(2016)]。

特朗普总统对地区法院和上诉法院对他提出的“旅行禁令”发布法院禁令的做法感到沮丧，并对联邦法官进行人身攻击，将所谓法官的决定定性为“荒谬的”、“耻辱的”和“政治的”（Davis 2017）。美国最高法院随后基于该行政命令“在国家安全问题上的合法依据”，以5票对4票的表决结果确认了特朗普总统第3版的“旅行禁令”的合宪性[*Trump v. Hawaii*,585 U. S. ___（2018）]。

特朗普总统后来谴责联邦地区法院法官乔恩·S. 蒂加尔（Jon S. Tigar）是“奥巴马法官”，因为他的裁决反对特朗普政府的一项政治庇护政策。

首席大法官罗伯茨在总统竞选期间没有回应特朗普说他是“绝对的灾难”，他发表声明说，司法机构不是由奥巴马、特朗普、布什或克林顿的法官组成的。“我们所拥有的是一群非常敬业的法官，他们尽最大努力维护出庭者的平等的权利。我们都应该感谢独立的司法机构”（Liptak 2018）。

特朗普总统随后呼吁两名民主党任命的大法官，索托马约尔和露丝·巴德·金斯伯格，要求他们回避与他有关的案件。索托马约尔大法官被特朗普单独点名，因为她在一个案件中撰写了异议。在该案中，最高法院的共和党多数派撤销了下级法院关于执行拒绝向可能成为依赖政府救助的“公共负担”的移民发放绿卡计划的禁令（Baker 2020）。

2020年2月，特朗普总统在推特上对总统亲信小罗杰·J. 斯通被判决犯有伪证罪进行批评。主审斯通案的联邦法官艾米·杰克逊·伯曼表达了对指责该案判决“完全不恰当”言论的不满，特别是对批评陪审员“与我们的整个司法系统完全对立”的言论表达了不满（Montague and LaFraniere 2020）。

人们提出这样的疑问，非民选的终身法官是否应该推翻民选的众议员通过的法律，是否应该强迫各州接受他们反对的政策。有人认为，对“政治丛林”进行司法干预阻碍了民主的活力。学校祈祷有怎样的作用，公司与工会是否可以无限制地动用资金来影响政治选举，同性婚姻该不该禁止，诸如此类的问题应该让民选的国会议员去辩论和决定，而不应该由未经选举产生的法官去讨论和决定。

在60年前的名著《最不危险的分支》中，亚历山大·比克尔将非选举产生的法官行使司法审查的做法称为“反多数困难”，并将司法审查定性为美国民主中的“越轨制度”（Bickel 1962）。这一论点随后得到了一大批著名评论家的赞同（Ely 1980）。

最高法院避免介入政治过程的一个例子是2019年对“鲁乔诉共同事业”

案的裁定。鲁乔案涉及在北卡罗来纳州共和党占多数的立法机构和马里兰州民主党占多数的立法机构的党派不公正划分选区。党派不公正划分选区是指由州立法机构中占多数的政党成员划定选区,以确保自己政党的候选人当选。

在北卡罗来纳州,尽管该州民主党和共和党选民的比例相当平均,但被共和党控制的州立法机构公开承认,他们绘制选举地图是为了让本党获得持续的“党派优势”。2016 年北卡罗来纳州的总普选票数为共和党 53%,民主党 47%。然而,国会选区的党派划分导致代表团通常由共和党人和民主党人组成。2018 年,尽管民主党再次只赢得了 3 个国会席位,但普选票数几乎平分秋色。罗伯茨大法官在撰写以 5 票赞成、4 票反对的裁定意见中援引了“政治问题”原则,指出选区分配问题应由州立法机关决定,而不是由联邦法官决定。根据罗伯茨大法官的说法,没有一个容易执行的法律标准来决定一个州的选举地图何时为一个政党提供了违宪的优势。例如,选区是否应该与一个选区的登记选民成比例?如果是这样,一个国会选区可以偏离这个划分多少?大法官埃琳娜·卡根强烈反对最高法院未能解决党派不公正划分选区的问题,她在裁决意见中指出,这“可能损害到我们的政府体系,最高法院有能力纠正对政治过程的严重颠覆”[*Rucho v. Common Cause*,588 U. S. ___(2019)]。

然而,最高法院行使司法审查权确保了国会和总统行使的权力不超越宪法授权范围,捍卫了公民反对政府滥用职权的自由和权利。在 1946 年著名的“西弗吉尼亚教育委员会诉巴尼特”案中,最高法院废除了要求学生向国旗致敬的法案。最高法院法官大罗伯特·杰克逊表示,《权利法案》的目的是“把某些主题从……政治的争议中撤离出来”,“把它们置于多数人和官员无法触及的地方”。杰克逊有句名言:“如果在我们的宪法星座中有一颗固定的星星,那就是没有任何官员,无论职位高低,可以规定什么是政治、民族主义、宗教或其他观点方面的正统”[*West Virginia v. Barnette*,319 U. S. 624(1943)]。

近年来,保守派法官利用司法审查驳回那些被认为侵犯了州权利的联邦法律。在“合众国诉洛佩兹”案中,最高法院废除了联邦《无枪学区法案》。最高法院大法官威廉·伦奎斯特指出,洛佩兹是“当地学校的一名当地学生;没有任何迹象表明他最近参与过州际商务活动,也没有理由说他携带枪支一定同州际商业活动有任何具体联系”[*United States v. Lopez*,514 U. S. 549(1995)]。

在“合众国诉莫里森”案中,最高法院宣布《针对妇女暴力法》的部分内容无效,根据这部法律的规定,妇女有权到联邦法院起诉家庭暴力施暴者。研究表明，妇女出于对暴力的恐惧，不敢跨出州界，家庭暴力妨碍了州际贸易。最高法院认为，该法律抹掉了州和联邦管辖权之间的区别："如果联邦政府接管传统上为州所管理的整个领域，而这些领域又与商业活动的管理毫无关系，那么，联邦和州管辖权之间的界限将变得模糊不清。……甚至是在历史上各州拥有主权的刑事执法或教育等领域，也很难看到对联邦权力的任何限制"［*United States v. Morrison*，529 U. S. 598（2000）］。

有证据表明，尽管最高法院大法官、联邦地区和上诉法院法官都是非民选产生的，但是，在撰写司法判决书的过程中，他们对公众意见还是密切注意的。公众之所以尊重最高法院，是因为最高法院大法官保持着对民情民意的了解。如果发现裁决意见与主流民意不一致的情况，大法官通常会借助第二个案件发布一项裁决来纠正他们上次的裁决（Friedman 2009）。

最高法院从利益集团那里收到了大量"法庭之友"简报，这些简报是为了支持与他们观点相同的诉讼当事人的论点。这些简报中的论点有些已被持相同观点的法官所采纳。近年来，最高法院平均每审理一个案件就会收到 1 份"法庭之友"简报。2016 年，70%的案件都收到了至少 5 份"法庭之友"简报。这些利益集团包括企业协会和工会，全国有色人种协进会法律辩护协会和教育基金会等代表特定群体的团体，以及美国民权运动、美国公民自由联盟等专门关注公民权利和自由的组织。在那些影响刑事司法的案件中，最高法院会听取检察官和警察以及辩护律师的意见。最高法院在裁定同性婚姻案时收到了 140 份"法庭之友"简报，2012 年在裁定奥巴马医改案时也收到了"法庭之友"简报 140 份（Baum 2019：86）。

最高法院可以维持某项法律的合宪性。最高法院的裁定图章使公众确信，一部有争议的法律就意味着最高法院有了一个合理行使宪法权力的机会。著名学者詹姆士·麦格雷戈·伯恩斯指出，司法审查的问题在于，对于某些限制公民自由和个人权利的立法，最高法院太急于盖上裁定图章；而且，联邦法院在保证人们接受教育和就业方面一直都不够主动（Burns 2009；Hirschl 2004）。

有观点认为，如果没有司法审查，"大众宪政"将会得到发展，在这种情况下，民选官员将以负责任的方式颁布法律，以确保他们不违反宪法（Tushnet 2000：161－164）。根据这一论点，没有理由认为最高法院大法官的意见应该优于州立法机关和国会的意见受到重视。民选官员在通过一项法律后，可以灵活容易地修改一项法律或通过一项新措施（Kramer 2005）。然而，欧文·切莫林斯基指出,民选官员对保护囚犯和其他缺乏政治权力的群体几乎没有兴趣,他们不太可能自愿在减少监狱过度拥挤和为囚犯提供医疗保健等问题上花钱。切莫林斯基断言,如果没有司法审查,就有可能出现涉及流产法、持枪权法以及全国范围内其他权利法的拼凑。他认为,如果没有司法审查,各州很可能不会将刑事诉讼权利与保护扩大到警察审讯、搜查和扣押等环节中的被告人(Chemerinsky 2014:216–218;Cohen 2020)。

最高法院与国会

为了使联邦法官免受政治压力和报复,美国宪法规定联邦法官“履职良好”可终身任职,且在职期间不降薪。这个规定保护了联邦法官,使他们免受不赞成其裁决的立法者的政治报复。

美国最高法院依靠其他政府分支机构执行其裁决。国会行使其“钱袋大权”支持最高法院的裁决。2000 年,最高法院在“美国童子军诉戴尔”案中裁定,根据宪法,童子军有权拒绝接纳男同性恋者。各个学区宣称将不再与童子军合作。对此,国会通过了一项法律,规定:除非这些学区允许童子军“平等入学”,否则将没有资格获得联邦资金[*Boy Scouts of America v. Dale*, 530 U. S. 640(2000)]。

1957 年,艾森豪威尔总统派遣军队进驻阿肯色州首府小石城,在中区中学执行联邦法院做出的废除学校种族隔离的法令。艾森豪威尔总统在一次全国性演说中强调,不能允许暴徒统治推翻联邦法院的命令。

最高法院、国会和总统可相互沟通以左右立法(Fisher 2019)。2007 年,美国最高法院限制人们对薪酬歧视提起诉讼[*Ledbetter v. Goodyear Tire and Rubber Co.*, 550 U. S. 618(2007)]。奥巴马总统承诺要推翻该裁定,国会随之通过一项法律,保护个人对薪酬歧视提起法律诉讼的权利。

在“布迈丁诉布什”案中,美国最高法院裁定,国会建立的军事委员会在多方面违反宪法。针对最高法院对 2009 年《军事委员会法案》提出的异议,国会对该法案所规定的程序进行了改革[*Boumediene v. Bush*, 553 U. S. 723(2008)]。

2013 年,针对一项法院判决,国会修改了一项法规,该法规将弄虚作假申请军事荣誉的行为定为犯罪,因为其目的是获得金钱、财产或其他有形利益[*United States v. Alvarez*, 567 U. S. 709(2012)]。

2006年，国会在进行了广泛的听证之后，决定把《投票权法案》有效期延长25年。听证会详述了对“覆盖的司法管辖区”民意调查所反映的种族歧视问题。2013年，在“谢尔比县诉霍尔德”案中，最高法院以5比4的票数裁定1965年《投票权法案》第四节违反宪法。该法案被认为是20世纪60年代民权运动的皇冠之珠。《投票权法案》曾规定，有着漫长选举权歧视历史的南方9个州和其他州的多个县市，必须获得司法部或华盛顿特区联邦法院的授权方可修改其选举法。

最高法院过去曾支持《投票权法案》，指出：法律是打击选举权种族歧视的一个重要机制。首席大法官罗伯茨改变了“谢比尔县诉霍尔德”案的进程，认为，把重点放在9个南方州和其他司法管辖区是违反宪法的，因为那是基于40年前的情况，与今天没有逻辑关系。他解释说，如果“国会……根据现实情况，在必要时必须确定要挑选出的那些司法管辖区，……那么，就不能仅仅是根据过去的情况”。罗伯茨首席大法官提醒人们注意，《投票权法案》已经把大部分“所覆盖的司法管辖区”的非洲裔美国人投票人数，增加到了一个比白人投票人数还高的水平，并且现在很多南方城市已经选出了非洲裔美国人市长。罗伯茨大法官要求国会“根据当前情况”起草另一份方案。

金斯伯格大法官在其不同意见中指出：“多亏有了《投票权法案》，人们的梦想变成了进步的现实，而这个进步还在继续。”她表示，最高法院“推翻国会的决定”是一个“过分的错误”。

国会未能修改《投票权法案》，导致一系列州法律被联邦法院认定为违宪，阻碍了非洲裔美国人和其他少数族群获得投票权(Berman 2015)。

最高法院偶尔裁定，国会对一项法律的制定超越了其宪法权利。这时，国会唯一可做的就是启动修订宪法的程序，而修宪程序是复杂、艰难而又漫长的。1989年和1990年，最高法院裁定，各州法律和联邦法律禁止焚烧美国国旗的规定违宪。后来证明，国会试图修订宪法禁止亵渎国旗的努力没有成功[*Texas v. Johnson*,491 U. S. 397(1989)]。然而，在最高法院裁定国会无权将州选举的投票年龄降至18岁之后，宪法第二十六修正案在参议院、众议院和3/4的州立法机构的支持下获得通过，确立了年满18岁的公民享有投票权[*Oregon v. Mitchell*,400 U. S. 112(1970)]。

2013年，最高法院在对“合众国诉温莎”案的裁决中废止了联邦《婚姻保护法案》。该法案否定了在那些认可同性婚姻的州同性婚姻伴侣的联邦权益，被否定的同性婚姻一方或双方享有的联邦权益包括从社会保障到税收等多达上千种。大法官安东尼·肯尼迪在 5∶4 的裁定意见中写道:“这一联邦法案无效,因为联邦婚姻法案本应寻求保护人们的人格和尊严,但是这一法案却贬低并伤害了他们。”根据最高法院多数人的裁决意见,这项法案的意图是诋毁同性伴侣的“道德与性的选择”以及“成千上万由同性伴侣抚养的孩子”。大法官安东宁·斯卡利亚则持不同意见,他批评多数人的决定忽视了“我们所尊敬的协调配合的”政府分支——国会的意见,剥夺了“人民管理自己的权力”[*United States v. Windsor*,570 U. S. 744(2013)]。

最高法院的裁决可促使国会通过立法来解决某一问题。在“施耐德诉菲尔普斯”案中,最高法院裁定,已故海军陆战队员的父亲不能起诉在他儿子的军事葬礼附近示威中表达言论自由的教会成员。教会成员的示威旨在向人们宣示,海军陆战队员的死亡是美国对同性恋宽容的结果。第二年,国会通过了一项法律,限制在军事葬礼附近示威[*Snyder v. Phelps*,562 U. S. 443(2011)]。

据劳伦斯·鲍姆报告,截至 2017 年,最高法院全部或部分地推翻了 182 项联邦法律。最高法院在 1963 年至 2017 年最为活跃,以违宪为由推翻了 111 条法规。鲍姆指出,这只占国会通过的法规的一个很小的比例,最高法院在审查国会通过的法案时,每六次中有五次都是维持法案的合宪性(Baum 2019:169-172)。然而,被最高法院驳回的法案中就不乏重要的法案,如限制一些地区奴隶制的 1820 年密苏里妥协法案,理由是该法案未经正当法律程序就剥夺了个人的财产[*Dred Scott v. Sandford*,60 U. S. 393(1857)],而在“谢克特家禽公司诉合众国”案中,最高法院推翻了罗斯福总统签署的旨在将国家从大萧条中恢复过来的法案[*Schechter Poultry Corp. v. United States*, 295 U. S. 495(1935)]。

还有一系列案件的裁决使国会改革竞选资金的努力归于无效。例如,在“巴克利诉法雷奥”案中,最高法院推翻了国会对竞选开支和捐款的某些限制,理由是财务捐赠属于受宪法第一修正案保护的言论自由[*Buckley v. Valeo*,424 U. S. 1(1976)]。

从 1790 年到 2017 年,1094 项州和地方法规因最高法院裁决违宪而被推翻。另有 241 项法律因侵犯了联邦法律的某些领域而被驳回。最高法院驳回了有关堕胎、同性婚姻、移民、枪支管制和死刑等重要公共政策问题的州法律,同时也裁定州法律违反宪法,因为侵犯了联邦政府的权力,如移民和外交政策(Baum 2019:173-174)。

2019 年,在备受关注的“贾努斯诉美国州、县和市雇员委员会第 31 届理事会”一案中,美国最高法院推翻了一项 41 年的判例,裁定伊利诺伊州的一项法律违宪,该法律授权公共雇员工会向未加入工会的工人收取费用,以支持工会的集体谈判相关活动。最高法院的理由是,工人不应该被迫支持他们可能反对的工会政策。工会辩称,出于公平考虑,个人应该为工会向所有工人提供的服务付费,包括谈判合同和代表工人申诉,但工会的意见未被采纳[*Janus v. American Federation of State, County, and Municipal Employees, Council* 31, 585 U. S. (2019)]。

一个备受争议和悬而未决的问题是,国会是否可以干预最高法院的司法管辖权,限制最高法院审理上诉案件的类型。1974 年至 2002 年,国会提出了 130 多项法案,以限制最高法院审理以下案件的权力:堕胎、平权行动、学校种族隔离,以及涉及在效忠誓言中提及上帝和挑战《婚姻保护法》的案件,但国会的努力都以失败告终。1996 年,国会通过了《监狱诉讼改革法案》,限制了囚犯向联邦法院投诉其监禁条件的能力(Baum 2019:202-215)。

有时候,国会与总统一起采取激进措施,通过调整最高法院的组成规模试图改变最高法院的裁决。詹姆士·麦迪逊(美国第四任总统)、詹姆斯·门罗(美国第五任总统)和约翰·昆西·亚当斯(美国第六任总统)都曾提出,最高法院应扩大规模。国会也曾为了防止第十七任总统安德鲁·约翰逊为最高法院填补空缺而将大法官人数减至 8 位。而当第十八任总统尤里西斯·辛普森·格兰特上任后,最高法院大法官人数又调回至 9 位。最著名的一次以增加大法官人数来控制最高法院的尝试是 1937 年罗斯福总统的“法院填塞计划案”。罗斯福提议把最高法院大法官人数从 9 人增至 15 人,以保证其新政立法获得足够的支持。但是,他的提议失去了动力,因为最高法院在一系列裁决中都裁定,罗斯福新政的一些计划符合宪法(Burns 2009:139-178)。

司法提名和国会

总统对最高法院大法官的任命可使最高法院裁决结果发生最重大的转变。在地区法院、上诉法院以及最高法院法官席位出现空缺时,总统通常提名和任命与其思想理念一致的本党党员。参议院对地区法院法官提名的批准实际上是走走形式。如果参议院被反对党控制,反对党就会设法使上诉法院法官席位保持空缺,以期待将来他们党入主白宫时好由其党员填补空缺。因此,对巡回法院法官的任命具有争夺性。

截至 2018 年,总统向参议院提交的 163 名最高法院大法官提名中,有 11 人未能得到参议院的确认。第一位被否决的是 1795 年由乔治·华盛顿提名为首席大法官的约翰·拉特利奇,另一位被否决的是 1987 年由罗纳德·里根总统提名的罗伯特·博克。11 名被提名人退出,例如,哈丽特·迈尔斯在 2005 年退出。参议院未能就奥巴马总统对梅里克·加兰德的提名付诸表决,他是第 13 位未能获得参议院确认的被提名人。在参议院会议结束时,有 15 项提名在没有投票确认的情况下失效。37 项不成功的提名涉及 32 人,其中一些人被提名不止一次,其中 6 人随后得到确认(McMillion and Rutkus 2018)。

自 1953 年以来,对最高法院的 35 人提名中,有 4 人被撤回,3 人在参议院投票中被否决,1 人未被投票(Baum 2019:32–33)。如果共和党在参议院占多数,那么,共和党总统的提名便可获得 90%的支持。相比之下,如果总统所在的党在参议院占少数,则他的提名只可得到 60%的确认。从 2006 年以来的参议院确认投票来看,只有两票是总统所在政党的人投的反对票,大约 87%的反对票是反对党参议员投的。因此,大法官的提名越来越多的是通过党派投票和微弱的优势得到通过。1/3 未获通过的提名是由未再当选的总统提出的(Baum 2019:52)。

奥巴马总统对两位优秀女性任最高法院大法官的提名获得成功批准,她们是索尼娅·索托马约尔和埃琳娜·卡根。但是,奥巴马对下级法院法官的提名则没有这么成功。

提名使最高法院大法官的批准程序越来越多地受到利益集团的左右,这些受意识形态驱使的利益集团不惜花大钱争取公众支持,并说服参议员支持或反对被提名人。司法危机网(JCN)曾安排预算 700 万美元反对梅里克·加兰德,并花费 1000 万美元支持尼尔·戈萨奇。大约 700 万美元用于支持布雷特·卡瓦诺,估计有 290 万美元用于反对批准对他的提名(Baum 2019:89)。

奥巴马总统对巡回法院的司法提名 55%得到了通过,而乔治·W. 布什总统和比尔·克林顿总统的提名获得通过的比例分别为 71. 8%和 72. 2%。相比之下,罗纳德·里根总统的提名成功率为 88. 3%。就一届总统而言,吉米·卡特总统在他的单届任期内,他的提名得到了 93. 3%的批准,乔治·H. W. 布什总统的提名得到了 79. 2%的批准(Congressional Research Service 2019)。

至于地方法院，奥巴马总统 83.2%的提名成功获得批准。里根总统 94.8%的提名得到确认，又一次取得了最大的成功。克林顿总统的提名 87.1%获得了通过，乔治·W. 布什总统（小布什）91.3%的提名获得了批准。乔治·H. W. 布什总统（老布什）在单届任期内，其 77.1%的提名得到了确认。吉米·卡特总统 92.7%的提名得到了批准（Congressional Research Service 2020；McMillion 2015）。

每一位总统都在联邦司法体系上留下了自己的印记。尽管奥巴马总统任命的联邦法官比里根总统、克林顿总统和布什总统都要少，但也任命了 55 名联邦上诉法院法官和 268 名联邦地区法院法官，共计 323 名联邦法官。相比之下，里根总统和克林顿总统任命的法官数竟然分别高达 373 名和 379 名。

布什（小布什）总统离任后，共和党任命的法官控制了 12 个联邦巡回法院中的 9 个，民主党任命的法官控制着一个巡回法院。奥巴马总统离任时，民主党任命的法官在 8 个联邦巡回法院占多数，共和党任命的法官在 4 个联邦巡回法院中占多数（Savage 2016）。

特朗普总统和共和党把任命和确认法官列为"首要任务"。在接下来的几年里，联邦司法机构在取向上可能会明显更加保守，因为特朗普总统继承了至少 112 个法官职位的空缺，其中 33 个职位两年多来一直空缺。而奥巴马总统上任时，则只有 58 个联邦法官职位空缺。

考虑到联邦法官的年龄，特朗普总统可能有机会任命多达 38%的联邦法官。2013 年，参议院同意任命地区法院和上诉法院的法官，需要简单多数，但是最高法院大法官的任命仍然需要 60 票。人们认为，最高法院的任命十分重要，参议院的确认需要 60 票的"超级多数"。请注意，参议院共和党议员投票修改了规则，允许戈萨奇大法官以（54 票赞成，45 票反对）和卡瓦诺大法官（50 票赞成，48 票反对）多数票通过。卡瓦诺大法官在参议院获得的票数比过去 137 年里的任何一位被提名人都要少。共和党在参议院的多数党领袖米奇·麦康奈尔也无视"蓝条子"规则的百年传统。根据"蓝条子"规则，被提名人的两名家乡州参议员中的任何一人可否决被提名人的联邦法官任命（Katz 2017）。共和党参议员还通过将辩论时间缩短到两个小时来仓促走完对提名大法官的确认程序（Alliance for Justice 2018）。

特朗普总统在他执政的第一年提名了 19 名上诉法院法官，其中 12 名获得确认（占 63%）。

他在任职的第一年提名的巡回法院法官获得确认的人数比 1945 年以来的任何一位总统的都要多,而且,就他任职的第一年司法提名获得确认的人数来说,他多于自里根总统以来的任何一位总统。特朗普总统在上任的第一年就向联邦地区法院提名了 49 人,其中 6 人得到确认(占 12%)。这个人数和比例低于他之前的三位总统的任何一位。1945 年以来,只有奥巴马和特朗普两位总统的提名得到确认的比例不到 50%(McMillion 2018)。

假如特朗普总统把巡回法院的所有空缺都填补完毕,他任命的法官将占巡回法院法官的大约 20%。这样,第三巡回法院将从民主党占多数变为共和党占多数,第十一巡回法院将从民主党和共和党持平变为共和党占多数,随着 5 名法官的任命,第二巡回法院将由共和党占多数。共和党任命的第九和第十一巡回法院的法官数量将会增加,共和党在第五、第六、第七和第八巡回法院的多数席位将得到加强。

公益组织正义联盟(Alliance for Justice)在 2016 年 1 月的一份声明中指出,奥巴马总统"极大地提高了联邦司法机构的人员多样性"。在执政 7 年后,奥巴马总统提名的女性人数(164 人)是布什(小布什)总统 8 年任期内提名的女性人数的 2 倍多。在奥巴马的司法提名人中,43%是女性。克林顿总统在任命女性司法官员方面的记录排名第二,其任命的女性比例为 29%。奥巴马总统提名的非白人法官人数(19%是非洲裔美国人,11%是西班牙裔美国人,7%是亚裔美国人和太平洋岛民)是布什(小布什)总统的 2 倍多,比克林顿总统提名的非白人法官多一些。奥巴马总统提名了 14 名女同性恋、男同性恋、双性恋和变性人候选人,远远超过任何一位总统。克林顿总统是提名变性人候选人担任联邦法官的另一位总统。奥巴马总统也是第一位提名穆斯林担任联邦地区法院法官的总统。

公益组织正义联盟称,奥巴马总统同样注重提高被提名人个人背景的多样性,尽管他们大多数都是相当传统的职业背景。大约有 50%的被提名人在被正式任命为地区法院和上诉法院法官时,是州或联邦法官。在私人执业的被提名人中,代表公司客户的人数是代表非公司客户或兼代表公司和非公司客户人数的 3 倍。被提名人担任检察官的人数略多于担任公设辩护人或私人辩护律师的人数。相对而言,一小部分人担任过代表消费者的公益律师或民权律师,只有一小部分人曾是法学院教授(Alliance for Justice 2016)。

特朗普总统所提名的人与奥巴马总统所提名的人有着截然不同的比例。

在特朗普总统提名的上诉法院法官中，79%是男性，21%是女性。特朗普总统的女性和非白人被提名者的比例低于他的三位前任；不过，他提名的人平均年龄（48 岁）低于他的三位前任。他提名的地区法院法官也遵循了类似的模式：76%是男性，92%是白人；特朗普总统对非白人提名的比例均低于他的三位前任。特朗普总统所提名的人平均获得的反对票数比自肯尼迪以来的任何一位总统都多（McMillion 2018）。

在我们结束最高法院和司法提名的话题之前，请注意，近年来，这一进程已经变得非常富有争议和争论。1987 年，里根总统提名罗伯特·博克接替即将退休的最高法院大法官刘易斯·鲍威尔。然而，博克最终却成为第 12 位被参议院拒绝并被迫退出的最高法院大法官提名人。

博克对“活的、不断发展的宪法”的观念持批评态度。他宣称他将毫不费力地推翻现有的判例。人们预计，博克的投票将使最高法院在堕胎、学校祈祷、平权法案和刑事诉讼等问题上的天平向更保守的方向倾斜。自由派认为博克是对宪法的威胁。马萨诸塞州民主党参议员爱德华·肯尼迪将博克的美国描述为这样一个国家：“妇女将被迫在背街小巷堕胎，黑人将坐在隔离的午餐柜台前，流氓警察将在午夜突袭中破门而入。”

博克的证词持续了 5 天，共 30 多个小时；对提名他为大法官，有 101 名证人作证支持或反对。保守派和自由派游说团体筹集了数百万美元来支持或反对博克的提名。在博克听证会结束时，公众坚决反对提名他。司法委员会以 9 票对 5 票的表决结果反对博克，参议院全体以 58 票对 42 票否决了对他的提名。攻击和夸大被提名人履历的做法被称为“被博克”（being Borked）。博克广泛著书立说的“白纸黑字”和公开诚实的回答削弱了他的候选资格。后来被提名的人都知道，他们应该给出平淡无奇、含糊其词的回答，而且他们被任命为联邦法官的雄心壮志可能会被大量的文件追踪所瓦解。

宪法规定，法官“忠于职守，可终身任职”。众议院可以以“叛国、贿赂或其他重罪和错误行为”为由对法官提出弹劾指控，而遭受弹劾的法官将在参议院受到起诉。出席会议的参议员支持弹劾的投票必须达到 2/3 才能判定法官有罪并将其免职。迄今已有 13 名联邦法官受到众议院弹劾，其中 7 名法官被参议院定罪。自 1986 年以来，已经发生了三次弹劾。

至于最高法院，1804 年，杰斐逊的共和党人弹劾塞缪尔·蔡斯（Samuel Chase），但蔡斯被参议院宣告无罪。1969 年，最高法院大法官亚伯·福塔斯因财务违规行为面临被弹劾和罢免,只得辞职。

为确保最高法院能够代表更多的不同意见,人们已经提出了一些建议。这些建议包括将联邦司法机构的法官随机轮换到最高法院,将最高法院法官的人数增加到 15 人,要求固定任期为 15 年,或规定强制退休年龄(Kaplan 2018:369)。

无论是在法官数量上,还是在案件判决数量上,联邦法院系统都比州法院系统少得多。对此,我们将在以后讨论。

最高法院和公众舆论

美国最高法院在美国占有重要而独特的地位。尽管事实是最高法院对公共政策有深远的影响,大法官是终身任命的,无须经过选举,甚至无须经过正式的评价。外界对最高法院的内部工作机制知之甚少,而且最高法院的审议意见也不通过电视发布。普通美国人没有机会访问首都华盛顿特区,并前往最高法院为案件作证。大多数人不阅读最高法院的意见,而是依赖新闻媒体解释最高法院的判决(Drake 2016)。尽管公众赞赏最高法院的重要性,但是知道最高法院大法官名字的美国人还不到一半(Baum 2019:22)。

2016 年,最高法院的民意支持率降至 30 年来的最低点,评论人士将其归因于最高法院支持奥巴马医改、支持在大学录取中考虑种族因素以及支持同性婚姻合法化。最高法院的裁决导致共和党人高度的非议。斯卡利亚大法官去世后,最高法院只剩下 8 名大法官,其裁决的备受瞩目的案件也随之减少。这样一来,最高法院反倒逐渐恢复了在人们心目中的好感度。2018 年 7 月和 9 月先后两次,超过 50%的美国人对最高法院有好感,这是自 2009 年以来最高的评级。67%的共和党人对最高法院有好感,而民主党人却只有 36%有好感。这是自 2001 年以来民主党人中支持率最低的一次。

2018 年 9 月,在布雷特·卡瓦诺被提名为最高法院大法官后进行的盖洛普民意调查发现,60%的男性和 43%的女性认可最高法院的工作。一年前,男性和女性对最高法院的看法还几乎相同。这是自从盖洛普开始追踪这项指标以来男女对最高法院看法的最大差距。

共和党人和民主党人对最高法院应如何解释美国宪法的看法截然不同。69%的共和党人认为,宪法应该按照最初的规定来解释,而 70%的民主党人赞成将宪法解释为随时代发展而不断发展的宪法。90%的政治保守派支持所谓的原旨主义观点，而83%的自由主义者支持根据当代具体情况来解释宪法。

65%的登记选民表示，最高法院大法官人选对投票表决十分重要，在14个问题中排名第9。77%的保守派共和党和倾向共和党的选民认为大法官人选非常重要，而69%的自由派民主党和倾向民主党的选民持同样观点。在温和派和自由派共和党人以及温和派和保守派民主党人看来，大法官的人选不那么重要。一名参议员是否有理由因为不同意被提名人对法律的看法而投票反对一名"合格的"大法官提名人，公众对此存在分歧。

大约20%的美国人认为最高法院过于自由，30%的人认为最高法院过于保守，44%的人认为最高法院的做法"大致正确"。相比其他政治机构，美国人普遍对最高法院更信任。

2019年，38%的美国人对最高法院有很大或相当大的信任，40%的人有"一些"信任，20%的人"没有"信任（Baum 2019：22）。

在口头辩论期间，最高法院只有大约100个席位可供公众使用。为使最高法院更容易接近公众，人们提出各种各样的建议，如举行电视听证会，增加可供公众参加口头辩论的席位。大法官普遍反对对最高法院听证会进行电视直播，他们认为电视直播会招致律师和大法官"哗众取宠"，会促使参与者简化他们的论点。作为公众要求的回应，首席大法官罗伯茨向公众提供了口头辩论的录音带。其他改革建议包括大法官任期限制和某种形式的择优选拔（Chemerinsky 2014：293-330）。

2020年4月，由于新冠疫情影响，最高法院暂停了口头辩论。几个星期后，最高法院从他们的家中通过电话恢复口头辩论。这些律师也在偏远地区。美国公众第一次通过音频直播听到了这些论点。法官们的提问是按资历进行的，每次两到三分钟，而不是以速战速决的方式进行。在第一轮提问结束时，如果还有时间，人们可以提出更多的问题。

州法院的组织结构

州法院是法律活动的中心，超过95%的法律案件是在州法院审理的。据估计，在过去10年中，有10亿起案件向州法院提起诉讼。州案件是根据州法律和州宪法提起诉讼的案件。在某些情况下，市县有权颁布市县地方法规，这是州法律的另一个来源。例如,大约有 13 个城市禁止养有被认为是公共危险的某些品种的狗。全国州法院中心报告称,2016 年州法院受理了 8420 万起案件。这包括影响大多数美国人生活的案件类型——交通案件、民事和刑事案件、家庭关系和青少年案件。2016 年,在州法院提起诉讼的案件中,21%是刑事案件,18%是民事案件,6%涉及家庭关系,1.5%涉及未成年人,45%是交通案件。戴维·W. 纽鲍尔和亨利·F. 弗莱德拉指出,向主要的州初审法院提起的案件几乎是联邦初审法院的 89 倍(Neubauer and Fradella 2017:89)。加利福尼亚州、伊利诺伊州和佛罗里达州的案件数量超过了所有联邦法院的总和(LaFountain et al. 2015)。美国 96%的法官在州法院任职。加利福尼亚州、佐治亚州、纽约州和得克萨斯州的司法系统规模庞大,超过了联邦司法系统(Hall 2008:236;National Center for State Courts 2006:15)。

州宪法授权立法机关设立州法院。《加利福尼亚宪法》第 1 节第 6 条规定,州最高法院、上诉法院和高级法院具有司法权。立法机关根据此项规定,负责把本州划分为若干司法区,并在各司法区设立一个或多个高级法院。

各州法院系统彼此独立。纽约一个法院的判决对其他州法院不构成判例。有时一个州法院可观摩其他州法院的判决以了解其怎样处理案件。不可忽视的是,各州法律可能彼此不同。在 2/3 的州,被告可因一级杀人罪被判死刑,但 18 个州已经废除死刑。在没有死刑判决的州,应被判一级杀人罪者可被判终身监禁。

以模型法谋求各州法律的一致性。由一流律师、法官和学者组成的美国法律研究所起草了模范刑法典,该法典收入了起草者所认为的对各种犯罪的最佳定义。美国法律研究所鼓励各州采用这些模型法。

各州法院系统彼此存在较大差异。典型的州法院系统包括有限管辖权法院、一般管辖权法院、中级上诉法院以及终审的最高法院。各州司法部在对审理中的案件的参与、法律的内容以及案件是否在庭审中判决或裁定上都可能有所不同。这些不同源于许多因素,包括这些州是以农村为主还是以城市为主。同那些面积大、情况复杂、城市化程度高的州相比,那些面积小、情况相似、以乡村为主的州对人身伤害案件判决的比例更大,因为那里的人们一般都相互比较熟悉(Hall 2008:240)。全国州议会会议发现,超过一半的州有一个“统一的法院系统”,它有一个简化的法院结构,对审判管理和预算实行集中控制。

有限管辖权的州法院

有限管辖权法院受理轻微的刑事案件和民事案件。大多数人与之打交道的州法院都是有限管辖权法院。州法院受理案件总数的66%都在有限管辖权法院审理。人们对这些法院的称呼多种多样,如初级法院、治安法院、地方法院以及市法院。

有限管辖权法院就是裁决小微案件的法院。这些法院所管辖的案件种类有限,通常有交通肇事案件、轻微刑事案件,以及违反城市管理条例的案件,如对家养的狗失之绑缚。有限管辖权法院也可审理小额索赔、亲属关系或家庭纠纷案件以及未成年人违法犯罪案件。这些案件由单个法官以非正式的方式审理。上诉案件可提交拥有一般管辖权的州法院,而且上诉案件通常需要当事人双方重新参加庭审,也就是对案件的完全重审。

全国有 13500 个有限管辖权的审判法院,其中有法官 17900 名。这些法院每年的案件数量大约是 5500 万件,其中交通案件占 61%,刑事案件占 22%,民事案件占 15%,其余的是家庭纠纷案件与未成年人案件。在过去几年中,各州市设立了许多专门法院,以审理毒品、家庭暴力以及退伍军人案件(Neubauer and Fradella 2017:90-92,98-101)。

州一般管辖权法院

一般管辖权法院是审理有限管辖权法院管辖之外的刑事与民事案件的初级审判法院,这些法院审理一些更为严重的案件。一般管辖权法院受理达到指定涉案金额的案件、被重罪指控的案件、涉及州宪法问题的案件,或根据州法律规定由一般管辖权法院审理的案件。

在有限管辖权法院审理中败诉的一方有权上诉到一般管辖权法院。对这种上诉案件,一个不寻常的做法是,一般管辖权法院将重新审判,就是说案件要从头至尾重新审理。

一般管辖权法院通常被称为巡回法院、地方法院或者是高级法院。单一法官在有限管辖权法院和一般管辖权法院审理案件(McMillion 2018)。美国 50 个州共有 3109 个一般管辖权法院,其中有 10740 名在职法官,每年受理的案件约为 1500 万件。

一般管辖权法院受理的案件大约有 1/3 是民事案件,20%是家庭关系案件,20%是刑事案件,17%是交通违法案件(Conference of State Court Administrators and National Center for State Courts 2017)。

州上诉法院

美国有 42 个州在州最高法院之下设立州上诉法院。公民个人不服一般管辖权法院判决的,有权将案件上诉至上诉法院或上诉法庭。州上诉法院由 3 位法官组成审判庭,他们宣读由律师提交的诉书并且听取口头辩论。亚拉巴马州和田纳西州将上诉法院分设为民事上诉法院和刑事上诉法院。11 个较小的州不设上诉法院,上诉案件直接由州最高法院受理。2016 年,州上诉法院的总案件量为 18.1 万件(Conference of State Court Administrators and National Center for State Courts 2017)。

州最高法院

州最高法院位居州司法层级的顶端,对复审哪些案件拥有自由裁量权。一些较小的州不设上诉法院,所有上诉案件都由州最高法院复审。俄克拉何马州和得克萨斯州分设民事最高法院和刑事最高法院。各州对这些法院称呼不一,如称作最高法院、最高司法法院、最高上诉法院、上诉法院、民事上诉法院或刑事上诉法院。在州最高法院败诉的当事人如案件涉及联邦问题可以上诉到联邦地区法院。

州最高法院是州法律纠纷的最终裁决机构,其裁决构成对州各法院有约束力的判例。有个被称为“新司法联邦制主义”的运动号召州最高法院对州宪法条文给予宽泛的解释,从而保障人民享有的权利超出美国最高法院根据宪法规定所认定的权利。例如,伊利诺伊州最高法院认定,州宪法对正当法律程序的保护使得被告人在接受警方审讯时可以接触律师,而这一点比根据美国最高法院认定的联邦宪法所规定的权利要大。

研究表明,美国 2/3 的州的最高法院法官不愿做出置其与州长及州立法机关不一致的裁决,而且这些裁决极少以法律同州宪法发生冲突为由推翻州法律。其余各州的最高法院法官推翻依据宪法而受非议的法律的比例较大。例如,2004 年,堪萨斯州和纽约州高等法院废止了有关死刑的法律(Hall 2008:250-252)。2013 年,康涅狄格州最高法院推翻了该州的死刑判决。2018 年,华盛顿州最高法院裁定,该州的死刑法律在执行中存在不一致和种族歧视的现象(Johnson 2018)。

2016 年,州最高法院的案件量约为 7.6 万件(Conference of State Court Administrators and National Center for State Courts 2017)。

州司法遴选

州法院法官对我们的生活有着显而易见的影响。他们主持审判,裁定当事人是否构成刑事犯罪、是否支付罚款,是否获得或支付货币赔偿,是否获得孩子的监护权。尽管法官十分重要,但是人们大都不知道他们的州法院法官是如何被遴选出来的。

在遴选州法官时,人们在法官是否应该完全独立于选民,法官是否应当积极回应民意以及是否应当竞选等问题上存在分歧。另一个明显的分歧是对一个“好法官”的个人素质的看法。以“择优”为基础的选拔制度可能会选出那些接受过一流的法律培训、富有经验和职业技能的法官。但是,如果允许选民选举法官,则可能会使“不太合格”的法官当选,因为这些法官更为关心普通人所面临的问题。

在欧洲国家,学生一进入法学院就接受专门训练,从而为其司法职业生涯做准备。然而,在美国,甚至连一本教人如何做法官的手册也没有。

法官遴选制度在过去的 200 年间经历了重大的变化。美国殖民者主要的不满是英国国王对法官的任命,因为那些法官只对国王忠诚而忽视普通大众的意见。继美国革命后,7 个州规定由立法机构选举,5 个州规定由殖民地州长及其行政内阁选拔,1 个州实行的是州长和立法机构共同选拔法官。新加入联邦的州则从以上三种选拔模式中任选其一。

19 世纪 40 年代,美国出现了民主管理司法机构的运动,该运动催生了法官选举制的实行。法官在党派选举中产生,而且候选法官有条件限制。在 19 世纪 80 年代以前,人们就对政党的腐败开始有所了解,并把法官选举看作政党用来奖赏那些才能平庸但忠心可嘉的党员的工具。为了避免这种情况发生,各州采取了非党派选举的措施。由于缺少党派标签,选民无法轻易决定支持哪些候选人。然而,法官的无党派选举却使那些野心勃勃且资产雄厚的候选人当选,而不是最能胜任的候选人当选,因而这种选举也受到抨击。

1937 年,美国律师协会倡导“混合计划”,该计划 3 年后被密苏里州采用。这个所谓的密苏里计划,亦被称为择优选拔。根据该计划,一个非党派的提名委员会负责将一些他们认为“最合格”的候选人名单提交给州长,然后由州长从中任命一人填补法院法官空缺席位。在法官任期满一届后,将由选民投票决定他的去留。如果法官因票选结果而离任,一个新任命的法官将填补该空缺。密苏里计划把基于法律资格的选拔和公众否决结合起来,使法官遴选从政党政治中脱离出来。过去,大约曾有1%的由州长任命的法官遭到选民的投票否决(Corsi 1984:104-114)。

州法官的遴选制度有多种,大多数州都是将其组合运用。超过50个州所采用的方法都包含在以下统计中(Baum 2013:104)。请注意,由于州法院系统的复杂性,不同州所使用的不同司法遴选方法在数据上会有所不同(Bannon 2016)。

(1)党派选举制。候选人以政党身份竞选法官席位(10个州)。5个州采用党派选举的方式选举最高法院法官。

(2)非党派选举制。候选人不以政党身份竞选法官席位(21个州)。16个州采用非党派选举的方式选举最高法院法官。

(3)择优选拔制。非党派委员会提出经认定为优秀的候选人,由州长任命为法官,获得任命的法官任职满一届后,由公众直接投票决定其去留(20个州)。14个州的最高法院采用择优选拔制度。

(4)任命制。法官由州长任命,并取得立法机关的批准,或直接由立法机关任命(9个州)。

(5)立法机关选任制。立法机关选任法官(2个州)。南卡罗来纳州和弗吉尼亚州对所有法官都采用立法机关选任制度,但南卡罗来纳州将提名委员会作为任命程序的一部分。

纽约大学布伦南司法中心在对各州司法选拔程序进行了详尽的研究后,认为夏威夷州采用的“辅助遴选制度”值得借鉴。根据布伦南司法中心的说法,这种遴选程序是根据择优原则而不是根据政治关系或意识形态遴选法官,结果证明有效。夏威夷州遴选州最高法院法官候选人时,首先,由一个由9人组成的司法遴选委员会进行招标和评估。该委员会由司法、立法、法律专业人士和州长等多方面推荐的人士组成。其次,委员会编写有关候选人的全面资料,征求意见,并举行公开会议。再次,委员会为每个空缺职位向州长提交4—6名候选人。最后,州长确定人选并提交州参议院确认。正式获得任命的法官任期10年。各种下级法院都借鉴了这种制度(Bannon 2018)。

这些遴选制度的突出特点就是，在 41 个州，至少有一些法官在其司法生涯中必须经过投票人表决这一关。纽约州法官任期为 14 年，但最常见的法官任期为 6 年，如得克萨斯州。罗得岛州法官终身任职，而新罕布什尔州法官可任职至 70 岁。州最高法院法官的薪资达到 6 位数。

尽管各州法官的遴选制度有所不同，但通过这些方法还是选出了在背景、资格、性别、多样性和品质上相似的法官。在所有各州的法官中，白人男性超过一半；女性占 20%，且每个州的女性法官都少于男性；有色人种大约占 20%，其中男性大约占 12%，女性大约占 8%。没有一个州的女法官的人数相当于该州总人口中女性所占的比例，而且在大多数州，女法官人数低于女性在该州总人口中所占比例的一半。在 24 个州，有色人种法官数量低于有色人种占总人口比例的 50%。主张增加州法院多样性的评论人士指出，州法院法官裁决的案件直接影响美国人的生活，应该具有社会代表性（George and Yoon 2016：3，7）。

美国最高法院在 2020 年审议特拉华州的一项计划，这项计划旨在实现该州最高法院的意识形态平衡。该计划要求一个政党在法院中所占的席位不得超过“勉强多数”，其余席位指定给隶属于“另一个主要政党”的法官（Liptak 2019f）。

州最高法院法官的多样性
布伦南司法中心审查了 60 年来各州最高法院的数据，其中一项发现是，通过“某些措施”，2017 年美国人口多样性与州最高法院多样性之间的差距比 1996 年更大。24 个州的最高法院全部由白人组成，尽管其中 8 个州的有色人种至少占到该州人口的 1/4。全国 15%的州最高法院法官是由黑人、亚裔、拉丁裔或美洲印第安人担任的。至少自 1960 年以来，13 个州的最高法院从未有过有色人种法官；其他 6 个州只有一名有色人种法官。18 个州从未有过非洲裔法官。女性占州最高法院席位的 36%。在布伦南司法中心进行这项研究的时候，17 个州的最高法院只有一名女性法官。

有一些轶事表明，与司法任命制相比，司法选举制更能降低司法机构的多样性。2018 年一个令人鼓舞的进展是，包括得克萨斯州休斯顿在内的哈里斯县有 17 名民主党非洲裔女性司法候选人打着他们所谓的“黑人女孩魔法”的旗号参加选举。

很难确定是否有任何一种选拔制度会比其他选拔制度选出的法官“更好”。民选的法官会与遴选的法官有什么不同吗？首席大法官罗伯茨指出，法官不是政治家,即使他们通过投票选举的方式当选法官,法官也必须要“做到极致公平”,“努力做到”完全而彻底的独立。尽管如此,还是有证据表明,那些必须经过选民选举的法官在做出判决时会更加重视民意;当本州原告起诉外州被告时,本州原告在民选法官的判决中所获得的金钱赔偿也会更多(Helland and Tabarrok 2002)。非民选的法官,由于不受公众的节制,撤销刑事定罪的比率高于民选法官。不过,与非民选法官相比,民选法官更有可能作出更严厉的判决,包括死刑(Pinello 1995)。任命法官在上诉案件中推翻死刑判决的频率是民选法官的两倍多(Godsey 2017:95)。随着选举的临近,作为一种竞选策略,即使是最严厉的法官这时也会表现得更加严厉(Liptak 2016)。

研究表明,选举产生的法官比任命的法官更不可能支持同性恋权利。在党派选举中当选的州最高法院法官支持同性恋权利的比例为 53%,而在非党派选举中当选的法官支持同性恋权利的比例为 70%。面对保留选举的法官支持同性恋权利的比例为 76%,任命制的法官支持同性恋权利的比例为 82%(Liptak 2016)。然而,在退休前的最后一个任期或没有资格连任的法官会在判决中行使很大程度的独立性,并且,对于支持他们任职的政党的政策立场,这些法官过去是一贯支持的,这时通常也会放弃支持(Bannon, Lisk and Hardin 2017)。

一个令人不安的事态发展是,一些利益集团在司法选举上花费的资金越来越多,以谋求影响司法判决结果。“大钱”的作用,或者所谓的“法庭上的现金”问题,有可能给人以公正“待售”的印象。在 2013 年至 2014 年举行司法选举的 23 个州中,花费最多的候选人赢得选举的概率是 90%。调查数据显示,就连美国人也经常这样认为,州法院法官的裁决受到现金捐款的影响,而近一半的州法院法官同意这一观点(Brennan Center for Justice and National Institute on Money in State Politics 2015)。正如一位加利福尼亚州最高法院法官所指出的那样,在做出司法裁决时,很难忽视为连任筹集资金的必要性。这很像“你在浴缸里发现一条鳄鱼……你尽量不去想它,但在刮胡子的时候很难去想其他事情”(Bannon 2018)。

利益集团涉足法官选举的一个著名的例子是,2004 年西弗吉尼亚州最高法院首席法官沃伦·麦格劳落选。一家煤炭公司的高管花了 300 万美元击败麦格劳,成功使一名更为同情煤炭行业的候选人当选。后来,这名成功当上法官的候选人在 3∶2 的裁定中投了决定性的一票,从而推翻了一个价值 5000 万美元的不利于这家煤炭公司的判决。美国最高法院随后裁定认为，本杰明法官应该回避或退出此案[*Caperton v. A. T. Massey Coal Company*，556 U. S. 868 (2009)]。其他法官之所以在选举中落败，是因为他们在同性婚姻、死刑、石油和天然气行业、特许学校或堕胎问题上的投票，或者是因为他们被视为“对犯罪态度软弱”。

布伦南司法中心分析了2015年至2016年33个州76名最高法院法官的司法选举，发现选举支出总额为6930万美元，其中非党派利益集团的支出占40%，而2013年至2014年非党派利益集团的支出占选举支出的29%。大量资金不是来自政党，而是来自“暗源”，不容易追踪到某个特定的利益集团。在宾夕法尼亚州，争夺三个司法职位的竞选花费了2140万美元。利益集团还参与影响法官的差额选举和保留选举。自2009年以来，5个州的16名最高法院法官举行了保留选举，需要花费至少100万美元(Bannon et al. 2017)。

在州司法选举中，花在电视广告上的钱创下了历史新高。这些电视广告费的55%是由外部的非党派利益集团花的。超过35%的电视广告是负面的，以“误导的方式”攻击法官的裁决(Bannon et al. 2017; Samuels and Bannon 2017)。根据布伦南司法中心的数据，司法选举的外部支出中，只有4%很容易追溯到资金的实际来源(Samuels and Bannon 2017)。在很多情况下，这些媒体并没有关注法律问题的细节，而是强调了犯罪等情感问题。在北卡罗来纳州的一个地方，演员们穿着黑色的窃贼服装从一所房子里跑出来，背景音乐是班卓琴，歌词是歌颂这样一位候选人，他高喊着“让罪犯逃跑”，并将“一个接一个地把他们打倒……罪犯当心”(Godsey 2017:71)。北卡罗来纳州的外部烟草集团在媒体上指责他们反对的现任最高法院法官同情“儿童掠夺者”，而他们的目的是影响有关烟草行业监管的司法决定(Bannon 2016)。

布伦南司法中心的记录显示，自2004年以来，有19个州至少有一次最高法院选举涉及100万美元或更多花费。在这19个州中的11个州——超过一半的州最高法院法官是“这些巨额金钱纠纷的幸存者”(Samuels and Bannon 2017)。

司法选举对于促使法官对公众负责具有重要的作用。然而，司法选举也可能导致法官“小心翼翼”，做出迎合公众舆论的判决。由于州司法选举的投票率很低，一群积极的“一个问题”选民可以对结果产生重大影响。2010年，艾奥瓦州最高法院的3名法官在保留选举中被击败，因为反对同性婚姻的选民故意借此惩罚那些一致支持婚姻平等的法官。哪种法官选任制度能够促进司法公正,这个问题仍然没有答案(Bright and Keenan 1995)。

为了在公众参与选举的法官选任中维持形式与实质公正,美国最高法院规定,各州可禁止法官候选人和法官个人募捐。最高法院认识到,如果允许法官向可能出现在其法庭上的律师和强大利益集团索要金钱,司法判决的公正性可能会受到损害[*Williams-Yulee v. Florida Bar*,575 U. S. ___(2015)]。

法官如何裁决案件

谈论法官如何裁决案件就像是把苹果和橘子混为一谈。在不涉及陪审团的案件中,初审法院的法官应权衡和平衡事实真相,并根据法律作出裁决。初审法院的法官还负责作出适当的刑事判决。这是一个与上诉法院和最高法院法官截然不同的任务。上诉法院和最高法院法官通常多人组成一组,调取初审法院的案卷记录,阅读书面摘要,听取律师的口头辩论,并依法做出裁决。

美国最高法院大法官有资格作出对下级法院法官有约束力的判例,并考虑一项裁定所涉及的若干公共政策,因此,其与下级法院初审法官或上诉法官的地位非常不同,后者在作出裁决时受到既定法律的约束。研究司法判决通常离不开对美国最高法院和联邦巡回法院的研究(M. Bell 2016)。

法官通常都会申明,他们的判决是依据法律做出的(Epstein and Knight 1998)。根据"黑袍加身"理论的说法,法官一旦套上黑色的法官袍,便不会考虑法律之外的因素。法官主要的裁决方法是遵循先例,即法官首先确认一个案件事实上与先前案例相似,再把对先前案例所作出的裁决套用于该案件。遵循判例确保了法律是可预测的、稳定的,而且也确保所作出的裁决代表着法律界的裁决,而不仅是庭审法官的裁决(Carter 1979:236-253;Epstein and Kobylka 1992:11-12)。

律法主义方法

最高法院大法官罗伯茨对"机械法学"或律法主义做了极端的阐述。他认为:"司法部门……只有一个职责;把援用的宪法条文摆在受到质疑的法规旁边,再决定该法规是否与宪法条文相符”[*United States v. Butler*,297U. S. 1 (1936)]。

当判例已过时甚至遭受异议时,“黑袍加身”理论便无法轻易地说明法官是如何判决案件的。最高法院逐渐消解了1896年在“普莱西诉弗格森”案中确立的“隔离但平等”原则,而且在“布朗诉教育局”案中认为,被隔离的学校不是平等的学校,并裁定以“审慎不迫的速度”废除种族隔离。法官们的理由是,“隔离”不可能是“平等的”,因为被隔离的场所都伴有污名。

近年来,主流法官认为根据判例作出司法裁决的信念受到了更为保守法官的质疑(Garner 2016;Levi 1941)。2019年,最高法院在“加利福尼亚州诉海特”案中以5:4的裁决推翻了2003年的一个判例,并在一个相对模糊的裁决中裁定,可在内华达州法院起诉加利福尼亚州。大法官克拉伦斯·托马斯在解释多数人裁定意见的理由时称,判例不是“不可改变的命令”,判例是“基于基本宪法权利作出判决的薄弱基础”。大法官斯蒂芬·布雷耶在一份强有力的异议中回应说,推翻“合理的裁决……就是让公众越来越不确定法院会否决哪些案件的判决,会维持哪些案件的判决。”布雷耶指出,海特在起诉加利福尼亚州案中所依赖的判例不应该因为最高法院法官以5:4的微弱多数而被抛弃(Liptak 2019b)。后来在“尼克诉斯科特镇”案中,最高法院推翻了判例,允许个人在联邦法院就政府征用财产寻求赔偿直接进行起诉。这个技术性案件推翻了1995年的一项判决,首席大法官罗伯茨称该判决是“错误的”,是基于“毫无根据”的推理。埃琳娜·卡根大法官指出,最高法院对尼克案的裁决“粉碎了一百多年来的法律裁决”,瓦解了法律“稳定性”的重要价值[*Knick v. Township of Scott*,588 U. S. ___(2019)]。

原旨主义方法

除了判例,还有各种不同的法律工具帮助法官在错综复杂的法律中穿行。法官可采用原旨主义,询问法律的制定者或宪法的制定者在起草法律或宪法条款时的意图。在解释宪法条款时,法官可查阅制宪会议的记录、各州的批准辩论、宪法起草者的陈述和美国法律史。根据原旨主义者的说法,这种方法是有道理的,因为法官应该解释宪法文本,而不是硬塞入自己的观点(Brest 1980)。正如大法官安东宁·斯卡利亚在“罗珀诉西蒙斯”案的反对意见中所指出的那样,法官“在依赖主观标准时是对宪法的嘲弄”,主观标准如“宪法文本的原始含义”的“不断发展的道德标准”[*Roper v. Simmons*,543 U. S. 551(2005)]。

上一段引用了斯卡利亚的话,他是最为认同原旨主义观点的法官。例如,斯卡利亚的法官同僚认为,如果一个儿童害怕在被指控虐待他/她的被告面前作证,就应该允许其在闭路电视中提供证词。对此,斯卡利亚批评指出,宪法第六修正案规定,在“所有的刑事诉讼中,被告应享有权利……与指控他的证人对质”。他还指出,宪法第六修正案起草时就要求儿童与被指控虐待他们的被告对质,而过去200年来所发生的唯一变化就是,社会开始意识到儿童证人所遭受的创伤。斯卡利亚法官承认,社会可能为儿童证人受到保护感到十分满意,因为一个不争的事实是,最高法院对被告享有宪法第六修正案赋予的与原告对质的权利进行了限制(Scalia 1997)。理查德·波斯纳法官在指出原旨主义的局限性视角时,对原旨主义视角下宪法第十四修正案平等保护条款能否被解释为禁止学校隔离表示怀疑(Posner 2008:340–346)。

宪法制定者的意图可能并不总是十分明确。在“劳伦斯诉得克萨斯州”案中,最高法院裁定,同性伴侣在家中发生性关系受隐私权保护[*Lawrence v. Texas*,539 U. S. 558(2003)]。在裁决劳伦斯案时,最高法院没有采纳从前对“鲍尔斯诉哈德威克”案的历史分析,该分析得出的结论是,历史上不接受同性关系[*Bowers v. Hardwick*,478 U. S. 186(1986)]。

原旨主义遇到了一个明显的困难,即宪法的制定者并不总是用一个声音说话,而且他们无论如何也没有预料到今天法律正受到许多技术优势如DNA的挑战。批评者提出的问题是,为什么“早已死去的人”的意旨可以主宰在21世纪的法官的裁决。

如果斯卡利亚大法官是正确的,冻结宪法将意味着,儿童必须与被指控虐待他们的被告在法庭上对质,种族隔离和性别歧视也是合法的。原旨主义者对这种批评的回应是,法官必须遵照法律办案,如果“在法官席上立法”,就背叛了这一义务。解决问题的办法是修改美国宪法,或让州法院法官赋予比联邦宪法所规定的更大的权利(Levinson 1982)。

欧文·切莫林斯基认为,原旨主义是法官用来做出符合其意识形态偏好的决定的“烟幕”。他指出,接受原旨主义将意味着宪法中未提及的如隐私权等权利不受保护。这将导致宪法规定的堕胎权被取消,个人的堕胎权利将取决于各州的法律(Chemerinsky 2017:39–40;Segal 2018)。

文本主义方法

法官在第一次审理案件时,难免采用严格的建构主义或文本主义方法。这在解释成文法时最常使用。文本主义者只看法规或宪法条款的字句,而不分析这些法规或宪法条文起草者的意图。换句话说,他们不去研究被称为“立法程序记录”的史料。文本主义者认为,挖掘法律条文起草者的意图是没有出路的一条死胡同,因为对意图很少有单一而清晰的表述。文本中的文字最能体现法律起草者的意旨意图。然而,这种方法遇到的问题是,文字也许无法揭示法律的全部含义。

根据文本主义者的说法,如果法官不是根据法律条文上的文字作出判决,那么他就会制定政策而不是遵循法律,这样做是很危险的(Scalia and Garner 2012)。在“得克萨斯州诉约翰逊”案中,最高法院似乎将言论自由的概念延伸到了这些词的常识意义之外,并裁定宪法第一修正案保护象征性言论,例如借焚烧美国国旗来表达思想[*Texas v. Johnson*,491 U. S. 397(1989)]。

还有观点是将美国宪法视为一份“活的文件”,应根据当代社会的需要加以解释。宪法起草时,人们接受青少年死刑,认为是可容许的惩罚方式。“残忍而异常”这种措辞应当根据当代价值观来解释吗?法官应该坚持认为青少年死刑在宪法起草时并不是残酷的刑罚,因而今天也并不构成酷刑吗(Tsai 2019)?

最高法院1965年对“格里斯沃尔德诉康涅狄格州”案的裁决就是这种进化论方法的一个例子。该案涉及康涅狄格州的一条法规,该法规禁止已婚夫妇或未婚伴侣使用避孕药具,而且对帮助他人使用避孕药具的人给予惩罚。最高法院推翻了这条法规,认为,宪法中的“隐私区”是由宪法各种修正案的“半影”创立出来的。换句话说,隐私权是由《权利法案》各项条款的综合意义创造出来的。例如,宪法第一修正案关于言论自由的权利涉及自由思考和反思的权利,宪法第四修正案关于不受无理搜查和扣押的权利涉及不受打扰的独处权利。这种分析的问题在于,“隐私”一词并没有出现在宪法中。正如雨果·布莱克大法官在他的反对意见中所指出的那样,“我和其他人一样非常珍视隐私,但我不得不承认,政府有权侵犯我的隐私,除非宪法有具体条款禁止这样做……但是并没有”。大法官波特·斯图尔特质疑哪些行为属于隐私权?隐私权是否保护吸毒或在家卖淫的权利[*Griswold v. Connecticut*,381 U. S. 479(1965)]?

利益权衡主义方法

有些法官将法律视为“活的”规则体,因而往往采用利益权衡的方法做出判决。法官首先确定案件中相互冲突又利害相关的政策利益,并决定哪种利益应该优先考虑。在“田纳西州诉加纳”案中,最高法院确立了警察对“逃逸的重罪犯”使用致命武力的标准。英国的普通法曾授权警察使用致命武力抓捕“逃逸的重罪犯”,而且历史上美国也一直有这样的法律规定。在加纳案中,最高法院提出疑问,根据宪法第四修正案,警察使用致命武力抓捕犯罪嫌疑人是否正当合理。严格遵循判例的结果是,如果重罪犯人不听警察的命令“站住”,这时再对其使用致命武力则可认定是正当的。最高法院的多数派在对逮捕重罪犯人所产生的社会利益和保障重罪犯人的生命与自由进行权衡之后认定,只有在罪犯暴力威胁警察或公众时使用致命武力才是正当的,否则就是不正当的。

利益权衡方法的难点在于,法官对不同利益的权重不同,得出的结果也不同。在加纳案中,大法官桑德拉·戴·奥康纳持有不同意见,她认为,重罪逃犯逃入居民区对居民十分危险,因此警察打死重罪逃犯是正当的。禁止警察打死重罪逃犯的规定会造成重罪逃犯逃脱,损害了警察的权威与法治[*Tennessee v. Garner*,471 U. S. 1(1985)]。

对于法律案件的判决就像“数学题的答案一样确定和准确”的说法(Frank 1930:10),许多法律评论家(如第二章所讨论的)提出了质疑。杰罗姆·弗兰克在 1930 年的著述中写道,法官首先对案件作出判决,然后写出支持其判决的理由。根据这种观点,法官对案件的判决反映出他们个人的偏见、经验和背景。例如,父母因医疗事故死亡的法官可能会对因医疗事故而被起诉的医生怀有敌意。弗兰克的结论是,在司法过程中,法官的人格比法律规则更重要(Frank 1930:33,34,136)。

法官态度主义方法

弗兰克和法律现实主义者为法官态度主义方法奠定了基础。1941 年,赫尔曼·普里切特指出,最高法院的判决可以用大法官“有意识和无意识的偏好和偏见”来解释。社会学家分析了联邦法官的投票行为,发现这些法官在公民自由和经济问题上倾向于一贯地投自由派或保守派的票。自由主义态度往往与民主党法官有联系,而保守主义态度则往往与共和党法官有联系(Schubert

1965:131-157)。

法官态度主义方法的两位主要支持者杰弗里·西格尔和霍华德·斯佩思认为,法官判决案件主要是基于他们的意识形态偏好,而不是基于判例和其他法律推理方法(Segal and Spaeth 2002)。

西格尔和斯佩思分析了1962年至1998年最高法院对根据宪法第四修正案进行的搜查和扣押案件的判决,发现大约71%的案件裁决受到大法官的政治意识形态的影响。

最近的一系列研究得出结论,联邦上诉法院的法官在裁决政治庇护权案件时,会深受其个人对移民问题看法的影响(Epstein, Landes and Posner 2013:81)。法官的思想意识对其裁决的影响,往往在刑事案件中最小(Epstein, Landes and Benesh 2005:237-238),在涉及言论自由和隐私权案件中最大(Pinello 1999:219)。

法官态度主义认为,最高法院大法官实行终身任职制,而最高法院又在整个司法层级体系中享有至高无上的地位,因此,大法官们可以根据其个人的及政治的观点进行投票表决。卡斯·桑斯坦(Cass Sunstein)认为,意识形态不如法官对自己司法角色的看法重要。"英雄式"的法官对大胆的决定感到舒适自在,而温和改良主义的法官则对小步、适度的步骤感到舒适自在。还有其他人格类型的法官,如"士兵"型法官和"哑巴"型法官(Sunstein 2015)。

大法官在任时其司法理念也会发生重大转变。例如,哈里·布莱克蒙于1970年被共和党人尼克松总统任命为最高法院大法官。在1973年审判期,布莱克蒙在84%的案件裁决中与保守派首席大法官沃伦·伯格(系其在明尼苏达州的童年好友)意见一致,而与自由派大法官威廉·布伦南在案件裁决中意见一致的仅占49%。在伯格担任最高法院首席大法官的最后一个任期,布莱克蒙赞同布伦南的次数比伯格高出30%。在1994年退休前的最后几年里,布莱克蒙变成了最自由派的法官之一(Greenhouse 2005)。

法官的背景对其所作出的判决有着怎样的影响?大法官索尼娅·索托马约尔曾在其提名听证会上说"聪明的拉丁裔"可以比白人男性更好地裁决案件。不过,后来她为自己的这番言论表示道歉。研究发现,宗教、社会经济背景和教育程度对联邦地区法院和上诉法院法官的表决行为影响不大。除了涉及性别歧视的案件外,男女法官在判决中也没有明显差异(Cross 2007:48-53, 92-93)。研究还表明,男性和女性法官以及非洲裔法官、西班牙裔法官和白人法官在量刑决定上的差异至多是适度的。法官似乎更容易受到犯罪严重程度和罪犯背景的影响,而不是受到法官个人背景的影响(Spohn and Hemmens 2012:224-225)。

有人说法官是不按法律判案的“穿着长袍的政客”。在被问及如何看待这一说法时,尼尔·戈萨奇大法官回答说,“假如我认为这是真的,我就会挂起长袍”(Ruger 2018:8)。

法官的种族和性别并非对审判没有意义。许多研究发现“审判小组的人员组成”对审判表决有着影响。卡斯·桑斯坦和他的同事们发现,当联邦上诉法院的3名法官小组中的所有法官都是由民主党总统任命时,法官们更赞成平权行动,而当3名法官都是由共和党总统任命时,2/3的联邦上诉法院法官反对平权行动;当审判小组中至少有1名法官是女性时,男性法官更有可能表决支持女性法官提起就业歧视案;当审判小组中至少有1名非裔法官时,白人法官投票支持原告提起投票权案的可能性就会增加(Boyd, Epstein and Martin 2010;Peresie 2005)。

理查德·波斯纳法官把“审判小组人员组成”效应归因于大多数法官想要避免与同事发生冲突,因为某个同事如认为一个案件涉及其个人对种族或性别问题的根深蒂固的信念,他/她就会对该案件表达强烈的意见(Posner 2008:33-34)。

凯文·T.麦圭尔提出了一个有趣的论点,即最高法院大法官的“出生顺序”会影响其司法判决。家中年龄最大的子女最顺从父母,并注意维护家规,弟弟妹妹更爱冒险,也更叛逆。因此,年龄较大的法官往往是保守的,不愿改变判例,不愿认为立法违宪,相比之下,年龄较小的法官往往“不太受规则约束”,因为他们处于家庭的底层,更有可能认同社会中被剥夺权利的人。因此,这些法官更有可能采取激进的立场,挑战法律规则,并将颁布的法律视为违宪。这个说法是否有一定道理(McGuire 2016)?

尼尔·德文斯和劳伦斯·鲍姆采用社会身份视角来解释司法判决。他们提出了一个独特的论点,即法官特别是美国最高法院的大法官属于政治精英。他们的朋友和以前职业的同事往往与他们有共同的政治观点和意识形态。这些精英是律师事务所的合伙人、重要法学院的教授、法官、志同道合的媒体机构的记者,以及与法官属于同一政党的政治家。这些政治党派通常拥有一套共同的信念,这些信念影响并帮助塑造了法官的判决结果。法官们意识到,为了保持他们社会群体的一部分，为了受到尊重与尊敬，他们的判决应该符合他们的朋友和同事在堕胎和枪支管制等问题上的共同观点。随着民主党和共和党在政治观点上的分歧与不和越来越大，法院中不同政党法官之间的分歧也越来越大，这使法官更难达成共识，作出折中的判决（Devins and Baum 2019）。

策略主义方法

策略主义方法认为，法官是受特定目标驱使的，如废除死刑。法官往往通过游说、交易以及社交活动来赢得司法同僚对其观点的支持。例如，一个法官会决定不写反对意见，而是支持多数意见，借以保持与其同僚的良好关系，以期待获得其他法官对特定案件判决的配合支持，从而实现对其具有高度驱动性的政策目标（Murphy 1964；Spiller and Gely 2008）。李·爱泼斯坦和杰克·奈特认为，“最高法院大法官是策略行动者，因为他们认识到，要实现自己的目标，就必须考虑其他行为者的偏好，考虑期望他人所做出的选择，以及考虑他们行动的制度背景”（Epstein and Knight 1998：10）。

2018年，大法官露丝·巴德·金斯伯格透露，她积极说服其他大法官支持她的观点。她说，有一次，她传阅了一份反对意见草案，说服了她的4名同事改变了他们的投票，使得他们的投票以6∶3的结果成为多数票的核心。在汉堡法院期间（1969—1986年），最初投票支持多数派的大法官有5%的概率被说服加入少数派，而最初投票支持少数派的法官有18%的概率转而支持多数。在7%的案件中，大法官决定放弃多数派从而使少数派成为多数派（Baum 2019：138）。

在法院由持不同观点的法官组成的情况下，观点不可预测的温和派法官能够将案件的审判结果向一个方向或另一个方向“摇摆”。在过去的几年里，最高法院的大法官分为自由派和保守派两派。安东尼·肯尼迪大法官被认为是“摇摆大法官”，他处于投下决定性一票的位置，并确保有关堕胎、死刑和同性恋、双性恋及变性者案件的裁决在相互冲突的观点之间取得平衡（Baum 2019：143）。

有人认为，法官根据法律以外的因素判决案件是为了实现政策目标。这种观点的一个极端事例是，2000年共和党总统任命的5名保守派最高法院大法官在“布什诉戈尔”案中投票表决，支持乔治·W.布什当选，因为他们知道布什当选总统后会任命保守派法官担任最高法院大法官。而民主党总统任命的

4位自由派大法官全部投了反对票,毫无疑问,他们都希望戈尔当选,因为戈尔当选后会任命与他们的政治观点一致的法官为大法官(Posner 2008:30)。

法官意识到,人们遵守法律,服从法官判决,离不开公众对司法判决的支持和当选官员的支持。

在首席大法官厄尔·沃伦的主持下,最高法院因未能达成一致意见,推迟了对"布朗诉教育局"案的裁决。首席大法官认为,要求人们服从学校融合的裁决,最高法院必须意见一致。继布朗案之后,最高法院也搁置了对弗吉尼亚州法律禁止白人与非洲裔通婚案的审理,担心裁决结果因对该州法律改变太大而激起人们的强烈反对。后来,最高法院做出裁定,"洛文诉弗吉尼亚州"案所涉及的反异族通婚法违宪(Murphy 1964)。

历史—制度主义方法

态度主义和策略主义方法以相信法官致力于推进自己的政策偏好为前提。而历史—制度主义方法的前提是,法官认为自己隶属于一个重要的政治体制,并以此为出发点作出自己的司法判决。法官认真负责地履行政府司法部门专业工作人员的职责,他们作出的判决是出于维护司法机构威望的需要。激进地转向保守主义或自由主义的判决,或漠视公众舆论的判决,都将削弱司法机构的威望(Smith 2008)。杰弗里·罗森把法官将自己的观点服从于"共识和稳定"的意愿称为"司法气质"。他认为这是一个实际的和伟大的法官的显著特征(Rosen 2007)。有证据表明,美国最高法院大法官如果认为他们所作出的备受瞩目的裁定与公众舆论不一致,便会写出更清晰、更容易理解的意见,以努力说服公众并保持公众的支持(Black et al. 2016)。

最高法院的观察人士认为,2012年首席大法官约翰·罗伯茨之所以同自由派大法官投票支持《平价医疗法案》的主要规定,是因为他不希望最高法院被认为是一个党派的政治的机构[*National Federation of Independent Business v. Sebelius*,_U. S. _(2012)]。

下级法院的法官对他们属于司法体制这一事实特别敏感。人们发现,处在一种被称为"反转厌恶"现象中的这些法官,当预计自己的判决会被推翻时,便会调整自己的判决,以与最高法院的判例保持一致(Westerland et al. 2010)。

一些法官在访谈中指出,绝大多数案件都是一般性案件。此类案件有先前明确的判例,其判决结果也是明确的、没有争议的,与法官的政治信念无关。他们表示,在审理一般案件时,即使不同意法律规定,也会循例判决。一个法官如果不坚守判例,很快就会失去同僚的尊重。

大约有5%到15%的案件没有指导性的判例可循。在此情况下,法官的判决一定程度上受其思想观念的影响。假设法官是可信的,那么声称法律在法官的判决中没有发挥作用和声称意识形态在法官的判决中没有发挥作用同样是不准确的。对法官作出具体判决的原因,没有哪一个司法判决的理论可以说清楚(Tamanaha 2010:121-124,143-144,147-148)。另外,有证据表明,在美国最高法院出庭的律师,其素质和经验会影响大法官的决定(Liptak 2019e)。

立法机关

立法机关是根据州宪法或联邦宪法设立的政府议会,其议员由选举或推举产生。立法机关主要负责立法,同时还行使冲突管理和批准事项等职能。

在美国,国会负责联邦事务,50个州立法机关负责州事务。联邦和州立法机关虽然在许多方面有所不同,但其组织方式和职能都相似。

立法机关的主要职能是立法。法院必须等待案件列入诉讼事件表后才能审判,而立法机构可以自行提出议案并做出决定。立法机构对议案有主动权、控制权,而法院则只对诉讼当事人提起的诉讼做出回应。

立法机关的宪法职能

历史上,北美殖民地由立法机构统治,立法机构与英国王室任命的总督分享权力。选举产生的立法机构遵循英国制定的程序,在立法中发挥主要作用。这些立法机构为1774年的第一届大陆会议提供了模式。大陆会议在整个独立战争期间召开,大会的成果被写入美国第一部宪法《十三州联邦宪法》,构成了美国治理体系的一部分。

早期的大陆会议是一个软弱的机构,缺乏监管州际贸易或提高税收的权力。当时没有国家行政或司法部门来执行大陆会议通过的法律,因此,宪法的实施依赖各州政府间的合作。

1787年的美国宪法设立了一个强有力的立法机构,并同时防范英王乔治三世及其殖民地总督实行的那种暴虐统治。美国宪法的天才之处在于创立了一种以权力分立、相互制衡和联邦制为特征的政府体制。在这个分权的政府体制中,没有任何一个政府部门能够垄断权力或单独执行其意志。联邦政府各分支机构要想有效地治理国家,就必须相互合作,并与各州政府合作。

分权:权力在政府的立法、行政与司法机构中进行分配,以防止其中一个机构的权力变得过大。政府各机构必须合作才能实现有效的治理。

制衡:每个政府机构都能够对其他政府机构的权力形成限制。

权限:每个政府机构都有一定的权限,不得越权行动。

联邦制:权力在联邦政府和州政府之间分配。在国家权限范围内,国家法律和条约具有最高的效力。然而,没有授予联邦政府的权力是保留给各州的。

这种宪法设定的体制经受住了时间的考验,使美国从一个孤立的农业国发展成为一个工业化、城市化的世界强国。

宪法赋予国会"一切立法权",并建立了两院制立法机构,由地方选区选举产生的众议院和代表整个州的参议院组成。尽管每个州分配两名参议员,但每个州的众议院议员人数是根据该州人口规模而定的。众议员代表一个州内某一特定地区的利益,而参议员必须在全州范围内运作,代表国外和不同地区的选民。

一个州的国会选区数量会根据人口每10年调整一次。美国人口的变化导致来自西部各州、佛罗里达州和其他几个南部州的国会议员团增加,而同时也相应地造成中西部"铁锈地带"各州国会议员团数量的减少。在大多数州,重新划分国会选区是州长和州立法机构的责任,使这些州级选举对联邦国会的组成至关重要。人们普遍不满的是,控制重新划分选区的政党划定了"安全区",以确保该党继续控制地方和国家立法选举。加利福尼亚州和其他几个州已经采取措施,通过设立两党立法划区委员会,将选区重新划分与政治隔离开来。

州立法分配方案必须满足美国宪法的平等保护规定。在著名的"贝克诉卡尔"案中,最高法院确立了"一人一票"的重要原则,并裁定立法选区的划分必须使其人口数量相等。在"韦斯伯里诉桑德斯"案中,最高法院将"一人一票"原则扩展到联邦选举中,并驳回了佐治亚州的分配方案,认为该方案违宪,因为其中一个国会选区的人口是另一个国会选区的3倍。最高法院认为,国会选区的配置必须使"在切实可行的情况下,一个人在国会选举中的选票与另一个人的选票具有同等的价值"。在第三个案例"雷诺兹诉西姆斯"案中,最高法院认为,只有在需要为政治分区提供代表和为毗邻领土的紧凑地区提供代表时，立法选区才可以偏离严格的人口平等。在“肖诉里诺”案中，最高法院认为基于种族划分的国会选区违反了平等保护条款。最高法院在“鲁乔诉共同事业”案中裁定，如果选区划分是为了给一个政党提供超过该党在该州党员数的议员人数，那么这样分配是否符合宪法，是一个由选举产生的立法部门而不是司法部门来决定的问题。

众议院、参议院和总统必须合作才能够使得一部法律获得通过。如果总统否决或反对某个法案，但参众两院议员以 2/3 多数推翻了总统的否决，则该法案仍可成为法律。最高法院可行使司法审查权以裁定通过的法律是否符合宪法。

宪法高度重视稳定，确保迅速的变化难以发生。众议院每两年实行众议员换届选举，而参议院每两年改选产生 1/3 的参议员，总统大选每 4 年一届，且每位总统任期不得超过两届。由于每两年只有 1/3 的参议员移交权力，这就保证了政府不会在一次选举中就改变对于特定事件和问题的立场，同时也保持了当选官员的稳定性。每位参议员的任期是 6 年，因此当选的参议员不必关心对公众舆论的回应，而众议员由于每两年就必须再次竞选，所以就必须在意公众舆论。

联邦宪法和各州宪法都对立法机构的议员资格作了规定。众议员必须年满 25 周岁，成为美国公民满 7 年，当选时必须是所代表州的居民。参议员必须年满 30 周岁，成为美国公民满 9 年，而且必须是其参选所在州的居民。

宪法的制定者将立法部门视为法律和国家政策的主要来源。国会被赋予具体列出的权力，包括征税、管理州际和对外贸易、设立隶属于最高法院的法院、创建和管理军事力量以及对外宣战。国会还必须批准所有政府开支。《宪法》第 1 条第 9 款规定：“除依法拨款外，不得从国库中提款。”除其他权力外，参议院有权批准条约和确认总统对内阁官员和法官的提名。

国会的广泛权力体现在“弹性条款”（《宪法》第 1 条第 8 款）中，该条款授权国会制定“执行其特定权力所必需和适当的一切法律”。此外，国会有权对属于其宪法权力范围内的领域进行调查。

宪法和权利法案限制了国会权力的行使。例如，宪法第一修正案保护言论、集会和宗教自由。最高法院行使司法审查的权力，以确保国会不制定超出宪法授权的法律。

宪法对国会的组织和运作基本上不做规定，而是让国会两院自行决定各自的组织方式。事实上,当选的国会议员不是民主党人,就是共和党人,当选议员在国会的工作几乎完全依赖于所属政党。一位国会议员所提出的立法议案,差不多要经过一个或多个对所提立法议案拥有管辖权限的立法委员会审议。立法委员会的主席和委员都是由民主党和共和党按照各党在参议院或众议院中所占比例提名产生的。立法委员会所应讨论议案的优先次序也主要由两党确定。

立法委员会对具体领域负有立法责任。各委员会的长期委员对本委员会权限范围内的政策问题相当内行。立法委员会举行立法听证会,听取支持立法与反对立法两方面的意见。在大多数情况下,委员会成员以党派划线,对拟议的法律各持对立的意见。

经立法委员会批准的法案会被呈送参众两院,立法委员的立法建议通常都有本党人士的附议。在对涉及濒危物种、可替代性能源和创造就业机会等问题的立法智慧进行表决时,大多数众议员和参议员都不具备相关知识或专长。因此,他们往往依赖各自所尊重和信任的议员的知识和专长。议员们也依赖那些监督和研究立法甚至还参与法律起草工作的同僚。

一个法案如果被一个立法院通过,就会被移送到另一立法院。众议院和参议院审议各自通过的法案版本总有不同。由众参两院议员派代表参加的两院联席协调会通过协商消除分歧,然后再把法案送回各立法院进行复议。还有一些特定的法案需要尽快批准,例如预算,因为这些议案对政府的运转是至关重要的。

议案成为法律的过程甚至比刚刚提到的更为复杂。由议员所提出的法案通常只有少数能够被送交两院审议。一个法案进入立法程序后,党派领导人必须经常提供奖励来吸引议员们投票支持,以获得足够的票数。对重要的立法提案,党派领导人会给那些不情愿的议员提供好处,包括竞选资金、办公场所、知名人士访问该议员所在区以及其他特别待遇。在奥巴马总统的“保健法案”进行审议期间,为换取两名民主党参议员的投票支持,奥巴马总统给这两名参议员所在的州拨付了 3 亿美元卫生保健经费补贴。

众议院有 435 名议员,参议院有 100 名议员。由于众议院议员规模庞大,审议程序就要求比参议院更加严格,灵活性更小。与众议院不同,参议院可以对议案进行有无限制的辩论,可以对立法进行修正,而且一个参议员就可以阻止法案提交审议表决。

立法机关的职能

立法机关除立法职能外，还行使其他职能。

冲突管理职能。立法程序的组织是为了使少数意见也能影响立法进程。该组织体系对立法院占多数席位的政党和占少数席位的政党之间的冲突起着抑制作用。专门委员会听证会、议会辩论以及两院联席协调会都为各种观点的表达提供了机会。宪法授权总统可以否决其不同意的法案，而国会两院又可以以 2/3 的多数票推翻总统的否决。

在立法程序上，法案只有不断修改完善，才能获得立法多数，这样便于冲突的解决。在众参两院对要通过的法案意见不一的情况下，两院联席协调会就会迫使国会两院的代表设法取得妥协，以获取立法同僚的支持。在其他情况下，国会和总统可能会达成妥协以避免总统行使否决权。

近年来，两党一直不太愿意达成妥协，从而导致"立法僵局"，使法案无法走完众议院和参议院的立法程序。

督查官员职能。弹劾权使得国会可以控告、起诉政府官员，罢免其职务。理查德·尼克松总统辞职从而避免了他可能因"重罪和不轨行为"而受到的弹劾。国会两院都设有道德委员会，负责调查是否有议员违反国会道德准则，并且有权给予各种纪律处分。2010 年，80 岁的负责税收事务的众议院筹款委员会主席查尔斯·兰格尔受到众议院的严厉谴责，原因是他存在漏税、提交误导性财务报表以及其他不当行为。国会还可对具有公共重要性的事件进行调查，如英国石油公司的原油泄漏事件。

督促政府职能。立法代表为选民服务，通过干预来帮助解决公民遇到的涉及政府的问题，例如社会保障支付滞后、邮政服务低效以及涉及国内税收署的问题。这样有助于确保政府回应人们的需求，让他们感觉政府工作效率高。

批准任命职能。由当选议员组成的国会，批准法官、内阁官员以及美国联邦调查局等机构负责人的任命。

批准事项职能。国会批准国内项目、军事干预以及与外国缔结的条约，象征着公众对有关决策的接受。总统未经国会批准而实施的决策可被认为是武断的，不民主的。

调查职能。宪法没有明确授权国会进行调查和监督。最高法院认为，制宪者在《宪法》第 1 条第 1 款中赋予国会"一切立法权"，是为了让国会获得制定法律、调查和监督联邦项目和政策管理所需的信息。自宪法颁布以来,调查听证会已就总统滥用权力的行为开展过调查,包括20世纪20年代的“茶壶圆顶丑闻”(蒂波特山油田丑闻)和20世纪70年代的“水门事件”。这项调查职能的一个重要部分是国会弹劾包括总统在内的联邦官员的权力。从历史上看,国会调查能够通过发送传票和以藐视法庭为由拘留拒绝出庭的个人来迫使其出庭作证。尽管向国会“撒谎”是一种犯罪行为,但证人可以援引宪法第五修正案的权利来反对自证其罪。国会广泛的调查权力受到宪法的限制,那就是国会必须具有有效的“立法目的”,并且不得利用其权力恐吓或骚扰个人或公职人员。传唤权近年在某种程度上已经失灵,因为特朗普政府无视传票。因此,国会被迫采取漫长的司法程序来谋求强制执行传唤权。拒绝接受传唤的个人也要承担刑事责任,尽管特朗普总统领导下的司法部表示对执行国会传唤缺乏兴趣。

弹劾职能。美国宪法中有几条规定了罢免总统、副总统或其他美国政府官员的程序。众议院有弹劾权;参议院有权起诉弹劾案,但给总统定罪需要有到场议员的2/3投票。美国首席大法官将主持弹劾,弹劾的惩罚仅限于免职和取消接受任何荣誉或认可的资格。《宪法》第2条第4款规定,被认定犯有“叛国、贿赂或其他严重罪行和不轨行为”的公职人员可受到弹劾。

制宪者当时主要考虑是,总统可能通过欺诈或贿赂获得当选,或者可能有信息表明总统有犯罪、腐败或滥用总统权力的行为。因此,制宪者制定了弹劾条款以备罢免总统。他们还考虑到,总统可能会通过接受外国势力的贿赂来中饱私囊或威胁国家安全。出于这种考虑,宪法禁止联邦公职人员接受“来自任何国王、王子或外国的任何礼物、报酬、职务或任何形式的头衔”。最后,总统可能会失去履职的身体或精神能力(这是宪法第二十五修正案的主题)。在制宪会议上引起代表们共鸣的基本观点是,总统不是国王,不是不可罢免的。

本杰明·富兰克林在制宪会议上提议,将英国的弹劾程序纳入宪法,作为罢免犯有不当行为的现任总统的一种方法。立法机构的弹劾显然比暗杀或驱逐出境可能导致的混乱要好。如果将弹劾的责任委托给司法机构,那就有可能使法官卷入政治辩论,并可能损害法官客观公正的观点。根据评论人士的说法,弹劾的可用性近年来变得更加重要,因为司法部法律顾问办公室采取了一项有争议的政策,即总统在任职期间不会受到刑事起诉,因此对其犯罪行为不负有责任。这是一项内部指导政策,司法机构尚未就这一问题作出裁决。然而,只要对罪行起诉的法定时效没有“结束”,总统就很可能在离任后受到起诉(Berger 1973)。

立法过程的参与者

立法过程的参与者来自多个方面,包括媒体与民意、游说者与利益集团、立法议员与行政官员。

媒体与民意。媒体与民意在立法过程中起着一定的作用。媒体可以突出不同的问题并影响公众舆论。立法者和政党可以通过复杂的民意调查确定社会重要的问题,以及如何阐明他们的论点以吸引选民的支持。公众可以借助新技术手段与立法者直接和即时沟通。

游说者与利益集团。游说者与利益集团设法影响国会议员,使他们投票支持或反对某项立法。游说者与利益集团还发起一系列活动,包括向议员做宣讲,组织人们给议员写信,呼吁议员反对或支持某一法律,以及赞助集会游行活动。

立法议员。关于立法者的角色有两种理论。一种理论认为,立法者是受托人,应该在对议案进行投票表决时运用自己的判断力。作为受托人,他们的作用是引导公众舆论。另一种理论认为,立法者应该是代表,他们代表着选民进行投票。

选民与代表之间的冲突鲜有发生,因为立法者一般都与他们的选民意见一致,立法者并不愿意因为投票而妨碍自己连任。研究表明,立法者高估了选民的守旧性,只有在堕胎、死刑、同性婚姻等道德问题上才肯违背选民的意愿(Rosenthal 2009:97-100;Squire and Moncrief 2010:199-200)。大多数议员称自己是受托人,但有相当比例的议员将自己描述为试图平衡代表和受托人取向的政治家(Rosenthal 2009:97-100;Squire and Moncrief 2010:199-200)。

此外,人们还研究立法者是否与他们所代表地区的人口结构状况相符。结果表明,国会及州议会仍然是白人、受过高等教育的、高收入的男性新教徒占据大多数,而且这些人都是来自同一地区,并已在那里生活多年(Rosenthal 2009:34)。

根据国会研究服务部的说法,这种状况正在发生变化。妇女和少数民族虽然在国会中的代表人数相对于其在人口中的比例明显不足,但在国会中的人数一直在稳步增加。近年来,女性和少数族群的代表人数趋于稳定,截至 2019 年

1 月,众议院有 106 名女性,参议院有 25 名女性。众议院中有非洲裔美国人 55 名,参议院中有 3 名;众议院中有西班牙裔美国人 50 名,参议院中有 5 名;众议院中有亚洲裔美国人和太平洋岛民 17 名,参议院中有 3 名;众议院中有 4 名印第安人。8 名众议员和 2 名参议员自认为是同性恋、双性恋及变性者。这些数字并不能说明全部情况。国会黑人党团、国会西班牙裔党团和国会妇女问题党团是民主党的重要组成部分,女性担任着民主党在国会中的一些重要领导职位。国会议员还包括自认为是新教徒、天主教徒、五旬节派基督徒、基督复临论者、摩门教徒、希腊东正教徒、犹太教徒、印度教徒、佛教徒以及伊斯兰教徒的人。在财产方面,国会不具代表性:超过一半的议员是百万富翁(Congressional Research Service 2019)。

国会议员 96%受过大学教育,主要的专业背景是公共服务/政治(184 人)、商业(183 人)、法律(145 人)和教育(77 人)。美国的面貌正在发生变化,这一事实表明,农民和牧场主的人数不到 27 人,而这些群体以前的代表人数很多。国会中有 96 人曾经或正在服兵役。众议院有退伍军人 78 名,参议院有 18 名。

众议院议员的平均年龄为 57 岁,参议院议员的平均年龄为 62.9 岁。众议院议员平均在国会任职 8 年,参议院议员平均在国会任职 10.1 年。

州立法机构的女性比例高于美国国会(28.9%),这在一定程度上说明女性正在走上政治生涯的第一步。非洲裔、西班牙裔和亚洲裔的比例与全国的比例相似,尽管各州和地区有所不同。有 5 个州的立法人员中至少有 40%是女性,其中 5 个州的立法人员中女性议员人数在 2018 年增加了至少 50%。主要城市的市长中有 40%是女性,在较大的 200 个城市中,大约有 25%的市长是非洲裔美国人,其中有 13 名女性市长。

就地理区域而言,来自南方和西部的众议员人数在不断增加,而来自东部和中东部的众议员人数却在不断减少。曾一度作为民主党堡垒的南方,发生了最具戏剧性的变化,现在已经稳固地成为共和党的堡垒。共和党人议员和民主党人议员都日益变得更加意识形态化和党派化。持稳健折中观点的人越来越感到,想要赢得党的初选或在州党的代表大会上获得参加大选的提名是很困难的。这样所带来的后果就是,共和党人更加保守化,而民主党人更加自由化(Smith, Roberts and Vander Wielen 2009:14)。

传统智慧认为,立法议员只关心连任。这并不足为奇,因为大多数人都想保住自己的工作。然而,立法议员也想制定良好的公共政策,尤其是在他们感受强烈的问题上,这一点却常常被人们忽略。可以理解的是,立法议员之所以想在政治上加官晋级,增强政治影响力,在某种程度上是因为他们想影响公共政策。如果帮助选民解决了涉及国内收入署或社会保障总署等政府部门的问题,议员们也会有一种满足感。

民意调查表明,尽管人们认为国会和州立法机关效率不高,但仍然相信他们自己选举的议员尽职尽责,工作出色。因此,大多数国会议员和州议会议员都以高票支持率获得连任。

行政机构。总统和州长分别是联邦政府与州政府的行政长官。行政机构与立法机构相互依存。总统依靠国会通过法律、提供项目经费以及批准其对法官与内阁各部门领导人的任命。即便是在最佳状态下,总统和国会也有可能在立法具体问题上产生分歧,需要设法达成一致。

总统和州长对立法进程具有重大影响。行政机构帮助为即将举行的立法会议确定立法优先事项。例如,总统可以参加选举,并提出希望国会采纳的某些想法。医疗保健是巴拉克·奥巴马竞选活动的中心问题。总统由于坐拥白宫这个“天字第一号讲坛”,能够引起媒体关注,能够获得公众对其提案的支持,能够促使本党党员支持其立法议程。

1974 年的国会预算与蓄水控制法案规定,总统必须在 2 月的第一个星期一或之前向国会提交次年预算报告。总统的预算报告是国会考虑公共支出的基础。

如果总统所在的政党控制了国会中的一院或两院,而且总统又深得民心,那么,总统的提案就显得十分重要。本党党员为了增加连任机会,也愿意支持总统,并促成总统的提案获得通过。

为了使自己的政策提议得到议员的支持,总统和州长也会给议员以奖励。例如,总统可为某个议员的连任组织竞选活动,筹集竞选活动资金,任命其为备受瞩目的研究委员会的成员,或邀请其陪同出国访问。

总统和州长可以否决立法,而要推翻这一否决,在国家层面必须取得众参两院议员 2/3 多数票同意。总统和国会领导人会协商出一个双方都可接受的法案,因为双方都希望避免对抗。从历史上来讲,国会极少能够推翻总统的否决。州长具有单项否决权这个新增的武器。州长行使单项否决权,能够否决某个法律中的一项具体条款。而在国家层面上,总统否决的必须是一个完整的法律。在过去的几年里,总统没有否决自己不同意的法律,而是依然签署该法律,并加注签署声明,表明自己对该法律的解释。加注签署声明的法律,其地位尚不明确。

行政部门必须执行法律。总统虽然不能无视法律,但他可以拖延法律的实施。总统还可以利用其行政机构首脑的权力发布行政命令,从而避开国会。行政命令由总统或者州长下达给他们管控下的行政部门。杜鲁门总统通过行政命令废除了军队的种族隔离制度。对“钢铁公司占领”案,最高法院作出的裁定是,杜鲁门总统“二战”期间的这项占领钢铁公司的行政命令超出了总统的权力,是违宪的[*Youngstown Sheet &Tube Co. v. Sawyer*,343 U. S. 579(1952)]。

奥巴马总统对国会感到懊恼和失望,只得依靠行政命令来实现某些目标,例如提高联邦工作人员的最低工资。特朗普总统上任后发布了行政命令,履行了他的竞选承诺,并撤销了奥巴马总统的大量行政命令,包括一项有争议的旅行禁令,呼吁为在美墨边境修建隔离墙提供资金,放松金融和环境监管,并采取初步措施废除《平价医疗法案》(White House 2017)。

国会也并非没有权力,例如,国会议员运用财权阻止了奥巴马总统追加资金关闭关塔那摩集中营,并在美国大陆拘禁和起诉关塔那摩被关押人员的计划。

利益集团与游说者

利益集团是试图影响政府决策的个人或组织结成的联盟。利益集团分为三类。第一类是传统的会员团体,由关心经济、社会或政治问题的个人组成。例如,老年人组织、环保主义者协会、教师协会、农场主协会、公民权利促进会、学生组织以及致力于经济改革的团体。第二类为行业与地区协会,例如由若干工会组成的社团,代表小型企业和制造业公司的组织,或代表城市区域的组织。第三类是建制性利益集团,如一所要求政府支持或批准其设立医院的大学,一个希望得到援助的外国机构。有时,一个银行或者公司也会为自己游说以获得对自己有利的立法。此外还有非正式聚集在一起的公民团体,其目的在于影响政府的内外政策或一名死囚的命运。

许多利益集团都有他们的全职说客。利益集团可签约某个游说公司,委托游说公司在特定问题上代表其利益。普通公民偶尔也会聚集在一起,作为公民游说者,就海外干预、濒危森林或公园保护等具体问题开展工作。

宪法第一修正案保护公民以影响政府决策为目的的结社权和集会权

(Nownes,Thomas and Hrebenar 2008:99-100)。无党派智库"响应政治研究中心"估计,2018年,游说花费了34.5亿美元,11652人被雇用为注册游说者,最有效的游说者代表多达80个到90个客户。2018年最赚钱的5家游说公司的收入在2300万—3200万美元。人们最大的支出项目是医疗保健和药品、金融和保险、燃油和天然气、公用事业、通信和电子、证券、医院和养老院。游说活动的增加是由许多因素造成的,其中包括联邦政府职能的扩大。制造业要求免除环境管制,石油公司要求在石油勘探和开采方面获得税收优惠,汽车工业要求贸易保护,而全国步枪协会要求抵制枪支管理。国防开支的增长使得越来越多的团体去游说议员,要求研发新型武器系统,而且寻求对外军事援助的其他国家也不断增多。涉及女权、同性恋权利以及各种宗教、人种和少数族群权利的新的社会运动也使游说团体激增。

游说活动的一个相对较新的领域是外国政府雇用游说者以获得美国援助、促进武器贸易让步,并提高其在美国的形象。据"响应政治研究中心"估计,自2017年1月以来,外国政府已经花费了数亿美元用于这些方面的游说。花费资金最多的国家和地区是韩国、日本等。自2017年1月以来,这些国家和地区总共花费了1.582亿美元,这几乎是其他128个国家游说联邦政府花费的3.745亿美元的一半。自2017年以来,外国和其他外国实体在美国的游说总额超过12.779亿美元。

在过去几年中,针对那些未向司法部登记代表外国政府、政治家或政党在美国从事游说或公共关系活动的个人,美国司法部首次开始严格执行1938年颁布的《外国代理人登记法》。全球性律师公司世达律师事务所同意支付460万美元,以了结美国司法部对其为乌克兰政府提供服务是否违反游说法的调查。这笔钱是世达律师事务所收到的钱,用于对与俄罗斯结盟的前总统亚努科维奇的一名政治对手的审判进行独立调查,然后利用调查结果进行系统的游说,为乌克兰政权塑造公众舆论。世达律师事务所还同意追溯登记为外国游说者(Vogel and Goldstein 2019)。

各持相反观点的游说团体展开对抗。赞成发放老师绩效工资、终止终身教职和学券制的团体遭到了希望保留现有制度的教育团体和教师工会的反对。这种多元化制度意味着各种观点都能被反映出来,而立法议员们则试图在这些截然对立的观点中谋求平衡。多元民主论受到了精英民主论的挑战。精英民主论把政治体制看作有利于富人和有权有势者的体制,认为代表消费者、环境、经济正义的团体以及穷人无论如何也斗不过代表特权和强者的团体。因此,法律制度保护的是那些最有特权和最有优势的个人与企业的利益。

游说者采用内部攻略和外部攻略。内部攻略包括直接接触议员,说服他们提出法律或支持特定法律,在立法委员会听证会上作证,撰写议员可以在议会辩论中发表的演讲稿。游说公司还聘用退休议员和前立法机关工作人员,以便通过他们接触到现任议员。

游说者在政治体系中发挥着重要的作用。他们为国会议员做出知情决策提供必要的信息。例如,国会议员如果对海底钻探问题不知是否应该支持,可向游说者咨询,以了解海底钻探对自然环境的影响、海底钻探的安全风险、意外事故的影响,以及海底钻探是否会促进美国的能源独立、是否有可用的替代性能源资源。议员投票的一个关键决定因素是投票对议员连任的影响。因此,议员除了考虑海底钻探支持和反对的论据之外,还考虑其选区内石油公司和环境组织对选举的影响。

游说者同时也利用外部攻略。外部攻略涉及制造"伪草根舆论",或者说有偿地组织公众发送支持性的信件和电子邮件。此外,外部攻略还包括笼络媒体,利用社会媒体广造舆论以及组织公众游行。

2007 年,20 家公司在游说上花费最多,平均雇用了 18 名全职游说者,并雇用了 28 家不同的华盛顿游说公司。平均而言,他们的游说者到 20 个机构就 63 个不同的法律游说了 17 个问题(Drutman 2015:85-88)。

游说者用来影响政治人物的最具争议的手段是竞选捐赠。个人捐赠是受数额限制的,游说者将许多个人的捐赠集中到一起送给他们指定的候选人。一个常见现象是,游说者在竞选中捐助两位候选人,这样可以确保对两位候选人都产生影响。另一个现象是成立政治行动委员会,接受个人、企业或工会的捐款,然后把捐款分送给不同的候选人。据称,2010 年,工会和企业花费了 8 亿美元来支持同情他们的国会议员候选人,其中大部分钱是由商业利益集团花费的。尽管游说者利用金钱影响选举的做法受到人们的批评指责,但是对于游说者是否能够用钱买来政治人物的支持,人们仍在争论(Drutman 2015; Katz 2015:158)。

公众关注的一个主要问题是所谓的"旋转门",即有些人离开国会、国会工作人员职位或行政部门后,即被聘为说客,去影响他们以前的同事。按照规定,退休的国会议员必须在退休后过了至少两年的所谓冷静期,才能游说他们的前同事。高级工作人员需要等待至少 1 年。尽管如此,在 2001 年至 2011 年,大约有 5400 名前国会工作人员注册为游说者,年收入可能高达 30 万美元(Drutman 2015:161)。

近年来,总统和国会候选人的资金捐助者利用《国内税收法》的各种规定设立了“社会福利组织”,该组织从事独立的政治活动,而不必透露捐资者的姓名。政治活动中看重金钱的做法导致了国会腐败事件频发(Teachout 2014)。2004 年,加利福尼亚州的前国会议员兰德尔·卡宁汉“公爵”被认定接受了国防承包商所送的 240 万美元的贿赂。两年后,俄亥俄州的前国会议员鲍勃·奈伊承认收受游说者杰克·阿布拉莫夫的贿赂。阿布拉莫夫早前曾被判定有罪,因为他曾向立法议员大肆送钱送物,以换取议员们发起对其客户有利的立法。2000 年,阿布拉莫夫资助众议院多数党党鞭汤姆·迪莱前往已有 600 多年历史的苏格兰圣安德鲁斯老球场打高尔夫球。迪莱随后“扼杀”了一项阿布拉莫夫在博彩业的客户反对的法案。此外,在阿布拉莫夫收到马里亚纳群岛政府支付的 136 万美元游说款后,迪莱阻止了要求北马里亚纳群岛制造商遵守美国劳动法的立法。迪莱,这个当时被认为是国会最有势力的人物,随后陷入阿布拉莫夫游说丑闻,被得克萨斯州法院判决犯有洗钱罪。不过,得克萨斯州上诉法院很快推翻了对迪莱的定罪。

伊利诺伊州前国会议员亚伦·肖克于 2016 年被起诉,罪名是在 2008 年至 2015 年担任国会议员期间犯下的各种金融罪行。肖克曾以电视节目《唐顿庄园》的风格装饰他的国会办公室而闻名。起诉书称,除了其他罪行外,肖克还用政府经费报销了他谎称自己开车行驶的 15 万英里费用,用竞选资金给自己买了一辆新车和摄像设备,用政府和竞选资金重新装修了他在国会山的公寓,并乘坐私人飞机前往芝加哥观看橄榄球比赛。肖克随后辞职,并承认犯有品行不端罪,同意支付他欠美国国税局的钱,并向他的竞选基金退还 6.8 万美元,以换取联邦检察官允许他签订延期起诉协议。2016 年,费城国会议员查卡·法塔赫因利用政府和慈善基金偿还竞选债务和学生贷款等罪名被判犯有金融欺诈罪,并被判处 10 年监禁。2014 年大选后两个月,纽约州国会议员迈克尔·G. 格林承认逃税,少报营业收入。2019 年,纽约州布法罗的国会议员克里斯·柯林斯辞职,随后对股票内幕交易认罪。随后,加利福尼亚州国会议员邓肯·亨特因串谋滥用竞选资金用于个人开支而被定罪。

根据最高法院对“麦克唐奈诉合众国”案的判决,官员的大量道德上有问题的行为不被视为犯罪。最高法院在该案中推翻了对弗吉尼亚州前州长鲍勃·麦克唐奈的定罪。此前,麦克唐奈曾从一家营养补充剂公司的老板那里接受了昂贵的礼物和大笔贷款,随后他安排该公司老板与政府官员会面,并唆使州政府官员将营养补品纳入州医疗计划。最高法院在推翻对麦克唐奈定罪的裁定中解释说,根据贿赂法,“官方行为”是指到公职人员面前可能成为法律的一个特定事项,而为安排或作为交换安排会面、与其他州官员交谈或组织活动而接受有价值的东西不构成犯罪[*McDonnell v. United States*, 579 U. S. ___ (2016)]。

针对不断发生的丑闻,联邦政府和大多数州政府现在对游说者进行管理。游说者必须登记,并提交报告,说明其委托人、受雇要影响的问题以及经费情况。国会议员不得接受旅游邀请及各种礼品。

针对“旋转门”问题,奥巴马总统禁止前一年注册为说客的个人在他的政府工作,并规定他的政府成员在离职后两年内不得与他们工作过的机构联系。还有一项禁令禁止个人在奥巴马执政期间离开奥巴马政府并游说行政部门。特朗普总统发布了一项行政命令,放宽了对在美国工作的说客的限制。说客有资格成为政府的一员,只要他们不从事他们作为游说者专门参与的事务。离开特朗普政府的个人被禁止游说他们工作了 5 年的机构,但允许游说政府的其他部门。特朗普总统还终身禁止代表外国政府进行游说。然而,被任命的官员和前政府官员已经制定了逃避这些限制的对策。据报道,有 350 多名前说客在特朗普政府任职,还有几名前政府成员在游说公司工作(Bump 2019)。现在我们把注意力转向行政机构。

行政机构

美国有着双重的行政机构体制。联邦行政管理机构大约有 50 个,而平均每个州可能有行政管理机构 170 个。联邦和州行政机构对环境和劳动安全等领域实行共同管理。州行政管理机构在这些方面既要执行联邦法律,又要执行比联邦法律要求更高的州法律。联邦和州劳工部门都监督工人的健康和安全,并执行最低工资制和最长工作时限。

许多行政机构发布和执行行政法规,并举行执法听证会,实质上是综合行使立法、行政和司法职能。

联邦和州的行政机构聘用了大约 2000 万名工作人员,其中 1500 万人受聘于各州行政机构。这还不包括独立承包商，即受雇履行行政府职能的私营公司。

行政法是规范政府行政机关的法律。行政法具体规定了各行政机关在颁布和执行条例与规定时必须遵循的程序。行政法的研究也包括研究行政管辖范围内的个人和团体如何执行行政机关所出台的规定。例如，美国教育部要求各高等学校制定打击校园性骚扰的政策和办法，并报教育部批准。

美国州际商务委员会成立于1897年，其职能是管理全国铁路运输成本，防止铁路部门向农民、商人收取高额费用。1914年，国会设立了联邦贸易委员会，其职能是促进州际贸易自由与公平竞争，阻止不公平竞争。早在20世纪初，厄普顿·辛克莱就在小说《屠场》中着力描写了肉类加工厂不卫生的状况。为了解决这个问题，国会成立了食品药品管理局，对全国食品药品进行监管。为了适应通信技术的发展，1934年，联邦通信委员会成立，其主要职责是对私有无线电台设立规范标准。后来联邦通信委员会又被授权监管电视。1938年，美国成立了民用航空委员会，负责管理新兴的空中交通系统。1958年，这个机构的权力移交给了联邦航空局。

在20世纪30年代至40年代的罗斯福总统“新政”期间，行政机关数量大增，权力大扩。这些在“新政”期间成立的行政机构旨在稳定经济体系，恢复人们对经济体系的信心。例如，证券交易委员会于1934年成立，其职能是监管股市，并确保美国公民投资安全。国家劳资安全委员会亦成立于1934年，其职能包括调解企业和工人之间的关系，保护工人在组织工会及罢工方面的权利。

随着社会的复杂化发展，新的行政机构相继设立，以处理新出现的问题和当务之急的问题。1970年，美国成立环境保护局，负责制定环境保护标准。同一年，还成立了国家公路交通安全管理局，负责制定机动车及公路安全管理条例。翌年，职业安全和健康管理局成立，其宗旨是保护工人安全。消费品安全委员会成立于1972年，其宗旨是确保消费者购买到安全的产品。两年后，核管理委员会成立，其职能是制定核电安全标准，监督检查各核电站。最新成立的机构是消费者金融保护局，成立于2012年，负责保护消费者与信用卡公司、银行、贷款与抵押公司的关系。

联邦和州行政管理机构颁布的规章条例对人们的生活有着普遍的影响。在立法、行政和司法等政府三大机关之外，这些行政管理部门被人们称作“政府的第四机关”“影子政府”，可能比立法机构或司法机构对我们日常生活的影响还要大。

你早餐吃的食物可能已经被食品药品管理局检查,此外,该管理局还有责任确保你打开了的麦片包装盒上的标签准确告诉你所吃食物的成分。国家电监委会根据你煮咖啡、炒蛋所消耗的电量决定你要支付多少电费。你煮咖啡、炒鸡蛋等生活用电的价格是经州管理委员会核定的。生产出来的咖啡机要符合消费品安全委员会制定的安全标准。你上学开的汽车要符合国家公路交通安全管理局制定的安全标准,同时国家公路交通安全管理局也有责任要求你的汽车配备安全带和安全气囊。你的汽车排放标准是由环境保护局制定的。你打开车上的收音机所要搜索的电台,均须得到联邦通信委员会的许可,还须符合该委员会制定的雅俗标准。你停车时使用的信用卡必须符合消费者金融保护局这个新成立的联邦消费者保护机构所制定的标准。

行政机构影响广泛的另一个例子是美国鱼类和野生动物管理局,该机构在2015年裁定,非洲的狮子将被视为《濒危物种法》的保护对象。这一规定使活狮子、狮子头、狮子爪和狮子皮进入美国变得越来越困难。这项规定是为了回应一位已故的明尼苏达州牙医杀死狮子塞西尔的事件。

人们对各种行政规则存在争论和分歧。美国联邦通信委员会于2015年采用了网络中立规则,该规则将互联网视为公用事业,保证所有用户在互联网上的公平接入和平等待遇,并禁止宽带公司为富有和强大的内容提供商创建快速下载的快车道,但为企业和消费者创建慢速通道(所谓的分层服务)。明尼苏达州的阿尔·弗兰肯为网络中立辩护,称其鼓励言论自由和民主参与。参议员弗兰肯将网络中立描述为“我们时代的第一修正案问题”,保证个人和网站无论经济实力如何都可以访问互联网,并且他们不必为表达自己的观点付费。网络中立还确保某些内容不被阻止或减慢(节流)。特朗普总统2018年6月新成立的联邦通信委员会撤销了网络中立,以便让宽带和有线电视公司在自由市场原则的基础上在更少的监管下运作。废除网络中立的背后想法是,这将允许宽带和互联网公司尝试各种商业模式来增加利润,例如向某些用户收取更高的费用,并以较低的费用提供对消费者有吸引力的内容。互联网的监管现在属于联邦贸易委员会的管辖范围,该委员会负责在整个美国经济中执行针对不公平商业行为(如欺诈性虚假陈述)的监管规定。个别州有可能拥有为其居民恢复网络中立的法律权力(Collins 2018;Kang 2017)。

行政机构的法律基础

行政管理机构名称繁多,如委员会、部、署、局和办公室。立法机关授权这些机构行使宪法规定的职权。国会曾设立州际商务委员会,由其行使国会管理各州之间商务往来的部分职权。由于国会通过了若干新的法律,该机构的职权也因此得到扩大。美国环境保护署是根据 1969 年《国家环境政策法》设立的。在过去几十年中,该机构根据授权对空气质量、清洁水源、噪声控制、农药以及有毒废弃物的处理实行监管。随着职权的扩大,环境保护署工作人员的数量也在增加。环境保护署现有工作人员约 17000 人,分别供职于首都华盛顿和 10 个区域总部及 22 个实验室,其中半数人员是科学家、工程师及环境保护专家。

立法机关没有时间和专业知识来起草规章制度和检查矿山、工地或核电站的生产安全。而行政机构则会聚了专业人士,他们了解其专业领域出现的问题。例如,美国环境保护署对有毒物质倾倒场负有监管责任。垃圾场地的有毒物质会渗入地下水中,引发癌症,造成一个区域不适合居住。鉴定危险化学物质、规范行业对有害化学品的处置、制定清理有毒场所的方案以及填埋有害化学物质以防止危害社会等工作,这都涉及相当多的专业知识与技术。矿山安全与健康管理局的检查人员负责监测全国矿山的空气质量,并确保矿业生产安全。

监管工作耗资巨大,但代价与收益持平。职业安全与健康署年预算远远超过 5 亿美元,雇有约 1100 名检查员。该署称,一年查出大约 9 万起工作场所违规行为,对企业罚款总额超过 9000 万美元,显著降低了工伤、疾病和死亡的发生率。安东尼 · 沃尔什和克雷格 · 赫曼斯指出,监管工作给每个美国家庭带来了超过 1.5 万美元的支出(Walsh and Hemmens 2016)。

在设立新的行政管理机构时,国会无法预料到所有可能产生的问题。因此,国会遂于 1914 年赋予了联邦贸易委员会几乎无限的职权,以保护消费者免受商品标签欺诈和交易不公。而赋予该委员会这种巨大的职权,是为了使富有见识的专家具有制定监管政策所必需的灵活性。批评人士警告政府说,由于缺乏有效的立法监督,不负责任的官僚会"肆意妄为",强迫企业执行其不现实的、烦琐的规定(Horwitz 1992:213-246)。

针对这种担心,国会于 1946 年颁布了《行政诉讼法》。该法律规定,联邦行政机关在发布规章制度和对违规行为进行裁决时,必须按程序办事。《行政诉讼法》还对行政法规的司法审查程序作了规定。根据规定,行政机关在听证过程中,必须遵守正当的诉讼程序。

在履行其法定职责时,行政机关行使三种基本职能:制定规则、调查取证和做出裁决。

制定规则。行政机关制定其管辖范围内的个人和集体均应遵守的条例与规定。行政法规具有法律约束力。国家公路交通安全管理局的职责是确保机动车安全,减少机动车事故和人员死亡。公路交管局对其颁布的交通安全法规做了完整的说明,并且对安全气囊、安全带、轮胎、刹车和儿童安全做了具体规定。

拟出台的条例和规定在政府出版物《联邦公报》上进行公示。在公示期内,任何人都可以提出意见。公示期过后,行政机关官员会对人们提出的意见进行研究,并决定该法规是应予实施、修改还是废弃。

调查取证。行政机关通常有权对违反其规定的行为进行调查和处理。调查取证的方式是要求有关人员提交报告,或派调查人员勘查现场。如果遇到取证困难,行政机关可传唤证人,调取文件,并对设施进行搜查。行政机关还接受员工对不当行为的举报和投诉。在有些情况下,行政机关负责调查违法行为,但起诉则由联邦总检察长或州总检察长负责。例如,平等就业机会委员会针对有关工作场所歧视情况的投诉开展调查。

做出裁决。行政机构依法有权裁决纠纷。这些机构所受理的投诉案件涉及就业歧视、职业健康和安全、消费品及移民等问题。各行政机构处理大量投诉,并有大量案件要裁决。

他们通常都试图在节省时间和资源的条件下结案。大多数公司企业同意结案,是为了与行政机关保持良好关系,同时也为了避免花钱与尴尬。当事人签署行政同意令,就意味着同意遵守同意令条款,但不必正式承认违法。

在违法行为没有得到判决前,行政机关可酌情决定对违法行为是免予追究,还是移交精通行政诉讼与本机构管理领域的行政法官裁决。行政法官是经过考试选拔而获任命的公务员,负责认定事实,根据法律标准做出合理裁决。尽管这些诉讼程序没有法庭审判那样正规,却是按照《行政诉讼法》确立的诉讼规则进行的。

行政机关和被告人均有权聘请律师做代理人。

败诉方可以就行政法官的判决向法院提出上诉。法院缺乏对行政法法官判决在技术细节方面的专业知识,因此不会质疑行政法官对事实的合理认定。法院推翻行政法官的裁决,一定是因为其在适用法律上有误,如没有遵循必要的程序,超出管理权限裁决,或者错误使用法律标准。

行政决策的监管

对行政机关一直存在两种不同的看法。一种看法是,行政机关会聚着专业技术人才,可熟练地依法行使管理职能。另一种看法是,行政机关权力过大,通常对公众不负责任。人们把行政机关等同于“大政府”,“官僚主义的繁文缛节”,“削尖脑袋的官僚”以及阻碍企业竞争力。

行政机关在政治上对立法机关负责。国会缺少时间和专业知识来监管行政部门的决策,而且在大多数情况下,国会只会给行政机构开具“空头支票”。

然而,国会有时也干预行政机构出台的管理政策。例如,国家公路交通安全管理局曾规定,机动车必须在驾驶人和前排乘坐人系上安全带的情况下方可启动或停止警报。针对消费者的强烈反对,国会废止了公路交通安全管理局这一涉及汽车安全带系统的规定。另一件事是,国会于 1969 年颁布了《国家环境政策法》,要求联邦行政机关对其决策给环境带来的影响进行评估。

1996 年,为了监管行政机关,国会通过了《国会审查法案》。该法案要求各行政机关将最近颁布的所有行政法规提交给国会,然后国会有 60 天的时间来否决一项法规。根据《国会审查法案》的规定,国会否决了职业安全健康署关于人体工程学(反复性动作)损伤的规定。

2012 年,农业利益集团阻止了一项限制 18 岁以下青少年在“危险”领域(如操作机动农业机械)从事雇佣工作的规定(Steinzor 2015:34-35)。2017 年,议会新当选的共和党多数派的首批行动之一是废除美国证券交易委员会颁布的一项规定,该规定要求石油公司公开披露在全球开发能源时向政府支付的款项,并废除了一项关于预付借记卡透支费的消费者保护规定。

随后国会又废除了一项将某些智障人士纳入国家购买枪支背景调查系统的规定(Shear 2017)。截至 2017 年 7 月,国会已经废止了奥巴马政府通过的 14 项管理规定。

许多总统通过任命与其有共同优先事项的行政人员从而在各机构身上打上了自己的印记。乔治·W. 布什领导下的环境保护署拒绝了加利福尼亚州关于对机动车实行更严格的空气质量排放标准的要求。而奥巴马总统领导下的环境保护署又改变了这个政策。奥巴马政府还改变了小布什政府的另一项政策,并对31个州的燃煤电厂实施更严格的控制。批评人士敏锐地指出,这一政策变化将使私营企业损失近30亿美元,而这些成本将转嫁给消费者。

特朗普总统已经采取措施履行他的竞选承诺,废除他认为阻碍美国经济增长的行政法规,以促进经济增长。在他看来,企业被不必要的、繁重的监管所拖累,这些监管增加了企业和消费者的成本,限制了利润和就业机会的创造。特朗普总统将75%的法规描述为“可怕的”。

因此,他指示每个机构成立一个特别工作组,以取消“扼杀就业的规定,增加经济机会”,并发布了一项额外的行政命令,要求发布新规定的机构废除两项命令。一项优先事项是环境保护署取消奥巴马总统的环境法规,并用更有利于行业的规则取代这些法规(Davenport 2017a,2017b)。放松管制的一个例子是减少食品药品管理局批准新开发的医疗药物上市所需的据称漫长的时间(Thomas 2017)。教育方面有可能废除一些法规,包括对在线营利性教育机构产生不利影响的法规(Hutteman and Alcindor 2017),放宽学校午餐的营养标准,以及消除私立大学研究生组织学生会的能力(J. Jacobs 2018)。对于零工经济来说,一个价值数十亿美元的重要问题是,它的工人是独立的承包商,而不是受最低工资法或社会保障保护的雇员(Scheiber 2019)。另一项提案是撤销一项禁止医疗服务提供方和保险公司歧视变性患者的规定(Goodnough, Green and Sanger-Katz 2019)。

白宫中一些有影响力的顾问所提出的一个更大的目标可能是超越对具体法规的修改,有效地一并解散多个行政机构(Davenport 2017a,2017b)。美国消费者金融保护局自2011年成立以来,已经为2700万消费者节省了120亿美元的资金(Rappeport 2017)。

《纽约时报》列出了多达84项特朗普政府已经或正在废除的环境法规(Popovich, Albeck-Ripka and Pierre-Louis 2019;J. Schwartz 2019)。其中23项法规涉及空气污染和排放,18项涉及石油开采和钻探,13项涉及基础设施和规划,10项涉及动物和栖息地,7项涉及水污染,5项涉及有毒物质和安全,还有8项涉及各种其他问题。还有个机构先是撤销了十几项法规,但是遇到法律挑战后又恢复了大多被撤销的法规,因为该机构无视必要的步骤,如公众评议期。一项研究发现,针对特朗普主要的放松管制举措,90%以上的司法挑战都取得了成功(Sanger-Katz 2018)。这些数据基于哈佛大学和哥伦比亚大学法学院进行的一项研究，该研究发现，对现有环境规则的修订可能导致每 10 年增加死亡人数至少 8 万人，并造成 100 多万人患上呼吸疾病（Popovich et al. 2018, 2019）。

被废止的法规包括旨在迫使公用事业公司使用更环保的能源的联邦污染限制规定，"并代之以一项允许现有一些最脏的燃煤电厂继续运营数年的新规定"（Lipton 2018）。到 2030 年，由于与心肺疾病相关的颗粒物，新规定每年可能导致多达 1400 人过早死亡，新增上呼吸道疾病患者多达 2.5 万人，支气管炎患者人数增加，数千人缺课（Friedman 2018）。另一项规定将削弱新车、SUV 车和卡车的燃油经济性，并将撤销加利福尼亚州（随后还有其他 13 个州）制定更严格的尾气排放标准的权力。特朗普的规定将导致到 2035 年向大气中增加排放 3.20 亿至 9.31 亿吨二氧化碳（Tabuchi and Davenport 2019）。一些新法规减少了《濒危物种法》的保护力度，以促进北极国家野生动物保护区向新的石油和天然气钻探开放，另一项法规减少了犹他州两个国家纪念碑的规模，以便向该地区开放石油钻探和采矿（Davenport 2019）。还有一项提案将削弱对清洁水的保护（Davenport 2018）。美国环境保护署已提议取消联邦政府对石油和天然气公司安装检测和防止甲烷从油井、管道和储存设施泄漏的技术的要求。除二氧化碳外，甲烷是全球变暖的主要原因（Friedman and Davenport 2019）。

约翰·施瓦茨在《纽约时报》上指出，大约一半的环境倒退举措将削弱应对气候变化的成效。这些举措包括削弱限制石油和天然气井甲烷泄漏的甲烷法规，并允许在几乎所有沿海水域进行海上石油和天然气钻探（Schwartz 2019）。环境保护署的科学顾问委员会负责评估该机构法规的科学有效性，该委员会在 2020 年 1 月的报告中说，在起草环境法规时，有关人员越来越无视既定科学（Davenport and Friedman 2020）。

行政机关实行内部检查机制。多数行政机关实行由监察长负责的道德问责。监察长监督机构人员的财务管理、利益冲突和道德行为。

1989 年《举报人保护法》保护举报机构违法行为、管理不善、浪费资金、滥用职权或危害公共健康和安全的联邦政府雇员。联邦机构如果因泄露信息而招致对雇员或申请保护的人采取报复或威胁报复行为，则违反了该法案。只要举报人遵循规定的程序，就会受到保护。

另有一套程序保护国家情报界的举报人（Hertsgaard 2016）。

司法部门对行政机关的裁决实行"有限审查"政策，不愿意用司法判决代替行政裁决[*Chevron U. S. A. Inc. v. NRDC*,467 U. S. 83(1984)]。《濒危物种法》禁止私人占有濒危物种,除非获得许可。而内政部长发布的实施细则却把“占有”解释为包括改变斑点猫头鹰的栖息地。伐木公司对此提出质疑。伐木公司称:“占有”一词仅是意指对濒危或者受到威胁的物种直接使用射、杀、捕等武力。最高法院指出,国会的意图是对所列濒危物种实施“全面保护”,而最高法院基于内政部长的“专业知识”,“一定程度上尊重”其意见[*Babbitt v. Sweet Home Chapter of Communities for a Greater Oregon*, 515 U. S. 687 (1995)]。

1970 年颁布的《公共卫生法案》禁止计划生育基金用于以堕胎作为计划生育方法的任何项目。在“拉斯特诉萨利文”案中,最高法院维持了卫生与公众服务部部长发布的一项“禁言规则”规定,禁止接受联邦资金的医疗部门的医生向孕妇建议堕胎是一种可行的应对措施。该规定表明,对于患者的询问,一个允许的回答是该部门“不认为堕胎是一种适当的计划生育方法,因此不提供堕胎咨询”[*Rust v. Sullivan*,500 U. S. 173(1991)]。批评人士认为,这种有限审查的司法政策将过多的权力集中在行政机关。

行政机关与其监管的企业

行政机关负责监管各行业,但有可能变得过于接近和过于同情行业的观点,而忽视了公众利益。如果一个行政机关不是为公共利益,而是为其所监管的个人或行业的利益工作,那么,这个机关就变成了“俘虏机关”。对于受监管的行业来说,行政机关的管理规定会对这些行业的经济利益产生重大影响。因此,行业都会动用巨大的资源去影响行政机关的决策。尽管公众是无组织的,而且通常情况下都意识不到行政机关制度和决策的重要性,但是,公众会发现自己的利益得不到行政机关的决策者的考虑。

行业监管机构的官员认识到,在未来,他们可能有机会在其监管的行业中获得一份高薪工作。在许多情况下,行业的代理人都是监管机构的前同事。行政管理官员也可能从被他们负责监管的行业通过招聘而来,因此不愿意严格监管他们的前雇主(Friedman and O’Neill 2020)。由于行政机关缺少足够的人员检查了解私营企业的情况,因此,监管工作也难以开展下去。

2010 年 4 月,墨西哥海湾的“深水地平线号”钻井平台发生爆炸,致使大约 172 加仑的石油泄入大海。美国矿业管理局的职责是确保钻探以安全、负责的方式进行。同时,矿业管理局还负责推动海上钻井和收取租赁费。矿业管理局把推进海底钻探和收取租赁费放在首要地位,致使生产安全沦为次要地位。矿业管理局允许英国石油公司和其他石油公司从事墨西哥湾海底钻探,却不按照规定要求企业评估其生产活动对环境和濒危物种所造成的影响。

矿业管理局检查人员不足,仅有 60 人负责检查墨西哥湾 4000 多个钻井平台。因此,矿业管理局只得过多地依赖企业去监督自身对规定的执行情况。而且,和企业技术人员相比,检查人员的工资也不高,经常接受企业高管赠送礼品。调查此次爆炸事故的总统委员会在调查结论中指出:“矿业管理局作为行政管理机构,系统性地缺乏石油工程中的资源、技术培训和经验,而这些对于确保海底钻探以一种安全而又负责的方式进行至关重要。……对于一个行政管理部门来说,不能履行其基本的安全保障职责,是不可原谅的。”

有证据表明,矿业管理局明明意识到了“深水地平线号”钻井平台存在井喷危险,却对此不管不问。例如,2009 年,美国国家海洋和大气局就曾警告矿业管理局,钻井存在重大的溢油风险,并且还就该部门小看溢油风险进行了批评。

2010 年,西弗吉尼亚州 UBB(Upper Big Branch)煤矿发生爆炸,造成 29 名矿工死亡,这是美国自 1970 年以来最严重的矿难。矿山安全和健康管理局于 2011 年 12 月发布了一份报告,结论是通风系统故障等安全违规行为导致了这场灾难。该局发出了 369 份违反安全规定的传票,并评估了 1080 万美元的罚款。煤矿的新主人同意向在爆炸中丧生的矿工家属支付 2. 09 亿美元的和解金。一名监管人员承认曾串谋阻碍矿山安全和健康管理局的执法工作,梅西能源公司首席执行官唐 · 布兰肯希普在 2013 年被判串谋故意违反安全标准罪。

2011 年,一项独立调查报告谴责梅西能源公司为了增加利润,不计后果地在未能达到基本安全标准的情况下继续生产。调查报告还批评了美国劳工部及其矿山安全和健康管理局未能采取行动确保煤矿的安全,尽管该煤矿因违反安全规定收到了 515 份传票,并于 2009 年发生过三次甲烷爆炸。这份调查报告指出,矿山安全和健康管理局本应该发出一张“明目张胆违反规定的传票”,并通知矿工和他们的家人他们的工作条件不符合最低安全标准。报告还指出,矿山安全和健康管理局检查人员未能在梅西能源公司的阿拉科马 · 阿尔玛 1 号矿执行安全标准。这导致了“恶劣的条件”和一场“可预防的”火灾发生,两名矿工死亡。

该调查报告指出,西弗吉尼亚州的政客们不敢挑战梅西能源公司,因为该公司有能力资助针对州政府官员的竞选活动。2015 年 5 月,美国地方法院法官卡伦·考德威尔判处前州众议员 W. 基思·霍尔 7 年监禁,并罚款 2.5 万美元,罪名是他向州煤矿检查人员凯利·肖特里奇行贿,安排后者检查派克县的煤矿。霍尔在矿山管理方面担任重要的立法职务,这使他能够让检查人员相信,他们不会承担收受贿赂的刑事责任。作为收受贿赂的回报,检查人员对违反肯塔基州涉及露天煤矿法律的行为视而不见或拖延报告。

2019 年,两架波音 737 MAX 客机坠毁,造成 340 多人死亡。事后,美国联邦航空局被发现将飞机的安全认证委托给了波音公司。国会一直给联邦航空局施加压力,要求加快安全认证,以提高美国飞机与外国竞争对手的竞争能力。在此情况下,联邦航空局授权航空公司制造商指定不同的公司员工作为联邦航空局的代表,对飞机的设计进行安全认证。美国联邦航空局在回应批评时解释说,航空局人手不足,并承认该局缺乏跟上航空技术发展的专业知识。该机构表示,如果组织委托安全认证计划遭到废除,联邦航空局将需要增加 1 万名检查人员和 18 亿美元的拨款。据估计,2006 年至 2015 年,航空业避免认证延误的能力为该行业节省了多达 250 亿美元(Gelles and Kitroeff 2019;Kitroeff, Gelles and Nicas 2019)。

电子烟和电子烟设备每年的销售额接近 36 亿美元,2019 年青少年使用调味电子烟的人数猛增。由于游说得力、担心烟草业州的政治反应,以及顾及一名曾担任连锁电子烟休息室董事会成员的美国食品药品管理局官员,该行业成功避开了联邦监管。电子烟行业用 4 年的时间来证明电子烟的好处大于风险。面对数百种与电子烟有关的疾病,特朗普政府宣布从市场上撤下调味电子烟和尼古丁胶囊(Thomas and Kaplan 2019)。根据新的法规,烟草行业可以销售薄荷醇和烟草香精,但不能销售所有可重新填充香精的烟卷替代制品(Kaplan 2020)。

由于国会未能为行政机构提供足够的资金,以跟上劳动力增长的步伐,行政机构的调查能力受到限制。2014 年,4836 名工人在工作中丧生,大约 5 万人死于职业病。其中许多伤害是由于行业未能遵守职业安全和健康署对机器安全性能等领域的规定造成的。1997 年,每 28000 名工人有 2405 名职业安全和健康署检查员,到 2012 年,这一比例已下降到每 58687 名工人有 1 名检查员(Steinzor 2015:22,56)。

在日本，地震和海啸破坏了福岛第一核电站并导致核反应堆熔毁。而在发生地震一个月前，日本原子力安全保安院（核工业安全局）刚刚批准将旧的核反应堆的使用期限延长10年。原子力安全保安院无视反应堆已经达到40年运行稳定极限的事实以及操作人员一直隐瞒反应堆运行缺陷的证据，竟然批准了使用期限延长计划。核能反对人士指出，原子力安全保安院隶属于日本经济产业省，负责推进日本核工业的发展。因此，原子力安全保安院只不过是日本核工业的一个橡皮图章，对安全违规行为往往不予理会。该机构的高级管理人员经常得到核工业高薪职位作为奖励（Onishi and Belson 2011）。

校园性骚扰的行政管控

2019年5月，费城郊外的私立文理学院斯沃斯莫尔学院（Swarthmore College）的两个兄弟会在被学院勒令停课后解散。学生们进行了为期3天的静坐抗议，原因是两家学生经营的出版物转载了一百多页兄弟会会议记录的节选，其中充斥着种族主义、歧视女性、憎恶同性恋的语言和色情图片。会议记录中提到，这些兄弟会参与了一起“强奸袭击行动”，他们有一条“强奸通道”，讨论了“强奸约会药物”的获取以及与未成年女性发生性关系的问题。据称，一个匿名的轻博客页面详细描述了学生们在斯沃斯莫尔兄弟会的经历，包括语言和身体上的骚扰以及性侵犯。斯沃斯莫尔学院的学生曾表示，该校未能充分解决过去发生的性侵问题。

1972年的《教育法修正案》第9条规定，任何接受联邦资金的教育机构严禁性别歧视。性别歧视包括性骚扰、性侵犯和强奸。联邦法律要求高等学校公开校园安全政策和性侵、强奸等犯罪统计数据。

校园性侵事件的统计数据令人惊掉下巴。1/5的女大学生（和6%的男大学生）在他们的大学生涯中遭受过性侵犯，其中向校方或警方报案的不足5%。在80%的性侵案件中，女性认识施暴者。研究人员得出结论，女性通常不会立即意识到自己是犯罪的受害者，因为她们很难接受自己认识的人会对自己进行性侵犯。有的女性不想因举报性侵而遭受羞辱或社会排斥，只得责怪自己当初竟然相信什么庄园喝酒的鬼话。

2019年，美国大学协会对33所高校的181752名学生进行了关于性侵犯和不当行为的校园风气调查。调查发现，13%的学生在进入大学后遭受过以暴力、暴力威胁或限制行为能力的方式实施的性侵犯。有色人种女性和同性恋、双性恋及变性学生遭受性侵犯的比例高于其他学生。

奥巴马政府教育部发布的联邦义务指导意见是对《教育法修正案》第 9 条规定的第一份关于学校义务的全面阐述。指导意见强调,“知道或理应知道可能发生性暴力”的学校或大学有义务“采取行动结束暴力,保护举报人,并查明事实真相”。指导意见要求,即使刑事调查正在进行,教育机构也要对照第 9 条规定展开调查。教育部认识到,对性侵事件不管不问,会造成受害者转学辍学,阻碍她们接受教育。在必要情况下,学校应当给受到性侵的学生调换班级;或者给有性侵行为的学生调换宿舍,甚至将其从学校开除。

指导意见指示各教育机构建立申诉制度,采用证据优势标准(更有可能),即民事案件中采用的举证责任制。一些教育机构传统上使用要求更高的“明确且令人信服”的证据标准。降低举证标准背后的想法是,性骚扰听证会属于纪律诉讼程序,而不是刑事审判,而且涉事双方应该彼此平等。与事件有关的每一个人都可在事件调查处理小组面前作证,事件调查处理小组应确定性暴力是否“更有可能”发生过。学校还应使受害者了解调查的进展和案件的处理结果。

一所大学可能会被发现有玩忽职守行为,并在法庭上对性骚扰投诉的处理承担法律责任。研究发现,大约 25%—63%的强奸犯是惯犯,有几所大学遭到受害人起诉,他们称学校在将被指控的强奸犯驱逐出校园方面行动迟缓。

被唐纳德·特朗普总统任命为教育部长的贝特西·德沃斯废止了奥巴马政府的指导意见,在对临时指导意见进行了几处修改后,立即发布了一个具有法律约束力的实施细则,用于处理中学和接受联邦资金的学院和大学的性骚扰指控案件。

修订后的实施细则主要包括以下几点。

性骚扰。奥巴马政府的指导意见将性骚扰定义为“不受欢迎的性行为”,包括“不受欢迎的性挑逗、性请求以及其他言语、非言语或身体上的性行为”。新政策采用了比奥巴马政府更严格的性骚扰定义,并采用了美国最高法院使用的一般标准。根据新政策,学校没有义务对不符合性骚扰定义的投诉进行调查。骚扰构成了“基于性别的不受欢迎的行为,一个理性的人会认为这种行为严重、无处不在和客观上令人反感,由此造成的结果是实际上剥夺了一个人接受教育的平等机会”(Green 2020)。在一项受到受害者权利倡导者欢迎的条款中,家庭暴力、约会暴力和跟踪被明确列为性骚扰,学校有义务进行调查、预防和阻止,这些行为不需要达到严重、无处不在和令人反感的标准。

管辖范围。与奥巴马政府的指导意见不同,学校只负责调查校园内或校外活动期间发生的性骚扰的正式投诉。学校的责任还延伸到学校行使"实质控制"的地点、事件或情况,以及由公认的学生组织拥有或控制的任何建筑物。学校不对学生出国留学负责。

投诉。学校只对"实际了解"的投诉负责,这就是说投诉须正式提交给有权代表学校"制定纠正措施"的管理人员。在学校有义务开始调查之前,受害人或协调人需要签署一份正式文件。与奥巴马政府的指导意见不同的是,向教师或其他管理人员举报性骚扰事件的,学校不承担处理责任。

调解。如果涉事双方提供知情自愿同意书,学校可通过调解方式解决投诉。这在奥巴马政府的指导意见下是被禁止的。对涉及学生和教师的性骚扰投诉禁止调解处理。

程序。新程序明确规定,听证会由中立的决策者主持进行,并对被指控者假定清白。自称的受害人和被指控者可以要求审查用于定案的证据,被指控者和自称的受害人可以通过教师或律师与证人一起相互对质。任何一方都可以要求通过视频会议进行调查,而个人须在不同的房间。除非与投诉有关,否则不得询问自称的受害人过去与他人的性行为史。新规定禁止许多学校采用的"单一调查员"制度,即由一名调查人员采访证人、收集事实并作出处理决定。新的程序要求决策者和调查人员彼此分开。

证据标准。在判定学生有错时,学校可以采用奥巴马政府的"证据优势"标准或要求较低的"证据清晰且令人信服"标准。

帮助。即使自称的受害者没有提出正式投诉,学校也可以为自称的受害者提供帮助,如心理咨询、改换住房、陪同服务以及帮助其继续学业。

学校的责任。在确定学校是否充分处理投诉时,标准是学校是否"故意漠不关心"。也就是说,只有"在已被告知的情况下,学校对性骚扰的反应明显不合理",才会负有责任。

宗教免责。实施细则规定,学校可因宗教原因免于执行某些未明确规定的要求。宗教免责可能会降低对同性恋、双性恋及变性学生的保护。

报复。学校不得因为学生对性骚扰提出投诉或者因为其投诉产生不利的影响而惩罚学生。

驱逐校园。学校在把被指控的学生驱逐出校园之前,必须进行个性化的风险和安全评估,并且必须允许被指控的学生对驱逐处罚提出质疑。

教育部的一项研究发现,新规定将使教育机构对性骚扰、性侵和强奸指控的调查次数减少 39%,从而在未来 10 年为教育机构节省资金多达 4 亿美元。据估计,90%的中学和 50%的学院和大学将节省资金。

几位通常是特朗普政府反对者的进步辩护律师支持教育部长德沃斯关于性骚扰的倡议,因为在奥巴马政府提出的一套要求不那么严格的正当程序下,少数族裔男性比白人学生更有可能被错误指控,并被错误地认定负有责任。例如,2012 年至 2013 年,纽约一所私立大学非洲裔美国学生占学校人数的 4.2%,却占报告的性侵指控的 50%,占受到纪律处分的学生的 40%(Bazelon 2018;Bolge 2018;Green 2018)。

然而,批评人士指出,根据修订后的实施细则,各种程序和更高的证据标准的规定会使遭受性侵的学生不愿提出指控,而且一些投诉会因为不符合程序要求而被立即驳回。对节省下来的资金的估计没有考虑到那些性骚扰受害者因辍学、寻求医疗和精神治疗所付出的费用,也没有考虑到允许性侵犯者留在校园对校园造成的损害。

法律的执行

警察是政府行政机关的一部分,执行由立法机关颁布的刑法,同时也对法律内容有着间接的影响。例如,根据美国宪法第四修正案关于搜查与扣押的规定,警方必须取得法官签发的搜查证与拘捕证,方可对私人住所进行搜查与取证。然而,警方认为这条规定不切实际,于是为防止证据遭到破坏,在未取得搜查证的情况下实施了入室搜查。法院认为在紧急情况下警方入室搜查确属合理,因此认定,无证搜查可作为宪法第四修正案“禁止无理由搜查与拘捕”在“紧急情况”下的一个例外。警方每次拦下行人和机动车驾驶人,都是对这一条法规的解释与实际应用。又如,警察对“鲁莽驾驶”“酗酒和扰乱公共秩序”的含义进行解释。

美国的执法源头可追溯到英国。在 19 世纪,英国实行了一种“联保连坐”的公共安全制度。根据这个制度,人们都有责任维护公共秩序。第一步,每个社区按每 10 户家庭一组分为若干“十家区”,一旦发生犯罪,每个公民都有义务“大声叫喊”。如果放跑了罪犯,一个“十家区”的各户人家都会受到王室罚款。第二步,再由 10 个“十家区”组成的“百家区”负责控制犯罪。地方长官任命各“百家区”监管人(保长),以武装与监管各自“百家区”。为了协调各“百家区”,第三步就是任命郡治安官,郡治安官管理“郡”或由若干区组成的面积大概相当于一个县那么大的区域。此外,王室还任命治安法官协助郡治安官工作,并适时履行司法职责(President's Commission on Law Enforcement and Administration of Justice 1967b:3-5;Rubinstein 1973:3-11)。

在18世纪英国工业革命期间,这个自我监管体制无法有效地管理大批涌进工业城镇的人口。于是,各种公民协会便得以产生,负责在街道和公路上巡逻。政府也设立“警察所”以维护公共安全和社会秩序。截至19世纪,伦敦就已建有9个警察局。然而,这些警察局由于相互之间缺乏协调配合,在很大程度上不能有效地保护市民。到了19世纪初期,街道上开始挂起了煤气灯,作为防范犯罪的工具。

在19世纪20年代,内政大臣罗伯特·皮尔爵士说服英国议会出台了一项“首都及其近郊警力改进法案”。于是,1000名警察穿起了制服,并由警察局长统辖。内政大臣(负责国内事务的内阁部长)负责为警察提供预算。不过,内政大臣要接受民选议会的领导,确保对警察武装实行民主节制。警察制度很快便在整个英国得到推广。

在17世纪至18世纪,英国殖民者把英国早期的乡村执法制度带到了美国。获得委任的警察在城镇中执法,而郡治安官则负责管辖郡内治安。殖民政府委任那些忠于英国王室的富有地主到这些执法岗位任职。美国革命后,执法官员委任制被民主选举制所取代。今天,民主选举制在美国许多辖区仍在延续。

17世纪的殖民地城市出现了维护公共安全的“自愿巡夜者”制度。纽约是第一个给巡夜者发放报酬的城市。巡夜者在巡逻时摇动着一个摇响器,以使居民知道他们在巡夜而感到放心,给犯罪者制造恐惧。因此,这些巡夜者被称作“摇响器巡夜者”。

随着城市的扩张,美国的许多城区出现了有组织的警察队伍。纽约市首先取消了巡夜人,建立了统一的警察队伍在城市里日夜巡逻。到19世纪初,几乎每个大城市都实行了纽约的警察模式。大多数城市警察队伍都有警长或警察局长领导,警察局长通常由市长提名,市议会批准。

政客任命其支持者到警方任职,而警方也反过来为政客的竞选活动出力。针对这一弊端,改革人士提出了许多举措,目的是建立一支不受政治干预的职业警察队伍。这些改革举措包括把警察纳入公务员体制、根据考核成绩择优录用、一定的学历要求以及开办警察培训学校。

治安官—警察制度在实践中被证明无法应对日益严重的犯罪问题。地方警局之间相互缺乏协调配合,致使违法犯罪人员能够安全地逃离城市和县界。针对这一问题,各州在第一次世界大战后建立了州级警察队伍,打击“越境犯罪”,并处理机动车交通和机动车偷窃问题。有些州警察的警务辖区仅限于全州公路,但有的州警察可在全州执法。

美国有着种类繁多的警察执法机构。这些机构包括州一级的州警察和刑事调查机构,3000多个县的县一级治安官,以及1000个城市、2万个乡镇和1.5万个村、区、镇的地方警察部门。此外,还有特设的警务室,如州公园警务室和医院警务室。

一些联邦机构的执法人员拥有逮捕权和持枪权。成立于1789年的美国海关缉私船队是美国第一个以打击走私为职能的联邦执法机构。随着1924年联邦调查局的成立,联邦执法机构的发展达到了顶峰。

许多联邦执法机构都有其特定的执法领域。例如,特工处(又称特勤局)负责保护总统,并调查伪造欺诈案件;缉毒局负责打击毒品交易;邮政检察署负责调查邮件犯罪案;国税局对涉税案件负有刑侦权;美国法警局作为司法部的一个执法部门,负责维持法庭秩序、发送法律文件、缉拿逃犯、押解犯人以及执行其他与法庭有关的职责。

随着21世纪的到来,警务工作成为复杂的技术活儿。20世纪初开始使用指纹破案,以后相继出现了无线电和电话通信、警车、DNA鉴定以及监控录像。市区办案不再是依靠“猜测”。高学历的警察越来越多,他们可依靠大量数据分析绘出犯罪热点地图,确认那些被认为对一犯罪行为负有不同责任的罪犯的关系网。

20世纪60年代,一些人士批评警察只坐在警车里,不接触社区。作为对此批评的回应,警方越来越多地雇用少数族群人士和妇女协助警察工作。这种做法到20世纪90年代末期发展为社区警务室,其目的在于使社区成为警方打击犯罪的合作伙伴,成为警方的“耳目”,帮助警察盯住威胁社区稳定的人和事。治安警务工作被认为是一项协作性很强的工作,例如,拆除或改造废弃的房屋,为青年人创造休闲娱乐的机会,维护社区环境,以及推行教育与就业计划,都需要警方的配合。治安警务工作与“破窗效应”有着相关性。“破窗效应”认为，容许随意涂鸦等小的过错，就会削弱社会的稳定，就会致使犯罪行为恶性循环。

后面，我们还会讨论到治安警务工作的多个方面，包括拦停、搜身与审问。

警察统计数据

州与地方警力

地方各警察机构的组织结构各不相同，但都有一些共同的基本特征。其组织框架犹如一条三腿凳，警察局长及其副手是凳子的顶端，下面分为“行动腿儿”“行政腿儿”“服务腿儿”。这些部门又各有自己的辖区。“行动腿儿”包括巡逻、交通、青少年、扫黄和禁毒、打黑和侦探等部门。“行政腿儿”负责招聘和培训、内部调查、公共信息和法律顾问。“服务腿儿”负责法医实验室、数据处理、采购和设备维护。各部门越来越多地设立社区关系科，以确保社区的支持、沟通和理解。地方法律还规定了各种外部监督机制，以确保对警察不当行为的监管（Vago and Barkan 2018：87-92）。

据美国司法统计局统计，截至 2016 年 7 月 30 日，全美约有 1050441 名员工在 1.5 万多个地方警察部门工作。大约有 701169 人宣誓成为具有一般逮捕权的警官，比 1997 年增加了 8%。

1/3 的地方警察机构使用无薪预备役或辅助警察，共有 2.9 万名无薪警察，他们涉及会计、调度、信息技术和法医等领域。每 1000 名居民中有 2.17 名宣誓就职的警察（Hyland 2018）。

2016 年，28%的警察是少数种族或少数族裔，而 1987 年这一比例为 15%。2007 年至 2016 年，少数族裔警察的比例从 25.3%上升到 28.5%（Hyland 2018）。

2016 年，约 11%的当地警察是非洲裔美国人，比 1987 年的 9%有所上升。2016 年，大约 12.5%的警察是西班牙裔或拉丁裔，是 1987 年西班牙裔或拉丁裔警察比例的 2 倍多。2016 年，3%的警察是亚洲人、夏威夷原住民、太平洋岛民、美洲印第安人或阿拉斯加原住民，是 1987 年的 4 倍。较大的警察机构比较小的机构更加多样化。在服务 50 万人或以上的警察机构中，超过 2/5 的警官是少数族裔,而在服务人口少于5万人的警察机构中,这一比例为1/5。

宣誓就职的全职女警官的数量和比例也有所增加。2016年,估计每8名警察中就有1名是女性。2016年,有5.7万名女警官,而1987年约为2.7万名。在所有宣誓就职的警官中,这一比例从8%增加到12%。在同一时期,女性行政管理人员的百分比从5%增加到了10%。

2016年,在人口超过25万的司法管辖区,16%的警察是女性,而在人口不足2.5万的司法管辖区,这一比例为8%。在管辖25万及以上居民的警察局中,7%的警察局长是女性,而在管辖5000及以下居民的警察局中,这一比例为5%。总体而言,只有3%的警察局长是女性,尽管在人口超过25万的司法管辖区,8.5%的警察局长是女性。

一个流行的观念是,警察机构是大型官僚机构。据估计,48%的警局雇用的警察人数不足10人,尽管这些警局雇用的警察人数约占当地全职警察总数的4%。共有624个(5%)警察局雇用了100名以上的警察,占所有警察的62%。

2016年,71%的警察部门管理着不到1万名居民,雇用警察占全部地方专职警察的13%。据估计,有3%的警察部门管理着10万或更多的人口,雇用警察占52%(见表3.1)。

表3.1 美国十大地方警察部门全职宣誓警察数量

单位:人

地区	人数	每万名居民
纽约,纽约州	36008	42
芝加哥,伊利诺伊州	11965	44
洛杉矶,加利福尼亚州	9870	25
费城,宾夕法尼亚州	6031	38
休斯敦,得克萨斯州	5203	23
华盛顿,哥伦比亚特区	3712	54
达拉斯,得克萨斯州	3408	28
迈阿密-戴德,佛罗里达州	2723	20
菲尼克斯,亚利桑那州	2689	17
拉斯维加斯,内华达州	2566	16

资料来源:美国司法统计局《2016年地方执法管理与行政统计调查》。

2019 年，一名警察的基本工资中位数为 63380 美元（2019 年劳工统计局）。据估计，10%的警察机构要求入警人员获得两年制大学学位，1%要求四年制大学学位。大多数警察部门都把服兵役看作学历之外的一种选择。较小的警察部门往往要求高中学历。

2016 年，服务 10 万或以上居民的警察局中，有 87%的警察局设有一个科室，其中有专门的警察负责社区警务，服务 10 万以下居民的警察局中也有 28%的警察局这样做。2013 年，设有社区警务科室的警察局雇用了 88%的警察。服务 1 万名或更多居民的大多数警察局对新招募的警务人员进行了 8 小时或更长时间的社区警务技能培训。在服务人口不足 1 万人的警察局中，约有一半提供这类培训。

大多数警察局根据地理位置安排工作任务，10 个拥有 1000 名以上警官的地方警察局中有 9 个指派警员负责处理毒品犯罪、青少年犯罪、家庭暴力、虐待儿童和特警反恐等专门领域。

联邦执法

24 个联邦执法机关有 250 名以上具有拘捕权和持枪权的执法官员，而且 96%的联邦执法官员都供职于这些机关。其中，4/5 的联邦官员供职于国土安全部和司法部。国土安全部大约有 55000 名雇员，约占联邦官员总数的 46%，而司法部约占联邦官员总数的 1/3。美国海关与边防局有 36863 名具有拘捕权和持枪权的执法官员，大多驻在入境口岸或美墨边境和美加边境。美国国土安全部下属的第二大执法机构美国移民与海关执法局，大约有 12446 名执法官员。联邦监狱局有 17000 名官员，联邦调查局也有近 13000 名官员，且都具有拘捕权和持枪权。

私营安保业

任何治安研究都不能无视快速发展的私营安保业。私营保安公司为私人或公共机构提供持械或非持械安保服务，是一种营利性机构，其职能可概括为三个大的方面：

（1）保障客户人身安全和设备安全，包括提供保镖、部门守卫，报警设备安装、维护和监控服务，保护建筑物，以及实施群体布控。

（2）保障信息安全，包括信息储存及防止网络侵袭犯罪。

(3)保障用工安全,调查员工背景,防止员工偷窃以及对员工进行药检。

私人安保人员可受雇于私营安保公司,也可直接受雇于某公司或娱乐场所。饭店、赌场、娱乐场所和医疗中心通常都自主招聘安保人员(Strom et al. 2010)。

2009年,美国大概有1.4万家私营安保公司。70%的安保人员为一些雇员规模上百人的公司提供服务。安保行业雇用的全职或兼职员工超过100万人。私营安保公司46%的员工是少数族裔员工,工资中间值是23460美元,最高工资略低于40000美元。

据估计,安保行业的总收入约为350亿美元。最大的10家公司占总收入的67%。大多数公司都是全球性的,国际总收入接近1000亿美元。英国公司G4S在2012年创造了120亿美元的收入。其他领先的公司有瑞典赛科利达安保公司(Securitas AB)、美国安达泰安防公司(ADT)、美国联合环球公司(Allied Universal)、美国戴恩国际公司(DynCorp International)、加拿大加尔达世界(Garda World)、伦敦化险咨询公司(Control Risks)、美国博思艾伦咨询有限公司(Booz Allen Hamilton)、美国CACI国际公司(CACI International)、美国布林克安保公司(Brink's)以及美国平克顿安保评估公司(Pinkerton)。在安全方面经济支出占收入比例最高的部门是教育、医院、保险、银行和政府。

私营军事安保公司还从事国外安保业务,以作为美国军事力量的补充。这些公司与美国国务院、国防部等机构都签有合约,提供保镖、大使馆安保、关键基础设施保护和军事运输安全服务,其业务遍及50多个国家。而且,每10个美国军事单位就与1家私营安保公司有合同关系。这些公司也以训练军事人员等方式为其他国家提供服务。安保行业收入超过1000亿美元(Singer 2007)。

国际视野:联合国系统

1919年,国际联盟成立,它是一个致力于维护国际和平与安全的国际组织。国际联盟有会员国58个,但没能阻止德国与日本发动侵略战争,遂于1954年解散。

“联合国”这个名称最先由英国首相丘吉尔和美国总统罗斯福于1942年

提出,原指美国、英国和苏联之间在“二战”期间的联盟。在“二战”期间的一系列国际会议上,人们就联合国应由全球各国参加的提议进行了讨论。1945 年 8 月,法国、中国、英国、美国和苏联在华盛顿特区的敦巴顿橡树园就拟议成立联合国的具体问题取得了共识。

1945 年,在美国旧金山召开的联合国国际组织会议上,50 个国家起草并通过了《联合国宪章》,联合国成立。1945 年 10 月 24 日,由 50 个国家的代表签署的《联合国宪章》开始生效,联合国正式成立。联合国第一次会议于 1946 年 1 月在伦敦召开。1951 年,设在纽约的联合国总部正式投入使用,其分支机构分别设在日内瓦、海牙、内罗毕、维也纳和罗马。

根据《联合国宪章》,联合国致力于执行国际法、阻止战争、保护人权、促进权利平等与经济发展以及全世界人民的社会进步。联合国有 5 个主要机构。

联合国大会。联合国大会由每个成员国的代表组成,设主席 1 人,由大会选举产生。联合国大会每年都召开会议,每个成员国无论人口多少与国际地位高低,都有投票权。重大决议必须有 2/3 多数票支持才能获得通过。大会通过的决议和宣言,不具约束力,只反映成员国对国际问题的观点。联合国大会还批准正式协定,由成员国采用、批准以及融入其国内法。

安全理事会(以下简称安理会)。安理会负有维护国际和平与安全的责任,可以委托联合国采取干涉行动,阻止破坏和平的行为。安理会有权通过对成员国均有约束力的决议。历史上,安理会曾命令联合国军队武力迫使伊拉克从科威特撤军。近年来,安理会向波斯尼亚、刚果、达尔富尔、索马里等国家和地区派遣了维和部队,并议定摧毁叙利亚化学武器。安理会在履行维护和平与安全的职责中,授权在卢旺达、前南斯拉夫、塞拉利昂、柬埔寨、东帝汶等国设立国际刑事法庭。安理会有 5 个常任理事国(中国、法国、英国、美国和俄罗斯),均有否决权。此外,安理会还有 10 个非常任轮值理事国。常任理事国可一票否决安理会决议。

国际法院。国际法院审理各国指控他国违背国际法的诉讼,并对涉嫌违背国际法的国家是否担责进行裁决。各国必须首先承认国际法院的司法审判权,然后国际法院方可对诉讼做出裁决。那些接受新设立的国际刑事法庭司法管辖的国家,一旦其领导人及公民受到刑事指控,国际刑事法庭即可受理指控案件。国际刑事法庭独立办案,不隶属于联合国系统。但是,安理会可以委托国际刑事法庭审理案件,也可以延迟国际刑事法庭对案件的起诉 6 个月。

经济与社会理事会(以下简称经社理事会)。经社理事会负责处理有关经济发展、环境、人口、人权、犯罪、妇女及少数族群权利等方面的问题。经社理事会对负责处理这些问题的各专门机构实施监督。经社理事会成员国由联合国大会选举产生,任期3年。

秘书处。联合国秘书处由秘书长领导,秘书长是联合国的首脑。秘书长领导的"国际公务员"队伍负责管理联合国日常事务,并把搜集研究的资料信息提供给联合国其他机构。秘书长是一位重要的世界人物,有责任解决国际争端、指导维和行动以及对国际问题发表意见。秘书长由安理会提名,由联合国大会批准。除安理会常任理事国公民外,秘书长一职由世界其他国家公民轮流担任。

联合国所设的众多专门机构,是联合国主要的工作机关。这些机构包括:世界卫生组织、粮农组织、联合国儿童基金会、国际原子能机构、联合国教科文组织、世界银行、联合国难民事务高级专员办事处以及国际劳工组织。

除科索沃、梵蒂冈外,几乎世界上所有主权国家均是联合国成员国。联合国现有193个成员国。凡是承认《联合国宪章》原则、履行成员国义务的国家,均有资格加入联合国。联合国接纳新成员国的事宜,由联合国大会投票决定。联合国依靠成员国会费运转,使用6种工作语言。

联合国在全球范围内拥有众多职能。

和平与安全。联合国秘书长和安理会对国际冲突进行干预和磋商。安理会负责和平解决国际争端,同时也可要求成员国提供军事力量进行干预,以控制威胁国际和平与安全的局势。近年来,被称为"蓝盔部队"的联合国军队介入了诸多国际冲突,如塞尔维亚族、克罗地亚族与波斯尼亚族穆斯林之间的冲突,以及发生在海地、布隆迪与象牙海岸等地的冲突。联合国还干预过科威特战争(1990年)。然而,安理会也曾因1994年未能阻止卢旺达种族灭绝行为而遭受指责。联合国也呼吁裁军,同意对核武器的发展和部署实行限制。

人权和人道主义援助。联合国对民族国家在举行选举、实行政治改革、提高司法效能和制定宪法保护条款等方面提供帮助。联合国也向遭遇自然灾害和战争影响的难民提供食物、饮用水和避难所,并致力于消除贫困和文盲,保护难民。1948年,联合国大会通过了不具约束力的《世界人权宣言》,该宣言列出了世界所有人类应该拥有的权利,各国政府在道义上有义务保护和保障这些权利。1977年,联合国大会又颁布了两个具有法律约束力的公约,即《公民权利和政治权利国际公约》与《经济社会和文化权利国际公约》。这三个文件构成“国际权利法案”。

民族自决。在联合国帮助下,80 个前欧洲殖民地获得了独立。

社会和经济发展。联合国所辖机构在防治艾滋病、肺结核和疟疾,实施计划生育,降低儿童死亡率以及提高人民健康水平等方面提供经济援助和专家支持。

联合国在裁决和立法两大领域是国际法律体系的法律渊源。

裁决。国际法院的裁决虽然对国内法院没有约束力,但确立了国际法的原则。联合国设立的卢旺达和南斯拉夫问题国际刑事法庭,以及塞拉利昂、柬埔寨和东帝汶问题国际刑事法庭,为国际战争法和人权作出了重要贡献。

立法。联合国以多种方式立法。联合国把其制定的公约提供给各会员国签署,并融入其国内法。1948 年的《防止及惩治灭绝种族罪公约》就是一个例子。安理会决议为建立国际法规提供依据。例如,安理会决议授权进行军事干预,以保护利比亚人不受独裁者穆阿迈尔·卡扎菲的武力统治的伤害。这一决议为将来对威胁平民生存安全的统治进行合法干预提供了先例。联合国大会的决议,尽管没有法律约束力,但是有助于确定习惯国际法不成文的原则。

美国是联合国最大的财政捐助国,每年向联合国提供 130 亿美元的资金,占联合国预算的 22%,占 2015 年维和预算的 28%。有一个问题是,美国是否应该继续向联合国捐款 130 亿美元,甚至是否应该继续成为该组织的成员。

本章总结

世界上多数国家都有一个统一的法院体系。而美国的法院体系是双重的,由联邦法院系统和州法院系统组成。联邦法院系统以美国宪法和国会通过的法律为基础;州法院系统以州宪法和州法律为基础。

美国《宪法》第 3 条规定,美国设立一个最高法院,而全国司法体制的具体问题则由国会补充完善。《宪法》第 3 条还规定,“合众国的司法权属于一个最高法院以及由国会随时下令设立的下级法院”。这个规定是联邦主义者和反联邦主义者相互妥协的产物。联邦主义者支持建立一个强有力的联邦司法体系,而反联邦主义者则把联邦法院看作对自由的威胁,因而主张把司法权力集中于州法院。这场旷日持久的争论贯穿了美国成立后的第一个百年,直到18世纪末随着三级联邦法院体制的建立才算尘埃落定。

联邦地区法院是联邦司法系统中的审判法院,而上诉案件可诉至上诉法院。最高法院高居联邦司法体制层级的顶端。最高法院的裁决对所有的联邦法院、州法院都是具有约束力的判例。最高法院主要对其审查案件行使自由裁量权,其裁决既是为了解决下级法院之间的争议,也是为了说明重大的法律问题。最高法院对国会和总统的法案行使司法审查权,以裁定其是否违宪。

关于美国宪法起草者是否意在让联邦法官行使司法审查权,一直存在争论。无论宪法起草者的意图是什么,对诸如堕胎、枪支管控、死刑以及关塔那摩监狱囚犯待遇等美国生活中的主要问题,最高法院已经行使了司法审查权。

州法院是司法活动的中心。90%的法律案例都是由州法院受理,州法院依据州宪法和州法律审理案件。州法院的体制因州而异,差异很大。州法院体制通常包括有限管辖权法院、一般管辖权法院、中级上诉法院以及终审的最高法院组成。各州司法机关在案件审理及裁决方法上也不尽相同。

美国各州通过多种机制遴选法官,而且这些机制大多有起码的民主程序。没有哪一种审判理念或判案方法为所有州和联邦法官所接受。州和联邦法官在判决案件时受到不同判案方法的影响,这些方法包括律法主义、原旨主义、文本主义、利益权衡主义、法官态度主义和策略主义等。

美国实行双重的行政管理体系,联邦行政机关和州行政机关有时会面临共同关切的问题。行政机关负责规则制定、调查研究与行政裁决。国会对行政机关的决策实施有限监督。法院对行政裁决采取“有限审查”政策,而不愿以法院的判决代替行政机关的决定。现在行政机关往往被其选民所“俘虏”,不能制定出有效的管理规定。

美国执法体系也是双重的,有州执法机构和联邦执法机构,并以私营安保业为补充。

第四章　律师职业

引　言

本章介绍美国律师职业的构成情况。

民意调查显示，美国人对律师持有“复杂的”看法。一方面，律师因站在小人物的立场上挑战权势体制而受到赞扬。另一方面，律师被认为是物质主义者和操纵者，而且，当事人如对离婚财产处置、孩子监护权或刑事定罪等案件判决不满，也会指责律师。

近年来，我们看到人们对律师职业越来越不信任。只有股票经纪人和政客在美国公众中的信誉度不如律师，而且人们对司法系统的尊重也显著下降。迈克尔·阿西莫在研究了近300部以律师为主题的电影后发现，在过去的几十年里，电影中律师的形象发生了巨大的变化。律师已经从格里高利·派克在《杀死一只知更鸟》(1962年)中所塑造的那种道德、善良、能干、勇敢的人，变成了阿尔·帕西诺在《魔鬼代言人》(1997年)中所塑造的魔鬼。将律师视为“美德”与“腐败”之间微妙平衡的化身，一直是故事影片的总趋势。在1962年的电影《海角惊魂》(*Cape Fear*)中，山姆·鲍登(格里高利·派克饰)是一个老练的律师，也是一个热爱家庭的人，但因自己把麦克斯·卡迪(罗伯特·米彻姆饰)送入监狱而不能释怀，因为他曾在一起强奸案庭审中做了不利于卡迪的指证。而在1991年该片的复拍中，鲍登(尼克·诺尔特饰)则被改编成了一个道德上模糊不清的人物：他对妻子不忠，又是一个有瑕疵的父亲。作为一名公设辩护律师，鲍登担任了卡迪(罗伯特·德·尼罗饰)的代理律师，但为了确保卡迪罪名成立，他竟然毫无道德地隐瞒了受害者“滥交”的证据(Asimow 2000；Sherwin 2000：172-186)。

首先,我们回顾一下美国律师职业的发展历史。

对律师职业的不同看法

律师、医生和牧师历史上是三种“博学职业”。职业是什么意思?职业是指有着较高社会地位和声望的专业群体。人们高度尊重职业不是因为职业人士挥舞着魔法棒。权力和威望过去都是由名门贵族所垄断并世袭给其下一代的。市场经济的兴起使经济实力而不是家庭特权成为权力和威望的基础。

对于这一新的经济现实,律师的应对办法是依靠各种策略为法律服务创造社会需求,并确保非律师人员对其优势地位无法构成威胁。用技术性的语言讲,律师通过竭力维持“对经济市场的垄断性控制”,实现维持其较高社会地位的目的。

在阅读本章时,请注意律师们为保护其作为专业人士的声望和权力所采取的政策(详见表 4.1)。

表 4.1　法律职业的特点

专业化教育	法律教育隶属于大学教育,只有考试合格才能入学
职业准入限制	律师资格考试;继续法律教育限制了跨州执业
垄断专业知识和技能	禁止无证执业;非律师人员在法庭上很难自行辩诉
自律	自我执行律师协会制定的职业道德规范
职业理念	保护客户,尊重法律

简言之,律师接受长期与严苛的教育(专业化的教育培训),并且只有通过律师资格考试后才能有资格做执业律师(律师行业严格的准入条件)。这种教育培训使律师掌握了多数人所不了解的一些领域的知识,并使律师的高额收费合理化(专门的知识和技能)。作为专业人员,律师宣称能够自我约束,并能够评估何时同行律师的行为违反了职业道德(自律)。

从职业的社会学角度讲,在操控基本业务、取得社会地位,以及独立于政府管控等方面,律师同管工、教师及其他行业十分相似。有学者指出,我们依靠律师去做的很多简单工作,非律师人员也完全能够胜任(Sutton 2001:228-229)。

还有学者认为,律师既关心为公众做贡献,又关心其自身经济利益。按照这种观点,律师通过为穷人和特权阶层代理案件,从而为社会作出了宝贵的贡献,保护了我们的权利和自由。律师协会是律师们谋求团结、支持与认同的宝贵平台,而不仅仅是为了把律师组织起来追求自身利益。

对律师职业的一个批评观点认为,律师已经好景不再,正在迅速变为没有足够的职业自由或经济保障的工薪雇员。也就是说,律师再也无法对其工作、收入和事业做主,而是逐渐沦落到工人的地位。然而,一个不同的观点认为,律师属于经济体系中的一个强势群体,其本身就是问题的一部分,而不是问题解决方案的一部分(Abel 1989:14-39,249-138)。

阅读本章内容时,请关注社会发展对法律职业和法律实践有着怎样的影响,并思考法律职业和社会是如何通过相互作用共同影响律师界的。

英国律师职业的发展历史

历史上的纠纷是在没有律师的帮助下,根据非成文的习惯法而裁定的。随着社会和解决纠纷的方式愈加复杂,人们对于能有一个人引导着平民百姓穿越法律荆丛的需求也愈加迫切。最早的律师很可能是雅典(前146—前100年)的演说家。演说家擅长的是辩论,而不是法律。雅典的法律要求人们自己陈述案件。不过,诉讼当事人有权向朋友或向其自称关系亲密的演说家寻求帮助。4世纪中期,对法庭代理的限制被解除,法律承认人们有权请演说家在法庭上代言。雅典当局担心演说家可能受到诱惑而"歪曲事实"以确保其委托人胜诉,因而当局规定,演说家不能收取委托人的报酬。

我们知道,充当律师的演说家一般都没有受过法律培训。因此,大多数学者认为古罗马,而非古希腊,才是律师职业的发源地(Friedman 1977:21)。

罗马人和希腊人一样担心,那些收取报酬的律师可能会在庭审中歪曲事实,颠倒黑白。

前204年,罗马颁布法律,禁止律师收取费用。罗马皇帝克劳狄一世(41—54年在位)虽然限制律师收取费用,但他后来还是使辩护行为合法化。当时的律师都是有才华的演说家,但是并没有接受过法律方面的训练。人们如果需要咨询法律方面的意见,便去咨询兼职的法律专业人士或法学家(法律顾问),这些专业人士便为公众提供法律意见。法官如遇到不知如何裁决的案件,也会请教这些法律专家。

在哈德良皇帝(117—138年在位)统治下的罗马,对法律从业人员的资格以及律师代理费的收取都作了规定,律师行业得到了管理。律师只有接受4年的课程学习并且提交其教师的推荐信,才能在特定的法庭上执业。

虽然罗马帝国后来衰落了,但是罗马法学家所建立的法律体系以及收录罗马法律的摘编或书籍传遍了整个欧洲,奠定了现代欧洲大陆民法体系的基础。大不列颠各部落虽然被罗马统治了近4个世纪,但还是保留了自己的法律习惯形式和纠纷解决方式,反对采用罗马法律。英国人逐渐有了一套独特的法律体系,这个体系构成了英国习惯法的基础,后来又由英国殖民者传到了美国。

英国法制史上一个重要的事件就是1066年对撒克逊人的诺曼征服。征服者威廉创造了一套王室法院体系。民事诉讼法院是一个移动法院,主要受理普通人涉及土地、非法入侵、借贷以及个人财产案件的诉讼。法官往往依照当地习俗判决案件。这些判决意见逐渐被汇编成了一套为英国人所熟知的法律体系,并构成了习惯法或英国人普遍认可的法律的基础。法官的判决成为判例,被其他法官所采用。

个人如要提起法律诉讼,必须获得向法庭起诉的令状或许可文书。令状(或诉讼表格)必须符合高度技术性与关涉性语言的要求。如果不遵守要求,就不能起诉(没有令状,便没有权利)。被告也必须严格遵守辩护规则。随着每个当事人都在进行高技术含量的控诉或辩护,这个制度也在演进(Glendon,Gordon and Osakwe 1982:142-152)。

法官和提起诉讼的个人必须精通法律才能进入习惯法诉讼程序。这就显然需要有正规的法律培训体系(Tiger and Levy 1977:157),而解决办法就是开办律师学院。于是,位于伦敦的国王法院附近的法官、律师及学生宿舍楼和工作间,便成了创办时的律师学院(Hogue 1966:246)。1292年,国王爱德华一世指派法官负责法律教育。法官就在律师学院创办了学徒班。学徒班为期长达8年,其中包括讲座、模拟审判(模拟法庭)以及阅读令状。接受培训的学生都有一名导师,在导师的监督指导下进行学习。"出庭律师"这一说法原本可能是指模拟法庭中的律师。律师学院礼仪烦琐,等级森严,越发让人感到律师属于职业精英(Lemmings 2003)。

国王的"御用律师"是高级律师中一个特殊的阶层,跟随习惯法法官在全国巡回审判，并为委托人提供法律服务。在涉及税收的案件（财政法庭）与地方官员的案件（王座法院），以及在没有得到令状但为实现公正而设立的法院（衡平法院）中，“御用律师”也出庭为在伦敦宫廷的国王代理。“御用律师”制度在 18 世纪被废除，而出庭律师则被赋予了独有的出庭权利（Hazell 1978）。

后来出现了另一种律师群体，叫作“事务律师”。事务律师直接给委托人提供建议、准备文书（如转移财产所有权、起草遗嘱），以及调解纠纷。事务律师最初属于律师学院律师中的一类，但在 1794 年被从律师学院中取消。事务律师后来演变为有着其自身职业要求的体制。尽管如今出庭律师和事务律师在技术上是相互平等的两支司法群体，但是，出庭律师因为能够出庭并独霸法官职位，故而一直是英国律师行业中更具声望的群体（Hazell 1978）。

1758 年，著名的律师威廉·布莱克斯通爵士以全票当选为英国第一个普通法讲座——瓦伊那讲座的教授，于是，剑桥大学率先把法学作为大学的一门课程。20 年后，剑桥大学和牛津大学相继开设法律学院。人们认为，未来的律师需要接受广泛的课程学习，这样才能为律师学院的技能教育打下基础。新的法律教学计划包括基础的普通法课程（如合同、财产权、刑法）、法制史、法律哲学、罗马法以及教会法。布莱克斯通的 4 卷本著作《英国法释义》是英国律师与美国律师学习普通法的核心教材（Fidler 2003）。

如今，一个人要想在英国从事律师职业，必须从具有法律学位授予资格的大约 100 家英国教育机构中获得法律学位。其他专业的人要想成为事务律师或出庭律师，必须先通过一个考试，方可接受规定的培训。如果想做出庭律师，需要从 4 个律师学院中选择注册 1 个，并参加为期 1 年的课堂学习，学习内容涵盖法律程序、证据法学以及各种实体法。该阶段学习期满后，还需要参加第二阶段的考试。少数通过考试的幸运儿被录为初级出庭律师，接受为期 1 年的严格培训。培训合格者才有资格独立代理案件。而要想成为事务律师，必须先完成规定的培训计划，然后作为事务律师的助手实习 1 年。英国大约有 3 万个事务律师，在数量上远超出庭律师，两者比例为 7∶1。出庭律师中大约有 10%的人获得“王室法律顾问”的头衔，有了这个头衔便可以担任王室律师，穿起丝质律师长袍，进入“丝语天堂”。英国法官通常都是从“御前会议”的班子中挑选出来的（Glendon et al. 1982：192–210）。

当我们把注意力转到美国律师职业的发展历程时，你可能会明白为什么早期的美洲殖民者会对律师持怀疑态度。这是因为几乎所有的律师接受的都是英国律师学院的教育,被视作英国王室的支持者。在阅读美国律师业发展历史时,一定要留意不同律师阵营的不同观点。一方律师阵营希望对法律职业的准入加以限制以保证“律师的质量”,而另一方阵营则呼吁律师界开门接纳更为广泛与多样的人士。

美国律师职业的发展历史

早期

美国早期的殖民者对律师并不信任。托马斯·莫顿是第一个到达马萨诸塞州普利茅斯海湾的律师。1629 年,由于持无神论观点、酗酒、跳舞,以及指导美洲印第安人使用火器,托马斯遭到清教徒驱逐。1645 年,弗吉尼亚州禁止专业律师出庭。康涅狄格州和南、北卡罗来纳州也采取同样的政策(Friedman 2005:53)。

人们为什么会对律师怀有敌意呢?早期殖民者信任普通人,但把律师看作利用小农场主和工人的官司赚钱的社会精英人士。早期殖民者认为个人应在法庭上为自己代理,律师不应该介入个人和法官之间。由于人们认为是这些律师帮助银行家把债务人送入监狱并且夺取他们的财产,因此,他们愤怒地掀起暴乱反对律师。在北卡罗来纳州,律师被指责妨碍司法,是“受诅咒的饥饿的毛虫”。律师的酬金“吃光了我们联邦的内脏”(Friedman 2005:53)。

美洲殖民地的律师都是在英国接受的教育。当时的英国是许多早期的北美定居者所逃离、不信赖、抛弃的国家。由于像马萨诸塞州这样的殖民地是由不同的宗教派别建立的,人们依靠神职人员和其他虔诚的官员对上帝的法律进行解释并采用,因此对律师的蔑视尤为严重(Erikson 1966)。宾夕法尼亚的贵格会教徒认为纠纷应该用和平的、合作的方式解决,而不是通过对立的律师辩论解决(Friedman 2005:54)。法官们所想要的是控制法庭,而不是接受律师的挑战,因此对辩护律师没有什么兴趣(Hall 1989:22)。

美国著名作家詹姆斯·费尼莫尔·库柏的小说《拓荒者》(1823 年)在对边疆冒险者和平民纳蒂·班波的困境的描写中,捕捉到人们对法律的共同看法,即法律脱离了普通人的价值观。纳蒂经常在纽约北部的蛮荒之地自由自在地猎获食物。这块土地已被当地政府划给了马默杜克·坦普尔法官,他宣布禁止在这块地上打猎。一天,纳蒂把坦普尔法官的女儿从一场袭击中给救了出来,就在同一天,他在划给坦普尔的土地上打死了一只鹿。为了找到死鹿作为物证,坦普尔下令对纳蒂的家进行搜查,并下令逮捕纳蒂,而纳蒂则拿枪对着一名巡警进行对抗。虽然坦普尔法官宣布挑战法律权威的行为不能容忍,但他对纳蒂的英雄气概还是很认可的。纳蒂尽管对自己的正当行为辩解,但还是被处以罚款和拘留 1 个月。这个故事反映了当时人们对律师涉入讨债、丧失土地赎回权的极大抵触,以及对土地拥有者的同情(Miller 1963:101-102)。

民事案件和刑事案件的审判通常是在没有律师的情况下进行的。后来人们渐渐接受了律师,法庭也不再那么排斥律师。在纽约,律师可以出席重罪审判法庭,给个人就一些"法律要点"提出建议。在南卡罗来纳州,1731 年颁布的一项法律允许个人聘用 1—2 名律师代理。1734 年,弗吉尼亚州承认被告人在面临死刑判决的案件中有权聘用律师(Friedman 1993:57)。

虽然律师在法庭上的作用相对有限,但这并不意味着律师对美国人的生活没有重要的贡献。历史学家科密·霍尔认为,那些赞成脱离英国的训练有素的律师,在鼓动独立和解释英国君主的政策何以践踏了个人权利方面起着关键性的作用。像詹姆斯·奥蒂斯(1725—1783 年)这样的律师之所以声名远扬,就是因为他们做了被指控反抗英国的殖民者的辩护律师。霍尔指出,"《独立宣言》的 56 名签署人中有 31 名是律师,1787 年参加制宪会议的 52 名代表中有 31 名是律师"(Hall 1989:53;Hoffer 2010:69)。

在殖民时代早期,律师要么是移民到殖民地的,要么是富有农场主和富商的儿子,在伦敦律师学院接受过培训。然而,到 1750 年,情况发生了改变,大多数律师通过跟一名美洲殖民地律师"研读法律"而取得了执业律师的资格。一个人要想成为律师,就要先给一名律师当学徒,由这名律师对其进行传授、指导和监管。作为对这个学习机会的回报,这名学徒律师要抄写文书、替导师跑腿办事、整理法庭文件。在为导师服务 1 年之后,这名学徒还要通过一个相对容易的由当地法院组织的州司法考试,然后才能挂牌执业。这就是托马斯·杰斐逊总统和纽约的亚历山大·汉密尔顿所走的道路,汉密尔顿后来被乔治·华盛顿总统任命为财政部长。

1784 年,在康涅狄格州利奇菲尔德学院,塔平·里夫法官为渴望参加州律师资格考试的人开办了美国第一个正式的法律专业。从 1784 年到 1833 年,共有800多名学生从利奇菲尔德学院法律专业毕业。1779年,另一位著名的法律学者乔治·维思在威廉玛丽学院开办了法律专业。哈佛大学于1817年、耶鲁大学于1843年也先后设立了法律专业。法律专业的教学模式是举行短期、非正式的讲座,讲座结束时,学生必须通过一项口试。在殖民时代早期,大多数律师和法官所用的是手头少数几本英国的法律书籍。约瑟夫·斯托里和詹姆斯·肯特等法律学者率先编写了美国法律教材,用以取代英国学者所编写的法律教材(Hurst 1950:259)。

在人们最初对律师持有敌视态度的情况下,19世纪初期,法律职业的影响力和重要性日益凸显(Miller 1963:109)。法国散文家亚历西斯·德·托克维尔在记述他1835年访问美国的笔记中认为,律师在美国是"最强有力的"群体。律师致力于法治社会建设,这有助于确保危机时期人们不会因情绪冲动而冲击民主。在托克维尔看来,美国的律师确保了美国的稳定,正如欧洲的贵族确保了欧洲的稳定一样(Tocqueville 1973)。

买卖土地与农产品、收债、起草遗嘱与合同、辩护轻微犯罪案件,以及处理涉及海洋贸易的一系列问题对律师的需求越来越大,因而,律师职业的从业人数相应也在不断增加。比方说弗吉尼亚州的一个农民运送棉花到新英格兰的一个工厂,就需要律师起草一份合同,对有关问题做出规定。一旦运输棉花的船只在运输过程中沉没,或没能按期交货,或棉花质量不合要求,卖方是否仍会得到货款,合同应对此做出规定。如果买方不支付货款,就需要请律师打官司。在保险公司为海上货运承保了损失险或损害险后,另一个领域的法律业务就可相应得以开展。此外,律师也开始竞选地方公职,而且在政治上的地位越来越显要(Hurst 1950:259-300)。

执业律师希望限制律师行业的准入人数。1731年,纽约市同意由7位律师垄断该市的法律业务。1756年,这7位律师议定,他们下个14年将只接受自己的儿子做学徒。在罗得岛,8位律师签订了一个协议,同意不在收费上相互竞争。一些州还试图区分庭审律师和初级律师,并打造出一个执业律师的精英群体(Friedman 2005:58-59)。

这些限制律师行业的准入人数和区分庭审律师和初级律师的尝试实际上并不成功。对此,多个州颁布法律确保律师行业一直面向富人和穷人开放。1851年,印第安纳州宪法修正案宣称,"每一个有良好道德品质的人……均有权获准在所有审判法院都从事法律业务"。跟英国形成对比的是,美国法律业被认为是一个民主的职业，既接纳富有农场主和富商的子弟，也不排斥一般家庭背景的人。从1740年到1840年的100年间，马萨诸塞州的律师人数增长了10倍，与人口相称。到1860年，在39个司法管辖区中只有11个对参加律师资格考试的条件做了规定。亚伯拉罕·林肯向有志于从事法律职业的年轻人建议道，“进入法律职业最省钱、最快、最好的方式”是当学徒，拿到律师资格证，并继续阅读和学习法律（Friedman 2005：58，463）。

19世纪40年代，律师事务所（共同承办法律业务的律师群体）开始在很多大城市成立。这些律师事务所主要开展起草法律文书、讨债以及涉及海洋法的业务，很少出庭。尽管如此，这个时期律师在人们的心目中仍是浪漫的“乡村律师”的形象，就像林肯一样，从一个郡政府所在地到另一个郡政府所在地“巡回周游”。林肯和其他律师跟着一个法官从一个镇到另一个镇，并在法官管辖区内获得客户。这些专门出庭辩护的律师很少有时间调查，但他们雄辩技术高超，在法庭上思维敏捷，随机应变（Friedman 2005：231-233）。

值得指出的是，律师在整个19世纪都在围绕奴隶制展开斗争。南方法院会定期地在法庭上就涉及奴隶买卖的问题展开争论。这些问题包括：“购方”如果发现某一奴隶有身体残疾，是否有权退还该奴隶；如果某一奴隶在押送过程中自杀，是“购方”还是“售方”承受这一经济损失。也会有案件涉及奴隶主就其奴隶受到损伤而提起的赔偿诉讼，如奴隶主声称，他的奴隶在被人租用干农活时遭到虐待而受伤。很多家庭经常多年为争夺奴隶的所有权而提起诉讼，因为奴隶所有权在其已故父母的遗嘱里没有提到。提起诉讼的债权人主张取得对奴隶的所有权，以冲抵奴隶主的债务。刑法要求奴隶严格服从其主人，惩罚挑战奴隶制度的白人（Stamp 1956：192-236）。许多理想主义的律师挑战各州的奴隶制度，并为那些成功逃到其他州的逃亡奴隶和那些造反并控制奴隶运输船只的奴隶充当辩护律师（Cover 1975）。

总之，早期的美国殖民者对律师不信任、不喜欢。人们主要认为律师属于英国的精英阶层，与劳动阶层的利益相对立，因此对律师抱有负面的认识。律师对建立新生的美利坚合众国与发展美国经济所发挥的作用，使人们认识到律师对美国的成功是十分必要的。与英国不同的是，在美国，人们不分贫富，都可从事律师职业。

中期

1850 年,美国有近 22000 名律师。到 1880 年,律师的人数几乎增加了两倍。20 年后,美国律师人数已达到 114000 人。律师职业的基础仍然广泛,吸引着小商人、农场主、政府雇员以及企事业办公室人员的子女从业,但女性从业者为数不多(Friedman 2005:484;Hall 1989:216)。

20 世纪,许多公立大学设立了法学院。与学徒制相比,正规的法律教育被认为能提供更广泛的法学基础知识,并对年轻人很有吸引力,因为他们不愿一连几年都要给知名律师当学徒,受制于人。而且,那些希望通过做学徒来步入律师行业的人也难以获得做学徒的机会。律师"大佬"控制着谁能当学徒,谁能获得从事法律业务的必要经验,然而法学院的出现打破了他们的垄断,进一步使律师职业大众化(Friedman 2005:463-465)。

打字机和其他技术工具的发展意味着不再需要大量的学徒手抄文件。而且,许多年轻的女性被雇用来做打字员和速记员,取代了那些学徒(Friedman 2005:464)。

法学院的数量从 1850 年的 15 所增加到 1900 年的 102 所。1850 年,12 个州至少各有 1 所法学院,而到了 1900 年,33 个州都至少各有 1 所法学院。规模最大的法学院在密歇根大学。该校学法律的学生人数从 1870 年的 1611 名增至 1894 年的 7600 名。密歇根大学率先面向全国招生。1869 年,霍华德大学成立,逐渐成为 12 所非洲裔法学院中最卓越的一所(Friedman 2005:464)。

一般来说,法学院录取新生不对学生的学历作要求。而到了 20 世纪,那些渴望成为业内佼佼者的法学院则开始要求学生有 1 年或 2 年的大学本科学历。学生获得法律学位的学习年限由 1850 年的 1 年增加到世纪之交的 2 年。哈佛大学开办了 3 年制的法律专业,并逐渐成为全国标准的学制。大多数法律教师是法官和执业律师。哈佛大学是第一个设立全日制法律专业的学校。考试一般主要考核学生对材料的死记硬背能力(Friedman 2005:464-465)。

克里斯托弗·哥伦布·兰德尔出任哈佛大学法学院院长与教授,使法律教育发生了革命性的变化。哈佛大学法学院录取的学生必须具有本科学士学位,或通过高水平的入学考试,并且懂得法语或拉丁语。1876 年,学制增至 3 年。兰德尔把全部课程分为一系列有不同学分的不连续的课程,要求学生按确定好的顺序修完。学生需要在年底通过年终考试方可继续下一年的学习

(Friedman 2005:468)。

兰德尔影响深远的贡献是他把教科书换成了判例书,教师不再站在教室前面讲授某个权威的法律学者编写的课本。判例书收入了许多精心挑选的案例,这些案例反映了在兰德尔看来是"正确的"裁判规则。判例书里没有论文、评论和课文。教师就是主导者,通过采用苏格拉底的问答教学法,帮助学生发现每个案例中的法律规则。兰德尔把法律看作一门"科学"。这些案例就是实验室,使老师和同学能够"通过运用人类智慧发现年复一年进化而来的法律原则"。兰德尔有句名言,说法律是一门科学,这门科学中的所有材料都包含在判例书中。法律被看作单一的一套规则和原则,无论法官在哪个城市哪个州审案,其实施法律的方式都是毫无二致的。哈佛大学法学体系也因此而闻名于世。有学者批评指出,兰德尔的主张忽略了法律是社会力量和政治的产物,不是一系列可以推演结果的方程式。其他学者称兰德尔此举是"把婴儿和洗澡水一块泼了出去"。律师需要起草文书、通过谈判议定合同以及从事法庭实务,而案例法教学无视法律实践中的具体细节,忽视了对律师客户关系非常重要的人际交往能力(Friedman 2005:468;Hurst 1950:165-170)。

兰德尔还把兼职教员换成了全职教员,这些全职教员是学术研究人员而不是执业律师。1873 年,兰德尔聘用了在法律实务方面毫无经验的詹姆斯·巴尔·埃姆斯为教员,这在当时震惊了法律界。其他法学院都纷纷效仿哈佛的做法。苏格拉底教学法变成了法律教学的标准方法,哈佛法学院的毕业生受到全国各地的法学院聘用。这时,法律和其他学术型学科一样成为一门专业的、高要求的学科,想要学好它就必须通过多年的紧张学习。1887 年创刊的《哈佛法律评论》和 1891 年创刊的《耶鲁法律杂志》,以及法学各领域案例书的出现,都强化了人们对法律是一门学科而不是一个实用行业的认识(Friedman 2005:473-475)。

法律教育的又一个重要的发展是法律夜校的纷纷出现。杰罗姆·柯西在著述中写道,在哈佛开始要求法学院考生必须具有本科学位,以及其他一流法学院开始要求考生需受过两年前期教育以后,进入法学院学习对劳动阶层与外来移民来说就变得遥不可及了(Corsi 1984:56)。到 1900 年,美国共有 20 所法律夜校,77 所法律日校。另外,明尼苏达大学和其他 4 所院校在白天与夜间都开设法律教育课程。这些夜校非常实用,为劳动阶层、天主教徒、犹太人以及来自波兰、爱尔兰和东欧的新移民打开了进入律师行业的大门。传统的全日制课程班往往对这些群体都有最高的招生限额(Friedman 2005:474)。

1905年,1/3的法学生是在法律夜校学习的。从1900—1910年,波士顿的律师人数增长了35%,而在外国出生的律师人数增长了77%。在芝加哥、费城、圣路易斯以及其他城市,在外国出生的律师人数的迅速增长势头又持续了10年(Auerbach 1976:95-97)。

资深律师对法律专业毕业生的增长感到恐慌,而且许多知名律师担心,律师职业的质量会受到这些新入行的少数族裔律师的损害。毫无疑问,反对外来移民的偏见促使律师要求提高法学院入学门坎,以阻止"杂货店站柜台的伙计"成为"律师界的绅士"。一些州废除了"文凭特权","文凭特权"是一项准许地方法学院所有毕业生都可以从事律师职业的政策。各州开始要求申请从事律师行业的人必须通过律师资格考试。为了控制法律教育的质量,各法学院组成了美国法学院协会。1992年,该协会同意与美国律师协会合作对法学院进行资格认证。这样一来,未取得认证资格的法学院的毕业生在参加律师资格考试前就要克服各种障碍(Friedman 2005:474)。

杰罗尔德·奥尔巴克认为,这项资格认证工作意在维持"精英特权",并限制外来移民不断进入律师行业(Auerbach 1976:100,107-114)。1936年获得认证的94所法律院校中只有18所开设日夜法律教育课程,而取得认证资格的法律夜校只有1所(Hurst 1950:274)。

一个同样具有争议的问题是,取得律师证和执业能力是否应该受到严格监管和限制。正如我们上文所提到的,在美国内战之前,进入律师行业是相对自由的。内战后,出现了对法律和医疗行业进行监管的风头。到1914年,法律行业的准入许可已经由几乎每个州的考官理事会集中负责,并且实行了更为严格的标准(Hurst 1950:280)。

案例教学法突出强调了法律判决的重要性,而且《加利福尼亚州宪法》宣称,在一个民主国家,州最高法院应该提供公众能够审查的书面判决。随着国家的发展,已出版的各州和国家的法律判决书数量从1810年的18卷增至100年后的8000卷。1879年,开始实行依照案件类别编排判决书的制度。对判决书的分析和讨论的补充文献,也有相应增加(Friedman 2005:475-482)。

律师职业的核心依然是个体律师和小型律师事务所律师,其业务针对的是摆在普通人面前的"面包和黄油"这样的实际问题。这些业务包括离婚、不动产、丧失抵押品赎回权以及为个人和小型企业讨债。19世纪最让人敬仰的律师就是“律师政治家”，他们在法庭上为重要的案件辩护，在政治舞台上频繁亮相，并且展现出对公众服务的热情。

丹尼尔·韦伯斯特（1782—1852年）就是一个典范。他曾在最高法院作过极其有力的申辩，担任过众议院议员和由马萨诸塞州产生的参议员，还担任过美国国务卿（Kronman 1993）。20世纪，律师政治家仍然备受瞩目。1850年之后，多位总统都曾经是律师，比如说詹姆斯·布坎南、亚伯拉罕·林肯、切斯特·艾伦·阿瑟、詹姆斯·艾伯拉姆·加菲尔德以及格罗弗·克利夫兰。2/3的参议员以及大约一半的众议员都有过律师生活的历练。一半到2/3的州长都曾经是律师（Friedman 2005：494；Hurst 1950：352）。

随着美国的铁路、工业和商业的不断发展，华尔街律师渐渐享有律师业的巨大权力和威望。科密特·霍尔援引1893年《美国律师》上的一篇文章指出，律师的主要工作“从法庭转移到了办公室。诉讼业务减少，顾问工作已经成为律师业务的主要特点”。霍尔指出，尽管大型律师事务所在律师行业中所占比例“微不足道”，但是其发展速度迅猛，而那些熟悉商业与贸易领域业务的律师成为其他律师争相效仿的榜样（Hall 1989：212-213）。这些律师做的都是起草文件、议定合同等幕后工作，而不是出庭。客户把他们看作“智者”，就经营决策问题征求他们的意见，并邀请他们为公司董事会出谋划策。铁路与农民和工厂之间的运输合同，购买土地与土地上的通行权，企业发行筹集资金的股票，购买设备贷款，针对公司客户的人身伤害诉讼，以及起草保险合同等，所有这些，都离不开律师。可以说，社会需求推动了律师事务所的迅速发展。（K. Hall 1989：212-213）。

美国主要大城市都出现了两三家服务于大企业的大型律师事务所。律师职业的又一个重大发展是出现了公司企业聘用的专职的公司律师。铁路公司和保险公司聘用律师为其提供咨询并监督公司的业务。而且，政府聘用律师俨然成了一个新趋势。州和地方政府依靠其律师起草和执行住房和消防等领域的行政法规，并为其受到的指控辩护。1895年，纽约市法律顾问处成为美国最大的律师事务机构（Friedman 2005：486-487，495）。

关于律师的文献资料往往把律师职业描述为一个维护律师自身利益的统一群体。如前文所述，律师们联合起来，要求入职律师行业的人必须具有法学院学历，要求对法学院进行资格认证以及推行严格的许可证标准，以此限制律师行业的准入。

20 世纪,律师行业开始出现“分层”,其中,一流的公司制律师事务所律师有着不同于小城市的个体律师的背景与生存环境。1927 年,约翰·福斯特·杜勒斯出任著名的卡拉瓦什律师事务所(Cravath)所长,后来成为德怀特·戴维·艾森豪威尔总统的国务卿。杜勒斯回忆说,尽管他有普林斯顿大学本科学位并在巴黎索邦大学就读过,但是其法律学位不是由常春藤盟校的法学院所授,这对他来说是一个障碍,卡拉瓦什律师事务所之所以雇用他,是因为他祖父和该律师事务所的一位创始人有私人关系(Corsi 1984:56–57)。

本章下半部分将详细介绍美国律师的情况。我们先简单了解一下当代美国的律师职业。

当代美国的律师职业

美国约有持证的活跃律师 1352027 名,平均每 265 人有 1 名律师。在过去 60 年中,律师数量增加了 7 倍多。1991 年,美国大约新增律师 80 万人,通过这一点我们就可以想象律师人数增长的程度。根据最新统计数据,人均律师人数从 1960 年的每 627 人中有 1 名律师增加到目前每 265 人中有 1 名律师(Barkan 2009:246)。律师人数的增长,主要是因为从事律师职业的女性人数增加。在全国范围内,每 1 万人中大约有 40 名律师(Kelly 2007:351)。

从美国律师协会所做的最新调查中获取的一些其他数据如表 4.2 所示。阅读本章接下来的内容时,请不要忘记律师职业的以上现状。

表 4.2 律师职业概况

持证律师	1352027 名(有执业资格)
性别	从事律师行业的主要是男性,约占 64%。女律师人数占比从 1960 年的 25 : 1 增长到目前的 3 : 1
人种和族群	从事律师业的绝大多数是白种人。白人约占 85%(西班牙裔除外),非洲裔占 5%,西班牙裔占 5%,亚洲裔占 3%,夏威夷土著居民或太平洋岛民占不足 1%,印第安人占不足 1%
年龄	律师的中位数年龄为 49 岁,比 1980 年的中位数年龄 39 岁有较大增加;大约 5%的律师年龄在 30 岁以下,62%的律师年龄在 45 岁以上

续表

执业领域	大约 3/4 的律师是私营执业，余下的分别在政府机关、私营企业、司法部门及教育机构执业或退休
个体执业	大约有 70% 的律师在最多有 10 名律师的事务所执业；估计有 14% 的律师在拥有 100 名以上律师的事务所执业
分布情况	律师在有法律业务的地方居住。首都华盛顿特区每 1 万名居民中有近 788 名律师，纽约每 1 万名居民中有 89 名律师。人均律师人数最多的其他州是马里兰州（63 人）、马萨诸塞州（59 人）和康涅狄格州（59 人）。在天平另一边的是密西西比州（23.7 人）、北卡罗来纳州（23.1 人）、阿肯色州（22.5 人）和北达科他州（22.5 人）

资料来源：美国律师协会 2019 年律师业概况。

我们接下来讨论美国律师协会，该协会是由美国律师组成的全国性法律组织。美国律师协会的一贯宗旨是通过接纳更多、更广泛的律师来扩大其会员规模，并作为一个组织毫不退让地维护律师行业的权益。

美国律师协会

19 世纪晚期，美国相继出现了工程师协会、医务工作者协会、教育工作者协会和律师协会。律师的执业许可工作由州立法机关负责管理。律师联合起来在涉及其生计的法规制定中发出自己的声音。律师主要关心的问题是严格律师业的准入机制并限制恶性竞争。

我们都知道，从 1870 年至 1890 年，由于用笔试取代了口试，律师行业的准入要求变得更为严格（Hall 1989：211－215）。

据法学史家考证，律师协会起源于 1870 年的纽约。该协会宣称维护律师界的正直诚实是其主要目标之一。

纽约的律师担心，政界猖獗的腐败会导致人们向法官和律师行贿，从而使人们失去对律师行业和司法体系的信任。腐败文化最终可能会迫使企业纷纷离开纽约，从而影响律师的生计。

1878 年，美国律师协会举行了第一次大会。康涅狄格州最高法院法官西蒙·E. 鲍德温和一位费城显赫家庭的成员弗朗西斯·罗尔邀请 100 名律师来到高档的纽约州萨拉托加斯普林斯疗养胜地。毫无疑问，这是一个精英律师的群体，他们对联络全国 6 万名律师的庞大队伍根本不感兴趣。美国律师协会章程申明，该协会的目的是改进行业管理，统一各州律师执业方式，维护律师行业的荣誉,以及促进律师间的友好关系(Hall 1989:215)。

美国律师协会最初是一个排外组织,意在限制外来移民、非主流宗教徒及少数族裔从事律师职业。1909 年,该协会呼吁把“外来人”排除在律师行业之外。该协会主张严格各州律师资格考试标准,必须符合最低学历要求才能参加考试,提高律师许可证颁发标准,并(在 1908 年)起草律师职业道德规范。所有这些措施都旨在推动各州提高律师行业的管理标准。这些“改革”使外来移民和少数族裔更难进入律师行业(Hall 1989:257-258)。

1918 年第一位女性获准进入律师行业前,美国律师协会一直都是一个清一色的男性白人的组织(1995 年,罗伯特·库柏·兰姆成为美国律师协会的第 1 位女主席,2016 年,美国律师协会选出了该组织的第 7 位女主席琳达·克莱因)。美国律师协会(ABA)对非洲裔律师的排斥,迫使他们于 1925 年成立了自己的组织全国律师协会(NBA)。

美国律师协会的影响促进了州和地方律师协会的发展。到 1925 年,美国各州和各地方都有一个律师协会。到 1930 年,全国共成立了 1100 多个地方律师协会和州律师协会。这些地方和州律师协会敞开接纳所有律师入会,因而比美国律师协会更强大、更富有活力。美国律师协会感到其影响力和声望在下降,因此只好开始改变初衷,转而接纳全国所有的律师。1880 年,美国律师协会有 552 名会员,约占美国律师总数的 0.9%。1912 年,美国律师协会采取措施扩大其基层队伍。截至 1940 年,其会员达到了 3100 人,占美国律师人数的 17%(Hurst 1950:288-289)。

实事求是地讲,大多数律师对美国律师协会都曾抱有怀疑态度。在 20 世纪初,小城镇的律师和个体律师认为他们的法律业务受到了讨债公司、银行和其他机构的威胁,这些机构正在从律师手中抢夺业务。例如,讨债公司能够比律师更有效地向债务人讨回债务。美国律师协会对提高律师行业准入标准和职业道德标准的要求,被看作业界精英对小城镇执业律师的又一个打击。马加利·萨尔法蒂·拉尔森在著述中称,由于美国律师协会积极支持美国在第一次世界大战中所做的工作,加上越来越对外来移民、少数族群和非主流宗教人士侵占律师行业的担心,小城镇律师改变了观点,纷纷加入了美国律师协会(Larson 1977:174-175)。

由于律师协会的合并,州律师协会的会员规模也得到了扩大。律师协会合并要求所有州律师协会会员也必须加入地方律师协会。这样做是基于以下考虑：一是合并后的律师协会可以收取本州范围内所有律师的会费；二是合并后的律师协会能够代表律师行业用统一的、强有力的声音说话；三是合并后的律师协会也会使州律师协会更容易地监督本州内所有律师的道德行为。在20世纪20年代初期，北达科他州、亚拉巴马州、爱达荷州和新墨西哥州就实行了律师协会合并。到1960年，大约30个州和哥伦比亚特区都合并了律师协会（Hall 1989：259）。在杰罗尔德·奥尔巴克看来，律师协会的合并在有些州遭到了抵制，因为这些州的公司律师担心有移民背景的律师占据协会的优势（Auerbach 1976：118－120）。

公平地说，在20世纪初，美国律师协会反映了保守律师的观点。1936年，那些不满于美国律师协会反对罗斯福总统新政改革的律师组成了"左"翼的全国律师公会。全国律师公会后来被人指责受激进分子和叛国者操纵，因此，部分会员脱离全国律师公会。而现今的全国律师公会则作为一个由政治上激进的律师所组成的小团体而存在（Hall 1989：260）。

现在的美国律师协会，尽管仍然由保守派律师主导，却是既支持保守政策，又支持自由主义政策，并在有些问题上采取了颇有争议的立场，如呼吁暂停死刑。美国律师协会有40多万会员，约占美国律师人数的1/3以上，是美国会员人数最大的协会之一。今天，美国律师协会在内部组织上有了很大程度上的民主，不再由一小部分精英人士说了算。美国律师协会主席仍然是该组织的公众形象，不过在公共政策问题上的决策权已经归美国律师协会代表大会所有。该代表大会代表包括来自地方和州律师协会的代表。美国律师协会理事会负责该协会的日常管理。2000多个单独设置的部、处和委员会，覆盖了业界所有可想到的执业和群体领域。

现在，美国律师协会致力于帮助提高会员执业能力，而不再是限制律师职业的准入。该协会有4项基本宗旨：帮助会员改善律师事务所管理（例如在技术条件方面），提高专业水平（例如开展继续教育，执行职业道德规范），促进从业律师的多样性以及推进法治建设（例如促进公共教育和法律改革）。

美国律师协会还没有完全成功地摆脱精英主义倾向。一项对芝加哥律师的调查发现，与个体律师及小型律师事务所律师相比，一流法学院毕业且在大型律师事务所工作的新教徒律师，更有可能进入美国律师协会。而与大型律师事务所律师相比，个体律师及小型律师事务所律师更有可能成为专门法律组织的积极活跃的成员，这些专门法律组织包括刑法或移民法等领域的组织，也包括有着各种宗教、人种或民族背景的律师组织(Heinz et al. 2005:54-56)。

自20世纪50年代以来,美国律师协会的一项重要职能是任命一个由杰出律师组成的委员会,根据诚信、专业能力和司法气质,对美国总统提名的联邦司法候选人进行"完全合格"、"合格"或"不合格"评估。传统上,美国律师协会向参议院司法委员会报告其评估结果。乔治·W.布什总统宣布,由于美国律师协会的自由派倾向和对保守派提名人的敌意,他将不再让美国律师协会参与司法人员遴选过程。这一决定被巴拉克·奥巴马总统推翻(Baum 2013:99)。唐纳德·特朗普总统宣布他将不再就司法任命咨询美国律师协会(Liptak 2017b)。截至2019年5月1日,特朗普总统提名的候选人中,108人被评为"完全合格",52人被评为"合格",6人被评为"不合格"。自1989年以来,有16名被提名者被评估为不合格,尽管如此,这些被提名者中的大多数人还是得到了参议院的批准。正如所指出的,美国律师协会对特朗普提名的6名法官给出了"不合格"的评级,比尔·克林顿和乔治·W.布什在入主白宫的前两年里总共有4名法官被评为"不合格",而乔治·H.W.布什和奥巴马任命的法官在同一时期都没有得到过这么低的评级(American Bar Association n.d.)。

美国律师协会和其他律师协会积极游说政府制定法律政策。美国律师协会不向政治候选人捐款,并大幅减少了游说支出,2018年的游说支出约为68万美元。美国司法协会,一个由出庭律师组成的组织,反对法院对因医疗疏忽和人身伤害造成的"痛苦和折磨"的损害赔偿进行限制。2018年,出庭律师向政治候选人捐款近500万美元,并在游说上花费了600多万美元。

2012年,美国总统奥巴马从律师和律师事务所获得了2750多万美元,米特·罗姆尼从律师和律师事务所获得了1420多万美元。2016年,律师和律师事务所继续活跃在总统竞选活动中,分别为希拉里和特朗普捐款3640万美元和94.2万美元。这占希拉里财政捐款总额的5.2%,占特朗普财政捐款总额的3.4%。5名失败的共和党和民主党候选人从法律界获得的资金比特朗普多。2018年,律师和律师事务所为联邦政治竞选捐款约1.8亿美元,其中78%捐给了民主党,21%捐给了共和党。在80个行业中,法律行业的政治献金排名第四。一些大型律师公司成立了政治行动委员会,由律师捐款,这些资金通常在民主党和共和党之间平均分配(Center for Responsive Politics n.d.)。

2008年,法律界人士雇用317名游说者,花费2200万美元,展开了旨在增进律师业利益的工作,如反对限制公司对其员工因接触石棉而致病所应承担的经济赔偿金额，以及支持移民政策改革。值得注意的是，在一些问题上律师是有分歧的。例如，辩护律师反对已经在多个州实行的就“病痛与痛苦”伤害赔偿金额进行限制的政策。然而，这项政策却受到了代表公司客户利益的大型律师事务所的欢迎（Center for Responsive Politics n. d.）。

2018年，整个律师界雇用了201名游说者，花费了1500多万美元进行游说，以维护律师的利益。他们游说的问题包括刑事司法改革、支持对穷人的法律援助、移民问题，以及对互联网信息进行知识产权侵权法改革。在一些问题上，律师之间也是有分歧的。例如，出庭律师反对几个州实行的“病痛与痛苦”伤害赔偿金限制政策，但这一政策受到代表企业客户的大型律师公司的支持（Center for Responsive Politics n. d.）。

律师协会另一个持续关注的焦点是游说国家颁布立法，禁止非律师擅自从事法律业务。律师协会呼吁，人们需要防范网络法律格式模板以及离婚或遗嘱电脑软件，这些模板与软件可能致使人们错误执行法律文件。律师协会反对非律师执业，主要目的是保护律师在订立房屋销售合同、起草遗嘱等方面不受非律师人员的竞争（Hurst 1950：318-322）。

法学教授黛博拉·罗德虽然不是律师，但她认为，禁止非法执业是在耗费公共资金，而且不允许助理律师或专业人士在线填写离婚、房屋租赁纠纷、破产以及移民等常规表格没有道理（Rhode 2000：136）。

在从业经验和利益方面，个体律师以及小型律师事务所（有律师5名以下）律师同大律师事务所律师有着显著不同。以下几节将讨论“律师分层”问题。

个体律师和小型律师事务所律师

人们对个体律师和小型律师事务所律师做了大量的研究工作。这些律师体现了美国专业人士的独立精神。有关学术研究提出了许多重要的见解。

律师层级：美国的律师职业呈金字塔形。在这个金字塔的顶层是律师事务所的公司律师，他们同底层的个体执业律师和小型律师事务所律师之间在收入和生活方式上存在巨大的差距。

律师间的联系：公司律师和底层律师之间很少有接触或联系。

律师代理质量：有资料表明，个体律师为客户代理的质量，不如大律师事务所律师为公司客户代理的质量高。

职业道德:研究表明,与大型律师事务所律师相比,个体律师和小型律师事务所律师更有可能无视职业道德准则。

芝加哥有着丰富的社会学研究历史,具有多个律师职业研究机构。1959年,丹·洛尔蒂在其芝加哥大学博士论文的基础上写成的几篇文章中,认为律师的职业道路在很大程度上取决于他们所就读的法律学校。芝加哥大学和西北大学的一流私立法学院的毕业生大多就职于律师事务所(占毕业生的58%),而提供非全日制法律课程教育、由执业律师授课的两所私立学校(由一人或多人开办)的毕业生则通常做个体律师(占毕业生的46%)。与芝加哥大学和西北大学的毕业生相比,芝加哥两所天主教法律学校的毕业生较少受雇于律师事务所(占32%);和那两所私立非全日制法律学校的毕业生相比,天主教法律学校的学生较少做个体律师(占36%)。

与其他4所学校的毕业生相比,芝加哥大学和西北大学的毕业生较多是新教徒,有着更好的社会经济背景,较多具有大学学士学位,而且较多受雇于大型、有名望的律师事务所。受雇于律师事务所的芝加哥大学和西北大学的毕业生在芝加哥市商业圈执业,并有高级律师指导他们受理涉及大公司利益的案子。而那些个体律师则是在社区律师事务所执业,受理的都是涉及个人问题的小案件,如离婚、人身伤害、房屋购买以及轻微刑事案件。这和大型律师事务所律师形成较大反差。洛尔蒂早期研究的意义在于,两所一流法学院的毕业生受雇于律师事务所,并有望成为高薪律师。而两所私立非全日制法律学校的毕业生则只能依赖其与街区、宗教和族群的关系来维持生计。

芝加哥律师行业的分层化特点在杰罗姆·卡林的另一本重要的早期著作中得到了证实(Lortie 1959)。卡林在其《自食其力的律师》一书中对芝加哥90多位个体律师做了研究。20世纪50年代末和60年代初,个体律师在芝加哥近12000名律师中大约占到了50%。卡林指出,尽管这些独立而又正直的个体律师,敢于面对强权揭露真相,树立了很受欢迎的律师形象,然而这些个体律师实际上却过着一种"安静而绝望"的职业生活。

首先,卡林所研究的那些律师一般都是没受过教育而又强烈地追求着"美国梦"的东欧移民的子弟。他们大多是因从事工程、医药及牙科等行业不顺才决定学习法律的。像他们的父母一样,这些人都做着"美国梦"。2/3的人都是晚上在芝加哥的一所天主教法律学校学习法律,或者就读于当地的在当时对申请入学者几乎是来者不拒的法律学校。多数个体律师都是通过多次考试才通过律师考试。这些年轻律师起步时是一边为别的律师或者小型律师事务所打工，一边积累他们自己的业务（Carlin 1962：1-23）。

卡林发现，个体律师的职业生活和那些大型律师事务所律师的职业生活有着极大差异。个体律师在一个被卡林叫作“看不见的市场”中开展业务，在那里不断地努力吸引客户。他们的工作就像一个拼图游戏，通过拼凑涉及法律面广泛的小案件来获取收入。虽然业内竞争激烈，但是卡林采访过的那些低层次律师的执业技能与知识十分有限。他们可能会为一个要出租店铺或公寓的房东稍微修改合同的标准形式，起草一份简单的遗嘱，为当地开餐馆的老板准备必要的文件，或者为一家小公司起草一封催款函。迫于经济压力，他们不得不迅速了结人身伤害案件，说服被告认罪，以及催促打离婚官司的夫妇尽快解决纠纷（Carlin 1962：41-103）。

卡林研究案例中的个体律师拥有的固定客户寥寥无几，这些律师在不停地与其他律师争抢客户。一名个体律师今天可能是在代理离婚案，明天他就可能是在代理酒后驾驶案，而后天则可能又在代理人身伤害索赔官司。最成功的个体律师同那些为其提供客户的各方面的人都一直维系着交往与联系，如警察、会计师、医生、保释代理人以及其他律师。这些人能够通过与法庭书记员和秘书的关系，加快房主物业税减少听证会或工人索赔听证会的进程。如果客户介绍人和书记员以及秘书希望从律师那里得到感谢费，那么道德问题就出现了（Carlin 1962：157-205）。

卡林发现，其研究案例中的律师大多牢牢地拴在律师行业的底层，很少能受聘于大型律师事务所。他们生活在与“高级律师”隔绝的世界里。在代理案件时，个体律师和小型事务所律师遇到的对方律师极少是大型律师事务所律师，而且他们通常也不参加当地律师协会或律师组织，因为这些协会或组织都被地位较高的律师把持着。卡林采访过的大多数个体律师都希望通过加入少数族裔组织或社区协会来招揽客户（Carlin 1962：169）。

在卡林看来，个体律师和小型律师事务所律师是律师行业的“底栖动物”，经常“不满、失望、怨恨”甚至“愤怒”（Carlin 1962：169）。他们自身地位低下，聊以自慰的方法就是宣称自己看重独立，并且宣称他们与大型律师事务所律师的做法不同，“执行的是真正的法律”，直接同客户交流，出庭办案以及协议解决问题（Carlin 1962：184-200）。卡林研究案例中的律师坦率承认，他们把自己看作“居于高度层级化的律师业的底层”，并认为在其他律师眼里他们在干着业内的“脏活”(Carlin 1962:177,181)。对于这些律师来说,律师工作是一门营生,而不是一项职业,成功的关键不是才能,而是关系(Carlin 1962:192-193)。

卡林在对芝加哥律师的研究中发现,个体律师发泄不满的一个具体原因是,为了在业内能够混下去所必需采取的行为往往与职业行为准则相悖。个体律师认为,他们偶尔为感谢法庭书记员把他们的案件提前排上庭审日程而送一些“小费”或“礼品”,为此就受到公司律师的指责是不公正的(Carlin 1962:155-164)。一项研究提到,个体律师及小型律师事务所律师捍卫其“追逐急救车”的行为。这一行为指的是律师亲自或通过雇佣的“跑腿人”接近交通事故受害人,主动提出代理其打官司。有的律师甚至监听警方的无线通讯,一有情况马上赶赴事故现场。一般情况下,律师受理个人伤害案时会提出不收取律师费,而是收取 1/3 的伤害赔偿金作为回报。如有人雇不起律师,个体律师或小型律师事务所律师就很愿意以收取“胜诉酬金”的方式为其代理案件。公司律师谴责“追逐急救车”的行为,斥责该行为有损律师职业的尊严,指出“怂恿交通事故受害人诉讼”有悖于法律职业道德。以“胜诉酬金”方式办案的律师寻求的是快速结案,而不是审理案件。胜诉后,客户向律师支付过各种开支及“胜诉酬金”后,自己也就所剩无几(Reinchstein 1965)。

然而,卡林取样面相对较窄的调查是否准确地反映了芝加哥地区个体律师的状况,而其研究结果又是否适用于其他城市,这些还都是问题(Sutherland 1963)。1963 年,杰克·拉丁斯基发表了一个对 100 位个体律师和 107 位执业于 10 人以上律师事务所的律师的研究报告,其研究结果实质上证实了卡林各方面的研究结果。拉丁斯基的报告反映出一种恶性循环:有着少数族群背景的劳动阶层子弟由于没钱交学费,被迫打工挣钱上法律夜校。这些法律夜校毕业生发现自己学力不足,缺少社会关系,缺少到大型律师事务所工作所需的证书。他们唯一的选择就是做个体律师,从事着他们所谓的律师行业中的“脏活”。他们的收入几乎难以维持生计,勉强从家人、朋友、邻居和律师组织的会员那里获得业务(Ladinsky 1963)。

1966 年,卡林对纽约市个体律师的研究仍旧是关注那些弱小的律师(Carlin 1966:xxii)。有人批评卡林没能用客观证据支持其早期的研究(Frey 1963),而卡林通过穷尽性地展现纽约市律师的统计数据来对人们的批评做出了回应。卡林发现,纽约同样存在芝加哥和底特律存在的“律师业层级分化”

现象。“老牌”的新教徒律师事务所占据律师业的金字塔顶端，而小型律师事务所及个体律师则处于金字塔底部(Carlin 1966:41-65)

卡林在纽约调查了801位律师，从而得出结论：同公司律师相比，个体律师及小型事务所律师更可能违反职业道德，尽管他们承认，其违规行为严重损害了律师职业的公信力。这些违规行为包括：给掮客回扣，默许客户贿赂政府官员以求免除对其偷漏税行为的起诉，以及同意已婚夫妇编造离婚理由。卡林同情个体律师，承认他们收费低廉，还要承受来自两个方面的压力：一方面客户希望结案，另一方面政府官员以潜规则索取贿赂(Carlin 1966:165-182)。

40年后，一项对纽约个体律师的后续研究发现，新从业的个体律师或小型律师事务所律师从其导师那里学到了这样一个道理：如果道德规范同挣钱发生冲突，挣钱是第一。一位年轻律师称，有一个客户看中了一块地产，为了换取他唆使卖方在合同上签字，便私下塞给他现金，而他的导师却告诉他走出这个房间就不要再提此事(Levin 2004)。

卡林和拉丁斯基对律师行业整齐划一的观念提出了质疑，他们反而发现，个体律师及小型律师事务所的大多数律师在从业环境上不同于大型律师事务所律师。他们的研究可以看作是对律师业的控诉。在律师界，那些受教育最好、技能最强、道德上最负责任的律师都是为上流企业和上流社会服务的，而那些“能力最差、受教育程度最低、最无职业道德的律师”则为小企业和劳动阶层服务。因此，“那些最无助的客户，原本最需要得到法律的保护，反而最没有可能得到法律的保护”(Carlin 1966:177)。

卡林和拉丁斯基关于“法律业界层级分化”的论断是否经受住了时间的考验呢？1975年，一项对芝加哥律师业的全面调查发现：律师业分化为“两个半球”，而且这两个半球的律师极少“跨越赤道”(Heinz and Laumann 1994)。分属两个半球的律师社会出身不同，所读的法律学校的声望不同，从业经历不同，法律组织中的会员身份不同，而且政见与价值观也不同。个体律师及小型律师事务所律师代理的是个人，而大型律师事务所律师代理的则是公司利益。1995年进行的一项类似的研究表明：芝加哥的律师仍然因社会出身、教育背景、客户阶层、工作类型以及收入状况不同而分属于两个半球(Heinz et al. 2005:29-73)。这份对芝加哥地区最新的研究发现，“有着地位较低的执业背景的女性及少数族裔越来越多地进入律师行业，取代了天主教徒和犹太人律师在业内的经济底层地位”。

我们应谨慎地将卡林这种对个体律师公正的批判性观点推及所有个体律师与小型律师事务所律师。有人对缅因州及新罕布什尔州的离婚案律师作过研究,这项重要的研究发现,这些离婚案律师分为两类:一类是专职受理离婚案件的律师,另一类是偶尔涉足离婚案件的"全科"律师。"专科"离婚案律师认为自己同其他离婚案律师一样,属于该项研究的学者所说的"执业共同体"。这个"执业共同体"中的律师以其受理离婚案件的专业性为自豪。这些"专科"离婚案律师运用法律的手段代理儿童监护权或婚姻财产分割等问题,并且注重维护客户的利益,而不是急着快速结案。值得一提的是,此项研究提到的"专科律师"中大多是女律师,她们还着重为客户提供情感支持,因为她们的客户大多是中产阶级女性(Mather,McEwen and Maiman 2001)。

一项对专门办理移民案件的个体律师及小型律师事务所律师的研究发现,这些律师对"执业共同体"有着强烈的归属感(Levin 2009)。

然而,研究人员通过对离婚案律师的研究发现,一些个体律师凭借"老同学关系网",也偶尔接手离婚案件。他们对何为"合理的"离婚案处理方式有着不同的看法。这些"老同学"在一件离婚案上花不上几个小时,只想快速结案,于是便要求其客户(绝大多数为劳动阶层)自己协议解决孩子监护与探视等问题。这些个体律师还对那些"专科律师"不以为然,批评他们"小题大做",将一个离婚案件办成"联邦大案"(Mather et al. 2001)。

卡罗尔·塞隆在1996年的一项重要研究中发现,个体律师及小型事务所律师每天都要应对招揽业务、满足客户要求以及管理工作室等方面的挑战。这些律师与卡林研究中的那些律师有着共鸣,那就是抱怨其职业生活经常是孤独的,充满了"分身乏术"的压力,并且不受同行尊重。然而,塞隆研究中的律师并不像卡林研究中的律师那样有着负面、悲观的看法。他们认为,个体律师或小型事务所律师的业务优势大于劣势,并且认为他们对客户有着积极的贡献。同我们前面提到的离婚案律师一样,这些律师以其独立执业为荣,以其执业的专业性为荣。塞隆总结说,她采访过的律师没有谁会为了尽快结案和收取代理费而牺牲客户利益(Seron 1996)。

万海在对芝加哥个体律师的采访中也发现,这些律师相信他们为客户提供的是宝贵的服务,而且还发现,这些个体律师对新成立的"企业特许经营律师事务所"存在的"高营业额"和"批量生产"以及不关心客户个人问题的现象持批评态度(Van Hoy 1997:77-85)。

塞隆也发现,许多女性律师认识到个体执业可让她们兼顾工作与家庭(Seron 1996)。我们应该注意到的是:小城镇的律师通常做个体律师或加入小型律师事务所,而且享有相当高的声望和尊重。小城镇律师势必要受理多个领域的法律业务,并经常代理朋友和邻居的案子,而他们招揽客户的能力则取决于他们的品行、专业精神以及声望(Landon 1990)。

关于个体律师及小型律师事务所律师,我们能得出怎样的结论呢?我们已看到,约翰·康利笔下的那些律师一直都在承受招揽客户与处理大量案件的压力。这些律师尽管在工作日程安排上享有一定程度的独立性和灵活性,但仍表示希望同其他律师交流,并且抱怨说他们的职业生活孤独闭塞。个体律师及小型律师事务所律师一直认为自己处于律师行业的"底层",并且认为自己被人贴上不道德与不专业的标签是不公平的(Conley 2004:1995)。

近年来的研究一定程度上修正了卡林对于个体律师及小型事务所律师的看法。许多个体律师及小型事务所律师不再提供全范围的法律服务,而是专业于法律的具体区域。这些"专科律师"为自己享有高度的独立性、专业技能以及职业精神而自豪,并认为自己对客户有重要贡献(Heinz et al. 2005:35-38)。

需要注意的是,尽管个体律师在芝加哥市律师职业中的地位有所下滑,但个体律师在郊区及农村的地位却一直在上升,其人数约占律师行业的48%。卡林在其开拓性的研究中提到了律师所遇到的种种挑战,其中的很多挑战这些郊区及农村个体律师可能也会遇到(Kelly 2007:357)。

下一部分,我们将对身处律师业顶层、执业于大型律师事务所的律师作一概述。

大型公司制律师事务所

在大型律师事务所执业的律师是律师界的"王族"。这些律师服务于强大的企业客户,挣钱最多,从事着最有名望、最具智力挑战性的法律工作(Heinz et al. 2005)。

位于律师界金字塔顶端的是几家"超大律师事务所",其办事机构遍布全美乃至全球。在美国,拥有律师人数超过1000人的律师事务所大概有27家。过去,所有声名显赫的大型律师事务所都把总部设在纽约市,服务于金融界,也因此被称为华尔街律师事务所。如今在全美国各地人们都能看到“覆盖全球”的一流律师事务所。

总部位于芝加哥的贝克·麦坚时国际律师事务所是世界上最大的律师事务所之一。该律师事务所宣称它拥有超过 4200 名律师,年收入超过 26 亿美元。该公司在 47 个国家设有 77 个办事处。全球十大律师事务所中有四家的总部设在伦敦。英国高伟绅律师事务所成立于 1987 年,在 26 个国家拥有超过 3200 名律师和 35 个办事处,年收入超过 20 亿美元。根据网络法律出版物《法律之上》的论述,2015 年最大的 100 家律师事务所的总收入为 966 亿美元(Zaretsky 2016)。隶属于这些“超大律师事务所”的律师待遇优厚。一名刚从法学院毕业就被纽约顶级律师事务所聘用的年轻律师,预计年薪在 19 万美元左右,年终奖金在 5000 美元到 2.5 万美元不等。在纽约工作的第 8 年,年轻律师的年收入可能高达 34 万美元,还有一笔可观的年终奖。据称,总部位于纽约市的克拉瓦斯-斯温-摩尔律师事务所(Cravath, Swaine and Moore;以下简称克拉瓦斯律师事务所)的合伙人律师在 2015 年的收入为 315 万美元(Olson 2016c),而在最近的一项调查中,最大的 100 家律师事务所的合伙人报告称,他们的收入在 46 万—570 万美元(Zaretsky 2018)。请记住,在最赚钱的大型律师事务所,非股权合伙人可能比不太成功的公司的高级股权合伙人赚得更多(Tribe 2018)。

1995 年对芝加哥律师的调查证实,金钱、资源和声望都集中在大型律师事务所(见表 4.3)。

表 4.3　大型公司制律师事务所与律师职业

地位	大型律师事务所独揽了公司企业的法律业务工作,社会声望高;而个人和家庭的法律业务则主要由个体律师和小型律师事务所承担,社会声望低(Heinz et al. 2005:100-101)
资源保障	律师人数 100 人以上的律师事务所可为其律师提供更多的人力支持和昂贵、高端的技术手段保障(Heinz et al. 2005:105-106)
法律业务	法律业务 1/3 以上的利润收入集中在大型律师事务所,而小型律师事务所和个体律师的收入在下降(Heinz et al. 2005:99-100)。代理公司企业法律业务的律师,其收入呈增长态势,而代理个人业务的律师,其收入则呈急剧下降态势(Heinz et al. 2005:162)

续表

客户	律师为大型机构(如企业、工会、基金会、政府)服务的时间大约是所有律师为个人和家庭业务服务时间的2倍(Heinz et al. 2005:43)
律师事务所数量	2000年美国律师业有47563家律师事务所,其中10%的律师事务所雇有10名以上律师(4926),约10%的律师事务所(Heinz et al. 2005:356)雇有100名以上律师。迈克·凯利指出,这些数据还没有完全显示出"超大律师事务所"法律业务的重要性(Kelly 2007)
规模	20世纪50年代,美国最大的律师事务所拥有125名律师。1983年,250家大型律师事务所共有律师37400名,平均每家拥有律师150名。1993年,这些律师事务所扩大规模,律师人数增长到66855名。而截至2003年,律师人数达到110061名,占美国所有私人执业律师的16%。2003年,250家大型律师事务所平均每家拥有律师人数达到440名。其中21家律师事务所每家至少拥有900名律师。两年后,这些大型律师事务所又新增6600名律师(Kelly 2007:357,359-360)
地理分布	250家大型律师事务所中,95%都有多家办事处,有1万名律师住在国外(Kelly 2007:360)。卡罗尔·西尔弗指出,1970年以前,只有两家美国的律师事务所在伦敦有办事处。20世纪90年代初期,15家纽约律师事务所和8家总部设在美国其他城市的律师事务所在伦敦开设了分部。1999年,在西尔弗所研究的72家律师事务所中,有57家在伦敦开设了分部(Silver 2000)
总收入	2002年,收入排前100位的美国大型律师事务所在报告中称,其总收入为460亿美元。这100家最大的律师事务所的收入大约占美国所有律师总收入(与净收入)的40%(Kelly 2007:361-363)
平均利润	2005年,在赢利最多的100家律师事务所中,平均每个合伙人获得利润在100万美元以上。其中9家律师事务所的合伙人平均年利润超过200万美元。2005年,100家盈利最多的律师事务所的律师人均收入是96万美元(Kelly 2007:362)。2019年,Law360.com和AbovetheLaw.com网站报道称,10家最大的律师事务所的年收入在20亿美元至30多亿美元。每个合伙人的利润远远超过250万美元

一个重要的变化是,在少于100名律师的律师事务所中,律师人数正在缓慢减少,因为这些中等规模的律师事务所正在并入大型律师事务所。那些没有被大型律师事务所吸纳的律师,则成为个体律师,或加入人数少于5人的小型

律师事务所,使个体律师和小型律师事务所律师的人数越来越多(Kelly 2007:357)。

实力雄厚的大型律师事务所遵循保罗·克拉瓦斯创立的组织模式。克拉瓦斯被认为是20世纪初在著名的克拉瓦斯律师事务所实行所谓的克拉瓦斯体制的人。克拉瓦斯招募了来自精英法学院的有才华的男毕业生。这些“白鞋”律师属于东北上流的特权阶层,是主要的私人社交俱乐部成员,参加重大社交活动,并把孩子送到最好的私立学校上学(Oller 2019)。

欧文·斯米格尔在他1969年对华尔街律师的研究中发现,大型律师事务所83%的合伙人毕业于精英本科或法学院,如果把弗吉尼亚大学、密歇根大学和芝加哥大学包括在内,这个数字将上升到88%(Smigel 1969:74)。

克拉瓦斯律师事务所的年轻法律毕业生被称为“助理”,由律所的资深律师指导,随着在一个专业领域的历练,他们逐渐被赋予越来越重要的职责。这些助理工作时间长,有工资,而在其他律师事务所,这些初级律师则是无偿学徒(Oller 2019:48-59)。克拉瓦斯律师事务所的政策是从律所内部提拔,这些年轻律师中“最优秀、最聪明的”在8—10年的时间里证明了自己的能力后,被提升为“合伙人”。取得合伙人资格的律师享有律所的股权(所有权)。到年底,股权合伙人除了工资外,还有权获得律所一定比例的分红。助理的报酬远低于合伙人,并在年底根据律所的利润获得奖金(Smigel 1969)。与其他律所不同,克拉瓦斯律师事务所律师并不只管自己的客户的事情,而是要代表律所的所有客户开展工作(Oller 2019:48-59)。

有些律所对助理律师或初级律师过去曾有“非升即走”的硬性规定。但是,这一规定也被一些人性化的做法所“软化”,这些做法包括为那些没有达到合伙人级别或认为自己不适应律所工作时间要求的年轻律师另谋职位。

这些大型律所的招聘政策曾经歧视犹太人、天主教徒、少数族裔和女性,因为客户更喜欢与自己有共同背景的律师。这些律所对招聘犹太人律师有严格的配额,不招聘女性或少数族裔律师,也很少招聘天主教徒律师。这些受歧视的律师的应对办法是成立自己的律师事务所(Smigel 1969:74-118)。

这些大型律师事务所现在一般都放弃了歧视性的招聘政策。今天,在以前是新教徒男性律师的特权领域可以看到犹太人、天主教徒、女性及个别少数族裔律师。这些律师事务所也扩大了对法律人才的选聘范围,越来越多地从当地二线法学院招聘律师(Heinz et al. 2005:67-68,73,155,317)。

斯米格尔研究的华尔街律师事务所通常由一个或几个创始人领导。这些元老级人物是“冠名合伙律师”，因为他们的名字出现在律师事务所的大门上。这些资深合伙人律师都是知名人士，和“行业领袖”建立了私人关系，担任着企业客户董事会成员之职务，并且监督指导年轻的助理律师，由助理律师负责处理合伙人律师的客户的各种法律需求(Smigel 1969)。

合伙开办律师事务所，最开始是基于非正式的“绅士协定”，而现在取而代之的是正式的“合伙人协议”。“合伙人协议”确立了律师事务所的组织结构及其成员的权利和义务(Silver 2000)。律师事务所围绕着专门业务领域设立部门，多名助理律师在一两个领导特定“业务领域”的合伙人律师的指导下开展业务，为客户提供“一站式的全方位服务”。这些专门的法律业务领域一般包括：公司管理(如公司运行中所出现的法律问题)、证券(向公众销售股票)、反垄断、企业兼并与收购(购买企业)、税收、劳动法(和工会的关系)以及诉讼案件。律师事务所也往往有资深合伙人律师专门受理遗嘱和信托业务，帮助企业主管人员将企业财产转移给其家人。律师事务所通常把其富有客户的个人法律业务转交给专门受理离婚、个人伤害或轻微刑事案件的个体律师或小型律师事务所。

为了适应社会发展，律师事务所也会增加一些执业领域。例如，一家律师事务所现在可能会有合伙人律师专门受理环境、网络空间、媒体和知识产权(如对音乐和网络空间内容的所有权)等业务。律师事务所也开展区域性的专门法律业务。例如，得克萨斯州的律师事务所可能擅长代理涉石油与天然气法的案件，而洛杉矶的律师事务所可能善于代理涉娱乐法的业务。高度专门化的业务通常留给规模较小的“高精尖律师事务所”受理，其主要业务涉及海洋法、航空法、专利法(如技术设计的所有权)或非营利基金会法(如美国抗癌学会)。

律师事务所的成员可分为管理型律师、企业家型律师和“苦力型”律师。管理型合伙人律师负责管理律师事务所，而“招聘型合伙人律师”负责面试和招聘年轻律师。管理型合伙人律师通常向一个由若干富有影响力的合伙人组成的管理委员会征求意见。另外一个委员会负责确定律所内成员工资或报酬标准。

计划委员会负责招揽新的业务。这个委员会通常由“有呼风唤雨本领的律师”(企业家型律师)或合伙人律师组成，这些律师善于依赖其与企业界的关系招揽生意。许多合伙律师经常活跃于选举政治活动中，并且受命担任州政府或联邦政府的职务,而这些律师凭借其知名度及其政治关系为律师事务所吸引客户。例如,詹姆斯·贝克以前是罗纳德·里根总统的办公厅主任,曾出任老布什总统的财政部长,现在是休斯顿贝克·博茨律师事务所的高级合伙人。“苦力型”律师指的是打工律师或助理律师,这些律师在合伙人律师的监督指导下,干着诸如研究法律、撰写备忘录以及起草文件等烦琐乏味的“苦力”工作(Nelson 1988:70-80)。

20 世纪 80 年代和 90 年代,多位学者投入了很大的精力研究大型律师事务所何以继续扩大规模和提高利润(Sander and Williams 1989)。他们给出的结论包括:提升受雇律师为合伙律师的压力(“律师锦标赛”)(Galanter and Palay 1991),希望拓展专门业务领域以弥补在某特定领域业务的下降(“投资组合理论”)(Gilson and Mnooki 1985),以及应公司客户要求提供新的专门业务领域(如环境法)的法律服务(Nelson 1988)。

1988 年以来,由于美国经济暂时衰退,有 37 家大型律师事务所破产,公司制律师事务所界近年来受到了震动。许多历史悠久的律所倒闭,其中包括撒切尔·普罗菲特-伍德律师事务所(Thacher Proffitt & Wood),这家拥有 160 年历史的纽约市律师事务所在其鼎盛时期有 350 名律师,并在市中心的一栋办公楼里租了 5 层楼。2007 年,该律所的收入超过 1.94 亿美元,每位合伙人的收入超过 100 万美元。撒切尔律师事务所的倒闭致使 195 名律师失业,好在其中 40 位律师很快被聘用于芝加哥一家寻求在纽约市拓展业务的律师事务所。撒切尔律师事务所是 2008 年纽约市第 3 家倒闭的律师事务所。此后,一系列领先的律师事务所宣布要裁员(Fortado 2008)。在 2008 年的经济衰退中,估计律所裁员 18000 名,到 2020 年可能裁员 10000 名(Rubino 2019)。

一家拥有 85 年历史的旧金山塞奇威克保险律师事务所(Sedgwick),曾跻身美国前 200 强律师事务所之列,却因收入下降而被迫在 2018 年关门。同年,巴拿马一家重要的律师事务所莫萨克·冯赛卡律师事务所(Mossack Fonseca)宣布解散,泄露的文件显示,原因是该律所参与协助全球有钱有势的个人隐瞒资产并通过向提供避税天堂的各个国家转移资金来逃税。2019 年,弗吉尼亚州里士满的 LeClairRyan 律师事务所(在鼎盛时期拥有 300 多名律师)也关门大吉。

2012 年,著名的杜威-路博律师事务所(Dewey & LeBoeuf)在史上最大的律师事务所倒闭潮中倒闭。在鼎盛时期,该律所拥有 26 个办事处,1400 名律师,2011 年创造了 9. 35 亿美元的收入。其前首席财务主管被判犯有欺诈罪,一些员工认罪(Goldstein and Moyer 2017)。

为了加强专长储备,扩大地域覆盖范围,增加收入,创纪录的 56 起律师事务所合并于 2018 年完成。例如,一家著名的南卡罗来纳州律师事务所和佛罗里达州迈阿密的一家律师事务所合并,成立了一家“超级区域”律师事务所,在 11 个州设有 25 个办事处。美国律师事务所也正在与欧洲和全球其他地区的律师事务所合并,以新的律师事务所帮助想在多个国家开展业务的客户(Jeffreys 2018)。

律师事务所的成本意识日益增强,并根据不断变化的经济气候调整其业务行为(Heinz et al. 2005:288-315)。管理型律师现在由职业管理人员协助,其招揽业务的工作则由公关公司和公关人员协助。

大型律师事务所正在实行律师双轨制。一种是股权律师,是律所的所有者,参与利润分红。另一种是把助理律师升为律师,仍然拿固定工资,这一群体人数不断增加。律所还寻求与其他律所合并,以便在其他城市开展业务,或增强其法律业务能力(Heinz et al. 2005:290,294)。

有的律所不再把合伙律师职位留给那些由助理律师一路升上来的律师,而是从其他律所聘请合伙人,以扩大实力。这些“横向聘用”的合伙人通常会为律所带来客户,但其要求的薪酬也远高于律所其他律师。“横向招聘”的人数以一种“疯狂的速度”增长,平均每年有 2532 名律师“横向”流动(Li 2015)。

律师事务所不会每月开着工资让助理律师慢慢熟悉和适应业务工作,而是更多地会在他们一入职就分配其到专门的业务领域工作。大约有 1/4 的助理律师会成为合伙律师,大多数助理律师预计将在 4—5 年后跳槽到其他律所,以避免被解雇。他们的职业生涯可能会从一家律所跳槽到另一家律所,希望最终能成为合伙律师。其他律师有可能在“卫星律所”工作,或者在“卫星律所”的公司客户那里做一名内部法律顾问。

莎拉·鲍威尔在她的自传中记述了她在一家超大律师事务所担任初级律师的经历。她把律所称作一个封建王国,在这个王国中,高级合伙人是国王和女王,高级律师是男爵和女“男爵”,而初级律师则是农奴。在她描写的这种要求很高的职业生活中,她生活的其他方面都从属于她在律所的工作。虽然鲍威尔是一所顶尖法学院的优等毕业生,但作为一名年轻律师,她的主要职责是为诉讼准备文件。她将第一年最大的成就描述为在法官面前起草一份动议的脚注,这需要大约 50 个小时的工作(Powell 2013;Cameron 2015)。

助理律师对不断增加的工作量和日益下降的生活质量越来越不满。为了节省开支,律师事务所不再雇用新的助理律师,而是临时雇用一些律师让其承担具体业务,或者是依靠律师专职助手开展工作。律师专职助手是非律师人员,但受过基本的法律培训,可作为秘书承担过去可能是由律师所做的但不复杂的法律工作。例如,一个公司在为其外籍计算机软件工程师申请工作签证时必须提交表格,而律师专职助手则可完成这些表格。另外,专职助手还可从事基本的法律研究工作。专职助手的报酬大约是新的助理律师的 1/3,对于律师助手提供的服务,律师事务所向客户以每小时几百美元的价格收取服务费,从而赚取可观的利润(Heinz et al. 2005:293-294)。

在许多律师事务所中,年迈的合伙律师虽可能不再为律师事务所拉来客户,但"吃老本",继续依靠其资历获取薪酬,这使年轻律师非常沮丧。一项针对 425 名新合伙律师的调查发现,43%的人对自己的薪酬不满意,另有 10%的人对自己的"工作与生活平衡"不满意。因此,有些年轻的合伙律师和助理律师便选择"跳槽",并把客户带到自己所在的律师事务所(Weiss 2018b)。

迫于压力,年迈的合伙律师越来越多地退休转做律师事务所专门业务领域的顾问。这些资深律师通常被授予的头衔是"法律顾问"或"高级律师"(Heinz et al. 2005:292,307)。芝加哥的盛德律师事务所(Sidley Austin)将 32 名资深合伙律师降职,以便为年轻律师创造机会。纽约老牌的凯威莱德律师事务所(Cadwalader, Wickersham & Taft)有 17 名资深合伙人被迫退休,因为其他合伙人认为这些年老的律师没有"尽职尽责"。在谢尔曼-思特灵律师事务所(Shearman & Sterling),当其每个股权律师的平均利润下降 4%至 185 万美元以下,总收入增长不到 2%至 8.605 亿美元时,该律所会决定对几个股权律师"去股权化"。股权合伙人流失的趋势有望继续下去。受新冠疫情影响,律师事务所正面临大规模裁员。

2014 年,非股权律师占"顶级"律师事务所所有律师的比例略高于 40%,而 10 年前这一比例为 17%(Olson 2016b)。

大型律师事务所也不能再指望为企业客户继续代理所有的法律事务,因为企业已经建立了内部的法律事务部来处理很多不太复杂的法律工作。这些企业内部法律顾问将外部法律事务分配给几个律师事务所做,有时会造成这些律师事务所互相争夺业务(Heinz et al. 2005:297-298)。许多律师事务所为了提高盈利能力，纷纷涉足非法律领域，如私人调查、资金管理、政府游说和房地产（Heinz et al. 2005：310）。

为了吸引业务，一些律师事务所正在考虑修改收费标准。精英律所的律师每小时收费可能高达 800 美元，而年轻律师虽然收费较低，但预计每年收费将远远超过 2000 小时。也就是说，一周工作 6—7 天，每天工作 12 个小时。年轻律师被要求保留工时表，记录他们在每项任务上花费的可计费时间。双方的理解是，对用于了解客户背景资料所花费的时间，律师不作计费时间。

美国律师协会对这项按小时收费的制度持批评态度，因为它在年轻的助理律师之间引起竞争，而且会造成那些达成庭外和解而不是将案件提交法庭审判的律师吃亏。按小时收费同时也鼓励律师事务所通过指派多名律师处理同一项业务而虚报账目多收费，并在律师和客户之间就律师事务所收取费用的公平性上制造矛盾（American Bar Association 2001-2002）。

早些时候，批评者抨击公司制律师事务所是“血汗工厂”，因为这些律师事务所剥削年轻律师，以牺牲公众利益为代价服务于公司企业的利益。而这些律师事务所的创始人则回应说，他们确保了“金融巨头”遵守法律，从而阻止了公司客户的过分行为（Galanter and Hederson 2008；Galanter and Palay 1993：11，16-18）。

近年来，这一批评得到了律师界知名人士的共鸣。他们批评说，大型律师事务所律师受金钱与个人晋升利益的驱动，已经沦落为狭隘的专家。在这些批评者看来，合伙律师需要维持与公司客户的业务关系，因此不愿意把公司的违法风险告知公司领导层（Kronman 1993；Linowitz 1994）。

80%的公司制律师事务所律师称，他们没有“因个人价值观”的原因而拒绝过客户或业务安排（Heinz et al. 2005：119）。斯米格尔认为，律师通过改变客户的不合理要求而起着“调节社会矛盾”的作用。然而，罗伯特·纳尔逊在其对芝加哥的合伙律师的研究结论中指出，证据不支持斯米格尔的观点，“那种认为律师为了事关公益的根本问题而同客户作斗争的观点是错误的”。换句话说，代理公司客户业务的律师很可能告诉客户如何规避环境法规，而不是劝说客户不要在环境敏感区域钻探（Nelson 1988：258）。

在谈到律师执业从职业行为转变为交易行为时，已故的索尔·利诺韦兹曾指出，在 20 世纪 90 年代初，美国多家最著名的律师事务所因其被指控的不法行为总共赔付了 1900 多万美元。这些律师事务所曾帮助其客户进行金融欺诈。这桩案件牵涉国内一些最著名的律师,他们故意设计不道德的金融骗局从而骗取穷人和老人数百万美元(Linowitz 1994:40-42)。此外,还发生了多起律师个人犯罪案件,助理律师被指控并被认定犯有“内幕交易”罪。例如,有机密消息称某公司要宣布一项医学突破性成就,或要宣布一个有盈利潜力的企业会使股票升值,涉案律师据此购买其公司客户的股票(Kirkland 2005)。现已停业的杜威-路博律师事务所的几名前任领导被起诉犯有盗窃和证券欺诈罪,因为他们向债权人、投资人、审计员和其他合伙律师隐瞒了该律师事务所严重的财务状况(Goldstein 2014:A1)。

这家公司制律师事务所现在也面临法律业务外包到国外的发展趋势的冲击。美国、英国和印度的律师受外包律师事务所雇用,承担以前由美国律师事务所的初级律师所做的基本业务。2009年,印度有140家承接外包业务的律师事务所,到2013年,预期收入可达到10亿美元。这些承接外包业务的律师事务所收取的费用是美国律师事务所的1/10到1/3(Timmons 2010)。

以上两部分提供了私营律师业的分层情况。下面两部分将对政府律师和公司内部法律顾问做一概述。

政府律师

大约11%的律师受雇于联邦、州、县和市等各级政府,成为政府律师。其中,联邦政府律师占1/3,大约3万人。这还不包括我们前面提到的司法部门(Baum 2008:66)。在罗斯福总统新政时期,有大量的律师进入政府部门工作。罗斯福总统鼓励“最优秀和最聪明的”法律毕业生放弃他们在华尔街的职业到华盛顿参加他的政府(Shamir 1995)。这些年轻的毕业生中的许多人后来都成为了有影响力的联邦法官、著名的律师和显赫的学者。在担任过《哈佛法律评论》编辑的1930届至1932届学生中,有2/3在20世纪30年代都曾受雇于罗斯福政府。这不仅仅是理想主义的问题,这些法律毕业生中的许多人,尽管学业成绩优秀,但在华尔街“白鞋”阶层的律师事务所求职时,都受到了歧视(Auerbach 1976:181,186)。

如今,法学毕业生从政府部门的工作中取得有价值的技能和知识,为其若干年后从事私人法律业务提供了一条途径。例如,一名就职于环境部门的年轻律师,日后受雇于一家律师事务所,专门受理企业涉及环境法领域的业务(Spector 1972)。律师喜欢到政府部门工作,可能是因为他们相信公共服务部门,也可能是因为他们以保护环境或金融行业为己任。还有律师觉得政府部门的工作能给人提供一种惬意的生活方式,没有私有企业那么大的压力(Spangler 1986:132)。政府部门的岗位吸引了绝大多数女性和少数族裔,因为这些人认为政府部门的工作比私营公司的工作能提供更大的机会。然而,政府部门的工资却远远低于私营公司的工资(Heinz et al. 2005:163,167)。

首都华盛顿的联邦总检察长同时也是美国司法部部长。总检察长由总统提名,由参议院批准,负责领导司法部。司法部下辖8个专门机构,分别是反垄断局(企业兼并)、民事局、刑事局、民权局、环境与自然资源局、税务局、国家安全局以及司法管理局。总检察长确定联邦司法重点。例如,白领犯罪多年来在联邦起诉中并不是重点,但近年来却日益成为重点。总检察长也就某些计划项目的合法性向美国总统提出建议(这一工作通常由司法部法律咨询办公室来承担),并且就民事和刑事案件提出起诉(Baker 1995)。总检察长同时也监督联邦调查局、麻醉品管理局和联邦监狱。副总检察长及其属下律师负责决定是否代表国家向最高法院提起上诉(Salokar 1995)。

美国总统任命1名私人律师为总统法律顾问,常驻白宫法律总顾问办公室办公。总统法律顾问及其职员就行政部门的管理问题向总统提出法律建议。这些建议涉及官员腐败、档案资料的保存、行政特权的维护(如政府何时可拒绝与国会分享信息情报),以及向总统提供关于司法部与最高法院潜在的被提名人选的背景信息等方面(Lund 1995;Labkin 1995)。

由于尼克松政府的“水门事件”丑闻,美国国会于1978年颁布了《政府道德法案》。该法案授权总统任命1位特别法律顾问来调查起诉行政机构高官的腐败案件。从1978年至1992年,国会先后授权了13位独立的法律顾问对案件进行调查(Harriger 1995)。

联邦机构各部门也都有其专职律师。这些部门包括:联邦通信委员会、证券交易委员会、联邦贸易委员、环境保护署和国家劳资关系委员会。每个部门都设有1位总法律顾问负责本部门的法律工作。总法律顾问及其职员的职责是起草法规,代表本部门提出强制执行申请,以及为本部门的决定进行法庭辩护(Devins 1995;Herz 1995)。例如,联邦通信委员会成功地依法对播放违禁亵渎性语言的电视台实施罚款。这些法规的合宪性由美国最高法院认定[*FCC v. Fox*,556 U. S. ___(2009)]。此外,还有些律师供职于国会的律师办公室以及国会山上的国会各专门委员会。

美国各州的总检察长办公室都有专职律师。州总检察长是全州选举出的官员,负责在刑事和民事案件中执行该州法律。在刑事案件中,州总检察长领导下的检察官负责该州刑法的实施。担任民事案件受理工作的律师在民事诉讼中负责该州民法的实施,民法诉讼涉及税收、消费者保护和环境保护等案件。州总检察长也为州法律的合宪性进行辩护。

其他政府律师供职于城市与郊区司法部门,负责执行区划、住房和健康等法规,并为市政府所受到的个人起诉进行辩护。例如,有些人声称他们是警察滥用职权的受害者。律师也为贫穷被告人担任公设辩护人,并在诸如起诉房东没有维修出租房屋等民事案件中担任法律援助律师为穷人代理。

政府官僚政治的发展促进了法律业的繁荣,也产生了所谓的华盛顿律师。这些律师和律师事务所专门到联邦机构为公司企业的利益游说,并且影响与其客户利益相关的国会立法。像卡文顿·柏灵这样的律师事务所就位于首都腹地,卡文顿·柏灵律师事务所的合伙律师经常往返于律师事务所和民主党政府各部门之间。也有一些律师事务所同共和党保持着紧密联系。在华盛顿某部门担任公职成为律师事务所代理公司客户利益的必需条件。这些律师事务所到行政机构为其客户代理业务,所涉业务领域包括:由美国州际商务委员会制定的货车运输的税率结构,广播电视台所有权证书、建立核电站的许可证,以及航空公司兼并授权。华盛顿律师事务所不仅限于代理法律业务,还涉及游说政府机构。例如,遇到外国政府谋求影响美国国会关于贸易优惠政策以及对外援助的立法时,律师事务所代表这些外国政府发出立法倡议(Goulden 1971)。

伊芙·斯潘格勒指出,政府律师的工作取决于当选官员的政治重点。一些事业型律师从司法部的选举权处辞职,以抗议他们所认为的乔治·W. 布什政府缺乏对少数族裔的选举权的保护。为政府工作可能会令人非常沮丧,有了业绩经常得不到奖励,薪水远远低于私营单位,而且律师做出的决定还要得到上级的批准,有时律师的升职要取决于其政治背景而不是其工作业绩。斯潘格勒指出,随着年龄的增长,政府律师会感到难以离开政府,而要获得满意的职业生涯也越来越不容易(Spangler 1986:142-143)。

政府律师是忠诚于那些当选的政客,还是忠诚于公平执法,这是政府律师所处的两难境地。有不少人对小布什政府司法部所谓的政治化倾向提出批评。这些批评指出,政府聘用律师所依据的是其政治观点,而不是其工作业绩

(Bruff 2009;Goldsmith 2007)。

必要时,美国总统或美国总检察长会任命一名特别检察官,负责对政府的不法行为开展调查(下文讨论)。

特别检察官

在我们结束政府律师的话题之前,应该提到特别检察官。特别检察官是由美国总统或美国总检察长任命的政府以外的律师,负责调查对总统内阁成员犯罪行为的指控。总统任命特别检察官,以避免有人指责总统内阁没有充分调查或起诉所谓的内阁成员参与的犯罪。特别检察官一旦获得任命,通常享有不受监督的独立性,尽管特别检察官可能因各种理由被免职。

1875 年至 1923 年,有 5 位总统任命了特别检察官。遇到其内阁官员因不当行为受到指控,总统迫于政治压力,不得不任命特别检察官负责调查处理。1875 年,格兰特总统任命了第 1 位特别检察官,调查"圣路易斯威士忌环"丑闻,该丑闻涉及联邦官员收受贿赂,允许酿酒厂逃避威士忌生产税。1924 年,卡尔文·柯立芝总统任命了两名特别检察官,调查并起诉前任总统沃伦·哈丁政府内政部长阿尔伯特·福尔在授予石油勘探租约方面的不当行为。差不多 30 年后,杜鲁门总统任命了 1 名特别检察官负责处理有关联邦税征收欺诈的指控。

1973 年,哈佛大学法学教授、美国前副检察长阿奇博尔德·考克斯被尼克松总统任命为特别检察官,负责调查 1972 年华盛顿特区水门公寓楼民主党全国委员会总部的入室盗窃案。考克斯后来被尼克松总统解雇,因为他坚持要求尼克松向国会交出与"水门事件"有关的白宫谈话录音带。在尼克松总统下令解雇考克斯后,司法部长埃利奥特·理查森和他的副手威廉·拉克尔肖斯分别辞职。1973 年 11 月 14 日,联邦地区法官格哈德·格塞尔裁定,在没有根据司法部规定找到特别不当行为的情况下解雇考克斯是非法的。尼克松随后被迫任命了一位新的特别检察官利昂·贾沃斯基。贾沃斯基向美国最高法院提交诉状,要求尼克松向特别检察官交出录音带,获得成功。

"水门事件"促使国会在 1978 年通过了一项设立特别检察官的法律《独立检察官法》。该法律旨在使总统更难以拒绝任命独立检察官,并使其更难以罢免独立检察官。根据该法律,当高级行政官员犯罪活动受到可信的指控时,美国司法部长将把此事提交给一个由联邦法官组成的小组,由他们任命一名特别检察官。总统只有权指示司法部长有正当理由解雇特别检察官,但还要经过司法审查。共和党人反对里根政府期间的一系列特别检察官调查,其中最重要的是对“伊朗门”丑闻长达7年的调查。国会,包括民主党和共和党议员,认为特别检察官积累了太多的权力,批准《独立检察官法》在1992年总统选举之前到期。

比尔·克林顿在1992年当选总统后,签署了修订后重新获得通过的《独立检察官法》,但他很快就后悔了这个决定。司法部长里诺把对克林顿总统不当参与阿肯色州“白水事件”的指控提交给联邦司法委员会,该委员会任命斯塔尔为独立检察官。斯塔尔的调查一直进行了5年,但未能证实从竞选非法捐款到谋杀阴谋一系列被指控的犯罪行为。5年后,斯塔尔向众议院报告说,克林顿总统妨碍司法公正,试图掩盖他与实习生莫妮卡·莱温斯基的性关系。1999年,参议院同意《独立检察官法》到期。

司法部于2000年制定了一系列规定,以安排未来特别检察官的任命和开展调查的内部规定。司法部长有权决定是否任命1名特别检察官,并有权任命特别检察官,只要此人来自“政府以外”。司法部长可以要求特别检察官解释他或她的调查步骤,并有权以“正当理由”推翻特别检察官的决定。特别检察官的调查结论须提交给司法部长,由司法部长决定是公布报告还是将报告提交国会。司法部长可以据“正当理由”解雇特别检察官。司法部长如果干涉特别检察官的调查或解除特别检察官的职务,必须向国会作出书面解释。

由于司法部长杰夫·塞申斯在特朗普竞选期间担任特朗普的顾问,并在总统竞选期间与俄罗斯驻美大使就选举相关事宜进行了互动,因此根据司法部的原则规定,他接受了司法部内部报告的建议,回避了涉及调查俄罗斯参与特朗普竞选的任何决定。因此,塞申斯的副手罗德·罗森斯坦负责监督调查。特朗普总统解雇联邦调查局局长詹姆斯·科米一事使罗森斯坦决定任命罗伯特·穆勒为特别检察官,负责调查俄罗斯政府与特朗普总统竞选团队之间的勾结,并对调查引发的任何犯罪活动进行调查。塞申斯辞职后,司法部长威廉·巴尔接管了穆勒的调查权力,他关于发布调查报告的决定引发了尖锐的党派分歧(Coan 2019)。

企业内部法律顾问

大型企业公司雇用自己的专职法律顾问已成一种趋势。这些法律顾问承担的是以前由公司制律师事务所所承担的法律工作。法律顾问的业务领域包括:协商与起草向全国百货连锁店供货的合同,同申请开快餐店分店的当地商家达成特许协议,购买土地,洽谈租赁购物中心的商铺,以及确保公司提交一切所应提交的环境报表与纳税报表。至于发行股票与从事诉讼等复杂的业务,则仍由律师事务所承担。

公司都在设法削减成本,现在它们投入自己的法律事务部的经费开支几乎与花在社会律师事务所的支出相同。奥特曼魏尔咨询公司(Altman Weil)2018年的一项调查发现,70%的公司报告称,他们的一些法律工作现在由内部的法律顾问完成。一些大公司设有内部律师事务所,在全国各地设有分支机构,人数远远超过500名律师。内部律师的主要职责之一是监督社会公司制律师事务所的工作(Abel 1989:168-172)。

在一项重要的研究中,罗伯特·纳尔逊与劳拉·贝斯·尼尔森发现,内部律师行使三种职责中的一种。"警察"职责,告诉企业何种情况属于跨越法律底线。"顾问"或"总顾问"职责,把客观的法律分析同道德和商业观点结合起来。越来越普遍的是行使"企业家"职责,作为企业高管团队的一部分,努力实现利润最大化(Nelson and Nielsen 2000)。

我们以福特汽车公司为例。该公司在推销平托车时就知道,如果该车型被一辆轿车以每小时21英里的慢速追尾,平托车油箱就有可能爆炸。福特汽车公司遂于1971年做了这样的推算,油箱爆炸受害者索赔的费用会低于1250万辆轿车和卡车安装安全装置所需的费用(按每辆车11美元计算)。福特汽车公司担心,国会正在考虑出台的新安全标准将会迫使公司在汽车油箱上加装安全装置,这样公司就会多花费约2100万美元。因此,福特汽车公司聘用强有力的游说团队劝说国会把新的油箱标准推迟到1977年施行。1979年,福特汽车公司内部的备忘录泄露给媒体,证明福特汽车公司管理层虽知晓此事,却故意做出决定,反对修理有安全缺陷的油箱。随后福特汽车公司召回了从1971年到1976年生产的1500万辆平托车和山猫车。

如果是行使"警察"职责的律师,在阅读了1971年的工程报告后,就会告诫福特汽车公司,如果发生严重伤害事故,福特汽车公司要负法律责任,因此,福特汽车公司应召回平托车,尽管新标准到 1977 年才生效。同时,肩负“顾问”职责的律师则会从道德上提出告诫并指出,一次严重的事故就会损害福特汽车公司的公众支持率。“顾问”职责律师还可能反对以游说来推迟新的安全标准的施行。而担负“企业家”职责的律师则更多地考虑经济效益,由于福特汽车公司的产品符合现行的安全标准,因此不会坚持公司把汽车召回维修(Luban 1988:207-210)。

有很多内部律师扮演企业家角色的例子。1974 年,罗宾斯公司遭遇数千起法律诉讼,这些诉讼是由购买和使用该公司的“道尔盾”牌(Dalkon Shield)宫内节育器的妇女提起的,她们声称该装置对她们造成了伤害。1975 年,罗宾斯公司的内部律师罗杰·塔特尔在公司总法律顾问兼公司副总裁威廉·福里斯特的指示下,销毁了记录公司对“道尔盾”牌产品构成危险的“麻烦”文件。塔特尔遵照命令,指使下属销毁了数百份文件。塔特尔后来解释说,他有两个年幼的孩子,缺乏反抗的勇气。这些文件如果披露出去,将使成千上万的妇女在发生额外的伤害之前取出宫内节育器。然而,塔特尔删除了一些最具“破坏性的文件”。大约 9 年后,他把这些文件交给了数百名原告,这些原告在明尼苏达州对罗宾斯公司提起了法律诉讼,最终获得了超过 3800 万美元的经济赔偿。塔特尔的证据随后被全国各地的审判采用(Zitrin and Langford 1999:97-99)。

公司内部法律顾问的职位吸引来了一些“最优秀和最聪明”的法律毕业生,而且一些大型律师事务所的助理律师也跳槽转任公司法律顾问。有相当多的女律师也来任职法律顾问。公司法律顾问的工资一直在稳步增长,而且其工作比律师事务所工作有更大的职业保障。法律顾问岗位成为一些人日后在企业发展的跳板。许多大公司的首席执行官都是从内部法律顾问做起的(Heinz et al. 2005:298)。

我们概略地介绍了律师们从私营执业律师、政府律师到公司法律顾问的基本职业路径。下面两部分,我们将讨论女性律师和非洲裔律师在法律执业中所面临的挑战。学者认为,除了因执业类型不同而造成的律师职业层级分化外,还存在因性别和种族不同而造成的业内层级分化。我们不妨思考一下,女性与非洲裔律师在社会中遇到的障碍是否与其在律师业内遇到的障碍相同。

女性律师

乔安妮·贝克纳普以史料证明律师职业历史上存在性别歧视。她在著述中指出，1890 年美国有 135 名女律师。1910 年女律师占总律师人数的 1%，1930 年女律师占 2.1%，而 1970 年女律师人数增至 2.8%。近年来，女律师人数有了显著增长。据贝克纳普统计，1980 年女律师人数占总律师人数的 13%，达到 59000 人。从 1973 年至 1983 年的 11 年间，非洲裔女律师人数从 446 人增至 4272 人。到 2003 年，女性占法律专业毕业生人数的近一半。现在，女性占总执业律师人数的 34%（Belknap 2007：447-448）。

你或许非常了解为什么女性被拒于律师行业门外。女性曾被认为在智力和身体上都不占优势，其天职就是做妻子、母亲和家庭主妇。这种偏见如此根深蒂固，以至 1971 年纽约律师资格考试竟然要求女性不得同男性坐在一起，因为担心女性会使男性兴奋，转移其考试注意力（Belknap 2007：441）。

据认为，第一位女性律师是阿拉贝拉·曼斯菲尔德，1869 年其获准在艾奥瓦州执业。只有少数女性能参考她的经验成为律师。1872 年，伊利诺伊州拒绝颁给迈拉·布拉德韦尔执业许可证，并得到最高法院所做出的支持裁定。大法官约瑟夫·P. 布拉德利给出的著名理由是，作为一名已婚女性，布拉德韦尔无法与客户订立合同，因此不适合做执业律师。他在裁定书中写道：

> 男性是或应该是女性的保护者与保卫者。女性天生胆怯与纤弱，显然不适合从事公民生活中的许多职业。以神的旨意和万物本性为基础的家庭组织的宪法表明，家庭完全是女性的领域和职责。家庭利益和家庭观点是或应当是和谐的，不是说完全一致的，这与女性从事不同于并独立于其丈夫的事业的想法是相冲突的。……未经丈夫的同意，已婚女性不能订立对其或其丈夫有约束力的合同。正是依据女性能力受限这一重要的条件，伊利诺伊州最高法院判决，已婚女性完全没有能力承担本属于律师和法律顾问的义务和责任［*Bradwell v. Illinois*，83 U. S. 130（1872）］。

在“洛克伍德”案（单方诉讼）中，最高法院支持对弗吉尼亚州的一项法律提出的挑战，这项弗吉尼亚法律把女性排除在有资格做执业律师的“人”的定义之外［*Ex Parte Lockwood*，154 U. S. 116（1894）］。

在那些承认女性有资格做执业律师的州里，女性为取得做执业律师的资格必须与其亲戚或丈夫一起学习法律。在 19 世纪末 20 世纪初，一项对美国 45 个州的研究发现，还有 10 个州没有许可女性做执业律师。1900 年，马萨诸塞州有 47 名女性执业律师。除此之外,尽管多数州承认女性可以做执业律师,但实际获准执业的女性不足 10 人。弗吉尼亚州直到 1920 年才批准第一个女性做执业律师。1918 年,美国律师协会才开始接受女性会员,而负有盛名的纽约市律师协会直到 1939 年才接纳了第一位女性会员(Abel 1989:90)。

女性很少有机会就读法学院。1870 年,密歇根大学第一个招收女学生。接着,耶鲁大学在 1886 年、康奈尔大学在 1887 年开始招收女学生(Hall 1989:218)。这些学校是特例。直到进入 20 世纪,著名的法学院才开始招收女性。而且,女性在多数情况下只能进入数量有限的几所学校,而这些学校对女性提供的是非全日制法律教育(Abel 1989:90-91)。20 世纪初期,哥伦比亚法学院院长顶住压力不招收女学生,而且声称,如果招收女学生,那么法学院就会充满"怪物或怪胎"。1928 年,哥伦比亚大学放宽政策开始招收女学生。哈佛大学本来一直坚决不招收女学生,直到 1950 年才有所改变。圣母大学直到 1968 年才招收第一届女学生,而华盛顿大学与李学院则在 1972 年才向女学生打开大门(Auerbach 1976:295)。

如前文所述,现在女性约占执业律师总数的 1/3。在 1975 年前进入律师行业的女性往往都有一流文凭,并有一流律师事务所实习的经历。越来越多的女性和少数族裔进入法律行业,取代了位于"行业阶梯底层"的天主教徒和犹太人。在 1995 年对芝加哥律师界的研究中,海因茨及其合作者得出结论认为,律师职业一直都有着"明显的层级分化",而且这种分化现在是以"有着较低地位的从业背景与较低地位的角色的女性少数族裔的存在"为基础的。这个研究发现,随着越来越多的女性进入律师行业,女性律师在社会背景方面已变得多样化,而且女性越来越多地获得了非著名法学院的学位。难道这就是女性处于律师职业底层的原因吗?对调查数据的定量分析表明,女性和少数族裔处于职业底层的原因不是别的,而是性别歧视与种族歧视(Heinz et al. 2005:72-73)。这个研究结果得到了贝克纳普的赞同。贝克纳普的结论是,在政府部门工作的女性人数相对过多,而在知名的私营律师事务所工作的女性人数相对过少(Belknap 2007:450-451)。换句话说,女性脚下踩着的是"粘胶地板",难以升职,而头上顶着的则是"玻璃天花板",虽看不见但却是晋升到高级职位的障碍(Baker 2003)。

即便是女性进入了精英律师事务所这一层级,她们也难以突破"玻璃天花板"。2009 年,《美国律师》杂志对 200 家名牌律师事务所做了一项调查。其中

45%的受雇律师是女性,而合伙律师中只有19%是女性(没有数据显示这些合伙律师有无权益)。平均每3名女性律师中有1名女性合伙律师。在这些律师事务所中,合伙律师与受雇律师的总比率是1∶5,而平均男性受雇律师与男性合伙律师的比率为1∶1。《耶鲁法律女性》杂志2012年的一项调查发现,女性占权益合伙人的17%,在律师事务所管理层中占12%。在2011年被提升为合伙律师的人中,女性占30%(Harper 2013:92)。换句话说,相对于男性,女性被"粘在律师职业的底层"(Baker 2009)。

由2家知名律师事务所咨询机构发起的一项调查显示,男女合伙人的平均薪酬相差53%。调查对象是大中型律师事务所的1400名合伙人。男性合伙人的平均薪酬为95.9万美元,而女性合伙人的平均薪酬为62.7万美元。23%的男性合伙人对自己的薪酬非常满意,而女性合伙人的这一比例为19%。律师事务所通常声称无意歧视女性,薪酬的差异反映了这样一个事实:男性合伙人一年平均比女性合伙人多"创收"(例如,吸引客户)接近100万美元;男性合伙人因其专长、经验以及办理法律业务的类型,其工作的小时计费超过女律师的大约800美元(Weiss 2018c)。美国人口普查局的比较收入数据显示,女律师的平均薪酬是男律师平均薪酬的76%。随着女性执业年数的增多,收入上的差距会更加拉大。收入最高的10%的女律师的收入大约是收入最高的10%的男律师收入的60%(Day 2018)。

海因茨及其合著者得出的结论是,与律师事务所工作的男律师相比,女律师更有可能认为她们没机会接触重要的案件与重要的客户。在接受采访时,女律师给出了一个令人担忧的结论:尽管"表现出色的女性至少和同等水平的男性做得一样好……但'平庸'的男律师比'平庸'的女律师更有可能得到疑点利益"(Heinz et al. 2005:153-154)。海因茨等人引用的一项研究结论是:尽管男律师和女律师都越来越有可能离开律师事务所,但这一趋势在女性中更为普遍,因为她们缺乏职业机会。对此,人们也许不难理解(Kay and Hagan 1998,2003)。

还有一个有趣的发现是,女性合伙律师往往都不在排名前100的律师事务所,而是大多都集中在其他律师事务所。女性合伙人占多数的律所大多都不在纽约市区,主要业务是娱乐法或房地产等领域,而不是银行和公司法等主流企业业务。有女性合伙人的律所支持女律师生孩子,而且晋升条件主要是看个人对律所的总体贡献,而不仅仅是计费小时数。女性合伙人比例较高的律所也会不遗余力地从其他律所招聘女律师,研究如何留住和提升女律师待遇,并实行孕产假和家庭假政策(Tribe 2017)。早些时候的一项研究发现,女性合伙人比例最高的是迈阿密、新奥尔良、丹佛和旧金山的律所,而女性合伙人比例最低的是洛杉矶和华盛顿特区的郊区,以及夏洛特(北卡罗来纳州)和盐湖城(犹他州)(O' Brien 2006)。2016 年,声名显赫的克斯摩律师事务所(Cravath, Swaine & Moore)任命著名女律师法伊扎·萨伊德为律所历史上第 16 位首席合伙人(dela Merced 2016)。

女性在公司内部高级法律顾问中的比例也偏低。《财富》500 强公司的首席法律顾问大约 30%是女性,《财富》501 至 1000 强公司的首席法律顾问有 23.8%是女性。在法学院,35%的院长是女性,54%的副院长和 68%的助理院长是女性(American Bar Association Commission on Women in the Profession 2019)。

卡多佐法学院教授凯瑟琳·肖进行了一项有意思的研究,分析了那些被美国最高法院任命为法庭之友(amicus)的律师的情况。法庭之友或法庭顾问对最高法院的当事双方陈述摘要中没有涉及的问题发表书状陈述意见。研究中,54 名作为法庭之友的律师中有 10%是女性,5%是非洲裔或西班牙裔律师。大多数被任命为法庭之友的律师都是第一次在最高法院发表陈述意见。这些任命对年轻律师的职业生涯有很大的推动作用。2015 年至 2016 年,最高法院出庭律师中有 23%是女性(Liptak 2016)。美国最高法院的博客记录显示,在 2012 年至 2016 年的任期内,最高法院的出庭律师中有 13%是女性。排除代表联邦政府的律师,在最高法院出庭的女性律师人数下降到 11%。在私人执业的女性律师中,没有一人跻身最高法院出庭次数最多的律师之列。另一项对美国最高法院的有趣研究发现,在过去 12 年里,女性大法官平均占最高法院大法官总数的 24%。在出现一名大法官打断另一名大法官发言的情况中,32%的情况涉及一名男性大法官打断一名女性大法官的发言,3 名女性大法官在发言中都曾被打断过。而只有 4%的情况涉及一名女性大法官打断一名男性大法官的发言(Jacobi and Schweers 2017)。

女性律师缺乏在最高法院出庭的机会,反映了女性律师在审判诉讼中越来越处于次要地位的趋势。一项对 2013 年在美国伊利诺伊州北区地方法院提起的 600 起民事和刑事案件的研究发现,在所有民事案件中出庭的律师中,大约 68%是男性,32%是女性。在刑事案件中,67%的出庭律师是男性,超过 2/3 的出庭女律师是代表政府。

纽约州律师协会的一项研究发现,在纽约州法院审理的民事和刑事案件中,女性律师占25.2%,在联邦法院出庭的律师中,女性律师占24.4%。在纠纷调解领域工作的女性律师相对较少。2016年,只有25%的"中立者"(调解员和仲裁员)是女性律师,而且往往受理的是离婚纠纷案件等,很少有女律师被选中仲裁公司和商业案件(New York State Bar Association 2017)。

调查显示,女性对自己在律师行业的经历感到沮丧,人们担心女性会离开律师行业,尤其是离开大律所。评论人士指出,女性法学毕业生的数量与女性执业律师的数量之间的差距仍在继续扩大。2019年,女性占律师执业人数的38%,尽管事实上她们占法律毕业生的约50%,占所有法律学生的近54%(American Bar Association Commission on Women in the Profession 2019)。

菲奥娜·凯和她的合著者在一项研究中询问了女性为什么离开律师行业。他们得出的结论是,在男性主导的环境中感到被边缘化的女性离开律所,是因为她们缺乏导师和同事,在律所里缺乏社交生活。女性对按小时计费而不是按工作质量奖励的制度感到不满。她们还表示担心,当她们组建家庭时,她们的职业生涯会受到影响(Kay, Alarie and Adjei 2016)。一项调查发现,2017年离开律所的律师中有46%是女性,其中1/3是有色人种(Vault/MCCA 2018)。美国律师协会发起的一项调查发现,经验丰富的女律师正在大量离职,因而律所中女性股权合伙人的数量可能永远不会超过股权合伙人的20%(Jackson 2018b)。

美国律师协会职业女性委员会、少数族裔企业法律顾问协会和旧金山加州大学黑斯廷斯法学院工作生活法律中心对2827名企业内部律师和律所律师进行了一项调查,他们发现,除了在职业指导、工作分配、社交机会、薪酬和晋升方面的歧视之外,1/4的女律师表示在工作中还遭受过令人讨厌的性侵犯或性骚扰,70%的女律师表示遇到过性别歧视的言论、故事和笑话(American Bar Association Commission on Women in the Profession, Minority Corporate Counsel Association, and Center for WorkLife Law 2018; Jackson 2018a)。在美国律师协会对350家最大的律师事务所的1300名受访者进行的一项调查中,81%的女性律师称自己曾被误认为是律所的非律师雇员(Jackson 2018b)。该调查报告归纳了工作场所系统性偏见的五种主要模式。

(1)能力受怀疑。女性和有色人种律师必须更加努力地在工作中证明自己。

(2)谨小慎微。女性律师行为做事必须谨小慎微,包括以“女性的方式”行事,克制自己不发脾气不发怒,还要承担做会议记录等行政杂事。

(3)妈妈律师难做。人们对有孩子的女性律师存有偏见,认为她们不认真对待自己的事业。

(4)处处碰壁。女性律师想要追求事业,却又发现环境很困难,甚至处处碰壁。

(5)种族歧视。据报告,非洲裔女性律师在工作分配、晋升和薪酬方面受到的歧视程度最大(Jackson 2018a)。

辩护研究会是一个律师组织,会员都是为民事案件被告人作辩护的律师。该组织对765名女性会员所遭遇的性别歧视做了一项调查(见表4.4)。在分析研究结果时,我们必须记住,诉讼可能是法律行业中最有竞争性与战斗性的领域(Defense Research Institute 2005)。

表4.4 辩护研究会调查研究结果

性别偏见	70.4%以上的女性表示曾在法庭上遭受性别偏见,例如法官和法庭工作人员称女性律师为“宝贝儿”“亲爱的”,以及直呼其名。在美国的一些地区,由于法院系统存在性别偏见,客户不聘用女性诉讼律师
离职	由于性别相关的问题,61.6%的女性律师考虑过离开律师行业
“玻璃天花板”	大约65%的被调查者认为,女性辩护律师在升职晋级中遭遇无形障碍
个人生活	接受调查的女性中有超过52%的人表示,从事律师工作影响她们生孩子的时间计划。许多女性表示,为了能够遵守合伙人协议,她们只得推迟要孩子。她们担心,生孩子休产假会被认为她们对律师职业缺少付出,而且会妨碍她们获得重要的工作分配,乃至升职
导师	大约62%的女律师谈到她们每人有1位导师;而这些导师中只有25%是女性
客户	女律师表示,男性客户经常不尊重她们,在咨询时就要求让男律师为其代理。大约70%的女律师称,她们面临成为“业务高手”和承揽案源的压力

续表

对职业精神的认知	该调查报告发现,一方面,作为诉讼律师要有自信,另一方面,过分自信又会使女律师与其同事、法官和陪审员疏远,因此女律师要不断地在两者之间尽力保持平衡。这是一个典型的“必败”局面。在这种局面中,女律师很有可能被认为缺少闯劲,或过分有闯劲,从而显得太感情用事,或太冷漠太精明(Salerno et al. 2018)

女律师必须克服性别成见观念。一大批人观看了一段视频,视频中,男性和女性律师在可怕的杀人案中用愤怒语气发表辩护意见。表现出愤怒的女律师被认为不如男律师称职,其表现歇斯底里,令人恼火(Salerno et al. 2018)。

美国律师协会职业女性委员会2018年发现,其他法律实践领域的女性也有类似的经历。犹他州女律师协会(Women Lawyers of Utah)2010年的一份报告发现,37%的律所女律师据称曾与男同事发生过言语或肢体冲突,使工作环境不愉快。其中27%的女性认为这已经上升到了骚扰的程度,86%的女性律师认为这些令人反感的行为构成了性骚扰。相比之下,22%的男性表示他们经历过不愉快的工作环境,其中4%的男性认为这种行为构成了骚扰。报告指出,在其他类型的法律实践中,女性也遭受过骚扰(Women Lawyers of Utah 2010)。

犹他州的调查还发现,21%的女性认为她们在律所受到了不公平的对待,42%的受访者认为她们受到的虐待构成了歧视(占律所女性的10%)。不公平待遇包括缺乏公平的报酬(占律所女性的44%),缺乏尊重(占律所女性的13%)和“较少”的任务分配(占律所女性的13%)。

大律所的女性律师提出了几起法律诉讼,她们称,尽管她们表现出色,但她们的薪酬却低于表现较差的男性律师。女性律师的收入是男性律师的80%,相当于每年约12.5万美元,10年约100万美元(Olson 2016a)。一项调查显示,女性律师平均每年比男性律师少赚1/3,即大约30万美元(Olson 2017)。

尽管对律师事务所发生的性别歧视提起诉讼被视为“职业自杀”,但这类案件正在增加。几乎在每一起这样的案件中,律所都在辩解称,对女性律师采取的做法是因为她们工作质量差,无法与律所其他律师合作。美国众达律师事务所6名女律师提起集体诉讼,称自己遭受该律所性别歧视和怀孕歧视,要求这家富有的大型国际律所赔偿2亿美元的损失。这些女性律师拿出材料证明她们的薪酬低于男性律师,男性律师资质较差也能得到提拔,而她们在有了孩子后便被律所辞退。该诉状称,尽管该律所雇用的男女律师人数大致相当,但最好的工作都派给了男性律师,而要求加薪或要求有机会证明自己的女性律师会遭到报复。女性律师原告诉称,“贬损女性的言论和行为证实和加强了男性律师们的兄弟情谊,而让女性同事在屈服与辞退之间做出选择”。众达律师事务所的两名前律师提起的另一起诉讼称,该律师事务所对男女律师实行了歧视性的家庭休假政策(Hsu 2019)。

一些学者告诫说,不要把权威职位上女性律师人数不多的原因仅归结为性别歧视。理查德·阿贝尔在其对美国律师的研究中全面总结了各种观点。一种观点认为,女性律师之所以向往到政府部门和小型律师事务所工作,是因为这些部门的律师感到很容易平衡工作要求与家庭责任,而且为了养育幼小的孩子还能够非全日工作。另一种观点认为,女性通常更为慈悲慷慨,愿意到公益性法律执业岗位为那些被剥夺公民权利的人免费代理,而这些公益性岗位被认为不如与企业打交道的律师岗位名气大。还有学者认为,女性预料到她们在大型律师事务所会受到歧视,因此根本就不去那里求职。然而,也有观点认为,女性律师的状况正在逐步改善,而且变革大势不可避免,但是期望一夜之间实现梦想也是不现实的(Abel 1989:90-99)。

对于女性在职业上的劣势究竟是因为她们受到歧视,还是因为她们通常负有抚养子女的主要责任,评论人士出现了意见分歧。一项对著名的密歇根大学法学院法律专业毕业生的研究显示,毕业后 15 年,对家庭和孩子付出较多的女性“工作时间明显减少……因此成为高薪律师或私人律师事务所的律师合伙人的可能性大大降低”。换句话说,无论是努力成为合伙律师,还是投入时间照料家庭,女性都要“付出巨大的代价”。非全日工作或请假的女性律师表示,她们在律师事务所好像“坠入谷底”,被分配做一些枯燥乏味和相对不重要的工作(Chambers 1989;Dau-Schmidt et al. 2009)。

然而,有些研究的结论则认为,女性律师缺乏职业流动性似乎是性别歧视造成的,而不是她们选择“工作生活双兼顾”造成的(Heinz et al. 2005)。美国律师协会的一项调查发现,60%的女性律师和有色人种女性律师以及 4%的男性律师在工作环境中感到孤立,更多的女性律师比男性律师希望得到更好的指导。44%的有色人种女性律师和 39%的白人女性律师,以及 25%的少数族裔男性律师和 4%的白人男性律师认为,他们得到的工作没有吸引力(Rhode 2015:

69-70)。你认为哪种观点更有说服力？女性还会继续被迫在事业和家庭之间做出选择吗？

问题是,越来越多的女性进入法律行业是否会对律师的工作方式产生影响。有人预测,女性律师将为法律实践带来一种更加和解的风尚,她们把纠纷各方召集在一起,通过调解协商,最终达成兼顾各方利益的解决方案(Menkel-Meadow 1986)。

珍妮佛·皮尔斯对一家律师事务所和一家公司法律事务部的女性律师及其专职助手做了定性研究。皮尔斯发现,女律师比男律师更有可能挑战对抗性的诉讼方式。女律师喜欢把仁慈情怀引入当事双方在法庭外的关系,以缓和法庭上的对抗性。例如,该项研究提到,一位女律师把合同纠纷的双方当事人叫到一起,共同探究引起纠纷的内在情感因素。很快发现,一方当事人对另一方娶了自己的前妻而气愤,而另一方当事人则吃惊地表示这是个问题。一旦对抗情绪消除了,双方便达成了协议。如果对抗,这个案件就得由法庭判决,其结果是双方只有一方成为所谓的"赢家"。皮尔斯在不多的案例中也提到有少数女律师仿效男性诉讼律师的做法,但她们对"男性模式"的效仿却给自己带来了麻烦。皮尔斯的研究提出了这样一个问题:在不改变我们的职场构成方式和对抗性的司法制度的情况下,期望女性律师能够改变法律实践的性质,是否现实可行(Pierce 1995:124,133-134)。

执业律师的一个相关特点是倾向使客户关注法律问题,而非情感问题。在对离婚案律师的研究中,萨拉特与菲尔斯蒂纳提到了一位女客户。这位女客户离婚后主动离开她与前夫共有的家。但是女客户对自己的遭遇很生气,希望前夫表示一下姿态,承认其失去了居所。萨拉特与菲尔斯蒂纳发现,一位男律师告诫这位女客户,不要让感情因素阻碍对财产的分割(Sarat and Felstiner 1986)。林恩·马瑟及其同事们发现,离婚案女性律师往往是"敏感的倾听者",客户"不仅仅是婚姻财产的事实与数字的集合体,而且是脆弱的人,需要通过离婚得到帮助"(Mather et al. 2001:82)。其他研究提出的疑问是,男女律师对以善解人意与助人为乐的方式开展法律执业的重要性的理解是否存在不同。这些研究发现,在同客户互动方面,律师们的表现之所以有所不同,是因为他们的办案方式不同,而不是因为性别差异(Seron 1996:109-114)。在下一部分中,我们将讨论美国非洲裔律师和其他少数族裔律师所面临的挑战。

美国非洲裔律师

美国律师行业历来排斥少数族裔律师执业。理查德·阿贝尔在著述中提到,少数族裔律师“在20世纪60年代以前基本上都受到排斥”。19世纪40年代中期,马萨诸塞州最先许可男性非洲裔律师执业;1872年,首都哥伦比亚特区许可毕业于霍华德大学的第一位女性非洲裔律师执业。

这些律师都算是特例,因为获准成为执业律师的非洲裔美国人极其少有。1900年,美国有730名非洲裔律师(占律师人数的0.5%);10年后也只有795名非洲裔律师。在世纪之交,美国约50%的州各自拥有的非洲裔律师不足10人。

非洲裔在报考法学院中所受到的阻碍以及在执业中所受到的歧视,以美国南部最为严重,但在美国其他地方也不同程度地存在。从1909年到1945年,费城只有20名非洲裔美国人获准成为执业律师;而从1933年到1943年,则没有非洲裔获准成为执业律师(Abel 1989:99-100)。直到1932年,美国全国才仅有1200名非洲裔律师(Hall 1989:218)。

非洲裔律师人数之所以少,是因为他们受歧视并缺少受教育机会。直到1960年,非洲裔占美国人口的10.6%,而非洲裔律师只占律师从业人数的0.8%;1970年,非洲裔占美国人口的11.2%,非洲裔律师人数增至1.3%(Abel 1989:100)。

1912年,美国律师协会曾误把3名非洲裔律师接纳为会员,但很快通过决议撤销了这3人的会员资格,因为当时的惯例是只接受“白人”为会员。最后双方妥协,美国律师协会同意保留这3名非洲裔律师的会员资格,条件是他们须立即自动退出该组织。美国律师协会直到1943年才正式接受非洲裔律师为会员(Auerbach 1976:65)。

从那时起,美国律师协会把发展少数族裔律师会员以及雇用少数族裔律师确定为首要目标(American Bar Association 2016)。不过,所有少数族裔律师在这些方面的进展却一直缓慢。

非洲裔律师占律师总人数的5%(其中女性占1.9%);西班牙裔占全体律师的4%(女性占1.2%);亚洲裔约占3%(女性占1.0%);美国印第安人律师估计占0.2%(女性占0.1%)。大约2%的律师自我认同是多民族的。在过去的几年里,尽管法学院的入学人数有所下降,少数族裔入学人数却出现缓慢增长,增加到所有法律学生的 30%以上(American Bar Association 2016,2018a)。

芝加哥律师协会的一项研究结果表明,非洲裔律师与西班牙裔律师“在家庭出身的社会经济地位、就读法学院的知名度、获得合伙人地位,以及收入等各个方面都处于劣势”。这些律师要想在任何大小律师事务所取得高薪或高级职位,“可能性都非常低”。白人律师中有 36%的人声称其收入低于 7 万美元,而少数族裔律师中有 72%的人以及非裔律师中有 85%的人则表示其收入低于 7 万美元。律师职业中的种族歧视和性别歧视带来了双重的司法体制。在这个双重的司法体制中,少数族裔律师和女性律师总的来说只能代理穷人和受教育程度不高者的案件(Heinz et al. 2005:73,269)。

一个特别令人担忧的问题是,在大型合伙制律师事务所中,非洲裔、西班牙裔、亚洲裔和印第安人律师的比例不大。

宝藏职业介绍公司和少数族裔企业法律顾问协会联合对 200 多家律师事务所的人员多样性进行了年度调查。2018 年,少数族裔律师占合伙制律所律师总数的 17%,而 2017 年这一比例为 16%。还有一个重要的数据是,25%的律师是有色人种。数据显示,很少有少数族裔律师被提升为合伙人,仅占股权合伙人的 8.8%和非股权合伙人的 11%(Vault/MCCA 2018)。少数族裔律师占《财富》500 强企业总法律顾问的 9%(Rhode 2015:62)。

虽然律师事务所中少数族裔律师的比例很小,但亚洲裔律师的比例略高于非洲裔和西班牙裔/拉丁裔律师。非洲裔占被调查律所全部律师的 3.27%,占助理律师的 4.53%,占非股权合伙人的 2.65%,占所有股权合伙人的 1.87%;西班牙裔/拉丁裔律师占律所全部律师的 3.90%,占所有助理律师的 5.15%,占非股权合伙人的 1.48%,占股权合伙人的 2.54%。亚洲裔在所有律师中占 7.51%,在助理律师中占 11.85%,在非股权合伙人中占 3.27%,在所有股权合伙人中占 3.56%(Vault/MCCA 2018)。

史蒂文·哈珀列出了 2012 年凯威莱德律师事务所的人员统计数据。该律师事务所名册上有 452 名律师,其中 104 名是合伙人律师。合伙人中有 91 位是男性,13 位是女性。律师中有 5 人是亚洲裔,1 人是拉丁裔,1 人是夏威夷人/太平洋岛民,1 人是美洲印第安人/土著,没有非洲裔。1 名女性合伙人是亚洲人,其余都是白种人(Harper 2013:95)。

女性律师在非股权合伙人中占 4.88%,在股权合伙人中占 2.81%。有色人种女性律师占事务所所有律师的 8.57%,占助理律师的 14%。非洲裔女性律师占 2. 63%,占非股权合伙人的 1. 12%,占股权合伙人的 0. 67%;西班牙裔/拉丁裔女性占合伙人的 2. 67%,占非股权合伙人的 1. 47%,占股权合伙人的 0. 64%;亚洲裔女性律师占 6. 74%,占非股权合伙人的 1. 64%,占股权合伙人的 1. 27%。在律师事务所中,17%的有色人种女性是非股权合伙人或股权合伙人,而 54%的白人男性是非股权合伙人或股权合伙人,31%的白人女性和 31%的非洲裔男性是合伙人(Vault/MCCA 2018)。

颇具影响力的 Law360. com 网站每年对 300 多家美国律师事务所的种族和民族构成进行调查,其中包括前 100 家最大律师事务所中的 87 家和前 200 家最大律师事务所中的 80%以上。调查发现,在 2016 年至 2019 年,律师事务所中少数族裔的比例和少数族裔合伙人的比例并没有"明显变化"。自 2016 年调查以来,在律师事务所的每个类别中,少数族裔人数增长不到 1 个百分点(Law360 2017)。

42%的有色人种男性律师在入职后的 28 个月内离职,78%的有色人种男性律师在入职后的 55 个月内离职。少数族裔女性律师的数据显示,41%的人在被聘用后的 28 个月内离职。美国律师协会的报告称,85%的少数族裔女性在 7 年内离开了大型律所(Chung 2016)。非洲裔律师的数据当然比斯米格尔早期发现的只有 3 名非洲裔律师受雇于华尔街律所(Smigel 1969:45)的情况有所改善。尽管如此,事实仍然是,尽管非洲裔律师在律所律师中所占的比例不断上升,但他们的占比仍然明显不足(Chung 2016)。学者花了大量笔墨讨论为什么没有更多的少数族裔律师加入律师事务所。大卫·威尔金斯和米图·古拉蒂在对非洲裔律师的研究中采用了结构性视角。他们认为,律师们希望多产生可计费的工时,并为客户高效工作。他们争相寻找聪明的助理律师。大多数助理律师在成绩和证书方面都很难区分出高下,律师们自然会青睐他们认同并感到舒适的白人助理律师。还有一种解释是,律师们之所以这样做,是由于非洲裔律师都会较早从律所离职,而合伙人可能不愿投入时间和精力来指导少数族裔律师。

非洲裔律师反映说,他们得不到指导,得不到重要的业务,也没有机会与客户会面。许多非洲裔律师不到 5 年就离开了律师事务所。离开律师事务所后,绝大多数人都试图在政府部门或公司内设的法律事务部谋职,只有 17%的人去了其他大型律师事务所(Wilkins and Gulati 1996)。

詹姆斯·科尔曼和古拉蒂指出,与白人律师相比,非洲裔美国律师接到的任务质量更低,与客户和合伙人的接触也更少。“种族悖论”指的是律所竞相雇佣非洲裔,而这些人后来却没能留住,结果律所里绝大多数都是白人(Coleman and Gulati 2006)。加利福尼亚大学黑斯廷斯法学院工作生活法律中心进行的一项调查显示,2/3 的有色人种女性律师认为,她们必须“超越”同事,才能获得同样的认可,并认为自己被要求的标准高于白人律师。70%的有色人种女性律师表示他们的工资低于同事(Jackson 2018a)。

为什么这种情况还在继续?科尔曼和古拉蒂认为,事实表明,律所招募非洲裔律师担任初级职位是因为招募少数族裔可为律所赢得工作场所良好的声誉。同时,他们也声称,律所没有兴趣投入资源来培训和指导这些年轻的非洲裔律师(Coleman and Gulati 2006)。

私人研究公司 Nextions 进行的一项研究可以说明非洲裔律师遭受的偏见。研究人员起草了一份研究备忘录,其中充满了轻微的拼写和语法疏忽以及分析中的错误。这份备忘录被说成是一位初级助理写的,交给 22 家律师事务所的 60 名律师评估,他们同意参与一项“写作分析研究”。律师们被告知,这份备忘录撰写者是做了 3 年助理律师的托马斯·迈耶斯,毕业于纽约大学。

一半律师被告知迈耶斯是白人,另一半律师被告知迈耶斯是非洲裔。律师们在“非洲裔托马斯·迈耶斯”撰写的备忘录中发现了比“白人托马斯·迈耶斯”撰写的备忘录更多的错误。对“白人托马斯·迈耶斯”撰写的备忘录的评价总体是正面的,被评为 4.1 分(满分 5 分),而对“非洲裔托马斯·迈耶斯”撰写的备忘录的评价总体是负面的,被评为 3.2 分(满分 5 分)(Reeves 2015)。

一项针对哈佛法学院非洲裔毕业生的调查发现,大多数人都非常成功,他们所追求的职业与哈佛法学院的白人毕业生相当。然而,即使在这群才华横溢的律师中,也有超过一半的人表示遭受过同事、客户或政府官员的种族歧视。他们中 86%的人认为非洲裔律师将继续遭受歧视,27%的人称自己是工作场所中唯一的非洲裔(Wilkins et al. 2002)。

更新版的哈佛大学报告基本上肯定了这些研究结果。70%的女性和 53.3%的男性非洲裔哈佛法学院毕业生在拥有 251 名或更多律师的大型律师事务所开始职业生涯。哈佛大学法学院毕业生离开私人律所的比率高于全国的白人或非洲裔律师,而且离开大律所的女毕业生比例高于男毕业生。该研究指出,全国 47%的非洲裔律师合伙人获得了哈佛或耶鲁大学的法律学位,超过 3/4 的人就读于美国最负盛名的 12 所大学之一。精英法学院的非洲裔毕业生在律师事务所当律师十分普遍,因为其他律师对为这些毕业于名校的非洲裔同事提供指导和机会感到舒适(Wilkins and Fong 2017)。

2017年,尼日利亚移民之女伊梅尔·乌马纳当选著名的《哈佛法律评论》主席,成为首位担任该职位的非洲裔女性。《哈佛法律评论》的成员中有41%是少数族裔学生,而该校的这一比例约为32%。这些学生大多是亚洲人或西班牙人。在哈佛大学,只有5.7%的男生和9.6%的女生是非洲裔。《哈佛法律评论》创刊于1887年,1990年奥巴马成为第1位当选《哈佛法律评论》主席的非洲裔学生(Seelye 2017)。

理查德·桑德虽不反对有种族主义因素的影响,却反对这种结构性的解释。他认为,大型律师事务所看重优良素质,非洲裔律师在合伙人律师事务所之所以失败,是因为他们的成绩与资历都不佳(Sander 2006)。桑德的"人力资本"论调受到了另一项综合研究的驳斥。该研究发现,非洲裔律师离开大型律师事务所的原因是"建制上的歧视"。换句话说,非洲裔律师之所以决定从律师事务所离职,是因为他们缺少与同事及导师的联系,这使他们有一种孤独感与疏离感(Payne-Pikus,Hagan and Nelson 2010)。

这些原因的任何一条都可解释纽约一家律师事务所的情况:该律师事务所原本在20世纪90年代雇佣了"临界数量"的非洲裔、西班牙裔和亚洲裔律师,但后来发现,所有的这些受雇律师几乎都跳槽而去(Baynes 2012)。

非洲裔律师感到他们更适合做政府部门和企业内部的法律顾问。大卫·威尔金斯用资料证明了非洲裔律师事务所面临的困难。这些律师事务所大多依靠来自政府的业务,因为政府历来都是雇用律师事务所代理城市诉讼或起草发售公债的法律文件。然而,政府的预算危机、为少数族裔公司设置的优惠条件的撤销以及对优秀非洲裔律师竞相招聘等都让这些律师事务所感到很难在这种环境中生存下去(Wilkins 2008)。

非洲裔律师面临的问题是,他们是否因为自己的种族身份而不能代理某些客户的案件。威尔金斯讨论了非洲裔律师安东尼·格里芬的情况。格里芬是美国公民自由联盟的成员,致力于维护宪法第一修正案的权利,自愿代表迈克尔·洛维起诉得克萨斯州人权委员会。洛维当时是得克萨斯州"三K党"骑士的"巨龙"。得克萨斯州人权委员会曾指示洛维交出他的"三K党"成员名单。该委员会解释说,要求交出成员名单是为了识别那些身穿长袍和蒙面的"三K党"成员,他们曾恐吓过一个综合住宅区的非洲裔居民。格里芬成功地辩称，这违反了“三 K 党”根据宪法第一修正案享有的集会自由权利。由于决定代理洛维的案件，格里芬被要求辞去全国有色人种促进协会得克萨斯州亚瑟港分会首席法律顾问的职务，该协会是一个重要的民权组织，在历史上一直处于捍卫非洲裔权利和自由的前沿（Wilkins 2006）。

律师职业满意度

帕特里克·施利茨在一篇严厉的批评文章中引用了一些论据，这些论据显示，律师们都不同程度地遭受抑郁、焦虑、酗酒、滥用药物和自杀的折磨，而这些行为大多源于对法律工作的不满。施利茨的结论是，法律职业是“地球上最不快乐和最不健康的（职业）之一”，而且“律师看来属于美国最抑郁的人群”（Schlitz 1999：872–874；Krill，Johnson and Albert 2016）。

海因茨及其同事对芝加哥律师进行了调查研究，其研究结论与施利茨的结论存在根本不同（Heinz et al. 2005：256–274）。海因茨等人对芝加哥律师的研究结论表明，80%的调查对象表示对法律职业感到满意或非常满意；约 10%的人持中立态度，5%的人不满意，1.6%的人非常不满意。虽然女性律师对其生育子女所遇到的挑战不被人们理解而感到不愉快，但是，男女律师对职业满意度没有明显差异。这一研究结果得到一项对加拿大多伦多律师的研究的证实。这项对多伦多律师的调查研究还发现，大部分律师（77.7%的男律师，78.7%的女律师）表示，如果重新选择职业，他们还会选择做律师（Hagan and Kay 2007：68–71）。

有人推测，女律师不愿意表达自己所遭受的挫折，因而她们对工作的不满意度可能比数据显示的要大。一项研究发现，女性对自己缺乏机会、职权和认可，以及难以兼顾好事业与家庭而感到“心灰意冷”（Hagan and Kay 2007；Rhode 2015：62，72）。美国非洲裔律师对选择律师职业感到满意，但对职场及晋升机会受限感到非常不满（Rhode 2015：16）。

律师们一致表达了这样的担忧，即这个职业看重的是财务底线，律师不如以前规矩，更容易相互误导（Rhode 2000：9）。对律师职业满意度的调查，也应该包括对那些离职人员的调查，这样研究结果才更全面。

我们粗略地介绍了律师对职业的满意度。一项研究发现，近年来精英法学院毕业生没有那些在一般执业场所工作的非精英法学院毕业生对职业的满足度高。这是因为，精英法学院的毕业生对在大型律师事务所当助理律师的生活感到失望,而非精英法学院的毕业生将律师职业看作向上流动的机会(Dinovitzer and Garth 2007)。

调查普遍发现,最快乐的律师是那些认为自己的工作“有意义”的律师,尽管他们的收入可能不如高薪律师多。对职业不满意的律师还把原因指向公众对法律职业的敌意,以及他们为保护客户免受最坏结局的影响而被迫采取的悲观与厄运的消极心态(Quenqua 2015)。

一项对 65000 人的工作场所满意度的研究将律师事务所的助理律师列为最不满意的职位,法律文员是位列第 7 的最不满意的职位(Patrice 2013)。

美国律师协会对千禧一代律师的一项调查发现,影响年轻律师职业满意度的最重要因素是与他们共事的人、工作性质和薪酬。男律师优先考虑酬金问题。女律师更重视与她们一起工作的人以及律所的人员多样性(Cleveland 2016)。

一项研究发现,律师是“最孤独”的职业,紧随其后的是工程师。这种孤立感归因于这样一个事实,即律师感到自己不断地专注于工作,几乎没有机会社交(Weiss 2018a)。美国疾病控制与预防中心的最新数据显示,与其他职业人群相比,律师自杀率位居第 4。自杀率居前 3 位的是牙医、药剂师和医生。律师患抑郁症的可能性是其他人的 3.6 倍,患物质滥用症(吸毒、酗酒等)的可能性是其他人的 2 倍(Rhode 2015:15)。

大卫·钱伯斯通过分析律师满意度的文献得出结论,有的研究发现律师非常不满意,而有的研究发现绝大多数律师对自己的职业非常满意,这些研究之间存在明显的分歧。他的结论是,关注这两个极端忽略了一个事实,即有一大批律师最适合被描述为矛盾的人,他们对自己的工作性质持有“复杂”的看法(Chambers 2014)。

现在我们应该对律师职业的体制构成有了一个基本的了解。下一章我们将讨论法律教育以及法学院毕业生成为律师的过程。我们首先讨论的是法学院,然后是律师资格考试。我们知道,职业准入机制以及专业教育是一个“职业”的两大特点。

本章总结

早期美国律师接受的是英国律师学院的教育,因此受到人们的怀疑。英国式法律职业的精英主义品格与新建立的共和制国家的民主精神不一致。州立法机关对法律行业准入限制的措施进行了抵制,宣称法律行业应向一切符合资格的人士开放。于是,法律职业迅速被中产阶级商人子弟及农民子弟当作进入上层社会的康庄大道。律师在美国宪法与人权法案起草中发挥了重要作用,重新赢得了人们的尊重。

19 世纪末和 20 世纪初,美国法学院获得了全面发展。当时亚瑟・兰德尔在哈佛大学法学院率先采用案例教材与苏格拉底教学法,以及系统的课程体系。法学院有了等级划分,其中少数名牌法学院处于等级上层。名牌法学院的毕业生往往霸占着报酬最高的且最令人觊觎的工作。

19 世纪末,美国经济突飞猛进,铁路建设获得发展。服务于这些企业的公司制律师事务所应运而生,成了法律行业中最为强大、最有声望的机构。这种趋势在 20 世纪得到了快速发展,如今美国律师业形成了"层级化"的特点,其中处于金字塔顶层的大型律师事务所律师与处于金字塔底层的个体律师与小型律师事务所律师在收入上有着巨大差别。过去,处于法律职业底层的主要是天主教徒、犹太人及外来移民,如今女性与少数族裔律师逐渐成为律师职业的底层人员,而这些女性与少数族裔律师在大型律师事务所中人数相对不足。20 世纪出现了较多的政府律师与专职法律顾问。

过去几年中,精英律师保持职业独立的能力受到了经济衰退的威胁。大型律师事务所为分得企业客户的代理业务而互相竞争,并且通过辞退员工与律师以及强迫老年律师退休的办法减少开支。而剩下的律师所面临的前景则是不能取得合伙律师身份,仍然作为领薪雇员。对律师满意度的调查结果显示,律师虽然对其工作条件不满意,但是对从事律师职业感到满意。

第五章　司法保障与法律职业道德

引　言

本章将回顾为满足工薪阶层及中产阶级的法律需求而做出的多种努力。律师可为自己的业务做广告，以胜诉酬金的方式为客户代理案件，或筹措法律保险计划。经济条件较差的人则可通过法律服务公司或无偿法律援助获得法律代理服务。个人也可出庭自我辩护。有少数律师对赚钱兴趣不高，却热衷于推进政治进程，因而只代理那些在思想意识诉求上与自己相同的客户。

本章的最后一部分将讨论律师坚守职业道德准则与尽职尽责为客户代理案件的保障机制。

律师、客户与司法保障

民意调查显示，80%的美国人认为美国的司法体系是“世界上最好的”，它依法提供平等的司法保护。公众还认识到，较富裕的个人和企业能够负担得起比一般人更优质的法律代理。美国律师协会赞助了几项关于“公众法律需求”的研究。这些研究得出的结论是，公众的法律需求未得到满足，而如果这些需求通过律师诉诸法院，则有可能得到解决。斯坦福大学法学教授黛博拉·罗德在著述中指出，“依法享有公平正义”是美国“最令人自豪的宣言，也是遭到普遍违反的法律原则”之一(Rhode 2004:3)。

美国律师协会法律服务与公众协会 1994 年进行了一项研究，其研究结果不断得到人们的引用(见表 5.1)。表 5.1 后将对该项研究发现进行讨论。

表 5.1　美国律师协会法律服务与公众协会研究发现

法律问题	中低收入家庭有大量法律需求未得到满足
法律需求	对于中低收入的美国人来说,面对法律问题,最常见的处理方式是试图自己解决,或者不采取任何行动
法律需求性质	最普遍的法律需求都涉及个人财务问题(如信用卡)、消费者权益问题(次品维修)以及住房问题
放弃寻求法律补救的原因	低收入人群称,由于费用问题以及对法律补救能否有效解决问题持怀疑态度,因而放弃寻求法律解决。中等收入人群通常认为,他们可以自己解决问题,而且问题还没有严重到需要诉诸法院的地步
满意度	通过民事司法体系寻求法律补救案件中,近 50%低收入人群和 64%中等收入人群对结果表示满意

2014 年,美国律师基金会的一份报告详细描述了"潜在法律市场",将其定义为对法律服务的"未开发"需求。2/3 的成年人所述的问题总共涉及 12 种不同的民事司法问题。平均每个人面临 2—3 种情况。这些问题涉及就业、债务、养老金、保险、医疗保健和住房等"面包和黄油"问题。穷人和少数族裔最有可能遇到法律问题,而且他们遇到法律问题什么都不做的可能性是中等收入家庭的 2 倍。研究发现,46%的人自己解决民事司法问题,16%的人什么都不做,16%的人从家人或朋友那里得到帮助,15%的人向律师求助。当被问及为什么不就各种问题寻求法律援助时,接受调查的人解释说,他们不认为这些问题是"合法的",也不相信他们的问题有"法律解决办法"。大多数人认为他们面对的是"运气不好""生活的一部分或上帝计划的一部分"。人们普遍认为,即使是明显属于法律问题的问题,也应该而且可以由个人处理(Sandefur 2014)。

2016 年,美国律师协会题为《法律服务的未来》的报告指出,美国 4/5 的穷人和大多数中等收入者的法律需求没有得到满足。多达 1 亿美国人面临民事司法问题,其中许多涉及与住房(房屋收回)、食物(政府福利取消)、安全(需要申请限制令)、健康(保险问题)和父母权利(子女监护权)等有关的"基本人类需求"。2014 年,在犹他州近 6.7 万起债务催收案件中,98%的被告没有律师代理,而在这些案件中,96%的原告有律师代理。在住房驱逐案件中,97%的被告都没有律师代理,而所有的房主都雇有律师代理(American Bar Association

Commission on the Future of Legal Services 2016)。

2015 年,在纽约州,近 1/3 的州法院民事案件是丧失抵押房屋赎回权的诉讼。这些人中有 40%没有律师代理。同年,在纽约市住房法院的房屋驱逐诉讼中,70%的租户没有律师代理(Rakoff 2015:4)。在子女抚养案件中,90%的父母没有聘请律师(Sandman 2019)。

美国律师协会和全国州法院中心进行的调查发现,聘请律师的经济成本,以及失去工作和安排人照顾孩子的成本,是人们面临法律问题时自己处理的一个重要因素。不寻求法律援助的其他原因是漫长和令人沮丧的法律程序、不受尊重的感觉,以及对律师的不信任(Sandefur 2014)。

一个人是否有律师代理又有什么区别呢?前联邦法官杰德·拉科夫认为,在抵押贷款止赎诉讼中,没有律师代理的个人失去房屋的可能性是其他人的 2 倍。没有律师代理的家庭暴力受害者获得保护令的可能性要比有律师代理的低 50%。多项对州和联邦法官的调查表明,法官们"相当肯定",没有律师代理的人比有律师代理的人"情况会更糟"(Rakoff 2015:4)。在纽约市住房法院的一项研究中,卡罗尔·塞隆和她的同事指出,研究结果"清楚地表明",低收入租户有了律师代理,比没有律师代理的人"体验到明显更有益的……结果"。律师还通过限制延迟和不必要的法律诉讼来提高住房法庭的诉讼效率(Seron et al. 2001)。

律师还可以帮助个人解决他们面临的问题,并帮助他们获得社会保障残疾福利,免除学生贷款,获得法院保护令以制止家庭施暴行为,为家庭暴力受害者获得离婚协议,并迫使房东规范租金收取标准(Sandman 2019:113-115)。

州法院首席大法官会议得出的结论是,无律师代理的个人会妨碍法院审理,造成案件延误,使案件更难在审判前达成和解,从而不利于司法程序的推进(American Bar Association 2016)。

2006 年,美国律师协会理事会通过了第 112A 号决议,要求各州立法机构在低收入者基本需求受到威胁时为其提供法律代理。

美国最高法院在"吉迪恩诉温赖特"案中对宪法第六修正案的解释是,在个人可能面临监禁的刑事诉讼中,必须为其提供法律代理[*Gideon v. Wainwright*,372 U. S. 335(1963)]。但是,最高法院没有将同样的权利扩大到民事案件中的当事人。在"莱西特诉社会服务部"案中,最高法院裁定,正当程序并不要求州政府在听证会上为面临丧失父母权利的囚犯提供律师代理[*Lassiter v. Department of Social Services*,452 U. S. 18(1981)]。2011 年,最高法院驳回了一项主张,即州政府必须为因未能支付子女抚养费而被判民事藐视法庭罪并被判入狱 1 年的个人提供法律代理[*Turner v. Rogers*,564 U. S. 431(2011)]。州法院也拒绝为民事案件代理设立州宪法权利,即所谓的"民事吉迪恩"。

一些地方司法管辖区和州立法机构已经通过法律明确,为低收入个人提供公费律师,受理有关住房、子女监护权和子女抚养费的诉讼。美国律师协会估计,在涉及人类基本需求的案件中,获得民事公费律师的权利将花费 42 亿美元,占私人个体和企业现有律师费支出的 1.5%(Brito 2019)。

在接下来的章节中,我们将简要介绍增加法律代理业务的三种途径:律师广告、胜诉酬金和团体法律服务计划。在第七章对刑事法庭的讨论中,我们将讨论刑事案件中的律师代理。

律师广告

假如你因酒后驾驶或在聚会场合寻衅滋事而被拘留,或被自己的房东起诉,你如何能找到一位自己信任的律师呢？毫无疑问,多数人都会请亲戚朋友推荐律师。你可能也会在看电视的时候注意到律师正在宣传自己的服务,或在校报上看到律师的广告。看到律师推介自己的服务,你感到奇怪吗？

在 20 世纪初期,律师打广告是一个普遍的做法。后来,精英律师决定终止这一做法,并于 20 世纪 30 年代推动对律师广告的禁止工作。这是因为,律师事务所律师有能力从企业客户以及富人那里接到源源不断的业务;同时他们认为,这种广告宣传贬低了律师这一职业,也同律师的职业地位不相称(Abel 1989:125)。

个体律师及小型事务所律师反对禁止律师做广告的呼声持续了将近 40 年。在这种反对声中,出现了根本的变化,即美国最高法院在对一系列的案件裁决中都一一废除了各律师协会禁止律师做广告的规定。1975 年,美国最高法院裁定认为,弗吉尼亚州一个地方的律师协会要求律师在受理房屋出售时必须收取最低服务费,此举限制了合理竞争。该律师协会的此项规定所造成的结果是,弗吉尼亚州费尔法克斯县的律师没有人会以低于房屋总价值的 1%的受理费受理房屋出售业务[*Goldfarb v. Va. State Bar*,431 U. S. 773(1975)]。1977 年,美国最高法院撤销了亚利桑那州律师协会制定的禁止律师打广告的规定。提起诉讼的两位律师曾开办了一家法律诊所,受理协议离婚、更改姓名和简单遗嘱等常规法律业务,按标准收取费用。有道是,价优量大也能盈利,对律师也是这样。于是,律师们决定在亚利桑那州的菲尼克斯的一家报纸上刊登广告,"提供法律服务,收费价格合理"[*Bates v. State Bar of Arizona*,433 U. S. 350 (1977)]。美国最高法院认为,广告行为将竞争引入法律市场,其结果必然会促使律师向客户提供价廉质优的法律服务。最高法院强调,虚假与误导性的律师广告应予禁止。例如,"凡是我们接手的官司,我们基本都能打赢",这种说法不清楚,也不确切。

最高法院随后明确表示,虽然允许律师打广告,但律师协会可禁止律师"私下笼络"潜在客户。最高法院给出的理由是,"私下笼络"有可能误导客户,甚至迫使客户雇用某一律师,而且,律师也有可能"扰乱诉讼"。律师只要不谋求做咨询人的法律代理,就可不受限制地就咨询人的法律权利和打赢官司的可能性提供咨询[*Ohralik v. Ohio State Bar Association*, 436 U. S. 447 (1978)]。不过,最高法院允许通过邮件笼络客户,因为一封"内容真实,不具欺骗性的"信件不会产生像面对面的笼络那样的压力[*Shapero v. Kentucky Bar Association*,486 U. S. 466(1988)]。

在 2018 年,美国律师协会更新了广告规则,将电子媒体纳入其中,并对合法广告规则进行了几项修改。

州及地方律师协会在律师广告的标准把握上存在很大不同。一些地方律师协会严禁出现事故的视频图像或客户的评价感言,而且律师在报纸上刊登的广告不得出现"明星律师"或"最佳律师"等字眼。美国最高法院维持了佛罗里达州的一项颇具争议的规定。该规定禁止律师在事故发生 30 天内向事故受害人写信推荐自己做代理[*Florida Bar v. Went For It Inc.* ,515 U. S. 18(1995)]。

问题是如何既能保证律师言论自由与向客户提供法律代理资讯的社会效益,又能防止公众遭受虚假广告的误导。纽约北部地区的一家律师事务所的电视广告中,出现了数名律师以超乎常人的速度飞奔而至,就一架飞碟的凹损问题接受一群外星人的咨询。该广告最初被认为违反了该州的相关禁令,该禁令禁止描绘明显与律师执业能力无关的形象,具有误导客户和贬低律师职业的负面作用。后来,纽约多家法院均裁定,该广告属于言论自由,受宪法保护。人身伤害案律师和离婚案律师通常在其广告中显得更为强势。芝加哥的一位律师购得一条主要高速公路上的一块公告牌,上面赫然写着:"人生短暂,离婚吧。"图片上是一个穿着内衣的女性和一个赤裸上身的肌肉男被司法的天平隔开。

佛罗里达州最高法院对两名律师进行了谴责，因为在他们的电视广告中出现了一只项圈带尖刺的比特犬的标志，并在律所的电话号码中使用了“比特犬”一词。法院的理由是，“标志不能帮助公众确保在选择律师之前作出明智的决定”[*Florida Bar v. Pape*, 918 So. 2d 240(Fla. 2005)]。其他律师事务所也纷纷推出花样翻新的广告，例如资助赛车手或小型的联赛球队(Baum 2013:75)。

一些最具争议的广告是律师主动联系灾难事件的受害人。2003 年 10 月，纽约市发生斯塔滕岛渡轮事件，造成 10 人死亡，数十人受伤。顿时，律师们蜂拥而起，争相联系幸存下来的 1000 人，以笼络客户。结果，律师代表受害人提出的伤害索赔金额竟然高达 13 亿美元。一家律师事务所投放了一则长达 30 秒的电视广告：严峻的画面上是由绿色美元符号组成的巨浪不断拍打着一艘渡轮，画外音称船上的乘客有权要求赔偿，再不诉诸法律，就会为时已晚(Saulny 2003)。

2009 年 9 月，美国商会的下属机构法律改革研究所发表了一项研究，支持美国商会关于限制商业诉讼的倡议。律师代理的医疗事故诉讼电视广告，从 2004 年的约 10150 件上升到了 2008 年的约 156000 件。在同一时期，律师对广告的投入也从 380 万美元上升到近 6200 万美元，以 2008 年调整后的美元计算，大约增长了 1300%(Institute For Legal Reform 2009)。2015 年，律师在电视上的广告达到 8.92 亿美元，比 2008 年增长 68%。2017 年，这一数字估计增至 9.24 亿美元(Li 2017)。大型律师事务所通常把利润的 3%到 5%用来做广告，尽管这种广告的效果很不确定。2001 年，总部位于旧金山的布罗贝克律师事务所(Brobeck, Phleger & Harrison)斥资 310 万美元，瞄准高科技公司发起广告攻势。尽管如此，该律师事务所还是于 2003 年被迫宣告破产(Heinz et al. 2005:309-310)。另一项研究表明，2003 年律师在黄页广告上的花费超过任何其他行业或职业，大约为 10 亿美元(Baum 2013:75)。

美国侵权改革协会是一个致力于改革民事司法制度并反对法律广告的商业利益团体，该协会报告称，2018 年 4 月 1 日至 6 月 30 日，当地媒体市场播放了近 300 万条法律服务广告，耗资 1.86 亿美元。在此期间，近 15%的本地广告花费在 7 个媒体市场上。在纽约市，大约有 22 条关于法律服务的广告，共花费了大约 640 万美元。这是披萨外卖和餐馆广告数量的 20 倍。洛杉矶地区的电视观众接触到的法律服务广告是披萨外卖和餐馆广告数量的 7 倍。

一项对加利福尼亚州圣地亚哥市黄页信息上的律师广告调查发现，律师广告普遍无视加利福尼亚州律师协会制定的广告标准。例如,在调查的 835 个广告中,有 76 个广告声称“不胜诉,不收费”,但是没有说明个人是否应承担诉讼费用。有的律师喜欢提起过去打赢的官司,并声称曾经“为客户讨回了数百万美元”,却绝口不提这些官司胜诉的基础,也不说明过去的成功并不意味着将来成功。

此项研究还发现,从 1988 年至 2001 年,数名律师因广告违反职业道德而受到有关州律师协会的惩戒。佛罗里达州有 10 起针对律师的投诉,得克萨斯州及其他 3 个州也有 7 起投诉。在此项研究所涉及的 45 个州中,总共有 65 起投诉(Rossi 2002)。

根据美国商会法律改革研究所的数据,2015 年,一些律师事务所在广告上花费了 1000 万美元或更多,得克萨斯州休斯敦的一家律师事务所花费了 2500 万美元。2015 年,法律相关的电视广告支出为 8. 92 亿美元,自 2008 年以来增长了 68%。电视上的合法广告集中在三个主题上:处方药声明、医疗器械声明、石棉与间皮瘤声明。由人身伤害案律师投放广播广告的主要市场是坦帕市,其次是奥兰多、亚特兰大和拉斯维加斯。2015 年,仅佛罗里达州坦帕市就有超过 16. 5 万条法律广告。律师事务所正在以高价购买互联网搜索的关键字。25 个最贵搜索词中的 23 个和 100 个最贵搜索词中的 78 个都与律师相关。最昂贵的谷歌搜索关键词是“圣安东尼奥汽车事故律师”,每次点击花费 670 美元,“事故律师加利福尼亚州河滨”每次点击花费 626 美元(Weiss 2015)。

广告的效果毫不明显。一项对艾奥瓦州和威斯康星州的早期调查发现,与不做广告的律师相比,做广告的律师被认为能力较差、不够诚实可靠,代理成效也不见得好。而且,笨拙的广告也有可能损害公众对律师职业的信心。同时,有证据表明,广告造成了律师之间争夺客户,并导致了起草遗嘱等基础法律服务收费的降低(Rossi and Weighner 1991)。

反对律师广告的美国侵权改革协会认为,广告会在公众中传播恐惧和忧虑,从而导致不良的结果。该协会称,2016 年,61 名患者在看到律师的广告后停止使用血液稀释剂药物,因为这些广告呼吁人们加入对血液稀释剂制造商的法律诉讼行动。做广告的律师有时也可能没有完全准备好应对因广告而引起的潜在的复杂法律问题。

大型律师事务所律师通常不必直接向公众做广告宣传,因为他们一直认为浮夸的广告是对律师职业的贬低。大型律师事务所吸引客户靠的是网站、内部法律刊物以及具有明星影响力的知名度高的律师。大型律师事务所还鼓励其律师参加一些大公司的董事会，以便与那些商业“巨头”、财团“大鳄”打成一片。合伙制律师事务所越来越重视发挥其公关人员的作用，由公关人员发布通讯稿、联系记者采写关于本律所的报道，以及安排律师参加访谈节目。律师事务所之间还按照为客户挽回金额等标准，为律师事务所进行业绩排名，并把排名情况进行通报。律师事务所的另一个提升自身知名度的方法是，在法律刊物上发表声明，公布新的律师或助理律师（Heinz et al. 2005:313）。

“守旧派”律师对广告仍有抵触情绪。卡罗尔·塞隆在对律师业务的研究中发现，尽管广告被接受，但传统主义者仍然认为广告是对职业的贬低，并给人一种假象，以为律师不费什么努力就能取得不凡的成果。传统律师继续依靠推荐、社区关系和社会组织的成员身份来获得客户（Seron 1996:50–53）。相比而言，商业导向的年轻律师则喜欢主动推销自己（Seron 1996:50–53，95–97）。塞隆指出，这些年轻律师推销起自己来简直就像推销比萨饼和汉堡包一样容易，而且对法律业务的推销比对法律实践更来劲儿，并且得心应手。在这个快节奏的由企业家型律师组成的律师界中，效率与效益比代理质量以及律师与客户之间的个人关系更为重要（Seron 1996:95–97，104，107）。

“新一代”律师广告旨在吸引年轻人。例如，30 多岁的前说唱歌手、律师丹尼尔·穆西格在 YouTube 上发布了一段视频。视频中，一些罪犯从法院走出或正在进行犯罪活动，他们竖起大拇指，大声说：“谢谢你，丹。”穆西格接着出现，身上挂着一个霓虹灯，上面闪现的文字是“真正的辩护律师”。他接着面向观众讲话，宣称“美国的立国基础是自由、自由，而不是一群比你有钱的人，他们用愚蠢的法律告诉你什么能做，什么不能做。法律是随心所欲的，你想怎么着就怎么着”。穆西格劝说观众，他们需要一个“理解”他们的律师。“你是哪里人？……相信我，我也许有法律学位，但我像个罪犯一样思考。都是街头常识。”

穆西格向观众保证，他会接听电话，去监狱探视他的客户，“因为我可能无论如何都会去看望我的朋友”。他指出，承诺结果的刑事律师“很可能是骗子或卑鄙小人”。视频最后附有免责声明，称这是一部讽刺作品，里面出现的人物都是演员。这种类型的广告是否充分告知观众为什么应该聘请穆西格来代表他们？

胜诉酬金

大多数律师按小时收费,收费标准因其专业能力、工作经验以及案件难度的不同而不同。同一地方的个体执业律师及小型律师事务所律师,在受理房屋购买等常规案件中,收费标准大致相同。美国律师协会《职业行为示范规则》(1.5[a])规定,“律师不得约定、索要、收取不合理的费用或不合理的开支”。

黛博拉·罗德在报告中指出,相信律师收费公平合理的美国人不足5%。她谴责律师通过有意或无意地夸大案件投入时间而“虚报报价”。这种多收费行为显然在大型合伙制律师事务所十分普遍。有5%—10%的案件存在明显的律师欺诈行为,另有25%—35%的案件存在操作问题。一项调查发现,40%的律师承认自己要价不实,大约有一半的公司法务部律师认为律师事务所对他们收费过高。律师们承认,他们把与客户的社交性会谈也计入收费项目,尽管公司客户表示他们不应该支付这项会谈费用(Rhode 2000:169-171)。前联邦法院法官杰德·拉科夫(Jed Rakoff)报告称,聘请律师的费用增长速度高于收入或工资的平均增长速度,是通货膨胀率的3倍多。从1985年至2012年,律师事务所律师的平均收费从每小时112美元增加到536美元,助理律师从每小时79美元增加到370美元。这些费用促成了大多数民事案件的解决。2015年,在州法院和联邦法院审理的民事案件中,只有1%的案件是根据案情作出判决的(Rakoff 2015:4)。

以下所列的是合伙制律师事务所存在的一些典型的乱收费项目(Rhode 2000:171-174)。

·律师在计时收费时,把助理律师所做的与法律业务无关的事(如拆开文件箱)所花的时间计算在内。

·高级律师在办理完结一项没有法律难度的常规案件后,照样索取高额代理费。

·律师违反职业道德向客户收取代理其案件所需的学习法律的费用。

·大型律师事务所实行“单位收费”,把15分钟或20分钟作为一个收费单位。同律师通一次简短的电话就可花去客户1/5的律师小时费。

·律师进行“双重收费”。律师把搭乘飞机的出差时间算到一位客户的账上,而同时又把在飞机上处理另一位客户案件所花的时间算到该客户的账上。

·律师事务所虚报复印、暖气与空调等日常服务开支。

·律师索要全额定金(提前支付),即使很快结案,也不退回剩余款项。

一种替代性的律师代理费收取方式是胜诉酬金。根据胜诉酬金协议,客户无须向律师支付任何费用。律师只按事先议定的比例从原告获得的法律和解金或法院判决的赔偿金中抽取报酬。但是,胜诉酬金协议只包括律师费,原告仍须支付材料复印费等费用。据估计,90%的人身伤害案件都是律师以胜诉酬金方式取酬的(Baum 2013:77-78)。请注意,胜诉酬金只是律师和提起法律诉讼的原告之间的代理费结算方式,不涵盖为受到起诉的被告的代理费(Rakoff 2015:4)。

人们对胜诉酬金的主要批评是,签订了胜诉酬金协议,律师会设法尽早结案,而不是走法庭程序,以便在案件上花费尽可能少的时间(Corsi 1984:215-216)。而胜诉酬金的支持者则认为,以胜诉酬金方式取酬的律师不会草草结案而无视客户的利益,因为律师会希望让客户满意,以确保客户今后成为回头客。律师同时也想确保客户得到公平的结果,以便在其他潜在客户中保持"热心律师"的声誉(Kritzer 2002a,2002b)。

赞成胜诉酬金的主要观点是,如果没有胜诉酬金,律师可能不愿代理复杂的案件。胜诉酬金对贫困客户尤为重要,因为如果按小时支付律师费,他们就雇不起律师。而胜诉酬金的批评者则回应称,律师总要先对案件进行仔细筛选,然后才接手胜诉酬金案件,不会去接手那些有"败诉"风险的案件。这就是律师为何声称自己的胜诉率高达 90%的原因。批评者同时还指出,如果涉案金额不高,律师一般也不会按胜诉酬金方式去接手案件,而且挽回金额有可能低于 10 万美元的当事人也很难雇到愿意以胜诉酬金方式代理其案件的律师(Brickman 2003)。

因此,胜诉酬金方式并不能为每一个索赔人提供诉诸司法的机会。诉讼成本可能很快超过预期的经济复苏。法庭立案费以及证人证言、整理案卷和准备庭审所花费的时间都是非常昂贵的。造成的结果是,如果没有高额酬金的承诺,律师可能不愿意签订胜诉酬金协议(Chemerinsky 2017;Croley 2017:121-122;Lahave 2017)。

另一项主要的批评认为,律师有时只是做了一般性的工作,却获得了高额的酬金。胜诉酬金通常占结案金额或法院判决金额的 1/3。例如,在 2001 年"9·11"事件中,一位妇女的丈夫在世界贸易中心大楼丧生。这位遗孀聘请一名律师代理其案件,并获得了 660 万美元的抚恤金,律师从中获得了 200 万美元的律师费。如果将胜诉酬金换算成小时计费,则有些案件的小时酬金可高达几千甚至几万美元(Lansing, Fricke and Davis 2009)。1989 年,一辆饮料运输车同一辆校车发生碰撞,造成 21 名儿童死亡,数十人受伤。饮料公司所投保的保险公司直接赔偿了 1.22 亿美元。代理该案的几位律师获得了赔偿金额的 1/3,相当于每小时收费约 2.5 万美元(Bell and O'Connell 1997:216)。

律师们为数千名因接受经阴道植入网片治疗骨盆缺陷手术而受到伤害的女性争得了总计高达 100 亿美元的结案金额。扣除费用和律师费后,每位原告平均获得和解金额为 6 万美元。一些女性对她们的律师提起诉讼,称他们收取的律师费约占原告赔偿金额的 40%,为不义之财(Goldstein 2019)。

还有的批评指出,集体诉讼的判决有时造成很大一部分结案金额落入律师之手,而不是原告之手。集体诉讼是以少数原告的名义提起诉讼的一种诉讼方式。在集体诉讼中,法院认定少数原告作为所有"相同立场群体"的代表,而律师则只需代理这些少数原告提起诉讼。律师会主动联系"集体诉讼成员",并邀其加入或退出诉讼。只有当事人达到数千人而每人所主张的伤害赔偿金额为数不大时,集体诉讼才有必要。律师以胜诉酬金的方式代理每个当事人诉讼的做法在经济上很不划算,因为每个案件的赔偿金额不足以弥补诉讼开销。因此,只有合并诉讼,律师事务所才愿意以胜诉酬金的取酬方式受理合并案件。过去发生的集体诉讼案件,有起诉医疗器械不合格的制造公司的,有代表那些受欺骗的投资者起诉虚假陈述财务状况的公司的,有代表那些购买了劣质产品或有害药物的消费者起诉商家厂家的,还有代表那些就业歧视的受害者起诉有关雇主的。2002 年,美国联邦上诉法院法官理查德·波斯纳驳回了 HR 布洛克报税公司(H&R Block)与一群原告之间的和解协议。该协议一旦生效,将导致大约 1700 万原告每人获得 15—30 美元的赔偿,而律师们将获得 400 万美元的律师费,另有办案开支费。其他参与驳回和解协议判决的法官解释说,允许律师获得高额酬金将会使人们对律师的动机产生怀疑,并导致人们今后不愿参与集体诉讼。

大多数合同中的仲裁条款(在第六章中讨论)都排除了集体诉讼(Rakoff 2015:4)。在"美国电话电报公司(AT&T)移动有限责任公司诉康塞普西翁"[*AT&T Mobility LLC v. Concepcion*, 563 U.S. 333(2011)]案中,美国最高法院认为,消费者必须进入仲裁,并且根据合同,不得根据该公司对电话成本的虚假陈述提起集体诉讼,寻求损害赔偿。大法官斯蒂芬·布雷耶对此持反对意见，他在意见中写道："哪个理性的律师会为了区区 30.22 美元的索赔而在诉讼中代表（原告）？集体诉讼的现实替代方案不是 1700 万起个人诉讼，而是零起个人诉讼，因为只有疯子或狂热分子才会为了 30 美元而提起诉讼"（Chemerinsky 2017：194-195）。

美国最高法院并没有完全接受集体诉讼。在"沃尔玛百货公司诉杜克斯等"[*Wal-Mart Stores, Inc. v. Dukes, et al.*, 564 U. S. 338（2011）]案中，沃尔玛被提起集体诉讼，指控其在女性工资和晋升方面存在性别歧视。美国最高法院认为，原告未能确立足以构成集体诉讼的"共性"。共性要求证明原告的索赔涉及相似的事实和法律问题，并且将它们合并在一个法律诉讼中更为有效。大法官安东宁·斯卡利亚代表美国最高法院的多数派裁定，性别差异是个别主管决定的结果，原告的诉求需要单独提起诉讼；大法官露丝·巴德·金斯伯格对此持有异议，并在她的反对意见中指出，在整个公司范围内都有明确的歧视女性的政策，原告的诉求应该在集体诉讼中提起诉讼。一个单独的女性原告可能无法证明足够的经济损害，使律师接受她的个案。金斯伯格大法官指出，企业歧视女性的模式很明显："女性占据了零售商门店中 70%的小时工岗位，但女性只占'管理人员的 33%'。一个组织层级越高，女性的比例就越低"（Chemerinsky 2017：190-192）。

胜诉酬金的捍卫者认为，律师以胜诉酬金方式取酬，如果折算为时薪，则与按小时计费方式所获的酬金大致相当。而且，律师无法预测一起官司会耗时多久，也无法预测自己能否胜诉。"埃克森·瓦尔迪兹号"运油船沉没并造成了石油泄漏，阿拉斯加渔民的生计受到严重影响。美国明尼阿波利斯市的斐格律师事务所（Faegre & Benson）代理渔民打赢了官司，并获得了 1 亿多美元的胜诉酬金。然而，律师事务所受理此案耗费了 17 年的时间，其间也牺牲了其他的收入来源（Kritzer 2002）。

一些评论人士承认胜诉酬金的必要性，并且建议从以下几个方面把律师费保持在一个合理的水平：（1）限制律师在一起案件中的所得金额；（2）允许律师根据案件所花小时数收费；（3）允许律师按照比时薪增加 30%—35%的额度收取胜诉酬金（Lansing et al. 2009）。

律师界的精英人士认为，胜诉酬金致使律师从客户的劫难中获利，有损律师尊严。然而，收取胜诉酬金的律师则质问道，那些反对胜诉酬金的精英律师，是否期望他们的公司客户难以受到起诉（Auerbach 1976：44-48）。

美国许多州实行了胜诉酬金改革,对律师争得的赔偿总金额加以限制。批评人士称,这种改革阻碍了律师受理案件的积极性,将使律师只受理最有利可图的案件。斯蒂芬·丹尼尔斯和乔安妮·马丁研究了2003年得克萨斯州一项法律的影响,该法律对医疗事故案件中的非经济伤害(如疼痛和折磨)规定了25万美元的“硬上限”。得克萨斯州立法机构的想法是,大规模的非经济复苏推高了保险费率和医疗成本。丹尼尔斯和马丁发现,非经济损害赔偿的上限导致相当多的侵权案律师决定只接手最明显的医疗事故案件,因为风险和工作量与可能从胜诉酬金中抽取的酬金不相称。侵权案律师特别不愿意受理那些个人没有遭受重大工资损失的案件(例如,儿童、失业者或老年人)(Daniels and Martin 2015:205-230)。

本杰明·巴顿认为,涉及侵权案的胜诉酬金改革促成了“和解工厂”的兴起,这些工厂对人身伤害案等律师不感兴趣的案件提供法律代理。针对这些大规模的人身伤害业务,“和解工厂”忙着在全国范围内做广告,并与保险公司快速达成廉价区协议。这些“和解工厂”与保险公司有着密切的合作关系,一次就能解决数百起案件,甚至不用费心提交法院索赔。由“和解工厂”代理重大伤害索赔的个人通常收到的和解金低于他们在没有赔偿上限的情况下收到的和解金(Barton 2015:107,110-114)。

现在出现了一个新的事物,这就是大型银行和金融企业投资于法律诉讼。普通人感到很难支付得起诉讼费用,而以胜诉酬金方式取酬的律师又缺乏诉讼所需的资金。联邦法院审理的一般民事案件平均费用是15000美元,而一起医疗事故案件,如要求专家证人作证,则费用高达10万美元以上。因此,律师已开始贷款打官司。代理“核爆点”工人打官司的律师借款350万美元,最终赢得7.124亿美元的赔偿金。贷款方赚取贷款利润1100万美元。贷款打官司的做法受到保护,因为普通人借助贷款才能够有财力起诉大型企业。大多数州不要求律师必须把自己有贷款的事情告知客户。借贷利率高达15%,诉讼成本可能超过案件的胜诉酬金。贷款方由于急切想得到投资回报,可能会向律师施压,催其尽快结案。对律师来说,延迟结案可能导致利息费用支出在最终结算中所占的比例越来越大(Appelbaum 2010)。

许多诉讼融资公司是由财力雄厚的私人投资公司出资的,在某些情况下,诉讼融资公司支持利润丰厚但存在问题的诉讼。一份联邦起诉书指控5名男子在一家诉讼融资公司的资助下雇人制造滑倒事故,并将这些人送到提供虚假受伤诊断的医生那里。这个为期 5 年的欺诈计划使保险公司和业主损失了 3200 万美元(Goldstein and Silver-Greenberg 2018)。

在下一部分中,我们将概述为个人提供司法保障的另外两种途径。一是团体法律服务计划,其为单位就业人员或工会会员提供法律服务;二是法律援助,向处于贫困线以下的个人提供免费法律代理。

团体法律服务计划

人们获得法律服务的另一种途径是团体法律服务计划。这个计划又可分为“法律福利计划”(access plans)和“预先付款法律服务计划”(prepaid legal services plans,以下简称预付计划)。法律福利计划可以让个体利用其工会会员身份或者某一组织的成员身份或雇员身份,免费咨询律师或以优惠价获得律师代理服务。而加入预付计划的个体需要预先付费以获得某种法律服务(Baum 2013:77)。据估计,有 30%—40%的公众加入了某种预付计划(Rhode 2004:97)。

法律服务计划在欧洲已经有一百多年的历史。1973 年,美国国会修正了《劳动关系法》,允许工会同企业管理层就向工会会员提供法律服务进行磋商,同年,首批法律服务计划便在美国开始实行。1971 年,美国劳工国际工会成为第一个为会员提供法律救助的工会团体。随后,各公司企业和职业机构纷纷效仿,开始向员工提供免费的法律救助。

团体法律服务计划是如何运行的呢?在法律福利计划中,计划所覆盖的每个人都会收到一份家庭附近的律师名单,可免费咨询名单上的律师。律师可以通过电话或者信件进行答疑,也可审查合同及其他文件。如果有人想让律师代理危险驾驶指控等较复杂案件,可享受打折价优惠。美国退休者协会就是一个向其会员提供法律福利计划的组织(Corsi 1984:246-249)。前联邦法官杰德·拉科夫虽然赞扬了法律服务计划,但他指出,美国工会的衰落意味着超过 90%的私营劳动力无法以职工身份获得这些计划提供的服务(Rakoff 2015:5)。

根据预付计划,你每月只需支付大概 25 美元,即可不再付费并得到律师的咨询服务和其他一些基本服务,如起草房屋交易文书、起草遗嘱或是审查就业合同等。个人如需要获得其他事项的法律救助,如离婚、破产、代理轻微刑事案件或民事案件以及收养儿童,可另外缴纳费用。提供法律咨询的律师一般都是为预付计划做兼职工作的当地私营执业律师,或预付计划专职律师。预付计划又分为“封闭式”预付计划和“开放式”预付计划。“封闭式”预付计划只允许个人向该计划的签约律师进行咨询。“开放式”预付计划则允许个人向接受服务费上限的任何律师进行咨询(Rhode 2004:98)。

由法盾保险公司发起的一项法律服务计划调查显示,75%的法律保险客户对服务计划感到满意,70%的法律保险客户每年使用该计划 3 次以上。法盾保险公司在推广这些计划方面拥有既得利益。90%的美国人表示,如果他们有法律保险,即使是交通罚单或审查公寓租约这样的小问题,他们也会联系律师。然而,90%的美国人表示他们没有法律保险,2/3 的美国人称他们从未听说过法律服务计划。60%的受访者愿意每月支付 20 美元,以无限制地接触一名合格的律师,如果费用与雇主分摊,这一数字将增加到 70%。

本杰明·巴顿指出,在获得预付法律服务方面,LegalZoom,RocketLawyer 和 LegalShield 等在线网站是一个有希望的发展方向,这些网站提供订购计划,包括在线法律表格、律师审查法律文件,以及律师咨询(Barton 2015:204)。法律服务链接是一项在线服务,个人可以在上面发布法律问题,在该网站注册的律师会列出他们的专业背景和收费标准。

法律服务计划确保人们有机会向律师咨询基本的法律问题。然而,一些人士批评指出,为了省钱,该计划大多同新手律师签约,同时又缺乏服务质量监管(Rhode 2004:98),而且,签约律师总是尽量在客户身上少花时间,还经常依靠助理律师帮办(Van Hoy 1997)。

律师协会通过推介服务向中产阶级提供法律代理。推介服务就像是“信息资源库”,把求助者推荐给当地的称职律师。20 世纪 30 年代,美国费城和芝加哥律师协会尝试开展推介服务,是地方律师协会最早为满足中产阶级法律需求所做的有组织的工作。1946 年,美国律师协会理事会鼓励地方律师协会开展推介服务,把客户转介给那些愿意以合理收费价格提供法律服务的称职律师(Hurst 1950:326-329)。

下一部分,我们将讨论满足穷人法律需求的各种计划。

满足穷人的法律需求

1876 年,纽约的德国社区创办了美国第一个法律援助团体,以保护新来的移民不受房东的欺诈以及雇主和店主的剥削。对穷人的法律援助逐渐被视为一种机制,这种机制旨在使穷人与工人阶级相信,法律体系并不仅仅为富有阶级和特权阶级的利益服务,还为全体公民的利益服务。1890 年,为满足不同背景的人们的需要,德国社区的法律援助团体进行了扩充,并更名为纽约法律援助协会。在此前 4 年,妇女儿童保护协会就已成立,以保护妇女儿童免受不良雇主的剥削。此后不久,芝加哥成立司法局,向穷人提供法律服务。随后,其他城市的律师纷纷效仿纽约的法律援助协会和芝加哥的司法局,建立了法律援助协会。到 1917 年,已经有 41 个城市成立了法律援助协会。从房东与租户的纠纷到离婚乃至用工纠纷,这些组织都向穷人提供法律援助(Shepard 2007:2-4)。

1919 年,24 岁的波士顿法律援助协会会长雷金纳德·赫伯·史密斯,基于对法律援助协会的研究,出版了一部颇具影响力的著作——《司法与穷人》。史密斯指出,由于没钱聘请律师并支付诉讼费用,穷人无法打官司。这样就造成穷人无法依靠法律系统保护自身权益。这就使穷人认为美国的法律系统对其不利。史密斯预言,司法上的这种不平等将导致社会动荡与混乱。解决这一问题的措施是律师界加大法律援助的力度。史密斯是哈佛大学培养出来的一名律师,十分相信美国的司法体系。他坚信,只要有法律援助,穷人和工人阶级就能得到司法机关的公平对待(Smith 1919)。

史密斯对美国司法体系的公平与公正的描述使法律机构很感兴趣。1917 年,美国律师协会通过了一项决议,鼓励州及地方律师协会援助那些"值得援助的穷人"(Rhode 2004:59)。1921 年至 1937 年,史密斯担任了美国律师协会法律援助工作委员会的主席。其间,他鼓励各地律师协会成立法律援助团体。

1961 年,埃默里·布劳内尔更新了其 10 年前对法律援助的研究。他发现,尽管法律援助有了发展,但是,美国有 20% 的大城市没有法律援助机构(Brownell 1951,1961)。杰罗姆·卡林和其他两位著名学者所做的一项调查证实,每 12 万个符合援助条件的委托人才有 1 名法律援助律师。这样一来,法律援助律师平均只有会见 25% 的寻求援助者的时间,而且所拥有的资源只够受理那些简单不复杂的案件(Carlin,Howard and Messinger 1966:58)。1963 年,据估计,法律援助只能惠及 1%的需求者,而 2/3 的美国低收入人群仍需花钱咨询律师。法律援助的资金主要来自私人慈善捐助,而不是律师界。美国律师协会曾提醒人们注意,政府有卷入提供法律服务的危险(Rhode 2004:60),这是政府迈出的控制律师业的一步(Auerbach 1976:236-137)。

1964 年,美国总检察长罗伯特·F. 肯尼迪在芝加哥大学法学院发表的法律日演说中指出,因为缺少法律代理,“贫民窟与廉租房住户、不良金融企业的投资者以及备受歧视的少数族群”都无法维护自己的合法权利。相反,富人却能够请得起律师引导其走出法律的“灌木丛”。肯尼迪总检察长称美国“存在两个法律系统……一个是穷人的,一个是富人的”(转引自 Shepard 2007:1-2),并批评律师放任这一现象的发展。肯尼迪总检察长演说的灵感来自耶鲁大学的两名法学毕业生——埃德加·卡恩和吉恩·卡恩。他们二人代理穷人的案件,呼吁政府应该雇用律师在到地方社区工作,代理穷人的法律案件,并且提起法律诉讼,挑战那些不利于穷人的规定和做法(Cahn and Cahn 1964)。

林登·约翰逊总统实现了被刺总统约翰·F. 肯尼迪的愿景,同民主党国会一同通过了 1964 年的《机会均等法案》,以消除美国的贫困。约翰逊总统大胆宣称,“对贫困战争”旨在消除与防止贫困在美国的存在。这一法案催生了美国经济机会办公室的成立。该办公室对全国的法律援助机构给予资助,设立了 100 多个社区法律中心,并且拨款雇用了近 2000 名“反贫困”律师。这些法律中心为那些收入低于贫困线 125%的个体提供法律援助(2014 年,这一标准为 4 口之家的年收入 2.7563 万美元,总计有 5400 万人)。

吉恩·卡恩被任命为这些新的法律援助计划的负责人。社区律师不仅受理穷人的日常法律事项,同时还运用法律挑战那些不利于社区穷人和社会边缘人士的公共政策。这种对诉讼的社会改革主要包括:采取法律措施,规定房东有义务向租户提供宜居、安全的居住条件;法院接管那些不安全、不卫生、遭受毒品与犯罪团伙侵害的公租房;呼吁未经听证,不得剥夺当事人的公共援助。法律援助律师还通过诉讼,要求废除学校的种族隔离制度,并且宣称加利福尼亚州关于选民应懂英语的规定违反宪法(Johnson 1974:71)。也就是说,这项任务就是要“改变穷人所生活在其中的世界格局”(Auerbach 1976:270)。

有不少诉讼案件质疑加利福尼亚州移民工人的工作条件以及该州行政长官罗纳德·里根州长的政策。里根州长直言不讳地批评联邦资助的法律援助,并且提出疑问:政府是否应该支持“加州农村法律援助”计划的律师去追求他所认为的自由主义的社会议程?里根州长的批评言论得到了美国副总统斯皮罗·阿格纽的重申,他把法律援助律师称作“意识形态的义务警察”,利用公共资金追求他们自己的“社会应如何构建,以及社会资源、权利及利益应如何分配的黄金法则”。在阿格纽看来,法律援助应仅限于个体作为消费者在住房与就业方面所面对的问题,而不是着眼于社会改革。法律援助的资源应当用于阻止驱逐行为和无家可归现象的发生,通过获取保护令保护妇女免遭家庭暴力,并且确保父亲支付子女生活费。法律援助律师对此回应称,想要使穷人摆脱贫困,就必须解决他们在教育、住房以及社会服务等方面受到歧视的大问题(Corsi 1984:148-149)。

美国律师协会最初把对穷人的法律服务看作对律师业经济独立的一种威胁,并且批评法律援助是滑向“共产主义控制”的一步。然而,美国律师协会最终还是认同了联邦资助的法律援助计划。不过,许多地方律师协会仍反对联邦资助的律师,认为这些律师抢走了地方律师的案源,并且推动着极端的社会改革(Auerbach 1976:236,272-273)。

由于“水门丑闻”事件的发生,时任总统理查德·尼克松笼罩在可能遭受弹劾的阴云之下。就在引咎辞职之际,他把法律援助服务划归新成立的法律服务公司管理。该公司董事会由 11 人组成,经美国总统提名,并由国会批准。法律服务的具体工作由各区域主管领导。一方面,法律服务公司的成立保证了法律援助服务不受总统的直接控制,不会因“大笔一挥”而消亡。另一方面,各区域主管均由总统任命,他们可行使自己的权威限制那些由联邦资助的法律援助律师的法律活动(Shepard 2007:102)。

法律援助服务工作得到了吉米·卡特总统的有力支持。卡特总统指出,虽然美国拥有世界上“最为密集”的律师,但美国却没有“更多的正义”。卡特总统还指出,没有哪个职业服务“比法律服务在分配上更浪费,更不公平”。“我们 90%的律师为我们 10%的人服务……我们拥有太多的律师,而法律代理却又严重不足”(转引自 Shepard 2007:123)。

里根总统 1980 年入主白宫伊始,就试图撤销法律服务公司,但未能如愿。不过,他成功地大幅削减了法律服务公司的经费,并对法律援助律师的执业活动做了限制。限制律师活动的目的是恢复律师的传统职能,即代表个体委托人解决离婚、子女抚养、房东房客纠纷以及退伍老兵的利益主张等具体法律问题,而不是致力于“政治上具有争议的活动”。里根政府规定,法律援助律师不得从事涉及堕胎、废除学校种族隔离、移民、囚犯以及因滥用毒品而面临被驱逐的公租房居民等案件的诉讼,也不得参与游说、选民登记、组织政治活动、代理针对政府的集体诉讼以及收取律师费。禁止律师代理集体诉讼案件是为了竭力限制律师达到社会改革的目的。例如,要求法院接管那些不能提供安全保障和人类生活基本条件的监狱,或挑战某个城市被指非洲裔美国公民代表名额不足的选举体制。禁止收取律师费是指,律师代理的诉讼,如果涉及消费者或租户权益保护或就业歧视,律师不得收取案件代理费。削减法律服务经费以及禁止律师收取律师费,都使法律服务公司的预算支出受到很大程度的限制,并导致裁员。许多法律援助机构决定,由于裁员与经费短缺,不再为委托人代理离婚、儿童监护以及破产等方面的案件(Luban 1988:242,298-300)。

乔治·W. 布什政府不重视法律服务(Shepard 2007:240)。到奥巴马总统执政时,联邦政府对法律服务公司的资助大致相当于 1980 年的 1/2 的水平(Rhode 2004:106)。地方法律服务机构通常不得不用州和地方律师协会及其他方面的捐资弥补联邦拨款的不足。目前,在大约 1/3 的州,法律服务的主要经费都来自州和地方律师协会,2007 年占全部经费的 58%。这个所谓的联邦"毒药丸"策略防止了联邦资助的法律援助机构利用任何外来资金从事法律禁止的活动。同时,地方法律援助项目由于遭遇联邦经费的削减,可获得的地方基金也因经济衰退而不断缩水。这些基金通常来自律师掌握的委托人账户的利息("律师信托账户利息")。但由于利率下降,律师信托账户不再像过去那样可产生数亿美元的利息(Baum 2008:74)。美国对民事法律援助的总投入大约相当于每个符合条件的当事人 2.25 美元,而英国是 32 美元,新西兰也达到了 12 美元(Rhode 2004:106,112)。法律服务公司 2007 年的一项研究证实,穷人法律需求与法律服务供给之间的差距依然存在。这项研究得出结论称:"在全国大部分地区,这种司法供求差距比 25 年前更大。"(Legal Services Corporation 2007)

对于法律服务公司资助项目所服务的每个委托人(超过 90 多万人)来说,至少有 1 人因人员和经费不足而遭拒绝,而遭拒最多的是在住房、家庭和消费方面有纠纷的当事人。这意味着,这些当事人可能会遇到驱逐、没有子女抚养费或家庭暴力。

在低收入人群的法律案件中,只有"很小一部分"案件(1/5 及以下)由私人律师或法律援助律师代理。当事人解释说,尽管大多数受调查的家庭符合享受法律援助免费服务的条件,但他们还是无法请到律师。还有一些没有得到法律援助的调查对象认为,律师不可能会为他们排忧解难。

奥巴马总统对法律援助的投入增加了3000万美元,并且对全美137个法律援助中心发放了近4亿美元。同时,他还取消了对律师收取法院针对特定案件而奖励的律师费的限制。有45个州向起诉违反消费者保护法行为而胜诉的律师发放律师费,而联邦法院则向维护《反住房歧视法》的律师发放律师费(Dillard and Savner 2009)。

2017年的一份报告显示,法律服务公司为133个有着843个法律援助办事处的受助机构提供了资金。处于或低于联邦贫困线(2016年个人贫困线为14850美元,家庭贫困线为30375美元)125%的个人或1/5的美国人有资格获得法律援助。法律服务公司近20%的客户年龄在60岁以上,大约70%的客户是女性。超过12.1万起案件涉及家庭暴力。从法律服务公司援助中受益的个人中有42%是白人,28%是非洲裔,18%是西班牙裔,3%是亚洲裔(Legal Services Corporation 2017a)。

司法差距(justice gap)是指低收入者遇到的法律问题与解决这些法律问题的可用资源之间的差距。法律服务公司的结论是,这一法律"差距"已经扩大成一个"鸿沟"。2017年法律服务公司的报告发现,71%符合法律援助条件的低收入人群在过去1年中至少遇到过1次民事法律问题,54%的人遇到过至少2次法律问题,24%的人遇到过6次或更多的法律问题。低收入群体面临的主要问题是医疗保健、消费和公用事业、租赁住房、儿童监护、教育、残疾、政府收入援助和退伍军人福利。面临法律问题占比较高的人群是有着遭受家庭暴力或性侵不幸者的家庭(97%)、18岁以下儿童的父母或监护人(80%)、残疾人(80%)和农村家庭(75%)。70%的低收入美国人表示,这些问题严重影响了他们的生活(Legal Services Corporation,2017b:6-7,21)。

据估计,2017年约有100万人向法律服务公司资助的法律援助组织求助,并提出了约170万个问题。对于每个由法律服务公司资助的项目服务的客户来说,由于资源不足,不止一个人继续被拒之门外或得到的援助不足。因此,即使在联系法律援助后,低收入美国人的法律需求也不可能完全得到满足,因为低收入群体有超过100万个符合条件的民事法律问题(Legal Services Corporation,2017b:8,14,40,44)。

无论受教育程度如何,低收入人群中有"非常小比例"的人也试图寻求律师帮助。

这些人有大约只有20%的法律问题从私人律师或法律援助律师那里寻求

帮助。当被问及为什么不寻求法律援助时,人们解释说,尽管大多数接受调查的家庭在经济上符合获得免费法律援助的条件,但他们负担不起律师费。其他没有获得法律代理的受访者认为律师对他们没有帮助或不知道如何找到律师。最终结果是,根据法律服务公司的说法,低收入者报告的民事法律问题中有86%没有得到充分的法律援助或根本没有得到法律援助(Legal Services Corporation 2017b:6-7)。

美国律师协会委员会《关于法律服务未来的报告》引用了波士顿律师协会的一项研究。该研究发现,在马萨诸塞州,民事法律援助项目拒绝了64%符合援助条件的案件。美国马萨诸塞州近3.3万低收入居民得不到律师的帮助,涉及的都是与生活息息相关的法律问题,如房屋收回、丧失抵押品赎回权,以及虐待儿童和家庭暴力等涉及家庭法的案件。在家庭法案件中寻求帮助的人有80%的次数被拒绝(American Bar Association Commission on the Future of Legal Services 2016)。

民意调查显示,大约有80%的民众支持向穷人提供基本的法律援助服务。尽管如此,法律援助项目还是遭受了资金削减,并且可能再次发现法律援助服务可能被禁止挑战影响穷人的广泛的社会状况(Rhode 2004:104)。特朗普总统每年的预算都提议削减和取消法律服务公司,只要求拨给关闭法律服务公司所需的资金。国会预算协议把法律服务公司预算拨款恢复到2017年实有的3.85亿美元,这比该公司2010年预算拨款(经通货膨胀调整后的美元)减少了大约17%(Snell and O'Keefe 2017)。2018年3月,国会改变了方向,为法律服务公司拨款4.1亿美元。这是自2010年以来该公司预算的最大增幅。2019年,国会再次将该公司的资金增加到4.15亿美元。美国律师协会委员会《关于法律服务未来的报告》估计,至少需要6.5亿美元来满足生活贫困人群的法律需求,且中等收入人群的需求仍有很大比例未得到满足(American Bar Association Commission on the Future of Legal Services 2016)。

民事法律服务律师的入门工资中位数最低,根据他们的执业年限,工资的增长很小,在过去的14年里,其他任何政府律师的工资增长都是最慢的。新入职50人以下律师事务所的律师,其工资中位数几乎是民事法律服务律师入门工资的2倍(National Association for Law Placement 2018)。

需要提醒的是,法律援助的回报远远超过在法律援助上的花费。法律援助律师为客户在社会保障金、医疗和退伍军人福利以及子女和配偶抚养费方面挽回利益数亿美元。

不过,还有一种向公众提供法律服务的方式,即志愿法律服务。

志愿法律服务

我们不应忽视的是,律师把自己的职业技能奉献给那些通常请不起律师的人。社会志愿服务(“为公众利益提供无偿服务”)被看作律师确保司法公正的义务之一,它还提醒律师牢记他们的首要责任是维护法制。同时,从实际上考虑,向穷人提供法律服务能够提高律师在人们心中的地位,并且能够增强人们对司法公正的信心。大型律师事务所还发现,志愿法律服务有助于他们招收到理想的年轻律师(Rhode 2004:146-147)。

1908 年,不具约束力的美国律师协会《职业道德准则》第 12 条建议,“客户的贫困”可决定律师降低收费甚至“根本不收费”提供服务。美国律师协会现行的《职业行为示范规则》规定,律师的目标应该是每年提供 50 小时的免费法律服务。事实上,每个州律师协会的职业行为守则都以某种形式体现了这一规定。

他们的想法是,律师垄断了法律代理,作为这种特权的回报,他们应该帮助公众充分和公平地利用法律制度。公益服务还能确保律师了解普通人面临的问题,了解法律体系中需要改革的领域(Rhode 2015:54)。

20 世纪 80 年代的一项调查表明,律师每年平均奉献 5—15 个小时法律服务,其中绝大多数奉献给了律师的朋友、家人、雇员或他们的客户,或者奉献给了当地组织,律师可以在这些组织中与潜在客户建立有价值的联系(Rhode 2004:65-66)。

2017 年,美国律师协会调查了 24 个州的 4.7 万名律师,了解他们 2016 年的公益活动以及最近的公益活动情况。尽管只有 45%的律师表示他们可能或非常可能提供无偿法律代理,但 81%的律师认为公益服务有些或非常重要。律师提供公益服务的动机是帮助有需要的人,履行道德义务,履行作为法律专业人员的责任。

然而,律师们表示,由于缺乏时间、负有繁重的个人和家庭义务,以及缺乏专业领域以外的技能或经验,他们提供无偿服务会力不从心(American Bar Association 2018b)。

是否应该要求律师无偿向穷人提供法律服务呢?这种要求遭到了许多评

论人士的抵制,他们认为,无偿服务是对律师赚取收入能力的干涉,是一种“强迫性奴役”。论点如下:大多数律师不一定具备帮助人们解决普通问题所需的专业知识。大律所的高级律师会把公益案件分配给年轻律师和个体执业律师,而小律所的律师没有时间和资源在没有报酬的情况下代理客户案件,也不会提供足够的代理服务。希望对社会作出贡献的个人应该自由决定这种贡献应采取何种形式。他们应该能够自己决定是否是从事公益服务,向慈善机构捐款,还是指导青少年运动队。同时还应考虑到,代表银行家、零售商或其他企业的律师不愿对他们赖以为生的行业中的一家公司提起诉讼。在最后的分析中,强制性公益代理是对法律业征收的一种“税”(Rotunda 2016; Sullivan 2016)。

美国律师协会虽然对律师从事志愿法律服务不作硬性规定,但建议律师每年应志愿提供 50 个小时的免费服务,服务对象主要是“资产有限的人”及其救助组织。履行这项职责的方式也可以是向慈善团体、宗教组织、穷人社区或教育机构提供法律服务或捐款。大多数州不同程度地执行美国律师协会的建议。其中,佛罗里达州、马里兰州和新泽西州对律师提供志愿服务要求最为严格。2018 年美国律师协会关于公益活动的调查发现,大约 20%的律师提供了 50 小时或更长时间的公益法律服务,52%的律师在 2016 年提供了法律服务,20%的受访者在其职业生涯中从未提供过公益法律服务。美国律师协会的调查结论是,“尽管(50 小时)的理想目标是……我们的律师群体……没有达到这个重要的目标”。美国律师平均每年奉献约 37 小时的无偿服务(American Bar Association 2018b)。

黛博拉·罗德指出,大律所的律师平均每天只花 10 分钟在公益活动上,而最赚钱的律所的公益活动正在迅速减少。100 家最赚钱的律所中有 18 家已经同意接受挑战,将其收入的 3%—5%用于支持法律援助(Rhode 2004:151-155)。律师通常被列为收入最高的职业之一,但律师平均每年向公益组织的捐赠却只有 85 美元(Rhode 2000:5)。

黛博拉·罗德对志愿法律服务进行了一项综合性的调查。她发现,多数大型律师事务所的律师很快就懂得,志愿服务在回报上不及为付费客户服务的回报那样高,而且志愿服务也与律师事务所对经济效益的强调不一致。许多年轻律师背负着学生时代的债务,希望把时间花在积累计费工时上,多拿奖金。同时,律师也没有时间从事额外的工作。律师们称,他们的执业方式颇为传统,按天计算付费客户的代理费(Rhode 2004:160-172)。

罗德的报告称,大多数律师都愿意提供更多的无偿服务。缺乏无偿服务的机会是新入职律师不满的一个原因,有整整一半的律师希望把更多的时间花在无偿服务上。然而,只有 1/4 的律师所在的组织或律所将公益工作完全计入计费时间,近 2/3 的律师认为公益工作是负面的,或者在决定晋升和薪酬方面不重要(Rhode 2015:19)。

顶尖的合伙人律师事务所出人意料地投入了大量时间来挑战特朗普政府的移民政策,尽管其中有几家律所是政府部门的代表。据称,保罗韦斯律师事务所花费了超过 200 万美元的计费时间来代理与父母分离的儿童,并迫使政府将这些儿童与被驱逐出境的父母团聚。还有的律所则质疑针对穆斯林的"旅行禁令",并为拒绝全面配合驱逐移民的"庇护城市"辩护。怀疑论者指出,移民和廉价劳动力的自由流动通常受到大型律师事务所企业客户的青睐。因此,在移民案件中提供法律代理与律师事务所过去避免卷入可能与企业客户利益相冲突的法律问题的做法是一致的(Correal 2019)。

丽贝卡·桑迪福对律师自我填答的参与志愿服务活动情况做了统计,并做了较为精细的分析。丽贝卡发现,在下列情况下,志愿服务活动最为活跃:(1)州律师协会直接招募专门律师从事法律援助;(2)在律师平均收入最高的州;(3)在律师担心人们向非律师(如会计)求助的州,因为非法律人员的介入对本州律师的持续收入构成了威胁(Sandefur 2007)。

在最近的其他研究中,罗伯特·格兰菲尔德发现,决定年轻律师对志愿服务态度的不是接受法律教育期间形成的对志愿服务价值与意义的认识,而是其"工作环境"。例如,与黛博拉·罗德不同,罗伯特发现,最为支持强制性法律志愿服务的恰恰是那些大型律师事务所的律师,因为这些律师可以把法律志愿服务工作计入"付费时间",并且还能收获所需的办案经验。由于人们把他们当成是"金钱的饿鬼""企业利益的奴仆",因此,大型律师事务所律师支持志愿服务,则以实际行动反击了这些看法。非洲裔律师往往具有强烈的群体责任感,对志愿服务的参与率高于白人律师(Grandfield 2007)。

本杰明·巴顿指出,缺乏法律代理的问题无法通过公益服务得到充分解决,而且律师的大部分公益服务都奉献给了文化和艺术组织,而不是穷人。还有一种持续的反对意见认为,强制性的无偿服务义务将构成非法获取律师的专业知识而不支付报酬(Barton 2015:195-196)。

接下来,我们将关注那些不图挣钱的律师,他们的执业活动是基于意识形态,为与其有着相同意识形态的客户代言。

事业法律代言

律师通常被认为是“雇佣枪手”,因为不管何许人,只要走进大门并且愿意支付律师费,他们就为其代言。不管对客户或其诉求抱有怎样的个人看法,律师都会运用自己的专业能力维护客户的利益。我们知道,虽然律师总是喜欢代理那些反映其个人观点的法律案件,但是,他们对环境等问题的个人观点或政治意识形态,一般还不能决定他们是愿意为石油公司代言,还是为非营利的环保组织山峦协会代言。

有些律师致力于为“事业”代言,而不是为个人或大型企业实体与机构代言。如果律师运用法律来推进他们认为符合“公众利益”的社会运动或社会政策,那么他们便是在进行事业法律代言。参与事业代言活动的律师通常都赞成他们所代言的社会运动或政治运动的宗旨。事业法律代言活动包括律师全职为社会正义组织工作和为政治或社会运动做兼职代理。研究事业代言的学者认为,事业代言既包括推动政治事业的意图,也包括推动政治事业的行动(Scheingold and Bloom 1998)。

事业代言律师可代言的组织包括美国民权同盟(致力于保护言论自由及公民权利)、美国自然资源保护委员会(致力于保护环境)以及美国全国妇女组织(致力于保护妇女权益)等组织。事业法律代言的一个著名的案例是,为美国全国有色人种协进会代言的几位律师制定并实施了一项诉讼策略,结果实现了公立学校的合并。20 世纪 60 年代,哈佛法学院的年轻毕业生拉尔夫·纳德呼吁年轻律师代表消费者介入“公共利益法”。“纳德战队”对汽车安全到工人职业安全等领域都做出了重要的影响(Sarat and Scheingold 2008;Scheingold and Sarat 2004)。虽然“事业法律代言”历来被等同于自由主义事业,但是,在过去的几十年中,为保守团体和基金会所做的法律代言活动却在增多。其中就有为帕特·罗伯逊神父建立的美国法律与正义中心代言,该组织致力于维护与促进宗教自由、“生命权”以及婚姻的神圣性(Southworth 2008)。

律师对社会运动做出了多种多样的贡献,即便是败诉的官司也能对某一运动产生重要的影响(Scheingold 1974)。一些富人已经建立了法律组织,找到那些挑战平权法案等问题的原告和同情他们的律师,让双方联起手来重新提起法律诉讼，律师代理费由该组织支付（Mencimer 2016）。

事业代言的合法性：律师在诉讼中主张，一个群体拥实现其诉求的合法权利。例如，美国有色人种协进会曾成功地使法院作出裁决，承认对非洲裔青少年的学校隔离政策侵犯了他们受法律平等保护的宪法权利。这种诉讼有时被称为“框定”问题。

事业代言的政治平台作用：通过提起诉讼，一个群体可以对其主张进行充分表达和强调，并说服公众接受其主张的优点。通过强调诉讼案件中特定个体所遭受的伤害，才能使人们注意到该群体特定成员的遭遇，进而使问题获得“人性化”的解决。那些维护隔离政策的人，在面对被剥夺平等受教育权利的青少年时，不得不采取守势。

事业代言的推动作用：法律诉讼可以引起抗议，激起社会运动，促使公众关注某项公共事业，并迫使民选官员关注某项社会运动。法律诉讼在 20 世纪 60 年代反对越南战争的运动中起着重要作用，并且在反对核武器的运动中以及在关于堕胎问题的辩论中，都起着重要的作用。

然而，在天平的另一端存在败诉的风险，而败诉则会损害某一运动的合法性。如果以违反平等的法律保护权为由对禁止同性婚姻的规定提起的诉讼败诉，是否会对争取同性婚姻的运动造成损害，人们对这一问题展开了激烈的辩论。

社会运动的活动分子有时批评事业代言律师，因为他们不肯冒险参与政治抗议与政治组织活动。同时，律师希望发表传统的法律观点，而活动分子则希望利用法庭发表政治观点，于是二者关系也会变得紧张。

在对律师作用的看法上，事业代言律师往往不同于其他律师。研究表明，大多数原本怀着利用法律实现社会变革抱负而踏入法学院大门的学生，很快便打消了自己无私的志向（McGill 2006）。他们转变工作重心，把心思和精力放在职场，以发展法律执业技能、获得一份高薪及博得专业声望。大多数学生接受的观点是，律师的职责是为任何需要律师的人代理案件，而不是谋求实现个人的政治议程（Stover and Erlanger 1989）。事业代言律师通常都有超越单一问题或单一案件的改革志向。关心人权的律师致力于从移民、印第安人到工人权利和酷刑等一系列问题的诉讼（Kawar 2015；Lee 2014）。这些律师认识到，除了诉讼之外，社会变革还需要他们就这些问题教育公众和媒体，帮助组织集会和抗议活动，并与有共同观点的律师和团体结成联盟（Cole 2016：149－

220)。近年的一项进展是,拥有共同政治观点的州检察长联合就堕胎、枪支管制、同性婚姻和全球变暖等问题提起多州诉讼。州检察长在起诉制药和烟草公司方面跨越了党派界限(Nolette 2015)。最近,多个州检察长合作挑战特朗普总统 2017 年 2 月的移民命令,他们的举动得到了多个自由派法律活动团体以新的行动所给予的支持(Savage 2017)。

如何解释一些律师投入一定的时间与精力进行事业代言活动?在一项对保守的“事业律师”的研究中,安·索斯沃斯发现,为保守的宗教团体代言的律师往往同其客户有着一致的观点,而且这些律师还质问道,律师是否就应该对其所代言的事业保持道德上的中立。

在索斯沃斯的研究中,不少律师都是怀着以法律实现社会变革的初衷踏入法学院大门的。有一部分律师在感到无法从传统的法律实践中得到满足之后,才转而从事“事业代言”活动。还有一部分律师,在推进政治事业的同时,也把参与事业代言活动作为吸引客户的有效策略(Southworth 2008:71-88)。

阿曼达·霍利斯-布鲁斯基以文件资料证明了保守的联邦党人学会的影响,她把该学会称作“知识共同体”——一群致力于推进保守的宪法原则的律师、学者和学生。她阐释了联邦党人学会用以宣传其观点的方法,这些方法包括召开会议、发表法律评论文章、建立工作关系网、任命州和联邦法院的保守派法官、征求法庭之友意见、开展法律宣传以及吸引人们注意支持其理念的司法判决(Hollis-Brusky 2015)。在“哥伦比亚特区诉海勒”案中,美国联邦最高法院 5 名大法官中占多数的 4 名,以及撰写上诉法院判决的法官,都与联邦党人学会有着深厚的联系。该案承认美国宪法第二修正案赋予个人拥有武器的权利。3 名联邦党人学会成员策划了法律策略,21 名成员签署了 8 份不同的法庭之友意见。美国最高法院的意见依赖于该学会著名学术成员撰写的文章[*District of Columbia v. Heller*,554 U. S. 570(2008)]。美国宪法学会在促进对美国宪法的自由解释方面发挥着类似的作用,但影响力较小。

自行辩护

法院正逐渐承认公民具有自行辩护(或自我陈述)的权利。20 世纪 30 年代,有组织的律师界曾想方设法维护其对法律事务的垄断,并成功游说州立法机关颁布法令,取缔“未经授权的法律实务活动”。这些法令直接针对非律师人员出庭为委托人代言。同时，法官还设置了多种程序障碍，阻止当事人在法庭上自行辩护（Rhode 2004：75–76）。

近年来，“自助式”法律文书的出现以及法律救济程序（如“无过错离婚”）的简化，助长了自行辩护的势头。还有一项改革是，有41个州通过了相关法律，实行“非捆绑式法律服务”，允许当事人在法庭上自行辩护，同时又可聘用律师代理诸如撰写法律文书等技术性工作。这就改变了整个诉讼过程必须有律师代理的传统规定。与此同时，一场为自行辩护设立专门法庭、聘请律师协助自行辩护当事人、提供咨询热线、自助中心和在线自行辩护手册的运动也进入了第一阶段（Rhode 2015：49）。

黛博拉·罗德在研究报告中指出，自任律师案件占所有新的民事案件的1/4。在60%—90%的无争议离婚案中，一方当事人没有聘请律师出庭。罗德还指出，自行辩护日益成为房屋租赁纠纷、企业破产以及轻微刑事案件审理中的常态。她所引用的一项研究表明，大约有一半的自行辩护当事人认为，案件简单，能够自我辩护，或解释称自己请不起律师（Rhode 2004：82–83）。

乔纳·戈尔德斯密特将自任律师诉讼上升的原因归结为文化水平的提高、顽强的个人主义、高额的诉讼费和律师费，以及人们对律师的负面看法。他认为，保护个人自行辩护的能力对维护人们对司法体系公正性的信心至关重要。戈尔德斯密特指出，律师为维护其控制法庭辩护的自身经济利益，对自任律师行为持反对态度（Goldschmidt 2002）。

罗德指出，大多数法官称他们有义务在案件双方当事人之间保持不偏不倚，拒绝帮助那些想要自任律师的当事人，并禁止法院工作人员帮助当事人进行自我辩诉。罗德在著述中指出，由于法律诉讼程序复杂而漫长，当事人很难自任律师进行自我辩诉。而且，法官由于感到手头案件任务繁重，通常不愿鼓励当事人自行辩护，因为当事人自任律师可能会拖延案件审结的时间。而且，法院系统资金紧张，很难提供必要的资源来协助自行辩护当事人（Rhode 2004：82–85）。

科罗拉多州采用了一种与自行辩护相关的方法，旨在限制法律代理的费用，现在允许非律师人员在失业听证会上代表原告。华盛顿州允许持有执照的房地产经纪人在房地产交易中执行一些以前专门由律师执行的任务。2012年，华盛顿州设立了一个有限执照的法律技术员项目。法律技术员获得华盛顿最高法院的许可证，可为离婚、子女监护和其他家庭法律事务提供建议和帮助

(Rhode 2015:50)。法庭简化运动主张简化法律程序,允许个人在没有律师帮助的情况下在法院系统中走完法律程序(Shanahan and Carpenter 2019)。

最后,让我们通过对规范律师道德行为的制度进行讨论来结束对律师与客户关系的概述。

律师职业道德

人们历来认为,律师拿人钱财,为人消灾,不太讲道德。哲学家柏拉图曾对律师的"卑微而不义的灵魂"进行抨击;而伟大的古罗马哲学家塞内加(Lucius Annaeus Seneca,约前 4 年—65 年)则认为,律师充当着不公正的工具,"被自己的财富所窒息"(Rhode 1998:284)。

黛博拉·罗德称,公众对律师的批评,如果编成目录,可以装订成厚厚的一本书。人们批评最多的就是律师的贪婪。罗德指出,人们普遍认为,律师都是受过教育的人,"从你的敌人手中夺回你的财产,然后却据为己有"。在美国律师协会的一项调查中,有 3/5 的美国人认为律师贪婪,而多达 3/4 的美国人认为律师费用过高。人们还批评说,律师对委托人傲慢无礼,自高自大,麻木不仁,不管不问。只有 1/5 的受访者说律师待人关心体贴,富有同情心。这也就难怪有 90%以上的父母不愿意让孩子长大后当律师。罗德开玩笑地问道,为什么新泽西州有那么多的有毒废弃物而加利福尼亚州有那么多的律师?答案是因为新泽西州有优先选择权(Rhode 2000:5)。

在 19 世纪,对法律业的管理只是法官的责任,没有正式的管理体制。理查德·阿贝尔指出,州律师协会和地方律师协会虽然表示愿意规范律师职业道德,但实际上对律师管理并未做什么工作。在 20 世纪初期,律师界才有了把行业道德规范正式化的举措,于是便有了 1908 年的《职业道德规范》。杰罗德·奥尔巴赫指出,这些规范针对的是个体执业律师,重点是禁止律师的广告行为,严禁收取介绍费,改善当事人的诉讼体验,并禁止律师罗列法律特长(Auerbach 1976:42-43)。阿贝尔认为,行业自律是一个行业谋求提升其职业地位的一个重要组成部分。他还认为,有了行业自律,本行业抵制州有关部门的管理就有了挡箭牌(Abel 1989:142)。

关于道德行为规范最显而易见的解释就是,这些规范反映了律师们的观点。他们认为,律师在维护当事人权利和自由方面发挥着重要的社会作用,以最高标准规范自己。这些道德规范旨在向公众保证,他们所咨询的律师是安全可靠的:你对你的律师尽可信任。已故著名律师、外交家索尔·利诺维茨在著述中写道,律师职业的基本特点不是“货物售出,概不退换”(让客户提防),而是“货物售出,保证退换”(让客户信任)(Linowitz 1994:5)。

从不断修改道德规范、要求法学院开设职业道德课程、在司法考试中单独设置法律道德科目等方面可以看出,法律职业显然与法律道德息息相关。大多数州律师协会要求,律师的继续教育必须包括一定的职业道德内容。律师职业道德体系的前提是,如果律师们接受过道德责任教育,那么,无论是受到委托人与同事施加的压力,还是受到金融诈骗或其他财务违规行为的诱惑,他们都会遵守所学的道德标准。

另外,法律职业道德体系还要求,申请加入州律师协会者必须接受“品格”审查,申请人必须提交推荐信,还必须毫无保留地写明影响其“良好品格”的信息,例如何时何地被判刑或处分。犯有重罪(判处 1 年以上刑期的犯罪)的申请人一般很难获准加入协会。

尽管职业道德受到如此重视,但多项研究表明,仍有相当多的律师对其道德责任一无所知,或者干脆无视职业道德。律师通常不得向给自己介绍客户的律师支付介绍费。这是因为介绍费最终会转嫁给客户,造成律师费提高。律师工作是一项职业,而不是商业活动,律师不应该因为轻而易举地为人介绍客户就收取介绍费。不过,在一次问卷调查中,有 62%的律师赞成收取介绍费,有 67%的律师认为这种做法是允许的,或者不知道是否允许(Abel 1989:143)。律师事务所律师经常从导师那里学到的是,道德规范不管用,回扣和介绍费是律师执业中的一种惯例(Abel 2008:498)。

1970 年,美国最高法院前大法官托马斯·克拉克在报告中称,一项为期 3 年的调查揭开了律师界“可耻的现状”——律师“以麻木和敌对”等不同的负面态度看待纪律惩戒制度。这时,律师界才猛然惊醒,开始注意纪律惩戒制度的现实。克拉克委员会发现,惩戒处分“在许多司法管辖区域形同虚设”,并且惩戒程序已经过时而且收效甚微(Devlin 1994:369-379)。

作为整改措施之一,美国律师协会于 1983 年公布实施了《职业行为示范规则》,以供各州律师协会遵照执行。于是,该规则取代了 1969 年的《职业责任示范守则》,而后者又取代了 1908 年的《职业道德规范》。现在,几乎各州都已执行该示范规则,尽管各州在律师广告规则等方面存在较大差异。

《职业行为示范规则》涵盖许多方面,现将其中最为重要的规则简要列举如下。

律师与委托人关系:法律代理费、应该保密的信息、妥善保管钱财、拒绝与终止法律代理,以及有义务提供称职、勤勉的代理服务。

律师作为法律顾问:有义务提供客观、公正的法律建议,有义务公平解决当事双方的纠纷。

律师作为辩护人:有义务避免提起不合理的诉讼主张,有义务避免不必要的拖延、审判公开,避免充当证人及告发人。

同委托人以外的人的关系:有义务通过对方律师与对方沟通。如对方没有律师,则有义务根据相关指导原则同对方当事人进行沟通。

律师事务所与其律师的关系:履行对其律师、助理律师及律师专职助手的责任,办理其律师跨司法管辖区执业的手续。

公共服务:参加志愿法律服务活动,有义务接受法庭指定代理穷人案件。

法律服务广告:限制律师进行业务推介与招徕客户。

职业道德:规定纪律处分程序,并对律师不当行为作出界定;律师有义务举报违规行为,不得为获得法律业务或司法任命而提供政治捐款。

2016 年 8 月,美国律师协会修订后的道德规则规定,律师从事"其知道或理应知道的骚扰行为,或具有基于种族、性别、宗教、国籍、种族、残疾、年龄、性取向、性别认同、婚姻状况或与法律执业有关的社会经济地位的歧视行为"是职业上的不端行为。这包括对他人有偏见或有偏见的陈述,以及贬损他人的言行。该规则适用于法律场景、工作场所和律师社会活动。

这一规则的改变,在一定程度上是为了回应一些女性律师的投诉,她们受到了对方律师言论上的性别歧视和贬低。而反对者则称,该规定扼杀了律师表达自己的自由,规则的修订是由"政治正确"驱动的,而不是由职业行为规范驱动的。该规则不包括在法庭辩护等合法法律代理过程中所作的陈述或在咨询委托人时所作的评论。

示范规则中的每条规定后面都附有解释,对具体义务作详细说明。违反多项道德规则便构成犯罪,会承担刑事责任。因此,违反道德规则的律师会受到刑事起诉,也会受到其委托人以违规为由提起的民事起诉(下文对此有讨论)。职业违规行为的基本定义抄录于表 5.2。

表 5.2　美国律师协会《职业行为示范规则》第 8.4 条违规行为

律师职业违规行为	(a)违反或意图违反《职业行为示范规则》,故意帮助或唆使他人违反规则,或通过他人行为违反规则
	(b)实施犯罪行为,且对其作为律师的诚实、可靠或其他方面的称职性造成了负面影响
	(c)存在说谎、欺诈、欺骗或歪曲事实的行为
	(d)从事不利于司法执行的行为
	(e)声称或暗示自己能够向政府部门或政府人员施加不正当影响,或者为达目的不惜违反《职业行为示范规则》或其他规定
	(f)在知情的情况下协助法官或司法官员从事违反司法行为适用规则或其他法律的行为

违反职业道德规则要受到职业纪律的惩戒。1993 年,美国律师协会正式通过了《律师惩戒示范规则》,该规则已进行多次修订,且已被大多数州律师协会遵照执行。根据该示范规则,各州成立了惩戒委员会,专门受理人们对律师职业道德问题的投诉。这些委员会由律师和美国州最高法院指定的社会人士组成,由专职法律人员协助调查并提出起诉。“投诉受理中心”是负责帮助公众投诉的办事机构。地方惩戒委员会先对投诉进行听讯。该委员会由法律人员与社会人士组成,分别听取同行律师和被指控律师的陈述。被指控律师可向州惩戒委员会和州最高法院提出上诉。限制律师执业能力的处罚必须报经州最高法院批准。美国大多数州的最高法院负责颁发律师执业许可证,同时也是认定律师是否违反执业许可规定或是否应给予惩戒的主管机构。州律师协会通常都尽量避免对律师费过高等投诉进行听证,而是提供调解或设法帮助双方解决纠纷。

现有的惩戒或处罚措施包括以下几种。

吊销执业资格:永久禁止律师执业,该项处罚适用于最严重的违规行为。

停职:在一定期限内禁止律师执业。

留职查看:对因酗酒或吸毒等行为造成违反职业道德规则的律师,准许其在康复期间从事执业活动。如其不能有效戒除与康复,则面临更为严重的处罚。

诫勉警告:发函给律师,警告其存在轻微的违规行为。如果律师同意承担责任,对其轻微的违规行为可不进行正式听证处理。

经济赔偿:惩戒制裁一般要求律师向委托人提供经济赔偿,同时还要支付州惩戒委员会的一切费用。

《律师惩戒示范规则》对从重处罚与减轻处罚的各种条件分别作了规定。从重处罚的条件包括:一贯存在违规行为,不配合调查,拒不承认其行为违规,欺骗法庭或侵害弱势个体,以及有着长期律师执业经历却对道德规则明知故犯。减轻处罚的条件包括:律师道德记录良好,经证明律师本人存在身体或精神疾患,认错态度良好,对任何问题都给予专业帮助,对其违规行为造成的损失能够积极赔偿或采取补救措施。

投诉的判决结果将分别告知投诉人和被指控律师。对严重违规行为的警告批评以及给予停职和吊销执业资格证的处罚结果一般都进行公示("公开处罚")。而对轻微违规行为的处罚则一般不进行公示("私下处罚")。各州律师协会一般都发布年度违规行为查处统计报告。把所有投诉案件的查处结果都公之于众的只有俄勒冈州(Abel 2008:504)。

2016 年,纪律处罚机构收到了 87487 起投诉,前几年积压有 23847 起待处理的投诉。大多数投诉被驳回,原因是投诉方提交的投诉不构成违反道德规范的行为,或缺乏违规证据。最终,3017 名律师被控违反职业道德。大约有 4745 人受到惩戒(包括前几年的投诉)。其中包括 650 多人被取消律师资格,1300 多人被停职,700 多人受到诫勉警告。350 多名律师留职查看,近 150 名律师被勒令支付赔偿金,1717 名律师被勒令支付其他财务费用。33 名被取消律师资格的律师复职,249 名被暂扣律师执照的律师复职(American Bar Association Standing Committee on Professional Regulation 2018)。可以理解的是,律师协会由于要做到每个公开的处罚都准确无误,因此对每起投诉都要严格审查。这样就造成从投诉到做出处罚的整个过程延宕时日过长,从而使投诉人感到心灰意冷。宾夕法尼亚州为 426 天,佐治亚州为 400 天,艾奥瓦州为 383 天,马里兰州为 15 个月,明尼苏达州为 11 个月(American Bar Association Standing Committee on Professional Regulation 2018)。1994 年,美国律师协会建立了全国在线数据库,各惩戒机构可以借此准确了解某个律师是否已在别的州受到处罚。这也算是查处工作的一个进步。

本杰明·巴顿分析了 2009 年的投诉,发现投诉有 125596 起,相当于每 10

名律师就有 1 名被投诉。经调查,其中被正式起诉的有 6900 起(约占 5%)。共有 5009 名律师受到公开处罚,其中 798 名律师被取消律师执业资格(占 0.6%)。巴顿指出,只有公开的处罚措施才对公众公开,所以对绝大多数投诉的处理仍然是保密的(Barton 2015:213)。

应该承认,各州惩戒委员会的处罚决定彼此相差较大。有个律师盗走了自己女儿销售童子军饼干的 1800 美元,南卡罗来纳州竟然给予这名律师停职处分,而在其他州,盗取委托人现金的律师受到的也是停职处分,或外加道德教育。惩戒程序因没有充分保护民众而受到人们的批评,因为客户无从获得那些过去受到投诉而没有受到惩戒的律师的案底。而且,在大多数州,被取消执业资格的律师可以重新申请执业资格(Rhode 2000:160-161)。

杰罗姆·卡林发现,个体律师和从二、三流法学院毕业的小型事务所律师,由于难以吸引客户,最有可能发生违反职业道德的行为(Carlin 1966)。一项关于中西部一座小城市的研究(Handler 1967)和一项关于澳大利亚的研究(Gandossy 1985)都证实了卡林的发现。一项对加利福尼亚州、伊利诺伊州和哥伦比亚特区 1981—1982 年惩戒记录的研究发现,有 80%的投诉是针对个体律师的,而 7 人以上规模的律师事务所律师却未受到投诉。在全美,个体律师的人数不及律师总数的一半(48.6%),而 7 人以上规模的律师事务所律师所占比例与此大致相同(Abel 1989:145)。那是个体律师就比其他律师缺乏道德呢,还是他们的道德缺失是因过度劳累或生活在经济边缘造成的呢?还有一种可能性就是,惩戒委员会愿意忽视公司律师的违规行为,或者公司制律师事务所能够与提起投诉的客户达成私下和解(Abel 2008:506)。

有证据表明,某些执业领域的律师比其他律师更容易成为道德投诉的对象。离婚和儿童监护权案件涉及的情感和经济紧张,造成针对家庭法律师的道德投诉不成比例的增多(Mather and McEwen 2012)。

违规情况的统计似乎不能反映律师界违规情况的全貌,因为有很大一部分委托人缺乏对现有投诉程序的了解,或者索性选择不投诉。调查发现,只有 13%的委托人知道去哪里投诉。而且,委托人对律师的道德责任也不十分清楚,即使律师已经有了违规行为,委托人可能还不知道(Abel 2008:500)。在很多情况下,律师的道德违规行为是为了维护委托人的利益,而委托人当然不会投诉。同时,律师也不愿去投诉自己的同事。只有 10%的投诉是律师投诉律师的(Abel 1989:145)。什么原因呢?因为律师不想耗费时间和精力去投诉,不想跟同事“结怨”,不想把业内道德违规现象外扬(Rhode 2000:159)。惩戒程序的其他方面是,并非所有损害行业声誉的行为都构成对法律职业道德准则的违犯。黛博拉・罗德列举出很多完全符合道德规范的庭审技巧,但这些技巧却把庭审变成当事双方之间的“战争”,而不是用于查明事实真相。这些技巧包括故意拖延、羞辱证人以及教唆证人提供含糊其词的回答(Rhode 2000:83,97-102)。有时,惩戒机构认定这种行为属于“过度执着”(Abel 2008:377-378)。

人们批评律师惩戒程序效率低下,办事神秘,不尽社会责任。只有 1/3 的美国人认为,惩戒工作能够有效管控职业违规行为。一项调查显示,加利福尼亚州只有 20%的律师认为惩戒工作富有成效,90%的律师希望加强业内纪律管控。

律师协会的惩戒工作并不是监督律师的唯一机制。

各联邦机构可采取各自的执法行动。美国证券交易委员会可暂停从事不当行为的律师在证券法领域(如股票和债券)代表客户的资格。例如,一名律师涉嫌虚假提供正在公开发行股票企业的财务状况。

律师在庭审期间如有违规行为,法官可判其藐视法庭罪而对其处以罚款。违规行为包括损毁或隐匿证据,或指责庭审法官不公。西雅图一家律师事务所曾被华盛顿州最高法院判罚 30 万美元,因为在一例哮喘药物导致儿童脑部受伤的案件中,该律师事务所扣押了相关文件。直到诉讼发生 4 年之后,被人“揭发”,文件才被发现(Rhode 2000:87)。美国《联邦民事诉讼规则》第 11 条规定,律师以骚扰被告人为目的,故意提起无端或无聊(愚蠢)的法律诉讼或拖延审判的,法官可对其作出罚款处理(Abel 2008:503)。

当事人还可以选择对律师渎职提起诉讼(Kritzer and Vidmar 2018)。俄勒冈州是美国唯一要求律师投保执业事故险的州。其他州有 25%—50%的律师没有投保执业事故险。执业事故险是对公众的一项重要的保障,因为起诉律师的当事人知道,无论法院对律师作出怎样的判决,保险公司都会买单,或者说,向律师提出的赔偿要求,都会由保险公司赔付,当事人对此尽可放心(Abel 1989:154)。大约有一半的律师赔偿案源自以下情况:律师未能及时提起诉讼,忘记就指控内容进行辩护从而造成委托人承担责任,未能进行充分的调查,缺乏对法律或诈骗、盗窃的了解(Abel 1989:154-155)。渎职行为很难得到证明,因为你必须证明律师的明显过失导致你输掉了官司,接着你还必须证明该过失致使你蒙受了经济损失。2007年,有3.5万人提出执业事故索赔,其中近一半人胜诉。2011年至2015年,约19%的医疗事故索赔涉及人身伤害,15%涉及房地产,12%涉及遗嘱、委托和其他涉及继承的事项。34%的索赔是针对个体执业律师的,32%的索赔是针对有着2—5名律师的律师事务所的。诸如不了解法律、不了解必要的程序或对事实调查不足等"实质性过失",占律师渎职的43%。近30%的过失属于管理疏忽,如错过提交法律文书的最后期限;12%的过失是由于未能与客户就案件的决定进行沟通(American Bar Association Standing Committee on Lawyers' Professional Liability 2016)。罗德的报告称,每年有10%—20%的律师因渎职而遭到起诉,每年的保险赔付额估计为60亿美元(Rhode 2000:165)。

委托人起诉其律师一般都能得到适度的赔偿。根据来自保险公司的信息,美国律师协会律师职业责任常设委员会对2012年至2015年的法律事故索赔进行了分析,结果显示,近40%的索赔金额在1000美元至1万美元,另有37%的索赔金额在1001美元至5万美元。11%的赔付金额在5万—10万美元,大约7%的赔付金额在10万—25万美元。50万—999999美元的赔偿金占追回金额的1%多一点,而100万美元以上赔偿金占所有追回金额的不到1%。保险公司一如既往地在诉讼过程的早期便向原告提供和解,以避免陪审团在审判中判决巨额赔偿的风险。超过60%的律师渎职诉讼在审判前要么达成和解,要么被驳回。请注意,除去诉讼费和律师费开支,原告从律师执业事故索赔中实际获得的赔偿金额十分有限。

律师不能凌驾于法律之上,也可能会受到刑事起诉。2017年,宾夕法尼亚州前州检察长凯瑟琳·凯恩因在任职期间泄露大陪审团的机密证词,然后向执法调查人员否认泄露事实,被认定犯有伪证、虚假宣誓及妨碍司法罪,并被判处10—23个月的县监狱监禁和8年的缓刑(Hurdle and Pérez-Peña 2017)。

律师从事违规行为的动机是什么?第一种解释是由于"道德堕落"。律师认为道德规则越来越不重要,并且把道德规则看成是实现其职业生涯一个个目标的障碍。第二种解释是"道德学习上误入歧途"。年轻律师可能从律所的资深律师那里学到,他们在法学院学习的理想化规则在执业实践中毫无意义。然而,还有人认为,违反职业道德的行为是由少部分"烂苹果"所为(Granfield and Koenig 2003;Schlitz 1999;Suchman 1998)。

理查德·阿贝尔对存在道德违规行为的律师进行了研究。他发现,这些律师都经验丰富,多年来都有着一贯的违规行为。这些律师都需要金钱维持业务运转或家庭开支,这让他们感到不堪重负,只好铤而走险。有一名律师没有跟踪委托人的案件而忘记了出庭,于是就伪造了一份法官对委托人不利的司法判决,借以掩盖自己的过失。纽约州的房地产律师,纯粹出于贪婪的动机,利用其专业知识帮助冒充有钱的外国政要的人将资金偷偷转移到美国,然后用于购买豪宅(Story 2016)。

还有一名律师认为自己可以"凌驾于法律之上",并以"每个人都这么做"为理由,向愿意解决其委托人理赔问题的保险代理人支付回扣。这种律师解释称,保险代理人收了回扣,就能保证保险公司赔偿其委托人受到的伤害。而其实是他自负而脆弱,输不起官司。

违反职业道德的律师认为自己很"特殊",以为自己有困难就可以无视规则。一位律师称,他母亲生病,不能指望他在限定时间内完成工作。同样重要的是,大多数委托人不仅受到律师不道德行为的伤害,而且他们本人还是伤残人、失业者、外来移民或老年人,很容易受到律师的剥削(Abel 2008:491-497,513)。

国际视野:德国与法国的法律教育

美国的法律教育相当独特。在欧洲大陆法系中,法律是一项本科学位教育,通常采取课堂教学模式,教学重点是讲解法律法规,而不是案例分析。与美国的法律教育相比,欧洲的法律教育甚至不太注重培养学生的法律实务能力。不过,大多数欧洲国家要求法学院学生毕业后必须实习一段时间。

在德国,法律专业学生必须通过"第一次国家司法考试"(大学毕业考试),考试合格者方可开始实习。根据要求,实习律师要在不同的司法环境中实习 2 年。例如,年轻律师可在私人律师事务所、政府部门或法院等单位实习。实习结束后,可申请第二次国家考试。考试通过后,实习律师便可正式开始其所选择的律师职业生涯。年轻律师一旦决定从事何种具体的法律工作以后,就会发现再做改变十分困难(Glendon,Carozza and Picker 2016:94-103)。

法国的法律教育体制则复杂得多。法律学生首先要至少学习 3 年并获得本科学位,然后再花 1 年攻读硕士学位。在攻读硕士学位的这一年,他们要学习法律职业道德和法律文书写作等课程,并有两个实习期。其次,学生还必须通过司法考试才有资格进入为期两年的实习,需要在法律职业各领域轮岗锻炼。实习结束后,才有资格参加第二次司法考试。考试合格才能成为辩护律师(*avocat*)。法国律师原本主要有两种,一种是诉讼代理人(*avoué*),另一种是辩护律师。后来,根据律师职业的历史发展要求,辩护律师需要诉讼代理人处理上诉文书工作。1971 年,法国对这两种律师进行了部分合并改革,但仍有一定区别。例如,只有一些优秀的资深辩护律师才可以到法国的最高法院出庭,而诉讼代理人仍只可从事上诉的文书工作。法国还有另外一种律师——法律顾问(conseils juridiques)。获得许可资格的法律顾问向个人、公司和企业提供法律咨询。1992 年,"合二为一"后的律师又同法律顾问合并,成为统一的律师职业,有资格出庭辩护、制作法律文书以及向个人或企业提供法律咨询。

公证员制度是欧洲民法中一项重要的法律制度,与美国的公证员制度有很大的不同。公证员有权制作遗嘱、财产转移、抵押贷款、结婚协议与离婚协议等文书,并负有其他各种与法律文件有关的职责。公证人还对审判中提交的文件进行鉴定(证明文件是"真实的"),并有义务对他们准备的所有文件留档。公证员数量有限,想要成为公证员,法律毕业生必须通过专门的考试,然后等待补缺。公证员应中立客观,就如何撰写遗嘱或订立婚前协议向委托人提供专业建议(Merryman and Pérez-Perdomo 2007:106)。

如果法律毕业生想要成为法官该怎么办呢?在德国,通过第二次司法考试之后,年轻律师要在基层法院担任 3—4 年的试用法官,然后才有资格被任命为长期法官。在法国,法学院毕业班学生想要成为法官,必须参加选拔考试。考试合格的学生参加全国司法学校为期 31 个月的专门课程学习。学习结束之后,他们还需要进行由警察局到监狱一系列实习,最后再到法院实习。第三阶段就是接受各种法官工作和律师工作的历练,然后才有资格获得任命,成为长期法官(Glendon et al. 2016:102-109)。

欧陆法系的一个优势就是,确保法官能够充分胜任工作,而且妇女和少数族裔可充分利用诉讼保护自己的权益。然而,法官毕竟是公务员,由于关心升职问题,所以他们不敢作出有争议的判决。

我们会发现欧陆法系另一个不同寻常的方面就是检察官(类似于美国地区检察官)。除了起诉刑事案件外,检察官还有权代表公众利益介入民事案件(如关于平权法案问题)。从技术层面讲,检察官属于司法人员,接受过与法官一样的培训,可以在检察官岗位和司法机构之间调动,可做检察官也可做法官。在法国,法官被称为“*magistrature assise*”(“坐着的法官”),而检察官则被称为“*magistrature debout*”(“站着的法官”)(Terrill 2016:169-170)。

普通法系和欧陆法系教授都必须表现出卓越的学术造诣。要成为欧陆法系的教授需要经历长期的磨炼。例如,在德国,博士生获得学位之后,还要拿出教授资格论文,取得“私人导师”资格才能做教授。欧陆法系的法官和律师遇到法律法规的解释问题时通常都求助于少数令人尊敬的法学教授(Merryman and Pérez-Perdomo 2007:108-110)。

本章总结

美国律师协会通过支持律师参与法律援助以及志愿代理服务计划,提高了对穷人和中产阶层的司法保障能力。有着意识形态取向的事业代言律师在为少数族裔和穷人以及为保守主义事业的代言中取得了重大胜利。尽管法学院的少数族裔学生依然为数不多,但是各法学院已经做出有力的承诺,在入学录取过程中采取平权举措。

通过广告推介、胜诉酬金、集体诉讼服务以及最低收费的做法,个体律师与小型律师事务所律师已经设法为劳动阶层人士拓宽了法律诉讼的渠道。同时,普通公民在诉讼中自行辩护的现象也越来越多。

律师行业为不满意的委托人提供了投诉其律师的机会,避免了政府对法律服务的管控。然而,人们也指责律师惩戒体制工作推进缓慢,效率低下,并且该体制几乎都是专门针对个体律师与小型事务所律师。

第六章　纠纷解决

引　言

纠纷是指发生在两个或两个以上个体或群体之间的分歧。理查德·伦珀特和约瑟夫·桑德斯在著述中写道,法律纠纷涉及“利益冲突,通常来说,一方拥有另一方想要的东西,于是两方均主张有权拥有”。双方的主张都不能得到满足,就产生了“真正的纠纷”(Lempert and Sanders 1986:137)。理查德·米勒和奥斯丁·萨拉特指出,纠纷始于不满。不满是指“个体认为他或她(或是一个群体或组织)有权拥有他人应给予的东西却没有给予”(Miller and Sarat 1980-1981:527)。

不满经常出现在我们的日常生活之中。你可能会对教授给你的分数感到不满:你认为自己的课程成绩应该得A,而不是B,纠纷就这样产生了。51岁的律师助理布莱恩·马奎斯回到马萨诸塞大学学习法律。后来马奎斯起诉了这所大学,声称他的哲学课助教没有按照教学大纲上的评分标准打分,而是在课堂上“歪曲”了自己的最终成绩。马奎斯认为他应该得到A-,而不是C,给他C会影响他进入法学院,而且这个成绩已经把他的成绩单变成了“无成绩的惨淡记录”,他声称自己不会接受“不”作为答复,并向联邦地区法院提起上诉。

这位助教在给马奎斯的信中说,“学生们的数字分数对他来说太高了,所以他给每个人按正态分布曲线打分,然后再转换成字母ABCD评定成绩”,他“认为‘C’很好地反映了马奎斯在课堂上的表现”。哲学系主任解释说,该教师已经讲明,考试的“分数”并“没有绝对的意义”。马萨诸塞大学阿默斯特分校的申诉专员凯瑟琳·波特是该案的被告之一,她指出:“如果每个学生不喜欢自己成绩都开始这么做,我们将不得不雇用……25000名律师。”该校律师彼得·迈克尔森告诉法官,马奎斯的诉讼“或多或少是胡说八道”。这位律师提出了这样一个问题:“法院真的想根据某些宪法或联邦法律原则,审查学生所获得的成绩是否恰当吗?”联邦地区法院法官迈克尔·庞瑟最后驳回了这一法律诉讼,理由是学校拒绝了马奎斯对成绩的申诉,并没有侵犯他的合法权利。

本章下一部分将对纠纷过程的各个阶段进行叙述。

纠纷过程的几个阶段

人类学家劳拉·纳德和哈里·托德提出了纠纷过程的三阶段说(Nader and Todd 1978:14-15)。

(1)冤屈或争议前阶段。个体认为自己“受到冤屈或是受到伤害”。这种伤害可能是真实的,也可能是臆想的。这个时候,个体必须选择究竟是让自己的冤屈变为冲突,还是独自忍受。

(2)争议阶段。感到冤屈的个体(权益受到侵害的一方)与侵害方交涉,述说自己所感受到的不公平。这时,双方都会意识到分歧的存在。侵害方可能会尝试通过迫使委屈方接受现状、提出协商或是解决争议等方式消除分歧。

(3)纠纷阶段。冲突公开化,第三方(外方)介入纠纷。第三方既可能是应单方或双方或其支持者的要求介入,也可能是第三方自发介入。

一起纠纷并不一定都要经历每个阶段。个体可直接将其冤屈诉诸法院,也就是进入纠纷阶段;也可将其冤屈控制在争议阶段,然后化解争议,或者与侵害方协商解决争议。

对纠纷过程作另一种描述的是法律社会学学者威廉·费尔斯蒂纳、理查德·阿贝尔和奥斯丁·萨拉特(Felstiner, Abel and Sarat 1980-1981)。其中关键的一步就是由“无觉察受害经历”到“有觉察受害经历”的转变。住在一个核试验基地下风口的人们起初可能会感觉到身体不适,后来才意识到自己患上了癌症。这时,个体进入第一阶段,也就是意识到了自己的不适,并且鉴定为癌症。有些癌症患者会把患癌归因于核试验基地。第二阶段被称作指责阶段。如果不把自己的病痛与核试验基地联系起来,有些受害者可能会感到不公平,而这种一般意义上的不公平就是不满。在最后一个阶段,这些受害个体与被认为对伤害负责的个体交涉,要求其补偿。就核试验基地运作问题同政府交涉的阶段被称作索赔。如果索赔遭到驳回或不作为,就产生了纠纷。

这些对于纠纷的描述都包括:个人意识到自己受到伤害,确定原因,向自认为对伤害事件负责的个人或团体交涉。那些感到冤屈的个人推动着纠纷的进程。劳伦斯·M.弗里德曼指出,一种行为受到一些人谴责,但在另一些人看来,也许是完全可以接受的(Friedman et al. 2011)。一些社会强调和平共处,人们不愿“兴风作浪”,使自己陷入纠纷。而另一些社会则鼓励人们维护自己的权利,有冤必诉。正如我们下文要讨论的,个人和社会解决纠纷的方法各有不同(Roberts 1979:45-55)。

对侵权行为(人身伤害)的研究表明,案件数量从产生冤屈到争议、最后再到由法庭判决的纠纷会越来越少。理查德·米勒和奥斯丁·萨拉特发现,每1000起冤屈申诉案中,有200起变成了纠纷,116起交由律师处理,只有38起(约占冤屈总数的4%和纠纷总数的19%)被提交法庭。在审判中,个人提起侵权诉讼的胜诉率略高于52%,但这一比例因索赔类型而异。他们发现,与医疗事故索赔案诉讼相比,提交法庭裁决的机动车伤害索赔案胜诉率要高得多(Miller and Sarat 1980-1981)。

为什么这么多人身伤害的申诉没有诉诸法庭?个人不寻求索赔,可能因为认为自己受到的伤害不严重,可能不会因为自己受伤害而责怪他人,可能因为发现补救措施在时间或金钱上的花费过大,可能因为发现情感冲突难以解决,或者可能是缺乏对法律程序的了解(Robbenolt and Hans 2016)。

纠纷的解决方法

通常用来解决纠纷的方法有各种各样。大多数情况下社会都采用以下几类方法(Roberts 1979:57-59)。

记住,忍受什么时候都存在。忍受就是个人决定不去申诉自己的冤屈,而是默默承受,继续维持现状。马克·加兰特认为,人们之所以受了委屈决定“不作为”,可能是由于他们没有意识到自己遭受的不公平对待可以通过法律获得解决,也可能是由于他们反复权衡后认为,追究此事所付出的代价要高于可能得到的利益。人们第一次受到伤害可能不会主张自己的权利,然而下次再受到伤害他们可能就到达“爆发点”,并维护自己的权利。个体间权力和地位的差异也能够使弱势一方放弃权利诉求,因为弱势一方可能认为“胳膊拧不过大腿”。比如,老师给你的考试成绩或课程论文成绩很差,你可能会选择“忍受”(Galanter 1974:124-125;Grossman,Kritzer and Macaulay 1999)。

加兰特根据诉讼当事人出入法庭的频次把诉讼当事人区分为“一次射手”与“重复玩家”,两者区别明显。“重复玩家”往往是商业公司和企业,长期以来为同类案件经常光顾法庭。“一次射手”就是,一方因在偶然事故中受到伤害而起诉另一方,如车祸或医疗事故。“重复玩家”往往是经常出现在法庭上的强大的组织,如房东、保险公司和大型汽车制造商。与“重复玩家”相比,寻求退还保证金的“一次射手”处于明显的劣势,而“重复玩家”了解住房法庭的运作方式,拥有资源聘请专家和经验丰富的律师,并且为打赢官司,愿意投入大量资金,计入其物业管理业务的成本。根据以往的经验,房东还学会了在租客签署的公寓租约中加入各种条款,使租客很难在法庭上胜诉。在这种情况下,“一次射手”可能会发现“忍受”是最好的选择,并接受保证金的损失。

“忍受”不同于逃避。逃避是指个人认为自己受到伤害,但决定不予理睬,并终止目前的关系,而不是主张自己的权利。如果老师不负责任,或者是你第二次得到了一个很差的分数,你可能会退课,或是“翘课”。当然,如果这是一门必修课,或者是补选/退选期已过,你就没有了其他的选择余地(Hirschman 1970)。一个社会可以为个人作出决定,并通过驱逐闹事者来“避免”冲突。例如,学校会开除一个捣乱的人,教练会把一个球员踢出球队(Roberts 1979:65-66)。

争端中的一方可能会采用强制手段或是自助方法解决争端。强制手段包括暴力、当众羞辱、公开令对方尴尬的信息以及敲诈勒索。双方利害关系越大,就越有可能采用强制手段。一个极端的悲剧事例就是,在 19 世纪末 20 世纪初,白人暴徒诬陷美国黑人盗窃、强奸与杀人,并对其动用私刑(Friedman 1993:189-191)。萨利·恩格尔·梅利早先曾对多民族住房项目纠纷进行了研究,他吃惊地发现,人们热衷于依靠暴力解决争端。然而,这种方法很少能够彻底永久解决争端,人们持续的不满情绪导致了周期性报复行为的爆发(Merry 1979)。

在一些社会中,血债血偿是一种被接受的纠纷解决方式。如果一个部落的一个人被另一个部落或群体的人杀害,这个部落就可能会通过杀死对方的一个人来进行报复(Roberts 1979:55-56)。另一种暴力解决争端的形式是决斗裁决,这是11世纪到15世纪中叶英国普通法的一部分,甚至在美国法庭上也被一些诉讼当事人援用,但没有成功,他们声称决斗裁决仍然是美国法律的一部分。

在欧洲和北美殖民地,决斗,即两个人按照商定的规则,使用旗鼓相当的武器进行事先约定的搏斗,是解决争端的一种方式。决斗遵循严格的规则,所谓的二十六条戒律首先在爱尔兰发展起来。决斗受到乔治·华盛顿和本杰明·富兰克林等人物以及宗教人士的谴责。最著名的决斗发生在1804年副总统亚伦·伯尔和联邦党人、前财政部长亚历山大·汉密尔顿之间,最终导致汉密尔顿死亡。安德鲁·杰克逊总统在担任总统之前参加了几次决斗,还在一次决斗中杀死了一名纳什维尔的律师。1842年9月22日,未来的总统亚伯拉罕·林肯被安排与伊利诺伊州官员詹姆斯·希尔兹决斗,随后支持者介入,劝说两人退出对抗。从1795年到南北战争期间,美国海军在决斗中失去的士兵是阵亡士兵的2/3。南北战争之后,决斗开始被视为制度化的谋杀,而不是捍卫荣誉的一种手段,但直到20世纪初,这种行为在南方各州仍在继续。今天,联邦政府和大多数州政府都有禁止决斗的法律。

约翰·哈格多恩记录了芝加哥街头两派团伙使用暴力来解决争夺地盘的纠纷,以及对暴力袭击进行报复的情形。拉丁裔各帮派使用暴力解决争端的做法已经根深蒂固(Hagedorn 2015)。

爱丽丝·戈夫曼在她对年轻非洲裔与刑事司法系统互动的研究中称,他们不信任警察,认为法律是一种威胁,而不是他们安全的保护者。因此这些年轻人认为,除了诉诸暴力自助,他们别无选择(Goffman 2014:29-33)。

各种形式的争端将人们的沮丧和愤怒引向仪式。爱斯基摩人的"斗歌"就是一个例子。争端各方当着整个部族人的面,通过唱歌和跳舞表达自己的观点,然后由部族人决定哪一方赢得了"斗歌"(Roberts 1979:59-61)。

协商谈判是解决争端的主要方法。通过协商,双方表达各自的观点,释放不满,并达成一个可接受的协议。协商涉及面对面的会谈,在这个过程中,每一方都试图说服另一方改变主张。在某些情况下,参加协商的各方能够最终达成解决争端的折中方案。成功的谈判需要人们愿意承认对方的观点是有价值的,并且愿意接受"半块面包"。当继续追究申诉所花费的时间和成本超过"胜诉"所获得的好处时,谈判就是最好的办法。一位教师可能愿意通过协商给学生提高分数或布置加分作业,而不愿意耗费时间与精力在学生成绩行政复议委员会面前为原评分数辩护。同时也值得考虑的是,如果大学管理人员支持学生,那么,教师就要颇费周折,浪费时间纠正不当的评分,并且也显得当初不负责任(Nader and Todd 1978:10)。

调解,是指纠纷各方在仅靠自己可能无法取得一致意见的情况下,同意由局外的一方介入,帮助其达成协议。在有些情况下,纠纷各方必须接受调解方的调解。如家事法庭可能会要求离婚双方在起诉离婚前必须经过调解程序。调解的重要前提是,各方都必须认为调解者是公正可靠的。调解者的工作目标就是通过“舍取”程序找到一个折中的解决方案。调解者鼓励各方作出让步,以换取自己想要的条件。系主任可把学生和教授叫到一起,鼓励他们对有争议的分数达成折中的意见(Nader and Todd 1978:10)。

仲裁是指,当事双方同意局外一方介入,并接受其裁决具有约束力。同调解一样,仲裁涉及帮助当事方解决纠纷的局外且公正的一方。仲裁者充分考虑纠纷双方各自的诉求,并作出具有约束力的裁决。在仲裁中,一方可能会赢,而另一方可能会输(一赢一输)。而调解则重在帮助双方自愿达成折中的解决办法(双赢)(Nader and Todd 1978:11)。

判决涉及不偏不倚的第三方,判决方应当事人请求,有权介入纠纷并作出判决。在仲裁中,两方均同意接受仲裁者的裁决。与仲裁不同的是,在判决中,一方提出诉求,另一方被传唤到庭,并且接受判决者——大多数情况下是法官——的判决。一方如不到庭,则可能面临不利于自己的判决。

个人可决定提起诉讼,即把纠纷诉诸官方的正式的法院系统。

争端的解决可能不会结束争端,反而可能导致争端的持续循环或争端的升级。邻居之间关于地产边界的纠纷可能会导致就围栏设置问题提起的诉讼。接着,还可能会引起肢体冲突,从而导致人身攻击和殴打的刑事投诉,以及就违反宅基地区划规定、树木越界遮阴、没有给狗拴上皮带和不必要的噪声等问题的循环投诉。

判决的前提条件

法官在对纠纷进行审理之前,必须确保该纠纷符合程序上的各种前提条件或者必须跨过各种障碍。符合这些条件的纠纷才能够被法院受理。以下即为程序要求(Nader and Todd 1978:11)。

时限:诉讼必须在事件发生后若干年内提出,即诉讼时效。

管辖权:法庭或法院经法律授权,审理发生在特定地理区域(人事管辖权)内特定类型的案件(事项管辖权)。

争议:法院只对有效并且真实的案件和争议进行审判,而不对假设的问题提出劝告意见或是判决。例如,一个人只有实际上受到法律的伤害才可提起诉讼。你不可以起诉警方正在考虑出台的政策,因为该项政策还没有实施,而你也没有受到该项政策的影响。

一般来说,判决结果会被上诉到上一级法院。判决的优势在于判决结果是由专业的、受人尊重的司法机构作出的。判决的缺点在于耗时费钱,并且败诉的一方可能会以新的方式重回法庭,诉求他们的权益。法院很少能够判决敏感问题。源源不断的案件对堕胎程序、枪支管制、平权行动、卫生保健、死刑、同性婚姻以及竞选资金等问题提出了前所未有的挑战。

劳拉·纳德在一项对墨西哥萨波特克法庭纠纷判决的重要研究中指出,判决的类型是多种多样的。判决的目标可以是“双赢”,而不是“一赢一输”。林孔地区是墨西哥一个偏远的地区,该地区居住着2000名说萨波特克语和西班牙语的人,以农业为生。在美国,审判涉及两个人的对抗与交锋,判决结果一般是一方胜利,另一方失败。而萨波特克的司法官员则努力寻求“平衡”或“均衡”。这也就意味着折中,即哪一方都不会带着愤怒或怨愤离开法庭。司法官员允许双方充分陈述各自的理由而不被打断,然后作出简短的判决。司法官员的目标是作出让纠纷双方能够和睦相处的折中的判决,而不是判定哪一方为过错方,这样就有可能使争端持续下去。例如,司法官员审理了一起这样的案件,愤怒的丈夫指控妻子做事不同自己商量,而生气的妻子则指责丈夫没有对家庭和生病的孩子尽到自己的责任。司法官员的任务不是使自己卷入夫妻之间激烈的争吵,而是引导双方将关注点放在孩子身上,而非自己身上(Nader 1969)。

重要的一点是,社会通常会有各种各样的纠纷解决方式。在诉诸仲裁或判决之前,个人可寻求以协商或调解方式解决争端,因为不同的方式可能适用于不同类型和不同时间地点的纠纷。解决争端的机制是各种社会的一部分,包括海盗、遭遇海难的水手、麻风病人聚集地和19世纪加利福尼亚州淘金热期间的矿工(Robinson and Robinson 2015)。米切尔·杜艾伊尔的文件显示,纽约市大部分无家可归的路边杂志摊贩都是如何建立一套自己的体制来解决关于桌子位置的纠纷,以及其他无家可归的人如何通过向摊贩收取彻夜看守桌子的费用来养活自己(Duneier 1999)。丽贝卡·索尔尼特在她对多个经历灾难的社会的研究中表明,当正式的法律制度崩溃时,人们就会聚集在一起自我管理(Solnit 2009)。

社会因素对纠纷的影响

社会结构和社会的法律文化都会对纠纷的形成产生影响。

人类学家马克斯·格拉克曼认为,个体之间的关系性质决定了所采用的纠纷处理程序的类型(Gluckman 1955:18–20)。

关系

在小型社会中,人们都相互认识,并且一起捕鱼打猎种庄稼。大家都意识到在日常生活中彼此依靠,因此都特意避免冲突。人们避免冲突的另一个原因是,大多数人都彼此沾亲带故,打官司闹纠纷会有分裂家族或者损害关系的风险。因此,人们往往选择忍耐或通过协商与调解来解决纠纷。人类学家将这些由关系网把人们联系在一起的社会描述为具有“多重关系”特点的社会(Gluckman 1955:18–20)。

劳拉·纳德和哈里·托德(小)指出,多重关系要求人们解决争端要着眼于“使得……关系维持下去”(Nader and Todd 1978:13)。

然而,有些学者则指出,在小型社会中,解决纠纷不一定都采用合作的方式。在纠纷中,个体可能更看重土地或庄稼,而不是彼此之间的关系,特别是当财产很稀有或短缺的时候,更是如此(Starr and Yngvesson 1975)。

更为多样化的大型社会具有“单一关系”的特征。与小型社会中把人们紧密联系在一起的多重关系不同,大型社会中的单一关系仅仅是一种具体的关系。你也许永远不会再见到那个在急救室帮助过你的护士,你与邮局工作人员的关系也仅限于收寄邮件。在单一关系中,人们并不太看重维持彼此的关系,因此可能不会优先采用折中或协商的方式解决纠纷。人们有了纠纷一般会诉诸判决或仲裁,一决“输赢”(Nader and Todd 1978:13)。

权力

社会中人际关系的性质影响着处理纠纷的性质。纠纷的处理也受到社会中政治权力分配的影响。在有着多重关系的小型社会中，人们的财富与权力几乎都是均等的。人们大多沾亲带故，相互依赖。在多样化的大型社会中，权力往往都集中到富人和有政治影响的人手中。有权势的人并不在乎与弱势群体搞好关系，他们会设法控制或操纵法律机构以维护自己的利益，因而有了纠纷就会诉诸审判。相反，无权无势的人则会尽力与有权有势的人寻求调解，因为他们有能力操纵判决结果（Nader and Todd 1978：19-22）。

文化

影响一个社会纠纷解决性质的第三个因素是文化。法律文化指的是一个社会对法律和法律机构的看法。人们对解决纠纷的看法是法律文化的一个方面。社会是鼓励采用非对抗性方式来解决纠纷（取得双赢）呢，还是鼓励采用对抗方式和正式判决来解决纠纷（决出输赢）呢（Rosen 2006）？

大卫·恩格尔和贾鲁万·恩格尔对泰国北部清迈侵权法使用率下降的情况进行了研究，他们发现，在过去，人们依靠村长老管理的习惯法来裁决纠纷，只有诉讼当事人拒绝提供符合传统佛教原则的金钱赔偿时，才转向正式的司法系统。流动性更强的西方式经济的发展导致了乡村社会的解体，人们拒绝通过法院寻求补救措施，他们认为法院判决与佛教的善良、正义和美德原则无关（Engel and Engel 2010：21-32）。

日本与美国的判决方式截然不同。在世界上，日本的诉讼率相对较低，并且人均拥有的律师和法官人数在世界上也属于最少的国家之一。在日本社会中，每 10 万人的诉讼率有所上升，但是仍然比美国加利福尼亚州低 10 倍。

日本注重妥协、和谐与互相理解，而不是执行法律条文。有时一个道歉也能够解决纠纷。通过相互让步来解决纠纷这种文化与“决出输赢”制度不同。在一篇被广泛引用的文章中，川岛武宜指出，日本人喜欢用司法外的、非正式的方式解决纠纷。他指出，在 20 世纪初，日本住房和土地短缺时期，政府由于估计到会产生大量的诉讼案件，从而给司法系统带来巨大的压力，因此在租户和房东或地主之间组织了调解。结果提交调解的案件数量远远多于诉诸法庭的案件数量。川岛武宜解释说，在日本，租户都顺从房东或地主，而房东或地主也都尽更大的能力以友好的、体贴的方式对待租户。这种社会期望使人们不依赖于“胜者为王”的司法判决(Kawashima 1969)。

日本最主要的纠纷解决方式是纠纷各方通过协商达成相互都满意的解决方案。川岛武宜发现,涉及4家日本出租车公司的大约2500起交通事故,或造成人身伤害或造成财产损失,但只有1起事故被诉诸法庭,并由法庭判决。川岛武宜指出,如果纠纷的一方被宣判存在道德瑕疵,日本人会感到不舒服。因此,他们更愿意通过协商以折中的方式解决问题。

有人批评指出,用文化解释一个社会的纠纷解决方式很难衡量。一个社会中的每个人竟然都采用相同的方式解决纠纷,令人难以接受。美国人解决纠纷的方式就因人而异。

田濑隆雄对川岛武宜的“日本有着和解与和谐的文化”的解释提出异议。他指出,商业领域中的日本人像世界上其他国家的人一样残酷。在田濑隆雄看来,日本人之所以采取温和的纠纷解决方式,是因为日本政府鼓励法庭外解决纠纷,不鼓励采用判决方式。处理一起案件,隶属于法庭的调解服务比法庭审判要节省50%的时间,并且总的花费也只是正式审判的1/7。个人在法庭上能得到的补偿是有限的,而司法判决往往要等待几年,而且司法判决所带来的经济补偿也不会远比庭外调解所获得的多,因此庭外调解更有意义。在日本,非司法判决方式经常被用于医疗事故、建筑纠纷、环境索赔和消费者投诉等案件(Tanase 1990)。

埃里克·菲尔德曼对东京中心批发市场金枪鱼拍卖中的金枪鱼法庭作了研究,他发现,日本商人并不一定排斥诉讼,商人们会毫不犹豫地将纠纷诉诸法庭,尽管法庭审判有很多正式的规则和程序。菲尔德曼指出,法庭会为他们提供快捷、高效、廉价并且可靠的裁决,法庭对待纠纷就像对待买鱼卖鱼一样平常,而不是判决是非对错问题。他总结指出,这种金枪鱼法庭,通过避免宣布“谁输谁赢”,抑制了争端的发生,为和谐有序的市场做出了贡献(Feldman 2006)。

罗伯特·基德认为,日本人避免提起诉讼是一种自私的表现,这与美国人提起诉讼的动机并无明显的不同。他以日本渔村水俣为例:在日本的水俣村,婴儿出生畸形,大脑还有损伤,并且成年人都瘫痪。人们最终查明,这种疾病的祸根是附近的一个化工厂将汞倾倒入该村庄的捕鱼水域。然而,大部分村民都拒绝对化工厂提起诉讼,因为他们都愿意相信化工厂的补偿承诺。毫无疑问,川岛武宜会把这件事当作人们希望妥协与和谐的一个事例。

基德认为,日本人不热衷提起诉讼并不是因为其文化排斥纠纷。他指出,人们这样做是因为,化工厂是当地主要的用工单位,所以村民们都担心“渔船被砸”。化工厂曾威胁村民们,如果硬要将工厂告上法庭,他们将被迫关闭诊所和学校。同样由汞引起的一种流行病在日本新潟暴发,新潟是该水域下游的一个渔村。由于当地居民并不依附于这家化工厂,也不怕这家工厂进行经济报复,所以他们立刻对化工厂提起了诉讼(Kidder 1983:46,50-51,77-78,103)。

日本水俣村村民的做法与美国水牛湾矿难受害者西弗吉尼亚州工人的做法没有什么大的不同。水牛湾矿难惨案是由于波茨敦矿业公司的煤矸石堆的一个决口引起的。煤矸石堆用于修筑河坝。这次决口使 20 到 30 英尺高的巨浪和污泥以每小时 30 英里的速度席卷 16 个小型社区,共造成 100 多人死亡,1000 多个房屋被摧毁,4000 人无家可归。最后只有 200 名成年人选择起诉波茨敦矿业公司。该公司差不多是当地唯一的用工单位(Stern 2008)。基德在结论中问道,难道日本人真的比美国人更不愿打官司吗?难道美国人真的像通常描述的那样好战吗?(Kidder 1983:46-47)

马克·加兰特指出,他的研究数据表明,在车祸中受伤的人不愿寻求法律救济。他发现,这种对伤害索赔“不屈就”行为至少可以部分说明这样一个事实,即索赔人敢于挺身而出维护自己的权利,理应受到钦佩,但这种行为同时却受到质疑,因为他们违反了个人自力自强和个人责任的文化规范,并被怀疑可能捏造或夸大他们受到的伤害以获得经济上的意外收获(Galante 2014)。

成本

第四个影响纠纷解决方式的因素是经济成本和诉讼成本,以及诉诸判决所需要的时间。美国被很多学者认为是一个诉讼社会,人们受到的伤害通常会选择诉讼以获得补偿。关于这一点,我们随后将在本章谈到。斯图尔德·麦考利在其对美国商界的合同关系的经典研究中发现,企业喜欢通过非正式的谈判,而不是通过诉诸法律执行合同条款,因为法律诉讼既花钱又耗时,还会使公司之间关系紧张,且损害企业的声誉(Macaulay 1963)。

奥利弗·门德尔松记录了印度商界所采用的非正式解决纠纷方式而不是诉诸法院。印度古吉拉特邦北部的帕兰普里人非常团结,他们主导着印度和全球钻石市场。钻石商人之间的争端通过聘请社区的杰出人士来解决。有一次,帕兰普里族的一名钻石经纪人丢失了一包价值不菲的钻石。如果被要求赔偿制造商丢失钻石的全部价值,这名经纪人将失去生计。一位受人尊敬的钻石制造商介入了此事,经过 5 个小时的谈判,他说服这位商人接受了较低的赔偿金额。印度各城市的棉花贸易商聘请商人协会来解决贸易商之间以及贸易商与客户之间的纠纷(Mendelsohn 2014)。

身份

纠纷各方的身份是影响纠纷解决方式的另一个因素。对方的身份不同,人们采取的纠纷解决方式也会不同。大卫·恩格尔将伊利诺伊州的桑德县(化名)描述为一个传统的农业社区,这里在 20 世纪 70 年代正经历着社会多样化的变革。在过去,农业事故被认为是作业中不可避免的。这反映了人们对工作责任的强烈道德意识。因工受伤而归罪他人并寻求经济补偿被视为是不道德的。社区的密切联系又强化这种观念,因为社区中的人们都有着这样或那样的亲友关系。即使在最严重的案件中,陪审团也只是作出温和的赔偿判决。其带来的结果是,大多数的人身伤害案件在审判前都得以了结。保险公司一旦赔偿了一位投保的汽车驾驶人,一般不会因这位驾驶人承担事故全责而再对其提起诉讼追回赔偿款。由于不想承受诉讼的压力,一位女士接受了 12000 美元的赔偿,而没有对肇事者提起诉讼(Engel 1987)。

实际诉诸审判的人身伤害案件约占 1/15,其共同特点是:由于社会差距造成的人们之间的隔阂,任何其他纠纷解决方式都难以奏效,只有诉诸判决。例如,一位墨西哥移民因其在一场斗殴中受伤而将酒吧老板告上了法庭。原告声称,吧台工作人员曾向行凶者传递武器。尽管预料到人们会将其当作外来者和事端制造者,但是该拉丁裔家庭认为自己是被冤枉的。酒吧老板是当地有名望的人,其所开的酒吧是当地一家很重要的社交中心。纠纷双方互不信任,因而拒绝谈判,只好对簿公堂,最终获得判决。

在另一个案件中,一位母亲将一家汽车经销商告上了法庭,事由是她 5 岁的女儿在攀爬一只大垃圾桶时被其砸伤。这位母亲要求该经销商赔偿 25 万美元,但该案件最终在审判前以 3000 美元的赔偿得以了结。因为这位女士刚移居到本地,认为自己是外来户。当地的常住居民表示,他们本该早些向那家经销商私下反映垃圾桶问题,因此也应对孩子受伤承担责任。新来落户的居民认为他们被当作外来户,受歧视,因此往往会采用法律途径来表达自己对被当作二等公民的不满。由于新来居民与常住居民并不认识,因此采用法律手段并不会付出社会代价或经济代价。

一个有趣的现象是,人们因违背合同义务而被提起诉讼,是可以被社会所接受的。例如,农民可能会因为没有支付拖拉机款或牲畜饲料款而被起诉。常住居民认为,尽管可以有一些灵活性,但是人们还是要承担没能履约的法律责任。

桑德县的案例说明,常住居民不愿用判决方式处理人身伤害索赔案,这已成了一种文化。然而,在新来居民起诉常住居民的人身伤害索赔的案件中,只有法院判决才是让新来居民和常住居民坐到谈判桌前的唯一方式。这两个居民群体生活在彼此不同的世界中。即使这样,新来居民也不愿冒着被报复的风险诉诸判决。

随着桑德县情况的变化,这里的人身伤害索赔判决有可能增加,提起法律诉讼将不再被视为是对基于共同价值观的生活方式的破坏。

恩格尔对桑德县的描述类似于位于美国南部主要大都市附近的霍普维尔市的卡罗尔·格林豪斯和马萨诸塞州里弗赛德的芭芭拉·英格维森的描述。在每一个例子中,长期的"圈内"居民都认为自己是一个文化上同质社区的一部分,在这个社区中,纠纷要么被忽视,要么以一种非对抗性的方式得到解决。这种"圈内人"不打官司的伦理与"圈外"新来者的观点形成鲜明对比,"圈外"新来者动辄就诉诸法律被谴责为爱打官司,并表明他们以"文明"的方式解决争端,就是拒绝融入社区(Greenhouse, Yngvesson and Engel 1994)。

回顾了影响人们解决纠纷方式的因素,我们再来看看美国人对待法律和法律体系的态度。

美国人对待法律的态度

许多研究都对美国人的法律意识进行了探讨。法律意识是个体对待法律的态度和看法,以及这些态度和看法如何影响个体诉诸法律补救的意愿和能力。法律意识是一个动态的过程,是各种影响的产物。你早期所受的教育或是你同政府机构打交道的经验可能是积极的,也许你在学校学到的是,美国在保护全体公民的民权和政治权利以及自由方面都是独一无二的。然而,如果你遇到了一段与警察打交道的糟糕经历,与国内税务局打交道遇到了困难和挫折,或是你了解到,尽管房东对你很不好,但是你却无法轻易解除所签订的租约,这时,你的积极态度和认识就可能会发生改变(Nielsen 2004:6-10)。现将人们对法律意识的各种研究总结如下。

法律意识的种类

法律意识的研究的一项主要成果,是帕特里夏·尤伊克和苏珊·S.西尔贝于1998年出版的著作《法律的公共空间:日常生活中的故事》。两位作者对新泽西州的430位居民进行了广泛的采访调查,以了解人们在日常生活中如何认识与运用法律。

尤伊克和西尔贝认为,法律意识有3种类型。一是对法律的敬畏意识。敬畏与遵守法律的人把法律看作一套客观并且被人遵守的制度和规则。他们遇到严重的问题,或是试图完成涉及法律的事情却不断遇到挫折时,便会求助于法律。二是对法律的利用意识。具有游戏意识的人将法律看作是一种"游戏",它有一套游戏规则,这些规则可以被经验丰富的玩家利用并操纵,以达到其具体的目的。三是对法律的对抗意识。有这种法律意识的人认为自己被法律的复杂性和效力所束缚,故采取两位学者所谓的"个人抵抗行为"以免受法律控制。例如,声称自己残疾,以避免参加陪审服务,用"女人似的"尖细声音骗取警察回应他的求助电话;或是少女为了不经家长同意而得到医疗,在医院急救室谎报年龄(Ewick and Silbey 1998)。

两位作者讲述了女管家米莉·辛普森的事例。米莉每年收入18000美元,一直开着各种老式的耗油车。她把自己那辆1984年版的美科利汽车停在她家房子前面就走了,因为经济拮据便没有给汽车上保险。一天,米莉收到法院的传唤,感到十分吃惊,传唤她的理由是肇事逃逸和驾驶没有投保的车辆。她来到法庭,如实地告诉法官,汽车是她儿子的朋友未经她允许开走的。法官接受了她的辩解和无罪申诉。第二次开庭时换了一位法官,米莉认为这位法官一定知道她之前的辩解,自己一定会被宣告无罪。然而,令米莉大为惊讶的是法庭判她有罪(敬畏法律)。随后,米莉的有钱雇主介入,并且雇了一家实力雄厚的法律事务所为其代理,这家事务所设法使该案件重新开庭,并推翻之前的判决,返还米莉所缴纳的罚款(利用法律)。后来,米莉被法院认定3项与其汽车有关的指控，并在法院不知情的情况下在其常去的教堂接受社区矫正（对抗法律）。

莫妮卡·贝尔记录了非洲裔母亲对警察的不信任，这是由于警察暴力、缺乏回应、种族偏见和警察未能追捕罪犯（对抗法律）造成的。因此，他们通常依靠自助来解决冲突（Bell 2016）。

然而，贝尔研究中的母亲们以策略性的方式（遵守法律）求助警察。一种策略是"领域特殊性"，即警察在处理与家庭有关的问题时受到信任，比如护送有暴力倾向的伴侣离开家，寻找离家出走的孩子，或者安抚吵闹的邻居。但是，警察不太可能被叫来处理毒品交易或暴力犯罪，因为这些地方对"告密"有很强的防范，有报复的风险，罪犯可能会被长期监禁。另一种策略是"治疗性效果"，即把报警视为一种机制，从中可以让家庭成员参加社会服务计划的，防止年轻人陷入犯罪，或保护遭受家庭暴力的朋友。

法律意识和美国劳工阶层

萨利·恩格尔·梅利对美国新英格兰地区两个小城劳工阶层的白人及促使他们去法院打官司的法律意识进行了研究（Merry 1990）。

梅利发现，在向法院提起诉讼前，人们通常会先私下议论，再诉诸片区申诉委员会、警察和社会福利机构，或是自行解决。人们更多时候只是以诉诸法院为要挟，而不是真的要打官司。他们知道，打官司会使冲突加剧、升级，因此，打官司只作为走投无路情况下的最后手段。

梅利发现，劳工阶层的人转而求助法律制度解决问题，因为他们认为，自己作为美国人，有权利获得法律制度的帮助，而且法院也有责任保护美国人的权利和安全。他们认识到，通过"法律规则和权威机构解决争端比暴力更文明、更合理"。当申诉人发现他们向法院提起的诉讼被检察官和法官以及其他刑事司法人员当作"鸡毛蒜皮"的"垃圾案件"驳回时，他们感到很是失望。这些让法院审理的"垃圾案件"涉及邻居扰民、配偶不忠、丈夫家暴以及孩子不守纪律等。这类微小的纠纷属于基层刑事法庭、少年法庭和小额诉讼法庭的管辖权范围（Merry 1990：2）。

在与法院打交道的过程中，劳工阶层的人通常会感到气馁。他们感到"法律程序复杂，法官难找，处罚也轻得出奇"（Merry 1990：3）。诉讼当事人感到，法庭对普通人的问题漠不关心。原告得到的并不是法律保护，而是如何好好过日子的教训与建议,以及被告诉回去调解。而调解简直就行不通,是死路一条。调解并不是冷静的,心平气和的,而是一场言语的战争,是情绪化的紧张交涉,双方高声大骂对方是“坏蛋”,根本不愿让步。

在家庭或邻里纠纷中,原告看到与之对抗的邻居或家人被迫出庭的难堪与窘迫状时,会产生满足感。寻求法律保护的消极面在于,现在的法官能够主宰案件的判决结果。

梅利发现,女人比男人更爱求助于法庭,因为女人感觉自己势单力薄,需要一个强大的同盟者保护自己反抗家庭暴力,获得孩子的抚养权,或者在与邻居或当地商家的纠纷中获胜。当女人发现自己关于家庭暴力的诉讼不仅没有被当作严重的案件对待,反而以情绪失控为由遭到驳回时,就会感到失望。她们表示,她们对家庭暴力的起诉会使受到控告的男人与之结仇,并可能使女人遭受暴力的报复(Merry 1990:70,180)。

梅利的一个重要研究发现是,人都是争强好胜的,并且抵制法官和检察官使其诉讼大事化小,小事化了,并最终予以驳回的做法。人们拒绝调解,执意诉诸法庭,并且挑战庭审法官。如果法官驳回他们的刑事诉讼,他们就转而向小型诉讼法庭提起新的诉讼,或提起民事赔偿诉讼。

梅利认为,美国劳工阶层尽管对诉讼程序感到失望,但是仍然有着强烈的法律权利意识,并认为自己有权寻求法律保护。法律体制由于强调人人都有“在法庭申诉的机会”“法院的大门向每个美国人敞开”,并彰显法律在保护个人权益中的威力,因而强化了人们对人人有权寻求法律保护的信念。人们越是使用法律,在寻求法律保护时越是感到得心应手。

梅利的研究表明,美国的劳工阶层感到自己有和美国富人相同的诉讼权利。区别在于,美国的劳工阶层通过法庭解决家庭纠纷或邻里纠纷,而中产阶级则大多是通过法庭解决房地产与建筑合同纠纷以及消费纠纷。

最后一点是,尽管美国人法律保护意识很强,喜欢打官司,但是他们对诉讼程序以及案件判决的结果感到失望。这种负面的经历似乎影响了他们对美国司法制度的信任。梅利指出,诉讼当事人“认识到这种法庭……是腐败的,有缺陷的……(而且)认识到他们的权利并没有被法庭像对待其他人的权利那样认真对待”。劳工阶层的人们认识到,尽管他们能够向法院提起诉讼,但是想要得到法院的认真对待,则需要技巧和决心。劳工阶层尽管对法院诉讼程序并不满意,但是依然坚信自己有权要求法院保护自己的权利和自由(Merry 1990:

145,161,171)。

言语冒犯

劳拉·贝丝·尼尔森在其对公共场合冒犯性言语的研究中,对美国人对待言论自由的态度进行了调查。她认为,人们的经历影响他们对于法律的看法。尼尔森研究了北加利福尼亚州三个城市的人们对于公共场合冒犯性言语(包括种族歧视和针对女性与同性恋的性暗示言语)的反应,还研究了人们对街上的资金募集(乞讨)者的反应(Nielsen 2004)。与世界上其他大多数国家不同,美国宪法第一修正案把种族和性别歧视言论作为思想市场的一部分加以保护。接受尼尔森采访的一位女士讲到,有一个男人走过来冲她说,“我讨厌女人,都是荡妇”。另一个男人说,“舔舔我”。还有个男人说,“今儿早上,你男人把那种笑容贴在你脸上时,我真该在场……我打赌,如果他时间够长,你一整天都会很开心的”(Nielsen 2004:1)。

尼尔森研究了人们是否认为语言冒犯应该受到美国宪法第一修正案的保护。事实上,保护这种言论就意味着颁发了一张“骚扰许可证”(这也是尼尔森著作的名字)。尼尔森对白种男性、白种女性和有色人种进行了取样调查,以研究他们是否认为冒犯性言论应该被禁止。这三组接受采访的人士均同意种族主义和性别歧视言论是冒犯性言论,不过他们认为该种言论应该受到美国宪法第一修正案的保护。有趣的是,三组受访者给出了该种言论应受美国宪法第一修正案保护的不同理由。

毫不奇怪的是,有色人远比白人更有可能把种族主义言论看作“最严重的(个人)问题”;而女性远比男性更有可能把性暗示言语看作“最严重的(个人)问题”。不过,三个群体都承认,种族和性别歧视言论是一个“社会问题”(Nielsen 2004:75,81,97)。

无论他们对于冒犯性言语持什么样的态度,尼尔森采访到的人普遍都不支持以法律手段管理冒犯性言语。有趣的是,三个群体都提出了不同的理由。大多数的白色人种男性认为,种族和性别歧视言论应该受到美国宪法第一修正案的保护(敬畏法律)。白色人种女性和有色人种倾向于反对以法律来约束冒犯性言语,原因是很难区分冒犯性言语和非冒犯性言语,而且如果对冒犯性言语进行限制,他们自己的言语也可能会受到限制(对抗法律)。同时,大多数女性认为,警察缺少对冒犯性言语的执法资源,因此,对冒犯性言语最好由受到冒犯的人自行处理(利用法律)。

尼尔森认为,人们对于种族和性别歧视言论的观点反映了他们个人的经历。她认为,白种男人之所以从美国宪法第一修正案的角度看待歧视性言论,是因为他们并不是言语侮辱的对象,他们也无法完全感受到言语冒犯的影响。女性们觉得,她们无法依靠法律反对性别歧视,因而对法律保护她们免受冒犯性言语侵犯的能力产生怀疑。人们对种族和性别歧视言论的看法,与其职业或收入没有什么关系(Nielsen 2004:92,93,106,112-127,129-30)。

三组受访群体对待乞讨的看法并没有显著差异。在接受尼尔森调查的人中,80%的人表示在街上遇到过“乞丐”,35%的人赞成限制乞讨行为。而那些反对限制乞讨行为的人则认为,乞讨者除乞讨外别无选择,应该让他们有自谋生路的能力。尼尔森指出,各个城市可以容忍种族和性别歧视言论,但却取缔乞讨行为,因为乞讨行为直接影响着白人和商家。这表明,法规反映了公共政策偏向有影响力的商家,因为这些商家担心乞丐会妨碍他们的顾客。

卡尔文·莫里尔和其同事研究了青年人的“权利意识”。他们发现,尽管美国少数族裔年轻人都有在学校被侵权的经历,而且被侵权的程度高于亚洲裔和白色人种年轻人,但他们并不喜欢寻求法律救济。无论是什么种族,学生们如果受到歧视,更喜欢用法律外方式解决,而不是用法律方式。例如,非法入境的年轻人通过集会或游说等法律外救济方式寻求法律保护。作者推理认为,少数族裔青年人从其与司法系统打交道的经历中相信,法律救济可能并不会维护他们的权利(Morrill,Edelman,Tyson and Arum 2010)。

和尼尔森的研究发现一样,莫里尔等人的研究证实,美国人并不愿意提起法律诉讼,而是把法律诉讼作为最后的一条路。

性骚扰

性骚扰是私营企业和政府共同关心的问题。大多数大公司和政府机构针对性骚扰都有专门的培训项目和具体的管理规定。例如,文娱与体育节目电视网(ESPN)等公司就因言语和行为不当而解雇过员工。许多研究发现,性骚扰最有可能发生在男性占多数的工作场所,因为这些场所容忍,甚至助长对女性的歧视。当然,这不是唯一的一种解释。大多数高校对于性骚扰都有很强硬的规定。然而,约 60%的大学生表示曾遭受过性骚扰,而且性骚扰者大多是其同学。联邦平等就业机会委员会接到投诉的性骚扰案数量,每年大约以 12%的速度持续增长(Boland 2005;Howard 2007)。

数据表明,只有 1/6 的性骚扰受害女性提起诉讼。菲比·摩根对 31 名考虑提起诉讼的女性进行了研究,发现最终只有 4 人提起诉讼。大部分女性担心,如果诉诸法律,她们与丈夫或其他重要人物之间的关系就会搞得很紧张,并且会给孩子带来压力(Morgan 1999)。

性骚扰诉讼案与梅利以及尤伊克和西尔贝所研究的家庭或邻里纠纷案非常不同。提起性骚扰诉讼,女性必须聘请专家律师,花上数年时间起诉有影响的政府或企业机构,而且个人生活也要接受严格的审查。摩根采访的女性认为,她们受到了侵害,有权得到法律保护,尽管她们最后无奈地承认,基于现实因素的考虑,她们没有提起诉讼(Morgan 1999)。

阿比盖尔·萨吉发现,法国对待性骚扰的态度与美国迥然不同。她指出,法国的性骚扰法规完全不被遵守,提起此类案件诉讼的律师和原告会被认为是“丢脸的”“受人指责的”。在法国,人们往往认为性言论和调情属于男女之间的自然关系,并加以接受,而美国对性骚扰立法则被认为是对个人自由的侵犯和干扰。法国的职业女性不愿意谴责职场性骚扰行为,因为担心被认为自己认同美国女权主义。法官也不希望因采纳美国女权主义的思想观点而遭受批评,因此不愿意判给原告可观的经济补偿(Saguy 2003)。

就业歧视

克莉丝汀·巴米勒研究了非洲裔美国女性对就业歧视的反应。巴米勒指出,她采访的女士并没有因为不了解自己的权利、无法接触律师或对技术细节感到沮丧而决定不投诉就业歧视(Bumiller 1987)。

在巴米勒的研究中,大多数人都对她们的雇主感到愤怒,因为这些雇主简直像“暴君”一样对待她们。她们为自己具有强烈的“生存伦理”、力量、正直和自我牺牲意识而感到自豪,这使她们能够在受到歧视的情况下继续工作。

这些女性拒绝基于“群体身份”提起性别歧视诉讼。她们认为“每个人都遭遇过虐待”,或者歧视她们的人是个“坏苹果”,不能代表她们工作场所的其他人。这些女性虽然意识到她们在法律上有很强的反歧视主张,但她们不想破坏自己的工作环境,对成功的前景持怀疑态度,认为她们的上司会否认自己所说的话,同事会怨恨她们,自己也会遭到报复。

总之,尽管她们知道自己的法律权利,但巴米勒采访的女性并不认为反对歧视的法律保护是有效的保护,因为她们认为法律诉讼的成本和后果超过了打赢官司的回报。

权利意识与《美国残疾人法》

大卫·恩格尔和弗兰克·蒙格尔就1990年《美国残疾人法》对残疾人生活的影响,调查了60名有学习障碍或身体残疾的人士。《美国残疾人法》旨在消除残疾人在日常生活领域所遭受的歧视。在两位作者调查的人中,尽管遭受歧视,但是也没有人根据《美国残疾人法》提起诉讼,因为他们担心,如果提起诉讼,就会被人认为,他们在没有特殊照顾的情况下,根本无法实现自己的职业潜力。这种担心也是可以理解的(Engel and Munger 2003)。

恩格尔和蒙格尔提出的一个问题是,《美国残疾人法》是否对人们的生活产生了影响。他们发现,大多数智力残疾者与身体残疾者都认为自己完全能够胜任其职业工作。通过《美国残疾人法》,他们对自己的过去有了新的诠释,并且认识到,自己现在的生活状况是歧视与缺乏社会支持的结果,而不是因为自己没有能力,或缺少智慧。该法案也使广大公众懂得,需要积极帮助智残者和身残者。

两位作者发现,残疾人利用《美国残疾人法》维护自己权益的能力各有不同。在干劲、抱负、适应力以及克服残疾所带来的困难的能力上,残疾人也各有差异。那些有坚实的家庭支持和经济优势的残疾人所享有的机会,是那些贫穷的残疾人或受到种族歧视或性别歧视的残疾人无法享有的。残疾人的机会也会受到残疾的性质以及致残时间早晚的影响。那些缺乏资源或智力残疾未被发现的残疾人可能一辈子也意识不到自己的残疾问题。

恩格尔和蒙格尔在结论中指出,尽管《美国残疾人法》对残疾人的生活有积极的影响,但是总体来说,是让美国的残疾人"忍受"背弃自己的权利,而不是寻求法律救济。两位作者把美国人称为是一个由"法律逃避者"组成的民族。造成的结果是,侵犯权利的行为依然不受追诉,违法犯罪者依旧受不到威慑,而是继续从事违法行为,受害者继续遭受痛苦,因为他们不能寻求法律救济。《美国残疾人法》旨在保护的那些人在自身权益受到侵犯时最不可能主张自己的权利。

权利意识

安娜·柯克兰采访了“接纳肥胖倡议”的活动人士。联邦法律没有禁止对肥胖者的歧视，只有少数州和地方司法管辖区禁止歧视肥胖者。这些活动人士经受过肥胖歧视，但他们拒绝接受他们应该得到法律保护的观念。尽管“接纳肥胖倡议”行动在日常生活中采取了各种防卫手段来对抗歧视和负面言论，并宣称他们应该根据体重得到照顾，但他们承认自己的状况是基于自愿行为，与法律保护不受歧视的残疾不同。活动人士强调应该根据肥胖者的实际情况来判断是否应予照顾，肥胖者应该不受歧视，但他们反对肥胖者应该得到法律保护的观念（Kirkland 2016）。

柯克兰的调查结果证实了其他研究的结论。其他研究发现，尽管美国人可能不认为自己拥有合法权利，但他们致力于并关注扩大法律提供的保护。乔治·洛弗尔分析了美国公民在 1939 年至 1941 年写给新成立的司法部民权司的信件。距后来美国最高法院扩大宪法所保护的公民权利和自由权利的范围还有很久时间。洛弗尔发现，人们将宪法宽泛地解释为延伸到美国最高法院尚未承认的领域，如州法院刑事被告的权利。司法部几乎在每个案件中都解释称，公民的投诉没有法律依据。对此，大约 12% 的人回信说，他们的投诉是基于宪法的。洛弗尔指出，相当多的人并没有被动地接受对其权利的普遍看法，而是写了一封信，以理想主义的术语看待权利，并将权利视为一个动态的和不断发展的法律概念（Lovell 2006）。

美国人的“法律意识”

美国人对宪法和美国的核心原则有着决定的信念。无论社会阶层与收入如何，人们都坚信自己有权在法庭上发言。与人们普遍的认识相反，美国人并不“急于扣动扳机”，而是将提起法律诉讼视为最后的手段。令人吃惊的是，尽管司法制度并不总是能够满足人们的期待，但人们却非常愿意通过司法制度而不是通过恐吓和胁迫解决争端（Engel 2016）。

一般人认为，寻求法律救济会使自己和家人付出相当大的情感代价和经济代价。例如，就性骚扰或歧视案件要起诉大型机构，诉讼过程通常都是旷日持久的，确实令人望而却步，而且需要有雄厚的资源和相当大的自信。

普通美国人在与司法系统打交道时，会感到不受尊重与失望。人们对自己提起的诉讼被改为调解感到气愤,认为调解不能令人满意地替代法院判决。他们对法律诉讼程序很是困惑,但很快就会明白,要表达自己的诉求,享有自己“出庭日”,就必须自己打拼。女性及少数族裔尤为怀疑法律保护他们的能力。人们认为,司法系统似乎对解决富豪与富裕社会成员的问题更感兴趣,法官、检察官和律师不愿花费时间与资源处理美国工薪阶层的家庭矛盾或邻里纠纷等“垃圾问题”。最终导致的结果是,普通美国人只得“遇事隐忍”,而不是寻求法律救济。社会富裕阶层很少会“接受否定的答复”。

法律意识的一个关键方面是程序正义。案件是否被“公正地”裁决,取决于程序是否被认为公正。美国人关心的是,他们是否有机会充分表达自己的观点,法官是否公正中立,是否抱有偏见,是否尊重他们。在那些程序被认为是公正的案件中,大多数人都会接受判决结构,即使他们败诉。汤姆·泰勒指出,如果允许人们参加审判过程,那么他们就有可能接受判决结果(Tyler 2006:163-165)。

有时,人们会采用法律外的手段或抵抗性的法律手段回应不作为的司法体系,或用这些手段引起人们对问题的关注。

抵抗,在詹姆斯·斯科特看来,是“弱者的武器”,如服务生向顾客的汤中吐痰、工人破坏流水线等无奇不有的方式攻击某个机构(Scott 1985)。明迪埃·拉扎勒斯-布莱克和苏珊·赫希在《诉讼亢奋的国度》(*Contested States*,1994年)一书中对被压迫群体如何运用法律对抗强大的机构,并实现个人独立进行了研究(Lazarus-Black and Hirsch 1994)。金柏莉·韦尔奇通过法庭记录证实了这样的事情,即密西西比州的一些非洲裔奴隶如何利用法律坚称他们有权获得自由,因为他们已故的“主人”承诺在他死后释放他们,或者因为他们是从一个不实行奴隶制的州非法绑架来的(Welch 2018:161-191)。对教会团体如何公然反抗其认为的美国政府非法拒绝接受逃避内战的中美洲难民的庇护申请,以及如何在教堂和社区中心为这些难民提供避难所,苏珊·库丹以翔实的资料作了阐明(Coutin 1993)。我们从基蒂·卡拉维塔关于法律社会学的著作中可以看到,监狱犯人如何用洪水般的诉状淹没法庭以骚扰看守,并用洪水般的诉状淹没监狱管理机构,从而既维护了自己的尊严,又发泄了自己的愤怒(Calavita 2010:41)。

尽管美国人不愿依靠司法系统,但学者警告指出,美国的司法系统面临危机,有可能被雪崩似的诉讼掩埋。诉讼太多,而我们又有太多的法律对本不该属于法庭受理的“无聊诉讼”大开方便之门。“无聊诉讼”分散了司法系统在重要案件上的注意力。为应对这些“无聊诉讼”，企业为在法庭上保护自己的权益而不得不支付高昂的费用。下一部分我们要探讨的问题是，美国的诉讼危机究竟是真切的现实，还是虚构的神话。

关于美国诉讼的不同观点

传统智慧认为，美国的诉讼过于泛滥，人们“好讼”成性。“好讼”（Litigiousness）一词源于拉丁语，指一个人爱争吵、争论不休的性格特征。在本部分讨论中，“好讼”意指一种诉讼的渴望。例如，我们一受到侮辱和怠慢就爱说“法庭上见”，还撺掇亲戚朋友“告那个混蛋”（Lieberman 1981；Ollson 1991）。

多年来，诉讼问题一直是人们关注的问题。1970 年，美国首席大法官沃伦·伯格在与美国律师协会的一次谈话中，敦促制订解决方案，以解决他所认为的诉讼增多所造成的危机。首席大法官伯格指出，联邦法官有积压的案件，他呼吁增加法官人数，并任命职业的法院行政人员来管理法院的案宗。他还赞同已故哈佛大学法学教授保罗·弗伦德的一项研究报告，该报告呼吁成立一个新的国家上诉法院，以减轻美国最高法院的工作量。2005 年，乔治·布什总统谴责了动不动就往法院跑的行为，指出“我们的社会是一个热衷于诉讼的社会；每个人都在打官司；……美国的官司太多了”（Haltom and McCann 2004：291）。

为什么“好讼”或好打官司被认为是一个问题呢？毕竟，每个人都有权利诉讼，或者说人人都可“到法庭上说理”。据批评人士称，由于法院堆满了没有诉讼价值的案子，整个法院系统大有崩溃之危险。法制取代了逻辑和理性，美国人深受法制过度与律师过多之害。菲利普·霍华德不满地指出，在纽约市，停止一个学生上课超过 5 天，竟然需要 60 多道程序。一位小学校长曾讲述道，一位教师要求一年级学生将自己最喜欢的东西带到学校，有个小女生带来的是其祖父送给她的削笔刀。于是，这位教师就要求校长以携带武器到校为由停止这名女学生上课（Howard 2009：104，106）。而在刑事案件领域，则存在艾伦·德肖维茨所称的“滥用借口”现象，被告人把自己的犯罪行为归因于饮食、父母、基因或童年损伤等（Dershowitz 1994：3）。

作为劳伦斯·弗里德曼所称的“诉讼亢奋”的后果,法院无法把全部注意力都放在重要的案件上。雪崩似的诉讼导致高昂的花费,政府只有通过提高税率才能维持司法部门的运转。而被起诉的商家则把打官司的费用转嫁给消费者。由于医生的保险费率飞涨,医生被迫改行。在这样一个学生告老师、病人告医生、消费者告商家、邻居告邻居的社会,人们之间的信任受到破坏。于是,医生采取保守疗法,教师不敢管学生,人们谨小慎微,如履薄冰。根据以上对“诉讼亢奋”的描述,美国已经变成了这样一个国度,在这里,人们动辄就打官司,只追究别人的过错,而不承担自己的责任(Friedman 1994:16)。

凯撒·巴伯就是“诉讼亢奋”的一个最突出的例子。巴伯是一名维修工,打官司那年,他 56 岁,身高 5 英尺 10 英寸,体重 270 磅。巴伯起诉快餐连锁店的理由是,快餐连锁店没有公布食品的脂肪及盐的含量,因而快餐食品损害了他的健康(Haltom and McCann 2004:179-181)。

营养师、医生和膳食专家对巴伯诉讼中提出的重要的饮食问题很是赞赏。然而,媒体上普遍的反应是质问:巴伯自己吃了过多廉价、高脂的食物,却让快餐店承担法律责任,这种做法是否公正。评论家幽默地问道,巴伯是否想“让自己的案件也油炸一下”。

1976 年,朱迪丝·理查森·海姆斯起诉坦普尔大学附属医院。诉状称,CAT 扫描仪所用的碘基染料导致她出现头疼等极端严重的过敏反应,而且,由于头疼,她不得不终止了自己的职业通灵工作。她声称自己过去曾以其特异功能协助警察破案。陪审团在进行了长达 45 分钟的考虑后,判决赔偿她 60 万美元及利息,总额近 100 万美元。然而,法官撤销了对她“极为过分”的经济赔偿,并宣布重新审判。而随后,另一位法官驳回了海姆斯的诉讼,最后她未获得任何赔偿。尽管她的诉讼最终被驳回,但是海姆斯案成为人们经常用来说明美国“诉讼爆炸”的一个事例(Haltom and McCann 2004:1-2)。

臭名昭著的“裤子诉讼”案经常被用来说明无聊的法律诉讼。2005 年,哥伦比亚特区的一名行政法院法官起诉一家干洗店,索赔 5400 万美元,原因是他声称自己丢失了一条裤子。原告称,由于干洗店没有遵守店里标示的“保证满意”和“当天服务”的承诺,给原告带来了不便、精神痛苦和律师费。尽管这名法官最终败诉,并被要求支付干洗店的律师费,但诉讼的压力和紧张导致该家干洗店关闭[*Pearson v. Chung*, O7-CV-872(D. C. Ct. App. 2008)]。

其他所谓的“无聊案件”还有,女士因约会爽约而被男士起诉;父母被小男孩以抚养不当为由起诉(Friedman 1994:21);一个自称“嗜好牛奶”的人因出现动脉栓塞而控告乳制品厂;有人因在公用电话亭里被汽车撞伤失去一条腿,便把电话公司告上法庭;有个男子起诉割草机制造厂,诉称其在使用该厂生产的割草机时由于费力而导致心脏病发作。在加利福尼亚州,一个名叫里克·博丁的中学生爬上学校的一个房顶去偷探照灯时,不幸从一个被遮盖的天窗跌下,造成四肢瘫痪。于是,这名学生以学校官员明知房顶有危险而不采取措施为由将学校告上法庭,因为一名工人几个月前也刚刚出了这样的事故(Haltom and McCann 2004:64-66)。

威廉·霍尔托姆和迈克尔·麦克卡恩对报纸报道的诉讼案进行了研究,研究结论是,报纸总是对“稀奇古怪的案件”大加报道。人们常说,“狗咬人”不是新闻,而“人咬狗”便是新闻。他们发现,报纸上的粗暴“侵权案件”在法庭诉讼案件中所占比例很小。报社由于承受着报纸销量压力,因此都着重报道那些有争议的案件,而很少报道那些原告败诉,或是上诉被驳回的案件(Haltom and McCann 2004:174-177)。

劳伦斯·弗里德曼告诫人们不要相信“诉讼爆炸”的说法。他的看法同霍尔托姆和麦克卡恩的看法一致,都认为,媒体报道的大多数案件并不代表典型的侵权案件,因此并没有证据证明存在“诉讼爆炸”。尽管美国人口有所增加,但是每10万人的诉讼案件数量却保持相对稳定。因此,尽管案件总数有所增加,但是百分比却保持相对稳定。通常用以支撑“诉讼爆炸”说法的数据都是基于联邦法院的诉讼案数量,但是,美国大约95%的诉讼都是在州法院进行的,而要确定州法院的诉讼案件数量又是比较复杂的,因为,众所周知,州法院的统计数据历来都不准确。劳伦斯·鲍姆在研究了近年来州法院的诉讼案件数量后得出结论,诉讼案件数量与往年相比“持平或减少”,“箭头要么是平的,要么是朝下的”(Baum 2013:224-225)。

弗里德曼还指出,在“诉讼”概念上存在一些问题。我们把提起诉讼的案件包括在内了吗?把提起诉讼但在审判前就获得解决的案件包括在内了吗?把在审判过程中撤诉的案件包括在内了吗?诉讼案件数量的增加,并不一定意味着法官会被压垮。在加利福尼亚州,数量最多的案件是离婚诉讼,而离婚案件一般都不会耗费太多时间,因为律师在离婚判决前就起草好离婚判决书,法官所要做的就是加盖橡皮图章。加利福尼亚州的车祸案件大多数都在庭审前结案,只有不到1%的车祸案件接受法院判决(Friedman 1994:17-19)。

毫无疑问,随着社会变得越来越复杂,美国的法律数量也在不断增加,但是我们不能据此认为诉讼案件也在增加。例如,机动车的普及催生了交通法规、驾驶证办理与机动车登记规定、环境法规、规范国外汽车进口的贸易协定、消费者保护法、生产商和经销商之间的特许代理协定、燃料成分管理法规以及其他无数的法律法规。一些律师专门代理当事人因醉酒驾车和肇事逃逸而被拘捕的案件。

法律数量的增加并不一定意味着诉讼数量的增加。一种解释是,法律在大多数情况下有相当的可预测性与确定性。例如,州法院按照固定的计算公式判决离婚后子女抚养费,这并没有多少可争辩的余地,双方没有理由不达成协议。

公司企业在签订合同时,都是尽力把可能出现的问题都预料到,以避免诉讼的发生。大多数房屋租赁和汽车销售合同都涵盖可能出现的问题,不给诉讼留下空间。下次你在机场提取行李包时,检查一下行李签,看看航空公司对行李丢失和损坏是如何限定其责任的。公司、房东、雇主也采取调解或仲裁机制解决纠纷。最终结果是,虽然律师起草合同与租赁契约以及代理委托人参与调解和仲裁等法律业务有所增加,但这并不意味着诉讼案件的增加。

劳伦斯·弗里德曼得出的结论是,尽管立案案件的数量并没有大幅增加,但在以前被视为不受法律监管的领域,有一些新类型的案件被提交审判。他将这些诉讼新领域的发展描述为美国人对渴望"完全正义"的表达。其中许多案件都很复杂,令法官感到不知所措。弗里德曼列举了几个我们看到的诉讼增加的领域,见表6.1(Friedman 1994)。

表6.1 诉讼增加领域

公民权利	1960年后期的关于联邦民权的一系列法律和《美国残疾人法》以及其他法律的出台导致过去大多不为人所知的案件被诉诸法庭,这些案件涉及就业歧视、选举权、大学招生以及残疾人就业。在一些案件中,提起诉讼的人不仅代表自己,还代表和自己境况相同的人(集体诉讼)
司法干预	针对有关法律诉讼行为,法院通过司法介入,监督监狱与精神病院分别改善囚犯与精神病人的待遇以及对环境危害物的清理。法官发现大量案件都存在侵犯公民自由的行为,并任命"专员"执行法院的判决

续表

特大案件	特大案件就是“怪物”诉讼。1969年，联邦政府在对IBM公司的起诉中称，IBM公司的规模构成了对商业技术市场的垄断。在长达6年的时间里，这一复杂的案件都没有进入庭审；在6年间，数以百计的证人作证，900份文件成为证据，预审证词记录长达1万页

弗里德曼的观点得到了马克·拉姆塞耶和埃里克·拉斯穆森的一项研究的支持。他们发现，美国的诉讼数量和类型与加拿大、法国、德国和英国大致相同。所有这些国家的法庭案件都集中在破产、离婚和车祸上。然而，在两位作者所称的“第二级诉讼”中，美国则与其他国家截然不同，这些案件在其他国家永远不会被提起诉讼。这些“第二级”案件包括要求烟草和制药公司、石棉和汽车制造商巨额损害赔偿的法律诉讼，还有对“精灵宝可梦Go”的诉讼，指控该手机游戏让人们擅自进入私人宅地构成对个人隐私的侵犯（Kritzer 2002a；Ramseyer and Rasmusen 2010）。请注意，这些“第二级”案件只占诉讼的一小部分。美国的大部分诉讼都是在州法院进行的，州法院仍然忙于审理合同、债务追讨、房屋租赁纠纷、小额索赔、财产损失、房地产和人身伤害等案件。美国州法院中心对10个县152个法院的90多万起案件进行的一项研究称，原告获得巨额赔偿的州案件只占州法院案件的一小部分，75%的案件最终追回的赔偿金不到5200美元（Galanter 1983；National Center for State Courts 2015）。

一些人认为诉讼干扰了公共管理者的正常判断和工作的灵活性，而另一些人则认为诉讼保护了公民的权利和自由。在过去几十年中，学习法律的学生能够进入大学攻读法律专业，而在50年前法律专业甚至都不存在。在20世纪60年代和70年代，有75起联邦案件涉及学生头发长度、鬓角和胡须。同时，还有无数的案件涉及种族歧视、智残或身残学生的权利以及双语教育。有些人把这些方面的法律看作对公立学校学生权利和自由的进一步保护，而另一些人则把这些看作激进司法专横性和侵扰性的表现（Friedman 1994：22-34）。

加利福尼亚大学伯克利分校的艾林·彻姆林斯基教授认为，问题不在于美国法院的诉讼太多，而在于提出重要宪法问题的诉讼太少。这种诉讼“赤字”是法院制定的规则限制个人向法院提起诉讼的能力的结果。在“里昂诉洛杉矶”案（*Lyons v. Los Angeles*）中，阿道夫·里昂在1976年的一次驾车行驶中被警察拦下，警察不由分说就对他实施锁喉制服，致使他昏迷不醒，并指控其违反交通规则。里昂事后收集的资料证明,在 1978 年至 1983 年,有 16 人遭受锁喉,包括 12 名非洲裔美国人,其中 4 人死亡。美国最高法院裁定认为,里昂没有"资格"获得针对洛杉矶市的强制令,禁止警察继续使用锁喉,因为里昂未来被锁喉的风险很小,因此他没有什么可担心的。瑟古德·马歇尔大法官在反对意见中指出,根据美国最高法院的裁定,人们在无法确定地证明他们将再次遭遇非法执法的情况下,就无法获得禁止继续使用违宪执法的强制令[*City of Los Angeles v. Lyons*,461 U. S. 95(1983)]。

彻姆林斯基提到了联邦法院的一个判决,该判决依据"国家机密"原则驳回了哈立德·马斯里的诉讼。马斯里是一名德国汽车推销员,警方把他与另一名男子弄混,错误地怀疑他是恐怖主义分子,并在巴尔干半岛的一个边境检查站把他抓获。马斯里被关押在中央情报局的一个"秘密地点"进行了 149 天的单独审讯。在此期间,他遭受殴打、被脱光衣服、戴上头套、戴上脚镣,吃得很差,并在审讯期间受到人身恐吓。美国第四巡回上诉法院认为,允许马斯里起诉美国政府身体虐待可能会泄露中情局审讯恐怖分子的秘密方法。这些信息在很大程度上已经在媒体上广泛传播[*El-Masri v. United States*,479 F. 3d 296(4 Cir. 2007);参见 Chemerinsky 2017]。

下一部分,我们要讨论的一个重要观点是,法院"堵塞"并不是司法系统面对的主要挑战。司法审判的主要问题是费用太高,程序太复杂,而且不能够满足普通人的需要。

替代性纠纷解决方式

在 20 世纪后期的几十年中,替代性纠纷解决方式(ADR)的发展趋势日益明显。替代性纠纷解决方式是用谈判、调解、仲裁等方式替代正式的司法审判。

我们前面已了解到,纠纷的解决方式多种多样。谈判就是冲突各方坐下来协商,尽力达成双方都能够接受的协议。例如检察官和辩护律师庭审前进行的辩诉交易。调解,就是中立的一方试图组织纠纷各方进行协商。调解方帮助纠纷各方着重找出其主要的异同所在,并帮助纠纷双方起草调解协议。在谈判或调解中,纠纷各方必须自愿接受调解的结果。仲裁是替代性纠纷解决方式中最正式的形式,在仲裁时,中立的第三方听取纠纷双方的申诉,然后作出有约束力的决定。大多数劳工合同(劳资谈判协定)都有解决争端的强制性的规定。

替代性纠纷解决方式的一个目标就是让法律程序贴近穷人、老人以及工薪阶层。由于传统法律诉讼花费高，而且令人畏惧，房客遇到房东不提供足够的暖气的情形，也不敢将其告上法庭；消费者遇到剥削性的合同，也不敢就合同的合法性提出诉讼；人们遭受家庭暴力也不敢寻求法院的保护。替代性纠纷解决方式直接、简便，又没有律师和法官在场，因此感觉比法院更为平等，而且不那么令人胆怯（Kidder 1983：171-74）。

替代性纠纷解决方式的历史

杰罗尔德·奥尔巴克把美国替代性纠纷解决方式的起源追溯至早期的殖民地。这些宗教信徒以和谐共处与忠于教义为基础，关系紧密。人们希望大家都用爱心和宽容对待教友，搁置分歧，维护团结与稳定。人们担心，打官司会加剧彼此的分裂与不和，因此，人们不鼓励打官司。而律师则被讽刺为杂草，压制着同一块土地所生长的一切植物和蔬菜。人们有了冲突和纠纷，都是尽可能采用调解方式在法庭外获得解决（Auerbach 1983：3-5，10）。

清教徒有了个人纠纷都是拿到全体教徒面前解决；这样做有助于教徒以耶稣的精神相互谅解，相互关爱。对那些不遵守“教堂规则”的人，教会会众有权驱逐（Auerbach 1983：23-25）。

整个新英格兰地区[1]的殖民地对法律与法庭判决不信任，通常采用替代性方式解决纠纷。在波士顿[2]这个繁华的大城市，1635 年的一次市民大会发出倡议，居民未经仲裁委员会对纠纷进行听证前不应相互起诉。在康涅狄格州，当地城镇得到的建议是，把仲裁作为陪审团审判的一种替代方式。除新英格兰地区外，新泽西州、宾夕法尼亚州以及南卡罗来纳州都对纠纷解决方式进行了改革试验。宾夕法尼亚州的贵格会（又称公谊会）向人们宣教说，纠纷应以友爱和彬彬有礼的方式解决，如果这种方式失败，个人方可把纠纷提交无私的贵格会仲裁。如果拒绝接受裁决结果，就会被驱逐出贵格会（Auerbach 1983：25-31）。

从 1647 年至 1664 年，在彼得·施托伊弗桑特总督任职期间，荷兰在北美的殖民地新尼德兰地区建立了轮值仲裁委员会以处理涉及工资、债务以及合同的纠纷。个人提起法律诉讼，均被法院移交仲裁，因为法院拒绝对纠纷案件进

---

〔1〕 新英格兰地区，是位于美国大陆东北角、濒临大西洋、毗邻加拿大的区域。新英格兰地区包括美国的 6 个州，由北至南分别为：缅因州、新罕布什尔州、佛蒙特州、马萨诸塞州（麻省）、罗得岛州、康涅狄格州。

〔2〕 波士顿，马萨诸塞州（麻省）首府，是该地区的最大城市以及经济与文化中心。

行判决(Auerbach 1983:31-32)。

尽管州司法系统的全面职能在逐步发展,但是,替代性纠纷解决方式却只在宗教和政治团体中存在,如贵格会的震教派、第七日浸信会和摩门教(Auerbach 1983:47-68)。20世纪早期到达明尼苏达州和北达科他州的斯堪的纳维亚移民,有和解纠纷的坚固传统,而华人也沿袭着由族长解决纠纷的传统。新到达的犹太人通过犹太教法院解决纠纷。这些族群都强调维护族群和睦关系的重要性,不愿意“家丑外扬”。

20世纪,由于人们对司法系统的公正性感到失望,同时正式的司法审判体制也不能更好地走近劳动阶级和穷人,于是,替代性纠纷解决方式便日益受到青睐。1912年,哈佛大学法学教授罗斯科·庞德(Roscoe Pound)在给美国律师协会的演讲中谴责了城市司法体制的“陈旧套路”。这种“陈旧套路”造成庭审案件大量积压,高昂的诉讼费令人望而却步,法律代理费用超出了劳动阶级的经济承受能力。因此,人们迫切需要以各种快捷、经济与和谐的纠纷解决方式替代法院判决方式。人们还认识到,并不是所有的法律纠纷都适宜法院判决,也就是说,并不是所有的法律纠纷都能够由法官轻而易举地解决。从儿童监护权到邻里纠纷等问题,由纠纷双方自己解决最好。

著名的法律改革家雷金纳德·赫伯·史密斯(Reginald Heber Smith)认为,诉讼无疑是给纠纷双方火上浇油,而调解则会使矛盾“缓和”,并促成双方“体面的让步”。

1912年,美国克利夫兰市率先采用调解方式解决纠纷。对涉及35美元以下的纠纷案,法院鼓励纠纷各方都不要聘请律师,而是由法官会同他们设法基于理性,而非基于愤怒或相互指责,达成彼此都满意的调解协议。随后,芝加哥、费城和纽约等大城市纷纷效仿这种“克利夫兰方式”。

商家历来都赞成依靠商业仲裁解决纠纷。18世纪,纽约商家不满地指出,法律诉讼效率低,花费高,又给当事人结下怨恨,而且法官又不大懂得商业技术性问题。于是,纽约商家于1768年建立了一个私人仲裁所,由一名公正的裁决人负责仲裁商业纠纷。

1926年,美国仲裁协会成立,表明人们接受了商业仲裁。今天,仲裁被用来裁定雇主对雇员的惩罚、停工和解雇是否公正,或用来解决商业或行业纠纷。各类职业体育联盟,例如美国职业棒球大联盟和国家冰球联盟,都为球员和管理机构之间的工资纠纷提供仲裁。此外,还有一个专门解决奥林匹克赛事纠纷的仲裁法院。

近年来,即使那些最反对替代性纠纷解决方式的人也都承认,法院诉讼程序太过复杂而低效,而且诉讼成本太高。同时,人们也都认识到,“胜者全胜”的方式并不能够真正解决纠纷,因为败诉的一方心怀怨恨,反而会使紧张关系升级,矛盾加剧。

1980年,美国国会通过了《纠纷调解法案》,并宣称,对大多数公民来说,法律机制对于解决“较小的”纠纷,“在很大程度上并不适用,效率低,成本高,而且不公平”。国会向各州以及行业提供经济资助,使其推行经济适用的替代性纠纷解决方式。10年后,美国国会通过了《行政纠纷调解法案》,要求联邦机构通过调解和仲裁解决纠纷。该法案旨在使基于社区的纠纷解决机制达到“效率高、成本低、判断准”的效果。1998年,美国国会通过了《替代性纠纷解决法案》,该法案规定,联邦地区法院法官在审判民事纠纷案件时,必须要求纠纷各方首先采用替代性纠纷解决方式。

奥巴马总统就职伊始就任命哈佛大学法学教授劳伦斯·特赖布为高级司法顾问,其获得的司法授权包括推进穷人和中产阶级采用非诉讼方式解决纠纷。替代性纠纷解决方式有多种。表6.2列出了几种创新方式。

表6.2 创新性诉讼方式

法院附设仲裁	法官把民事诉讼案件移交给仲裁员,由仲裁员作出快速、不具约束力的裁决。如果任何一方认为裁决不当,可将案件送还法庭判决
先调解后仲裁	纠纷双方同意由第三方进行调解,并且同意调解员对任何未解决的问题作出仲裁
租用法官	纠纷双方同意接受私人雇用的法官的裁决,这些法官通常都是退休法官
“多门法庭”	纠纷解决中心为纠纷各方提供各种非诉讼纠纷调解与仲裁服务
筛查专家组	各州为医疗仲裁而设立的专门小组。患者对医疗事故提起诉讼时,必须首先报经由若干医生组成的专家小组对案件进行筛查,以确定案件是否有充分的理由诉诸法庭
督查专员	公司或政府机构聘请专人处理客户或公民的投诉

替代性纠纷解决方式是一种不诉诸法庭的纠纷解决方式。

地方政府推出的一项创新举措是社区调解中心。这些中心调解各种纠纷,并不仅限于法律纠纷。这些中心受理日常住房纠纷、家庭纠纷和轻微的刑事纠纷,而且收费低廉。调解人大多是本社区的居民,全天都有时间,可随时随地进行调解服务。

替代性纠纷解决方式的支持者指出,依靠替代性纠纷解决方式解决纠纷的当事人对处理结果的满意度,不低于依靠法庭解决纠纷的当事人对判决结果的满意度。研究表明,非诉讼纠纷解决方式由于涉及人少,气氛较为融洽,而且调解人或仲裁人为纠纷双方提供平等的发言机会,所以不会引起像法庭上的论辩那样的激烈论辩(Travers 2010:130-131)。

当然,替代性纠纷解决方式也难免受到人们的批评。批评人士指出,人们无论收入水平和教育程度如何,都有权利向法院提起诉讼;我们有理由相信,虽然调解或仲裁结果不符合自己的最大利益,但是人们很多时候都只能被迫无奈地接受。在批评人士看来,替代性纠纷解决方式不是用以为那些被剥夺公民权利的人讨回公道,而是用以为司法系统有效地分流那些被强大的利益集团认为是“垃圾”的案件。我们的关注点不应该放在为那些遭受狗吠猫叫或是少年吵闹而夜里无法入睡的人们提供补救措施上,而应该放在让人们获得健康、健康食品以及控制社区环境污染的设施上(Auerbach 1983:144)。关注特定问题的解决,比如青少年聚集在街角恐吓居民,并不能解决导致该问题的根本的社会公正问题。替代性纠纷解决方式的拥护者辩称,这些较大的问题是公共政策问题,更适合由立法机关解决,而不是由法院解决(Auerbach 1983:144)。

本章总结

纠纷是指两个或两个以上的个体或团体之间发生的分歧。法律纠纷涉及利益冲突。一般来说,一方拥有另一方想要的东西,而双方均对此提出权利要求。一个纠纷要经历多种阶段,即个体先是认识到自己受到损害,并找出原因,然后与被认为应对损害负责的个体或团体正面交锋。

纠纷的解决方式多种多样,包括承受、逃避、自救和议决。议决可涉及谈判、调解、仲裁和/或裁决。一般来说,在“议决补救”之前必须解决各种程序上的障碍。一个社会的社会结构和社会的法律文化都影响社会中实际存在的纠纷方式。

很多学者都对美国人的法律意识进行了研究。法律意识就是个体对于法律的态度和看法,以及这些态度和看法对个体寻求法律救济的意愿和能力构成怎样的影响。

美国人对宪法和美国的核心原则有着强烈的认同感。无论社会阶层与经济收入如何,美国人都坚信自己有权“到法庭上说理”。与一般观念相反的是,美国人不会“急于扣动扳机”,而是把诉诸法院作为最后的方法。然而,美国人在同法律系统打交道时,往往会产生一种不受尊重之感,并感到失望。他们对法律程序感到困惑,但很快就明白,必须为表达自己的诉求,行使自己申诉的权利而斗争。但最终的结果是,普通的美国人都选择“忍受”,而非寻求法律救济。只有社会中较为富裕的人才不大可能“接受否定的答案”。

人们认为,案件裁决是否“公正”,取决于程序是否公正。美国人关心的是,他们是否有机会充分表达并被听取自己的观点,裁决者是否保持中立、不带偏见,以及自己是否受到尊重。

传统智慧认为,美国是个热衷诉讼的社会。然而,学者并不赞同这一观点,他们认为媒体过分报道了不具代表性的“垃圾”案件,并质疑数据的准确性。替代性纠纷解决方式基于这样的认识,即纠纷能够通过调解、仲裁及其他可替代正式司法判决的方式获得有效的解决。

第七章　刑 事 法 庭

引　言

法庭审判通常都少不了两名律师，他们当着法官和陪审团的面竭力为各自的委托人代言。这种对抗过程被称为“正义论战”或“正义竞技”。而这种对抗式的法庭则变成了“战场”，两位“斗士”在那里一决高下。“正义论战”所基于的信念是“真理”越辩越明。一些批评“对抗式律法主义”的人士指出，这种庭审程序并不一定能产生正确的结果，因为本该公正的审判受到了玷污——律师夸大事实，证人隐瞒真相，检察官处心积虑地设法调动陪审团的情绪而不是理性（Frankel 1978；Kagan 2001）。

现实情况是，刑事审判简直就像一个濒危物种。它需要做大量准备工作，投入大量时间，耗费巨大财力和物力，但是却被指责为审判“普通案件”的“不可行”的审判方法。在美国，大多数刑事案件都通过辩诉交易获得解决，而完整的审判往往只针对极其严重的犯罪。在这些重罪案件中，被告人财大气粗，神通广大，不怕打官司，或者相信审判结果是有惊无险，可成功说服陪审团相信其清白。当然，也有少数“备受瞩目”的案件，检察官认为非常重要，值得在公开审判中让事实真相水落石出（Geis and Bienen 1998）。

辩诉交易或刑事司法中的共识模式，指大多数刑事案件在审判之前达成认罪协议，以便案件快速有效地走完司法程序。辩诉交易之所以可行，是因为人们认识到，如果大多数案件都提交法庭审理，而不是提前达成辩诉交易，那么司法系统将会陷入停滞（Langbein 1979）。

本章涉及的内容包括刑事审判法庭、检察官和辩护律师以及辩诉交易的作用。阅读本章时，请思考刑事法庭的运作方式在理论上与实践中存在的差异，刑事法庭是否公平、公正。

犯罪控制与正当法律程序

根据刑事审判的共识模式和对抗模式的差异，赫伯特·帕克提出了两种不同的刑事诉讼模式，即犯罪控制模式和正当法律程序模式（Packer 1968；Weigend 1980：421）。

犯罪控制模式的前提是，抑制犯罪是政府的最重要职能之一，强调快速实施抓捕、预审、起诉、释放或定罪与判刑，并严控上诉程序，目的是把犯罪人员从社会中清除出去。刑事司法系统好比装配流水线，其目标是对犯罪嫌疑人作出有罪或无罪判决，好让警方和检方转向一个个后面的案件，而不是把时间都花在一起案件的有罪或无罪的法庭判决上，也不是受理上诉。

犯罪控制模式可与正当法律程序模式形成鲜明对照。正当法律程序模式在承认防止和惩治犯罪的同时，强调保护犯罪嫌疑人免受警察、检察官和法官滥用权力的必要性。具体的正当法律程序被认为是防范人为失误、虐待、腐败和误判的最佳措施。为了保护个人权利，司法必须公平公正，而且最重要的是，为确保判决结果准确可靠，可以牺牲办案速度与办案效率。正当法律程序模式就像是一个跨栏赛跑的跑道，而犯罪控制模式则是一道流水装配线。

美国刑事司法系统试图在惩治犯罪与正当法律程序保护之间取得平衡。我们首先了解一下检察官和辩护律师，然后再把注意力转移到辩诉交易。在下一章中，我们将探讨刑事审判、陪审团决议和司法判决。阅读这些内容时，要注意在刑事司法程序的不同阶段处理案件的过程。

辩护律师

辩护律师应该为被告提供称职与有效的代理。1984 年，在“斯克里克兰诉华盛顿”案中，美国最高法院裁定，即使律师在庭审中犯了严重错误，判决结果也不得推翻，除非“有合理的可能性表明，如果不是律师的非专业性失误，诉讼的结果可能会有所不同”[*Strickland v. Washington*，466 U. S. 668（1984）]。

1967 年,阿瑟·伍德对刑事案件律师做了一次有价值的初步调查,但是该调查没能全面反映当前刑事案件律师的多样性(Wood 1967)。保罗·怀斯在 1978 年对 9 个城市的刑事律师的调查中刷新了伍德的研究结果。虽然伍德的调查是在大量女性和少数族裔进入律师行业之前进行的,但还是反映出私人执业的刑事律师的一些特点。他的调查不包括公设辩护律师(Wice 1978)。

怀斯发现,70%的刑事律师年龄在 30 岁到 50 岁。刑事律师中之所以缺少 30 岁以下的青年律师,是因为抽样中 75%的刑事律师都曾从事过各种法律业务,然后才专做刑事律师。年岁大一些的律师只占一小部分,因为多数资深律师感到自己缺乏受理刑事案件所需的精力和热情。数量惊人的私人辩护律师都曾做过检察官。这些人通过检察工作积累了经验,然后就改行做了辩护律师。只有 12%的刑事律师曾做过公设辩护人。据怀斯推测,公设辩护人要么继续做公设辩护人,要么因对刑法感到失望而转做其他领域法律工作(Wice 1978:63-65,82-86)。

怀斯指出,大多数非洲裔和少数族裔是公设律师,所以不在他对私人律师调查的范围内。尽管如此,他调查过的律师中有 11%是非洲裔,这一比例在当时超过非洲裔在整个律师业中所占的比例。怀斯估计,调查中的律师有 60%的客户是非洲裔美国人。在这些律师中,近 50%是犹太人,31%是天主教徒,其余是新教徒。怀斯认为,少数族裔在刑事律师中所占比例很高,原因是,他们受到公司制律师事务所的排斥,只好在刑事案件执业中为自己"杀"出一条路来。刑事案件是少数族裔律师天然的执业领域,因为刑事案件多集中于城市地区,对公司制事务所律师来说受理这类案件油水不多。怀斯还着重指出,越来越多的公司制律所律师已把重心转向白领犯罪案件(Wice 1978:71-75)。

尽管刑事案律师界富有少数族裔色彩,但是怀斯发现,63%的刑事案律师来自中产阶级家庭,23%的刑事案律师来自专业人士家庭。刑事案律师通常都是"同系繁殖",近 60%的人在其生长的城市执业。就读于精英法学院和全国知名法学院的刑事律师数量惊人(占 25%),而就读于三流法学院的只占 16%。在怀斯的研究中,律师倾向于把教育对刑法执业的重要性最小化,而强调从业经验的重要性(Wice 1978:63-75)。

刑事案律师十分清楚自己得不到人们的尊重。公众把刑事案辩护律师同其所为之辩护的"罪犯"等同起来,不理解辩护律师怎么能为"罪行"辩护(Wice 1978:122)。女性律师,如果为被指控侵害女性的被告人辩护,就会遭受良心的谴责。她们排解内心不安的方式,是提醒自己为被告人提供法律代言很重要,自己是在保护个人权利(Siemsen 2004)。

多数辩护律师心情郁闷,认为自己得不到其他律师的尊重,发现自己在拥挤的城市法庭中工作时间很长,可获得的报酬却不如私人执业的其他律师。刑事辩护律师同时也经常面临业务方面的挑战,需要依靠客户和其他律师介绍业务。他们一般都没有什么钱,向客户收取代理费要花费大量时间,而且其客户大都被关在监牢里。因此,多数刑事案律师无法仅靠受理刑事案件养活自己,还必须花费至少40%的时间受理非刑事案件(Wice 1978:90-114)。

公设律师为刑事被告辩护有若干理由(Babcock 2013),其中一些列在表7.1中。你觉得哪个理由最有说服力?

表7.1　公设律师为刑事被告辩护的理由

感知到的角色	理由
垃圾工	这是肮脏的工作,但必须有人确保警察和检察官遵守法律,并检查是否有人滥用权力
宪法维护者	根据美国宪法第六修正案,刑事被告有权请律师
公民权维护者	保护被告的宪法权利,就是维护所有美国公民的权利
法律实证主义者	有罪或无罪的问题是事实发现者(法官或陪审团)的问题,而不是辩护律师的问题
哲学家	事实或道德责任与法律责任是有区别的。只有当控方在法庭上排除合理怀疑,确定被告有罪时,被告才在法律上有罪
赔率制定者	10个有罪的人获得自由,好过一个无辜的人被定罪
政治活动人士	律师在为贫困和弱势个体辩护并试图帮助他们避免监禁时,以道德的方式行事,因为一旦判刑将使他们难以找到工作自食其力
社会工作者	被告与律师的良好关系可以让被告感觉到有人关心他们,并会帮助他们改过自新
慈善家	律师应该帮助那些需要帮助的人
自我主义者	刑事辩护工作很有趣

在许多地方法院,刑事被告人的辩护律师都是与检察官和法官有着长期关系的"法庭常客"。亚伯拉罕·布隆伯格指出,由于多数案件都经过辩诉交

易,“法庭常客”很少能够充分施展其辩护技能。他还发现,刑事案辩护律师认为自己通过保护被告人的权益为社会福祉作出了贡献,然而却被收入丰厚的公司律师视为“二流律师”,对此他们非常不满(Blumberg 1979:242)。

1967年,凭借自身做辩护律师的经验,布隆伯格透露指出,辩护律师“在从事信任游戏的执业中”充当“双重间谍”。他认为,辩护律师是戏剧表演的核心演员。在表演中,辩护律师向客户保证,自己有能力使被告人免于严厉的惩处。在说服被告人认罪后,辩护律师便“安抚”被告人,避免自己因没有成功使其免受牢狱之灾而受到责难。就连法官也会替辩护律师说话,刻意赞扬其辩护精彩绝伦。布隆伯格洞察力非凡,认为辩护律师作为“双重间谍”,看似为被告人辩护,实则是通过说服被告人认罪来为法官和检察官的组织目标服务。辩护律师也因此获利,无须花时间出庭辩护就能赚取律师代理费。布隆伯格指出,法院官僚把从诉讼事件表上“勾销”案件的急切性,看得比被告人权利和正当法律程序都重,从而使法庭日渐沦为“赌博和商品交易的场所”(Blumberg 1979:161,227-246)。

乌普霍夫在其对戴恩县和密尔沃基县(威斯康星州)以及克利夫兰县(俄克拉何马州)的刑事法庭所做的研究中,对布隆伯格认为辩护律师为了挣钱而急切尽快结案的观点提出质疑。他认为,即便是最善良的辩护律师也处于讨价还价的不利地位(Uphoff 1992)。除了接受毫无吸引力的辩诉交易,辩护律师往往别无选择,因为他们的客户负担不起审判费用,而检察官又有充分的理由,根本不愿退让。

在乌普霍夫的研究中,被告人相信法官和检察官鼓励达成辩诉协议,担心坚持庭审会受到更重的处罚。这些被告人中,许多人都有犯罪前科,检察官无疑会在庭审中提起,被告人很难获得无罪判决。不能获得保释的被告人也会面临长期的审前羁押。

乌普霍夫在结论中指出,刑事审判不是“公平的战斗”。辩护律师无法与检察官可调用的资源、刑事侦查员和法医专家相匹敌。乌普霍夫同时强调,检察官拥有一系列制止被告人出庭受审的“谈判筹码”(如使刑期延长的追加指控)。换句话讲,布隆伯格之所以批评辩护律师是“双重间谍”,是因为他没能意识到,即使是最善良的辩护律师,其除了和检察官进行辩护交易别无选择。刑事辩护律师并非像布隆伯格所言是利用信任的“双重间谍”,而更应被看作无能为力的盘中棋子(Uphoff 1992)。

问题是,一名技能娴熟的律师是否会影响审判结果。卡尔文和采泽尔在一项对法官的调查研究中发现,法官认为,在 3/4 的庭审中,检察官的能力和辩护律师的能力没有多大的差异。法官认为,检察官在 13%的案件中的表现更胜一筹,而辩护律师在 11%的案件中表现更佳。律师在代理贫困被告人案件中更有可能被认为表现出色,而在代理非贫困被告人案件中,则更有可能被认为表现欠佳。卡尔文和采泽尔估计,在他们所调查过的庭审判决中,辩护律师只对 1%的庭审判决有影响;在当着陪审团审判的案件中,辩护律师的影响大一些。重要的一点是,辩护律师以其有力的辩护,在 3/4 的案件中维持了检方和被告方的平衡(Kalven and Zeisel 1966:355-357,372)。

在那些使用公设辩护律师、指定律师和合同律师的城市中,罗杰·汉森和布莱恩·奥斯特罗姆研究了 9 个城市的公设辩护律师。他们发现,这些公设律师在处理案件所用时间、为客户争取案件驳回或无罪释放以及减少指控方面同私人律师一样"成功"。私人律师在让被告免于入狱方面的表现稍好一些,不过这些被告中被判入狱的通常也有六成。汉森和奥斯特罗姆认为,被告对公设辩护人在时间和注意力投入方面的不满不应掩盖这些律师所取得的成果(Hanson and Ostrom 2012)。

刑事法庭的大多数案件都是由公设律师代理。长期以来困扰人们的一个问题是,公设辩护律师在辩护质量上是否比得上私人辩护律师。

贫困被告人

在"吉迪恩诉温赖特"案中,美国最高法院裁定,美国宪法第六修正案保障被指控犯有重罪的个人在刑事诉讼中有权获得律师辩护。最高法院解释说,享有律师辩护权是保证公正审判的核心,这是一个"显而易见的事实"。在没有律师的情况下,被告无法为自己的辩护提供充分的证据,无法盘问控方证人,也无法把握证物法和法庭程序的技术细节[*Gideon v. Wainwright*,372 U. S. 335(1963)]。美国最高法院后来明确指出,在庭审中享有律师辩护的权利适用于被告可能被判监禁的任何案件。法院不能判处未经律师辩护的被告入狱[*Argersinger v. Hamlin*,407 U. S. 25(1972)]。就在最高法院对"吉迪恩诉温赖特"案作出裁定的当天,最高法院大法官们认为,如被告人不服判决首次提出上诉,仍应确保其享有律师辩护权[*Douglas v. California*,372 U. S. 353(1963)]。随后,享有辩护律师权扩大到刑事司法程序的所有“关键阶段”,例如被告在受到正式刑事指控后加入队列供人辨认犯罪嫌疑人。关键阶段是指被告人如果没有律师辩护其案情就会被严重歪曲并极有可能在审判中被定罪的任何一个环节[*United States v. Wade*,388 U. S. 218(1967)](Lewis 1964)。

各州要么提供公设辩护律师服务,要么聘请私人律师为贫困被告辩护。公设辩护律师事务所的工作量大,工资低,资源有限,但一些研究表明,公设辩护律师比私人律师对贫困被告的辩护更有效。自吉迪恩一案裁定后,美国各州都必须为贫困被告人提供辩护律师(Silverstein 1965)。各州向贫困被告人所提供的辩护律师分3种类型:指派律师、合同律师和/或公设律师。

指派律师:法官指派愿意为贫困被告人辩护的私人律师代理案件。这些律师通常按小时计费取酬,但有些州支付给律师的是固定报酬。律师必须申领用于调查取证、约谈专家证人及其他事项的经费。指派律师的做法主要应用于小城市和人口低于50万的县,因为这些地方刑事案件较少,没必要设置固定的公设律师岗位。司法管辖区内的律师需要经过“预选”才能做指派律师,这样法院才能够确保指派给贫困被告人的辩护律师都是称职的律师。指派律师每小时只有40—50美元的代理费,这对资深律师没有吸引力。

合同律师:私人律师、律师协会、律师事务所或律师群体同州或地方政府签订合同,担任贫困被告人辩护律师。这个做法也用于人口较少的城市与县。根据所签合同,精打细算的政府官员能够提前确定政府要投入多少经费为贫困被告人聘请辩护律师。然而,辩护律师却想着尽可能在每件案子上少花时间以实现利益最大化,而且律师事务所委派给贫困被告人的辩护律师可能都是最没有办案经验的律师,以节省开支。一些律师甚至需要从获得的固定代理费中拿出一些钱用于支付专家证人的费用(Houppert 2013:18)。

公设律师:政府公职律师,专职为贫困被告人提供辩护服务。

许多较大的城市和县实行的是“混合”式的辩护律师制度,视情况为贫困被告人提供公设律师、指派律师或合同律师。各类辩护律师统一受州或县法律服务机构管理,或由资助各地辩护服务的州贫困被告人辩护委员会管理。

公设律师机制是城市刑事司法系统为贫困被告人辩护的主要机制。在全国100个最大的县中,有90个县都设立了公设律师,而在全国3100个县中,有2800个县都有指派律师(Wice 2005:10)。79%的贫困被告人由公设律师担任辩护。

1914 年,首个公设辩护办公室出现在洛杉矶,后在全国得到推广。洛杉矶之所以成立公设辩护律师机构,是因为贫困被告人请不起辩护律师,或者辩护律师不能为其提供有力的辩护。公设律师通过为贫困被告人在审判和量刑环节中提供充分的辩护,有效地制衡着检察官的权力(McIntyre 1987:38)。美国最高法院对"吉迪恩诉温赖特"案所作的裁决,促使其他城市和地方效仿洛杉矶,并纷纷设立了公设辩护机构。1951 年,美国仅有 7 家公设律师机构,而截至 1973 年,公设律师机构已达到 573 家(McIntyre 1987:29)。

许多研究表明,客户对公设律师缺乏信任。客户认为,公设律师都由州财政供养,缺乏把工作做好的动力,因为不管审判结果如何,他们都"照样在餐桌上吃面包"。贫困被告人把公设律师视为法院官僚机构的一部分,他们不是全力全意为被告人辩护,而是与检察官合作,以辩护交易的方式快速了结案件(Sudnow 1965:273)。被告人认为,你免费得来的东西,不可能是好的。这就是他们不信任公设律师的主要原因。他们对公设律师的不信任,体现在这样的简短表述中,即公设辩护机构"是州唯一运行的铁路……直接送你去监狱",公设律师意味着"送你坐牢"。批评人士经常重复的据称是一个被告人的话是,"我在法庭没有律师,只有公设辩护人"(Casper 1971,1972)。在库克县(伊利诺伊州),公设辩护人被称作"监狱分配员",被告人提出疑问,如果给他们一个"真正的律师",他们是否会被定罪(Bogira 2005:126)。

有人对关于库克县(伊利诺伊州)和埃塞克斯县(新泽西州)公设辩护机构做了研究,这些研究为人们提供了对公设律师的一个更为公允的看法。这两个县的公设律师大多进过当地的法律学校,有着殷实的中产阶级家庭背景。这些研究发现,大部分公设律师经验丰富,技能娴熟,对诉讼工作有热情,以保护被告免受检察官的刁难为快意。公设律师约 30%是女性,30%是少数族裔,整体上比律师界更具多样性。女性律师之所以愿意做公设律师,是因为有机会为贫困被告人服务,帮助改善和转变他们的人生。少数族裔律师觉得为同是少数族裔的被告人辩护是自己的义务,并认为,与私人律师事务所相比,在公设辩护机构工作遭受的歧视更少。

公设律师感到法官和其他律师不尊重他们。公众经常向他们提出一些"鸡尾酒会上的问题",如"你怎么能够替那种人辩护呢?"公设律师通常会不无自豪地回答,他们那样做是在维护被告人享有自由公正审判的宪法权利(Davis 2007;McIntyre 1987;Wice 2005)。

公设律师为贫困被告人辩护,而私人律师为经济条件优越的被告人代言。司法统计局曾对公设律师和私人律师的辩护效果作过比较,结果发现,由私人律师代理的被告获得保释的比例更高(65%∶57%)。而由公设律师和私人律师分别代理的被告人在定罪率上几乎没有差别。接受私人律师辩护的被告人被判入狱的比例较接受公设律师辩护的低(53.9%∶71.3%),但公设辩护律师的重罪被告人平均被判的刑期较私人律师的重罪被告人短(31.2个月∶38.3个月)。毒品犯罪除外,无论是公设律师辩护,还是私人律师辩护,被告人获得的刑期长短大致相同。这些差别不一定说明私人律师比公设律师能力更强,因为公设律师往往接手的是“胜算不大的案件”,绝大多数被告被指控犯有重罪,且有重罪前科(Harlow 2000)。

一项针对9个法院的研究证实,公设律师和私人律师的差别不像传统智慧所认为那样明显。与私人律师相比,指派律师、合同律师和公设律师处理案件用时较短。这意味着,接受这些律师辩护的被告人在监狱中等待案件最终判决的时间也较短。这是否表明公设律师为了减少自己的案件量,存在说服其委托人认罪的现象呢?与传统智慧恰恰相反,由公设律师和私人律师辩护的被告人在认罪率上大体相同(Hanson,Ostrom and Lomvardias 1992)。请注意以下数据。

定罪率:由指派律师、合同律师、公设律师和私人律师辩护的被告人,其定罪率几乎相同。

无罪判决率:四类律师代理的庭审案件无罪判决率相似。

指控减轻:衡量律师辩护有效性的另一个标准是指控的减轻。不管被告人是否对所受指控认罪,其最终所受指控都没有最初的指控严重。在辩护的有效性方面,公设律师又一次与私人律师大致旗鼓相当。

入狱率:由私人律师辩护的被告人最终入狱率较低。然而,这种差异有误导性。实际情况是,私人律师可以挑选其要代理的客户,而且他们的客户与社区联系较为密切,鲜有长期的犯罪前科。

辩诉交易:杰罗姆·斯科尔尼克发现,公设律师和私人律师为被告人议定辩诉交易的能力没有差别(Skolnick 1967)。

有几项研究发现,与法院指定的为贫困被告人辩护的私人律师相比,公设律师的辩护成效要好得多。在费城,1/5的涉嫌杀人的贫困被告被随机分配给一名公设辩护律师,而其他被告则由法院指定私人律师。詹姆斯·安德森和保罗·希顿对公设辩护律师和私人律师的表现进行比较,并提供了以下“思想实验”。他们预测，如果样本中的2459名被告当初不是由指定律师代理，而是改由公设律师辩护，那么270名被判犯有杀人罪的被告将被判无罪释放；396名被判终身监禁不得假释的被告本可以获得较短的刑期，并有可能获得假释；2459名被告的服刑时间总共会减少6400年，并为纳税人节省2亿美元（Anderson and Heaton 2012；Buller 2015）。

是什么原因使人们认为私人律师比公设律师优秀得多，认为公设律师是不关心客户的二等律师呢？斯科尔尼克认为，学者通常把公设律师同能力最强的私人律师相比，而不是同一般私人律师相比。尽管如此，他也发现，与公设律师相比，私人律师对案件更为投入，提出的动议更多，同客户及其家属有更多的协商沟通（Skolnick 1967：67-68）。造成这种现象的部分原因是，公设律师每年要受理200—2225件重罪与轻罪案件，而私人律师每年受理100件案件就已经觉得“不堪重负”（Houppert 2013：13）。

由于过去数年经济低迷，用于公设律师的州预算资金被大幅削减。2004年，美国律师协会法律援助和贫困被告辩护律师常设委员会在全国22个州举办听证会。听证会在结论中指出，距“吉迪恩诉温赖特”案40年后，为贫困被告提供的辩护却“仍然处于危机状态，造成司法体系缺乏基本的公平，并使穷人不断面临被错误判决的风险”。政府下拨的资金“少得可怜”，导致贫困被告的辩护律师所要受理的案件数量不断攀升。超过70%的县公设辩护律师事务所承接的案件数量超过了美国律师协会建议的案件数量。为见公设辩护律师一面，被告可能要在监狱中等待数月甚至是1年。美国律师协会的报告称，在美国南部各州农村，超过40%的被告人在与辩护律师首次面谈后就立刻认罪，因为这些“见面就劝其认罪”的律师通常还没有与被告谋面就安排辩诉交易。

各州拨付检察机关的资金远远超过用于公设辩护服务的资金，这意味着，公设辩护机构没有检察机关那么多的律师、调查人员、专家和后勤人员。福特汉姆大学法学教授约翰·普法夫报告称，2008年，州和地方政府的辩护费用比起诉费用少了30%（Pfaff 2017：137）。田纳西州就是一个典型的例子。2007年，该州花在案件起诉上的费用是刑事案件辩护费用的2倍。在坎伯兰县（新泽西州），公设律师受理的案件占全部案件的90%。检察机关的律师数量比公设辩护机构的律师多出1倍，调查人员数量多出6倍。设想一下，如果公设辩护服务能够拥有和检察机关同样数量的专家和调查人员，多少人会获得无罪释放或是从轻判刑(American Bar Association 2004:12,16,21;Houppert 2013)?

2010 年,美国华盛顿州最高法院法官汤姆·钱伯斯指出,该州辩护服务未能履行美国最高法院对“吉迪恩案”裁决后该州所做出的保护被告人享有律师辩护的宪法权利的承诺[*State v. A. N. J.* ,225 P. 3d 956(2010)]。

> 虽然绝大多数公设辩护人工作出色、感人,但是,在一些时候和一些地方,资金不足和辩护律师所受到的各种麻烦的制约使为贫困被告人提供有效辩护的承诺变成了空中楼阁。无须细想也能明白,检察机关受益于这样的机制,一方面压制辩护律师为贫困被告人做有力的辩护,另一方面用经济利益驱使这些律师进行辩诉交易。

哈佛大学安德鲁·曼努埃尔·克雷斯波教授的观点很有意思,他指出,那些被定罪的刑事被告如果能够把自己的案子一直上诉到美国最高法院,那么与政府相比,他们处于明显的劣势。有经验的律师在最高法院为被告辩护的案件占刑事上诉案件的不到 1/4。而副检察长办公室的高素质律师则参与了 72% 的刑事案件,并在站在州检察长一边对其中 96% 的案件刑事被告提起公诉。政府律师平均在最高法院代理过 25 个案件,是刑事辩护律师在最高法院代理案件的 5 倍。目前最高法院的 6 名大法官都具有检察官经历,但大法官都没有刑事辩护的经历(Liptak 2016)。

我们已讨论了辩护律师,现在把注意力转向检察官。

检察官

北美殖民地沿用英国的司法模式,依靠受害方起诉罪行。这种自诉制度表现出几个问题。一是受害方费劲巴力赶往城中提起刑事控诉,会感到麻烦与劳累。二是一些人滥用这种自诉制度,以起诉相要挟,敲诈他人钱财以换取撤诉。早在 18 世纪,殖民当局就开始接管刑事起诉。然而,殖民当局很快发现,单个检察官无法承受案件起诉的工作负荷,于是便建立了分散的副检察官体制。分散的副检察官体制反映出美国人传统上对集权当局的不信任。自诉制度向公诉制度的转变表明,犯罪威胁社会稳定,建立政府供养的职业检察机关符合公共利益。

1820 年,由安德鲁·杰克逊参选总统所引发的民主革命导致了民众要求民选检察官的运动。1832 年,密西西比州修改该州宪法,要求检察官必须经过公开选举产生。在之后的 25 年中,几乎每个州都选举产生检察官,并赋予其是否起诉刑事被告的“绝对自由裁量权”(Jacoby 1980)。阿拉斯加、夏威夷、新罕布什尔、新泽西和怀俄明 5 个州的检察官由州长任命,而不是州内选举产生。缅因州检察官由州立法机关投票决定和任命,而田纳西州则由州最高法院投票决定和任命(Bazelon 2019:79)。

分散起诉制度沿用至今。地方检察官的称呼不一,或称作检察官、州检察官、联邦检察官,或县检察官。50 个州中的 46 个州的检察官都由选举产生,任期一般为 4 年。美国各地大约有 2341 个地方检察机关。85%的检察官是专职官员,在剩下 15%的司法管辖区,检察官兼任私人执业律师。检察官通常对发生在其辖区内的犯罪案件拥有司法管辖权。

近 60%的检察院都位于不足 10 万人的社区。11%的检察院位于超过 25 万人口的司法管辖区,处理近 60%的重罪案件。2%的检察院管辖人口超过 100 万,处理 20%以上的重罪案件(Pfaff 2017:129)。

检察机构的组织形式通常有两种,一种是由多个职能部门(例如青少年犯罪科、杀人犯罪科、性犯罪科、上诉科)组成的集成架构组织模式(主要在城市地区),另一种是由检察官处理各种犯罪的“平面”组织模式。集成架构式的检察机构往往聘用年轻的律师作检察官,在检察长的指导下开展工作。平面式的检察机构通常雇用经验丰富的律师作检察官,具有很大的工作独立性和自由裁量权(Wright,Levine and Miller 2014)。

较小的司法管辖区可能只有一位检察官,而在城市,选举产生的检察长手下可能有数百位检察官。库克县(伊利诺伊州)和洛杉矶(加利福尼亚州)的检察机关各自拥有 850 多名检察官。这些大的检察机关都是官僚机构。检察长由多位副检察长协助开展工作,同时又监督指导下属各部门(如青少年犯罪科、毒品犯罪科和刑事犯罪科)。从法学院刚毕业几年的年轻律师通常被雇为助理检察官,主要处理办公室的日常工作。检察官人数持续增加。普法夫发现,1990 年至 2007 年,检察官人数增加了 3 万人(Pfaff 2017:129)。

助理检察官的薪水远低于私人执业律师的薪酬。美国律师协会国家法律安置办公室的报告称,2018 年检察官的入门级工资中位数为 5.6 万美元,11—15 年后增加到 9.64 万美元。美国检察官研究所对 2119 名检察官做了一项调查,调查发现 90%的检察官仍在偿还学生贷款,其中一些人还需另外打工偿还债务。尽管薪酬不高,但检察机关的工作对年轻的律师仍有很大吸引力,他们借此可提高自身的业务技能,最后跳槽到私人律师事务所。

罗纳德·赖特和凯伊·莱文在一项对200名州检察官的研究中发现,在刚当上检察官的几年中,他们在工作中表现出"年轻检察官综合症",新任检察官将自己视为"超级英雄",认为每个被告都有罪,并以遏制犯罪和把被告送入监狱为目标,积极追诉每一个案件。随着在职业生涯中的历练,检察官逐渐变得见多识广,能够根据事实和被告的背景,有区别地处理每个案件,对于被告,能不监禁的就尽量不监禁(Wright and Levine 2014)。

选举产生的检察官往往有着政治抱负,有时会利用职务影响竞选更高的职位(Siegel,Schmalleger and Worrall 2011:225)。

普法夫指出,大约95%的现任检察官是连任的,在受到竞选挑战时,近70%的检察官获得连任。大多数检察官参加的选举,投票人数或投票率都不高,因为选民对候选人知之甚少。这种与公共责任隔离的结果是检察官的更替相对较少。一项调查发现,72%的检察官至少任职5年(通常任期为4年),40%的检察官至少任职12年。检察官上任之后,通常会寻求更高的职位。打算继续任职或竞选更高职位的检察官没有理由通过对犯罪采取温和的态度来引起人们的注意,因为犯罪如果在未来的选举中大势抬头将会给他们带来困扰。普法夫认为,检察官往往以重罪起诉被告,而不是以轻罪起诉被告,因而导致监狱服刑人员数量增长过快(Lantigua-Williams 2016;Pfaff 2017)。

在对9个县的研究中,罗伊·弗莱明、彼得·纳德利和詹姆斯·爱森斯坦发现,经选举产生的检察官在工作风格上分为三派。第一种是司法造反派。他们想要"撼动一切",公开批评他们认为"姑息犯罪"的法官。在与被告律师进行辩诉交易时,司法造反派授意助理检察官坚持判处罪犯长期徒刑。第二种是司法改革派。司法改革派与造反派目标一致,不过改革派采用的方式更温和、更低调,避免与法官产生正面冲突。第三种是司法保守派。保守派奉行传统的做事方式,不会批评法官或是修改现行的司法惯例。他们根据个人的政治关系和政治态度雇用律师(Hemming,Nardulli and Eisenstein 1992)。

说到检察官,需要重点注意的一点是,首席检察官每4年举行一次选举。他们需要对民众的情绪高度敏感,避免激怒选民。检察官面临的挑战是,由于时间与资源有限,有些案件必须撤诉或达成辩诉交易(Davis 2007)。这意味着,一些有罪的人不会被送上法庭,或受到与其罪行相符的刑罚。下一部分,我们将探讨检察官如何决定起诉案件,以及决定起诉哪些案件。

尽管检察官的人员多样性日益增加,但检察官的队伍中绝大多数是白人和男性,甚至在一些州几乎完全是白人和男性(Graham 2015)。

检察官与案件撤回起诉

检察官一直被认为是刑事司法系统权力最大的人物。检察官行使自由裁量权,可以指控被告犯罪,撤销指控或对案件提起审判(Kadish and Kadish 1973)。普法夫将检察机构描述为"看不见的帝国",进行"黑箱"运作,几乎没有公共责任(Lantigua-Williams 2016)。

被告人对检察官行使自由裁量权所提出的控诉通常都会被法院驳回,理由是检察官最能决定起诉何种罪行以及对被告提出何种指控。

检察官是刑事司法系统中的"交通警察"。检察官对是否起诉案件以及决定是否对被告人提起公诉拥有广泛的自由裁量权。有人指控佐治亚州的死刑判决存在种族歧视,美国最高法院驳回了这一申诉,并指出,自由裁量权在刑事司法体制中发挥着"根本的作用",检察官运用自由裁量权实现个体化正义的能力"在美国法律中根深蒂固"[*McCleskey v. Kemp*,481 U. S. 279(1987)]。

美国最高法院认为,"只要公诉人有合理根据认定被告人犯有法律所定义的罪行,那么决定是否提起公诉,以何种罪行公诉……通常完全取决于他(检察官)的自由裁量权"[*Wayte v. United States*,470 U. S. 598(1985)]。检察官做出决定的依据不得是个体的种族、宗教、民族、性别或个体行使其公民权或自由权,除此之外,其自由裁量权将不受限制。确定检察官是否具有歧视性起诉意图,对被告来说是一个沉重的负担。在"美国诉特纳"案中,因分销可卡因而受到起诉的非洲裔被告人声称,他们因种族而受到选择性起诉。被告人提供了支撑其遭受选择性起诉的申诉材料。联邦上诉法院在结论中指出,快克可卡因的分销主要由非洲裔街头帮派控制,并驳回了被告人的主张,理由是他们未能证明政府没有起诉类似情况的白人和西班牙裔人[*United States v. Turner*,104 F. 3d 1180(9th Cir. 1997)]。

检察官通常关心的是保持"高命中率"。作为一名民选官员,首席检察官知道公众对其连任的支持取决于高定罪率。年轻的检察官也意识到,太多的无罪释放可能会成为其"职业杀手"。因此,检察官会避免将有限的时间和资源花费在把握性不强或次要的案件上,通常是对这些案件进行辩诉交易或撤回起诉(Frohmann 1991:213,215)。

普法夫通过指出纽约州有 23 项各自不同的袭击罪,借以说明检察官的权力。二级袭击法官是 D 级重罪。如果检察官指控袭击法官为 C 级重罪,可能会将潜在刑期从 7 年增加到 15 年(Pfaff 2017:31)。

关于检察官行使自由裁量权决定对哪些案件提起公诉,我们可以通过一些对性侵案件的研究获得深入了解。检察官是否对案件提起公诉有三个主要原因:第一,案件证据的确凿程度,包括目击者人数和是否留有指纹或 DNA。第二,犯罪的严重程度,检察官更有可能起诉那些凶手持有武器、受害人受到伤害或受害人年龄较小之类的案件。第三,受害人的可信度(下文讨论)(Albonetti 1987)。

丽莎·弗洛曼研究了强奸案免于起诉(撤回起诉)的情况,结果发现,检察官的决定是依据其对陪审团将如何认定案情所做的"顺流"推测。这种"顺流"推测是根据检察官对陪审团如何定义典型强奸罪的看法。检察官要对"典型强奸罪"的构成要件同受害人的陈述进行比较。问题是,陪审团是否会认为受害人的陈述真实可信,以及陪审团是否会认为受害人默许了性接触。检察官还关注,陪审团会认定是受害者不负责任地将自己置于性接触不可避免的情境,如出现这种情况,被告人应予无罪释放。

弗洛曼发现,检察官心目中的"典型强奸罪"基于多个"强奸相关行为的典型要件"。如果典型强奸罪要件和受害者陈述存在差异,检察官就会以"无法胜诉"为由撤诉。请看下文中的"典型要件"(Frohman 1991:213)。

强奸情节的典型要件:受害人诉称遭到绑架并被迫发生性行为。检察官的经验是,绑架通常涉及多种性行为,并怀疑受害人的陈述。

其他一些"构成要件"包括,受害者的事后行为是否与遭受强奸相吻合(例如,案发后有没有及时报案),受害者和嫌疑人案发后的关系是不是典型的强奸关系(事后没有交往),受害者的面部表情、肢体语言、特殊习惯(受害者的举止)和生活方式是否与遭受强奸的典型受害者的情形相符(例如,受害人如果是性工作者,那么就有可能是自愿发生性关系)(Frohman 1991:217-221)。

弗洛曼在另一项研究中指出,检察官通过"典型强奸场景"的镜头来看待强奸指控,就会因为受害者的行为与"中产阶级的预期"不符而驳回指控。弗洛曼重点指出,多数强奸罪构成要件都与受害者是否遭受性侵的问题关系不大(Frohman 1997)。

弗洛曼发现,检察官决定是否起诉案件,有时是基于检察官认为陪审员对地理区域、居民及其生活方式、态度和价值观的刻板印象。弗洛曼引用了检察官决定不起诉的例子,因为他们预计陪审员会将低收入社区的强奸案受害者视为一名以毒品换取性交易的妓女,而不是一个贫穷而可敬的受害者。弗洛曼对检察官根据受害者所在“不和谐的地域”进行判断从而未能保护性侵受害者表示担忧。

卡西亚·斯庞、道恩·贝克纳和艾瑞卡·戴维斯·佛伦泽尔在戴德县(佛罗里达州)重新进行了弗洛曼的研究。他们发现,大约53%的性侵案件都被检察官“筛除”。这3位作者解释说,检察官为“避免不确定性”,只会起诉那些定罪可能性大的案件,筛除那些定罪可能性小的案件。检察官根据证据力度、受害者的可信度及其行为表现等因素做出“顺流”评估。斯庞和她的两位合著者还发现,相当多的案件之所以都被“筛除”,是因为被害人不露面,或者不愿因起诉而给自己带来屈辱和创伤,或者是认为没有定罪的可能性(Spohn, Beichner and Davis Frenzel 2001)。

杰米·斯莫尔对密歇根州性犯罪者的形象气质的研究,加深了我们对检察官起诉决策的理解。斯莫尔发现,检察官已经内化了对性犯罪影响受害者的敏感性。犯罪者被视为底层阶级的令人厌恶的男性,因为他们蓬头垢面的外表和糟糕的打扮(“乡巴佬的样子”)、非传统的家庭状况和不稳定的工作,很容易被认出来。斯莫尔指出,危险在于,包括名人在内的特权人士,如果不符合典型被告的形象,可能不会被检察官或陪审员视为犯罪者。斯莫尔称,她研究的检察官认为,他们能够仅凭外表把照片中的性犯罪者和其他犯罪者区分出来(Small 2015:130-133)。

种族和其他因素对检察官决策的影响。一些检察机关已采取步骤,不得在公诉决定中带有种族偏见。在旧金山,非洲裔美国人约占该市人口的6%,但在检察官提起公诉的刑事案件中占38%。与白人被告相比,非洲裔被告被撤诉或被驳回的可能性更小,但也不可能被判更长刑期。虽然没有发现任何证据表明检察机关的起诉决定是基于种族的,但检察官已实行了“盲控”政策,即检察官用来决定是否起诉的警方报告事先删除了被告和受害者的姓名、种族和犯罪地点。警方报告中只有犯罪的细节、法医证据、被告供述和证人的证词(Williams 2019a)。

检察官所在司法管辖区不同,其工作优先顺序也不尽相同。例如,一个地方的检察官可能会决定重点查办严重的毒品案件,因而会撤诉藏匿大麻案。而另一个地方的检察官则可能会认为大麻是"诱导性"毒品,因而会对藏匿大麻案提起公诉(Baum 2008:163)。

起诉引人注目的案件,总是存在风险,检察官是否决定将案件提交审判会被视为与政治有关。2020 年 5 月,美国总检察长(兼司法部长)决定撤销对前国家安全顾问迈克尔·弗林向联邦调查局撒谎的指控,这一决定受到了"歪曲司法"的严厉批评。唐纳德·特朗普总统尽管因弗林向副总统迈克·彭斯撒谎而解雇了弗林,但他认为对弗林的起诉是损害他总统职权的一部分,并考虑赦免弗林。总检察长威廉·巴尔决定撤销对曾两次认罪的弗林的指控,该决定被形容为史无前例。巴尔在一定程度上为这一决定进行了辩护,理由是联邦调查局没有根据就弗林与俄罗斯驻美大使的谈话进行质询(Goldman and Benner 2020)。

检察官下一步要做出的决定是,对案件是辩诉交易,还是提交法庭审判。关于审前刑事司法程序的介绍见表 7.2。

表 7.2 审前刑事司法程序

逮捕	根据合理的理由逮捕犯罪嫌疑人
决定起诉	检察官指控犯罪嫌疑人犯罪
初次提审	犯罪嫌疑人受到逮捕、立案、监禁之后,必须及时被移交给司法人员,不得有"不必要的拖延";告知被告指控内容,被告享有律师辩护权和审判知情权
保释	在初次提审或保释听证会上作出保释决定
送达起诉书	检察官签署文件,告知被告人刑事指控的事实
大陪审团	可起诉或拒绝起诉犯罪嫌疑人
起诉书	22 个州要求起诉各种刑事犯罪,均需有起诉书,但可以不依赖于起诉书
传讯	被告正式抗辩
案件调查	证明无罪的证据和各种其他类型的证据均须交给辩方。 有些州要求辩方把证据提交给控方,并告知控方有关辩方和证人的情况
审前动议	关于撤诉、变更审判地点、禁查证据的各种动议

大陪审团

在联邦系统和22个州(针对严重犯罪),检察官必须取得大陪审团签署的起诉书方可对案件提起公诉。大陪审团是由公民组成的小组,决定案件是否有移交庭审的充分的证据(合理根据)。在联邦系统中,大陪审团由23人组成,其历史可以追溯到1166年的英国,该设定的目的是保护公民免受检察官滥用职权的侵害。从理论上讲,大陪审团独立于检察官,可以传唤证人,要求当事人提交证明和其他物证。

大陪审团的一些特点使检察官能够获得起诉书(Frankel and Naftalis 1977)。起诉的标准是合理根据。最高法院解释说,合理根据并不是一个很高的门槛:它只需要一个“合理的概率”。在实践中,大陪审团是由检察官主导的,正如前纽约法官索尔·沃赫特勒所说的名言,检察官可以说服大陪审团“起诉一块火腿三明治”。

根据美国司法统计局对16.2万起联邦案件的研究,大陪审团只在11起案件中没有返还检察官起草的起诉书。

大陪审团的一些特点有利于检察官获得刑事起诉书,这些特点列举如下(Frankel and Naftalis 1997)。

律师代言:当事人在大陪审团面前不得有律师代言。需要咨询其律师的,必须离开陪审团房间。

证词:个人可以根据美国宪法第五修正案的权利拒绝自证其罪。检察官可以给予证人免于起诉的权利,以迫使他们作证。

检察官:检察官在实际操作中可决定将在大陪审团面前作证的证人,并向证人提问。犯罪嫌疑人回答期间不能由律师代言。检察官不得披露对被告有利的证据。

诉讼程序:诉讼程序秘密进行,泄露大陪审团诉讼程序的个人可能被判藐视法庭罪、罚款甚至监禁。个人不会被告知他或她正在接受大陪审团的调查,但是检察官可告知当事人他是大陪审团调查的“目标”。

证据:非法获取的证据和非法获取的供词可以被大陪审团参考。

重复起诉(双重危险):检察官如未能说服大陪审团签署并退还起诉书,可以召集第二个大陪审团开会,以期获得起诉书。

在密苏里州弗格森市的非洲裔迈克尔·布朗死亡案中,大陪审团未能对涉事警官提出起诉,另外还有俄亥俄州克利夫兰市 12 岁的塔米尔·赖斯被枪杀,埃里克·加纳在纽约斯塔顿岛被掐喉致死。这些引人注目的案件都涉及大陪审团无法起诉警察。在得克萨斯州休斯敦,大陪审团连续 288 次未能起诉警察。因此,人们提出改革大陪审团制度。改革建议包括在不起诉的情况下公开大陪审团诉讼程序,在警察过度使用致命武力的案件中任命一名特别检察官,以及允许法官在诉讼过程中主动询问证人。这些改革旨在恢复公众对大陪审团的信心,并应对检察官在调查与他们合作并每天依赖的警察时所面临的利益冲突。加利福尼亚州将不再对警察过度使用致命武力的案件使用大陪审团。

一旦对某个人提出起诉,下一步就是传唤这个人接受预审听证,并正式指控他/她犯罪。但实际上只有大约 10%的案件会交付庭审,而绝大多数刑事案件都是辩诉交易(Bazelon 2019:134)。

辩诉交易

大多数定义都将辩诉交易描述成一个过程,在这个过程中,被告人承认有罪以换取州检察机关减轻处罚的承诺。州检察机关通常给被告人提供 3 种形式的减免处罚,见表 7.3。

表 7.3 辩诉交易的类型

指控交易	被告人承认一项较轻微的指控,这样被告人所服刑期会比本该面临的刑期更短
罪状交易	被告人承认一些最初被指控的罪行,以换取检方撤销其余指控
判刑交易	被告人认罪以换取减刑或缓刑

辩诉交易的发展

在合众国成立初期,就存在个别辩诉交易的现象。法官对这种做法持怀疑态度,并竭力确保认罪是出于自由和自愿。1804 年,在马萨诸塞州的"联邦诉巴提斯"案中,在接受认罪答辩之前,法院对接受犯罪嫌疑人初步认罪的治安官、狱警和法官进行了一次调查,"以确定嫌疑人是否神志清醒;以及是否有人通过许诺、劝诱或如肯认罪有望获得赦免来摆布他"[*Commonwealth v. Battis*,1 Mass. 94(1804)]。1878 年,密歇根州的一个法院对检察官"严重滥用职权"深表担忧,因为这些检察官在“公正的审判可能会表明被告人无罪的情况下,或是表明有其他需要调查的重要事实的情况下”,通过“做出虚假保证”哄骗被告人接受辩诉交易[*Edwards v. People*,39 Mich. 760(1878)]。

劳伦斯·弗里德曼在著述中写道,辩诉交易的发生频率不断提高,直到19世纪晚期,大部分案件都是通过辩诉交易结案。这种趋势仍在持续。截至1926年,芝加哥几乎80%的被告人都是“避重就轻地认罪”。同一时期,在加利福尼亚州北部地区和康涅狄格州,超过90%的案件都是通过认罪答辩处理的。被告人在受到极大诱惑的情况下同意作认罪陈述。在20世纪20年代的纽约,接受认罪答辩的被告人被判缓刑的可能性是庭审中被定罪的被告人的两倍。弗里德曼得出结论:“司法交易”正在演变成处理刑事案件的常态方式。他指出,辩诉交易对法官和律师都很有吸引力,因为它“快速简便……不必依赖陪审团难以捉摸的疯狂想法”(Friedman 1993:252-253)。

人们一直关切的是“辩诉交易”的公正性,而不是给予被告人“出庭申诉的机会”。一些州成立了辩诉交易审查委员会。一份对这些委员会的审查报告的研究表明,即使是一个像佐治亚州那样以农村为主的州,超过70%的刑事案件也都是通过辩诉交易了结的。各州的审查报告建议增加庭审案件的数量。批评者抨击辩诉交易是“一种低效的、无能的、懒惰的执法方式”,损害了人们对法律程序的尊重(Alschuler 1979:211)。

联邦法院受理的伤害案件也有所减少。1997年,6.3万名被告中有3200人在庭审中被判犯有伤害罪,而2015年,8.1万名被告中有1650人在庭审中被判犯有伤害罪。前法官约翰·格里森在2013年的一份法庭意见书中指出,1980年,81%的联邦定罪是认罪的结果,而在最近的某一年,这一数字为97%。杰西·弗曼法官在2016年指出,他在曼哈顿联邦地区法院担任法官的4年多时间里,只主持过1起刑事审判。担任了5年法官的保罗·奥伊特肯指出,他经历了4次刑事审判,包括1次因陪审团陷入僵局而进行的重审(Weiser 2016b)。

1971年,在“桑托拜洛诉纽约”案中,美国最高法院宣称,辩诉交易完全符合美国宪法。首席大法官沃伦·伯格将辩诉交易称作“司法管理的主要组成部分”,应予“鼓励”。这位首席大法官指出,如果没有辩诉交易,司法部门就会不堪重负,我们就要“许多倍地增加法官和法院设施的数量”。伯格首席大法官强调,辩诉交易的优势在于促成“大多数刑事案件快速地基本上结案”

[*Santobello v. New York*,404 U. S. 257(1971)]。

1 年前,在“北卡罗来纳州诉奥尔福德”案中,美国最高法院裁定,鉴于被告人拒绝认罪,但同时又承认犯有二级谋杀罪,以避免被判犯有一级谋杀罪与判处死刑,法官可以接受被告人的认罪答辩。美国最高法院认为,被告人“即使不愿意……承认自己参与了……这项犯罪,但自愿……同意被判监禁”。在这种情况下,最高法院认为,非常明确的证据显示奥尔福德参与了这场谋杀,而州法院接受他的认罪答辩是正当的[*North Carolina v. Alford*, 400 U. S. 25 (1970)]。

2012 年,美国最高法院颁布了两项决定。在评论家看来,这两项决定是对辩诉交易加强司法管理的第一步[*Missouri v. Frye*,566 US. 156(2012);*Lafler v. Cooper*,556 U. S. 134(2012)]。在这些案件中,最高法院注意到,辩诉交易是刑事司法程序中关键的一环,同庭审一样,对刑事审判制度十分重要。辩诉交易不是刑事审判制度的“附属品”,它本身就是“刑事审判制度”。最高法院提供的数据显示,97%的联邦审判案件和 94%的州审判案件都是以辩诉交易了结的。

在“弗莱伊”案中,美国最高法院认为,辩护律师有义务向被告人传达检方的提议。弗莱伊的律师没有向他传达检方的辩诉交易提议,结果造成弗莱伊遭受冤屈,因为存在他会接受检方最初提议的合理可能性。他如果知道了检方的提议,就不会遭受 4 年的牢狱之灾。最高法院指出,检察机关为了确保辩诉交易提议传达给被告人,需以书面形式提出,或者在法官面前公开提出。在“拉斐勒”案中,最高法院认为,因为检方无法在庭审中确定被告的犯罪意图,辩护律师建议被告人拒绝辩诉交易,最终造成被告人在庭审中被判有罪,受到严厉的处罚。如果他当初接受辩诉交易,所受到的判决就不会这么重。

2013 年,在“合众国诉达维拉”案中,最高法院裁定,一名联邦地方法官不当地鼓励达维拉进行辩诉交易,称“坦率和诚实”可以确保他的刑期减轻两到三级。最高法院认为,《联邦刑事诉讼规则》禁止法官如此积极地参与被告的辩诉讨论,因为法官很容易影响被告认罪的决定[*United States v. Davila*, 569 U. S. 597(2013)]。

2017 年,在“柯南诉库埃罗”案中,迈克尔 · 库埃罗同意认罪,并明白他可能被判处长达 14 年零 4 个月的州监狱服刑。在量刑听证会之前,检方发现库埃罗之前的两次定罪而不是一次定罪构成加利福尼亚州法律规定的“累犯”

(特别严重犯罪),并修改了认罪表格,将库埃罗的刑期增加到至少 25 年。美国最高法院支持加利福尼亚州法院的判决,允许库埃罗根据他面临的新判决撤回他的认罪答辩。库埃罗随后再次认罪,因为他明白自己可能会被判处(后来确实被判处)25 年至终身监禁[*Kernan v. Cuero*,583 U. S. (2017)]。

接下来,让我们看看辩诉交易的过程。

工作小组

1922 年,哈佛法学院院长罗斯科·庞德对俄亥俄州克利夫兰市刑事审判法庭进行了一项研究。他的研究戳穿了刑事法庭公平公正司法的神话。庞德后来在他的系列演讲中指出,我们的法律体制是在乡村和边疆社会发展起来的,不适合工业化的城市社会的需要。他指出,"恶劣的物质环境……缺乏礼仪,无尊严……快速处置案件……造成了……人们普遍的怀疑……严重损害了法律"(Pound 1930:190-191)。

1954 年,卡莱布·富特描述了费城治安法院的情形:15 分钟内,40 名被告人被释放,15 名被告人被认定犯有流浪罪,被判监禁 3 个月。4 名被告人在 17 秒之内被判入狱(Foote 1954)。

许多学者指出,在刑事司法体系中,法院一直是人们研究最少的机构。庞德和富特的分析影响了 20 世纪 60 年代的记者和社会法学者,把他们的注意力引向刑事法庭的运作方面。《华盛顿邮报》记者小雷昂纳德·唐尼考察了许多市区法庭,他在报道中称,超过 90%的被告作了认罪答辩以换取减免指控。唐尼注意到大城市法庭中的混乱情形,在总结中借用一名法官的话指出,刑事法庭简直就像"工厂","一个个被告被快速处理完毕,仿佛是那么多的香肠被一根根加工出来"。唐尼还指出,法官匆忙作出的判决难以使刑罚与罪行相当。这样就存在有罪者受罚过轻、无辜者被错误定罪的可能。被告如果拒绝认罪答辩,坚持庭审,就有可能会受到更为严厉的刑罚(Downie 1972:18-51)。

社会学家戴维·苏德诺在其对"常态犯罪"的论述中,提出了对辩诉协议的深刻见解。苏德诺在研究了公设律师之后认为,辩护律师看完"指控清单"后就已知道,许多犯罪往往都是在相似情境下发生的。入室盗窃通常被视为无武器、单独、多次作案的犯罪行为,财产损失不大,所盗物品不太值钱。辩护律师和检察官各自都明白,"常态盗窃罪"可被大罪化小,视为小偷小摸,以诱使被告人接受认罪协议。如果辩护律师认为被告人有罪,那么,他就会专注于指控和刑罚的合适度,而不是重点考虑如何进行有力的辩护。在确保大体上“罚当其罪”的情况下,可尽力减轻刑罚,以利于认罪答辩(Sudnow 1965)。杰罗姆·斯科尔尼克发现,私人辩护律师和公设律师在说服委托人接受认罪答辩问题上并无差异(Skolnick 1967)。彼得·纳德利解释说,“法庭常客”在为各种犯罪议定辩诉交易的条件上达成了共识,而且“法庭常客”和偶尔出庭代理刑事案件的辩护律师在待遇方面没有什么不同(Nardulli 1986:415)。

詹姆斯·爱森斯坦和赫伯特·雅各布在对巴尔的摩、芝加哥、底特律的研究中发现,检察官、法官和辩护律师组成了工作小组。这个非正式的协作组织的律师和法官合作共事,共同评估和处理案件。清理待审结案件这一共同利益将小组成员团结在一起,每位参与者都承认处理案件需要协作。爱森斯坦和雅各布认为,尽管这三个城市的案件定罪率相似,但是这三个城市的审前撤诉案件、刑期长短和移交法官庭审的案件数量却各不相同(Eisenstein and Jacob 1977:291-292,300)。爱森斯坦、弗莱明和纳德利解释说,各城市间庭审情况的不同是因为各自所处的“文化环境”不同。一个司法管辖区的检察官可能不会优先起诉藏匿少量大麻的犯罪,然而,其他司法管辖区的检察官可能视其为比较严重的犯罪(Eisenstein et al. 1988:22-73)。

虽然对制约检察官是否会提出认罪协议的因素我们知之甚少,然而,大多数研究发现,不同城市的检察官所表现出的一致性超过爱森斯坦和雅各布所揭示的情况。如果被告人被指控犯有严重罪行,而且有多年犯罪记录,犯罪事实证据确凿,检察官就不会对其妥协退让。相反,如果被告人犯有轻微罪行,而且犯罪证据不足,检察官就很可能会向其提出辩诉交易(Mather 1979)。

我们还没有足够的数据可以得出明确的结论,证明种族因素对辩诉交易有影响(Spohn,Gruhl and Welch 1987:189)。多项研究发现,非洲裔和西班牙裔美国人“比白种美国人更有可能受到犯罪指控,并受到不打折扣的起诉”。对于配合起诉的被告人,联邦检察官有权要求法庭从轻处罚。美国量刑委员会发现,联邦检察官“更有可能”要求法庭从轻判处白人被告的刑期,而且,白人罪犯比非洲裔或西班牙裔罪犯获得的“减刑幅度更大”(Walker,Spohn and Delone 2007:192-193)。艾米丽·巴泽隆指出,威斯康星州、纽约州曼哈顿区和弗吉尼亚州以及联邦法院的研究人员发现,非洲裔被告比其他被告更有可能接受减少刑期的认罪交易,而对他们的指控不太可能减少或被撤销(Bazelon 2019:140)。

尼科尔·冈萨雷斯·范·克里夫在她对库克县(伊利诺伊州)法院的长期

观察研究中发现，种族问题贯穿辩诉交易全过程。位于芝加哥24街和加利福尼亚州街的法院每年有近2.3万人光顾。尽管84%的州检察官、69%的公设辩护人和74%的法官是白人，但非洲裔被告却占了近70%，白人占17%，西班牙裔占11%。3/4的法官是前检察官，1/4的法官是前公设辩护律师，其中大多数人都把职业生涯都花费在法庭文化上（Van Cleve 2016）。

律师和法官将有色人种被告分为“混混”和“怪兽”。“混混”被认为是无能、猥琐、懒惰、没有受过教育、不能延迟满足的人。西班牙裔就被视为“混混”，因为他们被认为是“非法”居住在美国，消耗了纳税人的资源。在认罪程序中，这些人不受重视，且被认为不应受到正当程序保护，并且几乎没有人关心他们的未来（也就是说，他们“没有未来”）。相比之下，被视为中产阶级的白人被告则被认为是失足者，可以通过戒毒或“惊醒”来矫正。

“怪兽”主要是指有色人种，他们被认为对社会构成严重威胁。检察官认为，他们的工作重点是起诉和惩罚“怪兽”。如果不是因为“混混”，法院都可以把时间和精力用于处置这些“怪兽”。根据范·克里夫的说法，公设辩护人要想成功，就必须接受这些固定的思维模式，分享有损人格的内部笑话，参与检察官和法官对被告的嘲讽，并尽量草率地参与案件的处理。辩护律师如果为自己的委托人竭力辩护，抵制“种族主义”文化，就会被视为“无知”“难搞”“无能”“喜爱混混”，甚至自己就是“混混”，从而遭到解雇。他们遭受着报复性的侮辱，如和客户被关在一个锁着的牢房里，或者让其代理拒绝参加戒毒计划的客户。

辩诉交易的互惠性

为什么辩诉交易能够取代审判成为刑事法庭定罪的主要机制？

最显而易见的原因是，辩诉交易对检察官、辩护律师和法官都具有“互惠性”。检察官是民选官员，辩诉交易能使他们保持定罪的“高成功率”，避免正式审判的不确定性。而对年轻助理检察官的考核与升职，则主要是看其案件“结案率”，或其“清理积案的能力”。另一个重要原因是，有了辩诉交易，检察官可以使自己避开与警方打交道的麻烦，因为被告人如果服罪，就避免了接受调查、羁押、审问、列队指认和其他硬性规定的程序上的挑战。辩诉交易的另一个优势是，检察官可以腾出更多时间精力参与严重刑事案件的审判。

通过辩诉交易，辩护律师能够迅速结案，既能获得检察官对其当事人的同情,又不必耗费时间与精力为开庭做准备。通过认罪,被告人避免了量刑过程中的不确定性。老练的被告人也会意识到,如果在审判中被定罪,获得的刑期一般都比较长,不如同检察官达成辩诉交易合算。而且,接受辩诉交易的被告人也无须在监狱里浪费时间等待庭审。

同意认罪协议的被告人还能请求照顾,比如安排自己到离家不远的监狱服刑。被告人如果请私人律师辩护,需要支付高额的庭审费用,而辩诉交易则能够为被告人节省下一大笔开支。在一些案件中,受害人也会乐于接受辩诉交易,因为不需出庭重提犯罪的恐怖情节,从而避免再次遭受痛苦。

辩诉交易使法官能够快速清理积案,避免做出围绕庭审的各种决定,而这些决定往往会成为上诉的问题。被告人愿意认罪也被视为接受改造的第一步。

辩诉交易不只是应对大量积案的对策,还是检察官、律师和法官不经庭审又能推动案件进展的“互惠互利”的措施。然而,积案数量大并不能成为全部撤诉的一个因素,因为庭审日程上的案件越多,为推动案件走完法律程序和避免把时间与精力耗费到庭审中所面对的压力就越大(Heumann 1978)。另外,民选的地方检察官希望借助辩诉交易,避免让刚刚获得选举权的移民群体的成员受到起诉与严厉的刑罚(McConville and Mirsky 2005)。

一个更有意思的观点认为,辩诉交易的起源和发展与律师职业的发展有关。历史上,重罪的刑事审判是由法官进行的,没有律师出庭。人们认为,法官直接与被告交锋,才可能最大限度地发现事实真相。审判往往是非正式的。随着律师参与刑事审判,诉讼程序变得具有高度技术性和复杂性,而且规则繁多。在18世纪,一起重罪案的审判可能只用1个小时,而到了20世纪60年代末,则平均需要7.2天。这样一来,对于律师和法官来说,庭审简直是一种太大的负担,而对于大多数被告人而言,庭审费用过高,难以承受。于是,辩诉交易就自然而然地成为一种避免把案件移交法庭审判的机制(Bach 2009:93)。

一些评论人士指出,美国最高法院的“伯顿科歇尔诉海耶斯”案就是利用辩诉交易来惩罚那些坚持在审判中碰运气的被告的一个例证[*Bordenkircher v. Hayes*,434 U. S. 357(1978)]。在伯顿科歇尔案中,海耶斯因伪造88.30美元的支票被大陪审团起诉,这一罪行可能被判处2—10年的监禁。检察官建议判处5年刑期,并警告海耶斯说,如果他拒绝接受辩诉交易,将按照《肯塔基州惩治惯犯法》对他予以起诉。海耶斯由于之前还犯有抢劫和“拘禁女性”两项重罪,再加上被定为惯犯,结果被判终身监禁。最高法院维持对他的终身监禁判决,并解释称,海耶斯曾有机会选择认罪答辩或法庭审判。

被告人懂得,如果坚持庭审,可能会面临更长的刑期。2012 年,同意认罪协议的联邦毒品被告人的平均刑期为 64 个月,而接受审判的被告人的平均刑期为 16 年(Bazelon 2019:234)。法学教授约翰·朗本把辩诉交易同中世纪的刑讯逼供做了有争议的比较。他认为,辩诉交易与刑讯逼供一样,是为了迫使被告人认罪。检察官给被告人"罗列罪名",而这些罪名都是检察官为换取被告人接受认罪答辩而愿意撤销的,除此之外没有其他解释。无辜者接受有罪答辩以免被重判,这本身就是显而易见的冒险(Langbein 1978)。

朗本还认为,辩诉交易削弱了"道德的力量"和人们对刑事司法程序的尊重。被告人如果承认与其事实不符的犯罪,就会在没有获得"法庭上说话的机会"的情况下被定罪。其结果就是,被告人的罪名不是在无可置疑的公开审判中被判定的,而且被告人也没有机会与证人对质,或在法庭上提出自己的证据。辩诉交易可能造成刑罚过轻或过重,而两种情况都属于"罚不当罪"。辩诉交易也使警方的重大违规行为免受公开曝光,造成处罚警方漠视法律的威慑作用受到损害。另有批评称,辩诉交易赋予检察官权力过大,因为检察官竟然有权同被告人讨价还价(Alschuler 1968,1975;Langbein 1978)。

有种说法认为,认罪及为自己的行为承担法律责任是罪犯改过自新的第一步。但是,卡根却认为,辩诉交易"将认罪悔过行为从一种道德和社会治疗的仪式转变为一种自私自利的游戏,强化了罪犯对社会的疏离看法"(Kagan 2001:85)。他还认为,辩诉交易鼓励明显有罪的被告人坚持审判和坚持认定自己无罪,以在辩诉交易中捞到便宜(Kagan 2001;85)。

检察官、律师、法官和被告人的利益使辩诉交易在所难免。因此,美国阿拉斯加州成功取缔了辩诉交易。研究表明,辩诉交易取缔后,被告人照常认罪,庭审案件的数量并没有显著增加。这是因为,被告人深信接受庭审会受到重判,因而选择与检察官私下进行辩诉交易。随后,辩诉交易的禁令被撤销,以使"政策符合主流司法实践"。1982 年,加利福尼亚州选民同意以投票表决方式禁止辩诉交易。这一投票提案规定了大量的例外情形,重罪被告认罪的比例由 1982 年的 78%上升到 1991 年的 90%。阿拉斯加州废除辩诉交易的工作在 1994 年被放弃,因为它对认罪的发生率几乎没有影响(Baum 2013:174;Rubinstein and White 1979)。

只要被告能获得较低的刑期和其他奖励作为认罪的回报,被告将会继续认罪。纽约人权观察组织的一项研究发现,毒品罪犯认罪率达 97%。在审判中碰碰运气并被定罪的被告平均被判处 16 年监禁,而辩诉交易的被告则平均被判处 5 年零 4 个月监禁。

无辜的人认罪的风险有多大?在过去的 20 年里,在美国州法院根据 DNA 证据被监禁但后来被无罪释放的人中,有 10% 的人曾认罪。2015 年,157 起免责案中有 68 起涉及被告认罪,比有记录以来的任何一年都多。根据密歇根大学法学院国家免责登记处的数据,数据库中被免责的 1900 人中有 300 多人认罪(Richer and Anderson 2016)。

有没有什么改革措施可以遏制辩诉交易的严重滥用?纽约大学布伦南司法中心和耶鲁大学法学院共同制定了 21 项"公平公正起诉原则",为改革派检察官提供了建议性的路线图。这些原则的前提是,检察官应该是公平、公正的,而且在许多情况下,过度依赖监禁而不是药物治疗等转移措施几乎没有任何作用,这是对资源的浪费。其中列出的第 2 条原则是检察官"克制起诉,公平地进行辩诉交易"。该文件就检察官应如何处理辩诉交易提出了若干建议。一般来说,这些建议要求检察官筛选案件,以确保用事实支持指控。检察官应确保所判处的刑罚与被告的罪行、犯罪历史和情况相称,并与被判犯有类似罪行的其他人所受到的刑罚相当。在协商判决时,检察官应考虑每个案件的事实和被告的情况,并避免采用强迫被告认罪的办法。检察官应避免为了迫使被告认罪而对其收费过高(Bazelon 2019:314-355)。

在芝加哥、费城、旧金山、布鲁克林、圣路易斯、堪萨斯城、休斯敦、丹佛、科珀斯克里斯蒂等地,当选的改革派检察官多达 30 人。这些检察官进行了一些改革,如限制交钱保释,不起诉底层毒品犯罪和小偷小摸,删除毒品犯罪逮捕记录,设立专门审查被定罪者的无罪主张的定罪审查单位,增加用于起诉警察不当行为的资源,以及拒绝罪犯的死刑要求。伊利诺伊州库克县的地方检察长金·福克斯实行了一些政策,使多达 5000 个原本会被起诉的低级别重罪被撤销或分流。

这些具有改革思想的检察官经常遭到警察和公职人员的强烈反对。例如,纽约州布鲁克林区的埃里克·冈萨雷斯拒绝起诉持有枪支犯罪,认为警方的行为违反了宪法,并将被告转入分流计划,而不是入狱服刑。冈萨雷斯的这些行为受到警方的强烈批评。冈萨雷斯认为,有数据表明,接受过分流计划却又在 3 年内犯下重罪的人只占少数,警方对这一数字提出了异议(Watkins

2019)。冈萨雷斯后来公布了一份有7名不可作为证人的警察的名单,因为他们作为证人缺乏可信度(Goldstein 2019)。又如,宾夕法尼亚州议会通过了一项法律,限制了费城地区检察官拉里·克拉斯纳起诉枪支犯罪的权力。美国司法部长威廉·巴尔抨击改革派检察官"削弱警察,让罪犯逍遥法外,拒绝执法"(Oppel 2019a)。亚历克·卡拉卡特萨尼斯问道,由于政治官员、其办公室律师和警察的抵制,这些进步的检察官能否做得更多,而不仅仅是进行一些小的改革(Karakatsanis 2019:86-91)。

国际视野:纠问制

研究美国对抗制司法方法的学者们把美国司法中的"对抗论"同欧洲大陆国家所实行的纠问制进行了对比研究。两种制度的差异往往被人们夸大。欧洲大陆国家已经朝着对抗制靠近了很多,而美国司法制度也已经采纳了纠问制的许多优点。尽管如此,研究欧洲大陆法系的一般特点对于帮助我们评价刑事司法中对抗制的优缺点,还是很值得的。法国、德国、意大利和荷兰在一些重要方面各不相同。接下来,我们将探讨欧洲大陆法系司法审判的一般特点,其中有些特点可能不适用于这些国家(Merryman and Pérez-Perdomo 2007)。

纠问制包括三个阶段:侦查阶段、审查阶段和审判阶段。在侦查阶段,警方负责对犯罪案件调查取证。这与美国不同,因为在美国,检察官不介入警方对案件的侦查取证工作。在侦查阶段,警方负责收集整理判定犯罪嫌疑人有罪或无罪的证据。

在审查阶段(在几个国家已被废除),法官对警方移送的卷宗进行审查,讯问各个证人,并决定该案是否提交审判。辩护律师和被告人在审查阶段需到场,可以向法官陈述事实真相,建议法官传讯证人。法官如果认为"理由充分",就可以将案件提交法庭起诉。最终审查报告除法院留存外,还要送达辩护律师和检察官(Kagan 2003:88)。

只有在审判阶段我们才能看到纠问制和对抗制的明显不同。在德国历史上,"重大案件"都必须提交审判(强制起诉)。《德国刑法典》规定,检察官必须"对所有可起诉的罪行采取行动",一些轻微犯罪除外(Langbein and Wienreb 1978:1563-1567)。

欧洲地区更喜欢由多位法官组成法庭。法官主持审判,向证人提问,决定传唤证人以及传唤证人的顺序,并决定出庭作证的专家证人。在法官讯问证人之后,检察官和辩护律师可向证人提问。他们的提问通常仅限于澄清证人对法官们的讯问所作的回答。法官们一般都要听取所有的证词,而且,在允许证人对传言(如另一人说了什么)等事情作证方面,欧洲法官比美国法官灵活得多。律师在庭审结束时可提交对其案件的书面总结,并可做结案陈词(Pizzi 1999:16)。

在德国,审判委员会组成人员包括职业法官和公民(称作非专业法官,任期4年),他们共同对案件作出判决。法国和西班牙在刑事诉讼案件审判中都有陪审团,而且,陪审团在组成时,无须对候选陪审员进行审查,这一点与美国不同。根据规定,陪审员可在庭审过程中提问,但是他们的权力远小于美国陪审员(Terrill 2016:247-248,267-268,270)。

正如你所了解的,纠问制审判由法官主导,而不由律师主导,而且极少出现对抗制法庭的戏剧性场面,因为法庭一直是由法官主导的。每一阶段的目标是汇聚事实证据,并最终认定事情真相。技术鉴定服务于发掘案件事实真相。与美国相比,欧洲大陆司法体制较少重视规程及对被告人权利的保护。威廉姆·皮兹将欧洲大陆纠问制比作流畅的英式足球比赛,而将美国对抗制司法体制比作规定严苛的橄榄球比赛。在美国的对抗制审判中,出庭作证的被告人接受交互讯问,可以决定不说出自己的犯罪情节。而在纠问制中,被告人在审查和审判阶段可以选择作不宣誓的陈述,从而避免接受交互讯问(Pizzi 1999:15-45)。

欧洲检察官是公务员,其职业生涯并不取决于是否每案必赢。正式的司法道德规范明确规定,辩护律师作为司法行政管理的独立个体,独立于被告人和政府利益。在美国,检察官及辩护律师可以询问证人。但是,在德国,司法道德规范强烈反对检察官和辩护律师同证人接触,以保持证人的独立性和真实性,防止检察官、辩护律师诱导与影响证人证词(Luban 1988:96-97)。

另外还有几点值得说明。美国的法律教育经常采用的教学方法是,控辩双方各自系统阐述各自的诉辩观点,而德国则是从法官的角度出发,试图达到公正的结果。此外,德国对律师代理费有严格的规定,律师没必要通过延长审判时间多收代理费(Luban 1988:97)。在一些国家,受害人可以同时提起刑事诉讼和民事诉讼,法官可在庭审宣判中对民事赔偿作出判决;而在另一些国家,受害人可以站在控方一边进行干预，并在审判后另外提起民事诉讼（Glendon, Gordon and Osakwe 1982：95-96）。

我们有些夸大了刑事审判中的纠问制和对抗制的差异。近几十年来，由于白领犯罪、毒品犯罪和贩卖人口犯罪案件增多，欧洲国家司法机关遇到的刑事诉讼案件呈不断增长趋势。因此，这些司法机关采取了类似于美国辩诉交易的多种司法机制，以规避程序完整的庭审。欧洲检察官通常不能强迫被告人进行辩诉交易，因为双方达成的任何协议通常都要经过法官批准。执意要求庭审的被告人也不会因此受到重判。在意大利，如果辩诉双方都同意判被告人两年以下的刑期，其协议必须由法官批准。被告也可以请求法官简化审判程序，以换取轻判。《德国刑法典》第152（Ⅱ）条规定，检察官必须"对所有可起诉的罪行采取行动，只要有足够的事实依据"。法典规定检察官可以对犯有轻微罪行的被告提出指控，可判处至多1年的缓刑和没收犯罪所得。控方和辩方之间的协议通常必须得到法官的批准，被告可以审查检察官的卷宗，以确定对他们不利的证据的力度。受害者有权对辩诉交易提出质疑，检察官不得提出多项罪名以迫使被告认罪（Ma 2002）。

约翰·亨利·梅里曼和罗杰利奥·佩雷斯·佩尔多莫引述一位不知名的法学教授的话说，假如一个人无罪，他会愿意在欧洲的一个法院接受起诉；假如一个人有罪，他则愿意在普通法法系法院（美国）接受起诉（Merryman and Pérez-Perdomo 2007：133）。

本章总结

美国刑事司法体系在正当法律程序和犯罪控制模式之间保持着平衡。一方面，美国实行对抗性的司法制度。在庭审过程中，被告律师唇枪舌剑地为其当事人辩护，同州检察官形成对抗的双方。另一方面，陪审团审判费时耗力，令人不堪忍受，因此提交庭审的案件只有10%。

多数案件都以辩诉交易方式获得了结。法庭工作小组通过辩诉交易处理案件。这种非正式的审判方式是基于人们习惯上对"常态"罪的适当判决的期待。辩诉交易能够有效地帮助检察官打发案件，确保定罪率。被告律师借助辩诉交易能够快速处理客户案件，为检察官排忧解难，而且无须投入大量时间与精力准备庭审就能够收取律师代理费。而被告人通过辩诉交易,也避免了庭审法官量刑上的不确定性。这一点得到证明是特别重要的,因为在庭审中被定罪的被告人往往都会被判更长的刑期,而与检察官达成辩诉交易,则不至于如此。

人们通常认为,辩护律师是违背其客户利益的"双重间谍"。这种对辩护律师的苛刻观点忽视了辩护律师在与检察官的交锋中处于极大劣势这一情况。公设辩护律师特别受到人们的不信任,因为他们由州政府财政供养。事实上,私人辩护律师和公设辩护律师在能力上差别不大。

对案件是撤销,还是辩诉交易,还是提交庭审,检察官可行使自由裁量权决定。进入庭审程序的案件都是那些不能达成辩诉交易的案件,或者是关系到检察官政治利益的案件。

第八章 陪 审 团

引 言

案件审判有时之所以吸引我们注意力，部分原因是大的道德问题往往会浮现出来并引起人们的辩论。杀害虐待配偶的人是否正当？医生是否可以按照濒死病人的要求给其注射毒药以缓解其死亡的痛苦？审判会使我们平时所克制的冲动释放出来。审判迫使我们扪心自问，我们是否会在金钱、名誉或报复的诱使下实施犯罪。我们间接地也参与了审判，并自问被告是否有罪，如果换作我们，是否也会实施同样的犯罪(Geis and Bienen 1998)。

本章，我们将研究审判的作用，并探讨普通公民作为陪审员在被问到被告是否有罪、是否应判处死刑时如何回答。本章最后一部分探讨的是量刑以及“错误判决”这一令人担忧的问题。

审 判

刑事审判在刑事司法体系中发挥着重要作用(Burns 2011; Ferguson 2007)。

彰显价值：通过审判，作为我们司法体制基础的重要价值可以得到彰显。这些价值包括公开审判权，即个人拥有在公开法庭上面对控告人以及由陪审团确定其是否有罪的权利。个体必须被作无罪推定，而且，控方必须排除合理的怀疑，并以无可置疑的原则确定个体是否有罪。

促进守法：按照正常和公正的审判程序作出有罪判决，可促使人们遵守法律。

保障安全:审判使我们相信,政府以对犯罪人进行起诉的方式介入案件,保护公民。同时,审判也使我们认识到,我们不会未经审判就随随便便被从大街上抓走投入监狱。

体现公正:审判告诉我们,罪行是无法用金钱摆平的,必然受到公正的惩罚。

完善法律:审判难免会造成当事人向上诉法院上诉。上诉法院的裁定有时会促使法官有机会确立重要的法律原则,从而确保宪法内容与时俱进,以应对现实挑战。例如审判咨询权,以及被告人接受警方讯问前所享有的知晓其权利的权利。

我们已经发现,有许多案件未进入审判就被"筛除出来",而且,绝大多数案件都是通过辩诉交易获得解决。一些学者对审判的这种"黄昏降临"发表过评论(Friedman 1993:388)。艾伯特·阿尔舒勒带有挑衅性的看法是,"美国的陪审团审判制度……已经成为人类所发明的最烦琐和最花钱的事实认定机制之一"(Alschuler 1986:1825)。

审判为什么会出现衰微呢?人们希望获得某种结果,加之审判工作负荷沉重,以及各方的观念变化,所有这些因素促使检察官和辩护律师达成辩诉交易,而不是冒险去"掷审判的骰子"(Pizzi 1999:74,184)。法庭审判费时费钱。例如,1980 年的一项对地方法院的调查表明,加利福尼亚州奥克兰市 1/3 的审判案件是杀人案,平均每起案件的审判耗时近两周。1991 年,北卡罗来纳州在死刑起诉上的平均花费为 8 万美元,而该州有些死刑案件的审判费用则高达 15 万美元(Kagan 2001:82)。

一项研究发现,得克萨斯州各县被迫提高财产税或减少刑事司法支出,以支付 140 万美元的死刑审判费用(Lundberg 2019)。2016 年,在纽约市布朗克斯区,公设辩护人提起的一项联邦诉讼称,被告平均需要等待 642 天才能接受无陪审团审判,等待 827 天才能接受陪审团审判,如此拖延使陪审团审判的权利"毫无意义"。法院管理人员将拖延问题归咎于法官短缺和检察官移送的案件量过大,造成大量刑事审判推迟。根据 2018 年达成的协议,法院行政部门承诺加快刑事审判进程(Winston 2018)。

刑事案件的普通被告人根本支付不起辩护费用,用马尔科姆·菲利的话说就是,法庭审判根本不是辩诉交易的"切实可行的替代方式"。一起引人注目的刑事案件，如辛普森杀人案，无疑要花费数百万美元，而一起重罪的刑事辩护费要高达1万—1.5万美元（Feeley 1979：187；Kagan 2001：82）。

一些评论家认为，保护被告人权利的愿望使案件审判程序变得非常复杂，从而迫使刑事司法系统不得不依赖辩诉交易，并将审判案件限制在10%左右。其结果是，大多数被告人“没有机会在法庭上说话”（Weigand 1980：411）。

刑事审判一般仅限于以下两类案件：一是被告人拒不接受辩诉交易的案件；二是“公众关注的”重大案件，因为公众要求给予罪犯“法律规定的顶格”制裁（Baum 2008：171）。

当然，美国的审判是基于这样一种信念，即通过控辩双方激烈对抗，事实与真相就会越辩越明。然而，有很多批评者指出，正义的“对决论”或“竞赛论”同“真相论”之间存在巨大的差距。有一种观点认为，律师为打赢官司而不惜歪曲事实，这样就不利于实现正义（Frank 1949：80－81）。安德鲁·塔斯利兹认为，控辩双方律师之间的对决不会有助于辨明事实与真相；相反，“对决论”则会鼓励控辩双方律师在道德和法律允许的范围内不惜一切代价压倒对方。于是，能否在庭审中获胜成了衡量双方律师业务技能的唯一标准（Taslitz 1999：103）。我们来看一下已故美国律师欧文·扬格提供的有关交叉讯问证人的一些窍门。扬格建议，你“决不要允许证人对其回答进行解释”，如果对方律师“此刻把陪审团迷住了”，你应该立刻“跳起来”，不管理由如何，只管大声提出反对，以此转移陪审员的注意力（Luban 1988：70）。

对批评家们所说的刑事审判中的弊端，格雷格·马提欧斯昂在其对强奸案受害者交叉讯问的研究中给出了最好的解释。马提欧斯昂通过对法庭语言的分析说明了律师如何巧妙地讯问强奸受害者以抹黑其证词。他认为，这样一来，其结果就是使受害女性“再次受到伤害”，例如“性的双重束缚”。这需要提出一些问题，而强奸受害者在回答这些问题时“不可能赢”。辩护律师抓住受害女性的回答，要么说她过于冲动，或许报复心重，要么说她冷静镇定，深思熟虑，否则一个女性是不可能屈服于一个男人而不加反抗的（Matoesian 1993，1995，2001）。安德鲁·塔斯利兹在著述中支持马提欧斯昂关于“双重束缚”的分析。他认为，强奸案审判“强化了压制性的社会规范……（一个）女性晚上不应该出门……而应该穿着得体……不应该公开表达对男人的性兴趣……违反这些规范，就有可能遭受强奸”（Taslitz 1999：113）。

在对威廉·肯尼迪·史密斯强奸案的分析中，马提欧斯昂披露出一个像罗伊·布莱克这样有才干的辩护律师,如何利用对提问的巧妙把控,以表明受害人的人格值得怀疑,因为这名女性受害人在同威廉·肯尼迪·史密斯离开酒吧后记不起何时脱去了连裤袜。受害人称,她在开车送史密斯回家的路上,游览了历史悠久的肯尼迪庄园,又同史密斯在海滩上散步,随后史密斯在前面的草坪上强奸了她。布莱克问,受害人开车送史密斯回家时是否穿着连裤袜。接着,他问受害人在走进房屋、经过厨房以及又从房屋走出来时是否穿着连裤袜,走过草坪时是否还穿着,在海滩上散步时是否还穿着。面对每次提问,受害人都回答说"我记不清了"。马提欧斯昂指出,受害人在去海滩散步之前脱下连裤袜属于正常举动,与她是否同意与被告发生性行为无关。为什么布莱克会对此追问不舍?在同男学生讨论这种提问时,康利和奥巴称,从男性的角度来看,人们通常要穿外衣和内衣。"正派的"女性在同男性相处时不会"失去自己的内衣"。于是就引出了这样的疑问:男人是否应该"为其对这样的女人的所作所为承担责任"(Conley and O'Barr 2005:32-34)。陪审团在对该案考虑5分钟后宣布史密斯无罪。陪审团这样做仅仅是因为被告是受尊敬的肯尼迪家族的一员吗?在下一部分中,我们将探讨罗伊·布莱克所用的提问方式是否有可能赢得陪审团的支持。

头条审判

劳伦斯·弗里德曼指出,与"消没审判"相反的是"头条审判"或"重大审判"。"头条审判"或"重大审判"都是"引起轰动"的刑事审判,受到媒体和公众的广泛关注和讨论。头条审判具有娱乐性,引起人们对名人文化的兴趣,并突出了公众的关注。这些审判之所以对公众有吸引力,部分原因是它们往往关注种族和性别等分裂社会的断层线。这些审判涉及名人或以前不为人所知、但借助审判变成了公众人物的人。头条审判往往有着冗长的诉讼程序,包括耗费时日的陪审员挑选、对证据的争论、对证人的详细讯问以及陪审团对事实的仔细考虑。因为这些审判是要电视转播、文字报道和媒体讨论的,它们塑造了公众对司法管理的看法(Friedman 2015)。

头条审判往往是戏剧性的,很少是一个"开庭和闭庭"的案件,通常涉及诸如那个坐在法庭上的人是否具有犯罪的能力和动机等问题。还有谁可能是凶手?杀人是出于自卫吗?私底下到底发生了什么?受害者是否罪有应得?证据是否可靠,证据是否被篡改?对此,弗里德曼列出了几类头条审判。

政治案审判。弗里德曼将政治审判定义为具有“政治意义”的审判。这可能涉及对叛乱或背叛的政治行为的起诉，如对间谍或恐怖分子的起诉。政治审判向公民传递的信息是，政府将追查对公共安全构成威胁的个人。例如1996年对蒂莫西·麦克维的审判、定罪和处决。麦克维涉嫌在俄克拉何马州的阿尔弗雷德·默拉联邦大厦制造爆炸案，造成160人死亡，其中包括日托中心的儿童。政治审判也针对现政权的反对者，以阻止异议。这可能涉及对政治对手进行非政治罪行的公审。

腐败和欺诈案审判。政府官员因经济或政治动机的不当行为而受到起诉，它反映了一种现代信念，即政府官员应该为公众的利益服务，而不是为自己或朋友的利益服务。例如，2013年，伊利诺伊州前州长罗德·布拉戈耶维奇被起诉并定罪，罪名是试图出售奥巴马总统当选后空出的美国参议院席位，并从州政府承包商那里勒索竞选资金。

公众质疑的审判。有些案件的审判之所以上头条新闻，是因为人们怀疑案件是否得到公正的审理或判决。例如，乔治·齐默尔曼涉嫌以自卫方式杀害特雷沃恩·马丁，陪审团决定对他无罪释放。但一些人对此表示怀疑，他们指出，有证据表明齐默尔曼杀害的是一名身穿连帽衫的年轻非洲裔美国人。齐默尔曼可能认为，这名非洲裔除了故意破坏财产或入室盗窃，没有理由出现在附近。

轰动案审判。这些都是对臭名昭著的丑闻案的审判，或称作小报八卦案件审判，以其娱乐价值而引人瞩目。例如，1992年威斯康星州密尔沃基市对杰弗里·达默骇人听闻案件的审判。达默在发生性关系之前或之后杀害并肢解了多达12名男子，甚至还吃人肉。这场肥皂剧般的审判涉及由爱、嫉妒、仇恨和复杂的三角恋引发的杀戮。又如，1991年，贝蒂·布罗德里克被判双重谋杀罪名成立，被害人分别是她的前夫丹·布罗德里克医生和他的第二任妻子、前秘书琳达·科尔科纳。贝蒂先前曾帮助支付丹的教育费用，虽然她得到了一笔丰厚的离婚赔偿金，但她无法抑制对丹离开她的愤怒。

名人案审判。这些审判之所以引发关注，是因为被告或受害者的身份，而不是因为犯罪类型。名人是为公众所熟知的人。例如，1994年对职业橄榄球名人堂成员和媒体人物辛普森的双重谋杀案的审判。审判过程在美国各地播出，整个国家都为之沉迷。夜间节目专门讨论审判中发生的事件。这些诉讼通常与小报热衷登载的八卦审判重叠。

悬疑案审判。这类神秘案件的审判涉及对发生了什么、谁干的以及为什么的怀疑。例如,克劳斯·冯·比洛涉嫌企图谋杀他生病的妻子玛莎·夏普·克劳福德,但后来被无罪释放。克劳斯·冯·比洛是一位欧洲贵族,他与这位富有的美国女性有一段不幸的婚姻。疑点是,妻子是由于酗酒和服药而自己昏迷的,还是克劳斯·冯·比洛给她注射了可能致命的药物。这次审判被写进一本畅销书,还被拍成了一部好莱坞电影。

特权阶层案审判。这类审判暴露了富人和特权阶层的阴暗面。审判之所以吸引公众,是因为普通人从中了解到通常无法了解的富人和名人的生活。例如,1991 年对威廉·肯尼迪·史密斯的审判和无罪释放。史密斯是著名的肯尼迪家族的一员,被指控强奸。一个子类案件的审判是"谁会想得到"的审判。这些案件的诉讼让人感到震惊。20 世纪 80 年代麦克马丁日托中心的审判涉及对儿童日托中心工作人员性虐待儿童的指控。据透露,提出指控的母亲是一名精神失常的酒鬼,但这起指控引发了一场道德恐慌,数十名家长开始相信他们的孩子受到了骚扰,成为类似邪教虐待的受害者。

在本章的下一部分中,我们将探讨陪审团在审判中的作用和职能。

刑事案件中的陪审团

刑事案件陪审团的起源人们尚不清楚。1066 年,征服者威廉在诺曼征服英格兰时击败了哈拉尔德王的军队。以后诺曼的多位国王都是传唤"一帮邻居"对谁拥有怎样的财产提供宣誓证词,而这些证词就成了征税的依据。后来,邻居小组也被要求调查犯罪行为。一个由 12 名"合法男子"组成的陪审团负责告知王室法官什么人在其管辖区实施犯罪,应接受审判(Green 1985:7)。

1215 年,教会明令禁止神明裁判(如以水、火或决斗方式,把被告是否经得起身体剧痛的考验作为被告是否无辜的神谕)。王室法官因而创造了一种判定被告是否有罪的方式。12 名熟悉被告人或了解涉及刑事指控诸多事件的人接到传票,出庭宣誓证明被告人有罪或无罪。有趣的一点是,这种做法与现代人们对陪审员的看法有很大不同。现代人们认为,陪审员公平公正,对案件不夹杂个人的成见。直到 15 世纪,这种宣誓断案的做法仍有可能在英国一些地区沿用(Hans and Vidmar 1986:27-28)。

在14世纪和15世纪,在审判中判决被告是否有罪开始依据证人证词。小陪审团的组成是为了鉴定审判过程中出示的证据。陪审员不必依赖自己对事实的了解,其对是非曲直的评判反映了社会的良知。陪审员从案发地挑选。在陪审员不能做到公平公正的情况下,审判就要改在异地进行。

被告人有权放弃陪审团审判,但是有可能遭受"强烈而又持续的痛苦",通常包括被碾压致死。被告人有时会接受这个残酷的选择,因为如果在审判中获罪,就会被没收所有的财产,等于剥夺了后代继承财产的权利。这种残酷的规定直到1772年才被彻底终止,规定被告人若放弃陪审团审判则被判为有罪。100年后,这一规定才略有修改,拒绝陪审团审判被视为等同于有罪答辩(Vidmar and Hans 2007:25)。

法庭审判并不是复杂的事情。法官会讯问证人,陪审团会进行审议并形成裁决意见。法官对陪审团实施严格管控,并惩罚"作出错误判决"的陪审员。1554年,12名陪审员中有8人受到巨额罚款处罚,因他们无罪开释了因策划和密谋杀害玛丽女王而犯下叛国罪的尼古拉斯·斯罗克莫顿爵士(Vidmar and Hans 2007:27)。

1670年,对贵格会教徒威廉·佩恩和威廉·米德的审判是陪审团演进历史的一个转折点。佩恩在伦敦天恩寺街的聚友堂外对一群贵格会信徒发表了演讲。佩恩被认定违反了非国教教派秘密聚会法令,因为该法令禁止不符合英国国教规定的礼拜活动。佩恩和米德受到指控,罪名用现在的说法是非法集会和扰乱治安。而佩恩则辩称,为赞美神和崇拜神而集会是合法行为。法官问他是否认罪,但佩恩却回答说,问题不是"我是否犯有本指控所说的罪,而是本指控本身是否合法"(Abramson 2000:70-71)。当他被带出法庭时,佩恩呼吁陪审团拒绝配合起诉,因为这种起诉"根本无法律可依"(Green 1985:224)。

陪审团在休庭90分钟后回到法庭,米德被判定无罪,但就佩恩是否有罪、是否释放,陪审团未能达成一致意见。法官责成陪审团继续商议。陪审员又回到法庭后,再次判定米德无罪,并拒绝判定佩恩有罪,宣称佩恩唯一的"罪行"就是在天恩寺街发表演讲。法庭责令陪审团继续商议,而陪审团带给法庭的商议结果仍是无罪判决。于是,法官命令把陪审团全都关禁起来。第二天上午,陪审团再次拒绝认定这两名被告有罪。第四次结果也是如此。第五次,陪审团断然判定佩恩和米德两人无罪(Abramson 2000:70-71)。历史学家托马斯·格林认为,陪审团通过"亲自估量法律,断然回绝了法官的专横行为,维护了自己真实的历史与道德初衷”(Green 1985:225-226)。

然而,事情并没有就此结束。一些陪审员因拒不执行非国教教派秘密聚会法令而受到罚款。陪审员爱德华·布谢尔因拒绝缴付罚款而被捕入狱。布谢尔和其他3名陪审员向民事诉讼法院提起诉讼,诉称布谢尔被禁以及对3名陪审员的罚款都是违法行为。首席法官沃恩支持布谢尔等人的控诉,并裁定认为,案件事实的裁判者是陪审员,而不是法官,不得因为法官不同意陪审员的裁决而对陪审员实施罚款或监禁(Green 1985:137-148)。

英国陪审团坚持维护自身的独立。1685年,作为天主教皈依者,国王詹姆士二世废除了英国所有反天主教的法律。他下旨把该法令向圣公会会众宣读。7名圣公会主教肯求国王免除他们向教徒宣读该法令的差事。詹姆士被主教们反对废除反天主教法的举动激怒,于是指控他们犯有煽动性诽谤罪,并下令把他们关押在伦敦塔。当时流行的做法是,法官要求陪审团就与被告人的行为相关的具体事实问题做出回答(特别裁断)。然后,法官再依法考虑被告是否有罪。这种情况下,陪审团只须凭各主教向国王请愿一事就完全可以裁决主教们犯有煽动性诽谤罪。然而,陪审团却作出了无罪裁决(概括裁断),以阻止法官判决主教们犯有煽动性诽谤罪(Vidmar and Hans 2007:30-31)。

迟至1800年,英国法律规定了230项死罪,其中许多罪行的社会危害性极小。对此,陪审团通常都对被告作出无罪裁决,以避免其被判死刑。例如,陪审团赦免其邻居的盗窃行为,理由是他们为人和背景一向正派,他们之所以盗窃可能是出于一时的软弱。盗窃罪的死刑判决往往是针对那些在抢劫过程中杀了人的拦路抢劫犯(Green 1985:28-54)。

英国陪审团制度后来在美洲殖民地和英国其他殖民地得到推行。而在今天,已有52个国家采用了某种形式的陪审团裁决制度。早在殖民地时期,北美的陪审团就沿袭了英国陪审团确立的独立裁断模式。下一部分将要讨论的对约翰·彼得·曾格的审判,这是美国陪审团制度发展的转折点。

美国陪审团制度的发展

综上所述,陪审团制度是从英国移植到北美殖民地的。陪审团制度使民众得以参与诉讼程序,并确保法律纠纷的审判结果能够反映当地社区的民意。

1606 年弗吉尼亚公司章程对陪审团参与民事和刑事案件的审判作出规定。1628 年，马萨诸塞湾殖民地开始实行陪审团审判制度。1647 年，新泽西也实行了陪审团制度。西新泽西殖民地继而于 1677 年实行陪审团制度。1682 年，宾夕法尼亚也步其后尘，实行了陪审团审判制度（Vidmar and Hans 2007：47）。

约翰·彼得·曾格出生在德国，是《纽约周刊》的出版商和编辑。他所编发的一系列文章和讽刺性宣传品批评了英国总督威廉·科斯比的贪婪和腐败。科斯比下令对曾格实施逮捕和关押，罪名是煽动性诽谤。法官作为总督科斯比的政治盟友，对曾格开出了过高的保释金（Vidmar and Hans 2007：42-43）。

在 1735 年的审判中，曾格的律师是亚历山大·汉密尔顿，他也许是那个时代最著名的律师。陪审团的作用仅限于确认曾格是否发表了某个言论。而法官则依照法律判断该言论是否构成煽动性诽谤罪。说出真相不属于诽谤。汉密尔顿认为，陪审团不应成为法庭的俘虏，陪审员应该独立决定发表在曾格刊物上的文章是否构成煽动性诽谤罪。在汉密尔顿看来，陪审团也应确定说出真相是否构成诽谤罪（Vidmar and Hans 2007：44-46）。

这是对普遍做法的一个根本修正。汉密尔顿不仅认为陪审团应该确定事实并根据事实适用法律，还认为陪审员是“法律的法官”并有权忽视那种违背“自然的法则”的法律。在汉密尔顿看来，自然赋予每一个人“通过讲述真话揭露和反对专制的自由”。陪审员把“自己的良知和理解力”投入“曾格”案的审判中。陪审团在休会后不久便回到法庭，对曾格作出无罪裁定（Abramson 2000：74-75）。

“曾格”案的审判标志着陪审团发挥了抵制过分刁钻的英国检察官的自由壁垒作用。殖民地陪审团一直拒绝裁定反抗英国当局的被告人有罪。陪审团审判被视为民主的核心。英国以违反《航海条例》（要求美洲殖民地船只必须通过英国港口把货物运往外国）为由废除了陪审团审判，这一做法成为《独立宣言》所列出的对英国一个主要的不满之处。应该指出的是，陪审团的民主性质仅限于拥有财产的白人男性（Abramson 2000：23-24，27）。

美国成立时，陪审团的影响力达到了顶峰。在就美国宪法第六修正案起草所进行的整个辩论过程中，联邦党人（主张强大的中央政府）虽然相信陪审团的重要性，但反对从犯罪行为发生地所在社区（乡村）组成陪审团的惯常做法。从案发当地组成陪审团是基于这样的考虑，当地陪审团的成员对被告人和被害人的个人生活有所了解，他们的裁定结果是“社会的良知”的体现，是当地的价值和信仰的反映。联邦党人认为,陪审团应该公正客观,应该由远离犯罪发生地的人员组成。而反联邦党人则认为,在新形成的美国民主制度中,政府与地方民众相距甚远,地方陪审团是民众参与民主政治的重要途径。最终,美国宪法第六修正案在起草中达成妥协,规定陪审团应由"犯罪行为发生地的州和地区"的人员组成。修正案维护了联邦党人的立场,因为国会在划分地区界线时使这些地区等同于州。换句话说,陪审团组成人员不再要求从犯罪行为发生地产生。第二个重要之处是,美国宪法第六修正案中"公正陪审团"的措辞,等于否决了反联邦党人对关于陪审团应由朋友和邻居组成的主张。这样一来,对陪审团的要求是公平公正,而不是熟悉审判所涉及的事件(Abramson 2000:22-36)。

美国陪审团制度发展中的另一个因素是有了一个受过良好教育、高素质的司法队伍。在联邦共和国初期,美国法官往往缺少法律培训,满足于让陪审员去决定什么是法律,然后再根据案件的事实适用法律。他们认为,英国习惯法的基础是自然正义,而法律知识是人类所固有的。例如,陪审团首先自行决定被告是否必须在受到急迫的威胁时才可自卫,是否有责任先行避让,迫不得已才可使用致命性武力进行自卫。然后,陪审团再以此为准绳认定案情,并作出裁决。但是,职业法官则坚持认为,法官的职责是把法律告诉给陪审团;陪审团的作用仅限于认定事实,并结合案情运用法官所口述的法律作出判决。除马里兰州和印第安纳州外,每个州都要求法官指示陪审团必须遵守法官阐明的法律,禁止陪审员在裁决案件时运用自己对法律的理解。在过去,陪审员可以询问证人。审判中对律师的日益依赖意味着陪审员将在审判中扮演更加被动的角色。正如杰弗里·艾布拉姆森所指出的,陪审团是带着可以自行决定法律甚至在正义需要时可以无视法律的特权进入19世纪的,而离开19世纪时,陪审团却只带着义务,即要遵照执行法官所解释的法律(Abramson 2000:30-33,37)。

在18世纪和19世纪,陪审团审判程序都相对简短;审判程序不复杂,没有科学证据或专家证人;一个法庭一天审判的案件曾多达6起。随着审判程序变得越来越复杂,陪审团审判的数量也在逐步下降。美国每年大约有14.9万起州陪审团审判和5550起联邦陪审团审判。

大约47%的审判是重罪,19%是轻罪,31%是民事审判,4%是其他审判。据估计,每年有3200万人被邀请担任陪审员,大约有150万人被选中担任陪审员（Devine 2012：6）。

尽管如此，陪审团审判仍然十分重要。陪审团审判通常针对严重犯罪，包括可能判处死刑的重罪指控。这些陪审团审判往往都是备受瞩目的审判，审判进程与结果会影响人们对司法体系公正性的认知。陪审团仍可防范与约束检察官的过激言论和有政治动机的起诉以及法官的偏见。我们知道，陪审团决定着被告是否有罪，而且，在许多情况下也有权对被告从轻定罪。例如，被告人可能被诉故意行凶杀人，而陪审团可能认为被告人缺少杀人动机，应判为袭击罪，因而所判刑罚也就大大减轻。

瓦莱丽·汉斯指出，陪审制度已经遍布全球，目前有 50 个国家实行陪审制度。其他以欧陆法系为主的国家则采用由非专业人士和受过法律训练的法官组成的混合法庭，共同决定刑事案件的结果。陪审团制度的“法律移植”在不同的国家有不同的“翻译版本”。例如，俄罗斯陪审团是回答法官提出的问题，而不是作出裁决。如果陪审团的回答彼此不一致，或者陪审员有不当行为，法官可以推翻判决。法官也可以随时停止审判，将案件退回检察官进行进一步调查。陪审团的裁决也可能在上诉环节被推翻（Hans 2017：486）。

陪审团裁决

历史上，刑事司法系统曾要求意见一致的判决。陪审团必须在 12 人中取得一致意见，这就要求陪审团必须考虑所有陪审员的意见以达成一致。1972 年，美国最高法院裁定，宪法允许州刑事陪审团以 10：2 或 9：3 的多数裁决非死刑案件［*Apodaca v. Oregon*，406 U. S. 404（1972）；*Johnson v. Louisiana*，406 U. S. 356（1972）］。美国最高法院的结论是，不要求陪审团全体意见一致不会影响陪审团裁决的准确性，因为大多数陪审员都必须在排除合理怀疑的情况下同意被告人罪名成立。事实上，非全体一致的裁决并不意味着没有经过激烈的辩论和对证据的仔细考虑。

美国最高法院还认为，陪审团由 12 人组成并非宪法规定［*Williams v. Florida*，399 U. S. 78（1970）］。最高法院后来裁定，刑事案的陪审团人数最少为 6 人［*Ballew v. Georgia*，435 U. S. 233（1978）］。5 人陪审团不足以代表社会民意，由 6 人组成的陪审团必须以 5：1 的表决结果裁定案件，任何州都不得违反此规定[*Burch v. Louisiana*,441 U. S. 130(1979)]。

大约30个州对一些刑事案件的审判采用人数少于12人的陪审团。人数更少的陪审团将受到批评,因为其人员多样性不足,无法准确和充分地认定审判中提出的证据,而且意见的广泛性有限(Smith and Saks 2008)。

只有俄勒冈州继续实行陪审团非意见一致的裁决,而有些州则允许被告人放弃意见一致的裁决(Abramson 2000:181)。美国最高法院于2020年4月作出裁定,认为此前仅适用于联邦政府的陪审团一致裁决的宪法要求也适用于严重犯罪案件的审判[*Ramos v. Louisiana*,___U. S. ___(2019)]。问题是,陪审团一致裁决的联邦规定尚未适用于各州。

对于陪审团的裁决过程,我们知之甚少,因为他们都是关起门进行审议。陪审员面对的挑战,是听取证词并作出被告有罪或无罪的裁定。证词通常都不按时间顺序提供,而不同证人的证词也有可能互相矛盾。对于案件审判中出现的争议事件,陪审员也必须站在不同的立场考虑,而不是仅凭“后见之明”对证据作出评判。陪审团必须防止受自身成见的影响而作出结论,例如,因为一个嫌疑人被一名警察开枪打死,就下结论说该警察一定是行为正当或不正当。

在一项有影响力的分析报告中,政治学家兰斯·贝内特和玛莎·费尔德曼认为,陪审员利用自身的生活经验和生活知识推测案件中所发生的事情,然后决定该案最适用有罪判决还是无罪判决。例如,一名机动车驾驶人在“路怒”发作时杀死了另一名驾驶人,到底死者是自卫者还是挑衅者,陪审员须凭借自己的生活经验加以判断。有时,陪审员不可能仅仅基于事实作出判断。他们在某些案件中也可能会掂量和权衡多种因素,并扪心自问,被告是否罚当其罪。例如,陪审员会得出结论认为,如果被告人杀死了有虐待行为的配偶,应从轻判其过失杀人罪,而不应判其一级谋杀罪(Bennett and Feldman 1981)。

研究发现,陪审员的种族对他们判定被告有罪或无罪的影响很小或没有影响。

然而,女性陪审员更倾向于对涉及性犯罪的案件判定有罪(Devine 2012:113)。陪审室内陪审员之间的互动往往是影响伤害案裁定的最重要因素。

陪审团在陪审室的第一项工作是推选首席陪审员或负责人。陪审员倾向于推选有陪审团工作经验或具有领导能力的人,以及具有较高社会经济地位的文化人,并且往往推选男士。

陪审团的第二项工作是确定程序,以便依照确定的程序判定被告有罪或无罪。陪审团开始进行的非正式表决被称为裁决驱动的审议。正如我们所料想的那样,在该审议中,陪审员很快就因意见不同分化为不同的阵营。他们很难公开改变自己的看法,因此,陪审团最终很难达成一致意见。另一种方法是证据驱动的审议,在该审议过程中陪审员对证据进行讨论审议,以期在表决前达成共识。这两种审议方法同样可能被陪审团采用(Devine 2012:156-157)。

研究表明,大多数陪审员在第一次表决中所达成的裁决意见往往都会最终成为陪审团的裁决意见。随着审议的进展,最初不赞成多数人意见的陪审员也都会逐渐接受多数人意见(Vidmar and Hans 2007:142-144)。哈里·卡尔文和汉斯·采泽尔在其对陪审团的研究中发现,在90%的案件中,最初大多数人的观点最终会赢得所有陪审员的支持(Kalven and Zeisel 1966:488)。丹·西蒙指出,意见一致并不一定能反映真正的共识。全国州法院中心对3000个陪审团进行的一项研究发现,在作出裁决的陪审团中,有一半的陪审团会有一名或多名陪审员屈从于多数人的意愿,尽管他们有着个人不同意见。这些陪审员往往缺乏自信,对自己的观点缺乏坚定性(Simon 2012:200)。

一般情况下,只有少数陪审员积极参与审议。大多数陪审员都指望几位直言不讳的陪审员代表他们的观点。正如大家所想到的,职业地位高的文化人往往会在审议中起着主导作用。在审议裁定的时间中,陪审团的首席陪审员要占去25%—30%的时间发言。随着陪审团分歧的明朗化与激烈化,人们越来越对分歧感到不适,越来越多的人不愿意参加辩论。尤其是当辩论变成相互人身攻击与侮辱时,情况更是如此。陪审团在作出裁决之前,对一个简单的"花园种类"似的案件要审议2—4小时(Devine 2012:156-157)。

电影中会出现一位孤立的陪审员说服整个陪审团接受其个人的意见,但这种现象在现实的陪审团审议中很少发生。卡尔文和采泽尔发现,少数陪审员成功说服大多数陪审员改变观点的案件只占10%。在大约1/20的案件中,陪审员都无法达成一致意见。这就是所谓的陪审团僵局。这种情况通常需要4—5名陪审员抱团对抗在第一次表决中占大多数的陪审员。在卡尔文和采泽尔看来,要达成非全体一致的判决意见,陷入僵局的陪审团需要有45%的人转变观点(Kalven and Zeisel 1966:460-461,489-490)。

在陪审团能够达成一致意见的情况下,最后一个阶段就是和解阶段,在这个阶段,陪审员会化解分歧,支持裁决意见。

如果大多数陪审员同意裁定意见,并不再继续设法说服持有反对意见的陪审员,陪审团有权作出非一致性裁定,审议也就往往到此结束。这样一来,裁定意见就会更为迅速地达成。有迹象表明,陪审员对非全体一致达成的裁定信心不足。尽管有权作出非一致裁定(美国最高法院预计会认为这是违宪的),然而,陪审员如果继续讨论下去,就有可能达成共识,取得一致意见。我们已注意到,在大多数情况下,持不同意见的陪审员最终会与多数人站在一起。因此,研究表明,不管是出现全体一致性还是非全体一致性意见,陪审团往往都会达成同样的判决结果(Hastie,Penrod and Pennington 1983)。

在陪审团作出裁决之后,辩方和控方可以提请法官对陪审团进行轮询。陪审团轮询包括询问每位陪审员是否同意裁决。如果轮询情况表明陪审团事实上未能达成一致的裁决,法官可以命令陪审员继续审议,也可以解散陪审团。根据不弹劾规则,在大多数司法管辖区,陪审员被法律禁止就其审议情况作证。因此,被告以陪审员行为不当为由攻击陪审团裁决的做法受到限制。2017年,美国最高法院在一项重要判决中裁定,为了保护司法系统的完整性,初审法院法官可以调查陪审员对被告的有罪裁定带有种族偏见的指控[*Peña-Rodriguez v. Colorado*,580 U. S. (2017)]。在下一部分中,我们将探讨影响陪审团裁决的因素。

法官与陪审团

现在我们把注意力转向了解为什么陪审团对被告作出有罪或无罪裁决。

哈里·卡尔文和汉斯·采泽尔1966年出版的专著《美国的陪审团》,是“芝加哥陪审团研究项目”的重大成果,也是该领域最重要的学术研究成果(Kalven and Zeisel 1966)。两位学者的研究成果从整体上不断得到当代陪审团研究成果的证实(Vidmar and Hans 2007:151)。

1955年9月23日,密西西比州萨姆纳市的一个白人男性陪审团在经过1个小时的商议后,宣布罗伊·布莱恩特和他同父异母的兄弟约翰·米拉姆无罪,他们被控杀害14岁的非洲裔美国人埃米特·蒂尔。新发现的证据使无罪判决的准确性受到质疑。

“芝加哥陪审团研究项目”对555名法官的调查是最常被人们引用的方面。这些法官在接受调查时回答了他们在3576起刑事案件审判中是否同意陪审团的裁决。调查结果是:在陪审团的裁决案件中,法官和陪审团意见一致的占 78%(例如,64%的被告被判有罪,14%的被告被判无罪)。在剩余的案件中,陪审团裁决被告无罪而法官可能会裁定有罪的大约占 19%;陪审团裁定被告有罪而法官可能会裁定无罪的占近 3%(Kalven and Zeisel 1966:56-57)。换句话说,法官和陪审团在 4/5 的案件中意见一致,而在双方意见不一致的案件中,陪审团大约有 6 次要比法官更宽大仁慈。如果案件只有法官审理而没有陪审团在场,被告人被判有罪的可能性会增加大约 12%(Vidmar and Hans 2007:148,150-151)。

为什么法官和陪审团会产生不同的裁决意见?在这项调查中,法官们给出了多种解释。在大约 4%的案件中,陪审团更有可能因同情被告而影响裁决。在法官看来,年纪偏大或偏小的被告,身体残疾的被告,家有可怜的妻子及幼儿的被告,都会博得陪审员的同情。法官认为,在少数案件中,陪审团的裁决与法律相悖。例如,20 世纪 50 年代,陪审团普遍认为酒醉驾驶不应受刑事处罚。然而,法官则掌握了一些没有被记入证据的信息,如被告的犯罪前科,或有些罪名被检察官漏掉(Kalven and Zeisel 1966:121-220)。

如果出现陪审团裁决被告有罪,而法官则要从轻定罪或者判决被告无罪的情况,该怎么办?在这种情况下,被告在审判中的表现、犯罪前科以及陪审团对被告生活方式的负面看法都会改变犯罪证据不足的天平(Vidmar and Hans 1986:142-144)。

卡尔文和采泽尔强调指出,控方的证据越弱,陪审团就越有可能考虑证据以外的因素。换句话说,陪审团一般会根据审判中提出的证据的力度以及被告和受害者的可信度(可靠度)裁决案件。受害者的年幼和弱势也往往会影响陪审团的裁决(Kalven and Zeisel 1966:149-181),至少一些陪审员一开始就会偏向支持控方(Simon 2012:196)。我们需要记住的重要一点是,法官会无保留地支持陪审团制度,即使不赞同陪审团的裁决,也会相信其裁决合理(Vidmar and Hans 2007:150-151)。

尽管陪审团在审判中评估证据的能力受到称赞,但其理解法官指示的能力却不那么令人满意。在控辩双方结束对案件的起诉和辩护后,法官会向陪审员发出司法指示,指示其在裁决控方是否在排除合理怀疑的情况下确立被告有罪时应适用的法律。研究发现,13%到 73%的陪审员能理解法官的指示。一项研究发现,2/3 的陪审员自称理解了法官的指示,但在测试中只有 1/3 的人真正理解了这些指示。一项对佛罗里达州陪审员的研究发现,在收到关于举证责任的指示后,1/4 的陪审员却错误地认为,如果证据同样有可能支持无罪裁定和有罪裁定,被告就应该被裁定有罪(Simon 2012:196,200)。有一些证据表明,陪审员能够成功地纠正对法律或事实持有错误观点的陪审员(Diamond, Murphy and Rose,2015)。

陪审员往往不顾法官的指示而自以为是地评估证据(Simon 2012:185)。在整个审判过程中,法官会发出所谓的限制性指示,引导陪审团处理证据事项。例如,当被告为自己辩护时,被告先前的诈骗犯罪记录在某些情况下可能会被纳入证据。法官告诉陪审团,在评估被告的可信度时可以考虑这些先前的刑事定罪,而不是在判定被告有罪或无罪时考虑这些先前的定罪。研究表明,在听说被告先前曾有过有罪判决后,陪审团无法将之同评估被告是否有罪相脱钩。陪审团在形成裁定意见时难免会考虑被告的犯罪前科,因而也就更有可能对被告作出有罪裁定。还有证据表明,陪审员发现很难避免受到审前宣传的影响,尽管法官指示他们在进行审议时不要考虑媒体报道,只考虑审判期间提出的证据。然而,一个新的挑战是陪审员可能会受到社交媒体的影响。我们需要记住的一点是,法官指示往往使用大量的司法术语,即使对最优秀的法律专业学生而言,这也是一种挑战(Hans and Vidmar 1986:125-126)。

研究还表明,即使证人在接受盘问时被怀疑没有看清被告,陪审员往往仍会相信其证词。如果证人对自己的证词表现出自信,陪审员就格外有可能相信其证词。然而,科学研究表明,个人对其证词的自信与其证词的准确性之间没有联系(Vidmar and Hans 2007:194-195)。当证人证词与审判中提出的其他证据相一致时,其影响力尤其强大(Devine 2012:129)。

另一个问题是陪审员如何对待专家证人的证词。例如,在一起强奸案中,法官可以允许心理专家证明受害者在被强奸后的行为符合"强奸创伤综合征",这是强奸案受害者所具有的特征。辩方可以盘问专家证人,法官可以允许辩方请来自己的专家证人出庭作证。研究表明,文化水平较高的陪审员以及有着与专家证词相关知识背景的陪审员更容易理解和考虑专家证词,而其他陪审员则容易忽视专家证词。陪审员如果很难理解"统计概率"这一概念,往往就会接受对方律师的科学证据缺乏可靠性的论辩(Vidmar and Hans 2007:182)。

适用精神错乱辩护而做出的复杂司法指示,很能说明陪审员是如何无视专家证词和法官指示的。精神错乱辩护可免除当事人的刑事责任。原因是这些人没有能力形成犯罪意图，也没有“道德上的罪责”。惩罚法律意义上患有精神障碍的被告人既不会起到威慑作用，也不会起到报复作用。相反，这些人会被收容在精神卫生机构接受治疗。美国公众强烈反对精神错乱辩护，其实，他们大大高估了依靠这种辩护获得成功的案件的数量。实际情况是，被告依靠这种辩护的案件不足 1%，而这种辩护成功的案件估计占到 1%—25%（Vidmar and Hans 2007：216）。

在对精神错乱所作的各种法医鉴定中，美国联邦政府和大多数州采用最多的是南顿测试法（对错测试法）。相比南顿测试法，达勒姆测试法的应用面更广，曾一度在几个州得到应用，而现在仅有新罕布什尔州在应用。丽塔·西蒙进行了多项陪审团模拟实验。她发现，相比司法鉴定（用于确定被告是否患有陪审团所认定的司法意义上的精神病），被告被指控的犯罪性质更为重要。采用南顿测试法的陪审员没有一人发现被指控与两个女儿乱伦的被告人患有精神病；而采用达勒姆测试法的陪审员中则有 19%的人发现该被告人患有精神病。在对一起入室盗窃案的模拟指控中，人数相等的陪审员分别采用这两项测试法，他们都发现被告患有司法意义上的精神错乱（Simon 1967）。

近年来的一些研究证实了西蒙的结论。例如，陪审员在认定被告是否患有精神病的时候，被告策划犯罪的证据比被告患有精神病的证据和医学专家的证词更为重要。在大多数陪审员看来，被告策划杀人、购买武器并偷偷接近受害者的种种事实与司法意义上的精神病不符。然而，司法意义上的精神病患者完全有可能“受命”于“上帝的声音”而策划杀人，或把受害者看作是对世界上的恶行负责的“恶魔”，必欲除之而后快。针对陪审员不愿意认定被告患有司法意义上的精神病的情况，一些州作出规定，陪审团可判决被告有罪但患有精神病，而不是判决被告因患有精神病而无罪。被告如果被判有罪但患有精神病，可在入狱服刑期间接受治疗（Finkel 1995）。

强奸罪是陪审团依靠自己的常识做评判的又一个领域。卡尔文和采泽尔的研究成果在 50 多年前出版。自那时以来，与强奸有关的法律和社会态度已发生了巨大的变化。尽管如此，他们的基本研究结论仍不过时。卡尔文和采泽尔发现，陪审员把强奸分为一般强奸和恶性强奸。在一般强奸案中，女性被认为是“招惹犯罪”，因为她们进入被告的住所，与被告一起饮酒，或与多个男性搭乘一辆车。在一般强奸案件中，陪审团裁定被告无罪的占 60%，而法官则可能会判定被告有罪。在法官和陪审团均同意判定有罪的案件中，陪审团会判定被告所犯罪行比强奸罪要轻。强奸案如果涉及暴力袭击、团伙作案以及被告人和受害人互不认识等情形,陪审团则认为是“恶性强奸”。在法官可能会判定被告有罪的恶性强奸案件中,被陪审团裁定无罪的占 12%(Kalven and Zeisel 1966:252-253)。

研究不断发现,陪审员在裁定强奸指控时会受到自己根深蒂固的偏见左右。如果认为一个女性因衣着暴露、生活放荡而“招惹犯罪”,陪审员就不愿裁定被告有罪。陪审团一直认为,如果一个女人第一次约会便去男方的住所,那么,她就是在以自己的行为进行性诱惑(Vidmar and Hans 2007:198-201)。然而,如果有证据表明该案涉及凶器,或被告为无业游民,且无家庭关系,又给陪审员留下很差的印象,陪审员就更有可能裁定被告犯有强奸罪。当然,我们大家都会凭着对他人的印象形成自己的看法。但问题是,陪审团的裁决是基于个人的偏见,而不是审判中提出的相关证据(LaFree,Reskin and Vishner 1985)。

总之,法官和陪审团对大多数案件的裁决都能保持意见一致。在意见不同的案件中,陪审团则表现得较为宽大仁慈。同时,陪审团似乎受目击者证词的影响过大,而不太重视专家证人的意见。陪审员感到专业性强的法官指示让人无所适从,于是就在精神错乱辩护等领域按照自己的标准行事。

在许多情况下,陪审员显然不会机械地运用法官所指示的法律分析案情作出裁决。

下一部分要讨论的一个有争议的问题是,陪审员是否可以简单地无视法律,把一个看似有罪的被告裁定为无罪。

陪审团对法律的否弃权

陪审团对法律的否弃权(jury nullification),是指尽管陪审团根据事实和法律认识到被告有罪,但仍有意裁决被告无罪。我们知道,陪审团一直以来都愿意无视法律的规定,以维护被告人(如威廉·佩恩和约翰·彼得·曾格)的权利。陪审团借助行使对法律的否弃权,裁定那些为逃离南方奴隶制社会的美国黑人提供帮助的被告无罪,也以同样方式裁定反对越南战争的抗议者无罪。通过对陪审团否弃法律的历史研究,卡尔文和采泽尔认为,陪审团发挥着“抵制严重官僚暴政的壁垒”的作用,并对严苛的犯罪起诉(如禁酒令期间售酒)起着

“适度纠正”的作用(Kalven and Zeisel 1966:296-297)。

我们曾指出,自19世纪中期开始,法官坚称自己是解释法律的权威,而陪审团只负责认定事实。1895年,在“斯帕夫和汉森诉合众国”案中,美国最高法院正式认可了法官和陪审团的责任分工。美国最高法院在这项裁定中明确表示,陪审团负责认定事实,并遵循法官所解释的法律判案。美国最高法院警告提出,如果放任陪审团去决定法律,那么每个陪审团就会“各有自己的法律”,进而会推翻整个法制体系[*Sparf and Hansen v. United States*,156 U. S. 173(1895)]。

法官给予陪审团的法律指示一般都向陪审团声明,法官的职责是就案件所适用的法律向陪审员作出指示,陪审员应遵循法官所解释的法律。佐治亚州、印第安纳州、马里兰州和俄勒冈州在宪法中均认可陪审员有权无视法律。新罕布什尔州最近通过了一项法律,允许律师告知陪审员,他们有权无视法律规定独自作出裁决。其他州和联邦法院的一般做法是,由法官指示陪审团,其有义务遵循法官所提示的法律。法官通常会提醒辩护律师,不得在总结陈述时鼓动陪审团否弃法律。

法院不断称赞陪审团是抵制过分强硬的检察官的坚固堡垒,是社会良知的代表,同时又坚持认为,陪审员应执行法官所解释的法律[*Duncan v. Louisiana*,391 U. S. 145(1968);*Taylor v. Louisiana*,419 U. S. 522(1975)]。在“合众国诉多尔蒂”案中,一群反战示威者砸毁了陶氏化学公司的办公室,以抗议该公司制造用于越南战争的凝固汽油弹。一联邦上诉法院支持初审法院拒绝告知陪审团有权否弃法律的做法。该上诉法院承认陪审团在历史上曾行使过否弃权。不过,该上诉法院认为,把否弃权告知陪审团会造成混乱,损害法治,使公众认为案件的审判结果不是取决于法律规定,而是取决于陪审团的人员构成与陪审员的心情。然而,法律的任何变动均应通过立法程序进行,而不是通过一群陪审员的裁决进行。不管怎样,法院的理由是,陪审团很清楚这项权利,法院没有必要告知他们这项权利[*United States v. Dougherty*,472 F. 2d 1113(D. C. Cir. 1972)]。

在“合众国诉托马斯”案中,第二巡回上诉法院认为,陪审团否弃法律的做法违反了陪审员遵守法官所指示的法律的宣誓。美国最高法院认为,法官有义务劝阻陪审团行使法律否弃权,对于拒绝遵守法官所指示的法律的陪审员,法官应将其从陪审团中除名[*United States v. Thomas*,116 F. 3d 606(2nd Cir. 1997)]。

2012 年新罕布什尔州的一个案例说明了法院给陪审团不得否弃法律的指示可能产生的影响。在该案中,法官向陪审团发出了不得否弃法律的指示,然而,陪审团仍然裁定因在其后院种植医用大麻而受到毒品罪指控的道格·达雷尔无罪。

1955 年 9 月 23 日,密西西比州萨姆纳市的一个白人男性陪审团在经过 1 个小时的商议后,宣布罗伊·布莱恩特和他同父异母的兄弟约翰·米拉姆无罪,他们被控谋杀 14 岁的非洲裔美国人埃米特·蒂尔。新发现的证据使无罪判决的准确性受到质疑。

陪审团行使法律否弃权所作出的裁决并不一定总是保护公民的权利和自由。20 世纪 60 年代,美国南方的陪审员曾通过行使否弃权裁决多名被告无罪,而这些被告却是因打骂民权活动人士而受到起诉的。南方陪审团行使否弃权最声名狼藉的案件之一,是裁决因杀害埃米特·蒂尔而受到起诉的多名被告人无罪。14 岁的蒂尔从芝加哥来密西西比州找他的家人。一个白人妇女的丈夫认为蒂尔对自己的妻子吹口哨是一种侮辱和无礼,于是,就伙同一个朋友一道开枪打死了蒂尔,并把其尸体投入河中。尽管压倒性的证据证明两名被告就是凶手,但是,一个全部由白人组成的陪审团花了 1 小时 7 分钟就裁定被告无罪。一名陪审员事后称,假如陪审员没有停下来喝软饮料,他们作出裁决的速度还会更快。1987 年,纽约的一个陪审团拒绝裁定伯纳德·戈茨犯有杀人未遂罪。最初在受到多名行凶抢劫者的袭击后,戈茨购买了枪支。后来遇到 4 名黑人小伙儿在纽约地铁向他讨要 5 美元,戈茨便向他们开了枪。

2016 年,阿蒙·邦迪和他的兄弟瑞安以及其他 5 人因涉嫌武装侵占俄勒冈州东南部的马勒国家野生动物保护区而受到指控。然而,联邦地方法院却出人意料地裁定他们无罪。这 7 名被告被控合谋使用“武力、恐吓和威胁”阻止联邦雇员在接管期间在保护区工作,并在联邦场所未经授权拥有枪支。此前已有 11 人对指控认罪,他们承认进入 18.8 万英亩的野生动物保护区是为了抗议联邦土地政策,以及为了将土地归还给当地控制,但否认存在合谋(Sherwood 2016)。

支持陪审团行使法律否弃权的一般理由是,陪审团觉得有些被告不应受到刑事处罚,因而给予被告无罪裁决可以提高人们对法律的尊重。正如哈佛法学院院长罗斯科·庞德的一句名言所说的那样,陪审团对法律的否弃是对法律生搬硬套做法的“有力矫正”。问题仍在于,陪审团是否应当被告知他们能够行使否弃权。一些研究表明,只有在陪审员认为依法裁决会有失公正的高度情绪化的案件中,陪审团获知可行使否弃权,才可能会否弃法律。

研究表明,陪审团不会作出大量的无罪裁定(Benforado 2015:71)。医生对一个长期备受癌症折磨并表示愿死的患者实施了安乐死。在该案中,你作为一个陪审员,会否弃法律吗(Horowitz 2008)?

陪审团的选任

陪审员选任的目的是组成一个公平和公正的陪审团。杰夫里·艾布拉姆森认为,近年来,美国最高法院同样重视陪审员的选任,确保个人不因种族、民族或性别而遭受排斥。

陪审员池需要人员来源面广,如从选民名单或者机动车驾驶证持有人名单中选择。1880 年,在"斯特劳德诉西弗吉尼亚州"案中,美国最高法院裁定认为,西弗吉尼亚州法律关于陪审团仅限于由白人男子组成的规定,是把非洲裔美国人打入另类,助长了种族歧视,违反了平等保护法[*Strduder v. West Virginia*,100 U. S. 303(1880)]。

从历史上看,女性被排除在陪审团之外,是基于人们对女性从智力缺陷、情绪不稳定到家庭义务要求等各种刻板印象。1789 年的《司法法案》规定,联邦陪审员必须具备联邦法院所在州所要求的资格。当时,根据各州的法律,女性没有入选资格。直到 1957 年《民权法案》颁布,国会才规定所有公民都有资格担任联邦陪审员。

虽然规定女性有资格担任州陪审团成员,但少数几个州女性仍遇到担任陪审员的障碍。1961 年,在"霍伊特诉佛罗里达州"案中,美国最高法院支持佛罗里达州的一项法律规定。该法律规定,除非妇女明确表示愿意担任陪审员,否则妇女不得担任陪审员。美国最高法院还指出,妇女的"'合法'地位"是在家庭,这"有理由阻止其担任陪审员"[*Hoyt v. Florida*,368 U. S. 57(1961)]。

1975 年,在"泰勒诉路易斯安那州"案中,美国最高法院裁定,被告有权从社会各阶层中挑选成员组成的陪审团,将女性排除在陪审团之外侵犯了被告受法律平等保护的权利。法院的理由是,"将公民中有资格担任陪审员的 53%的女性……系统性地排除在外"违反了公平的代表性规定。"这一裁定必然承载着这样一种判断:女性人数足够多,与男性有明显区别,如果系统地将其排除在陪审团之外,美国宪法第六修正案的公平代表性要求就不能得到满足"[*Taylor v. Louisiana*,419 U. S. 522(1975)]。

最高法院不再要求最终被抽选出来审理案件的陪审团或小陪审团必须代表社区的各个层面,但是有几位大法官强烈表示,陪审团如果不能涵盖一系列群体,就无法充分反映社区民意[*Taylor v. Louisiana*,419 U. S. 522(1975)]。

下一步是从陪审团人员储备池中挑选陪审团组成人员。陪审团候选人要接受预审或初审(要发誓"说真话")。这一程序在大多数州和联邦司法系统都由检察官、辩护律师和法官进行,目的在于确认,如果陪审员正式进入陪审团,能否做到公正客观。在以下两种情况下,候任陪审员不会进入陪审团。

有因回避:征得法官同意,可以对不限人数的陪审员提出有因回避。有因回避的前提条件必须是,陪审员无法做到公平客观,或由于陪审员具有成见,或由于陪审员的个人关系可能会造成其不能做到客观。例如,在杀害警察的案件中,陪审员的配偶如果也是警察,陪审员就可能有失客观。

强制回避:被告和原告都可提出一定次数的强制回避,也可称作无因回避,即不给出任何理由而要求陪审员回避。律师如果感觉到某个陪审员会持有偏见,或者担心某个陪审员在预审时因询问已被惹怒,就可提出强制回避。美国最高法院裁定认为,不能仅仅因陪审员的种族[*Batson v. Kentucky*, 476 U. S. 79(1986)]或仅仅因其性别而提出让陪审员强制回避[*J. E. B. v. Alabama*, ex rel. T. B. ,511 U. S. 127(1994)]。在"J. E. B. 诉亚拉巴马州"案中,最高法院指出,基于对性别的僵化观念提出强制回避的做法,认可并强化了对男女相对能力的偏见。"在与性别有关的问题突出的情况下,比如涉及强奸、性骚扰或亲子关系的案件,玩世不恭的可能性尤其严重。"歧视性地提出强制回避可能会造成"司法系统默许压制一种性别的充分参与,或者有利于一方的'筹码已经堆积起来'的印象"[*J. E. B. v. Alabama*, ex rel. T. B. , 511 U. S. 127(1994)]。

2014 年 1 月,第九巡回上诉法院认为,如果案件涉及制药行业和人类免疫缺陷病毒(HIV 病毒),不得对作为同性恋者的陪审员提出强制回避。

美国最高法院裁定,要求两名非洲裔陪审员强制回避实质上是出于歧视意图,从而确认了巴特森原则。首席大法官约翰·罗伯茨认为,"当该州检察官把加勒特和胡德(非洲裔陪审员)从陪审团中除名时……他们在很大程度上是受种族原因驱动。基于种族原因,两次提出强制回避,就是两次超过宪法许可"[*Foster v. Chatman*,578 U. S. ___(2016)]。

2019 年,在“弗劳尔斯诉密西西比州”案中,美国最高法院以 7 票赞成、2 票反对的结果裁定,密西西比州检察官道格·埃文斯侵犯了非洲裔柯蒂斯·弗劳尔斯的美国宪法第六修正案权利。弗劳尔斯在 1996 年抢劫一家家具店时被判定杀害 4 人,他在第六次审判中被判犯有同样罪行。弗劳尔斯案的陪审团由 11 名白人陪审员和 1 名非洲裔陪审员组成。大法官布雷特·卡瓦诺认为,“该州在陪审团中执意排除黑人成员的做法强烈表明,该州希望在陪审团中尽可能少地使用黑人陪审员,最好是由全白人陪审团审判弗劳尔斯”[*Flowers v. Mississippi*,588 U. S. ___(2019)]。

在这个复杂的案件中,卡瓦诺大法官在多数票裁决意见中指出,在弗劳尔斯的前四次审判中,埃文斯总共提出 36 次强制回避来阻止非洲裔担任陪审员。3 次审判的有罪判决在上诉时被推翻,一次审判是无效审判。在第四次审判中,所有 11 次强制回避都被用来针对非洲裔陪审员人选。在 2008 年第五次审判中,尽管小陪审团由 9 名白人和 3 名非洲裔陪审员组成,但没有法庭记录说明陪审团的种族构成。第五次审判也成为无效审判。卡瓦诺大法官认为,这种对非洲裔使用强制回避的做法表明,在为第六次审判组成陪审团时,埃文斯实质上是出于歧视意图挑选的陪审员。6 名非洲裔陪审员中有 5 人被要求强制回避。这是先前审判中确立的做法的延续,进一步证明检察官挑选陪审员的歧视性意图。埃文斯向 5 名非洲裔陪审员提出了 145 个问题,而向 11 名白人陪审员只提出了 12 个问题,其歧视意图昭然若揭。

埃文斯声称,他让 1 名非洲裔女性陪审员强制回避,因为她认识几名辩方证人,或者与弗劳尔斯的父亲在同一家大卖场工作。卡瓦诺大法官指出,在陪审团中坐着的一些白人陪审员也认识涉案人员,他们在没有经过检察官仔细审查的情况下就成为陪审员。几名白人陪审员认识弗劳尔斯的多名家人,但检察官没有仔细审查他们是否对被告存在偏见。检察官还发表了一系列与事实不符的言论,作为其让非洲裔陪审员强制回避的理由。

陪审员人选预审通常涉及对参加公开审判的陪审员人选进行简单询问。研究表明,预审并不能完全有效地看出哪些候选陪审员已有成见,或可能偏向诉方或偏向辩方。研究人员发现,在接受询问时,候选陪审员都不会透露其家庭成员从事执法工作,或者自己曾是犯罪受害者,也不会认为被告应当被推定无罪(Seltzer,Venuti and Lopes 1991)。面对提问,候选陪审员多喜欢从正面表白自己。例如,他们可能不想承认自己不能做到公正客观;如果承认自己曾经被捕过,他们会感到很尴尬。必须指出的是,在陪审员人选预审方面,律师通常比法官更为老练。如果律师获准敞开对陪审员进行提问,就会有更多的陪审员被要求有因回避(Nietzel and Dillehay 1982)。

研究发现,尽管最高法院对巴特森案已有裁定,但是,种族因素在强制回避中仍产生影响。在有些案件中,检察官因认为少数族裔陪审员比较自由而希望将他们排除在陪审团外,而辩护律师则希望将白人陪审员和老年陪审员排除在外,其认为这些人比较保守。由于没有一个排除少数族裔陪审员或女性陪审员的明确模式,法官就很难断定检察官和律师是不是基于非种族原因提出陪审员回避。尽管法院已对"福斯特诉查特曼"案作出裁决,但一直不愿承认,检察官未能就对陪审员提出强制回避做出非歧视性的解释。法院认为,陪审员姿势不良、性格内向、信教或不信教、居住在城镇经济萧条地区或留着胡须,知道这些已足够(Liptak 2019)。

由非营利组织"公平司法倡议"进行的一项研究发现,在南方各州,陪审员的选任一直存在歧视性与伤害性做法。例如,这项研究发现,在亚拉巴马州的一些县,超过75%的非洲裔陪审员不能入选死刑案陪审团。在北卡罗来纳州,至少有26名死刑犯是被清一色的白人陪审团判决的(Vidmar and Hans 2007:98-99)。

亚当·班福拉多指出,2005年至2009年,在亚拉巴马州的哈里斯县,4/5的非洲裔没能入选死刑案陪审团。因此,在死刑案审判中,一半的陪审团没有非洲裔陪审员,另一半陪审团只有1名黑人陪审员。路易斯安那州死刑罪法律援助中心发现,在1999年至2007年,非洲裔未能入选陪审团的比例是白人的3倍多。班福拉多得出结论,尽管有完整的程序保障,但歧视性与伤害性陪审员选任的"核心问题"仍然存在(Benforado 2015:245)。

一项关于北卡罗来纳州陪审员强制回避的研究发现,检察官对20%的非洲裔陪审员提出强制回避,而仅对10%的白人陪审员提出强制回避。相比之下,辩护律师则是将20%以上的白人和10%的非洲裔从"审判陪审团成员池"中排除。法官提出有因回避的,非洲裔陪审员比白人陪审员高出约20%(Wright 2018)。

研究表明,与传统智慧不同的是,年龄、性别、职业和种族因素对预测陪审员该如何判案没有什么意义(Hans and Vidmar 1986:76-78)。研究还发现,即便是更老练的律师也无法确定对其案件可能持有偏见的陪审员会占多大比例。

因此,在大多数情况下,被选入陪审团的陪审员与没有被律师选入陪审团的陪审员,两者的态度并没有显著不同(Johnson and Haney 1994)。

为了防止陪审员选任过程中出现种族和性别歧视,你认为应该取消强制回避吗?对陪审员只可有因回避吗?

审前媒体报道。在我们把注意力转向律师求助陪审团咨询顾问挑选陪审员之前,必须指出审前宣传所带来的挑战。美国宪法第一修正案保护言论自由。媒体是阻止政府滥用权力的一种尤为重要的手段,对保障公民的知情权和监督权至关重要。在某些情况下,媒体的言论自由权可能会与保护被告享有公正客观的陪审团的权利发生冲突。特别恶劣的犯罪或备受瞩目的犯罪会得到媒体的广泛报道,其中包括对犯罪具体情节的描述和犯罪嫌疑人的认定。研究表明,与没有接触过媒体报道的陪审员相比,接触过媒体报道的陪审员更有可能认为控方对案件的指控比辩方对案件的辩护更为有力,并且更有可能以负面的眼光看待被告。陪审员可能都会声称自己能够做到客观公正,但在对犯罪的报道已经达到饱和的情势下,陪审员也可能无法真正做到。这时,法官可运用各种程序补救措施限制媒体报道的影响。这些措施包括把陪审团与外界隔绝起来,禁止律师接受媒体采访,以及把审判转到别的司法管辖区作为最后手段进行(Vidmar and Hans 2007:107-123)。

辩护律师已开始求助陪审团顾问,试图运用科学的力量提高对陪审员的挑选能力,从而挑出合意的陪审员。

社会科学与陪审员选任

庭审律师常说,陪审员选任结束,审判结果便已确定。换句话说,律师通常认为,陪审团的人员构成决定案件的审判结果,不管证据力度如何。过去,律师依靠自己的直觉或对人性的洞察力选择陪审员。传统智慧认为,如果被告是一名女性,最好选择男性做陪审员,因为男性会出于保护女性的本能作出有利于女性的裁决。如果被告是一名英俊帅气的年轻男子,则应该选择女性陪审员,因为女性会对其他女性更为严苛。不同种族的人对情感诉求(与理性诉求相对)的接受程度也存在差异(Abramson 2000:146-147)。

1972 年,天主教牧师菲利普和丹尼尔·贝里根以及其他 5 人因被指控合谋从事反对越南战争的非法行为而受到审判。该案成为律师采用“科学”或者“系统”的方式选择陪审团的最早案例之一。一个团队的社会科学工作者对审判所在地宾夕法尼亚州首府哈里斯堡的居民进行了电话调查及访谈。他们发现,与他们预想的相反,该地区的大学毕业生比较保守,很有可能赞成有罪判决。因此,辩护律师通过有因回避或强制回避的方式重点把大学毕业生从陪审团中排除出去。结果,这几名被告都获得无罪判决。鉴于依靠社会科学研究选择陪审员取得成功,于是,20 世纪 70 年代对其他活动分子的审判也采用了同样的陪审员选择策略。1985 年,企业家约翰·扎克里·德洛雷安被指控贩卖毒品为其汽车公司注入资金,由于采用了科学的陪审团遴选策略,这名企业家最终被判无罪(Abramson 2000:148-149)。

从事陪审员选择咨询服务的陪审团顾问通常对当地社区展开科学调查,从人口统计资料中确定哪些人可能同情被告人、哪些人可能不同情被告人(Abramson 2000:147)。

陪审团咨询业已经成为一个朝阳行业:咨询顾问从业人数从 1982 年的 25 人增加到 1995 年的 250 人。诉讼科学公司称,1984 年,公司毛收入达到 2500 万美元,而整个咨询行业创收超过 2 亿美元(Abramson 2000:147,149)。

咨询顾问的调查已经扩展至对肢体语言和笔迹的分析,甚至对潜在陪审员的生活方式和背景的调查。近年来,这项工作涉及调查潜在陪审员的社交媒体活动。咨询顾问还在挑选陪审团的过程中对律师提供指导,并建议提出什么样的问题。在实际审判之前,咨询服务工作的第二个方面是使用模拟陪审团来检验律师论点的说服力。咨询顾问还在法庭上安排了"影子陪审员"。这些"影子陪审员"的背景同审理案件的陪审员的情况相符,咨询顾问依靠这些"影子陪审员"来评估律师在审判中发表论点的有效性(Abramson 2000:150-153)。

亚当·班福拉多指出,咨询顾问现在被用来塑造潜在陪审员的态度,而不是专门用来帮助选择对自己有利的陪审员。在一项实验中,一组陪审员被问到两个问题,其中一个问题是,如果得知被告是犯罪团伙成员,他们能否做到公平裁决。与听到相同证词但没有被问到这些问题的一组陪审员相比,被问到这些问题的一组陪审员更有可能判定被告有罪(Benforado 2015:255)。

多项研究表明,科学的陪审团挑选方式在很大程度上都无法成功预测特定陪审员的举动。审判中的变数太多,无法预测陪审员对庭审证词的反应,无法预测陪审员对受害人或被告人的态度,也无法预测陪审团审议能对他们产生怎样的影响(Abramson 2000:147;Kassin and Wrightsman 1988:60-62)。丹尼斯·迪瓦恩得出结论,科学的陪审团成员分析结果表明,与不要陪审团顾问的律师相比,那些有陪审团顾问帮助的律师在选择对自己有利的陪审员方面有“适度的改善”,但是迪瓦恩承认这种微小的差异可能“在某些情况下是决定性的”(Devine 2012:55)。尽管如此,可以理解的是,辩护律师希望在审判中尽量提供最有力的辩护,因此热衷于求助陪审团咨询顾问。法院应当禁止控辩双方律师借助陪审团咨询顾问在审判中取得可能的优势吗?下一部分我们将对陪审团就死刑案件的裁决研究做一概述。

陪审团与死刑裁决

1972年,在“福曼诉佐治亚州”案中,美国最高法院裁定认为,死刑违反了禁止残酷和异常刑罚的规定。最高法院在5∶4的裁决中认为,尽管死刑符合宪法规定,但是,由于陪审团缺乏可遵循的标准,结果造成“没有实际依据把少数适用死刑的案件和大多数不适用死刑的案件加以区分”的情况。“肆意与怪异地”适用死刑意味着,不同的陪审团可能会作出不同的裁决,而且对死刑的适用可能会存在种族偏见[*Furman v. Georgia*,408 U. S. 238(1972)]。作为对弗曼案裁定意见的回应,1972年至1976年共有35个州通过了新的死刑法规。

1976年,在“格雷格诉佐治亚州”案中,美国最高法院裁定认为,佐治亚州法律符合宪法关于适用死刑的规定要求。佐治亚州的主要做法是把审判过程分为定罪阶段和量刑阶段(二分审判程序)。根据佐治亚州的法律,律师可以在审判的定罪阶段辩称自己的当事人无罪;如果被告人被判定有罪,可以在量刑阶段辩称被告人罪不当死。

在量刑阶段,陪审团对州检察官是否已排除合理怀疑证明杀人行为涉及法律所规定的一个或多个从重加重情形进行裁决。陪审团如果发现一个或多个从重加重情形,就把这些从重加重情形同辩护律师提出的从轻减轻情形进行比对权衡。如果认为从重加重情形大于从轻减轻情形,陪审团可支持判处死刑。判决结果将由州最高法院核准(按比例复核),以确保死刑的适用标准始终如一。该审判程序旨在确保对“最坏中最坏的”罪犯以一致和统一的标准判处死刑[*Gregg v. Georgia*,428 U. S. 153(1976)]。

我们将在本部分稍后讨论死刑与威慑以及死刑与种族问题。现在,我们重点谈谈“死刑案适格陪审团”的问题。在1968年对“威瑟斯彭诉伊利诺伊州”案的裁决,以及1985年对“温赖特诉威特”案的补充裁决中,美国最高法院认为,在死刑案件中,如果陪审员对死刑的个人观点会“妨碍或严重损害他(或她)按照所给指示和其誓言履行陪审员职责”,则可使其因故回避。根据这一标准,对死刑持保留意见的陪审员,法官可将其从死刑案陪审团中除名,因为对死刑持保留意见可能会干扰其履行陪审员的职责(所谓的威瑟斯彭排他性);法官也可以辞退那些可能不假思索就表决赞成死刑的陪审员。美国最高法院随后裁定,这些陪审员在定罪阶段和量刑阶段都可被要求回避[*Lockhart v. McCree*,476 U. S. 162(1968)]。

在对死刑案件研究的综述中,尼尔·维德马和瓦莱丽·汉斯指出,尽管陪审员都接受过初审,但是死刑案件陪审团仍有相当多的陪审员热衷于认定被告有罪并建议判处死刑。这两位学者还发现,有些陪审员相信“以眼还眼”与死刑才是对杀人罪唯一合适的惩罚手段,他们很可能在审判的量刑阶段的第一轮表决中就支持死刑判决(Vidmar and Hans 2007:250-251)。

在对加利福尼亚人进行的一项调查中,心理学家菲比·埃尔斯沃思发现,约有40%的陪审员因宣称反对适用死刑而被拒绝进入死刑案件陪审团。死刑案件的陪审员通常是经济条件优越的新教或天主教共和党籍的白人男性。这些人尽管真诚地认为自己公平公正,但是他们在模拟研究中比“威瑟斯彭排他性”更有可能认定被告有罪。换句话说,威瑟斯彭排他性标准造成的结果是,陪审团成员只能从那些先验地认定被告有罪的一小部分人中选出(Ellsworth 1984)。

研究发现,在接受初审时,潜在陪审员被问到是否能够遵守法律并支持适用死刑。这样的提问往往会让潜在陪审员产生一种感觉,即法官希望他们在表决中支持死刑。当反对死刑的人被排除在陪审团之外时,法官不接受那些反对适用死刑的人做陪审员的这一印象就会得到强化。研究还发现,在初审时谈论死刑问题可消除陪审员对表决支持死刑后果的敏感(Haney 2005:93-114)。

研究表明,多达55%—60%的陪审员难以理解死刑案件中法官给出的陪审团指示(Luginbuhl and Howe 1995),不理解指示的基本信息(Simon 2012:190),并且对死刑案件量刑阶段的专家证词持严重怀疑态度(Sudby 1997)。

最重要的研究发现之一涉及克雷格·哈尼所称的“道德解脱”。这是陪审员推卸或逃避死刑判决责任的过程。陪审员的理由是,其死刑判决会得到上诉法院审查,判决不当会被推翻。他们还聊以自慰地认为死刑判决很少被执行(Haney 2005:93-114)。

总之,汉斯和维德马认为,死刑案适格陪审团不同于其他陪审团。这些陪审团缺乏来源多样性,更倾向于裁定被告人有罪,并不能真正代表社会各个层面。尽管围绕死刑案件的起诉有着程序上的保护措施,然而,判决死刑与否的天平却往往倾向于死刑(Hans and Vidmar 1986:236)。

正如我们在下一部分关于错误定罪中将要看到的,审判程序并不总是产生准确无误的判决结果。一项对得克萨斯州陪审团的研究得出的结论是,陪审员发现,那些"对社会构成持续性威胁"并被判处死刑的被告和那些被认为"对社会不构成持续性威胁"并被判处终身监禁的被告在背景和定罪后的行为上并没有什么差别。学者认为,错误的判决致使许多本应判处终身监禁的被告被判了死刑(Marquart, Ekland-Olson and Sorensen 1989)。正如我们将在下一部分所看到的,在某些情况下,一些看来无辜的人却被判定有罪,甚至被判处死刑。

量 刑

被告一旦被判有罪,就面临刑事处罚的现实。我们惩罚罪犯有着各种各样的原因。判刑通常是为了实现以下若干量刑目标(见表 8.1)。

表 8.1 量刑目标

惩罚罪犯	罪犯受到与其犯罪行为所造成的伤害相称的惩罚。惩罚是对罪犯的犯罪行为的"应有的报应"
威慑犯罪	惩罚的目的是阻止他人犯罪。特定威慑旨在阻止罪犯重复其犯罪行为(累犯),而一般威慑旨在阻止他人犯罪
剥夺犯罪能力	惩罚的目的是将罪犯从社会中清除,以保障社会安全与稳定
改造罪犯	惩罚的目的是使罪犯从精神上和心理上得到转变,把他们改造成对社会有用的人
赔偿受害人	恢复性司法要求罪犯对受害人所遭受的伤害给予赔偿

这些目标通过不同的量刑方案得以实现。量刑主要是法官的职责,但是有6个州规定量刑是陪审团的职责。近年来,美国最高法院扩大了陪审团在量刑中的权限。2000年,在"阿普伦蒂诉新泽西"案中,美国最高法院裁定认为,对任何犯罪事实(如私藏武器),需超越法定刑罚最高限度加重处罚的,必须提交陪审团审议,并排除合理怀疑证明有罪。法官如不把对被告加重判决的问题(例如被告的行为是否属于"蓄意的残忍")提交给陪审团审议,则违反美国宪法第六修正案关于陪审团审判权的规定[*Apprendi v. New Jersey*, 530 U. S. 466

(2000);*Blakely v. Washington*,542 U. S. 296(2004)]。各州通常采用组合式量刑方案。

量刑的一般方案归属法官决定。法官曾在量刑上行使其自由裁量权。在过去几十年中,州立法机关越来越限制法官的量刑自由裁量权,并对刑期作出规定,目的在于避免对不同罪犯同罪不同刑。

我们应该注意到,联邦政府和大多数州还规定,根据法院命令,对非法毒品交易(以及某些其他犯罪)的"成果"或用于这种犯罪活动的"工具",实行资产没收或扣押。下面介绍的是各州刑事司法系统所采用的主要量刑方案。一般来说,各州所使用的量刑方案各有不同。

不定期刑。立法机关规定了一项罪行的最低刑期和最高刑期。法官判定最低刑期和最高刑期,而假释委员会审查罪犯的刑期,并决定罪犯在监狱服刑的实际时间。在一些司法管辖区,立法机关规定最低刑期,法官判定最高刑期。

定期刑。法官在立法机关规定的刑期范围内确定罪犯服刑的实际刑期(减去罪犯因表现良好而获得的减刑时间)。罪犯可能会被延长刑期或缩短刑期,但必须经法官认定有充足理由。这种判决的一个变体是旨在严惩累犯的"三振出局法",该法规定,个人在第三次被判定犯有重罪后须被判处长期监禁。

强制性最低刑期。立法机关规定法官判处罪犯最低刑期,无论是否有减刑因素。在一些司法管辖区,服刑人员如悔罪表现好可获得减刑。

推定判刑指南。立法机关设立的委员会根据各种要素制定量刑公式,强调犯罪性质和罪犯的犯罪历史。法官的自由裁量权可能受到严格限制,也可能在既定限度内具有灵活性。法官必须依据指南中所列的各种从重要素和从轻要素,证明偏离推定判刑指南是正当的。对于向检察官提供实质性协助的被告人,检察官可提出向下偏离的动议。准许上诉是为了在法官偏离指南中推定判刑的情况下维持"合理的判刑实践"。

判决类型

轻罪案件通常在审判后立即宣布判决。对重罪案件,试用法官通常会准备一个判前报告,向法官提供被告人的背景以及各种刑罚选择。在量刑听证会上,检察官和辩护律师都有机会陈述他们对适当量刑的意见。法律程序之外的一些因素有时会影响法官的量刑决定。公众舆论、政治压力以及媒体关注度都可能促使法官对备受瞩目的人物给予严厉的判决。法院往往会承受额外的压力,即被要求对知名的被告人给予严厉惩罚,以向公众保证司法系统“不会偏袒”。

几乎每个州和联邦系统都允许受害方进行某种形式的“受害影响”陈述,让受害方有机会使法庭关注其所遭受的伤害与痛苦,而不仅仅是关注判刑时的罪犯。

大多数州和联邦系统允许对判决提出上诉。40 个州实施“量刑真实”法,要求服刑犯人必须至少服满其刑期的 85%。法官可采用的判决类型有多种,详见表 8.2。

表 8.2 判决类型

罚款	各州法律通常规定,罚款可替代监禁,或与监禁并处
缓刑	缓刑是指暂缓入监服刑,但服刑人员必须坚持定期向缓刑监督官做汇报并遵守所规定的某些行为规范。缓刑可能涉及精神病治疗,或涉及酗酒或吸毒咨询计划。缓刑的条件必须是有助于罪犯的康复矫正和对公众的保护
中间制裁	包括有电子监控的家庭监禁、短期“休克”监禁、社区服务、训练营矫正以及赔偿。中间制裁可作为刑事判决或作为缓刑的条件,或者作为监禁结束后的一种后续处罚,或者与罚金并处
监禁	被判处 1 年以下刑期的罪犯一般都在当地监狱服刑。刑期较长的罪犯通常在州或联邦监狱服刑
死刑	29 个州和联邦政府规定对杀人罪判处死刑,而其他州则规定判处终生监禁,不得假释

影响量刑的因素

数以百计的研究对影响法官量刑的因素作了分析。法官必须首先决定是否判处被告人有期徒刑,或是否采用别的制裁方式。如果决定判处被告人有期徒刑,接下来的问题便是决定刑期长短。影响量刑的最重要的因素有以下几种。

犯罪的严重程度与被告人的犯罪前科:研究表明,量刑的主要依据是犯罪的严重程度和被告人的犯罪前科。罪犯所犯罪行越严重,被判刑期就越长,而且实际受到监禁的可能性更大。有多种方法可以确定犯罪的严重程度,其中包括,犯罪行为是属于重罪还是轻罪,对受害人的伤害属于何种类型,被盗或被损财产价值几何,被告是否使用凶器,以及社会对于犯罪行为的危害性有何看法。量刑的另一个主要依据是被告人的犯罪记录。1983 年,美国国家科学院量刑研究小组证实,犯罪的严重程度和被告人的犯罪前科是"判决的关键的决定因素"(Blumstein,Cohen,Martin and Tonry 1983:83)。

罪犯个人情况:在量刑时,法官会考虑被告人的个人稳定性。被告人如果拥有较强的社会支持网络,那么就会被认为今后不大可能继续从事犯罪活动,而是更有可能改过自新。被告人如果没有工作,没有受过教育,年纪小,又贫穷,就会被认为更可能继续从事犯罪活动。因而,研究表明,这些人被判的刑期往往较长,并且实际受到监禁的可能性更大。法官不愿意监禁那些有工作且需要养家糊口的罪犯,因为会影响整个家庭(Spohn 2009:92-94)。

受害人情况:关于死刑和性侵案的一些研究表明,被告人杀死白人比杀死黑人被判死刑的可能性更大。被告人杀死白人女性并伴有性侵害而被判处死刑的可能性最大(Williams,Demuth and Holcomb 2007)。

受害方所受影响情况:1971 年,在"佩恩诉田纳西州"案中,美国最高法院裁定,直系亲属可以陈述死者死亡对其生活的影响[*Payne v. Tennessee*,501 U. S. 808(1991)]。

司法程序因素:有证据表明,认罪的被告人所获刑罚轻于接受审判的被告人。庭审前没有取保候审的被告人在庭审准备阶段就已不占优势,一般会比取保候审的被告人所获刑期更长(Spohn 2009:97-104)。

那么,法官的性别或种族因素对判决有何影响呢?卡西亚·施波恩在查阅了关于法官与量刑的资料后认为,男法官和女法官,非洲裔法官或拉美裔法官和白人法官在量刑上的差异并不大……所有法官根据犯罪的严重性和罪犯的前科作出判刑决定(Spohn 2009:122)。在民法方面,有证据表明,女法官比男法官对于性别歧视案中的女性原告更有同情心,并且作为法官小组的一员能够影响男法官的表决(Boyd,Epstein and Martin 2010)。还有证据表明,非洲裔和拉美裔律师在一个司法管辖区的人均数量会缩小量刑中的种族差异(King,Johnson and McGeever 2010)。

近年来,当局为改革量刑程序做出了各种努力。

量刑改革与“三振出局”法

1980 年,明尼苏达州通过了量刑指南,以实现刑罚的统一、均衡与可预测性。目前,已有十多个州出台了量刑指南。1984 年,美国国会通过了《量刑改革法案》,该法案于 1987 年生效,并规定成立了美国量刑委员会。该委员会起草了一部具有约束力的量刑指南,供联邦法官在量刑时遵循。根据量刑指南,量刑依据的是一个复杂的公式,该公式反映犯罪的严重程度和特点,以及罪犯的犯罪前科。法官使用一种量刑网格,需要在罪犯的刑事犯罪和犯罪前科于网格中相交叉的狭小范围内确定刑期。然而,以“合众国诉布克”案为起点,美国最高法院所裁决的一系列案件已经证实,该指南是建议性的,对联邦法官的量刑没有约束力[*United States v. Booker*,543 U. S. 220(2005)]。

量刑指南是限制法官量刑自由裁量权举措的一部分。强制性最低刑期是又一项量刑改革举措,它要求法官必须判处罪犯有期刑期。1976 年,缅因州首先采用强制性最低刑期,随后加利福尼亚州、伊利诺伊州和印第安纳州于 1977 年也开始施行。

各州还实行了加重判刑。凡是使用武器作案或以团伙名义等方式作案的罪犯,刑罚加重。1977 年,密歇根州涉枪重罪判刑规定要求,在实施严重犯罪过程中使用枪支的,可加重两年刑期。

1993 年至 1995 年,24 个州和联邦政府通过了一项“三振出局法”。该法规定,罪犯被认定第三次犯下重罪,必须从重判处刑期。这样做的理由是,这个统一的量刑政策可减少对罪犯量刑的不一致和差异,同时也是鉴于假释委员会常常把那些服刑不久的罪犯放归街里。如前所述,40 多个州所实施的量刑真实法要求,罪犯至少须服满其刑期的 85%。

量刑改革与判决有期徒刑,都表明了人们对罪犯改过自新幻想的破灭。州政府官员认为,实践证明该目标没有成功实现。工作重心应放在迅速果断实施报复性惩罚与震慑方面。然而,在过去几年中,由于很多州遭遇财政赤字,钟锤开始摆向大规模监禁罪犯政策的替代方式。

例如,加利福尼亚州开始重新考虑严厉的刑罚政策。该州 1994 年通过的“三振出局法”标志着各州量刑政策开始转向剥夺威胁公共安全的累犯的犯罪能力,并震慑累犯犯罪。该法律旨在严惩多次犯有重罪的罪犯。促使该法出台的事件是 12 岁的女孩波利·克拉斯遭受的绑架杀害案。凶手理查德·艾伦·戴维斯曾有过长期服刑记录,有两次绑架罪前科。他最近一次的刑期只服了一半就获得释放。戴维斯如果能服满刑期,继续关在监狱,也就不至于绑架杀害波利·克拉斯。1994 年 3 月,加利福尼亚州立法机关通过并由州长威尔逊签署“三振出局法”。随后,加利福尼亚州选民于 1994 年 11 月以 72%:28% 的投票结果表示支持“三振出局法”。

加利福尼亚州的这项法律起初曾规定,前两次重罪必须是指定的“可振性的”重罪,而第三次犯罪不管犯什么罪都可以是重罪。如果第三次犯罪涉及偷窃一片比萨饼,偷窃饭店的饼干,偷窃食品杂货店的肉,被告人就会被判 25 年到终生监禁的刑期。这项法律还规定对二次犯罪的罪犯加重处罚(Spohn 2009:265)。

2003 年,在“尤因诉加利福尼亚州”案中,鉴于尤因曾被认定在假释期间犯有三次入室盗窃罪和一次抢劫罪,美国最高法院裁定维持了加利福尼亚州根据“三振出局法”对尤因以盗窃 3 支高尔夫球杆(每个价值 399 美元)的盗窃罪判处 25 年到终身监禁的刑罚。刑事司法部门对尤因并不陌生,他曾先后服过 9 次徒刑。美国最高法院认为,尤因并没有从过去的刑罚中受到威慑;根据加利福尼亚州“剥夺与威慑惯犯犯罪能力的公共安全利益”,对其从重判刑是正当的,并且“其长期严重的犯罪记录充分支撑”对其从重判刑。最高法院澄清指出,加利福尼亚州的判决不构成残忍与不寻常的刑罚,因为它与尤因的犯罪行为并非“很不相当”[*Ewing v. California*,538 U. S. 11(2003)]。

研究表明,检察官和法官借助辩诉交易,以及把三振出局案件仅限定于严重犯罪行为,从而规避了该法律极端严苛性的一面(Engen 2008)。

有人预测,该法律执行的结果将使加利福尼亚州监狱系统增加 10 万服刑人员,不过,到 2004 年年底,第二次或第三次入狱服刑的罪犯还不足 43000 人。尽管如此,这却使加利福尼亚州人满为患的监狱又大大增加了长刑期囚犯的人数(Spohn 2009:265-266)。

2012 年,加利福尼亚州选民以压倒性优势投票结果要求将第三次犯罪定为暴力犯罪或严重重罪。

据估计,“三振出局法”的修改可使 2800 人通过申诉获释,此举可为加利福尼亚州节省经费 1 亿美元。加利福尼亚州选民还以 6%的微弱优势投票维持了该州的死刑。2014 年,加利福尼亚州选民进一步限制了该州“三振出局法”的适用范围,将各种非暴力重罪转变为轻罪,从而使大约 13000 名因“三振出局法”被判刑的人从监狱获释(Tonry 2016:17-18)。在华盛顿州,“三振出局法”只限适用于暴力罪犯,少数危险罪犯受到长期监禁(Austin and Irwin 2001:191-195)。

在过去的25年里,联邦强制性最低刑期扩大到包括儿童色情、身份盗窃等罪行。根据美国量刑委员会的数据,联邦对190多项罪行要求判处强制性最低刑期,大约40%的联邦犯人受到强制性最低刑期监禁,其中3/4是毒品犯罪,约12%是枪支犯罪。被判强制性最低刑期的联邦服刑人员人数从1995年的29603人增加到2010年的75579人。实际上,每个州都效仿联邦政府,规定了相当数量的强制性最低刑期。其中大多数适用于毒品犯罪、恶性强奸罪、使用致命武器犯罪和酒后驾驶犯罪(U.S. Sentencing Commission 2012)。

一项关于联邦法律对毒品罪犯施行强制性最低刑期的研究发现,因毒品犯罪而被监禁的犯人有1/3没有暴力记录或先前的刑事定罪,但平均服刑时间为81.5个月。这些人可以“有效地被判处较短的刑期,这样每年可节省数亿美元”(Vincent and Hofer 1994:1)。

州联邦刑事司法系统局部放弃了适用强制性最低刑罚,主要基于以下因素:轻微毒品犯罪和其他低级重罪被判处长期徒刑,法官在刑事判决中无法考虑个别被告的情况,以及监禁成本不断上升(Barkow 2019:12)。

美国量刑委员会2017年发布的《联邦刑事司法系统强制性最低刑罚概述》指出,2010年至2016年,根据强制性最低刑罚规定被定罪的联邦监狱服刑人员人数减少了14%,但仍占联邦囚犯总数的58.6%。截至2016年9月30日,有92870名联邦囚犯被判犯有强制性最低刑罚的罪行,而2010年同期为108022人。

在2016财年(截至2016年9月30日),21.9%的联邦罪犯被判犯有强制性最低刑罚的罪行,而2010年这一比例为27.2%。2016年,毒品犯罪占强制性最低刑罚犯罪的2/3(67.3%),其次是色情犯罪(6.9%),枪支犯罪(5.7%)和性虐待(5.2%)。根据强制性最低刑期法律被定罪的人平均刑期为110个月,是没有犯强制性最低刑期罪的犯人平均刑期的4倍。

所有罪犯的平均刑期为46个月。

按照规定,被判犯有法定强制性最低刑期罪的个人,如果与检察官合作,则可从轻判刑。罪犯在判决时如果仍按强制性最低刑期判决,其平均刑期为138个月,是在判决时最终获得从轻判决的罪犯所获平均刑期(67个月)的2倍多。

检察官一般都支持强制性最低刑期,反对取消这些法律。他们称,犯罪嫌疑人慑于强制性最低刑期,就会主动与他们达成认罪协议。对于他们怀疑但无法从法律上证明犯有严重罪行的被告,检察官也能够就其多次犯下的不那么严重而又负有强制性最低刑期的罪行提出指控。数罪并罚,足以让危险罪犯从街头消失很长时间。强制性最低刑期也有助于起诉犯罪组织。根据联邦量刑指南,与检察官合作的罪犯可能会获得减刑。近 1/5 的联邦刑事被告能够通过协助检察官追捕其他罪犯而获得轻判。抢劫罪的平均减刑为 4 年,贩毒罪的平均减刑为 4 年以上。对这一政策的一种批评是,犯罪组织中掌握信息最多的"大鱼"有时能够通过供出犯罪组织的低级成员来获得减刑(Barkow 2019:51-55)。

2019 年,特朗普总统签署的《第一步法案》生效。这项新法律引入的一项改革是,联邦的"三振出局法"条款,即对包括严重暴力重罪或贩毒在内的 3 次或以上的定罪,原来判处终身监禁,现在改为判处 25 年徒刑。对先前犯有一次严重毒品重罪或严重暴力重罪的被告的强制性最低刑期从 20 年改为 15 年。其他条款追溯适用奥巴马总统实施的联邦涉毒案量刑改革。

另外还有两项增加刑期的量刑改革,一项是"量刑真实"法,要求犯人至少完成 85%的刑期,各州将其作为获得联邦资金的条件;另一项是对杀人罪增加使用无假释终身监禁(Tonry 2016:77-91)。

我们将在第十一章种族与法律中探讨毒品犯罪和《第一步法案》。

冤假错案

检察官、律师和法官常常为无辜者可能遭受误判错杀而心有余悸。1660 年,在英格兰,威廉·哈里森从人们的视线中消失。哈里森的佣人受到怀疑,但这名佣人却发誓称是他的母亲和弟弟杀害了哈里森。结果这 3 人全被处决。两年后,哈里森重新出现,声称他遭到一个犯罪团伙的绑架。近年来至少有两名囚犯遭到处决,许多观察人士认为可能错杀了无辜者。这两人分别是鲁本·坎图(1994 年于得克萨斯州被处决)和拉里·格里芬(1995 年于密苏里州被处决)。

埃德温·博查德在 1932 年的著作《定罪无辜者》(*Convicting the Innocent*)中首次指出了美国的错误定罪问题。该书列举了 65 起涉及错误定罪的案件(Borchard 1932)。50 多年后,吉姆·麦克洛斯基等活动分子主动创立了百夫长事工组织。芝加哥的记者罗布·沃登发现了一些错误的定罪,从而引发了"无辜者拯救运动"(Norris 2017:13-24)。还有几篇学术文章认为,这些蒙冤案件只是“冰山一角”。1987 年,雨果·亚当·贝道和迈克尔·拉德莱特确定了 350 起案件,都涉及他们认为无辜的人被判死刑,其中 23 人已被处决(Bedau and Radelet 1987)。

我们没有办法知道,因布赖恩·福斯特所说的“司法失误”,每年有多少无辜者被判刑入狱(Forst 2004:3-4)。

2019 年,密歇根大学和密歇根州立大学法学院以及加利福尼亚州大学欧文分校纽柯克科学与社会中心的联合项目国家免罪登记处发现,在 1989 年至 2019 年 6 月,有 2459 人被无罪释放,被无罪释放者共服刑 21645 年。国家免罪登记处报告称,2018 年有 151 人在 28 个州和联邦司法系统被错误定罪,后被无罪释放,其中 49 人已经认罪。伊利诺伊州有 49 起免罪案件;其次是纽约州和得克萨斯州,这两个州都有 16 起免罪案件;密歇根州有 9 起,加利福尼亚州有 6 起。超过 100 名无罪释放者被判犯有暴力重罪,其中 46%是凶杀案,11%是性侵案。两名被证明无罪并被释放的人,先前曾被指控杀人,并被判处死刑。33 人被错误判定犯有毒品罪。这些无罪的人平均在监狱里服刑近 11 年。创纪录的 107 起免罪案涉及“官方不当行为”,31 起至少部分涉及错误的目击者指认,19 起涉及虚假供词,以及前所未有的 111 起案件涉及伪证或虚假指控。有 70 个案件实际上没有犯罪(例如,谎称火灾是由纵火引起的)。登记在案的 23 个免罪案全部或部分基于 DNA 证据。

从 1972 年到 2019 年年初,25 个州的 166 名囚犯被从死囚牢房中撤走,原因是有足够的证据证明他们无罪,或者因为有证据表明他们的罪行存在严重的疑点。2003 年,伊利诺伊州州长乔治·瑞安给 167 名死刑犯人减刑,并解释说,伊利诺伊州有大量无辜者被判处死刑,无辜者被处决的风险很大。随后,伊利诺伊州 13 名死刑犯人被免除罪责,无罪释放(Norris 2017:78-81;Oppel 2019b)。

人们普遍认为,自 1976 年以来,被判处死刑的人中有 0.5%—1.3%是无辜的(Scheck,Neufeld and Dwyer 2000)。塞缪尔·格罗斯、芭芭拉·奥布莱恩及其同事在《美国国家科学院院刊》上发表的一项研究报告认为,被判处死刑的人中有 4.1%是无辜的。保守估计,每年有 0.5%—1.0%的刑事案件涉及错误定罪(Gross et al. 2014)。马文·扎尔曼和他的同事指出,这意味着每年有 5000 名无辜者被判有罪,2000 人被错误监禁(Zalman,Smith and Kiger 2008)。

纽约卡多佐法学院的洗冤工程率先使用 DNA 技术确定被监禁者无罪,并代表超过 365 名自 1989 年以来经 DNA 证据证明无罪并被释放的人员进行游说宣传。卡多佐洗冤工程发现,目击者对犯罪的错误指认是错误定罪的主要原因;其他原因包括法医证据不准确、供述虚假、举报信息错误,以及监狱线人揭发不实。在 180 起案件中,通过 DNA 证据查出了实际的作案人(Scheck et al. 2000)。西北大学法学院关于虚假供述的一项研究发现,虚假供述"非常普遍,十分惊人"(Warden and Drizin 2009:vii)。

塞缪尔·格罗斯和一组研究人员发现,在 1989 年至 2003 年,有 340 名被告(男性 327 人,女性 13 人)被错误定罪,但最终被免除罪责。免除罪责意味着正式承认被告无辜。在这些人中,95%至少服刑 10 年,80%的人至少服刑 25 年。州长赦免罪责案件 42 起,法院根据无罪证据驳回指控案件 263 起,或经过重审宣告无罪案件 31 起。有 4 人死后,检察官在审查其案件时承认他们无罪。大多数被无罪释放的人曾被判犯有杀人罪(205 起)、强奸罪(121 起)和其他暴力罪(11 起)。毒品和财产犯罪指控占少数(3 起案件)。这些定罪案件中只有 20 起属于认罪答辩(Gross et al. 2005:524,529)。

格罗斯等人在研究强奸定罪案时发现,121 起免罪案件中涉及目击者指认错误的有 107 起。其中有 105 起案件的被告都是被 DNA 检测洗刷了冤屈。被判决犯有强奸罪的案件中,非洲裔占 29%,而被判犯有强奸罪后又被免罪的占 64%。在 78%的非洲裔被免罪的强奸案中,受害者都是白人。据此,格罗斯及其同事认为,这些错误判决很可能是跨种族证人恶名远扬的指证不实造成的(Gross et al. 2005:318-320)。他们得出的结论认为,一个"合理的猜测"是,美国遭受"司法不公的总人数""肯定有数千人,甚至数以万计"(Gross et al. 2005:151)。

布兰登·加勒特对自 1974 年到 2008 年获得免罪的 250 人进行了研究,他发现,主要原因是供述虚假(16%),目击者指证错误(76%),法医证据不准确(占法医分析报告的 61%),以及举报人作伪证(21%)。免罪人员平均已服刑期 13 年(Garrett 2011:1-13)。

在这些案件中,采自犯罪现场的被告的 DNA 得到保存,被告因此能够申请法庭做 DNA 检测。如果被告的 DNA 和取自现场的 DNA 不符,法官在解除对被告的羁押之前,必须有理由相信,没有任何情况可以解释犯罪现场没有留下被告的 DNA,因此被告是无辜的。被告也可以由州长赦免。

加勒特称,在其调查的 250 人中,只有 16 人由于认罪没有接受庭审。这与进入辩诉交易的大多数刑事被告有很大的不同。加勒特认为,在他研究的被免除罪责的人中,只有少数人认罪,因为大多数被告希望证明自己的清白,拒绝谎称自己有罪。检察官也可能因被告罪行严重而拒绝提供有吸引力的辩诉交易(Garrett 2011:150-151)。

大多数无辜的人在刑事审判中被定罪,而不是在认罪答辩后被定罪,如何解释这一现象?为什么一个无辜的被告在有着完备的相关正当程序保护的审判后被定罪?对此没有单一的解释。这些审判都在某个方面使法官或陪审团倾向于作出有罪判决。检察官每次都根据警方证词、犯罪嫌疑人供述、受害人证词、目击者证词和法医鉴定报告拿出有力的证据。被告通常都依赖法院指定的律师、公设辩护人或"廉价律师"代理案件,而这些人大多数都没有时间或资源去调查案件、聘请专家,或有效地讯问控方专家或其他证人(Garrett 2011:145-177)。

有68%被免除罪责的人,其辩护律师当初所依赖的都是相对便宜和简单的"不在犯罪现场的抗辩",而陪审员往往将其视为大多数有罪被告提供的辩护,不予采信。

造成错误定罪的原因包括检方或警方的行为不当,法医鉴定报告不准确,检察官的结案陈词富有煽动性,陪审团和法官持有偏见,律师辩护不力,以及少数族群人士被排除在陪审团外。加勒特指出,错误定罪的主要原因是检察官和辩护律师之间存在巨大的资源差异,而这种差异有利于检方。如果很难说服法官或陪审团相信检方未能排除合理怀疑证明被告有罪,这种资源差异就显得尤为重要。

加勒特举出的例子是丹尼斯·弗里茨杀人案。在这起案件中,丹尼斯·弗里茨依靠法院指定的破产案和人身伤害案律师为自己在审判中辩护。弗里茨在法庭声称自己无辜,而检方则提供20多名证人,其中有1名服刑揭发人和14名法医专家。弗里茨被判处死刑,但后来被改判无罪。弗里茨称当时觉得自己就像一只待宰的羔羊。

一项重要的举措是20多个检察机关新设了定罪完善科(Conviction Integrity Unit,CIU)。该科行使对错误定罪的预防、检查和纠正职能,在2018年为近100人洗脱了罪名。在过去的十几年里,检察机关定罪完善科解救了近400人出狱(Oppel and Stockman 2019)。北卡罗来纳州已经成立了一个真正的平反委员会,该委员会有权将案件提交给一个由3名法官组成的小组复查,该小组有权宣布个人无罪。自 2007 年以来,该平反委员会审查了大约 2500 起案件,为 11 人平反(Norris 2017:108-109)。

35 个州和联邦政府为被错误定罪的个人提供赔偿。在没有实行赔偿计划的州,寻求赔偿的个人需要提起民权诉讼并要求损害赔偿,或向州立法机构寻求赔偿。联邦政府每年提供 5 万美元的赔偿金,每年还另外在死囚牢房花费 5 万美元。各州的赔偿金额差异很大,例如,田纳西州每年支付赔偿金高达 100 万美元,而得克萨斯州每年支付 8 万美元的赔偿金以及年金。加利福尼亚州将每天监禁的赔偿定为 140 美元,威斯康星州索赔委员会将个人赔偿金定为 25000 美元。各州还对获取赔偿的资格作了各种限定。一些州将赔偿限定在那些没有通过认罪或虚假供述"促成自己定罪"的个人,而其他州则将赔偿限定在根据 DNA 证据被无罪释放的个人,但是对那些"手不干净"的个人以及在无罪释放之前或之后被判犯有重罪的个人不予赔偿。所有被错误定罪的人都应该得到金钱赔偿吗?

杰弗里·古特曼发现,自 1989 年以来,30 个州的市政当局根据赔偿法或民事诉讼向无罪释放人员支付了 25 亿美元。这笔费用造成预算紧张,一些司法管辖区的检察官甚至威胁要给蒙冤人员的释放工作设置路障,除非他们同意不提起要求损害赔偿的民权诉讼。检察官的做法在法庭上受到挑战(Gutman 2017)。

在下文中,我们将介绍新成立的国际刑事法院,它是国际司法体系一个重要的组成部分。我们将在通篇中引用国际刑事法院的案例。

国际视野:国际刑事法院

1998 年,据以设立国际刑事法院的《罗马规约》提交各国签署。60 个国家签署了该规约并由各自的立法机构将其纳入国内法,至此,《罗马规约》生效。

这是国际社会为建立国际法院而奋斗了 150 年所换来的结果。《罗马规约》体现着两大理论之间的平衡。

(1)现实主义理论:现实主义者认为,国家都是自私的,只保护其自身利益。这个世界的基础是政治权力和军事实力,而不是法治。各国在自身利益受到威胁时,都会拒绝配合新成立的本法院。本法院将成为服务于大国需要的工具,而不是成为实现全球正义的工具。

(2)社会建构理论:各国在法治的基础上对世界产生一种新的全球观,国际刑事法院的设立旨在满足各国对这样一个国际机构的需求,即这个机构将有助于在法治基础上实现社会正义的梦想。

在西方世界,关于限制国家发动战争的权利的概念最早是由神学家圣奥古斯丁在公元前 5 世纪明确提出的。圣奥古斯丁提出了“正义战争”的理论,认为如果用尽了其他一切补救措施都无效,并且战争的目的是阻止更大的伤害,那么战争就是正义的。17 世纪和 18 世纪,政治哲学家的一个突出主题是,应限制民族国家诉诸武力,限制其使用武器的种类,以及禁止把平民与民用设施作为攻击目标。

第一部现代军事法典诞生于 1863 年,系哥伦比亚大学法学教授弗朗西斯·利伯应林肯总统的请求起草的。《利伯法典》是根据被民族—国家所认可的战争期间限制武力使用的惯例与做法编写而成。与《利伯法典》几乎同时出现的新生事物是 1876 年成立的“伤兵救助国际委员会”,该委员会后更名为“国际红十字会委员会”。该委员会的主要任务之一是制定一部规范战争行为的国际公约。红十字会呼吁设立国际法院,以执行其所称的“人道主义战争法”。其规范战争行为的首要国际性工作是于 1899 年和 1907 年起草的《海牙公约》,该公约对陆战和海战进行了规定。

鉴于第一次世界大战所造成的大规模伤亡,协约国坚持认为,德国必须把受到指控的战争罪犯移交国际法庭起诉。同时,一个类似的法庭也拟对土耳其针对美国人的暴行负有责任的政府官员进行起诉。最终,这些法庭都根本没有组成,只有少数德国人受到德国国内法庭而不是国际法庭的审判。尽管如此,这仍然是一个重大进步。在过去,只有被指控违反战争惯例的国家向受害国提供赔偿;人们没有想到,政府领导人和军方领导人也会被国际法庭追究法律责任。国家传统上都被认为是拥有主权的实体,一国不应受到另一国法院或国际法庭的审判。

第二次世界大战的战事促使纽伦堡国际军事法庭(1945—1946 年)的诞生。国际军事法庭是根据美国、英国、法国和苏联签署的《纽伦堡宪章》规定创立的。该法庭于 1946 年开庭,判决 19 名纳粹高级战犯犯有反和平罪(发动侵略战争)、战争罪(危害战斗人员)和反人类罪(危害平民)。纽伦堡审判是 20 世纪最重大的司法进步之一。它确立了国际法地位高于国内法地位的原则。

换句话说,一个国家的法律从属于国际法。无论是高级政府官员,还是高级军事人员,国际社会都将追究其所犯国际罪行的责任。而且,执行上级命令所犯罪行不能作为辩护理由。继纽伦堡审判之后,国际军事法庭在东京判决一批日本高级领导人犯有反和平罪和战争罪。

在击败并占领第三帝国后,4个同盟国起草了一份联合文件,即《控制委员会第10号法》,该文件为起诉负责法律、医疗、外交、经济发展、集中营管理以及欧洲占领区的纳粹官员规定了统一的审判程序。战争期间被德国和日本占领的国家分别对纳粹和日本低级别的官员进行了审判。

随着1948年联合国的成立,追究个人国际刑事责任的呼声一直不断。联合国支持针对种族灭绝、酷刑和战争罪等罪行而订立的各项国际公约。其中,1949年的《日内瓦公约》就是一项重要的发展,该公约要求签署国对严重违反战争法的行为提出起诉。随后,《日内瓦公约》于1977年进行了完善,适用于非国际(内部)冲突。

联合国在南斯拉夫(1993年)和卢旺达(1994年)设立了特别刑事法庭,起诉战争罪,为国际法院的成立奠定了基础。随后,为起诉柬埔寨、塞拉利昂和东帝汶所犯下的罪行,联合国分别成立了特别法庭。由于美国国会、美国律师协会的支持以及联合国国际法委员会起草的示范性法规的出台,国际刑事法院运动方兴未艾,势头强劲。

1993年,联合国成立了规约起草筹备委员会(筹委会)。为期3年的《罗马规约》起草工作终于在1998年画上句号,该规约在2002年得到了所需的60个国家的签署和批准,开始生效。

《罗马规约》专门针对“备受国际社会关注的最严重的罪行”。同对任何公约的要求一样,各国都应签署该规约,并使规约义务成为其国内法的一部分。一旦一个国家批准了该规约,国际刑事法院可对规约中所列的在该国境内所发生的犯罪或者该国国民所犯罪行行使管辖权。国际刑事法院管辖的罪行有4类,即纽伦堡审判所涉及的反人道罪、战争罪和侵略罪,以及种族灭绝罪。《罗马规约》的起草者无法就“侵略罪”的定义达成一致意见,因此,国际刑事法院尚无权对那些非法动用武力侵略其他国家的政府官员行使管辖权。现实主义者可能会认为,这一问题说明了国家的自身利益制约着国际刑事法院的有效运作。

《罗马规约》规定,不管是政府领导人还是军事官员,一律追究其犯罪行为的个人责任。《罗马规约》以民法体系为范本，并具体列出和定义所有为国际刑事法院所判处的罪行的构成要素。如前所述，国际刑事法院对战争罪和反人道罪，包括虐待战俘、袭击他国平民和使用酷刑等犯罪，都有司法管辖权。《罗马规约》还禁止近期才被确认为国际犯罪的行为，例如战争期间破坏环境、施暴妇女、征募和使用儿童兵、绑架和监禁平民（使平民“失踪”）。这些罪行发生在战时（战争罪）、非国际冲突时（战争罪）以及对平民实施大规模严重袭击时（反人类罪），都将受到惩处。国际刑事法院还对种族灭绝和侵略战争拥有管辖权。

国际刑事法院的一个显著特点是，它是对国内和国家法院的“补充”。这就是说，国际刑事法院只可在一个缔约国无法将被告人诉诸法庭审判的情况下行使其对案件的审判权。也就是说，国际刑事法院是一个“后备”法院。如果联合国安全理事会把案件提交给国际刑事法院审判，国际刑事法院即可对非缔约国的被告宣布行使审判权。

国际刑事法院由批准《罗马规约》的国家选出的 18 名法官组成。案件诉至国际刑事法院的方式有多种。一个规约缔约国可将案件提交国际刑事法院，联合国安理会可责成国际刑事法院对一起涉及缔约国和非缔约国的案件行使审判权，检察官也可独立审查案件并向国际刑事法院提起诉讼。

检察官只有取得预审庭的批准后方可进行调查。该规约的一项限制性规定是，检察官必须依靠签署国的协助展开调查、拒捕犯罪嫌疑人并移送审判。预审庭也必须批准对被告人提出的任何指控。在决定是否对一个人的刑事犯罪提起诉讼时，检察官应考虑罪行的严重程度、受害人的利益、被告人在犯罪中所起作用以及其健康状况。

《罗马规约》解决国际犯罪受害者的困境，其规定为受害人设立信托基金，并可判令赔偿受害者所遭受的损害。该规约还规定受害人参加诉讼，并明确规定判处罪犯刑罚旨在震慑违犯本规约的行为。国际刑事法院可判处的有期徒刑最高为 36 年，并可以对“极端严重”的罪行处以终身监禁。罪犯也可被处以罚款或没收通过犯罪所得的财产。

国际刑事法院检察官所拥有的资源十分有限，而且，决定对一些国家进行调查，而不对其他国家进行调查，很容易引起政治冲突。

由于美国、中国、以色列、巴基斯坦、印度和俄罗斯还没有承认国际刑事法院的管辖权，国际刑事法院的有效运作受到限制。乔治 · 布什总统（小）反对美国承认国际刑事法院,并推翻了克林顿总统签署《罗马规约》的决定。布什政府担心,美军人员如果到国际刑事法院签署国的土地上参与维和行动,就会受到国际刑事法院的司法管辖。针对国际刑事法院可能提出的管辖权主张,美国要求那些接受其财政援助的国家保证不把美国军方人员移送国际刑事法院审判。美国国会通过立法表明,美国将使用军事力量解救任何一个被国际刑事法院拘留的美国士兵。

前白宫国家安全顾问约翰·博尔顿长期批评国际刑事法院。2018 年 9 月,他在白宫工作时威胁国际刑事法院检察官和法官,如果他们对美国及其盟友在阿富汗冲突中犯下的战争罪,包括美国虐待被拘留者的行为进行调查,将受到国际制裁和刑事起诉。博尔顿承诺,美国永远不会与他所说的"非法法院"合作。国务卿迈克·蓬佩奥随后表示,任何调查美国战争罪的个人的签证都将被吊销。尽管如此,国际刑事法院还是授权其首席检察官对阿富汗的战争罪行展开调查,包括美国人可能犯下的罪行(Peltier and Faizi 2020)。

美国历来都不信任国际机构。他们认为,美国官员不应该受到国际刑事法院外国法官的司法管辖。令他们一直忧虑的是,美国总统或军事官员未来会以战争罪被起诉至国际刑事法院。然而,如果决定不与国际刑事法院合作,就意味着美国将不能对塑造国际刑事法院发挥作用。美国应该签署《罗马规约》并作为国际刑事法院的成员参与其工作吗(Schiff 2008)?

本章总结

审判虽然相对不常发生,但对于维护对正当诉讼程序和由公民组成的陪审团参与审判的宪法义务十分重要。

作为法律文化的一部分,陪审团制度是从英国传入美洲殖民地的。这个普通法制度保障了民众参与法律执行以及对起诉裁量权进行制约的权利。

尽管辩诉交易已经较为普遍,但是陪审团审判依然十分重要。陪审团审判通常都是针对重罪案件,包括可能判处死刑的起诉案件。重罪案件通常都是备受瞩目的案件,对重罪案件的审判有助于形成我们对法律制度公平性的认识。陪审团一直对检察官的过分严苛和有政治动机的起诉以及法官的偏见起着制约作用。

关于陪审团决策过程的可靠信息我们知之不多。研究表明,大多数陪审员在第一次表决中形成的决定往往会成为陪审团的最终裁决意见。随着审议的进行,不同意多数意见的陪审员逐渐接受多数人意见。真正参加审议的通常只有少数陪审员,大多数陪审员都指望几个直言不讳的陪审员代表他们的意见。在陪审团审议中,持不同意见的陪审员能够说服多数人改变主意的情况大致只占10%。

在大多数情况下,法官和陪审团对审判结果意见一致。如果法官和陪审团出现意见不一致的情况,则是由于陪审团对被告有些同情。陪审团通常根据呈堂证据裁决案件。起诉证据越弱,陪审员越有可能受其对被告人和受害人好恶的影响。陪审团极为看重目击证人的证词,而对专家证人的意见则不够重视。虽然按照要求陪审团应当遵循法官所给的法律指示,但陪审员能够否弃法律或拒绝遵循法律。由于陪审员对专业性的法律指示感到困惑,在诸如性犯罪辩护和精神错乱辩护中往往根据自己的"是非对错"标准判案。

陪审团的遴选过程受到宪法保障,不得有种族和性别的歧视。研究表明,社会科学家无法有效预测哪种类型的陪审员有可能会同情控方或同情辩方。

死刑案件的适格陪审团不同于其他案件的陪审团。死刑案件陪审团的人员构成不够多样化,更倾向于判定被告有罪,并不能真正代表社会各层面。尽管对死刑案件的起诉有着程序性的保护,但是,在决定是否判处死刑时,陪审团的天平往往倾向于判处死刑。

有一种趋势是限制初审法院法官在量刑方面的自由裁量权,尽管这可能会因州预算的减少和监禁成本的增加而发生逆转。

尽管司法部门为确保案件的公正裁决投入了大量的时间和精力,但仍有一些人蒙冤。冤假错案的发生为一些批评人士提供了口实。他们认为,欧洲的审问制审判结果比美国辩诉交易和庭审的对抗制审判结果准确。新成立的国际刑事法院是过去150年国际刑法发展的最高体现,有望加快国际刑事司法的发展。

第九章　法律与社会管控

引　言

法律的核心功能是防止人们从事危害社会稳定及他人安全的行为。威慑所基于的认识是，个体都是"理性的行为人"，无论面对何种诱惑，当代价高于收益时，就不去作为。如果不施加处罚或刑罚，大多数人就会置规则和规定于不顾，那么社会就将陷入混乱。

当然，法律是维护社会稳定的唯一机制。在一些小的同质群体中，如大学里的兄弟会和姐妹会或者学校运动队，人们一起学习，自愿遵循习俗和传统，设法应对社会压力，问题不大。然而，在多样化、复杂化的庞大社会中，因无法通过教育、宗教、家庭和/或社会压力实现社会从众，法律就发挥着愈加重要的作用。

习俗和传统可能对遵守法律构成障碍。曾经受到严厉谴责的大学考试作弊和论文造假现象似乎越来越多。学生们不再认为作弊是错误的行为，反对作弊的同伴压力也在减少。民意调查显示，大多数学生认为作弊是"取得成功"的必要条件，"每个人都会作弊"。这些学生在很大程度上认为，上大学的目的是就业，而不是学习知识，开阔眼界。多达 70%的学生承认在考试中作弊，超过 60%的学生有抄袭行为，82%的大学毕业生表示他们在大学阶段有过某种形式的作弊行为。大学生作弊与种族、民族或政治观点无关。作弊在"最好"和"最差"的学生中同样常见。大量参与课外活动的学生作弊率更高，因为他们上课的时间更少。在施行荣誉准则的大学，学生们虽然承诺以荣誉准则规范自己行为，但是作弊的概率却高于其他学校，因为他们认为荣誉准则是"纸老虎"，学校管理部门和教师并不会强制执行禁止作弊的规定。而且，学生们相信自己作弊手法老练，不会被发现。

明尼苏达大学和佛罗里达大学等高校报告称，近年来作弊行为增加了50%以上。对此，各学校加大了遏制作弊的力度，并警告学生，作弊者将受到开除处分，作弊证据未来也将移交给就业单位。问题是，这种强化威慑力度的举措是否证明有效（Rhode 2018：75-91）。

黛博拉·罗德认为，学生作弊只是美国弄虚作假、坑蒙拐骗流行病的一部分，其他还有运动员服用兴奋剂，向大学运动员非法支付款项，股市内幕交易，企业隐瞒员工加班工资以及税务和保险欺诈。作弊的例子，下到40%至53%的人在简历上谎报资历，上到大众汽车公司伪造尾气排放测试结果的大规模欺诈，以及休斯敦太空人队和波士顿红袜队窃取暗号。保险公司每年因车辆驾驶人的虚假伤害索赔而损失超过60亿美元，2013年，一个保险欺诈团伙通过虚假的碰撞伤害索赔获得了4亿多美元。70%的18岁至29岁的年轻人被发现非法复制或下载音乐或视频。美国国税局发起的一项研究发现，42%的纳税申报表少报应纳税所得，这一数字在中高收入的纳税人中上升到57%。美国国税局估计，逃税造成的损失约为4500亿美元。员工盗窃造成的损失估计在500亿—2000亿美元（Rhode 2018：1-35）。

研究表明，大约10%的人口是廉洁的，完全不诚实的人只占人口的5%，另外85%的人是诚实的，但在某些情况下会从事不诚实的行为。人们为什么作弊？最简单的解释是，他们预料自己不会被发现或受到惩罚。换句话说，我们“之所以欺骗是因为我们能够”。

阅读本章时，请花时间思考威慑的理论及其效力。本章后半部分通过考察极刑、无受害者犯罪和白领犯罪，对威慑问题做一探讨。

社会管控的正式手段与非正式手段

埃米尔·涂尔干在其著作《社会分工论》中写道，小型的传统社会靠“机械团结”维系。这些社会中的人们从事相同的劳动，在耕作、打猎、制作手工品和抚养孩子方面互相合作。人们对自己的社会具有很强的团结意识和忠诚意识。他们通常有着相同的信仰和共同的价值观（一种“集体意识”），把自己视作群体的成员而非个体。社会靠共同的道德观念团结在一起，不容忍个性化和非从众性。对期望行为的偏离被视作是对普遍认同的价值观和涂尔干所说的“集体意识”的攻击。涂尔干有名的一句话是:“一种行为不是因为犯了罪而触犯了集体意识,而是因为触犯了集体意识而成为犯罪”(Durkheim 1964:40,81)。

机械团结代表着通常被认为“原始的”、“古老的”和“未工业化的”社会。印第安纳州、宾夕法尼亚州、俄亥俄州以及加拿大部分地区的老阿米什人还保留着机械团结的一些元素。他们身着黑色服装,男性戴宽边帽,女性戴软帽穿长裙。阿米什人主要是农业社会:男性耕作,女性打理家务。传统的阿米什人拒绝使用现代的方便设施,恪守共同的价值和风俗,以及共同的宗教和生活方式。不遵守阿米什生活方式的人都会被逐出部落(Trevino 2008:236-237)。

在“威斯康星州诉尤德”案中,美国最高法院支持阿米什人的宗教权力,判定阿米什人可不受威斯康星州义务教育法的约束,可让其孩子读完8年级后不再上学。美国最高法院接受阿米什人的观念,即中学教育会使青少年接触“世俗影响”,并会极大地妨碍阿米什青少年的宗教信仰的养成。这将“严重危及甚至破坏阿米什人的宗教自由”(*Wisconsin v. Yoder*,406 U. S. 205[1972])。

另一个机械团结的例子是马萨诸塞湾殖民地,该地位于马萨诸塞州东部,1628年由清教徒建立。清教徒对异教徒实施屠杀和驱逐政策,并于1692年处决了一些妇女,因为她们坚决要当魔鬼附身的女巫(Erikson 1966)。

涂尔干认为,那些基于劳动分工的社会以有机团结为其特征,而不是以机械团结为其特征。在以有机团结维系的社会中,有着不同利益和天赋的人们扮演着相互依赖的角色。医生向那些使用制造商提供的材料建造房屋的工人提供医疗服务,所有这些人都食用杂货店出售的农民提供的食品。尽管他们持有不同的观点,但是都被互助的社会分工联系在一起,并相互依赖(Durkheim 1984:85)。

法律在维护机械团结和有机团结中都发挥着作用。涂尔干认为,在以机械团结为基础的社会,法律具有压制性,反映出该社会对于威胁其集体意识行为的愤怒。压制性法律的特征是以“以眼还眼”(以牙还牙),以酷刑、死刑和血仇报复等严酷的惩罚手段进行执法。相反,在以有机团结为基础的社会,法律的基础是社会成员之间的契约关系,违法的结果是赔偿受害方。为什么会有此不同?这是因为,在以机械团结为基础的社会,违法被视为是对社会的侵害,严厉惩罚是社会的自卫行为;相反,在以有机团结为基础的社会,违法被视作对个人的侵害,而不是对整个社会的侵害,处罚形式是以向受害者做出赔偿(Trevino

2008:240-241)。

涂尔干关于机械团结的特征是压制性法律而有机团结的特征是恢复性法律的论点,遭到学者们普遍的反对。需要记住的重要的一点是,小型的、联系紧密的同质社会和群体,能够依靠个体对共同价值观的内化和社会压力维护社会团结;而多元化的、经济上复杂的大型社会则缺乏共同的价值观,需要依赖正式的法律关系和法律机构网维持社会团结(Spitzer 1975)。美国总统执法与司法管理委员会指出,生活在小城镇的人会受到其邻居或社区的"监视",并"因而受其管控"。相反,一个大城市的居民,"几乎隐形于市,也不与邻居来往,因而不受邻居与社区监督,更有机会犯罪"(President's Commission on Law Enforcement and Administration of Justice 1967a:6)。

理查德·施瓦茨对两个以色列农业定居点进行了研究。一个是"基布兹"小型集体农场(*kvutza*),农场成员没有私人财产,共同拥有土地,共同劳动。他们在集体宿舍居住,在集体食堂就餐,使用集体设施沐浴洗衣,其孩子也在农场托儿所和学校接受教育(Schwartz 1954)。

另一个以色列农业定居点是"莫沙夫"合作社(*moshav*),以财产私有为基础,人们在自己的土地上耕作,住在自己的房屋里,各户人家只有在买化肥和出售农产品的时候才走到一起。

"基布兹"农场 2/3 的居民称,尽管他们不赞成集体的政策,但还是会遵从集体。相反,"莫沙夫"合作社 3/5 的农户称,他们会坚持按自己的想法干。两个农业定居点的人们都被问到"在我们之中"是什么意思。"基布兹"农场 98%的员工认为这是指他们的农场,而"莫沙夫"合作社一半的农户则回答说是指他们的家庭或者亲密的朋友。

正像涂尔干会预想过的那样,作为有机团结的例子,"莫沙夫"合作社成立了司法委员会以审理居民彼此间的申诉。该委员会根据成文诉讼程序审理案件,执行成文规章,有权通过罚款甚至驱逐执行裁决。而以机械团结为特征的"基布兹"集体农场则没有正式的司法程序和成文规章。农场依靠农场成员的非正式压力和公众压力,去迫使人们履行他们对集体的责任义务。相反,"莫沙夫"合作社的一群年轻人如果偷了要在婚礼上招待用的西瓜,"莫沙夫"的居民就会说,这群年轻人会把任何说教都当成耳旁风,"根本听不进去"。

莎拉·博格斯对密苏里州的城市、郊区和小城镇的正式和非正式的社会管控做了研究。她发现,小城镇和农村 83%的居民认为,维护社区治安的首要因素是非正式的关系和“正派”“守法”的居民阻止坏人坏事的意愿,而在郊区和城区分别有 70%和 68%的人这样认为。郊区和城市居民更可能会认为,他们的邻居不会举报正在发生的盗窃行为,而是更愿意将自身的安全托付给警察。城市居民最有可能购买监控报警装置和枪支武器(Boggs 1971)。

美国的社区警务工作所基于的理念是,警察只要同积极性高、警惕性强的社区通力合作才能够有效打击犯罪。这一策略的核心是警察同社区组织及当地领导协同工作,由社区组织及当地领导充当警方的耳目。警方和社区共同召开的“辖区治安会议”使居民有机会向警察反映需要解决的问题和犯罪“热点”。社区警务本身就是对社区同警察紧密合作有力打击犯罪的认可。在芝加哥,社区警务成功地降低了犯罪率,增强了人们对警察的信任,尽管这一举措在少数族裔社区建立对警察的信任方面并不完全成功(Skogan 2006)。

社会依靠非正式的社会压力的综合运用和警察等机构实施的正式法规维持对社会的管控。刑法作为一种正式的社会管控手段,其有效性与无效性怎样,是本章关注的重点。

法律管控

劳伦斯·弗里德曼在其对法律与社会的研究中指出,人们遵守法律有 4 个理由(Friedman 1977:115-116):

(1)考虑自身利益。人们以合理的速度驾驶车辆,因为可以避免行车事故,避免受到拘役所带来的后果,符合自身利益。

(2)惧怕处罚。人们惧怕触犯法律的后果,相关后果可能包括罚金、剥夺权利(如吊销驾照)、社区服务性劳役、监禁和缓刑,以及矫正机构的监管。

(3)顾及社会影响。人们遵守法律是为了避免遭受难堪,避免受到朋友、家人和社会的批评与谴责。

(4)具有对错良知。人们之所以遵守法律,是因为法律符合他们的善恶是非观。

刑法的目的是管控个人和团体危害社会的行为。刑事犯罪也可能同时违反民法,而民法的目的是个人和团体对其造成的损害向受害者作出赔偿。民法中的证据标准低于犯罪所要求的标准。例如,辛普森被判谋杀罪不成立,但赔审团认定他应对受害者的不当死亡负责。刑罚具有多种功能(见表9.1)。

表9.1　刑罚的功能

惩罚功能	刑罚表达了社会对于犯罪所造成的损害进行惩罚或报复的愿望
剥夺犯罪能力功能	刑罚把罪犯隔离起来,保障社会安全
威慑功能	刑罚可威慑违法犯罪行为

刑罚的主要目的也许是威慑潜在的罪犯,使其不敢犯法,并同时威慑曾经的罪犯,使其不敢重新犯罪。

威慑基于这样的理念,即人们为了免受惩罚或处罚,愿意遵守法律。尽管着急回家,但人们宁愿迟一刻到家,也不愿冒险因超速驾驶而招致高额罚金。在多数情况下,我们大多数人宁愿花些时间寻找车位,也不愿冒险因违规将车停在残疾人专用车位而被贴高额罚单。

美国的监禁率为全世界最高,这一事实表明,美国主要依赖刑法维持对社会的管控。

刑　罚

刑法的执行很大程度上体现于最终的制裁——对罪犯的监禁。根据美国非营利组织“监狱政策倡议”的统计,美国是世界上监狱人口最多的国家,监狱人口有230万人。中国的人口是美国的4倍,而美国的监狱人口却多于中国报告的监狱人口(165万)。美国每10万人口中约有655名服刑人员;萨尔瓦多排第二,每10万人中有604名服刑人员;土库曼斯坦排第三,每10万人中有552人被监禁。超过一半的国家的监禁率低于150/10万。英国的监禁率为139/10万,加拿大为114/10万,法国为102/10万,丹麦为59/10万(Liptak 2008b;Wagner and Sawyer 2018a)。

美国有联邦监狱系统和州监狱系统,还有地方监狱系统(Allen,Latessa, and Ponder 2012:36-37,178-181,203-205)。如果美国50个州中的每一个州都是主权国家,那么23个州的监禁率将高于世界上任何国家。马萨诸塞州是美国监禁率最低的州,在世界上排名第九,略低于巴西,略高于白俄罗斯、土耳其、伊朗和南非(Wagner and Sawyer 2018b)。

保守派联邦法官亚历克斯·科津斯基对美国监狱人口的规模进行了鲜明的分析。他指出,美国人口占全球人口的5%,但其监狱人口几乎占世界监狱人口的1/4。相比之下,中国人口约占世界人口的20%,其监狱人口占世界监狱人口的16%。科津斯基法官接着指出,美国也是世界上刑期最长的国家之一。他还引用了一项对20起审判的非正式调查,在这些审判中,陪审员认为被告应获得的刑期远低于法律要求法官对被告判处的刑期(Volokh 2015)。

俄克拉何马州在2019年为近400名囚犯减刑并将他们释放。该州的做法说明了未来可能实施的改革类型。减刑举措是基于2016年该州的一次选民公投,该公投将简单持有毒品定为轻罪而非重罪,并将财产犯罪的重罪金额标准提高到1000美元。

矫正机构面临的主要挑战是监狱过度拥挤。联邦监狱系统的容量达到137%,而22%的州监狱系统也都是满额或超额。加利福尼亚州监狱系统的设计容量是8万人,但近年来监狱囚犯人数高达16.5万人。2011年,在"布朗诉普拉塔"案中,美国最高法院裁定,加利福尼亚州必须在2年内把监狱犯人从143435人减少到109805人。加利福尼亚州一位联邦法官认为,平均每天都有1名犯人死亡,原因是监狱医疗系统没有能力救治犯人。安东尼·肯尼迪大法官在一份5∶4多数的裁决意见中写道:"一个监狱如果剥夺了囚犯的基本生存条件,包括足够的医疗,就不符合人类尊严的理念,这样的监狱不该在文明社会中存在。"[*Brown v. Plata*,563 U. S. 493(2011)]

为缓解犯人过度拥挤情况,各州对监外服刑人员采取了一些新的监管方式,例如电子监控、要求定期报告、量刑改革、分流到戒断与治疗机构、强制性社区服务,以及短期"休克监禁"(新兵训练营监狱)。

新冠肺炎已造成数千名囚犯感染。2020年5月中旬,美国十大案件犯罪团伙中有7个团伙被关押在监狱和看守所。俄亥俄州马里恩矫正机构报告感染人数2439例。芝加哥库克县看守所报告犯人和工作人员感染新冠肺炎900例,死亡10例。路透社对关押着全国13%的犯人的监狱和看守所进行了调查,发现感染率高达65%。许多地方、州和联邦监狱局都对等待审判或被判犯有非暴力罪行的个人给予同情释放,不过,被释放的个人面临寻找住所和就业的挑战。路透社指出,截至2020年5月18日,超过1.4万名看守所在押人员和3.7万名州和联邦犯人已获释(Reuters 2020;Stillman 2020)。

美国大约有370万人处于缓刑期,也就是法官在对犯人作出刑事判决后,不是把犯人移送监狱服刑,而是交给缓刑部门监管。犯人必须遵守缓刑部门的规定才能一直享受缓刑待遇,如违反缓刑规定将被收监。同时,另有84万人获得假释,也就是刑期未满就被释放,但假释期间必须遵守相关具体规定。

根据司法统计局的数据,截至2016年年底,美国约有660万人接受某种形式的成人矫正监管,无论是在监狱还是在看守所,或是缓刑或假释。2016年,美国矫正系统监管的成年人比例低于1996年以来的任何时候。截至2016年年底,大约每38名18岁或18岁以上的美国成年人中就有1人,即约2.6%的成年人,受到某种形式的矫正监管。非洲裔成年人所占比率为1549/10万人,西班牙裔成年人为823/10万人,白人成年人为272/10万人(Kaeble and Cowhig,2018;Liptak,2008a)。

刑罚中一个被忽视的处罚方式是罚款。法官通常具有法定的自由裁量权,可以对罪犯处以最高规定金额的罚款。未缴纳罚款的个人可能会被法官重新判刑,并可能延长刑期。根据有关资产没收的法律规定,联邦政府和大多数州在取得法院命令的情况下,可以没收非法毒品交易(以及某些其他犯罪)的“果实”或用于犯罪活动的“工具”。政府有责任通过大量证据证明工具(车辆)、利润(金钱)或财产(房屋)与非法活动有关。许多地方执法机构依靠没收资产来支付所需设备的费用(Harris 2016;O'Malley 2009)。

从服刑人数来看,刑法和刑罚在威慑犯罪方面并不是完全成功。

威　慑

威慑的理论基础可以追溯到两位古典理论家西萨尔·贝卡里亚和杰里米·边沁。意大利刑法学家西萨尔·贝卡里亚在《论犯罪与刑罚》(1764年)一书中指出,惩罚的目的是“向他人灌输恐惧”(Beccaria 1988:30)。杰里米·边沁是19世纪英国思想家,其以功利主义哲学闻名于世。他提倡基于“增进最大多数民众的最大利益”的理念以实用的方法研究公共政策。在《论刑法的原则》(1843年)一书中,边沁认为,惩罚的目的是激励人们遵守法律。他解释说,为了使威慑产生效果,“受惩罚的痛苦”必须大于从犯罪中获得的利益(Bentham 1962:396,399)。

边沁的理论被称为功利主义,也被称为犯罪学的古典学派。威慑理论建立的基础是功利主义。威慑理论认为,人们总是掂量其行为的利弊,如果认识到犯罪的代价大于犯罪的收益,就会受到威慑,不敢犯罪。基于这一理论,通过对犯罪行为不断加重刑罚,直到人们发现犯罪的代价太高,犯罪行为就可以得到阻止(Barkan 2009:137)。

威慑理论所使用的若干术语及其定义见表 9.2(Zimring and Hawkins 1973:71-74)。

有多种重要的因素影响着法律对犯罪行为的威慑力度。

表 9.2 威慑理论术语及其定义

威慑	惩罚的威胁,使本想实施该行为的个人不敢实施该行为
一般威慑和特定威慑	一般威慑指法律阻止人们实施违法犯罪的能力。特定威慑指法律阻止因违法犯罪已被判过刑的人再次违法犯罪
通道效应	法律使人们改变行为。例如,州立法机关出台提高学费的法律,对此,个人可按要求缴纳学费,也可转学或辍学
绝对威慑效应	法律阻止了的违法行为数量,相当于在没有法律阻止该行为的情况下可能发生的违法行为的数量。齐姆林和霍金斯(1973)引述的事例是对践踏草坪者处以 100 美元的罚款。绝对威慑就是现在因实施罚款政策而不敢践踏草坪的人数相当于没有执行罚款政策时践踏草坪的人数
边际威慑效应	一种威慑效应与另一种威慑效应之间作对比。净威慑效应衡量的是践踏草坪罚款 100 美元时和罚款 25 美元时或被罚一个月不得进入公园时不敢践踏草坪的人数之差
部分威慑	法律处罚的威慑致使人们改变行为,但改变后的行为仍然不合法。将最高时速由每小时 65 英里限定至每小时 55 英里,可以迫使司机把车速从每小时 70 英里降至每小时 60 英里。提高对抢劫罪处罚力度可以促使抢劫犯把每周街头作案 3 起降至每周作案 1 起,或者把街头作案改为居民区入室盗窃
威慑曲线	用图表绘制反映随着惩罚不断加重而被威慑住的人数变化的曲线。刚开始适度的惩罚能够威慑到的人数较少,随着刑罚逐步加重,被威慑住的人员数量也在逐步增加

威慑的若干要求

传统智慧认为，要发挥威慑的效力，必须满足几点基本要求（Friedman 1977：122-124）。

加强法律与执法宣传：必须通过宣传使有望守法的目标受众和有望执法的个人了解法律、违法的后果和执法情况。

违法必究：必须树牢人们对违法必究的信念。衡量违法必究工作成效的一个粗略标准，是破获特定种类犯罪案件的比例，以及罪犯归案后被定罪的比例。

执法必严：惩罚必须足够严厉，才能使个人不敢从事违法行为。这取决于对罪犯实际判处的刑罚或依法可判处的最高刑罚。

从快惩处：给予惩处必须及时，不拖延。惩处及时与否，可通过逮捕和判刑之间的时间长短加以衡量。

施加耻辱感：犯罪行为的耻辱感越大，法律的威慑力就越强。

具有守法能力：个人必须具有遵守法律的能力。

执法程序公正：应遵守的法律必须在人们看来符合道德要求，而且执法必须公平公正。执法人员或机构必须受到尊重，因为他们是为维护公众利益而行事。这些要求通常以民意调查来衡量（Tyler 2006）。

劳伦斯·弗里德曼警告说，实际风险和风险感知是有区别的。个人可能缺乏法律知识和执法知识（实际风险），或者不顾客观事实，认为自己被抓捕的可能性不大（风险感知）。一项针对密苏里州圣路易斯市武装劫匪的研究发现，其中一些罪犯认为被抓捕的风险很低，而其他人则无视被抓捕的风险，只是专注于即时满足（Jacobs and Wright 1999；Wright and Decker 1997）。

根据你迄今为止所读到的内容，在设计有效的社交距离措施以减少冠状病毒感染时，需要考虑哪些重要因素？

一般威慑

日常经验表明，一般威慑是有效的。正如大卫·肯尼迪所指出的，愿意把手放在热炉子上的人，横穿六车道高速公路的人，或者明明有警察跟随却违反道路规则的人，毕竟都是少数。窃贼遇到住宅有“小心有狗”提示语，也往往不敢擅自闯入，瘾君子也不会当着警察的面吸食毒品（Kennedy 2010：9）。

早期研究发现，在美国，刑罚严明的州每10万人的犯罪率要低于那些刑罚不够严明的州。这个研究结果受到人们的质疑,理由是犯罪率可能和贫穷、人口年龄等因素有关,而不是和刑罚是否严明有关。

近年来的许多调查也发现,警察的数量和破案率具有威慑作用,可减少犯罪(Marvell and Moody 1994,1995)。一项对佛罗里达州奥兰多市为期6个多月的调查发现,破案率上升可使犯罪率锐减,潜在的罪犯想必在耳闻某某被抓后会得出判断:作案被抓的风险太大(D'Alessio and Stolzenberg 1998)。

关于警察数量同抓捕罪犯与犯罪的概率之间的关系,一个经常被引用的例子是对“二战”时期纳粹德国占领丹麦的一项研究。1944年,德国占领了丹麦,逮捕了几乎所有的警察。由于人们不再担心作案被抓,犯罪率迅速飙升(Hood and Sparks 1972:174)。

关于刑期越长对犯罪的威慑力越大这一说法,支持者寥寥(Chamlin 1991;Doob and Webster 2003;Walker 2006)。汤姆·泰勒指出,威慑个人行为的主要原因是被捕判刑,而不是严酷的刑罚(Tyler 2006:142-143)。一项涉及44个州的调查发现,这些州所颁布的加大持枪犯罪惩处力度的法律没能阻止人们使用枪支犯罪(Marvell and Moody 1995:274)。多项关于马萨诸塞州和底特律市(密歇根州)对涉枪犯罪所实施的强制性判决的研究也发现,强制性判决对打击涉枪犯罪没有作用(Loftin and McDowell 1981;Pierce and Bowers 1981)。

现在有一个问题,即严明的刑罚是否能够威慑惯犯,尤其是那些有人格障碍的人?那些企图实施抢劫、强奸、盗窃或杀人犯罪的人,往往觉得作案后被抓的概率很小。他们不惧怕刑罚的威胁,不考虑其行为的后果,认为他们能够操纵刑事司法程序,从而逃脱严厉的惩罚。劳伦斯·弗里德曼指出,一般威慑中存在“禁果”现象。该现象即一项行为明确规定是犯罪行为,而实际上却可能会诱使某些人去从事这项行为(Friedman 2016)。

一般威慑的效力评估

弗兰克·齐姆林和戈登·霍金斯指出,决策者在评估刑法与政策的威慑效力时犯了一些“常见错误”(Zimring and Hawkins 1973:24-32)。

第一个错误类似于“珍妮大婶的感冒药”。珍妮大婶的感冒药是酒精、蔗糖与开水的混合物,一些人认为这种混合物10天之内可以治愈普通感冒。相信这个偏方的人都说,吃了珍妮大婶的感冒药,自己感冒症状就消失了。事实上,大多数感冒10天之内也能自愈,无须治疗。

齐姆林和霍金斯把打击犯罪的举措比作“珍妮大婶的感冒药”。当犯罪率上升时，人们就会认为是这些举措造成犯罪率回到“正常历史水平”。齐姆林和霍金斯发现，犯罪率历来都呈上下波动趋势，无论是否颁布新的法律与惩罚措施，是否使用警犬，是否加强警察巡逻，是否打击犯罪团伙，犯罪率都会出现下降。然而，很难确定犯罪率下降是归功于政策对头，还是犯罪行为的自然下行周期。如果犯罪率下降，政府官员会毫不犹豫地归因于政府的新政策新举措；如果犯罪率与往年持平或持续上升，他们就会宣称，如果没有其政策举措，犯罪率上升幅度就会更大（Zimrig and Hawkins 1973：24–26）。

第二个错误是“防虎谬论”，它妨碍着对法律威慑效力的准确评估。齐姆林和霍金斯举例说，一名妇女在美国一大城市满街奔跑。警察拦住她，问为何要妨碍交通。“我要把老虎吓得不敢进城”，她回答说。警察说 5000 英里以内没有老虎。妇女答道，“没有老虎，一定是因为我做得非常好”。这个故事讽刺的是，政府官员总是相信他们所采取的严刑重罚对遏制“犯罪浪潮”的作用。尽管没有证据证明，但是，跑街妇女和政府官员都认为他们的举措是有效的。实际上，加大刑罚力度同入室盗窃或杀人发案率并没有多少关系，甚至没有关系（Zimring and Hawkins 1973：26–30）。

第三个错误是“监狱长调查谬误”。这个谬误来自监狱长问囚犯是否惧怕严厉的监禁惩罚。齐姆林和霍金斯指出，监狱长的调查存在问题，因为其调查的对象是囚犯，是一群威慑不住的违法犯罪的人。囚犯不代表公众，因此任何基于囚犯的回答所得出的关于威慑效力的调查结论是有漏洞的（Zimring and Hawkins 1973：31–33）。

第四个错误是犯罪案件的漏报。1927 年，针对日益增多的性侵犯罪，挪威加重了对该罪的惩罚。然而，出人意料的结果是，人们对比刑罚加重前 5 年期和刑罚加重后 5 年期的性侵犯罪率发现，刑罚加重后 5 年期的性侵犯罪率反倒上升了 68%。约翰内斯 · 安迪纳斯教授给出的解释是，面对打击性侵犯罪的高压态势，公众对过去没有报案的性侵犯罪案件作了报案。因此，加重刑罚是否可减少性侵犯罪则难以衡量（Ziming and Hawkins 1973：279）。

第五个错误是收效递减错误。加大惩罚力度不会再提高威慑效力，犯罪率保持稳定。人们不禁相信，威慑不起作用。原因是现行的惩罚措施已经对大多数人产生威慑作用，而对继续从事犯罪行为的人而言，加大惩罚力度不足以对其产生强大的威慑作用（Kennedy 2010：36）。

最后一个错误是把威慑效力归功于对犯罪行为的定罪,而忽略了定罪的"次生效应"。一项研究发现,违法所带来的耻辱比法律对税务犯罪和酒驾的威慑力更强(Grasmick and Bursik 1990)。查尔斯·蒂特尔确信,朋友和家人的斥责比判处刑罚更有威慑力(Tittle 1977;Tyler 2006)。让人背后戳脊梁骨对于女性尤其具有强大的威慑作用(Richards and Tittle 1981)。

个人一旦被刑事定罪就很难获得工作或继续现有的工作,反倒对所受到的刑罚不那么在意。在有些州,个人一旦被刑事定罪,就意味着要失去多项权利,如选举权或在若干行业就业的权利(Zimring and Hawkins 1973:172-194)。

法律对犯罪行为的威慑力也因罪犯和犯罪类型的不同而不同。

犯罪类型和一般威慑

威廉·钱布里斯认为,有些类型的犯罪更容易受到威慑。"工具性犯罪"是指为达到特定功利性目的而实施的犯罪行为,该种犯罪事前经过精心策划。实施抢劫、入室盗窃以及机动车盗窃等犯罪的罪犯都对作案被侦破的可能性仔细进行过权衡,因此会受到刑罚的威慑而不敢犯罪。打算实施工具性犯罪的人有时间放弃犯罪计划,转而寻找合法或不合法的途径实现自己的目标。与此相反,表达性犯罪基于情绪反应,个人通常没有时间掂量与权衡犯罪后果。在钱布里斯看来,典型的例子是过激杀人或鲁莽杀人以及毒瘾发作杀人(Chambliss 1967)。

然而,如果认为个人在实施工具性犯罪时都是以精心策划和理性的方式行事,就不能解释犯罪的动机可能是贪婪、报复、经济绝望、嫉妒、心理障碍、筹集赌博或吸毒资金以及许多其他因素(Kennedy 2010:17)。另外,群体压力也会促使人们克服法律的威慑力,铤而走险实施犯罪(Kennedy 2010:3)。

钱布里斯进一步指出,惯犯或以犯罪为业的罪犯比不常犯罪的人更不可能受到威慑。不常犯罪的人可能在权衡了犯罪后果之后,最终决定放弃犯罪计划。纳金和帕特诺斯特认为,自我控制能力差的人也不容易受到法律威慑,因为他们花在教育或职业上的投入少,因而如果被捕,损失也较小(Nagin and Pasternoster 1993)。

钱布里斯的观点对于决策者的重要之处在于,有些类型的罪犯和有些类型的犯罪很难受到威慑,而有些类型的罪犯和有些类型的犯罪则容易受到威慑(Zimring and Hawkins 1973:138-141)。

一般威慑的另一个局限是，私下犯罪更难以受到威慑，因为私下犯罪被侦破、罪犯被抓获的可能性小（Barkun 2009：139）。犯罪地点也很重要。例如，一个大学生可能认为，在校园贩卖毒品比在大街上向陌生人贩卖毒品被侦破、被惩罚的风险要小很多（Kennedy 2010：30–31）。

人们如何权衡守法的好处和违法的代价与后果，是因人而异的。一项调查发现，在已被认定酒后驾驶的司机中，有一半人选择接受两周拘留，另一半人选择接受暂扣驾照 6 个月的处罚（Grasmick and Bryjack 1980）。一个经济上有保障的大学生可能觉得贩毒带来的后果大于经济收益，而一个缺钱缴纳学费的大学生可能会得出截然不同的结论。问题的关键是，经济优势大学生和经济劣势大学生都在根据自身情况进行权衡，从而得出不同的结论。只有对贩卖毒品的刑罚加重 2 倍或 3 倍，贫困大学生才不敢从事贩毒（Hood and Sparks：1972：174）。劳伦斯·弗里德曼指出，尽管成功的概率很低，但人处于生死关头就会拼死反抗权威，因为他们觉得没有什么可失去的。例如美国南部黑人奴隶的造反，以及纳粹集中营犹太人和其他囚犯的大规模反抗（Friedman 2016）。

另外一个影响威慑效力的因素是法律知识的缺乏。毒贩可能不知道在学校 1000 英尺范围内贩卖毒品会被重判。调查表明，公众对各种犯罪的惩罚并不完全清楚。因此，加大犯罪的惩罚力度往往并不能有效地威慑犯罪行为。人们本来就认为对某些犯罪的惩罚很重，如果在已经被认为很重的惩罚基础上再多判 10 年或 15 年，威慑力也不会增加（Kennedy 2010：31）。事实上，量刑结构非常复杂，甚至连警察、检察官、辩护律师和法官对于惩罚层级也拿不准（Kleck et al. 2005）。

劳伦斯·弗里德曼观察到，法律知识在社会中并不是平均分配的。联邦所得税条例十分复杂，只有会计师和税务律师才能通晓税法的具体规定（Friedman 1977：114–115）。

多项研究表明，虽然在多数情况下法律宣传活动并不是政府行为，但法律宣传对于增进社会公众了解法律实施和违法惩处情况具有重要作用（Cook 1980）。在新西兰、法国和英国，机动车驾驶人从广泛宣传活动中了解到查禁酒后驾车执法力度与酒精测试力度的加大。因而，新西兰的酒驾现象在执法活动正式开始前就已减少。在英国和法国，尽管警方从没有照宣传的那样加大执法力度，但酒驾现象却出现下降。英国所实施的加大处罚酒驾行为的规定，如果离开宣传，就不会对酒驾产生任何影响（Ross 1973，1977；Ross，McCleary，and

Epperlein 1982)。法律宣传对英国打击入室盗窃犯罪也发挥了有效作用(Johnson and Bowers 2003)。

另一项调查发现,用解码器盗用有线电视传输信号的60多人收到警告函后,大约2/3的人都停止了盗用行为(Green 1985)。齐姆林和霍金斯引述了某大学的调查情况,该校员工收到通知,凡在校园违规停放车辆者,将从工资中扣缴罚款。此后,车辆乱停放现象明显减少(Zimring and Hawkins 129)。

遗憾的是,那些迫于威慑而改变自身行为的人,后来却又重拾旧习。威慑力随着时间的流失而逐渐减弱。这通常是因为执法水平未能达到人们预期的水平,或者执法水平随着时间的推移而逐渐降低。试想一想,尽管人们对于酒后驾驶是"零容忍",但是,80%被认定为酒驾的司机在驾驶证被暂扣后仍继续驾车(Kennedy 2010:11,30,55)。

下一部分我们将着重阐述特定威慑。

特定威慑

特定威慑是指法律阻止已经犯过罪的特定主体再次犯同样罪的能力。特定威慑力是极难衡量的。美国刑事司法制度的现状是,大多数犯罪案件没有向警方报案,大多数犯罪嫌疑人没有被拘押、起诉及判刑。这种"过滤效应"削弱了刑罚的威慑力(Kennedy 2010:42-53,57)。史蒂文·巴坎认为,罪犯作案所担风险最小。巴坎还提供了以下2005年的统计数据(Barkan 2009:142)。

逮捕:每100起严重的街头犯罪案件中,警方只抓获8起犯罪案件的犯罪嫌疑人。

起诉:每100起严重的犯罪案件中,只有4起受到起诉,其他均被撤诉。

判刑:每100起严重的犯罪案件中,只有1起案件的罪犯被判刑入狱。

安东尼·杜布和谢丽尔·玛丽·韦伯斯特采访了60名被监禁的入室盗窃犯和抢劫犯,他们称自己当初甚至没想到会因犯罪行为而被抓、被起诉。当然,这并不意味着没有人实际上被惩罚的威胁吓住(Doob and Webster 2003)。多项针对罪犯和非罪犯的研究发现,罪犯比非罪犯更抱有侥幸心理,认为自己作案被抓的风险非常小(Zimring and Hawkins 1973:102-103)。

"流放计划"是打击枪支犯罪并伴以广泛宣传的一个联邦计划。非法持有枪支的人会受到起诉,并被判处至少5年刑期。一项针对纽约州罗彻斯特监狱囚犯的研究发现,这些囚犯大多听说过"流放计划",觉得判处5年刑期太过严苛。很多囚犯听说过有些人因非法持有枪支而被起诉,还有很多囚犯知道有些人因非法持有枪支被拘押但却没有被起诉。这些囚犯往往认为联邦对非法持有枪支案的起诉具有不可预测性与偶然性,“撞上就撞上,撞不上就漏过”,因而并不把加重刑罚当成可畏惧的事。看到有囚犯受到起诉并被强制判处 5 年徒刑的情况,一些人认为这纯属例外,是检察官自负或种族偏见的结果,而非必然,根本不当回事。

那些因非法持有枪支而被判刑的囚犯认为,联邦打击非法持有枪支行为的风头是联邦官员又在虚张声势,他们对自己能否服满刑期持怀疑态度。重要的一点是,这些犯人认为自己因非法持有枪支被判刑入狱纯属倒霉,是其他因素而不是犯罪的严重性造成的结果。这个观念表明,加大非法持有枪支的处罚力度没有产生威慑效果(Kennedy 2010:57-58)。

调查表明,服刑人员会较快适应牢狱生活,而监禁的威慑作用也会随着时间流失而逐渐淡化。在接受调查的时候,囚犯把 5 年刑期看作只比 1 年刑期重 2 倍,20 年刑期比 10 年刑期重 1.6 倍(McClelland and Alpert 1985)。从刑满释放人员的重新犯罪率可看出刑罚威慑力的减弱。一项 2002 年对司法局的调查发现,1995 年 67.5%的刑满释放人员 3 年内因重新犯罪而被再次逮捕。再次逮捕率最高的是抢劫犯、入室盗窃犯、一般盗窃犯和机动车盗窃犯,以及窝赃犯、销赃犯和被判非法持有武器的罪犯(Kennedy 2009:12)。刑期长似乎并不影响重新犯罪率。调查还发现,因监狱过度拥挤而被提前释放的罪犯,其重新犯罪率并不高于服满刑期的罪犯(James Austin 1986)。

许多因素可削弱特定威慑的效力。齐姆林和霍金斯指出,严酷的惩罚可能会使检察官不愿意依法起诉犯罪嫌疑人,也会使陪审员作无罪判定。在一个司法管辖区,警察、检察官、法官或陪审员要么同罪犯私下交好,要么同情罪犯,要么不信任政府,由此就会存在拒绝执法的现象。齐姆林和霍金斯以过去社会似乎容忍的酒后驾驶为例,说明法律威慑力有限(Zimring and Hawkins 1973:59,66)。

对于毒品犯罪和家庭暴力犯罪缺乏执法的一惯性以及对卖淫的容忍使犯罪人员普遍认为,警察容忍某些社区的犯罪,或者被当地犯罪团伙买通。戴维·肯尼迪指出,有法不依与违法不究的情况会让人们认为,法律服务于富人权贵的利益,从而认为法律不值得遵守。犯罪者可以将犯罪合理化为对非法权威的合理反抗。在一项有趣的实验中,研究人员观察到一些司机违规向右转弯,而其他一些司机并不随其违规右转。研究人员随后让一名身穿空军制服的男子站在街角,以代表权威人物。于是违规转弯变得“具有传染性”,那些看到别人违规转弯的司机也跟着违规转弯。这个现象可以解释为,身着制服的人代表了官方对违规行为的认可(Kennedy 2010:59-60)。

肯尼迪指出,逮捕和监禁会毁掉一个人的生活前途,因而也损害了法律的威慑力。如果继续从事某种犯罪行为,个人不会再失去什么,反而会获得很多。在全社会实施抓捕行动可能会破坏罪犯的家庭,造成失业,致使犯罪成为社会的一种生活方式。年轻人可能把罪犯和“黑帮”看作是值得尊崇和享有地位的人(Kennedy 2010:58-65)。山姆·沃克尔认为,在社会中进行广泛的逮捕、起诉和判刑会让人们觉得司空见惯,认为这是一种“正常的生活活动”“几乎没有威慑作用”(Walker 2006:111)。犯罪成了一些人获得尊敬、荣誉与奢侈生活的手段(Gibbs and Shelly 1982)。

在结束威慑这个话题之前,我们还有必要探讨一下威慑的伦理问题。

威慑伦理

18 世纪哲学家伊曼努尔·康德在其著名的“绝对命令”(道德最高原则)理论中强调指出,永远不应把个人当作“达到目的的手段”。

对一般威慑的一个反对观点是,惩罚罪犯是一种阻止他人犯罪的威慑手段。欧内斯特·范登·哈格援引一位英国法官的话说,“把偷马的人绞死不是因为偷了马,而是为了宣示马不可以偷”(转引自 van den Haag 1975:41)。

劳伦斯·弗里德曼用曲线描述威慑力。25 美元的罚款会阻止一些人违规停车。把罚款提高至 50 美元会阻止更多的人违规停车。要想取得近乎全面的威慑效力,可把罚金提高至 250 美元。25 美元的罚金本来就可以阻止你和其他一些人违规停车,但是你却被罚 200 美元,这是为了威慑那些不怕被罚 25 美元或 50 美元的人(Friedman 1977:123)。

齐姆林和霍金斯举了一个街头抢劫犯的例子。抢劫的危险行为值得受到惩罚。立法机关对抢劫犯罪规定了 1 年至 10 年不等的刑期。法官判处这名抢劫犯 5 年刑期,但是假释裁决委员会在其服刑 3 年后拒绝给予其假释。

齐姆林和霍金斯提出了一个难题,正常来讲,2 年刑期通常就可满足社会惩治抢劫犯罪的利益要求。同时,2 年刑期也足以使罪犯痛改前非,重新做人。抢劫犯诉苦称,2 年刑期是自己应得的惩罚,另外 3 年刑期是为了威慑别人。

一个相关的问题是,对这名抢劫犯和其他抢劫犯多判 3 年监禁所带来的成本,是否考虑过(Zimring Hawkins 1973:37-38,50-66)。

欧内斯特·范登·哈格认为,对于抢劫犯罪的惩处是多种目标平衡的结果,个人一旦实施了严重的犯罪行为,就要理所当然地接受惩罚,而不能抱怨惩罚不公。威慑理论要求,违法者服刑,而他人也从中受到威慑,不敢犯罪。

人们经常被要求为公众利益做出牺牲。例如,要求富人比穷人多缴税的税收制度,要求一些年轻人参军服役而另一些年轻人不服兵役的兵役制度。

在某些情况下,必须对威慑可能带来的好处和可能付出的社会代价进行权衡。例如,根据全国州立法会议的数据,10 个州明确规定合法持枪者在公立大学校园内可隐蔽携带枪支。这些州的立法机构认为,没有理由认为大学应该成为美国宪法第二修正案的"禁区"。这一政策受到一些学生的欢迎,他们知道自己的同学身上有枪,会感到更安全。然而,也要考虑到,学生们承受着压力,冲突很容易升级;意图实施校园暴力的学生可能不被法律所威慑;一些教师认为教室里出现枪支不利于学习。

下一部分,我们要讨论威慑最有争议的问题之一,即死刑是否可威慑犯罪行为。

死　刑

死刑的执行

1608 年,乔治·肯德尔上尉因叛乱与叛国罪在弗吉尼亚州的詹姆斯敦殖民地被执行枪决。这是 1608 年至 1929 年被执行死刑的第一人,在此期间大约有 10598 人被执行死刑,人们把这期间称为美国死刑的"早期阶段"。约有 70%的死刑判决是在 1850 年之后执行的,约 51%的被执行死刑的罪犯是黑人(Paternoster,Brame and Bacon 2008:5)。

美洲殖民地和各州的法律是英国普通法、宗教教义和南方奴隶制压制性法规的综合体现。

在新英格兰殖民地,死刑适用对象是侵犯他人的犯罪,如故意杀人、过失杀人、强奸,以及重复性入室盗窃或抢劫。由于殖民地的宗教特点,侵犯上帝的犯罪案件也判处过几例死刑,如巫术、邪神崇拜、亵渎神明、兽交、通奸以及各种性犯罪。一个最有名的案子是1692年在马萨诸塞州的塞勒姆,20名妇女因被指控是女巫而被执行死刑(Paternoster et al. 2008:5-7)。

南方各殖民地对包括偷猪、盗窃烟草在内的侵犯财产罪处以死刑。破坏奴隶制度者也是死罪,包括窝藏奴隶企图使其逃跑,煽动奴隶造反,以及传播煽动性印刷品(Paternoster et al. 2008:6)。在南方,奴隶杀人或造反,以及妻子谋杀丈夫,都被归入"小叛逆罪",可处以特别痛苦的死刑。1739年,参与"斯托诺奴隶叛乱"的美国黑人奴隶被斩首,他们的头颅被挂在木桩上,以警告其他可能打算叛乱的奴隶(Steiker and Steiker 2016:8)。

劳伦斯·弗里德曼以材料证实,在美国宣布独立前,死刑主要是针对黑人。1706年至1784年,在弗吉尼亚州,555名奴隶被判处死刑。1741年,参与图谋叛乱的30名奴隶在纽约被执行死刑(Friedman 1993:44)。

1688年至1820年,英国的"血腥法典"对200多项罪行规定了死刑。美国独立战争的许多领导人都主张限制死刑。独立战争之后,各州限制了可判处死刑的罪行数量,不再对宗教犯罪和财产犯罪判处死刑。宾夕法尼亚州1786年的法律将死刑限制在8种罪行,废除了鸡奸、兽奸以及抢劫和入室盗窃罪的死刑。宾夕法尼亚州还率先把杀人罪分为不同级别或类型,并只对最严重的杀人罪适用死刑。弗吉尼亚州将死刑限于杀人罪和奴隶所犯的某些罪行(Friedman,1993:73-75;Paternoster et al. 2008:10)。19世纪中叶,密歇根州废除了谋杀罪的死刑(对叛国罪仍保留死刑),罗得岛州和威斯康星州完全废除了死刑(Steiker and Steiker 2016:11)。

执行死刑是公共事务。执行前,政治领导人和宗教领袖要发表讲话,死刑犯要做忏悔发言。从1608年到1929年,大约80%的死刑执行方式都是绞刑。绞刑有时非常可怕,绞刑架上的死刑犯挣扎好久才断气。对此,各州呼吁废除这种死刑执行方式,代之以更"人道的"执行方式。

1889年,纽约州首先采用电椅执行死刑,并且决定在狱室内不公开执行。到1929年,68%的死刑犯都采用电刑执行,并且逐渐不许公众到场。最后一次公开执行死刑是1936年在肯塔基州,当时到场人数有1万到2万人之多,还有小贩们卖爆米花、热狗和饮料(Friedman 1993:75-76;Paternoster et al. 2008:5-20;Steikerand Steiker 2016)。

19世纪40年代,各州开始修改法律,规定由陪审团作出死刑判决。鉴于陪审团有时会无罪开释令人同情的被告人，各州便赋予陪审团判处死刑或判处终身监禁的自由裁量权。到 1963 年，各个州都实行了自由裁量的量刑制度（Paternoster et al. 2008：27–28）。

电刑椅代替几乎完全取代了绞刑索，不过，到 20 世纪 60 年代中期，使用毒气室执行死刑还占到所有死刑执行方式的 30%。在毒气室，死刑犯通过吸入氰化氢致使大脑缺氧而死。据报道，犯人在受刑中逐渐面色发紫，浑身抽搐痉挛。最后一次使用毒气执行死刑是 1999 年，在亚利桑那州。截至放弃使用毒气室执行死刑时，已有 594 人被执行注射死刑。在犹他州和内华达州，死刑犯还可选择枪决方式。近年来，各州都是采用注射死刑处决（Paternoster et al. 2008：27–35；Steiker and Steiker 2016：14–15）。

1972 年，在"福曼诉佐治亚州"案中，美国最高法院裁定，虽然判处死刑不违宪，但是，死刑判决由陪审团自由裁量决定的做法，造成了死刑判决"朝三暮四"和"不可预测"。多位法官认为，有的犯罪情节或罪犯的背景并不适合判处死刑，死刑判决总是更多地针对穷人或少数族群，而不是"恶极之恶极"的罪犯。波特·斯图尔特大法官完全表达了最高法院的心情，他写道，根据美国宪法第八修正案规定，随意使用死刑是残忍的、异乎寻常的惩罚，"就像遭受雷击一样残忍而异乎寻常"[*Furman v. Georgia*，408 U. S. 238，309–310（1972）]。最高法院对"福曼诉佐治亚州"案的裁决，迫使各州停止执行死刑并修改关于死刑的法律规定。

美国各州对此作出的反应是通过强制性的死刑法律，规定被判犯有故意杀人罪的被告必须判处死刑。美国最高法院在"伍德森诉北卡罗来纳州"案中作出裁定，对所有的杀人罪都一概判处死刑，会把死亡残忍地施加给罪不当死的被告人。最高法院认为，陪审团在"罚当其罪"时必须考虑"个体罪犯的性格和犯罪记录"以及"具体的犯罪情节"。北卡罗来纳州所实行的"一刀切"制度，不是把"所有被判犯有特定罪行的人看作人类的独特个体，而是看作不露面的、毫无差别的群体的一员，对其盲目施加死刑判决"[*Woodson v. North Carolina*，428 U. S. 280（1976）]。

死刑案件的正当程序完善过程的最后一步，是 1976 年最高法院对"格雷格诉佐治亚州"一案所作的裁定。在该案中，美国最高法院核准了佐治亚州的死刑法律，其中有 3 项程序改革。第一，在分为两个阶段的听证会上，陪审团首先判定被告有罪无罪。然后，如果判定被告有罪，则在另一阶段听证会上考虑是否应判处死刑。第二,在决定是否判处死刑时,陪审团将得到一份法定加重处罚的情节清单,并将这些情节与辩方提出的任何减轻处罚的情节进行权衡。第三,判决结果会自动上诉至州最高法院,由州最高法院确定判处死刑是否一致和统一。这些程序旨在确保对"恶极之恶极"的罪犯以统一的方式被判处死刑[*Gregg v. Georgia*,428 U. S. 153(1976)]。

美国最高法院对"格雷格诉佐治亚州"案的裁决打开了恢复死刑判决的大门。这一裁决很快在1977年犹他州对加里·吉尔摩执行枪决中得到体现。目前,29个州和联邦政府有了死刑法律。美国最高法院继"格雷格诉佐治亚州"案后大幅度减少了适用于死刑判决的犯罪类型,并减少了可执行死刑的犯罪和罪犯类型。

犯罪类型与死刑:1977年,美国最高法院裁定,绑架一名成年人判处死刑属于量刑过重[*Eberhart v. Georgia*,433 U. S. 917(1977)]。在1977年的"科克尔诉佐治亚州"案中,最高法院裁定,判处犯有加重情形强奸罪的被告人死刑是非常不适当的,属于惩罚过重。最高法院的理由是"杀人犯剥夺了人命;而强奸犯……却没有剥夺人命"[*Coker v. Georgia*,433 U. S. 584(1977)]。21年后,在"肯尼迪诉路易斯安那州"案中,最高法院裁定,按照现代社会的发展标准衡量,对强奸儿童罪判处死刑属于惩罚不当,构成残忍且异乎寻常的惩罚[*Kennedy v. Louisiana*,554 U. S. 407(2008)]。

在"恩德蒙诉佛罗里达州"案中,最高法院裁定,将一个无犯罪意图、没有抢劫和杀人的肇事逃逸司机执行死刑是违宪的[*Enmund v. Florida*,458 U. S. 782(1982)]。然而,在"蒂森诉亚利桑那州"案中,最高法院裁定认为,重罪中的"主犯"加上"不顾后果地漠视人命,足以符合……定罪要件"[*Tison v. Arizona*,481 U. S. 137(1987)]。

罪犯类型与死刑:在一系列案件中,美国最高法院都限制适用死刑的罪犯类型。1988年,在"汤普森诉俄克拉何马州"案中,最高法院裁定,判处作案时不足16岁的被告人死刑构成残忍与异常刑罚。大法官保罗·斯蒂文斯在裁决书中写道,"这位少年由于涉世未深,缺乏教育,没有足够的智慧,没有能够估量其行为的后果,而同时又比成年人更容易因情绪或压力而爆发冲动"[*Thompson v. Oklahoma*,487 U. S. 815(1988)]。在"罗珀诉西蒙斯"案中,最高法院裁定,判处不满18岁的罪犯死刑构成残忍与异常刑罚。大法官安东尼·肯尼迪解释说,未成年人罪犯"不能可靠地被归到罪大恶极的罪犯行列……他们的……脆弱及相对缺乏自控能力……说明未成年人未能摆脱整体环境对他们的负面影响,比成年人更值得原谅"[*Roper v. Simmons*, 543 U. S. 551(2005)]。

2002 年,在"阿特金斯诉弗吉尼亚州"案中,最高法院裁定,判处智力有缺陷的人死刑不合乎宪法精神。最高法院解释说,这些智障者缺乏能力去控制和理解其行为的后果。因此,智障者无法对其行为负道义上的责任,不属于应判死刑的"恶极之恶极"的罪犯[*Atkins v. Virginia*,536 U. S. 304(2002)]。最高法院早些时候曾作出裁定,对监禁期间已经精神失常并在预定行刑的时间出现精神疾患的囚犯执行死刑,是对人的尊严的公然侵犯[*Ford v. Wainwright*, 477 U. S. 399(1986)]。

处决方式与死刑:最高法院还没有裁定任何一种死刑处决方式构成残忍而异常刑罚。最高法院曾裁定以枪决方式执行死刑符合宪法[*Wilkerson v. Utah*,99 U. S. 130(1878)],并核准使用电刑,因为电刑可"即刻而无痛苦地致人毙命"[*In re Kemmler*, 136 U. S. 436(1890)]。2008 年,美国最高法院裁定,注射执行死刑符合宪法。在"巴泽诉里斯"案中,最高法院裁定,肯塔基州的致命性注射方案符合宪法。每个保留死刑的州都规定注射执行死刑是主要执行方式,而少数州同时也提供其他方式,如电决(电刑椅)、毒决(毒气室)、绞决(绞刑架)、枪决和氮气决(氮气缺氧法)。2015 年,在"格洛西诉格罗斯"案中,美国最高法院支持把咪达唑仑作为三种药物合剂中第一位使用的药剂[*Glossip v. Gross*,576 U. S. (2015)]。

1976 年至 2019 年 11 月,美国有 1510 人被执行死刑,其中由联邦政府执行死刑的有 3 人。1999 年有 98 人被执行死刑,是自 1951 年以来处决人数最多的一年。1999 年以来,被处决人数下降。2010 年有 46 人被执行死刑,与 2009 年 52 人被处决相比,下降了 12%。2016 年,只有 20 人被处决,与 2015 年的 28 人相比有所下降。死刑信息中心报告称,2017 年和 2018 年的处决人数分别上升至 23 人和 25 人。截至 2019 年 11 月,美国有 2673 人被判死刑。加利福尼亚州有 733 人被判死刑,是死囚人数最多的州,其次是佛罗里达州(349 人)和得克萨斯州(225 人)(Death Penalty Information Center 2019)。

自 1976 年"格雷格诉佐治亚州"案恢复死刑以来,南部各州的死刑执行率已超过 80%。自 1976 年以来,得克萨斯州死刑执行量(566 人)超过全国总量的 1/3,与弗吉尼亚州(113 人)和俄克拉何马州(112 人)加在一起,占了全国死刑执行量的50%以上。

陪审团一如既往地不愿意判处死刑。2009年,陪审团判处118人死刑,2010年判处114人死刑,2011年判处85人死刑,2012年判处82人死刑,2013年判处83人死刑,2014年判处73人死刑,2015年判处49人死刑,2016年判处31人死刑,2017年判处死刑人数增至38人,2018年增至42人。这与1996年的峰值相比有了显著下降,当时有315人被判处死刑。

2018年,美国只有5个州执行了死刑,其中得克萨斯州对13人执行了死刑,占全国执行总数的60%。2015年有6个州执行了死刑,其中5个州执行过1次以上的死刑;2016年有5个州执行了死刑,2017年有8个州执行了死刑,但只有亚拉巴马州、亚利桑那州和得克萨斯州执行了两次以上的死刑。加利福尼亚州、马里兰州、宾夕法尼亚州和其他一些州已经近5年没有执行死刑。州长宣布暂停死刑的州有4个:加利福尼亚州(2019年)、科罗拉多州(2013年)、俄勒冈州(2011年)和宾夕法尼亚州(2015年)。这4个州的死刑犯人数占全国的近35%(Death Penalty Information Center 2019)。

造成死刑执行量下降的主要原因是缺少硫喷妥纳,一种用于注射死刑的混合制剂。阿肯色州、加利福尼亚州、肯塔基州、俄克拉何马州和田纳西州等州由于缺少这种针剂不得不推迟执行死刑。注射剂短缺的原因是欧洲制造商拒绝提供用于执行死刑的针剂。为了能够继续执行死刑,一些州正在引进新的"化学鸡尾酒",或者正在寻找新的药剂供应商。

2014年1月,丹尼斯·麦圭尔在俄亥俄州被执行死刑。执行死刑时使用了一种基本上未经测试的药物合剂,执行过程从开始注射药物到宣告死亡需要25分钟。尽管麦圭尔的律师提出药物注射会引起呼吸挣扎,导致"极度痛苦和恐惧",但是法院仍批准了注射方案。

2014年4月,俄克拉何马州的克莱顿·洛基特因开枪打伤一名19岁女子并将其活埋而被判死刑。执行时,在插入静脉注射管并注射镇静剂16分钟后,死刑被暂停执行。尽管注射的是致命针剂,但洛基特不停地抽搐,喃喃自语,并试图将头和肩膀从轮床上抬起来。执行人员发现他的血管已经破裂,无法继续输送药液。在官员决定取消注射27分钟后,洛基特死于心脏病发作(Eckholm 2014)。俄克拉何马州在暂停执行死刑5年之后,于2020年恢复了使用与之前相同的3种药物混合制剂执行死刑(Brewer and Fernandez 2020)。

洛基特被执行死刑之后,2014年7月,约瑟夫·伍德在亚利桑那州被执行死刑。2016 年 12 月，罗纳德·伯特·史密斯在亚拉巴马州被执行死刑。死亡过程是极其痛苦的。2017 年 2 月，美国最高法院大法官索尼娅·索托马约尔反对最高法院拒绝重新考虑使用含有镇静剂咪达唑仑的致命合剂是否符合宪法，她在意见中写道，“被注射处决的囚犯在‘医学无菌的和平光环’下遭受可怕的死亡……我们不应该对……证据视而不见：咪达唑仑不能使罪犯对执行死刑的痛苦失去知觉。这样的例子比比皆是”［*Arthur v. Dunn*, 580 U. S. (2017)］。一年后，索托马约尔大法官反对最高法院在田纳西州的一案中拒绝暂缓执行死刑。该案中一名囚犯声称在 3 种药物混合剂中使用咪达唑仑会构成“极其痛苦的酷刑”。索托马约尔大法官写道，允许执行死刑将意味着美国“不再是一个文明国家，（已经）接受野蛮行为”［*Irick v. Tennessee*, 585 U. S. ___ (2018)］。

2017 年 4 月，阿肯色州担心该州日渐减少的咪达唑仑供应到期，在一周内处决了 4 名被定罪的杀人犯。2019 年，在“巴克鲁诉普雷西热”案中，美国最高法院以 5：4 的投票结果确认了对拉塞尔·巴克鲁以注射方式执行死刑符合宪法。此前，患有罕见疾病的巴克鲁曾提出请求，不用注射方式处决他，而改用致命气体缺氧——氮气处决他，这将会大大减少他所称的与致命注射相关的严重疼痛。最高法院多数意见认为，巴克鲁未能实际证明他在请求中所提出的缺氧氮气的作用，故裁定对他适用注射执行符合宪法［*Bucklew v. Precythe*, 587 U. S. ___(2019)］。

随着各州开始使其注射执行死刑方案多样化，联邦法院不再强制要求各州披露用于处决囚犯的有毒药物的信息。面临处决的囚犯声称，这些信息是必要的，可以防止他们受到残酷的惩罚。

田纳西州允许在 1998 年之前被定罪的死刑犯选择电刑处决。1998 年，该州首次采用以注射作为处决方式。自 2018 年以来，有 4 名囚犯被使用电刑处决（Rojas 2020）。

死刑的适用

被告人是否会被判处死刑，取决于是否在保留死刑的 29 个州中的一个州接受审判。2016 年 11 月，一个有意思的事态发展是，内布拉斯加州投票推翻了一项州立法机关对死刑的禁令。卡罗尔·斯泰克和乔丹·斯泰克根据各州对待死刑的不同方式将它们分为 4 类（Steiker and Steiker 2016：118-120）。

第一类,废除死刑的州。法律上禁止死刑,主要位于美国中西部和东北部(如密歇根州和佛蒙特州)。

第二类,事实上废除死刑的州。法律上有死刑规定但判处死刑的人很少,也很少执行死刑;位于全国各地(如科罗拉多州和怀俄明州)。

第三类,象征性判处死刑的州。判处大量罪犯死刑,但是少见执行死刑;分布在全国各地(如加利福尼亚州和宾夕法尼亚州)。

第四类,积极执行死刑的州。判处罪犯死刑并执行死刑,主要分布在南部和边疆州(如俄克拉何马州和得克萨斯州)。

在实行死刑的各州,检察官对被告提出死刑指控的意愿各不相同。在最近废除了死刑的马里兰州,对符合死刑判决规定的犯罪案件,检察官坚持要求判处死刑的大约只占 27%。巴尔的摩县对符合死刑判决规定而实际判处死刑的案件占 65%,而在相邻的巴尔的摩市,实际判处死刑的只占 5%(Paternoster et al. 2008:59-64)。

2010 年至 2016 年,加利福尼亚州洛杉矶县判处的死刑比美国任何一个县都多。2016 年,全国 3000 个县中只有 27 个县判处死刑。在过去 40 年中,15 个县(占美国所有县的 0.5%)执行了 30%的死刑(Death Penalty Information Center 2016;Garrett 2017:139-141)。少数几个正常执行死刑的分散在其他地方的县往往是人口稠密、富裕的司法管辖区,可以承担死刑审判的费用,而在负担不起死刑起诉费用的较贫穷的农村县,死刑起诉基本上已消失(Garrett 2017:142-143)。南方各州执行死刑最为普遍(1235 起),仅得克萨斯州和俄克拉何马州就已执行死刑 678 起以上。中西部各州执行死刑 186 起,西部各州 85 起,东北部各州只有 4 起(Death Penalty Information Center 2019)。

布兰登·加勒特发现,继续实行死刑制度的国家大都有着种族偏见的历史,法官和陪审员一直不反对死刑,辩护律师体系薄弱。李·科瓦斯基教授将此称为“肌肉记忆”,即过去的起诉模式预测当代起诉模式的过程(Garrett 2017:145-151)。

对杀害白人的杀人犯判处死刑的比例过高。因杀害 1 名白人而被处决的罪犯占 76%,因杀害一名非洲裔而被处决的占 15%,因杀害了 1 名西班牙裔而被处决的占 7%(Death Penalty Information Center 2019)。大多数被处决的人是杀害白种人的白种人(占 54%)。大约 36%的被处决者是杀害白种人的非白种人。大约 3%的被处决者是杀害非白种人的白种人,18%的被处决者是杀害非白种人的非白种人（Paternoster et al. 2008:47-49）。在路易斯安那州，杀害白种人的罪犯被判处死刑的可能是白种人杀人犯的 6 倍，因杀害白种人而被处决的可能是白种人杀人犯的 14 倍（Editorial Board 2016）。

非洲裔罪犯被判处死刑的比例较高。42%的死刑犯是非洲裔，42%是白种人，13%是西班牙裔。就已经执行的处决而言，大约 34%的囚犯是非洲裔，56%是白种人，8%是西班牙裔（Death Penalty Information Center 2019）。

截至 2020 年 1 月，有 53 名女性被判死刑，约占所有死刑犯的 2%。自 1976 年以来，已有 15 名女性被处决；自美国实行死刑制度以来，已有 571 名女性被执行死刑，几乎占所有被处决人数的 3%（Death Penalty Information Center 2016，2019，2020）。

死刑信息中心报告称，自 1973 年以来，美国 28 个州的 166 多名死刑犯已被无罪释放。在过去的几十年里，平均每年有 5 次无罪释放。大约 85 名被无罪释放的人是非洲裔，65 名是白种人，15 名是西班牙裔。然而，随着处决人数的下降，适用死刑的问题依然存在。死刑信息中心发现，每 9.1 名被处决的人中就有 1 名被误判误杀，每 9.1 名被判处死刑的人中就有 1 人被改判无罪释放。自 1972 年美国最高法院恢复死刑以来，已有 200 多人被各州根据最高法院后来宣布违宪的做法处决，如处决青少年。死刑信息中心列出了 26 人，这些人在过去 30 年中被处决但“可能是无辜的”（Death Penalty Information Center 2019）。

1977 年至 2000 年，伊利诺伊州有 298 人被判处死刑，其中 13 人后被改判无罪，包括 1 人在预定执行死刑的 48 小时内被宣告无罪。共和党州长乔治·瑞安虽是死刑的支持者，但他宣称死刑程序存在致命缺陷，并宣布暂停在伊利诺伊州执行死刑。3 年后，瑞安州长为其他 167 名死刑犯减刑。后来伊利诺伊州又有 8 名死囚被宣告无罪（Paternoster et al. 2008:65-67；Turow 2003）。1992 年的一项研究认为，在美国有 400 多起案件无辜者被定罪并判处死刑（Radelet，Bedau and Putnam，1992）。

安德鲁·格尔曼及其合著者发现，近 2/3 的死刑判决在上诉时被撤销。其中，82%的被告在案件驳回重审中获得死刑以下的判决，7%的被告被判无罪。漫长的上诉过程延缓了执行死刑的步伐。1977 年至 1983 年，从定罪到执行平均时间为 4 年。2003 年年底，从定罪到执行平均时间延长至 10 年（Gelman et al. 2004；Liebman et al. 2000）。在路易斯安那州，自 1976 年以来的 155 起死刑判决中,有 82%的判决后来被撤销(Editorial Board 2016)。

正如我们知道的,死刑判决被推翻的原因,从警察和检察官过分作为,到法医鉴定报告存在漏洞和证人错误指认,再到对“垃圾科学”或“监狱揭发”的偏信,一言难尽。格尔曼调查中所发现的最令人担忧的问题是,40%由州法院撤销的死刑案件和 30%由联邦法院撤销的死刑案件,是由律师“无效的帮助”造成的(Gelman,Liebman,West and Kiss 2004)。上诉法院在这些案件中查明,辩护律师的业务表现低于“一般的职业规范”,而且存在这样的“合理可能性”,即假如没有律师的低劣表现,判决结果就会是另一个样子[*Strickland v. Washington*,466 U. S. 668(1984)]。

大多数死刑犯都雇不起律师,更不用说聘请专家证人和调查人员。他们只能接受法院委派的从州有关基金领取微薄报酬的律师。只有少数律师具备为死刑案件辩护的能力和经验,而且这些律师在任何时候最多只能受理 2—3 起案件。报纸调查一致发现,面临死刑的被告都是由素质成问题的辩护律师代理的。《芝加哥论坛报》一篇关于得克萨斯州死刑案件审理情况的报道披露,大约 20%的死刑犯的辩护律师因职业行为不端而受到惩戒处分,在其中一半的案件中,律师的不端行为发生在法院指派其担任辩护律师之前。《芝加哥论坛报》还发现,前州长乔治 · 布什任职期间执行死刑的 131 人中,有 30%的被告在量刑阶段,其辩护律师未能提供任何减轻罪责的证据或者只提供 1 个证据(Armstrong and Mills 1999a,1999b)。由于缺乏有能力的律师对死刑判决提出上诉,从判决到执行的延迟时间平均增加到 15 年(Steiker and Steiker 2016:206-207)。

死刑案件的费用比非死刑案件的费用高得多,因为审判时间长,性质复杂,而且上诉次数多。俄克拉何马州的一个委员会发现,死刑案件的平均成本是非死刑案件成本的 3. 2 倍以上。堪萨斯州的一项司法研究发现,死刑案件的成本是非死刑案件的 4 倍(Death Penalty Information Center 2019)。在华盛顿州,死刑审判的费用接近 300 万美元(Garrett 2017:157)。这些数字不包括将个人长期关押在死囚牢房中的相关费用。

自 1976 年以来,加利福尼亚州在死刑审判、上诉和监禁上花费了大约 40 亿美元,看守死囚每年花费约 6300 万美元。到 2030 年维持死刑工作的费用估计为 90 亿美元。在印第安纳州,执行死刑的成本为 50 万美元,而执行终身监禁不得假释的费用为 4. 5 万美元(Garrett 2017:158)。

2019 年 7 月，司法部长威廉·巴尔推翻了实际上已经暂停执行的联邦死刑规定。自 1988 年恢复死刑以来，联邦政府只处决了 3 名囚犯，其中包括 2013 年在俄克拉何马州制造爆炸案的蒂莫西·麦克维。近年来，联邦政府继续在少数案件中适用死刑，这些案件涉及 2015 年杀害 9 名非洲裔的迪伦·鲁夫和波士顿马拉松赛爆炸者之一焦哈尔·察尔纳耶夫等罪行特别严重的被告。5 名被判杀害儿童的男子将成为联邦政府新政策下第一批使用单一药剂戊巴比妥处决的罪犯（Bogel-Burroughs 2019）。

公众舆论与死刑

根据 2018 年 6 月的皮尤研究中心民意调查，54%的美国人支持对杀人罪判处死刑，而 39%的人表示他们反对死刑。这个结果与 2017 年 10 月的盖洛普民意调查结果一致，该结果显示，55%的受访者支持死刑。皮尤研究中心指出，其 2018 年调查的结果是，自 1976 年美国最高法院恢复死刑以来，公众对死刑的支持率第二低。盖洛普民意调查的结果是自 1973 年以来对死刑的支持率最低。

根据皮尤民意调查，59%的白人支持死刑，而非洲裔和西班牙裔分别只有 36%和 47%的支持率。男性中支持死刑的比例（61%）高于女性（46%）。77%的共和党人支持死刑，而民主党人和独立选民的支持率分别为 35%和 52%。年龄在 30 岁以下的年轻人对杀人罪判处死刑的支持率与反对率几乎各占一半（Oliphant 2018）。

盖洛普民意调查发现，51%的人认为死刑的适用是公平的，而 43%的人认为是不公平的。26%的人认为死刑的适用过于频繁，而 26%的人认为“刚刚好”（Jones 2018）。各种调查显示，大多数美国人更倾向于对罪犯判处终身监禁而不是死刑（Steiker and Steiker 2016：214）。

皮尤研究中心在 2015 年的一项调查中提出的问题更详细，发现大约六成的成年人表示死刑不能吓退人们从事严重的犯罪。七成的成年人表示，被执行死刑的有可能是无辜的人。尽管如此，大多数美国人（63%）仍然认为，当有人犯下像故意杀人这样的罪行时，死刑在道德上是正当合理的（Oliphant 2018）。

民众对于死刑的支持无疑是基于“以眼还眼”和“以牙还牙”的报复性常理的反映。一个人如果有预谋地、故意地、自愿地剥夺他人生命，那么就已经是自绝于社会。为了确保对“恶极之恶极”的罪犯适用死刑，陪审团必须至少找到一个加重处罚的理由,且不能被减轻处罚情节抵销(van den Haag 1975:213)。然而,公众对死刑的支持率正在下降,因为公众疑虑政府是否应该有权剥夺一个人的生命,且担心无辜的人被错杀,其认为无假释终身监禁已经是充分的惩罚。

大卫·加兰德认为,公众认可死刑是基于使死刑合法化的5个“框架”(Garland 2010:39-69)。

(1)规则:死刑符合宪法。

(2)犯罪:死刑可威慑犯罪,是打击犯罪的核心。

(3)报复:死刑以“同样的方式”报复罪犯,以维持社会的“秩序和平衡”。

(4)抚慰:死刑可抚慰受害者,并把罪犯清除出社会。

(5)民主:死刑反映了人民的意愿。

关于死刑的争论

哲学家沃特尔·伯恩斯认为,杀人罪是一种反社会的犯罪,因为杀人罪威胁了人的安全和生命的神圣,动摇了社会的基础。不剥夺杀人犯的生命就是轻视生命,把社会置于危险的境地(Berns 1987)。

有人指出,死刑能够威慑那些实施绑架和强奸等严重犯罪的人,阻止他们下一步杀害受害者。该论点还指出,死刑是阻止被判终身监禁或者刑期极长的囚犯杀害其他囚犯的唯一可行的威慑手段。此外,人们还认为,死刑为受害者家人提供了一种完结感和满足感,因为杀害其亲人的凶手已经受到充分的惩罚(van den Haag 1975:214-217)。

针对支持死刑的道德论点,主张废除死刑的人认为,报复或“以眼还眼”并不是要求严格等同于罪犯所造成的伤害。判处终身监禁已经十分严厉,足以体现对受害者生命的尊重(Reiman 2007)。雨果·贝道提出了“最小侵犯原则”。在贝道看来,一个民主国家有责任尊重人权,应该仅使用实现目标所需的惩罚力度。贝道在结论中指出,无假释终身监禁和死刑对惩罚罪犯同样有效,没有必要适用死刑(Bedau 2004)。

对罪犯执行死刑可以确保这些罪犯不再对社会构成威胁。被判处终身监禁的罪犯有可能越狱,也有可能对其他囚犯构成威胁。然而,被判犯有杀人罪的罪犯,就算是越狱逃跑或者假释出狱,也不可能再实施严重的犯罪(Paternoster et al. 2008:135-138)。

一项对6835名因杀人罪服刑并从州监狱获得假释的囚犯所做的调查发现,被认定在假释期间又重新犯罪的犯人占4.5%,再次实施杀人犯罪的犯人占0.31%(Sellin 1980)。詹姆斯·马夸特和乔纳森·索伦森做了一项对比研究,研究对象一方是得克萨斯州28名在“福曼诉佐治亚州”案裁定后被释放的死刑犯,另一方是109名因杀人罪或强奸罪被判处终身监禁获得假释的囚犯,研究内容是这两类罪犯出狱后的犯罪行为。研究发现,死刑犯中有1人犯下杀人罪,而假释犯中却没有人实施杀人犯罪;死刑犯再次犯罪的人数占14%,而被判终身监禁的囚犯再次犯罪的人数占6%。这些死刑犯获释后所犯的罪行有1项强奸罪和2项入室盗窃罪。一项对全国239名被释放的死刑犯的调查也发现他们犯有同类的罪行(Marquart and Sorensen 1988,1989)。

“残酷化论点”认为,死刑实际上助长了犯罪,而非威慑犯罪,因为死刑创造了一种容忍违法、暴力和杀人的气候(Bailey 1998)。一项对1990年俄克拉何马州25年来首次执行死刑的早期统计研究发现,这次执行死刑对犯罪的威慑效果微乎其微,并导致针对“陌生人”的杀人案“急剧而持久的增加”。增多的杀人案发生在犯罪分子认为自己被一个不认识的受害者所“冤枉”的情况下,是对个人遭受侮辱或不尊重等事件的回应(Cochran, Chamlin, and Seth 1994)。

死刑与威慑

支持死刑的核心理由是死刑可威慑杀人犯罪。大量对此问题的研究结果相互抵触。但是,人们总的共识是,没有证据证明死刑比终身监禁更具威慑力(Paternoster et al. 2008)。

索斯藤·塞林较早对死刑的威慑作用做了研究。他比较了相邻几个州1920年到1935年的杀人犯罪率。这些州在很多方面都很相似,但在是否实行死刑制度方面存在不同。塞林在论文中指出,如果死刑比终身监禁对杀人罪更具威慑力,那么,实行死刑的各州杀人犯罪率应该低于实行终身监禁的相邻各州的杀人犯罪率。然而,事实是,在相同地理区域内,实行死刑的州和终身监禁的州之间杀人犯罪率并无明显差别(Sellin 1959)。彼特森和贝利基于1973年到1984年的数据所进行的一项研究证实了塞林的调查结果。他们发现,实行死刑的州杀人犯罪率(每10万人8.5起杀人案)稍高于不实行死刑州的杀人犯罪率(每10万人7.6起杀人案)(Peterson and Bailey 1988)。

塞林的研究不足之处在于,影响各州杀人犯罪率的因素与其实行死刑或是终身监禁没有关系。尽管如此,鲍尔达斯和科尔对有无死刑判决的各州的全面比较总体上证实了塞林的研究结果(Baldus and Cole 1975)。

经济学家埃萨克·艾利希对塞林的研究提出强烈批评。艾利希指出,只看一个州是否有死刑判决是不够的。他综合了各州的调查数据,并且运用了复杂的统计技术(回归分析)确定死刑判决对美国1933年到1969年杀人犯罪的影响。艾利希采取的研究模式只研究死刑是否会影响杀人犯罪率,不研究其他影响因素。他得出的挑衅性的结论是,平均每年多执行1例死刑,杀人案就会减少7—8起(Ehrlich 1975:414)。1985年,艾利希的学生史蒂芬·莱森更是得出结论,每多执行1例死刑,就会再多阻止18起杀人案(Layson 1985)。

艾利希的研究方法受到了批评(Passell and Taylor 1977),久负盛名的美国国家科学院组成由诺贝尔奖得主、经济学家劳伦斯·克莱恩牵头的威慑问题研究小组,负责弄清死刑和杀人犯罪率之间的关系。研究小组采用的数据与统计技术同艾利希所采用的相同,但得出的结论是,研究结果并不能确定死刑对杀人犯罪率有影响(Klein,Forst and Filatov 1978:359)。

约翰·多诺修和贾斯汀·沃尔弗斯通过仔细研究艾利希的数据,未能"明确发现""优势证据是否表明死刑会致使杀人犯罪率上升或下降"(Donohue and Wolfers 2006:843)。

通过研究关于威慑和死刑的文献资料,理查德·伯克得出结论,"在绝大多数州,在绝大多数年份,在这些分析中都没有威慑的证据"(Berk 2005:330)。

一项对新闻报道的研究发现,对执行死刑的新闻报道不论是形式上还是篇幅上,都对美国的杀人犯罪率没有威慑效果(Bailey 1990)。

在研究死刑威慑效果的证据时,齐姆林和霍金斯得出了令人不安的结论:在没有证据表明死刑比终身监禁更有威慑力的情况下,死刑只会剥夺杀人犯的生命(Zimring and Hawkins 1986:188-190)。

迈克尔·拉德勒特和特蕾西·拉考克曾向一些知名的犯罪学专家咨询是否有实验证据表明死刑对杀人犯罪构成威慑。78%的接受咨询的专家表示,死刑没有降低一个州的杀人犯罪率。94%的专家人认为几乎没有证据证明死刑具有威慑力。而且,91.6%的学者认为,提高死刑执行率不会提高死刑的威慑力,87.6%的学者认为快判快杀也不会提高死刑的威慑力。91%的专家认为,政界人士支持死刑只是为了表明他们对打击犯罪的强硬态度。75%的专家表示，死刑分散了立法机关的注意力，妨碍其讨论制定真正解决犯罪问题的法律（Radelet and Lacock 2009）。

2012 年，美国国家科学院国家研究理事会任命了一个委员会，由其负责研究“死刑是否威慑杀人犯罪”问题。该委员会得出的研究结论是，“迄今为止的研究不能说明死刑是否对杀人犯罪率具有减少或增加作用或根本没有影响”。因此，现行的研究存在缺陷，国家政策的制定不应采信于现行的研究。该委员会发现，关于死刑和威慑的研究文献存在根本性的缺陷。例如，在考量死刑的威慑力时，这些研究没有考虑那些有死刑判决的州既有死刑又有终身监禁的法律规定。有关研究需要考虑是否只有死刑才有威慑作用，终身监禁是否也有威慑作用。未来的研究需要增加同实际的杀人犯的面谈，以确定他们是否畏惧死刑（Nagin and Pepper 2012）。

由于州财政预算缩减，死刑和终身监禁的比较成本也可能缩减。死刑案件起诉的费用高于杀人案非死刑起诉的费用。死刑案件的起诉更复杂，更耗时，还牵涉多重上诉。佛罗里达州如果要求判处无假释终身监禁而不是要求判处死刑，每年会节省大约 5100 万美元。据估计，1976 年至 2000 年，佛罗里达州每一起死刑案件的起诉花费是 2400 万美元。在加利福尼亚州，死刑要比终身监禁每年多花费纳税人 1.3 亿美元。在洛杉矶县，死刑案件的审判费用是非死刑案件审判费用的 3 倍，并造成实行死刑的州为贫困辩护提供的资金出现紧张（Paternoster et al. 2008：131－133）。卡罗尔·斯泰克和乔丹·斯泰克估计，在加利福尼亚州，每次执行死刑的成本（包括与死刑审判、辩护律师和加强死囚安保相关的成本）接近 2.5 亿美元（Steiker and Steiker 2016：206）。

2013 年 11 月，加利福尼亚州在投票中以 53%支持率对 47%反对率决定继续保留死刑。自 1978 年恢复死刑以来，加利福尼亚州已经对 6 人执行了死刑，死囚人数增至 741 人。据估算，从 1978 年以来，加利福尼亚州已在死刑案件上花费 40 亿美元。在 2016 年，为了削减因将罪犯长期关押在死囚牢房而产生的费用，加利福尼亚州投票通过了一项旨在加速死刑上诉的法律。

下一部分，我们将讨论法律对于无受害者犯罪的威慑力。所谓的无受害者犯罪就是人们自愿从事的而且通常不认为有害的犯罪。问题是，法律是否能够威慑这类两厢情愿的犯罪行为。

无受害者犯罪

在历史上,美国法律把那些被认为有害且不道德的自愿行为定为犯罪行为。例如卖淫尽管是成年人双方自愿的行为,但是在美国各司法管辖区(除内华达州以外)均被定为犯罪行为。卖淫、赌博、流浪、安乐死,以及拥有黄色淫秽制品与各种毒品,因为据称其不存在可辨别的受害者,均被称为无受害者犯罪(Schur 1965)。

然而,可以肯定的是,无受害者犯罪确实损害了有关的个人和社会。一些评论者认为,把这些所谓的无受害者犯罪称作双方自愿犯罪或者扰乱公共秩序犯罪更为准确(Barkan 2009:149-156)。

法律哲学家理查德·瓦瑟特罗姆在著作中写道,根本问题在于法律是否因为社会认为某种行为不道德就应对其予以惩罚(Wasserstrom 1971)。关于法律和道德最著名的论述是约翰·斯图尔特·密尔的文章《论自由》(1859 年)。密尔认为,没有正当理由,法律不应当干涉个人的独立与自主。他指出,"在文明群体中,能够对其中任何成员行使一种权力虽反其意志而不失为正当,唯一的目的便是防止对他人的损害"。密尔认为,不能因为社会认为这样做对个人会"更好",会使其"更幸福"或"更明智",就强迫一个人这样做,而不能那样做。社会可批评一个人的行为,或给一个人以奖励或利益,但是在密尔看来,如果无法证明对他人有损害,社会不可以颁布法律要求一个人做什么,也不可以颁布法律因其没有做什么而惩罚一个人。密尔认为,说到是非善恶问题,社会有可能是对错各半(Mill 1979:141-162)。

律师兼法官詹姆斯·菲次詹姆斯·斯蒂芬在《自由·平等·博爱》(1873 年)一书中对密尔的观点提出挑战。他认为,密尔提倡的无限个人自由观念会导致社会混乱,而社会的存续要求个人的行为必须符合道德规范。

1954 年 8 月,人们关于法律和道德的辩论再次展开。当时,约翰·沃尔芬登受指派主持一个专门委员会,评估英国有关卖淫和同性恋的法律。该委员会建议,成年人之间自愿的同性关系不应再被视为犯罪。这个建议的根据是人们享有"私德"领域的"个人选择自由"。该委员会认为,必须保留一个"私人道德与不道德"的空间,"不受法律干涉"(Wolfenden Report 1957:Para. 61)。

卖淫在美国是违法行为,除内华达州几个农村县级地区以外。人们常把卖淫同虐待妇女与非法性交易联系在一起。不过,卖淫是一项盈利行业。根据城市研究所的报告，2007 年，亚特兰大性交易估值为 2900 万美元，迈阿密为 2350 万美元。

1962 年，由许多知名律师、法官、法学专家组成的美国法律研究所出版了《模范刑法典》（Model Penal Code）。这部刑法典全面收录了刑事法规，代表着这批德高望重的法律专家就以最佳的方式定义犯罪和刑事辩护的意见。各州被要求考虑采纳该法典的部分或全部规定。《模范刑法典》遵循的哲学理念是，法律试图禁止不道德行为是"不适当的"，对道德行为的提倡最好留给教育和宗教机构去做。

1958 年，也就是《论自由》发表 100 年后，英国勋爵帕特里克·德富林发表公开演说，批评约翰·斯图尔特·密尔和《沃芬登报告》所主张的法律和道德分隔开的观点。德富林以《道德的实践》为题发表了他的演说。他指出，一个共同的、统一的道德信仰体系把社会维系在一起，防止社会陷入混乱。每个社会都有权利维护其存续，而刑法是用来保护那些对社会存续至关重要的道德价值的工具。德富林在演说中指出，我们有"令人信服的理由"把引起人们"难忍、愤慨和厌恶"的行为定为犯罪，而且，"我们不能……谴责自己对邪恶无所作为，因为如果我们作为，也可能无意毁掉良善"。他的结论是，"打击邪恶同镇压颠覆罪一样，都是法律的事情"（Devlin 1965：7，11，16，17，123）。

1963 年，牛津大学的 H. L. A. 哈特在其著作《法律·自由与道德》中对德富林的演说做出回应。他质问，道德价值是否有统一的标准，刑法是否是实施道德的合适工具。道德应该是可讨论、可争辩的，最终应该留给个人去判断。多数人都谴责某一行为，并不能证明惩罚不支持多数人观点的少数人是正当的。这样会限制多数人认为可接受的行为自由，也会堵死道德观发展演进的可能性；且也没有证据证明，私下行为和双方情愿的行为损害了社会（Hart 1963）。

对各种"双方情愿行为"的刑事定罪可追溯到殖民时期的美国。在新英格兰各殖民区，犯罪和宗教罪没有区分。不做礼拜，亵渎神明，安息日工作，都构成犯罪。人们如发生圣经中所谴责的性行为，可招致宗教训斥、革除教籍，或适当的刑事处罚。鸡奸未成年人和兽奸都是死罪。1642 年，在马萨诸塞州的普利茅斯，16 岁的托马斯·格兰杰被判定同 1 匹马、1 头奶牛、2 只山羊、5 只绵羊、2 头小牛和 1 只火鸡发生兽奸行为。最后，托马斯·格兰杰同这些动物一起被处决（Friedman 1993：34-35）。

婚外性行为是 17 世纪受到处罚最为普遍的犯罪行为。婚前性行为者会受到起诉、罚款、鞭刑或杖刑。婚外生子的妇女会被处以鞭刑 21 下。在马萨诸塞州,赌博和推圆盘游戏是非法行为。在弗吉尼亚州,酗酒、咒骂、通奸和乱伦都会受到法律惩处(Friedman 1993:35-36,54)。

一项关于马萨诸塞州 1760 年到 1774 年 6 个县起诉案件的调查发现,私通案件占 38%,宗教犯罪(如亵渎神明,不上教堂)占 13%。大多数私通案件都是起诉女方,目的是迫使女方供出男方的姓名,因为男方背叛了神圣婚姻的誓约,并判他对由通奸所生的孩子承担抚养的责任(Friedman 1993:54)。

19 世纪,人们持续关注劳伦斯·弗里德曼所说的"违反道德罪"。对于"违反道德罪"的处理办法是基于弗里德曼所说的"维多利亚妥协"。社会接受了这样一种观念,即人类对快乐的冲动意味着对违反道德罪的完全执法是不现实的,只要不道德行为不发生在公众视野之内也是可以容忍的。人们也意识到,在庞大而多样化的城区,全面执行通奸和乱伦的法律实际上是不可能的。例如在密歇根州,通奸和乱伦,除非"公然且影响恶劣",一般情况下是不受处罚的。因引诱"品行端正的未婚女子"投入其"欲望的怀抱"而被起诉的男性,只要他同意与该女子结婚,就可以免于处罚。亚拉巴马州对辱骂性、侮辱性或淫秽言语的惩罚仅限于当着女性的面骂人(Friedman 1993:130,219-220)。

在 19 世纪,赌博依然是违法行为。1839 年,伊利诺伊州颁布了一项法律,对销售或以销售为目的进口"任何一包或数包扑克牌、骰子、台球桌、台球……或淫秽书籍"的任何人处以罚款。此外,"赌钱,或赌其他贵重物品,任何牌局……棋局,或台球;或赌比赛"也都属于犯罪行为。"维多利亚妥协"使赌博得到容许。1845 年到 1851 年,纽约只有 59 起案件中的赌徒受到起诉,约一半被拘留妇女交了罚款,对其他被告的指控遭到驳回。有关方面定期采取措施对州发彩票进行限制,因为公开发行彩票据称激发了劳工阶级对"奢侈生活"的奢望,而他们本该集中时间和精力从事工作和劳动(Friedman 1993:133-134)。

酗酒一直都是犯罪。19 世纪,人们把职业道德沦丧归咎于饮酒,认为饮酒造就了醉酒群体,这个群体不能被赋予投票权。饮酒与来自德国和爱尔兰的移民有关。人们认为饮酒带来了社会腐化。于是,戒酒运动兴起。该运动于 1851 年说服缅因州取缔了酒的生产与销售(Friedman 1993:134)。

1870 年以后,"维多利亚妥协"开始瓦解。"反恶习"的社会团体纷纷成立,强烈反对所谓的劳工阶级和移民道德沦丧行为。1873 年,康涅狄格州的一个年轻售货员安东尼·康斯托克成功说服国会通过《康斯托克法案》。这项法案宣布邮寄任何“淫秽、下流或淫荡”出版物或者任何“避孕或堕胎物品”是犯罪行为。该法案还把法定强奸罪的适用年龄由14岁提高至16岁,这是各州法律的样板。美国国会规定,跨州出售彩票属于违法行为。各州禁止白酒的生产和销售或严格管制白酒的销售。1879年,加利福尼亚州奥克兰市颁布了一项条例,规定在海湾港口下海游泳必须穿着从腰部到大腿的泳裤,并穿一件衬衫或运动衫,覆盖除头或手臂外的所有上半身(Friedman 1993:139)。

各州和地方都宣布经营妓院是犯罪行为,并通过法律,禁止“夜行者”“流浪者”“下流淫荡”行为。只要卖淫活动限于“红灯区”,警察一般是不管的。然而,宗教领袖谴责卖淫是对家庭的侵害和对妇女的家庭角色的侵害。迫于教会团体和反恶习组织的压力,警方会不定期地打击在街上拉客的妓女,但对抓捕高价应召女郎和男性嫖客的兴趣不大。被抓者被带去游街,受到旁观者的嘲笑和骚扰,被关进监狱,在缴纳少量罚款后被释放。整个过程在一定程度上是作秀。男性的共识是,卖淫为男性提供了一个发泄性冲动的途径,同时又不妨碍“好女人”在婚前保持贞洁(Friedman 1993:223-228)。

1880年,监狱和地方看守所关押囚犯5.8万人,其中4768人因违反“公共道德”入狱。大部分人被抓是因“酗酒与扰乱治安”,还有人被抓是因为乱伦、同性恋、重婚、通奸、诱奸、私通、猥亵、露阴以及持有淫秽物品(Friedman 1993:139)。

进入20世纪,“无受害者犯罪”依然是刑事司法的焦点。1910年,美国通过了《曼恩法案》,使人们对外州人的恐惧和性道德交织在一起。美国民众担心,外州皮条客和堕落者团伙正在渗入本州,威逼利诱天真的农家女孩成为所谓的性“白奴”。《曼恩法案》规定,“以组织卖淫或放荡及其他任何反道德活动为目的”,跨州“贩卖妇女”是犯罪行为。《曼恩法案》已经超出了最初的目的,被用来加强性道德。1917年,在著名的“卡米内蒂诉合众国”案中,最高法院维持了对两名男青年的有罪判决,因为他们带着女友跨越加利福尼亚州边界进入内华达州[Friedman 1993:327; *Caminetti v. United States*, 242 U. S. 470 (1917)]。

滥用《曼恩法案》的一个有名的例子,是1913年对世界重量级拳击冠军、美国黑人杰克·约翰逊的起诉。被起诉的原因是他从伊利诺伊州芝加哥市给宾夕法尼亚州匹兹堡市的白人女友邮寄车票。约翰逊因此被判1年有期徒刑。

特朗普总统向约翰逊发出了姗姗来迟的总统赦免令(Eligon and Thorp 2018)。从1910年至1915年,因“拐卖白人妇女为娼”被定罪的超过1000人。尽管《曼恩法案》主要针对男性,但也有女性成为其针对的目标。研究发现,1927至1937年这10年间入狱的156名妇女中,将近1/4的妇女与商业卖淫无关,她们是在同打算结婚的男子穿过州际边界时被捕的(Friedman 1993:328)。

20世纪的黎明也见证了致力于根除妓院的“红灯区治理运动”。芝加哥是一个典型的例子。在1909年10月,12000名男女浩浩荡荡涌入红灯区,要求恢复红灯区为基督教区。2年后,10000名居民举行大游行,声援根除这个“淫乱王国”。芝加哥的一份报告将卖淫定性为一种邪恶,必须予以铲除以保护城市的道德完整性。31个州通过了红灯区治理法案,规定州检察长和公民有权提起关闭妓院的法律诉讼。卖淫活动虽遭受全国性打击,但妓女转移到城市的其他地区以逃避打击。尽管卖淫活动已成众矢之的,但男性对性服务的需求仍然很大(Friedman 1993:228-331)。

斯科特·斯特恩指出,随着美国卷入第一次世界大战,性传播感染病梅毒和淋病开始被视为国家安全和公共卫生问题。联邦政府鼓励各州和城市执行针对妓女和其他妇女的政策,并提供资金支持。联邦政府的这一举措被称为“美国计划”。于是,红灯区被关闭,那些被认为从事“不道德行为”的年轻女性被拘留、接受医学检查,甚至被监禁。成千上万的妇女继续遭受“1920年代和1930年代的虐待行为”。“美国计划”在“二战”期间重新启动,导致数以万计的妇女被拘留或隔离在集中营,被强迫接受治疗和性教育。在一些司法管辖区,“美国计划”一直延续到20世纪70年代(Stern 2018:7,216)。

在20世纪初,乱伦和通奸依然受法律制裁。在波士顿,1920年前6个月就有77名男性和81名女性因乱伦被起诉,25名男性和20名女性因通奸被起诉,46名男性和49名女性被指控同居淫乱。一些州将法定性行为的年龄提至18岁,田纳西州更是规定,同不满21周岁女性发生性行为是重罪(Friedman 1993:332-334)。

在马萨诸塞州,一名书商因销售西奥多·德莱塞的《美国的悲剧》而被判有罪。审判中,检察官将这部被公认为美国小说经典的作品称为“令人恶心”“非常污秽”“邪恶”“可怕”的材料。马萨诸塞州最高法院维持了对书商的定罪判决,指出,这本书即使具有“极高的文学价值、艺术价值和引人深思的道德教训”,但也充斥着对卖淫和堕胎的淫秽描写(Stone 2017:173-174)。

在20世纪初期以前,警方对同性恋基本上都是不管不问。截至1870年,只有6起同性恋上诉案件,1870年至1900年有23起,20世纪前半叶有200起,而仅在1940年就有68起。到20世纪50年代早期,哥伦比亚特区平均每年都有1000人因同性恋行为被拘禁。惩治鸡奸法被宽泛地解释为适用于任何不会致使生育的性行为(Friedman 1993:343-344)。

反恶习运动达到高潮是在1919年,这年通过的美国宪法第十八修正案禁止白酒的生产、运输、进口与销售。1929年,在俄亥俄州哥伦布市,1958人因违反禁酒法而被逮捕。这一人数是汽车盗窃案被捕人数的10倍,抢劫案被捕人数的20倍以上。非法制售私酒的犯罪集团从禁酒令中占到便宜。1927年,芝加哥"老板的老板"阿尔·卡彭从非法售酒和赌博中获利超过6000万美元(Friedman 1993:339-341)。

禁酒令于1933年被废除。约瑟夫·古斯菲尔德在其众所周知的著作《象征性讨伐:地位政治和美国禁酒运动》中指出,禁酒运动参与者主要是小村镇的农场新教徒,因为他们认定饮酒与定居在城区的爱尔兰和意大利天主教移民有关。古斯菲尔德指出,禁酒是一场象征性讨伐移民的运动,一场扑灭"恶魔朗姆酒"的运动。朗姆酒被认为是侵蚀美国社会道德结构的第一步(Gusfield 1986)。

到20世纪后半叶,反恶习运动已失去其相当大的势头。1931年,内华达州赌博合法化,州彩票业逐渐得到建立。新泽西州出于税收需要,在大西洋城设立赌场,而且许多州也批准设立赌场。1961年,根据《曼恩法案》而起诉的案件是157起,而到20世纪60年代末则降至36起。各州废除了乱伦和通奸罪(Friedman 1993:341-347)。

在"劳伦斯诉得克萨斯州"一案中,最高法院推翻了两名同性恋男子被判定的鸡奸罪,从而给反鸡奸法钉上了棺材[*Lawrence v. Texas*, 539 U. S. 558 (2003)]。

所谓的无受害者犯罪或者两相情愿犯罪一直是人们争论的中心。诺弗尔·莫里斯和戈登·霍金斯在其经典著作《诚实政客控制犯罪指南》中批评刑法"胳膊伸的太长"(Morris and Hawkins 1969:158-176)。莫里斯和霍金斯指出,无受害者犯罪令人关注,因为几乎一半被捕者都是因为酗酒、扰乱公共秩序、赌博和性交易(Morris and Hawkins 1969:4)。他们对个人道德行为的刑事定罪明确阐述了许多反对意见(Morris and Hawkins 1969:5-6)。

犯罪关税:赌博、吸毒及性交易,因其违法性质而造成经济成本提高,从而限制了供应商之间的竞争。

有组织犯罪:犯罪组织和团伙从事可赚来高额利润的非法活动,而又用取得的利润资助其他非法活动,或者投资于可增加利润的合法生意。

次生犯罪:吸毒或赌博成瘾者由于"维持习惯"的成本提高,不惜实施犯罪以获得赌资、毒资。而且,从事非法活动的人也可能受到敲诈勒索。

质量管控:"黑市"出售的违法商品或服务没有健康与安全保障。如果卖淫与吸毒合法化,卖淫女可获得健康检查,政府也可监管毒品质量。

威慑:对吸食毒品或酗酒成瘾者实施抓捕并不能起到威慑作用。因酗酒扰乱公共秩序或性交易而被抓的人一般很快就会被释放。抓了放,放了抓,如旋转门一样,并不能起到威慑作用。

抓捕:对性交易或其他无受害者犯罪的执法难度大,往往要求执法人员采用诱捕等复杂战术执法;而对无受害者犯罪的实施者抓捕不力则又损害法律的威慑力。

双重标准:执法不统一损害了取缔"道德犯罪"的合法性。有人因为持有大麻而被送进监狱,而与此同时,有 33 个州和哥伦比亚特区允许使用医用大麻。法律也可能显得任意、武断。我们容忍对身体有害的烟草,却把持有大麻定为犯罪行为(华盛顿州、科罗拉多州、阿拉斯加州、加利福尼亚州、缅因州、内华达州、马萨诸塞州、俄勒冈州、伊利诺伊州、密歇根州和佛蒙特州除外)。

腐败:由于缺少申诉证人或受害者,再加上可以从别人的非法活动中捞到可观的好处,警察腐败和司法腐败很容易滋生。警察一是有可能受贿,二是有可能把查扣的大麻转手出售。

社会危害:根据法律,"无受害者犯罪"属于道德犯罪,对社会并无重大的危害。

禁果诱惑:把违反道德的行为定为非法行为,反而使这些行为对年轻人更具诱惑力。

预算赤字:针对"无受害者犯罪"的执法行动耗费巨额经费和资源。如果将私藏大麻和卖淫嫖娼合法化,将会产生大量的州财政收入,为各州提供所需的资金来源。

在阅读关于卖淫和赌博的简论时,请思考关于无受害者犯罪的正反两方面论点。

卖 淫

在美国 49 个州和内华达州 15 个县中的 13 个县，卖淫都是犯罪行为。在其他州和地方，卖淫属于轻罪，一般处以至多 1 年刑期和罚款。对于屡犯，视其被抓次数，加重刑期。州法律通常也处罚以性行为换取值钱物品、拉客以及协助卖淫的行为。例如，开车协助卖淫行为的司机会被吊销驾驶证。近年来，因卖淫和商业性活动而被捕的人数显著下降。根据《统一犯罪报告》公布的官方数据，2017 年约有 2.849 万人因卖淫和商业恶习被抓。被抓的人中有近 40% 是男性，其中大多数要么是顾客，要么是“皮条客”。在被抓的人中，白人约占 1.5 万人，非洲裔超过 1.05 万人，亚洲裔超过 1500 人。对于“皮条客”和性贩子来说，性交易是一项利润丰厚的生意，2007 年在佐治亚州亚特兰大市创收了 2.9 亿美元，在佛罗里达州迈阿密市创收了 2.35 亿美元（Lowery 2014）。

传统上，人们之所以反对卖淫，是因为《圣经》和其他宗教典籍认为卖淫是一种罪恶。近年来，人们反对卖淫是因为卖淫对妓女的不利影响，如怀孕、感染性病、嫖客虐待、“皮条客”剥削，以及丧失自尊。另外，还有一个问题，这就是在街面上从事卖淫活动还会导致生意和家庭被赶出社区。光顾卖淫场所的人由于担心成为罪犯，也不愿意向警方举报。抓捕卖淫行动往往针对的是妓女，而不是嫖客。这种歧视性执法的理由是妓女在街上拉客有伤风化（Packer 1968:328-331）。

支持卖淫合法化的观点是，成人之间自愿的性行为不应属于犯罪行为，没有理由因为牵涉金钱交易就加以取缔。根据这种观点，妓女只要觉得合适，就有权利用自己的身体赚钱。而且，对那些因残疾等各种原因难以吸引到性伴侣的人来说，妓女为他们提供了性欲发泄的出口。

卖淫入罪对限制猖獗的卖淫活动收效甚微。抓捕妓女反而强化了妓女对“皮条客”的依赖，因为妓女需要“皮条客”缴纳保释金、聘请律师，以及保护她们免受嫖客虐待。卖淫入罪就不可能使妓女向警方举报“皮条客”或嫖客的虐待，或遭遇的抢劫。依法打击卖淫活动通常需要警方把巨大资源耗费到实施监控和诱捕行动中。

美国一些州的立法机构正在考虑将卖淫改为非刑事罪，对卖淫处以民事罚款。另一项提议是废除针对以卖淫为目的街上闲逛的法律。有人声称，这项法律被非法用来针对那些被怀疑在街角集会或穿着被警察认为符合妓女特征的人(McKinley 2019)。在华盛顿特区,一项将卖淫合法化的提议导致了长期盟友的分裂,全国妇女组织等致力于维护妇女权利的团体反对这项提议,而美国公民自由联盟等维护个人权利的团体则支持这项提议(Williams 2019b)。

荷兰已经将卖淫合法化,形成了一个性产业,3 万名性工作者创下产值 10 亿美元,占荷兰经济的 5%。德国大城市开办了“娱乐区”,内设妓院。瑞典废除了惩治卖淫服务的法律,却颁布了惩治嫖娼行为的法律,从而有效限制了公开拉客行为。瑞典的做法已被挪威、冰岛和北爱尔兰采用,并做了一些修改。

支持卖淫合法化的观点受到性交易全球化现象的挑战,这也表明遏制卖淫活动的刑法不起作用。

新西兰于 2003 年将卖淫合法化。2012 年的一项研究发现,新西兰绝大多数性工作者都“生活优裕”,尽管色情业老板仍然强迫她们“违背自己的意愿”接客,并继续剥削她们。性工作者和未成年性工作者的数量并没有因为卖淫合法化而显著增加(McKinley 2019)。

联邦调查局把性交易描述为“最常见的当代奴隶制”,并估计国内外受害者人数已达“百万计”。2007 年至 2017 年,打击人口贩运的非营利组织“北极星项目”在美国发现了 3.47 万起性贩运案件(Polaris Project n. d)。

性交易是国际上发展最快的行业,也是犯罪团伙非法活动中最盈利的方式之一。受害者大多是家境贫困的妇女和儿童,其被人贩子绑架或诱骗而来。这些妇女往往在遭受囚禁、强暴和心理虐待后,被卖为奴隶或妓女。

2000 年,美国首次颁布了联邦《人口贩运受害者保护法》。该法将人口贩卖受害者定义为“由于受到暴力、欺骗或胁迫”而从事劳动或性交易的人。18 岁以下者,即使未受到暴力、欺骗或胁迫,也被归入受害者之列。该法未涉及受害者是被跨州贩卖,或是跨国贩卖。

《人口贩运受害者保护法》从起诉、保护和预防 3 个方面打击人口贩卖活动。

(1)起诉:根据联邦和州各项禁止性贩卖的法律,对参与贩卖人口的犯罪人员提起刑事诉讼并判刑。

(2)保护:对受害者实施保护,为其提供医疗和居住场所,给予暂时居留美国的签证。

(3)预防:提高社会对人口贩卖的警惕性,努力减少对被贩卖人口的需求。

美国国务院编写全球性交易年度报告。对打击人口贩运不力的国家,美国将终止对其援助。

性贩卖受害者很少有人获得居留签证。尽管美国把打击贩卖人口的工作放在高度优先级,但被贩卖者的人数却仍持续快速增长。

2018 年,美国国会通过并且特朗普总统签署了《允许各州和受害者打击在线性贩卖法案》(FOSTA)。该法案修订了《通信规范法》第 230 条,该条款曾规定科技公司不必为其托管的第三方内容承担责任。对于网站平台上发布的故意帮助、支持或促进违反联邦性贩卖法的广告,FOSTA 规定了网站法人的民事和刑事责任。

2018 年,美国司法部启动了对 230 起联邦人口贩卖案的起诉,较 2017 年的 282 起有所减少。联邦定罪数量从 2017 年的 499 起上升至 2018 年的 526 起。根据美国国务院有关人口贩卖的报告,超过 70% 的人口贩卖定罪被判刑期超过 5 年。

你支持卖淫合法化吗?

流浪与无家可归

威廉·布莱克斯通是 18 世纪一位受人尊敬的英国法律理论家。他观察到,"懒惰"构成了"对公共经济的严重危害"。过去有时候,懒惰成性的流浪者被关在铁笼里,只给面包吃和水喝,直到他们参加劳动。流浪法被引入殖民时期的美国,直到进入 20 世纪许多年仍是各州刑法的一部分。1837 年,在"纽约诉米尔恩"案中,美国最高法院宣称,"我们认为一个州有能力并且有必要对……瘟疫般的乞丐、流浪者和可疑的罪犯,采取防范措施,就像防范传染病……对身体的侵害那样"[*New York v. Miln*,36 U. S. 102(1837)]。

佛罗里达州杰克逊维尔市的一项条例主要用来为众多的"流浪者"的定罪,这里的"流浪者"包括"流氓和游民,或四处乞讨的放荡者……使用戏法或非法游戏或表演的人,粗俗的醉鬼……粗俗的喧哗争吵的人,四处游逛没有任何合法目的或目标的人,游手好闲的人[和]扰乱治安的人。"警方通过广义解释该条例规定,经常扩大这一名单,如把个人刑事责任扩大到"开车游荡"等行为。

在《流浪国家:警察权力、宪法变革和 1960 年代的形成》一书中,丽萨·格鲁波夫叙述了各州流浪法,直到进入 20 世纪许多年,还被用来限制那些外出寻求更高工资和更好工作条件的失业工人。这些法律也被用来拘留乞讨食物或钱的乞丐。没有一份稳定的工作被视为道德缺失。选择过“流浪生活”的人被贴上了社会污名。在某些情况下,这些针对流浪和“流浪者”的法律也被用于制止那些要求改善劳动条件和提高工资的罢工者(Goluboff 2016:116)。

除了失业者之外,流浪法还针对“淫荡、放荡”和“性变态”,并被适用于管制妓女和在公共场所聚集的女同性恋、男同性恋、双性恋和变性人。警察经常援引这些法律中处罚在公共场所游逛的无业游民的“闲逛”条款,拘留他们怀疑有犯罪意图的人。流浪法也被证明是抓捕赌博集团成员和涉毒人员的重要工具(Goluboff 2016:8-66)。

法律评论专家和法院指出,犯罪必须以行为而不能以贫穷和失业等状况为依据,而流浪法却是这一要求的例外。1937 年,弗吉尼亚州最高法院毫不含糊地表明,流浪不涉及“个人的特定积极行为”,而是惩罚一种“生活、习惯和性格方式”。

1935 年,纽约州法律修订委员会的一份报告与弗吉尼亚州最高法院的观点相呼应。在接下来的几十年里,各地法院宣布,流浪法的目的是预防犯罪,如果警察必须等待犯罪发生,法律的预防作用就会受到损害。有些法官竟然认为,个人的“态度”可能会将他们置于流浪法管制的人员类别中(Goluboff 2016:28,60)。

在 20 世纪 60 年代,非洲裔和其他有色人种是流浪法的特别目标。亚拉巴马州的流浪法规定罚款 500 美元并处以最高 1 年的监禁,用来对付南方的“外部[民权]煽动者”。牧师马丁·路德·金谴责这些法律是“一些南方人乐于用来维护种族隔离制度的策略的新低”。在马丁·路德·金遇刺后的城市抗议活动中,林登·约翰逊总统任命的肯纳委员会指出,游荡和流浪法规是社区与警察关系紧张的一个根源(Goluboff 2016:62,65,114-115,267,269)。

20 世纪 60 年代流浪法针对的另一个目标群体是所谓的嬉皮士,即反对越南战争的长发青年。公众把嬉皮士同吸毒和“自由恋爱”的“反主流文化”相联系。例如,科罗拉多州的两名青年在一个“嬉皮聚会地”烤馅饼时被拘捕。拘捕他们的根据是一项法律规定:任何“能够在某些诚实和正当的职业中工作和养活自己的人,如果被发现闲逛或游荡,频繁光顾公共场所或卖酒的地方,乞讨或过着懒散、不道德或挥霍放荡的生活,或者没有任何明显的生计来源”,都被定为违法。一联邦地区法院推翻了对被告的有罪判决,该法院指出,一个人“可以自由地成为嬉皮士、卫理公会教徒、犹太教徒、黑豹党成员、基瓦尼人,甚至是共产主义者,只要他的行为不危害及他人,或侵犯他人的权利。”总之,做嬉皮士并不是犯罪[*Goldman v. Knecht*,295 F. Supp. 897(D. Colo. 1969)]。

自美国最高法院首次审理针对流浪法的上诉案20多年后,最高法院在“帕帕克里斯朵诉杰克逊维尔市”案[*Papachristou v. Jacksonville*,405 U. S. 156(1972)]中裁定,泛泛而论的流浪法违宪。在“帕帕克里斯朵诉杰克逊维尔市”案中,最高法院裁定流浪法因其含混不清而无效,并认为,这些法律对那些入罪的行为未作充分的规定,同时又赋予警察在执法时享有不合理的自由裁量权。由于缺乏明确的规定,流浪法实际上“默许并助长了随意执法和歧视性执法”,并“产生出一种独裁治理体制,穷人和不受欢迎的人被允许站在公共人行道上……只是警察的……一时兴起。”来自俄勒冈州的极端独立的大法官威廉·道格拉斯补充说,美国人“走路……闲逛[和]游荡,连同其‘特立独行’的权利,在历史上一直是美国自由、多元化和多样性的一部分”。

美国最高法院裁定流浪法违宪,带来了城镇管理上人手不足,无法有效管制被视为对公共安全和稳定构成威胁的个人。随着全国一些地区无家可归问题的加剧,政府官员开始采取新的策略来管制无家可归的人口。

美国国家无家可归与贫困法律中心估计,每年在美国有250万到350万人经历无家可归,其中包括至少160万名儿童。大约有750万人失去住所,与亲戚或朋友同住。无家可归者主要是非洲裔、残疾人和60岁以下的人。大约15%的无家可归者是家庭暴力的受害者,1%是退伍军人。这些数字是粗略估计,因为不同的机构采用不同的无家可归定义,采用不同的数据收集方法,而且进行调查的时期不同(National Law Center on Homelessness and Poverty 2016a)。

国家无家可归与贫困法律中心将无家可归问题归因于可买得起房屋的短缺,以及收容住房的不足,人们被迫流落街头。洛杉矶市和洛杉矶县估计,仅有的11933个收容床位需要安置大约53706名无家可归者。洛杉矶的无家可归人口足以填满拥有59000个座位的道奇体育场,而加利福尼亚州各地的城市中,无家可归人口的比例已经呈现两位数增长(Fuller, Arango and Keene 2019)。

国家无家可归与贫困法律中心定期对187个城市进行调查,得出的结论是,市政法规实际上将无家可归者的“必要人类活动”“定为犯罪”。这些法律旨在将明显无家可归的人赶出商业和旅游区,并越来越多地将他们排挤出整个城市(National Law Center on Homelessness and Poverty 2016b)。

政治官员以保护公共健康和公共安全为理由,把他们依靠这些市政法规或者说是“生活质量”法规清理无家可归者的做法变得正当合理。国家无家可归与贫困法律中心的调查报告记录了新增市政法规与执法情况。新增法规和执法内容包括禁止城市露营、在公园和地下通道睡觉、粗暴乞讨、在公共场所存放个人物品、睡在车里、擅自进入桥下和公园附近地区以及侵占人行道。

该报告还发现,针对无家可归者的法规禁止闲逛、乱穿马路和打开酒精容器。此外,一些城市禁止慈善机构、教堂和其他组织在指定区域以外向穷人提供食物,或者禁止无许可证的组织向无家可归者分发食物。这些法规的作用是要将城市转变为“无无家可归者区”,在那里,无家可归就成了犯罪行为。凯瑟琳·贝克特和史蒂夫·赫伯特在《放逐》一书中记录了西雅图和其他城市对禁止区的使用情况。这些城市对无家可归者发出民事驱逐令,将他们驱逐出公园或图书馆等区域,理由是他们有轻微的违法行为,比如在公园里呆了几个小时、非法露营、乱扔垃圾或拥有一个敞开的集装箱。违反驱逐令是一种轻罪(Beckett and Herbert 2009)。

将无家可归者“定罪”的一个例子可见联邦地区法院对“波廷杰诉迈阿密市”案的判决。该法院认为,佛罗里达州迈阿密市非法利用刑事司法系统来“消除或根除无家可归者的存在”,或“让无家可归者离开某些地方”。该策略的一个做法是驱赶无家可归者,阻止他们聚集在食品储藏公司向无家可归者免费提供食物的地方。

联邦地区法院发现,“没有一个公共场所可以让他们(无家可归者)在不被抓捕的情况下从事基本的、必要的行为,如睡觉”[*Pottinger v. City of Miami*, 810 F. Supp. 1551(S. D. Fla. 1992)]。

2017 年,国家无家可归与贫困法律中心将对待无家可归者较差的几个城市列入“耻辱堂”,这几个城市是科罗拉多州丹佛市、华盛顿州皮阿拉普市、夏威夷州火奴鲁鲁市、得克萨斯州达拉斯市(National Law Center on Homelessness and Poverty 2016b)。

尽管这些城市声称其市政政策和法规是基于这样一种观点,即刑法是推动无家可归者利用现有庇护所的最有效机制,但批评者却指出,这些城市是基于这样一种观点,即无家可归者是经济发展的障碍。国家无家可归与贫困法律中心认为,提供住房比将无家可归定为犯罪的做法要省钱省事得多,而且将无家可归定为犯罪并没有解决无家可归的根本问题。

福雷斯特·斯图尔特在对美国一个主要城市的“贫民窟”研究中发现，警察经常对无家人口进行监视。贫民窟人平均每年被警察拦下5.4次。因此，人们都学会了“应对警察的妙招”，并不断调整行为，以免引起警察的注意（Stuart 2016）。

国家法律中心在报告中提到劳伦斯·李·史密斯。他因患关节退行性疾病无法继续从事建筑工作，生活无以为继。史密斯原本在一辆露营货车里住了多年，后来这辆车被警察拖走，他因负担不起取车费用，沦为无家可归者。由于爱达荷州首府博伊西市的收容所短缺，他只得露宿街头。随后，他因非法露营而被捕，并被监禁100天。被监禁期间，他的帐篷、炉子和其他生活物品全部被偷。

56岁的杰罗姆·默道夫是一名无家可归的退伍军人。一次他在一座公寓大楼的楼梯间避寒，被警方以非法侵入罪逮捕。由于没有2500美元的保释金，他被关押在纽约市的里克斯岛。由于监舍炎热，又无人看管，默道夫死于一种与热有关的疾病。

全国无家可归者联盟记录了1999年至2013年发生的1650起针对无家可归者的暴力行为，其中375人丧生。肇事者往往在30岁以下，这些暴力行为发生在47个州。2013年，发生了109起袭击事件，其中18起事件致人死亡。这些袭击的动机似乎是对无家可归者的怨恨，袭击无家可归者而不必担心遭报复，以及集体暴力的快感（National Coalition for the Homeless 2014）。

全国无家可归者联盟提出了一项无家可归人权法案，以确保无家可归者免受歧视，人身和财产安全得到保障，能够获得住处和城市服务，子女有机会接受教育。

2020年，美国最高法院维持了第九巡回上诉法院对“马丁诉博伊西市”案的裁决。该裁决要求，在无收容庇护场所可用的情况下，城市不得对无家可归者的露宿进行执法。最高法院的维持决定受到了第九巡回上诉法院辖区内各州城市市长的谴责，他们表示他们缺乏提供收容庇护场所的资金，而提供这些场所就要占用其他公共政策所需的资金［*Martin v. City of Boise*，920 F. 3d 584（9th Cir. 2019）］。

国际组织批评美国对待无家可归者的政策实际上是刑事化政策。2014年，联合国人权事务委员会审查了美国政府执行《公民权利和政治权利国际公约》的情况报告，在结论性意见中对“报告中所提到的露宿街头的人在特定区域吃、睡、坐等日常活动被定为刑事犯罪”表示关切(Kittrie 1971)。

各城市实际上正在把无家可归定为刑事犯罪,你是否同意这一做法?社会是否有责任对无家可归者提供帮助?下一部分我们将讨论法律对男性家庭暴力行为的威慑。

家庭暴力

尽管女性对男性以及同性关系中的个体也有可能实施家庭暴力,而且家庭暴力也越来越多地针对整个家庭,包括配偶、子女和亲戚,但本节重点讨论男性对女性配偶和伴侣实施的家庭暴力。

威廉·布莱克斯通在其 1765 年出版的关于英国普通法的著名的权威著作《英国法释义》中指出,根据丈夫支配原则,妻子被认为处于丈夫的权威和保护之下,没有独立的法律地位。他认为,丈夫由于对妻子的“不当行为”负有责任,有权通过“适度的纠正”来管控妻子。早期的美国普通法遵循了布莱克斯通的观念,并承认作为一家之主的丈夫有权在不造成永久性身体伤害的情况下对妻子实施“惩罚”。尽管这一原则在内战结束时被短暂否定,但在接下来的 10 年内,法官们又重新遵循最初的布莱克斯通观念,并采取法律不应干预丈夫为了“家庭和谐”而“殴打妻子”的立场(Siegel 1996)。

在 20 世纪初期,家庭暴力被认定为犯罪,但执法对象主要是针对少数族裔和男性移民。不过,一般的做法是将家庭暴力当作民事法律问题,由家庭法庭解决,以维护家庭的完整。家庭法官通常劝说妻子认错,承认法官所认为的是她们激怒了丈夫,从而激起了丈夫的暴力行为,并劝阻她们不要提起刑事诉讼。

普通法也认为,作为婚姻义务的一部分,妇女结婚就意味着已同意与其丈夫发生性关系,丈夫对强奸妻子不负刑事责任。几十年来,这种“婚姻豁免”的理由得到了其他几个理由的支持:法院不愿侵犯婚姻隐私,丈夫强奸造成的伤害不如熟人或陌生人强奸造成的伤害严重,女性很容易起诉配偶强奸而男性很难辩护(Bartlett,Rhode and Grossman 2017:615)。各州在 20 世纪 60 年代才废除了对强奸的婚姻豁免,但一些州仍然只承认在某些条件下的婚内强奸,例如夫妻分居或有书面分居协议或正在离婚(Bartlett,Rhode,and Grossman 2017:615)。

在 20 世纪 60 年代,女性反暴力活动人士制定了在法庭上保护妇女的法律策略,建立了保护家庭暴力受害者的庇护所,并发起了公共教育运动,向妇女和政策制定者宣讲家庭暴力。与家庭暴力相关的词语已经发生演变,今天,词语

“殴打妻子”和“家庭暴力”已经被意义更广的词语“亲密暴力”和“亲密伴侣暴力”所取代，这些词语用来明确家庭中的虐待和暴力可能涉及对配偶或同居伴侣、孩子和亲属的虐待。暴力的概念已扩大到包括情感和心理的虐待以及身体虐待。

对于遭受过“亲密伴侣暴力”的人是否应该被称为“受害者”“幸存者”“受虐妇女”，一直存在争论。“受害者”和“受虐妇女”这两个词被批评为将妇女描绘成一维的虐待对象，而不是复杂和能动的个体，尽管“幸存者”一词的使用并不能充分涵盖那些没有幸存下来并被施虐者杀害的妇女。根据玛莎·查马拉的说法，所有这些用语的问题在于，人们关注的是被攻击的女性，而不是男性施暴者对妇女实施“强制性、控制性的……暴力”行为（Chamallas 2013：335，337-339）。

“亲密伴侣暴力”的性质和程度的一些数据表概述于表 9.3。

表 9.3　亲密伴侣暴力的若干情况

凶杀	人们普遍的共识是，1/4 到 1/3 的女性和大约 14%的男性在他们生命中的某个时刻遭受过亲密伴侣或熟人的身体暴力或性暴力。大约 90%的凶杀案女性受害者是被与她们有关系或曾经有过关系的男性杀害的，亲密伴侣暴力是孕妇死亡的主要原因（Bartlett et al. 2017：440-442）
低收入女性	低收入女性遭受亲密伴侣暴力的比率比其他女性高出 2—10 倍（Bartlett et al. 2017：440-442；Snyder 2019：16）
有色人种女性	美国黑人女性和印第安女性比白人女性遭受亲密伴侣暴力的风险更大。印第安女性遭受亲密伴侣暴力的风险比其他任何群体都高。据估计，同性伴侣间的亲密伴侣暴力与异性伴侣间的亲密伴侣暴力在数量上大致相等（Richie 2012：29）
全球	在全球范围内，每年有 5 万名女性被伴侣或家庭成员杀害。有充分的理由认为，家是对女性最暴力的地方（Snyder 2019：16）
报案	在美国，亲密伴侣暴力受害者向执法部门报案的，女性占 27%，男性占大约 13%（Levit and Verchick 2016：211）
经济成本	与亲密伴侣暴力有关的医疗费用每年超过 80 亿美元。亲密伴侣暴力造成一半女性无家可归，是导致无家可归的第三大原因。雷切尔·路易斯·斯奈德引用了一项研究，该研究估计亲密伴侣暴力的成本约为 3.6 万亿美元，其中包括 2 万亿美元的医疗费用和 730 亿美元的刑事司法费用（Snyder 2019：122）

心理学家丽诺尔·沃克在20世纪70年代采访了1500名受害于亲密伴侣暴力的女性,并提出了她所称的“被虐女性综合征”。沃克发现,亲密伴侣暴力的受害者遭受反复出现的“暴力循环”。在“渐进性紧张”阶段,施虐者表达口头敌意,实施扇耳光、推搡和抓胳膊的行为;毁坏物品;并可能虐待宠物。这些事件逐渐升级,到“剧烈虐待”阶段的激烈暴力达到顶点。任何要求警察干预的呼叫都是在这个阶段发生的。在最后的“蜜月”或“爱意悔过”阶段,施虐者道歉并承诺改变自己的行为,可能会用善举和礼物抚慰他的妻子或伴侣。女性说服自己相信他会改变,放弃吸毒或酗酒,并寻求心理咨询。她再次感到被爱和被欣赏,接受他的道歉,两人和好如初。然后,这个模式以越来越快的速度重复,伴随愈演愈烈的暴力(Walker 2000)。

沃克研究的另一个主要方面是“习得性无助”。她认为,长期遭受虐待的女性会产生无望感和绝望感,认为除了继续保持关系之外别无选择。

各种当代理论家对沃克关于“习得性无助”的观点提出了质疑,对于亲密伴侣暴力受害女性的反应,他们认为更准确表述是“幸存者理论”。这些理论家认为,受到丈夫或伴侣威胁或攻击的女性并不“无助”,通常会努力摆脱暴力情境。她们的努力有时会失败,因为她们无法找到庇护所,或者缺乏经济资源,或者因为担心孩子而决定留在家中(Chamallas 2012)。

另一项关于家庭暴力的早期研究是苏珊·谢克特在1982年发表的文章《妇女和男性暴力》。谢克特认为,家庭暴力基于男性优越感,施虐者认为他们有权控制和支配妻子或伴侣,这些男性在很小的年纪就被教导用暴力而不是通过谈判来解决问题。当妻子或伴侣主张独立自主时,或在工作或社会中受到认可时,男性因地位受到威胁而开始并升级施虐行为。男性嫉妒妻子或伴侣“未能”全身心地关注他,未能照他所认为的做好女性应该做的顺从角色。男性因妻子或伴侣的成功而感到自卑,通过恐吓、心理胁迫和暴力来彰显自己的支配地位(Schechter 1982)。

男性通常以传统观念把自己定义为“一家之主”和“挣钱养家者”,一旦遭受失业和其他经济压力,他就会产生不安全感,并极有可能实施亲密伴侣暴力(McShane and Hsieh 2014:85-86)。维多利亚·努尔斯对亲密伴侣凶杀案的研究发现,65%的男性杀死伴侣或配偶的案件,起因都是女性想要独立(Chamallas 2013:344)。换句话说,家庭暴力的根本原因就是男性学会了施暴的行为,在“男性观念体系”中,女方应该服从、顺从和支持男方,当女方在任何程度上挑战这些观念时，男方很可能会采取暴力手段回应（Snyder 2019：107－117，143）。

对家庭暴力的一种心理学研究方法关注的是男性施虐者的个性特征，而不是将所有男性都视为潜在的施虐者。施虐者被认为具有自私的个性，对自己的行为不承担责任（自恋个性）。他们淡化暴力造成的伤害，为暴力行为辩解，把责任推给受害者。施虐者经常自认为，他们正在帮助女性改掉错误行为，从而变得更好（Snyder 2019：151）。

一些司法管辖区成立了家庭暴力致死案件审查小组，利用其分析结果确定女性所面临的危险因素，并制定可用于应对家庭暴力的方法。他们从众多因素中确定了 22 个高风险因素。如果综合考虑这些高风险因素，就能够预测家庭凶杀事件。毋庸置疑，这些高风险因素包括男性拥有枪支、吸食毒品、酗酒、幼年受过伤害、虐待儿童、虐待宠物以及砸毁物品。换句话说，家庭暴力是一个相互关联的多种因素的产物。处理好这些相互关联的因素，就能防止家庭暴力。亲密伴侣暴力的一个经常被忽视的方面是，60%的受害者在亲密关系的某个阶段被勒死，被勒死的人可能死于中风，或因血液堵塞窒息而死，还有可能死于脑损伤。勒杀被认为是最致命的暴力形式。亚利桑那州马里科帕县通过积极起诉勒杀案，已经有效降低了家庭暴力凶杀事件的发生率（Snyder 2019：66）。最近的一项研究发现，枪支拥有率高的州，其家庭暴力凶杀率比枪支拥有率低的州高 65%（Mervosh 2019）。

1994 年，已获 3 次重新批准的《暴力侵犯妇女法案》规定，个人跨越州界伤害配偶或亲密伴侣是一项联邦犯罪。该法案加大了对屡次施暴者的惩罚力度，并规定，一个州颁布的保护妇女免受施暴者侵害的民事保护令，在其他州也适用于打击施暴者。在某些情况下，《暴力侵犯妇女法案》禁止因家庭暴力被定罪的个人或受家庭暴力限制令影响的个人拥有枪支。该限制性规定不包括与受害者没有结婚的个人，并由州执法机关酌情执行。联邦政府向各州拨付资金，用于为家庭暴力受害者提供庇护所、教育和法律援助，为警察、医务人员和法官提供培训，并为受害者全国热线提供资金。该法案还向美国公民或居民的非美国籍配偶受害者发放居留签证。该法案的经费规模大约为 4.89 亿美元，但还是被认为完全不足以解决家暴问题。2000 年，美国最高法院裁定《暴力侵犯妇女法案》的一个关键条款违宪，因为该条款允许性别暴力的受害者向联邦法院提出民事赔偿诉讼。大法官安东宁·斯卡利亚在代表 5 名大法官的多数意见中写道,联邦政府无权对不涉及跨越州际边界的州内犯罪活动提供补救[*United States v. Morrison*,529 U. S. 598(2000)]。

大多数州都出台了反家庭暴力法,把暴力侵犯家庭成员的行为定为犯罪,如果在孩子面前实施家暴,加重处罚。哥伦比亚特区在 20 世纪 90 年代初进行的一项研究发现,警察因家庭暴力而拘捕的人,比例不到 5%;在受害者有明显伤害的案件中,对施暴者没有拘捕的占 85%。分析人士发现,警方认为家庭纠纷案件是婚姻隐私问题,处理起来耗时费力,并对许多家庭暴力受害者不愿提起刑事指控而感到无奈和沮丧。警方还认为,与这些家庭接触也很危险,很大一部分袭击和枪击警察的事件发生在警察介入家庭纠纷期间。数据还表明,警察尤其不可能介入少数族裔社区的家庭暴力事件(Levit and Verchick 2016:211-212)。

与其他犯罪相比,对于亲密伴侣暴力施暴者,不仅警察不愿抓,检察官也不愿提起指控。鉴于此,一些州出台政策和法律,限制医疗机构、警察和法院系统在处理家庭暴力事件中的自由裁量权。大多数州都有强制性报案法,要求医务人员向执法部门报告疑似家庭暴力案件。在大约一半的州,强制拘捕条款要求警察在有合理理由认为犯罪嫌疑人对亲密伴侣实施暴力时拘捕犯罪嫌疑人。在施行强制拘捕法的州,家庭暴力案件的拘捕率比没有施行强制逮捕法的州高出 100%以上(Levit and Verchick 2016:214)。

大约有 35 个州实行“不放过”政策,要求检察官在有理由认为个人有家庭暴力行为时,即使受害者不想追究刑事责任,也要对施暴者提起指控。然而,检察官通常不愿意强迫受害者作证,而是设法调取“911”求助电话的录音等证据,尽管法律要求检察官必要时采取“强硬”措施,以罚款或拘留来胁迫受害者作证(Levit and Verchick 2016:214)。

这些强制性报案、拘捕和起诉政策表明,亲密伴侣暴力是一种犯罪,社会在威慑和惩罚方面投入了大量资金。然而,这些强制性政策却被批评为剥夺了女性自主决定如何应对亲密伴侣暴力的能力(Chamallas 2013:352)。

对家庭暴力严格执法的结果(根据一项早期研究,其可靠性受到质疑),是受到起诉和监禁的施暴者人数增加,累犯人数减少(McShane and Hsieh 2014:91-92)。在实行强制拘捕和强制起诉法的司法管辖区,因面临起诉或监禁而怒不可遏的施暴者是否会报复受害者,是否会因受到起诉而停止其虐待行为,以及这些政策是否会吓得女性不敢举报家庭暴力,因为不想被迫协助对其伴侣的刑事起诉,这些问题都没有答案。在许多州,强制拘捕政策导致警察在对案件事实感到不确定时,索性对男女实施“双重拘留”(Levit and Verchick 2016:215-216)。

许多当代学者批评依靠刑事司法系统遏制和惩罚家庭暴力施暴者的做法。一个问题是,刑事起诉不能解决家庭暴力的根本心理和社会经济原因。另一个问题是,过度依靠刑法可能导致劳工阶层和少数族裔男性受到监禁的比例过高。在这些学者看来,与其强调对施暴者的起诉和监禁,不如关注为女性提供纾困服务,消除导致家庭暴力的经济原因,并鼓励更多地依靠社会组织在反家庭暴力和反“物质滥用”(酗酒、吸食毒品等)计划中与施暴者合作(Richie 2012;Sered 2019)。一些学者主张采取他们认为更为“明智”和“人性”的反家庭暴力举措。他们指出,依靠刑法来制止家庭暴力,其效果一直值得怀疑(Goodmark 2019)。公民自由主义者指出,刑事执法为警方提供了理由,他们可借以扩大自己的权力,在居民家中进行搜查并把人抓走,干预个人生活(Suk 2009)。

为遏制新冠肺炎传播而实施的封控措施,使女性只得与暴力伴侣居家共处,大大增加了其遭受家暴的风险(Gupta and Stahl 2020)。

家庭屠杀或家庭灭绝是指杀害 1 名亲密伴侣和至少 1 名孩子,虽然罕见,但正在增多。在 2000 年至 2007 年,美国发生了 60 起家庭屠杀案,而在 2008 年至 2013 年,这一数字增加到 163 起。绝大多数家庭屠杀的行凶者是中产或中上阶层受过教育的白人男性。这些家庭屠杀案背后的原因包括经济困境、对个人失败的羞耻感以及心理不稳定(Snyder 2019:161,163-164)。

2018 年,有 10 多个国家没有就针对配偶或家庭成员的暴力问题专门制定法律。2017 年,俄罗斯解除了对不导致身体伤害的家庭暴力行为的刑事处罚。2019 年,欧洲人权法院认定俄罗斯警方未能对亲密伴侣暴力行为的举报进行调查,也未能为受害者提供保护。在俄罗斯和其他一些国家有强烈的观点认为,亲密伴侣暴力的概念是美国和欧洲“激进女权主义思想”的产物,旨在“使男性成为受害者”。

下一部分我们将探讨法律威慑“白领犯罪”的能力。

白领犯罪

詹姆斯·布莱斯的著作《美利坚联邦》(1888 年)和亨利·德马雷斯特·劳埃德的著作《财富与国民的对立》(1894 年)对美国政客的腐败与企业高管的贪婪提出谴责。劳埃德指出,大型企业已经吞并了竞争对手,牢牢垄断着石油等关键性资源,因而能够抬高价格。约翰·洛克菲勒领导的标准石油公司就是企业主宰美国经济的一个象征。美国国会迫于公众压力,于 1890 年通过了《谢尔曼反垄断法案》,该法案规定,公司不得联合起来垄断价格,且不得合并以控制市场。

揭露黑幕的记者和作家揭露了大公司对经济的控制。弗兰克·诺里斯的小说《章鱼》(1901 年)影射了 4 家公司控制西部各州铁路业的图谋。厄普顿·辛克莱的小说《屠场》(1906 年)揭露了外籍劳工所受的剥削和西部各州肉类加工业危险的劳动条件。厄普顿·辛克莱的作品促成美国设立食品药品管理局,授权该局管理肉类加工产业。路易斯·布兰代斯,后来的美国最高法院大法官,在其作品《别人的钱:投资银行家的贪婪真相》(1914 年)中谴责了像摩根那样的银行家,布兰代斯指责银行家从事风险投资,辜负存款人的信任。

社会学家爱德华·阿尔斯沃斯·罗斯是最先研究美国公司的学者之一。他提出了“犯罪倾向者”这一概念,用以描述那些备受尊敬的工商界人士,他们用正面的公众形象掩盖其腐败的商业和政治行为(Ross 1965)。

1939 年,社会学家埃德温·萨瑟兰在美国社会学协会发表主席致辞时首次使用了“白领犯罪”一词。他阐述了犯罪研究应包括对商界和职业精英不端行为研究的必要性(Sutherland 1940)。10 年后,萨瑟兰把“白领犯罪”定义为:“一个受到高度尊重并具有较高社会地位的人在其职业活动中实施的犯罪。”这个定义的重点是受到高度尊重的人为了追求自己的职业目标所实施的犯罪。例如,医生可能会向政府开具虚假医疗账单(职业犯罪),公司高管行贿政府官员以拿下利润丰厚的政府合同(公司犯罪)。萨瑟兰的“白领犯罪”定义不包括与商业活动无关的犯罪行为,如谋杀、通奸及酗酒。萨瑟兰引述了一家连锁百货店经理的例子以凸显白领犯罪的严重性。该经理在 1 年内侵吞的金额是该连锁公司在 500 起盗窃案和抢劫案中损失金额的 6 倍(Sutherland 1949:7,9)。

萨瑟兰解释说,公司犯罪不一定都为公众所知,因为很多针对公司的法律都把公司的违法行为归入民事犯罪,而不是刑事犯罪。因而,公司的肆意违法行为不被当成是犯罪。在对 70 家大公司的一项调查中,萨瑟兰发现,在 980 起不折不扣的违法案件(经刑事定罪、民事判决以及政府机构采取的行动的案件)中,只有 158 起(占 16%)被列为刑事犯罪。在这 70 家大公司中,有 41 家被判犯有刑事罪,差不多平均每家公司有 4 起案件被判犯有刑事罪。萨瑟兰指出,对于个体惯犯一般都是加重处罚,而对于一再从事犯罪行为的公司也应加重处罚(Sutherland 1949:13-15,19-23,227)。

克林德和耶格尔(1980)对萨瑟兰的研究进行了更新,证实了他关于公司犯罪和民事违法行为具有广泛性的结论。在被调查的 477 家制造企业中,有 3/5 在 1975 年至 1976 年被指控犯有民事、刑事或行政违法行为。该研究发现,38 家公司对 52%的刑事犯罪和民事违法行为负有责任。企业违法行为集中在石油、制药和汽车工业的大公司(Clinard and Yeager 1980)。克林德和耶格尔还发现,在 582 家最大的公司中,有 60%被指控至少有 1 项违法行为,平均违法次数为 4.4 次。在回顾公司犯罪和白领犯罪的研究中,3 位著名学者得出结论,白领犯罪“相对普遍”,“在某个时间点,大多数主要公司或其高管都会受到商业犯罪的指控”(Rosoff,Pontell and Tillman 2010:2)。

布兰登·加勒特在他对白领犯罪诉讼的重要研究中发现,在 2001 年至 2012 年,5%的上市公司受到刑事起诉。46%的人被定罪,54%的人签订了延期起诉或不起诉协议(本章稍后讨论)。这些公司平均支付了 4500 万美元的罚款,这与它们的价值相比微不足道。另一项研究估计,14.5%的大型上市公司存在欺诈行为(Garrett 2014:260-261)。

大多数美国人都认为,街头犯罪比白领犯罪严重得多。史蒂芬·罗索夫、亨利·彭特和罗伯特·蒂尔曼估计,普通犯罪的经济成本仅占白领犯罪年度损失的 6%。1992 年,查尔斯·基廷开办的林肯储蓄信贷银行被联邦政府接管,政府承担了基廷不负责任的贷款政策所积累的 34 亿美元的债务的支付责任。1992 年,美国所有银行抢劫案所造成的损失共计 3500 万美元。而过去 100 年美国所有银行抢劫案所造成的损失总和可能还赶不上林肯储蓄信贷银行的债务偿还成本(Rosoff et al. 2014:23)。

联邦调查局估计,2014 年财产犯罪中被“盗窃的总金额”为 144 亿美元,与白领犯罪所造成的损失比起来相形见绌,后者估计为 4560 亿美元至 1.6 万亿美元(Reiman and Leighton 2017:119)。

以下是白领犯罪的几个主要领域(Payne 2013)及欺诈骗局的案例(FBI 2011)。

伪造企业信息:2011 年年底,联邦调查局调查了 728 起企业欺诈案。明尼苏达州阿波利斯市的皮特斯世界集团从投资集团获得贷款,为大型零售商销售商品注入资金。实际上,销售合约是伪造的,投资者被骗 34 亿美元。皮特斯世界集团被判决犯有多项罪,包括电信欺诈罪。总部位于得克萨斯州休斯顿的美国能源类公司安然公司,制作了一份虚假的财务报表,通过虚构的公司贷款,将资金转移到安然公司,用于购买几乎毫无价值的股票,夸大了其实际利润数 10 亿美元。这些资金被公布为利润,以提高安然公司的价值和股价。安然公司,这个曾经是美国历史上最大的能源公司,于 2001 年宣布企业破产,有 30 多名高管被刑事起诉。

证券欺诈:2011 年年底,美国联邦调查局对 1800 多起证券欺诈案进行调查。几年前,伯纳德·麦道夫因经营一项价值 2000 万美元的庞氏骗局被判有罪。在骗局中,麦道夫把新投资者的钱转付给该公司的老投资者。事实上,这些金融交易都是虚构的。于是,公司因资不抵债而破产。麦道夫给他本人和他的几个儿子支付了数百万美元的薪水。约瑟夫·布林林因在 2003 年至 2009 年在密歇根州和得克萨斯州销售欺诈性的油气租赁投资机会而被判有罪,该案中超过 7700 名投资者被骗 4.85 亿美元。在该骗局的后期阶段,投资者的钱被用来支付该骗局的早期投资者,支付布林林本人丰厚的薪水,并向他提供数百万美元的贷款。2012 年,布林林被判 20 年监禁。

医疗欺诈:2009 年至 2011 年,联邦调查局起诉了 1676 人,其中 736 人被判犯有医疗欺诈罪。哈尼·伊斯坎德尔医生对指控供认不讳,承认自己以给享有医疗保险计划的老人做手术为由收取联邦政府费用,而这些手术实际上并没有做,或者没有必要做。伊斯坎德尔医生和他的妻子伊娃·汉娜还因销毁文件被判犯有妨碍司法罪。伊斯坎德尔医生被判处 51 个月监禁,同意被吊销行医执照并返回家乡埃及。汉娜被判缓刑 1 年。2011 年,佛罗里达州两家公司的总裁承认收取了超过 2 亿美元的虚假医疗保险索赔。两家公司向辅助生活机构和中途之家支付回扣,以换取他们将病人送到医院接受不必要的精神健康治疗和住院。除了赔偿之外,劳伦斯·杜兰被判处 50 年监禁,玛丽安内拉·瓦莱拉被判处 35 年监禁。

抵押贷款欺诈:截至 2011 年,联邦调查局有 2691 起待处理的抵押欺诈案件。2009 年至 2011 年的调查导致 1082 人被判有罪。维克托·科布扎尔伙同其他人购买多处豪华住宅,并提供虚假文件来夸大豪宅的价值,然后将房子出售给不符合资格的购房者或由科布扎尔花钱雇用的"稻草人买家"(替代购房者)来冒充豪宅的买家。这些买家凭着夸大收入的虚假证明获得了从科布扎尔手中购买房产的贷款,然后对贷款总是拖欠不还,最后逃之夭夭。科布扎尔因欺诈性抵押贷款金额总计 4600 万美元被判处 5 年监禁。路易斯·贝勒万承认在 2009 年至 2010 年合谋实施欺诈。贝勒万欺骗了至少 1800 人,这些人每人向他支付了大约 1500 美元的费用,因为他谎称可以帮助他们免于丧失抵押品赎回权。贝勒万在 9 个月内骗取了近 300 万美元。

保险欺诈:2009 年,联邦调查局调查了 152 起保险欺诈案件,提请起诉 43 起,逮捕 2 起,42 人被定罪判刑。艾伦·蒂尔在佐治亚州亚特兰大市成立了维多利亚保险公司。维多利亚保险公司收取了 1600 万美元的保险费;但到公司关闭时,仍有 2000 万美元的索赔未付。一些著名的运动员曾支付超过 10 万美元的保险费,以保护他们因受伤而事业终结情况下的权益。但后来却发现公司没有足够的资金支付任何潜在的索赔。蒂尔的另一家保险公司为高中体育项目提供保险;该公司因缺乏支付赔偿的资金而破产,使 60 名严重受伤的高中运动员无法得到货币赔偿。蒂尔被判 17 年有期徒刑,服刑期间死亡。

大规模营销欺诈:在 2011 年年底,联邦调查局调查了 96 起大规模营销欺诈案件。一家设在加拿大温哥华的营销公司致函数千名美国老年人,谎称他们卖的彩票中奖。随函寄去的还有一张欺骗性的支票,声称支票会有助于支付老年人的一些费用,并要求老人给他们汇付兑奖手续费。这家温哥华公司最终把 1000 多万美元的汇款收入囊中。2009 年,这起诈骗案的两名核心涉案人员被捕。一家设在英国的公司骗取了 52 名美国老年人共计 270 万美元。这家公司告诉老年人中了彩票奖,但需预先支付这家英国公司应缴的奖金税。这一骗局的策划人被判犯有诈骗罪,判刑 14 年。

洗钱:截至 2011 年年底,联邦调查局已调查 303 起洗钱案件,提请起诉 37 起,45 人被判犯有洗钱罪。联邦调查局掌握了多家企业和银行同有组织犯罪集团和支持恐怖主义的国家合作的情况。巴克莱(纽约)和瑞士信贷(纽约)都曾代表伊朗、苏丹和其他国家政府进行非法交易。

逃税:2015 年,巴拿马莫萨克—冯塞卡律师事务所 1150 万份文件泄露,使得一个由有钱有势的人组成的从事不道德行为甚至是非法行为的全球网络浮出水面。莫萨克—冯塞卡律师事务所拥有员工 500 名,在 40 个国家设有办事处,从事在全球范围内创建空壳公司(所有权被隐藏的虚构公司)的业务,有钱的投资者利用这些空壳公司逃避收入税、赠与税、遗产税和游艇奢侈税(这些税出现在 19389 份文件中)。这些文件(被称为"巴拿马文件")表明,莫萨克—冯塞卡在全球至少有 14153 名客户,其中在美国有 2400 名客户,该所替他们在英属维尔京群岛、巴拿马、塞舌尔和其他自称为逃税避风港的国家成立了多达 21.4 万个空壳公司。据估计,全球财富的 8%或超过 760 亿美元隐藏在离岸银行的空壳公司账户和美国各州的逃税天堂中(Lipton and Creswell 2015)。

环境犯罪:1989 年 3 月,油轮"埃克森·瓦尔迪兹号"撞上阿拉斯加威廉王子湾的布莱礁,造成超过 1100 万吨原油泄漏。油轮支付了 1 亿美元的刑事罚款和 9 亿美元的民事罚款。英国石油公司的石油钻井平台发生爆炸,造成 11 名工人死亡和数百英里墨西哥湾海滩与湿地污染。英国石油公司承认 14 项刑事指控,并同意缴纳 40 亿美元罚金。2013 年,英国石油公司一名初级工程师因删除这次石油泄漏相关文本信息而被判犯妨碍司法罪。2016 年,公主邮轮公司对其非法倾倒含油废物和掩盖其故意污染海洋的 7 项重罪指控认罪。同在 2016 年,美国密歇根州弗林特市的一些官员受到刑事指控,原因是弗林特市造成水供应污染,并掩盖铅污染真相(Davey and Smith 2016)。

萨瑟兰指出,白领犯罪可用"差异交往理论"(differential association)加以解释。人们进入商界,四面八方所接触的人大多从事着非法行为,违规违法的操作充斥着整个行业并成为常态。烦琐的商业法规和外界对公司世界了解上的难度往往使公众批评和法律调查难以触及商界人士(Sutherland 1989:227-257)。

另一个相关理论把白领犯罪解释为美国文化伦理"取胜就是一切"的体现。即使是最诚实的企业高管人员,在竞争驱动力的推动下,为了取得成功也会不择手段。这种对财富的疯狂追求被认为近乎病态,是"心理变态的财富积累"。顶级公司首席执行官的收入是普通员工的 500 倍(Rosoff et al. 2014:587-588)。

对白领犯罪的第三种解释是,一些行业的构造有着"犯罪基因",容易产生犯罪。这些行业的员工通常业绩压力巨大,因此,为了保住工作,只好对法规进行变通。在这些行业,工作业绩突出就会获得巨大的经济回报,因此许多员工都不惜采取一切必要手段来取得成功。此外，行业的复杂性也使执法部门很难查到其欺诈行为。

人们普遍认为，汽车修理行业的突出问题是不必要修理与虚报修理，收费过高，安装不良配件。二手车行业的突出问题是里程表回调，也就是通过改动机动车的里程表掩盖翻新二手汽车的里程数。经过里程表回调，一辆新型的二手车可多加价 4000—5000 美元。2008 年，估计有 45 万名购车者被里程表回调所坑骗，共计多花 100 亿美元（Rosoff et al. 2014：591-592）。

还有一种观点认为，白领犯罪的原因是公司追求利润，企业利润被看得高于一切。公司高管专注于降低成本与实现利润最大化，因而不惜倾倒有害垃圾，销售过期儿童食品，让工人在危险条件下工作。一个著名的例子是，福特汽车公司高层在 20 世纪 70 年代对其斑马（平托）汽车油箱的设计缺陷所做出的不予纠正的决定。福特公司高管的理由是，如果把出厂的汽车都召回维修，每辆车的修理成本就是 11 美元，这越过了公司的财务底线。他们估算，如果有人在油箱缺陷造成的事故中受伤而提起诉讼，法院判决公司支付伤害赔偿金，也不会多过修理费。福特公司的噩梦发生在 1978 年，当时，伊利诺伊州 3 名十几岁青年驾驶的 1972 款福特斑马汽车被另一辆机动车追尾，汽车油箱发生爆炸，致使 3 名青年全部丧命。然而，福特公司最后成功让检察官撤销了对其怂恿杀人罪的指控（Rosoff et al. 2014：99）。

2014 年 3 月，有人揭露，通用汽车公司高管和工程师至少从 2007 年起就意识到数百辆汽车的点火系统有缺陷，这种缺陷可导致安全气囊失灵。据报告，这一问题造成 26 人丧命。而通用公司则对事故受害者家属称，公司没有收到点火系统有缺陷的证据。2014 年 2 月，通用公司召回了 160 万辆汽车以修补缺陷（Jensen 2014）。

克里斯托弗·斯通在评估各种激励和压力对公司犯罪的影响时，质疑法律是否能够有效地控制企业的违法行为。他的主张是开展一场强化企业社会责任的运动（Stone 1975）。

在对公司犯罪的每一种解释中，一个关键因素是违法者都能够给自己的犯罪行为找到正当理由，或者能够运用犯罪学家所说的“中和技术”。有了“中和技术”，人们从事犯罪就可以不受良心的折磨，从而心安理得。这些保持自由和约束“中和状态”所涉及的观念包括“大家都这样做”“没人受到伤害”“工作保住了”。唐纳德·克雷西发现，大多数侵占公款者自我宽慰的理由是，这笔钱是借的,用它盈利后会如数归还。侵占公款者的另一个辩解理由是,工资待遇太低,这笔钱是自己应得的(Cressey 1953)。

尤金·索尔特斯采访了过去10年中一些最为声名狼藉的白领罪犯。他指出,他在哈佛商学院教过的学生都学习过商业道德,毕业时都立志成为企业高管,“做正确的事”。同样是这些学生,为什么有些人后来会从事白领犯罪?索尔特斯认为,企业高管生活在一个孤立的环境中,这种环境看重的是利润和个人成功,而且这些高管做出的每一个决定,其周围的下属都会给予支持。这些高管没有意识到,在他们一心追求利润的过程中,他们的行为可能是不道德的,甚至是犯罪的,而且可能对消费者和投资者产生有害影响。索尔特斯认为,白领犯罪的解决办法在于创造一种企业文化,在这种文化中,任何决策都可受到质疑和审查,并认为仅仅依靠刑法是无法有效阻止白领犯罪的(Soltes 2016)。

研究发现,白领罪犯所受到的处罚要比实施“普通犯罪”的罪犯轻得多,普通罪犯大多来自较低的社会经济阶层(Hagan and Nagel 1982)。白领罪犯所聚敛的巨大经济收益和法官历来对其作出的从轻判决削弱了刑法的威慑力。白领罪犯所享有的“身份保护”使他们免受重判,因为法官不把这些受过教育的白领罪犯看作典型的刑事罪犯。而且,白领罪犯也有能力聘请老练的知名律师,从而获得有力的辩护(Rosoff et al. 2014:599)。

参与加利福尼亚州医疗补助计划的医务人员受到犯有重大盗窃罪的指控。一项对此案被告人的研究发现,这些医务人员被告人被判刑的可能性是对照组被指控犯有重大盗窃罪的非公司被告人的一半。医疗补助欺诈涉及向加利福尼亚州政府部门提交虚假或不必要治疗服务账单。而参与医疗补助计划的医务人员,其中大多数为医生,受到十分宽大的处罚,尽管他们所造成的经济损失是对照组犯罪所造成损失的10倍以上(Tillman and Pontell 1992)。

过去几十年最大的丑闻之一涉及储蓄信贷行业。这些储贷银行成立于20世纪30年代,向新住宅的建设方和购房者提供贷款。储户存款由联邦政府机构——联邦储蓄与贷款保险公司担保。随着政府放开对储贷行业的限制,储贷银行开始发放风险贷款,银行业主开始利用储贷资金为自己牟利。后来,储贷行业倒闭,联邦储蓄与贷款保险公司花光了理赔资金,美国纳税人为此背负4800亿美元的账单。杰弗里·雷曼和保罗·雷顿引用了加利福尼亚州大学欧文分校的一项研究。该研究发现,储贷丑闻涉案人员平均刑期为36个月,而入室盗窃犯的平均刑期为 56 个月，机动车偷窃犯的平均刑期为 38 个月。储贷罪犯的刑期确实长于财产犯罪初犯的刑期，后者平均刑期为 26 个月。但要注意，每起储贷案平均造成的经济损失是 50 万美元，而 1995 年首次财产犯罪所造成的经济损失平均是 1251 美元（Reiman and Leighton 2017：135）。

雷曼和雷顿对“穷人犯罪”和“富人犯罪”做了对比研究。他们指出，富人犯罪的每一项犯罪给公众造成的损失都比所有财产犯罪加在一起的损失都要高。在他们的研究中，96%因抢劫而被定罪的人被判入狱后，平均服刑 67 个月；74%因入室盗窃而被定罪的人被判入狱后，平均服刑 21 个月；80%因汽车盗窃而被定罪的人被判入狱后，平均服刑 10 个月。相比之下，63%因欺诈而被定罪的人被判入狱后，平均服刑 17 个月；66%因违反税法而被定罪的人被判入狱后，平均服刑 13 个月；47%因侵占罪而被定罪的人被判入狱后，平均服刑 11 个月（Reiman and Leighton 2017：119，134）。

也有证据表明，有些白领罪犯被判刑期更长。2009 年，71 岁的伯纳德·默道夫因骗取投资者 2000 万美元被判 150 年监禁。据报道，这在过去几年白领罪犯被判最长刑期中居第 4 位。刑期最长的是 73 岁的诺曼·斯密特，他策划了一起虚假投资计划，把投资者的钱用来为自己购置多辆赛车、赛车跑道以及其他与赛车有关的装备，最终被科罗拉多州联邦法官判处 330 年刑期。金融家艾伦·斯坦福因金融诈骗被判 110 年监禁。2010 年，托马斯·彼得斯因诈骗投资者金额高达 37 亿美元被判 50 年监禁。1 年后，李·法卡斯因金融诈骗被判 30 年监禁。美国花生公司前总裁斯图尔特·帕内尔，因故意销售被沙门氏菌污染的花生而被判处 28 年监禁。这些花生导致 9 人死亡，46 个州的 700 多人感染。他的兄弟被判处 20 年监禁，另一名高管被判处 5 年监禁。据记录，最长的刑期是肖拉姆·韦斯因保险欺诈和其他相关罪行而被判处 835 年监禁。

这些特别长的刑期仍然属于个例。司法部报告称，因白领犯罪而被判刑的人大约有 14%刑期在 5 年以上。雷曼和雷顿引用了一项对 440 起广受瞩目的公司欺诈案的研究，该研究发现，在审判中被判有罪的大多数白领罪犯被判 5—20 年刑期。57%的被告认罪，而这些认罪的被告中的大多数被判刑期不到 5 年，只有两名被告被判刑期超过 15 年（Reiman and Leighton 2017：146）。对于司法部未能积极追诉 2008 年国际金融危机责任人，人们一直批评不断。

对于如何严惩白领罪犯，人们仍然存在分歧。安德鲁·卡斯帕森，39 岁，出生于纽约市一个富有的家庭，先后在私立学校和普林斯顿大学、哈佛法学院接受过最好的教育,是一名成功的华尔街高管。2016 年,他对两项金融欺诈罪指控认罪。他的受害者包括朋友、兄弟、他自己的母亲、在“9·11”世贸中心遭袭击事件中遇难的前女友的家庭,以及一个致力于环境保护的慈善机构。卡斯帕森设法把近 4000 万美元的投资款吸收到他的投资公司,几乎将之全部用于购买私人股票以及向虚构的商业企业的投资者支付利息(Goldstein 2016)。

在判决时,卡斯帕森声称他患有病理性赌博依赖症。耶鲁大学的一位精神病学家提交的鉴定报告认为,卡斯帕森从赌博和体育博彩开始,他的赌瘾不断驱使他进行高风险的股票市场投资。一位投资分析师作证说,卡斯帕森的许多投资都是冒险和不理性的,另一位证人证明卡斯帕森会强迫性地不断查看股票市场。

检察官要求判处卡斯帕森 15 年徒刑,并指出,卡斯帕森有条不紊地制作虚假文件来支持他的计划,并利用他的个人血统关系试图招揽近 1.5 亿美元的投资。法官杰德·拉科夫承认卡斯帕森参与了“重大欺诈”,背叛了无数人的信任。尽管如此,他还是判处卡斯帕森 4 年监禁,并赔偿近 2800 万美元。拉科夫法官宣称,卡斯帕森“更有可能”患有赌博成瘾症,认知神经科学有望帮助法官理解和评估犯罪行为。他解释说,长期监禁“没有任何意义”,联邦量刑指导意见要求施加更严厉的刑罚是“荒谬的”。拉科夫法官补充说,那些可能质疑从轻判决的人根本不知道全部的事实。虽然拉科夫法官可能是对的,但问题仍然是,一个普通的被告是否能像卡斯帕森那样不惜重金获得有力的辩护。

据称,由于联邦调查局专注于反恐,以及其他联邦机构的预算缩减,调查白领犯罪的工作力度受到削弱。政府在招聘擅长复杂金融业务的人才来监督公司行为方面与私营行业的竞争变得越来越困难(Lichtblau, Johnston and Nixon 2008; Moyer 2009)。

企业责任

一个基本的争论是,白领犯罪是让个人承担刑事责任,还是让企业本身承担刑事责任。

美国最高法院在“纽约中央和哈德逊河铁路公司诉合众国”案中裁定,公司及其雇员应承担刑事责任。美国最高法院指出,“如果……我们称之为公司的隐形的、无形的本质或空气，能够夷平山脉、填满山谷、铺设铁轨和运行火车，那么当它实施‘邪恶的’而非‘善良的’行为时，它就应该对自己的行为负责”［*New York Central and Hudson River Railroad v. United States*, 212 U. S. 481 (1909)］。为了控制公司行为，必须提起刑事诉讼。如果不惩罚公司实体，公司犯罪就不会被阻止。用18世纪后期第一任瑟罗男爵爱德华·瑟罗的话来说，“当一个公司没有人可以被诅咒、没有人可以被踢的时候，你还指望它有良心吗？”（Steinzor 2015:45-46）

2003年，乔治·布什总统在面对阿德尔菲亚通讯公司（Adelphia）、世界通讯公司（Worldcom）、南方保健公司（HealthSouth）及其他公司的欺诈丑闻时，认为解决犯罪行为的办法是“改变公司文化”，并对公司进行修复完善。重点是与大公司签订延迟起诉协议（deferred-prosecution agreement）。如果公司同意承担责任，支付罚款和赔偿，并改革其组织和经营方式，刑事起诉可被搁置；如果在两年内未能完全履行协议，则公司会受到刑事起诉。

奥巴马总统任内的司法部长/总检察长埃里克·霍尔德沿用了签订延迟起诉协议的政策，暂不起诉公司或公司高管。这种不起诉个别公司高管的政策逻辑是，在许多情况下，很难将公司犯罪行为归咎于一个人或一小群人。一些公司高层、工厂厂长和工程师都知道导致100多人死亡的通用汽车点火系统缺陷事件。霍尔德总检察长18年前做律师时曾倡导过延迟起诉协议政策，该政策的部分理由是大公司“太大而不能倒闭”的事实。对公司刑事起诉会损害其声誉，影响销售，降低投资者持有的股票价值，并导致失业和工人的困境。追究公司而非个人的责任也反映了在指导思想上对大规模监禁的放弃。根本的公正要求那些从犯罪活动中获益的公司应该受到处罚。公司支付的罚款的一部分应拨付给致力于公共利益的私人组织，而不是上缴给联邦政府，但这一政策已被特朗普政府撤销。

2008年国际金融危机后，司法部因未对捆绑和出售次级（可疑的）抵押贷款的华尔街高管提起诉讼而受到严厉批评。抵押贷款欺诈给美国经济造成了约15万亿美元的损失。据说在总检察长埃里克·霍尔德领导下，白领犯罪的起诉达到了20年来的最低水平。霍尔德总检察长反驳说，联邦政府从包括美国银行、摩根大通银行（JPMorgan Chase）和花旗集团（Citigroup）在内的大型银行收取了超过60亿美元的罚款。在大多数情况下，这些大银行因支付了民事罚款而没有面临刑事指控，银行高管也没有被起诉。为解决向投资者出售数十亿美元的高估抵押贷款的指控,美国银行向政府支付了130亿美元的民事罚款,因而银行和银行官员都没有受到刑事起诉(Ramirez and Ramirez 2017:2-3)。2008年金融危机后,公司支付的罚款总额截至2016年达到了1900亿美元(Eisinger 2017:317)。

正如前述,大量公司刑事案件都是通过延迟起诉协议解决的。在2002年至2016年秋季,司法部与公司达成了419项延迟起诉协议,而在此前10年中,只有18项此类协议。布兰登·加勒特发现,在涉及严重欺诈和盗窃的公司中,有50%的公司是惯犯或多次犯罪者,与抢劫和持枪犯罪的罪犯再犯水平大致相同,远高于毒品贩子。在2001年至2012年的延期起诉中,公司官员及其员工没有受到起诉的占2/3(Eisinger 2017:xviii-xix;Garrett 2014:74-75)。

杰西·艾辛杰指出,对白领犯罪实行延迟起诉协议政策的部分原因包括,司法部能够避免在审判上投入时间和精力以及不确定的审判结果。他还提出,在决定是否对公司提起诉讼时,检察官们意识到,如果他们过于激进,非要起诉不可,可能会获得反企业的名声,从而危及他们在离开公职后被公司法务部聘用的可能性(Eisinger 2017:186-201)。

总部位于伦敦的汇丰银行(HSBC)在8个国家经营业务,资产达2.5万亿美元,拥有近9000万客户。该银行忽视了墨西哥贩毒集团和伊朗、叙利亚等恐怖主义国家存入大量现金的情况,然后通过向美国汇出巨款对赃款进行洗白。事情败露后,汇丰银行支付了19.2亿美元的罚没款,并达成了一项延迟起诉协议,协议要求其建立有效的反洗钱合规结构(Garrett 2014:84-85,259-261)。

刑事案件如果提起诉讼,重点是追究公司而不是个人的责任。法国最大的银行巴黎银行(BNP Paribas)在一起刑事案中支付了创纪录的89亿美元罚款,并承认隐瞒与苏丹、伊朗和古巴的金融往来,犯有"与敌对势力交易"的罪行,但其银行员工没有受到起诉(Buell 2016:126-127)。

2012年,英国石油公司承认多项指控,包括违反《清洁水法案》、妨碍司法公正、过失杀害11名钻井工人,并支付了12.6亿美元的罚款,从而解决了"深水地平线"号钻井平台爆炸导致的石油泄漏案。英国石油公司还向美国国家鱼类和野生动物基金会支付了24亿美元,向美国国家科学院支付了3.5亿美元,并自行建立了一个赔偿受害者基金。两人对违反《清洁水法案》的轻罪指控认罪,另一名英国石油公司员工也对删除文本信息的轻罪指控认罪。

埃米特·沙利文法官就通用汽车公司案发表了一份长篇意见书,批评延迟起诉协议允许企业高管通过支付企业民事罚款逃避刑事起诉,而普通罪犯却没有这样的机会。通用汽车公司因隐瞒点火系统缺陷导致 124 人死亡,200 多人受伤。事发后,通用汽车公司花 9 亿美元达成和解。沙利文法官对此案的处理非常不满,将其称为“涉嫌犯罪的人没有受到刑事指控的令人震惊的事例,尽管其员工应受谴责的行为导致了许多人的死亡”。他接着指出,他“感到失望的是,延迟起诉协议……并没有被用来为其他案件被告提供同样的机会来证明他们已经悔过自新,且没有引发刑事定罪所带来的毁灭性附带后果”。

在后来被上诉法院推翻的判决中,联邦地区法院法官杰德·拉科夫驳回了司法部与花旗集团达成的延迟起诉协议。根据该协议,花旗集团支付 2.85 亿美元的罚款,但没有对把有缺陷的抵押贷款支持证券卖出而又用自己的资金买进那些盈利证券的指控认罪。拉科夫法官称,延迟起诉协议“既不公平,不合理,也不充分,更不符合公众利益”。

2016 年,新任命的司法部长洛丽塔·林奇宣布,她将敦促司法部检察官在起诉白领犯罪案件时优先起诉公司员工,而不是把重点放在追究公司责任或议定延迟起诉协议上。这位司法部长的理由是,犯罪行为是个人实施的,而不是公司或组织实施的。司法部副部长萨利·耶茨解释说,“公众需要有一个可信任的司法系统,无论犯罪是发生在街角还是发生在会议室,这个司法系统都是平等办案的”。她补充说,起诉公司犯罪的“有血有肉的人”对于遏制企业违法行为和增强公众信心至关重要。新实施的政策还要求公司不要想着如何避免刑事起诉,而是配合找出公司中对犯罪活动负有主要责任的个人。这项新政策实施以来,已有几起案件涉案人员被起诉(Ramirez and Ramirez 2017:57-58)。

在西弗吉尼亚州 Upper Big Branch 煤矿爆炸造成 29 名矿工遇难后,煤矿公司签订了延迟起诉协议。3 名低级别煤矿主管做了认罪答辩。2013 年,煤矿负责人大卫·休哈特对串谋妨碍煤矿安全指控认罪,被判处 42 个月监禁。2016 年,对煤矿拥有所有权的梅西能源公司首席执行官唐·布兰肯希普被法院判定共谋违反联邦煤矿安全法规,被判处 1 年监禁和 1 年监管释放,并被罚款 25 万美元。1 年监禁相当于这起造成 29 人死难的矿井事故每死 1 人判 12 天半刑期。

2016 年,大众汽车(Volkswagen)工程师詹姆斯·罗伯特·梁和其他 12 名员工承认,他们参与了一项为期 10 年的共谋犯罪,通过安装旨在逃避美国排放测试的软件,欺骗美国监管机构和客户。奥迪和大众的首席执行官因参与这起欺诈案而受到刑事指控。

2017 年,日本汽车零部件制造商高田公司(Takata)因提供有关汽车安全气囊的虚假数据而承认犯有电信欺诈罪,并同意支付 10 亿美元的罚款。3 名高田公司高管被指控隐瞒安全气囊的缺陷,导致 11 人死亡,180 人受伤(Soble 2017)。

美国前司法部长杰夫·塞申斯在任时,司法部非常重视追究暴力犯罪和毒品犯罪的个人责任,而不是白领犯罪。对白领犯罪的起诉往往侧重于追究控股公司的责任,而不是个人的责任。沃尔玛公司同意支付 2.82 亿美元的罚款,因为该公司在 4 个不同的国家为获得各种许可证而行贿,但公司高管没有被追究刑事责任(Corkery 2019)。在美国司法部长塞申斯任内,司法部对个人的白领犯罪起诉主要集中在医疗欺诈案上。2017 年,美国司法部对医疗保健提供方欺诈行为的年度"打击"导致 412 名医生、护士和其他医疗保健专业人员被抓,因为他们卷入了超过 13 亿美元的虚开收费账单案。

在美国司法部长塞申斯的领导下,司法部还成立了一个欺诈和滥用检查处,以打击阿片类药物滥用。2017 年,药物过量导致 7.2 万名美国人死亡,比前一年增长了约 10%。这一死亡总数远高于由 HIV、车祸或枪支事件导致的最大年度死亡人数(Sanger-Katz 2018)。罗切斯特药品公司的两名高管承认曾把数千万颗盐酸羟考酮片和芬太尼发运至那些他们明知从事非法分销这些药物的药房,并承认未能按联邦要求上报可疑订单报告。在 4 年的时间里,罗切斯特药品公司的盐酸羟考酮销售量从 470 万片增加到 4220 万片,芬太尼销售量从 6.3 万剂增加到 130 万剂。案发后,罗切斯特药品公司签署了一份延迟起诉协议(Rashbaum 2019)。

2020 年 1 月,美国镇痛药制造商因赛思制药公司(Insys Therapeutics)的创始人约翰·卡普尔参与了一项贿赂医生让其给大量患者开具阿片类药物处方的计划,并误导保险公司认为需要这种药物。案发后,卡普尔被判处 5 年半监禁。该公司的其他高管被判处 12 个月至 33 个月不等的刑期。该公司同意支付 2.25 亿美元以了结这起联邦指控的欺诈案(Thomas 2020)。

2019 年年末,乔尔·史密瑟斯医生因违反联邦麻醉药管理规定被判犯有 861 项罪名,包括非法开具阿片类药物处方,并认定他至少造成了 1 人死亡。据报道,史密瑟斯曾收取 70 万美元的现金和信用卡付款。史密瑟斯行医的弗吉尼亚州马丁斯维尔小镇在美国是人均阿片类药物处方率最高的城镇之一

(Hassan 2019b)。

近40个州和联邦法院接到了近2000起集体民事诉讼案件,要求生产含有鸦片成分的奥施康定制药公司和该药的分销公司给予赔偿(Hakim 2019a)。这些制药公司运送并经药房销售了数千万片止痛药,几乎不考虑或调查这些药物是否被滥用。俄亥俄州的一个县设立了一个移动太平间,用于停放那些因阿片类药物服用过量而死亡的人的尸体,数量庞大(Hoffman,Thomas and Hakim 2019)。

在首次因阿片类药物对人体造成伤害而对制药公司进行的民事审判中,俄克拉何马州法官萨德·巴尔克曼裁定强生公司故意淡化阿片类药物的危险性并夸大了其益处,并责令该公司支付4.65亿美元给俄克拉何马州。巴尔克曼法官认为,强生公司参与了"虚假、误导和危险的营销活动"。普渡制药公司(Purdue Pharma)和梯瓦制药公司(Teva Pharmaceutical)早些时候已经与俄克拉何马州达成和解,普渡制药公司同意支付2.7亿美元。强生公司还与俄亥俄州的两个县达成了2040万美元的和解。这些和解款项用于药物治疗和康复(Hoffman 2019a,2019b)。

超过2300个城市和23个州已与奥施康定生产商普渡制药公司达成和解。26个州正在追究控制普渡制药公司的萨克勒家族的成员,该家族的总财富估计超过130亿美元。法律诉讼称,该家族已将资金从普渡制药公司转移到国外的银行账户,以保护这笔资金不受任何法律和解的影响(Hakim 2019b)。

一些高层次的白领犯罪案件仍然受到起诉。伊丽莎白·霍尔姆斯在19岁时吸引了来自美国一些最有权势和最杰出人士的数亿美元投资。这些人被她说服投资于她初创的Theranos血液检测公司。霍尔姆斯声称已经开发出一种新技术,可以通过一滴血迅速、廉价地检测多种疾病。霍尔姆斯预测这一医学突破将迅速产生超过10亿美元的收入。后来该公司被揭露涉嫌欺诈,霍尔姆斯可能面临最长20年的刑期(Carreyou 2018)。

高盛集团(Goldman Sachs)东南亚地区前主席蒂姆·莱斯纳于2019年承认共谋洗钱和对外贿赂。马来西亚发展基金是为基础设施项目提供支持而设立的,莱斯纳和3名同伙从该基金中掠夺了多达27亿美元(Henning 2019)。另一起著名的刑事定罪涉及马丁·施克莱利,这名前制药公司高管因向投资者撒谎而被判犯有欺诈罪。施克莱利因将一种艾滋病药物的价格提高了5000%而臭名昭著(Clifford 2019)。

在美国和欧洲,各种国际知名的博物馆和文化组织是否应该删除有些捐赠者的名字,并拒绝接受他们的捐款,因为他们的巨额财富来路不正,例如通过生产和销售奥施康定以及通过其他类型的犯罪活动和道德上有争议的活动获取的。这是当代一个争论的问题。

对于员工死亡案件,州检察官一直都不放弃起诉企业。2005 年,远西水务公司及其总裁和其他高管被判定应对两名工人的死亡负责。这两名工人在一个地下污水池作业时死于有毒化学物资。该公司被罚款 170 万美元,并向遇难工人的家属支付赔偿金。

下一部分我们将简要探讨民事关禁对个人行为的控制。

民事关禁

政府有权力和义务保障社会的健康和安全,并且可以调用公认的“警察权力”,对那些对其自身和他人构成威胁的个人实施民事收容、拘禁或关禁(civil commitment)。实施民事关禁的另一个作用是便于对个人提供强制康复治疗,尽管法律没有明确规定政府是否有责任对非自愿接受关禁的危险个人提供治疗。

各州政府和联邦政府都颁布有民事关禁法律。宪法规定,如果个人不愿意接受关禁,那么在关禁前必须经过法庭听证。对精神疾病患者、危险的性侵犯者、长期酗酒成瘾者或嗜毒成瘾者,可实施关禁治疗。美国大约有 1 万名青少年被关禁在青少年关禁治疗机构。

各州和联邦政府基本上都制定有涉及暴力犯罪者的法律。这些法律规定,被判犯有暴力性侵罪的个人,如果法官和陪审团裁定其为“性捕食者”,在被刑满释放之前,其应被关禁到精神病院接受治疗。那些被指控性暴力犯罪但因精神错乱而被判无罪释放的个人,也符合关禁治疗的条件。美国最高法院支持这些法律规定,认为民事关禁法律是政府行使其保护社会权力的一部分,并裁定这种执法行为并不构成“一罪双罚”(被告人因同一种罪行而受到两次处罚)。法院会对被关禁的性侵害者的精神疾病状况做定期检查,以决定是否有必要继续对其关禁。从理论上讲,一个人可被无限期关禁在精神病院。批评者指出,要求对个人进行关禁治疗其实是变相使无限期监禁合法化的一种借口[*Kansas v. Hendricks*,521 U. S. 346(1997)]。

对性侵犯罪者的另一种社会管制方式是犯罪登记法。这些法规要求那些被判犯有性侵罪的个人必须去当地政府有关部门登记，并且随时报告其就业、居住和其他个人信息等详细情况。性侵犯罪者的姓名和其他信息会被上传到相关网站上。美国最高法院裁定，登记法没有构成“一罪双罚”，因为要求登记不是惩罚。州和地方规定，登记在案的性侵犯者不得居住在学校附近，不得进入公园和其他儿童常去的公共场所。但批评者认为，这些打击性侵犯罪的法律有些小题大做，并不是所有的性侵犯罪人员都会继续构成威胁。问题依然是社会否能合理地筛查出需要严格控制的性侵犯罪者。还有人认为，性侵犯罪者往往“本性难移”，在看似“治愈”几年后还会旧病复发，继续实施性侵犯罪[*Smith v. Doe*，538 U. S. 84（2003）]。

本章总结

人们联系紧密的小型社会主要依靠价值内化和社会压力来实现社会团结。相反，经济上复杂的多元化社会则依靠正式的法律和正式的法律制度来保持对社会的管控。

在两种类型的社会中，刑法是实现社会稳定的一个重要机制。惩罚的主要目的是威慑和阻止违法行为。在美国，每 31 个成年人就有 1 人受到某种形式的矫正性监管，约占人口的 2.9%。

威慑是基于这样一种推算：人是理性的，如果受惩罚的代价大于违法的好处，人就不会去犯罪。对于增加警察巡逻和加重惩罚所产生的一般威慑的效力，人们在研究中持有不同的意见。传统智慧认为，威慑的有效性取决于惩罚的确定性、严厉性、快速性和程序上的公正性。对威慑效力的评估因各种方法论问题而变得复杂。威廉·钱布里斯指出，法律对威慑工具性犯罪比威慑表达性犯罪更为有效，而且，法律对低智商罪犯比高智商罪犯更有威慑力。还有一些因素影响威慑的效果，如对刑事判决的宣传报道。

特定威慑仅限于相对少数的涉及逮捕、起诉与监禁的犯罪。刑事处罚的威慑效果对囚犯的影响有限，这是美国的累犯率相对较高的原因。

死刑、无受害者犯罪以及白领犯罪都说明法律对威慑犯罪行为的作用是有限的。

第十章　法律对社会的影响

引　言

在本章中,我们将研究法律与社会变革之间的关系。法律仅仅是社会观念、社会习俗和社会实践的反映吗?法律是否也能够塑造社会?是法律跟从社会,还是法律引领社会?现实情况是,社会的变革是由多种因素共同决定的,我们不能只依靠单一的观点解释社会的变革。

我们将审视几个关于司法判决影响学校种族融合、堕胎和同性婚姻的案例研究。法律能够给人们的思想、生活、行为及相互交往带来根本的变化吗?我们还将了解,最高法院裁决“米兰达诉亚利桑那州”案的影响,该裁决规范了警察审讯以及监狱改革的问题。在阅读这个案例的研究文献时,我们不妨问问自己,一项法律能否有效地影响个人、团体、街警和狱警的行为。

本章第一部分提出的问题是,法律是否反映社会观念和社会实践?反之,法律是否改变了社会观念和社会实践?换句话说,法律是社会的反映或社会的产物吗?反之,法律能够改变社会吗?本章第二部分通过对几个案例的研究,探讨法院对社会变革的影响力。本章第三部分则是从社会运动角度讨论法律与社会的相互作用。从这个角度来看,当致力于社会变革的有组织的运动把法律作为其策略之一时,法律能够有助于实现社会变革。接着,本章将简要讨论公民抗命(civil disobedience)的作用,非暴力反抗是指人们试图以违法方式推动社会变革。

社会对法律的影响

德国理论家弗里德里希·卡尔·冯·萨维尼（1779—1861年）和美国社会人类学家威廉·格雷厄姆·萨姆纳认为，法律是对萨姆纳所称的民俗和习俗的一种反映，萨姆纳将民俗和习俗定义为社会的风俗习惯、实践和道德信仰。萨姆纳的一个著名言论是，“法律要想具有强大的威力，就必须与风俗一致”。他认为，人们会对变化感到不适，喜欢按照“传统与习惯”生活。人们传统的和熟悉的生活模式与做法只有通过耐心和说服才能得以改变。法律变革的最好办法是先改变人们的看法和习惯，然后再制定新的法律。

萨维尼和萨姆纳认为，法律必须适合每个社会的文化和历史，那种建立普遍权利的努力，无论多么令人钦佩，都不会产生什么影响（Savigny 1975；Sumner 1906：55，113）。一些学者甚至认为，习俗就是把社会凝聚在一起的力量，而且在维护社会秩序方面远比法律有效。人类学家斯坦利·黛蒙德在一篇挑衅性的文章中写道，“法律与秩序是历史错觉；法律与秩序的对抗才是历史事实”（Diamond 1971：140）。

叶海卡·德罗尔在一篇关于法律和社会变革的文章中指出，法律不可避免地滞后于社会发展。例如，最早的一批汽车司机面临的是针对马和马车制定的法规。德罗尔解释说，立法过程是缓慢而烦琐的，修改法律需要时间（Dror 1959）。

早年的电脑黑客证明了德罗尔的观点，即法律滞后于社会发展。在互联网发展的初期，对黑客的起诉通常失败，因为关于偷盗和非法侵入的法律所保护的是实在的物体，法官认为现有法规并不涉及对“触摸不到的”物体的盗窃，如密码或侵入网站。对此，联邦政府和州政府分别颁布了管理网络空间的法规。

互联网还引发了许多有待继续争论的其他问题，其中包括社交网络是否应对发布在其网站上的内容承担法律责任，是否应该限制“虚假新闻”和种族主义网帖，谁拥有电子邮件内容的所有权，以及个人在互联网上有多大程度的隐私权等（Lessig 2006）。

人们往往借助几个重要的研究来说明社会变革是如何影响立法的。威廉·钱布里斯在一篇重要的文章中阐述了流浪者法律的演变。流浪者是指没有明显的生活来源的公共场所中的个人,或者是我们今天所说的“无家可归者”。

1348 年,黑死病肆虐英国,造成近 50% 的人口死亡。富裕的、拥有土地的上层人士由于需要务工者照管土地、耕作农田,于是便说服国会通过了一部《反流浪法》,以解决用工问题。该法律旨在迫使失业者成为劳动力。《反流浪法》把乞求施舍、拒绝就业定为犯罪,同时也把辞职定为犯罪。禁止辞职是为了防止务工者跳槽到工资更高的务工岗位。此外,还实行了工资冻结制度,以保护雇主,防止他们不得不以提高工钱为手段争夺务工者。

18 世纪,英国从农业社会进入商业社会。商人们从全国各地运送货物以出口到其他国家,但是他们发现货物运输受到强盗和窃贼的威胁。于是,稍作修改的《反流浪法》被用于拘留那些有以暴力抢夺他人财物和窃取他人财物嫌疑的人;而且对流浪者的处罚也从监禁提升到鞭打甚至割掉耳朵。

钱布里斯在结论中指出,他的文章说明了《反流浪法》是如何适应农业与商业精英们的需要的。他指出,这些经济利益体构成了英国社会的脊梁,而且整个社会都受益于《反流浪法》的实施,因为该法律保障了劳动力的稳定供给(Chambliss 1964)。

社会的变革有助于塑造法律,这一观点也分别在劳伦斯·弗里德曼与杰克·拉丁斯基对劳工赔偿改革的研究(Friedman and Ladinsky 1967)和杰罗姆·霍尔对反盗窃法沿革的研究中得到阐述(Hall 1952)。理查德·施瓦茨对两个以色列社区的研究也说明了社会结构和法律之间的密切关系(Schwartz 1954)。

美国离婚法的演变也为法律如何适应文化与社会变革提供了例证。在 1857 年之前,英国禁止离婚。对于婚姻不幸的夫妻来说,出路要么是一方抛弃家庭,要么是双方都追求婚外情(Friedman 2005:142)。

在殖民时期的北美洲,大多数殖民地仍然禁止离婚。1682 年,宾夕法尼亚州立法机构承认夫妻如一方出轨可有权离婚。新罕布什尔州和新泽西州也通过了类似的法律,但是所有这些立法都被英国殖民当局推翻(Friedman 2005:142)。

在新宣告成立的美利坚合众国,各州对是否承认离婚权持有两种不同意见。南方各州绝对禁止离婚。希望离婚的夫妇只能依靠州议会两院通过私人法案获准离婚。立法机构不是橡皮图章。在弗吉尼亚州,每三对夫妇只有一对被立法机关判定离婚。从1798年到1833年，佐治亚州仅有291对夫妇被立法机关批准离婚（Friedman 2005：142）。

在北方各州，州立法机构将权力授予法官，由他们根据州法规中列出的理由判决能否离婚。1785年，宾夕法尼亚州成为第一个承认法院判决离婚的州。在纽约，离婚的理由仅限于出轨，而在其他州，离婚的理由可有多种，包括阳痿、出轨、虐待、遗弃、假定死亡，或改信少数族群宗教（Friedman 2005：143）。

弗里德曼指出，18世纪末和19世纪，美国家庭压力导致离婚诉求增长。如果继续禁止离婚，则意味着夫妇双方必须容忍出轨、家庭暴力和酗酒的折磨。于是，南方及边疆各州逐步改变了由立法机构判定离婚的做法，改由法院判决离婚。

19世纪，离婚法的颁布是公众要求离婚与宗教当局基于离婚会导致美国社会解体的预言而反对离婚之间取得平衡的结果。"无过错"的一方必须证明对方有过错。换句话说，自愿离婚的概念得不到承认（Friedman 2005：144，377）。

对司法判决离婚的承认导致了离婚率的上升。从1860年到1900年，离婚率增长了70%。1869年离婚案件有7380起，相当于每1000对夫妇中就有1.2对离婚。1920年离婚案件有167105起，相当于每1000对夫妇中就有7.7对离婚。大约2/3的离婚案件都是由女方提出的（Hall 1989：166）。

在20世纪，工业化的发展以及农业社会的衰落改变了婚姻的模式。一个庞大的家族不再需要都在农场工作。男人在外地工作，公立学校取代了家庭教育，而政府福利则意味着赡养病人和老人不再单纯依靠家庭。婚姻慢慢演变成一种基于爱情、浪漫和友谊的关系，而不再是一种纯粹的经济关系。人们越来越接受离婚，把离婚看作对不幸福婚姻的解脱方式（Hall 1989：300-301）。从1850年到1890年，一项对加利福尼亚州两个县的离婚调查表明，社会各阶层的人都有离婚诉求（Friedman 2005：379-380）。

全国各州的离婚法千差万别。唯一相同的是，离婚只适用于"无过错的一方"。如不能证明一方有过错，那么双方就不能解除婚姻关系。在纽约，只有在一方出轨的情况下才能离婚。与之相比，怀俄明州规定的离婚理由则较为宽泛，即一方如果感到"受辱"而对婚姻"难以忍受"，就可以离婚。在弗吉尼亚州，如果因女方曾做过妓女，则准许离婚。而在夏威夷，麻风病也可以作为离婚的理由。有些州允许无过错方再婚，但禁止"有过错方"再婚。而南卡罗来纳州则一直抵制离婚,直到1949年才认可离婚(Friedman 2005:381,577)。

到了20世纪中叶,离婚制度陷入危机。越来越多的夫妇借助"蓄意制造的理由"达到离婚的目的。他们伪造证词,或花钱请人作伪证称他们一方有外遇。这种僵化的离婚制度已开始松动,大约有20个州规定,夫妻双方自愿分居2年至20年的,准予离婚(Friedman 2005:579)。

1970年,加利福尼亚州准许"无过错"离婚,为"过错离婚"敲响了丧钟。当婚姻出现"不可调和的分歧"和"无法补救的裂痕"时,法官有权解除婚姻关系。事实上,离婚已经放开。无过错离婚在全国各地迅速蔓延开来,配偶任何一方都可以向法院提出离婚,而且不需要取得对方的同意(Friedman 2005:579)。

阿肯色州、俄克拉何马州、科罗拉多州、佛罗里达州、密歇根州、俄勒冈州、肯塔基州和内布拉斯加州等许多州都很快接受了无过错离婚,数量之多,令人吃惊。而且,伴随无过错离婚而来的,是对有关法律的修订,涉及子女监护权、财产分配,以及为帮助前配偶自谋生路所需提供的金钱支持(Jacob 1988:2-3,92)。

已故的赫布·雅各布将这场无过错离婚运动称为"无声的革命",因为整个国家接受无过错离婚的速度令人惊叹。他总结了引发无过错离婚的一些因素。在雅各布看来,一个重要的因素是,人们的寿命在不断延长,而且,在孩子成家立业之后,人们则开始想要改变自己的生活。越来越多的女性都外出工作,经济独立,不再甘心困守在不幸福的婚姻中。此外,社会对节育和"婚外性关系"的接受也使男人和女人从为了性满足而被迫保持婚姻的禁锢中解放了出来。雅各布还认为,女权主义运动使女性相信女性享有与男性平等的权利,不再被迫忍受虐待、暴力或剥削。

在雅各布看来,这些变化有助于人们认识到:婚姻的目的是快乐和陪伴,而不主要是为了生儿育女、经营家庭农场或小型企业。那种认为无过错离婚使离婚变得太容易的观点,并不能说服人们反对离婚法改革(Jacob 1988:1-29)。

雅各布研究了人们对无过错离婚的流行现象所做的种种解释,未发现有专门的社会运动推动无过错离婚,也没有发现具有影响力的政要支持无过错离婚。他认为,无过错离婚之所以能够遍及全国,是因为"无过错离婚的时机已经成熟"(Jacob 1988:92-93)。

无过错离婚的影响是什么?我们没有办法确定,在过错离婚制度下,打算离婚的人是会继续凑合过下去，还是会"制造过错"离婚。一些人可能会因承担不起"过错离婚"的赔偿费而选择分居或继续生活在一起。

离婚率的降低也与受教育程度有关。随着越来越多的女性获得大学本科学历，离婚率也逐渐下降。影响离婚率的可变因素还包括女性结婚的年龄，是否成长于双亲家庭，父母是否都信仰宗教，家庭收入状况，父母一方是否失业，以及夫妇一方或双方是否离过婚。我们很难统计离婚率，因为政府没有保留准确的统计数据。至于那些只同居不结婚而后来又分开的人，我们无从统计（Centers for Disease Control 2017）。

赫伯特·雅各布的著作如果今天出版新的版本，也许会关注结婚，而不是离婚。根据皮尤研究中心的调查，结婚作为一种习俗似乎呈现衰退之势，美国成年人未婚人数超过已婚人数。年龄在 25 岁以上的美国人从未结过婚的占 20%，而 1960 年这个人数只占 10%。

人们都选择晚婚。一半男性是在 30 岁以上首次结婚，一半女性是在 28 岁以上初婚。而在 20 世纪 90 年代，人们初婚的平均年龄是 20 岁出头。在近年来 40%的婚姻中，至少有一人曾经结过婚（Geiger and Livingston 2019）。在 18—34 岁的年轻人中，已婚人数占 30%，而 40 年前这个年龄段的结婚人数占 59%。

在 18—24 岁的年轻人中，未婚同居现在比结婚同居更为普遍。2018 年，9%的人与未婚伴侣同居，而只有 7%的人与配偶同居。在 25—34 岁的年轻人中，结婚同居的占 15%，相比 10 年前的 12%有所增加。2018 年，未婚同居的人数约达 1800 万，比 2007 年增长了 29%。大约 50%的未婚同居者年龄在 35 岁以下，但同居现象在 50 岁及以上的人中增长最为迅速。

为什么会出现结婚率相对下降和推迟结婚现象呢？一种解释是，因为人们知道，未婚同居或独居已经为社会所接受。另一种解释是，越来越多的美国人都想先立业挣钱，待经济条件稳固后再考虑结婚。结婚越来越成为只有受过大学教育的人才负担得起的事情，而那些经济水平较低者的结婚率则迅速下降。即使在年轻的受过教育的中产阶级人士中，与以前的几代人相比，一个"好的婚姻"也不再被认为是那么重要。

婚姻的另一次深刻变革是，2015 年有 1/6 的美国新婚夫妇与不同种族或族裔的人结婚，这与 1967 年相比增长了 5 倍。所有已婚者中有 10%与不同种族或族裔的伴侣结婚，而 1980 年这一比例则是 3%。"异族通婚"（miscegenation）一词于 1864 年开始采用，由拉丁语的"*miscere*"（混合）和"*genus*"（种族）

组合而成,旨在用一个似乎科学性的术语以支持这样的主张。用 1878 年弗吉尼亚州法院的话来说就是,非洲裔与白人之间的婚姻是不自然的,不同种族的人不应该通婚,以便各自过好各自习惯的日子。各州禁止异族通婚的法律蔓延至整个落基山脉地区,直到 1930 年,只有新英格兰地区、纽约州、宾夕法尼亚州、4 个中西部州和堪萨斯州没有颁布禁止异族通婚的法律。在"二战"结束后,美国非洲裔士兵和白人士兵带着各种肤色和种族的配偶回国,导致原本用来禁止异族通婚的法律土崩瓦解。截至 1965 年,只有 13 个州保留了禁止异族通婚的法律。两年后,在"洛文诉弗吉尼亚州"案中,由厄尔·沃伦首席大法官撰写的美国最高法院裁决书中写道,"与其他种族的人结婚或不结婚的自由属于个人,该州不得侵犯"。结婚是"基本公民权利"之一,"以诸如……种族分类等站不住脚的理由,剥夺这一基本自由是对平等原则的直接颠覆","无疑是在未经正当法律程序的情况下剥夺了该州所有公民的自由"(Pascoe 2009)。

另一个改变婚姻观的例子是通奸罪。在殖民时期的美国,通奸,也就是两个人发生性关系,但其中一人已婚,会受到罚款、流放、鞭打甚至死刑的惩罚。法律对通奸罪的处罚存在"双重标准"。这项法律的执行最常针对的是女性而不是男性。随着 20 世纪中期社会规范开始鼓励个人满足和社会宽容,通奸虽然仍然被视为不道德的,但很少被刑事起诉。1953 年,颇具影响力的《模范刑法典》建议各州废除禁止通奸和乱伦的法律,如今令人惊讶的是,有 16 个州继续保留反通奸法,只是通奸在大多数情况下被视为轻罪。通奸罪被起诉的,即使有,也很少。大约 20%的男性和女性据称都有过婚外情,而不那么严格的多项调查显示,婚外性行为的比例要高得多。尽管绝大多数人认为通奸是不道德的,但仍有 1/3 的美国人赞成继续将通奸作为犯罪来惩罚(Rhode 2016)。

总之,一种有说服力的观点认为,法律是社会的反映。社会对流浪与无过错离婚的逐步接受证实了这一观点。社会和法律也在逐步接受技术进步对分娩过程的干预。

法律对社会的影响

与法律是社会的反映这一观点不同,一种观点认为,法律是社会变革的一个动力(Dror 1959)。德罗尔认为,法律引起社会变革的方式有两种。一种是法律通过影响风俗从而间接引起社会的变化。例如，法律要求学龄青少年接受入学教育，这样社会就有了更多高素质的劳动力。大批具有竞争力和生产力的工人充实到钢铁厂和汽车制造厂，最终使美国在20世纪后半叶成为世界主要的工业强国和军事强国。除此之外，专利法保护的是科技创新和科学发现，以激励人们开发新的产品，因为人们知道，拥有发明专利，就能从中获利。发明人可依据专利法对任何通过复制其理念侵犯其专利的人提起诉讼。另一种是法律有时也能够直接引起社会变革。他给出的例证是，犹他州被接纳为联邦的一个州，其条件是该州必须立法禁止一夫多妻。

德罗尔告诫说，在某些时候，法律可能无法改变社会，如禁酒令。美国宪法第十八修正案于1920年生效，修正案规定，生产、运输和销售白酒都是违法的。禁酒法案对“酒精饮料”的范围作了界定，并详细规定了禁止出售酒精饮料的措施。然而，由于政府无法有效禁酒，美国只得通过宪法第二十一修正案，宣布废止禁酒令。

德罗尔建议，我们研究法律对社会变革的影响可以通过两种方式：一种方式是考察法律对人们的态度和观念带来的变化；另一种方式是确定我们能否发现一些可计量的变化。例如，1954年最高法院对“布朗诉托皮卡教育局”案做出裁定后，有多少学校废除了种族隔离制度（Dror 1959：76）。

莱昂·梅休提出从另一个视角研究法律对社会变革的影响力（Mayhew 1971）。他指出，法律能够在诉讼程序上给予人们以新的权利。例如，美国最高法院在对“吉迪恩诉温赖特”案的裁定中指出，各州均有义务向被控重罪的贫困被告人提供律师。在该案裁定结果的推动下，许多司法管辖区创建了公设辩护人服务机构，向贫困被告人提供法律代理［*Gideon v. Wainwright*，372 U. S. 335（1963）］。

弗里德曼提出从另外三类现象中思考法律与社会变革的关系。第一类是“政策规划”，即制定新的社会政策。弗里德曼列举了两个例子：一是奥巴马总统的医疗保健计划，俗称“奥巴马医改方案”；二是奥巴马政府设立的消费者保护机构，以保护人们在银行和信用卡业务中免受不公平对待。第二类是“拒绝认可”。弗里德曼把“拒绝认可”称为破旧立新的法律。例如，美国最高法院在“布朗诉教育局”案中裁定，实施种族隔离的学校和机构因剥夺人们依法享有的公平保护权而构成违宪。其他的例子还有废除对军用大麻和医用大麻的“不要问，不要说”规定。第三类现象是弗里德曼区分出的“强烈辩护”和“漠不关心”。“强烈辩护”是指社会强烈支持某项法律,并抗议对该法律进行变革,例如反对禁酒令和一些州反对同性婚姻和堕胎权。而“漠不关心”则是指,多数人由于对一项法律不大关心,便任由社会上的少数活动分子促成立法机构通过该项法律。此外,对立法机关定期拨款建造纪念性建筑物、高速公路以及以著名人物的名字命名新的建筑物等事项,公众也都不大关心。支持该项法案的人通常对其深感关切,而大多数人则对该法案并不感兴趣(Friedman 1977:157-188)。

埃德温·舒尔认为,法律不单单是社会的反映,它对社会的变革具有重要的作用。他将目光聚焦于法律改革所间接引起的社会观念的变化,并以公民权利为例阐述自己的观点。他认为,法律与法院判决通过维护种族平等逐渐促使公众改变观念并接受种族融合。而且,联邦法律和法院判决通过维护美国黑人的权利,还激励着那些赞成种族平等的人推动学校和公共服务场所不断取消种族隔离,实行种族融合。舒尔指出,随着相互交往与了解,人们就会开始质疑自己原有的观念,并最终放弃自己的偏见(Schur 1968:135-140)。

我们现在的问题是,法律究竟是反映社会,还是改变社会?关于法律与社会两者关系的最现实的观点是,在某些情况下,法律可能是社会的反映,而在其他情况下,法律可能是社会变革的推动者。

对法律的遵从、抵制和规避

威廉·埃文认为,实施一项新法有两个步骤。第一步是必须将法律制度化并传达给公众,必须确定实施的方法。第二步是法律的内化。人们必须自觉地接受法律、遵守法律。

埃文勾勒出了一种接受与拒绝法律的假设性连续体。一方面,人们可能会完全接受并遵守法律。另一方面,法律可能会遭到人们的公开拒绝和抵制。而第三种可能则是人们可能会规避法律或试图钻法律的空子。

一个政权可以采取大规模的执法手段来获得人们对法律的强制遵从。然而,政府所面临的挑战是如何把被迫守法转变为自觉守法。人们可能会认识到抵制法律的代价太高,也可能逐渐体会到法律的好处。然而,实际问题是,政府官员能够对抵制法律的行为容忍到何种程度及多长时间,才会改变立场并废止法律。

埃文认为,在一个庞大的多元化社会中,抵抗法律的行为是不可避免的。他详细阐明了决定法律是否会被人们内化与接受的各种"必要的"但也许并"不充分的"条件。我们应该知道,人们不可避免地会对法律有不同的反应,而这也不是任何单一因素能决定的。人们最初可能会规避或抵制法律,但最终却可能会接受并遵守法律。违法的代价可能会太高,人们也可能会认识到,法律并没有产生他们所预想的负面后果。

影响人们接受法律变革的因素如下(Evan 1980):

法律的制定主体。法律的制定主体(source of law)必须值得人们的敬重。法律的制定主体可以是立法机关(如国会、州立法机关)、行政官员(如总统、州长)、管理部门(如教育局)或司法部门(如法院)。埃文指出,大多数人认为法律应该由民选产生的立法机关起草与制定,他们会更容易尊重和遵守立法机关通过的法律,而不太看重和遵守由非民选产生的政府官员、机构或非选举产生的法官所做出的决定或裁决。尤为重要的是,重大的法律变革应由权威的法律的制定主体启动。

当代价值观。一项被认为与当下价值观和信仰一致、且不被认为是激进变革的法律,比要求进行根本变革的法律更有可能被接受。

参照群体。如果社会或群体已成功实施新的法律,那么,个人就会相信,该项新法律是有益的法律。如果一个人的朋友、邻居以及所敬重的人都支持某项法律,那么,他或她就更有可能接受这项法律。换句话说,个人之所以会有可能接受或抵制一项法律,是因为他或她希望与其朋友保持一致。

时机。有着重大变革的法规最好在反对意见还没有来得及形成之前颁布实施。例如,奥巴马总统的医疗保健法案在旷日持久的辩论和讨论中就曾出现反对势头大增,几乎使该法案"胎死腹中"。

执法人员。法律的实施和执行人员必须相信法律,这些人员不应被人们认为存在腐败、歧视或虚伪。如果人们认为法律对富人是一个标准,对"我们其他人"是另一个标准,那么法律的合法性就会受到损害。

奖惩。只有对守法者奖,对违法者惩,人们才最有可能遵守法律。受到惩罚的人只有失去自由、工作或收入等重要的权利,惩罚才是最有效的。如果遵守法律能够获得奖励,那么,法律也会得到人们的接受。

执法保障。如果有经费充足的部门或机构监督法律的执行情况,那么法律就最有可能得到有效的执行。一些人认为,矿山安全法在某些情况下之所以无效,是因为联邦官员人手不足,无法正常对矿山安全进行有效的监管。

外部支持。一部法律如果得到组织良好的社会运动的积极呼吁与支持,也更有可能得到社会的广泛接受。例如,母亲反对酒后驾驶联合会(Mothers Against Drunk Driving,MADD)成功说服议员通过法律,加大对酒后驾驶的处罚力度。

执法部门的责任。应有具体的机构或部门负责执行法律,保护人们的权利不受侵犯。

还有两个因素影响着法律能否得到有效实施。

法律宣传。法律宣传必须通俗易懂。人们不了解法律的变革,就不会遵守法律。而且,人们对难以理解的法律也不会接受、遵守或使用。

个人资源的耗费程度。人们愿意遵守那些简便易行的法律法规,而不愿意遵守那些执行起来费时费力的法律法规,而且还有可能抵制、逃避或无视那些烦琐难懂的法律。例如,许多人发现回收垃圾太麻烦且耗费时间,因此就不遵守垃圾回收规定。又如,一些人感到纳税规定太复杂,于是就干脆不申报所有可能的税收减免事项。

基于这些因素,最高法院关于学校不得开展宗教祈祷与圣经学习活动的裁决意见遭遇到相当大的抵制也就不足为奇。1962 年,最高法院对"恩格尔诉维塔莱"案做出裁定,纽约州教育董事会要求每天上课前诵读"教派中立"祷文,违反了宪法关于政府不得倡导宗教活动的规定[*Engel v. Vitale*, 370 U. S. 421 (1962)]。雨果·布莱克大法官在裁定意见中指出,祈祷活动违反了宪法第一修正案禁止设立宗教的规定。更重要的一点是,政府不仅支持宗教活动,还为"非教派宗教"大盖许可章。

次年,最高法院在对"阿宾顿镇学区诉申普"案的裁定中指出,宾夕法尼亚州关于阅读圣经与诵读主祷文的规定违反了宪法禁止设立宗教的条款[*School District of Abington Township v. Schempp*, 374 U. S. 203(1962)]。美国国会议员纷纷抨击最高法院对"恩格尔诉维塔莱"案和"阿宾顿镇学区诉申普"案的裁决是宣布"上帝违宪"。随后,美国陆续颁布了 146 项法案对宪法进行修正,明确规定学校祈祷与读经活动受宪法保护。

一项对多个研究的综述认为,最高法院禁止学校进行祈祷活动的裁定意见得到了"最少数学校的执行"(Corsi 1984:311-312)。一项研究发现,在允许学校阅读圣经的29个州中,只有5个州遵照最高法院对"阿宾顿镇学区诉申普"案的裁决意见,完全取缔了学校阅读圣经活动(Katz 1965)。罗伯特·伯克比也在研究中发现,在田纳西州的121个学区中,只有1个学区停止了所有的宗教活动,有51个学区对宗教活动做了一些变通。伯克比认为,在那些不执行最高法院裁决意见的学区,各教育董事会所辖学校要么是质疑最高法院干涉宗教事务的权威,要么是强烈相信宗教活动的价值(Birkby 1966)。

就其称作中途岛州的4个学区对最高法院宗教裁决意见的执行情况,两位知名的政治学家作了调查。他们发现,至少有一半的学校仍然在从事"某种形式的违反宪法的宗教活动"(Dolbeare and Hammond 1971:72-73)。

最高法院禁止各州倡导宗教祈祷和圣经诵读活动的裁决意见受到抵制,你对此如何解释?你认为违宪活动会继续在公立学校存在吗?

法院与社会变革

传统意义上,法院的作用是审判两个人之间的民事诉讼案件,或审判州公诉人起诉被告人的刑事案件。例如,在一起驾车闯红灯并撞坏另一方汽车的民事案件中,法院判决责任方向受害方支付赔偿金。

哈佛大学法学院已故教授亚伯拉罕·查耶斯在1976年发表了一篇重要文章,对"法官在公法诉讼中的作用"进行了描述。公法诉讼案件涉及公共政策,而不是私人之间的纠纷。查耶斯指出,在这类案件中,法官更感兴趣的是收集广泛的事实并提供指导未来行为的标准,而不是判决被告为其曾经的过失做出赔偿。在作出补救性判决时,法官往往要平衡各种政策因素(Chayes 1976)。

1954年,美国最高法院在"布朗诉教育局"案中综合考虑了堪萨斯州、南卡罗来纳州、弗吉尼亚州和特拉华州的多个案件并作出裁决,非洲裔学生被要求就读于种族隔离式学校的做法违反了美国宪法第十四修正案所保障的法律平等保护的原则。由此可见,最高法院在该案中起到了广泛的干预社会政策的作用[*Brown v. Board of Education*,347 U.S. 483(1954),349 U.S. 294(1955)]。

戈登·西尔弗斯坦指出,上诉法院的传统作用是批准或驳回立法机构通过的法律。例如,最高法院以违宪为由驳回了国民个人所得税法案,要征收个人所得税,必须对美国《宪法》进行修订。1913年,宪法第十六修正案获得通过,《宪法》许可征收国民个人所得税。此后,个人所得税法案才得以实施。在西尔弗斯坦看来,在一系列案件中,“布朗诉教育局”案是第一起最高法院行使了指挥职能的案件。西尔弗斯坦解释说,这种指挥职能包括最高法院告知立法机构和行政部门应该做什么。尽管对行使这种权力的法官有所批评,但西尔弗斯坦还是认为,自由派和保守派都将法院视为实现社会变革的一种机制。这种机制避免了在复杂的政治进程中实现社会变革所不得不经历的种种挑战(Silverstein 2009:42-43)。

一个类似于“布朗诉教育局”案(下文讨论)的判决是这一进程的开始。司法判决必须使受其影响的社会各方面人员知晓。然而,问题是人们是否服从司法判决,是否抵制或规避司法判决。

一个相关的问题是如何评估司法判决所带来的影响。司法判决是带来了社会变革,还是没有带来社会变革?是公众态度先于司法判决就已发生变化,从而带来了社会变革吗?(Becker 1969)

杰拉尔德·罗森伯格认为,法院在社会变革中可以发挥两种不同的作用(Rosenberg 2008:7)。

(1)司法路径:人们服从法官作出的判决,是基于法律制度的威信和权威以及对法律制度的尊重。

(2)超司法路径:法院在判决中突出了某个重要问题,就会影响公众舆论,并引发竞选候选人对该问题的讨论,最终,州立法机关和美国国会就会通过相关法律强化法院的判决。

法院通过司法路径能够引起社会变革,而经由超司法路径法院也能够同政治行动一起带来社会变革。我们绕了一圈又回到了辩论的起点,即法律是否反映社会发展,从而有助于促进社会变革,或法律是不是一种能够独立带来社会变革的力量。

美国法官有一种根深蒂固的传统观念,那就是认为他们的司法判决能够带来社会变革,并把法律用作公共政策的工具。罗森伯格将此称作能动司法观。能动司法观遭到一些理论家的质疑,他们认为社会变革最有效的实现者是民选官员。罗森伯格将这种观点称作被动司法观。

能动司法观强调,作为非民选的官员,法官能够做出民选代表因政治原因可能不愿做的决定。例如,民选代表参与监狱改革,既不会失去什么,也不会捞到什么。法官能够作出判决,而无须在立法过程中取得大多数议员的支持。在

20 世纪 50 年代,致力于消除种族歧视的个人和团体面临挑战:要么说服大约 16 个南方及边疆各州废除歧视性法律,要么说服 48 个州立法机关中的 36 个修改美国宪法,以颁布禁止种族歧视的修正案。而这时人们认为,废除种族歧视最好的办法就是要求联邦法院作出裁定,种族歧视违背了美国宪法的平等保护原则。法官能够写下判决意见,解释自己的看法,因而其判决就更容易为公众理解和接受;法官还能够监督其判决的执行情况,确保判决得到执行(Rosenberg 2008:32-36)。

依靠法官和法院来实现社会改革,就会引出这样一个理论问题:非民选的法官是否应该参与实施社会改革(Bickel 1962;Ely 1980)。

我们有充分的理由相信,法院给社会带来重大变革的能力是有限的。法院要想有所作为,必须等待某个问题或案件被列入其诉讼事件表。而且,在一些情况下,法院可能由于各种技术要求而不得作出判决。在越南战争期间,质疑战争合法性的案件被法院拒之门外,因为法官认为对外事务归总统和国会独立控制。一些军人称,他们如果被派往越南就有可能卷入战争犯罪,但法院告诉他们,只有被要求在越南从事非法行动的人才会受到起诉,从而有效地避免了这种起诉的可能性。

同时,案件审理和上诉也会造成巨额的财务成本,而且办案效率低下,一个案件可能需要数年才能曲曲弯弯地走完司法程序。现实问题也必须转化为法律问题,才能得到审理判决。例如,就业权和免受贫困权都属于重大公共政策问题,但法院裁定,这些权利不受美国宪法保护。

司法判决可能会遭到政治官员的抵制,他们可通过立法的方式阻挠判决。遇到这种情况,法院就必须另外作出判决,对原判决进行解释。最高法院曾裁定认为,根据宪法第二修正案规定,人们有权携带武器。然而,就一些案件涉及某个城市的枪支管制条例是否合理,或该条例是否违反了宪法第二修正案,最高法院需要作出裁决。试想一下,你是否可以携带枪支进入大学课堂、酒吧或电影院。最高法院需要花费数年的时间才能充分阐明宪法第二修正案关于携带武器权利的全部适用范围。

通过选举产生的立法议员比法官更有能力促成社会的重大变化。法官依靠律师发表观点与提供信息,而立法议员则与之不同,他们为了解决社会问题可以举行听证会,并展开调查以综合考虑所有相关因素。因此,与非经选举产生的法官相比,经选举产生的立法议员对问题可能会有更多的了解和更专业的见解。立法通常来自讨论和妥协。到了立法过程最后环节,一部法律通常已经得到了社会各界的广泛支持。法规比司法判决更加深入具体,而且遇到新情况出现时法规也比较容易修正。除此之外,民选议员还能够通过行使“钱包权”为推动法律的实施提供所需的经费(Horowitz 1977)。

法院和立法机关应该被看作综合政治体制的组成部分。法院判决案件,而法院的判决在许多情况下会引起立法机关的反应。而立法机关可以决定通过一项法律或宪法修正案对法院的判决进行修正或限制,甚至还会试图剥夺法院对某类案件的管辖权。一些人可能会组织公民投票以推翻法官的判决,而公民个人和其他法院也可能会规避或抵制法院判决。还有一些动机强烈的个人可能会进行非暴力反抗以表达不满,也可能会组织集会并将问题纳入政治运动。换句话说,法院判决所产生的影响是一个动态的、不断发展的过程,可能需要数年的时间才能确定法院判决究竟给社会带来了怎样的影响(Goldman and Jahnige 1968,1971)。

例如,最高法院 1973 年在对“罗诉韦德”案(下文讨论)的裁定中宣布,妇女在怀孕的前三个月拥有堕胎的基本权利[*Roe v. Wade*, 410U. S. 113 (1973)]。对此,反对最高法院裁决的各州立法机关则通过修改法律限制堕胎。美国国会限制用于堕胎的经费,各州实行堕胎等待期制度,并严禁公立医院实施堕胎[*Planned Parenthood of Southeastern Pa. v. Casey*, 505 U. S. 833 (1992); *Webster v. Reproductive Service*, 492 U. S. 490(1989)]。此外,美国国会议员还一直致力于出台宪法修正案,以限制或禁止堕胎,而许多医生和医院也都拒绝实施堕胎手术。2006 年,最高法院维持了禁止晚期堕胎的联邦法律,这是最高法院第一次维护这一即便是为保护孕妇生命也不能堕胎的法律[*Gonzales v. Carhart*, 550 U. S. 124(2007)]。

对于把堕胎作为控制生育一种手段的国际机构,美国总统布什和特朗普都曾先后限制向其提供资金。像援救行动(operation rescue)一样的反堕胎组织则不断对堕胎诊所进行抗议,并在“罗诉韦德”案周年纪念日时在首都华盛顿特区举行群众集会。堕胎诊所和实施堕胎手术的医生也受到单独的袭击甚至是悲剧性的袭击。共和党的纲领历来反对堕胎,而且堕胎问题已经成为选举中的一个核心问题。

对此,主张堕胎合法的一些组织则尽力维护对“罗诉韦德”案的判决意见,并游说支持堕胎的法官出任联邦法官。公众舆论虽然支持堕胎,但也接受限制堕胎,并坚决支持对青少年进行性教育(Rosenberg 2008:175-246)。

下一部分,我们将借助一些案例分析讨论司法判决对学校融合、堕胎、同性婚姻、警察讯问制度以及监狱改革等领域所产生的影响。每个案例分析都在某个重要方面反映出司法判决的影响及其所带来的社会变革。

预测一项司法判决结果所带来的影响并不容易,因为我们必须考虑许多因素。阿瑟·米勒就曾敦促社会学家提出用于预测法律影响的精密方法(Miller 1965)。

学校种族融合

1954 年,美国最高法院在对"布朗诉教育局"案的裁决中认为,实行种族隔离政策的公立学校违反了非洲裔学生享有法律平等保护的规定。1896 年最高法院曾在对"普莱西诉弗格森"案的裁定中认为,美国黑人被分配到"隔离但平等的学校"并没有被剥夺法律平等保护的权利[*Plessy v. Ferguson*, 163 U. S. 537(1896)],而最高法院对"布朗诉教育局"案的裁决推翻了先前的这一裁定。

"小石城九人"是指 9 名非洲裔学生。1957 年,小石城地方法院宣布在 9 月开始的新学期里,小石城中心中学将接收 9 名黑人学生入学。然而,当他们 9 人进入实行种族隔离制的该中学就读时,却遭到阿肯色州州长奥维尔·法布斯的阻拦。他动用国民警卫队,封锁学校,禁止黑人学生入学。1957 年 9 月 24 日,德怀特·艾森豪威尔总统派出空降部队 101 师保护学生,并护送他们上课。目前,这所中学仍在办学,已被列为国家历史遗址。

"布朗诉教育局"案之所以推翻了之前的裁决,是因为,最高法院首席大法官厄尔·沃伦基于社会科学研究成果得出了这样的结论:"隔离但平等"给非洲裔学生打上了"劣等"的戳记。沃伦认为,仅仅以种族原因就把非洲裔学生"与其同龄和同资历的学生隔离开来,将会使他们对自己所处的社会地位感到自卑,而这种自卑感可能对他们的心灵和思想造成了无法挽回的影响"。据此,这位首席大法官作出裁定,"在公共教育领域,'隔离但平等'的信条根本不成立,因为隔离制教育设施原本就不平等"[*Brown v. Board of Education*, 374 U. S. 483(1954)]。

最高法院认识到,对白人和黑人学校的资助存在巨大差异。在南方各州,白人学校的学生人均支出通常是非洲裔学生的 4 倍以上,学生与教师的比例在白人学校明显较低,为白人学生提供的设施和项目远远优于为非洲裔学生提供的设施和项目。

随后,最高法院发布了“布朗诉教育局”案裁定第二意见,即补充裁定意见。该意见称,学校系统必须以“审慎的全速”废止种族隔离。对于学校管理人员所提出的关于延长执行裁决意见时限的要求,“布朗诉教育局”案第二意见予以认可。校方可能需要扩建学校、安排交通事项并落实管理人员和教学人员[*Brown v. Board of Education*,349 U. S. 294(1955)]。

最高法院意识到,他们对“布朗诉教育局”案所作的裁决必然会彻底改变现行的做法。法官们一直等到全体达成一致意见后才发布裁决意见,而且意识到其裁决意见也不可能被马上执行(Kluger 1975:543-747)。

“布朗诉教育局”案的裁定意味着所有公立小学和中学所实施的种族隔离制度都是违宪的,这些学校均应按照裁决意见实行种族融合。受此影响的还有17个南方与边疆各州、哥伦比亚特区以及4个州(亚利桑那州、堪萨斯州、新墨西哥州和怀俄明州)所实行的学校种族隔离制度。按照这种制度,地方学区可以设立隔离制学校。其他11个州对于隔离制学校并没有明文法律规定,但有16个州的法律都禁止公立学校实行种族隔离政策(Rosenberg 2008:42)。

“布朗诉教育局”案的裁定是全国有色人种协进会所实施的长期诉讼战略的结果。制定这种诉讼战略的律师都是后来被公认为20世纪法制史上最有天赋、最杰出的律师,其中最有名的是瑟古德·马歇尔,他后来被任命为最高法院大法官。多起核心案件都为“布朗诉教育局”案的裁定奠定了基础,其中两起案件是“斯韦特诉佩因特”案[*Sweatt v. Painter*,339 U. S. 629(1950)]和“麦克劳林诉俄克拉何马州高等教育董事会”案[*McLaurin v. Oklahoma State Regents for Higher Education*,339 U. S. 637(1950)]。最高法院在对“斯韦特诉佩因特”案的裁定中认为,专为黑人学生开办的州立得克萨斯法学院与专门招收白人学生的得克萨斯大学法学院并不“平等”,因为前者缺乏与后者专门提供给白人学生的相同的设施、高素质的师资队伍以及声誉。在“麦克劳林诉俄克拉何马州高等教育董事会”案中,最高法院以相同的理由裁定认为,提供给黑人学生的研究生教育与提供给白人学生的研究生教育并不平等。

“布朗诉教育局”案无疑是美国历史上最有名的最高法院裁决案之一。然而问题是,“布朗诉教育局”案的裁决是否真正促使公立学校废除种族隔离制度。

在美国南部邦联以外的所谓边疆州基本上都迅速执行了裁决意见。10年之内,55%的黑人学生得以和白人学生同校学习(Lempert and Sanders 1986:362;Sutton 2001:176)。而老的南部邦联的11个州则完全是另一番不同的景象。在“布朗诉教育局”案裁决后的10年中,就读于种族融合学校的南方黑人学生还不足1%(Sutton 2001:176)。

约翰·萨顿指出,南方政客纠集起来反对最高法院对“布朗诉教育局”案的裁决。1956年,101名南方参议员和众议员签署了后来所谓的“南方宣言”,该宣言谴责最高法院对“布朗诉教育局”案的裁决是滥用司法权力,他们还发誓要采取“一切合法的手段”阻止“布朗诉教育局”案裁决意见的执行(Sutton 2001:176)。

南方各州州长和州立法议员追随其联邦议员,采取各种手段阻挠“布朗诉教育局”案裁决意见的实施。亚拉巴马州州长乔治·华莱士之类的政客竟然宣称“今天隔离,明天隔离,永远隔离”,并对那些“穿着黑色长袍的司法无政府主义者”进行指责(Rosenberg 2008:78)。南方各州2200个学区的学校董事会拒绝对其学校进行种族融合,迫使政府不得不对每个学区的学校董事会提起诉讼(Sutton 2001:176)。

当阿肯色州州长奥维尔·法布斯调动该州国民警卫队阻止黑人学生进入小石城中心中学时,艾森豪威尔总统迫不得已向小石城派出了联邦军队以废除该校的种族隔离制。肯尼迪政府虽然对废除学校的种族隔离制给予无声的支持,却也没有进行积极的推动。林登·约翰逊总统虽然在其任上被越南战争搞得焦头烂额,却被证明是最卓有成效、最锲而不舍的民权斗士(Sutton 2001:177)。

多个民权组织试图组织当地学生家长为废除学校种族隔离政策而提起诉讼。然而,由于担心遭受骚扰、报复和失业,黑人家长一直不愿提起诉讼,特别是在一些小城镇(Sutton 2001:176)。为了恐吓政治上活跃的美国黑人,一些白人专门组成了多个白人公民理事会。1953年,白人公民理事会在密西西比州亚祖城的多家商店张贴出53名黑人名单,因为这些黑人曾在要求取消学校种族隔离制的请愿书上签名(Rosenberg 2008:82-83)。

自对“布朗诉教育局”案裁决后,美国最高法院似乎不再裁决涉及废除学校种族隔离制的案件,这可能会让人们认为,最高法院要求学校以“审慎的全速”废除种族隔离制的决心已经减弱。

在美国国会通过了民权法案(下文讨论)后,最高法院从1954年到1965年只对学校种族隔离案作出过三次裁定。最高法院每次裁定都推翻了地方学校董事会的政策,认定这些政策都是为了逃避执行"布朗诉教育局"案裁决意见,是违宪行为。

在"库珀诉亚伦"案中,最高法院驳回了阿肯色州阻止小石城中心中学废除种族隔离的政策。最高法院裁定认为,黑人学生的权利不应"牺牲或屈服于……暴力和骚乱"[*Cooper v. Aaron*,358 U. S. 1(1958)]。

"布朗诉教育局"案发生 8 年后,最高法院在对"戈斯诉诺克斯维尔教育局"案的裁决中驳回了学生转学计划。根据该计划,学生可从其"种族"人数占少数的学校转到其"种族"人数占多数的学校。最高法院的理由是,转学计划的目的是维护学校的种族隔离制[*Goss v. Board of Education of Knoxville*,373 U. S. 683(1963)]。

第二年,最高法院对弗吉尼亚州发生的"大规模抵制"事件进行审理,并作出裁定:爱德华王子县 5 年前关闭其公立学校并将资金转给实行隔离制的私立白人学校的做法违宪[*Griffin v. Prince Edward County*,337 U. S. 218(1964)]。爱德华王子县的政策得到了弗吉尼亚州的支持,导致大量非洲裔儿童无法接受教育,因为他们没有能力在弗吉尼亚州其他地区或州外接受教育(Green 2015)。

总之,尽管美国最高法院在"布朗诉教育局"案后的 10 年中有决心废除学校的种族隔离制度,但其裁决意见却遭到南方学校的"公然对抗"(Rosenberg 2008:52)。

1964 年《民权法案》

1964 年,在多个事件的共同促使下,美国国会通过了《民权法案》。这些事件包括马丁·路德·金牧师在华盛顿领导的争取自由大游行,南方针对民权工作者的暴力事件,以及民众纪念遇害身亡的年轻总统约翰·肯尼迪的活动。许多学者一致认为,"布朗诉教育局"案对于国会通过《民权法案》所起的影响作用并不大(Lempert and Sanders 1986:363)。《民权法案》授权美国司法部长可以代表学生提起废除种族歧视的诉讼。《民权法案》第六章规定:

> 在美国,任何人都不得因为种族、肤色或民族而被拒绝参加联邦资助的任何项目或活动,或被剥夺享有任何联邦资助的任何项目或活动的利益,或在联邦资助的任何项目或活动中遭受歧视。

美国卫生教育和社会福利部有权颁布条例，终止对实行种族歧视的学区给予资助。

1965年，《初等和中等教育法案》规定，每年向低收入贫困学生比例高的地方学区提供联邦资助不低于10亿美元。学校系统如果存在种族歧视就有可能得不到联邦资助。

得不到联邦资助则意味着那些继续实行学校系统种族隔离的学区就得自己投入办学经费。1963年到1970年，就读于边疆各州和哥伦比亚特区的废除种族隔离制的学校的学生人数迅速增加，到1970年，大约77%的黑人学生就读于非种族隔离学校。而南方废除种族隔离进展更为迅速且令人瞩目，到1972年，大约91%的黑人学生就读于非种族隔离学校。

学校之所以废除种族隔离，有些是迫于司法部严厉的执法行动，有些是迫于卫生教育和社会福利部的压力。学校如不遵守法院要求废除种族隔离的裁决，就会受到联邦资金断供（Rosenberg 2008：51–53）。事实证明，经济手段有效地推动了学校的种族融合工作，到1967年年底，在17个南方和边疆州的4588个学区中，只有350个学区尚待执行废除种族隔离制的法院指令，而1225个学区则签订协议自愿废除种族隔离。也就是说，南方和边疆各州有2/3的学区都自愿尊重少数族裔学生的公民权利（Lempert and Sanders 1986：333）。

在1964年《民权法案》颁布后的5年时间中，学校废除种族隔离工作取得了比过去10年更大的进展。理查德·伦珀特和约瑟夫·桑德斯分析认为，这不仅得益于国会授权卫生教育和社会福利部可以对继续实行隔离制的学校系统拒拨经费，而且得益于司法部强制推进学校系统废除种族隔离。然而，在约翰逊总统的继任者尼克松总统任职期间，卫生教育和社会福利部以及司法部都对推进废除种族隔离兴趣不大；因此，北方城市学区仍然以非洲裔和拉美裔学生为主（Lempert and Sanders 1986：368）。

罗森伯格还观察到，1964年后广泛的政治格局开始发生变化，有助于营造一种鼓励和支持废除种族隔离的社会氛围。林登·约翰逊总统坚决维护民权，而且许多研究证明，新一代市长、州长以及地方教育负责人和商界领导人的崛起是废除种族隔离的关键因素。

此外，一个重要因素是1965年《投票权法案》的通过。根据该法案规定，联邦政府有权干预投票工作，以保护非洲裔的投票权。1964年至1970年，非洲裔选民的登记人数增加了近27%。这意味着，南方政客再也不能无视美国黑人的要求。美国黑人源源不断地迁入加利福尼亚州、伊利诺伊州、密歇根州、新泽西州、纽约州、俄亥俄州和宾夕法尼亚州等选举大州,也有助于从政治上支持这些州的政治家所主张的民权(Rosenberg 2008:96-97)。罗森伯格认为,最高法院对“布朗诉教育局”案的裁决仍然是一纸空文,对促进学校的种族融合没有起到核心作用。只有与约翰逊总统和国会的支持相结合,“布朗诉教育局”案裁决才会显现出其重要作用。他认为,即使没有“布朗诉教育局”案,种族融合也是必然趋势。为了论证自己的观点,罗森伯格列举出种种社会迹象与因素,包括美国黑人的抗议、静坐、公交车抵制和游行、黑人投票权利和经济权利的扩大、美国出于维护其自“二战”以来充当人权卫士的国际形象的需要,以及大众媒体的兴起。大众媒体通过生动描述南方发生的对黑人示威者的暴力事件,有效改变了公众舆论,使种族隔离遭到民众的广泛反对。

总之,罗森伯格认为,“布朗诉教育局”案裁决只是次要的因素,而学校种族融合则是不可避免的趋势。只有在与国会运用“财权”实现学校种族融合的决定相结合时,“布朗诉教育局”案的裁决才会产生重大影响(Rosenberg 2008:107-169)。然而,罗森伯格的观点受到了一些研究者的挑战,他们的一些研究结论表明,“布朗诉教育局”案的裁决使人们注意到废除种族隔离这一问题,进而引发了一场全国性辩论,这场辩论对公众舆论和公共政策都产生了深刻影响(Flemming,Bohte and Wood 1997)。

2016 年,公立学校学生 48%是白人,26%是拉丁裔,15%是非洲裔,6%是亚洲裔。在种族融合学校就读的少数族裔学生在学业上表现更好,而且毕业后还能长期受益,比如收入更高,监禁率更低。种族融合学校的白人学生在学业水平上也表现出色,与族群多样化的同学互动似乎也能使他们获益不少(Goldstein 2019)。

今天的问题是美国全国事实上存在基于居住方式的种族隔离。虽然学校在法律上(法理上)废除了种族隔离,但仍有相当数量的学生继续就读于以单一种族学生为主的学校。2016 年,一项针对从幼儿园到 12 年级(K-12)公立学校的联邦调查发现,2001 年至 2014 年,贫困非洲裔或贫困西班牙裔学生占 75%以上的公立学校比例从 9%上升到 16%。与其他学校相比,这些学校提供的数学、科学和大学预科课程较少,经验丰富的教师较少,九年级留级、停学或开除的学生比例高得不成比例。贫困人口集中的学校,无论其种族构成如何,其考试成绩、毕业率和大学入学率通常低于经费来源多元化或经费雄厚的学校(U. S. Government Accountability Office 2016)。

贾斯汀·德莱弗指出,1988 年至 2011 年,白人学生占学生总数 1%或更少的种族隔离学校的数量增加了 1 倍多,约占美国所有公立学校的 7%(Driver 2018)。2016 年,42%的西班牙裔学生和 40%的非洲裔学生就读的学校白人学生比例不到 10%。1988 年至 2016 年,白人学生占学生总数不到 10%的种族隔离严重的学校,其比例从 6%上升到 18%(Goldstein 2019)。

大城市的白人学生虽然占城市学区学生的 20%,但却集中在少数几所学校,而且就读的学校平均非白人学生占 55%。由于居住隔离政策,废除种族隔离的情况在郊区滞后。2016 年,郊区非洲裔或拉丁裔儿童就读的学校中,平均有 3/4 的学生是非白人。相比之下,尽管近年来郊区白人学生的比例下降了 10%,但郊区白人儿童通常就读的学校至少有 2/3 是白人(Goldstein 2019)。

种族隔离过去在前南部邦联各州最为明显,但今天非洲裔学生最有可能在加利福尼亚州、伊利诺伊州、马里兰州和纽约州的高度种族隔离的学校上学。西班牙裔学生最有可能在加利福尼亚州、新泽西州、纽约州和得克萨斯州的种族隔离学校就读(Goldstein 2019)。2016 年,以有色人种学生为主的学区获得的政府资金比以白人学生为主的学区少了 230 亿美元(Goldstein 2019)。

美国进步中心的一项研究强调,对非洲裔和拉丁裔学生、残疾学生和英语学习者"过度管教"是一种历史模式。美国进步中心的研究发现,学生旷课的天数存在显著的种族差异。白人学生占纽约市教育局所辖学生总数的 15%,但却占停课天数的 8%,而非洲裔学生占 27%,占因停学而缺课天数的 47%。在洛杉矶大学,非洲裔学生占入学人数的 8%,但占休学天数的 39%。在这两个学区,无论是轻微的还是严重的违规行为,都存在种族差异。研究发现,经常被停学的学生更有可能辍学,并最终因刑事犯罪而被判刑,这通常被称为"从学校到监狱的流水线"。国家教育政策中心 2011 年的一项研究发现,非洲裔学生被停学的可能性是白人学生的 3.5 倍,占学校被捕人数的 70%。拉丁裔学生被停学的可能性是白人学生的 1.5 倍(Jimenez, McDaniels and Shapiro 2018)。因在学校行为不端而被移送成人法庭审判的学生在种族上存在明显差异。在弗吉尼亚州,每 1000 名学生中被移送审判的,非洲裔学生为 25.3 名,西班牙裔学生为 12.1 名,白人学生为 13.1 名,残疾学生为 33.4 名(Edelman 2017:121)。

针对事实上的种族歧视,美国最高法院最初应对办法是,支持校车强制性跨越区域界线接送学生以实现种族融合[*Swann v. Charlotte-Mecklenburg Board of Education*,402 U. S. 1(1971)],但是,作为对抗种族隔离制学校的补救措施,最高法院后来将校车接送仅用于那些故意划定界限以维持种族隔离的学校[*Milliken v. Bradley*,418 U. S. 717(1974)]。近年来,最高法院出现分歧,对利用适度的种族意识给学校分配学生以实现学区内学校种族融合的做法普遍持怀疑态度[*Parents Involved in Community Schools v. Seattle School District No. 1*,551 U. S. 701(2007)]。在"参与社区学校的家长诉西雅图学区"案中,大法官约翰·罗伯茨在裁决意见中写道,"结束种族歧视的方法是停止基于种族的歧视"。然而,大法官斯蒂芬·布雷耶持不同意见,认为"布朗诉教育局"案并没有禁止在学生分配中考虑所有种族因素,而且利用种族因素来维持根植于……奴隶制的"种族的种姓制度以及 80 年的从属地位"和利用种族因素来实现种族融合之间存在明显区别。

学区越来越依赖磁石学校和公共资金资助的特许学校来实现学校种族融合,并开展对教师的评估工作以提高成绩分数。特朗普政府承诺推广教育代金券政策,学生可以使用教育代金券上私立学校。大多数研究发现,学生家长(无论是什么种族)都认为教育的种族多样性很重要,学生也能从种族多样化的教育中受益,但是,他们也认为,多样性不如办好一所当地的学校重要。

你认为 K-12 学校的种族多样性是地方学区应该继续追求的重要价值吗?

罗森伯格认为,最高法院对"罗诉韦德"案就堕胎问题所作出的备受争议的裁决意见反映了先前存在的社会价值,因此对社会变革产生的影响有限。对这一看法,我们将在下文中讨论。

堕　胎

根据英国习惯法的规定,在有"胎动"之前允许堕胎。胎动一般发生在妊娠期的第四或第五个月,此时胎儿开始在母亲的子宫内活动。人们认为,胎儿在这个时候开始拥有灵魂。美洲殖民地和各州法律都遵循胎动原则,并追究"胎动"后实施堕胎手术者的刑事责任,而不是追究要求堕胎的孕妇的刑事责任。

18 世纪,美国各州法律开始背离"胎动"原则。几个州的法律规定,为挽救孕妇生命,可依照医生建议实施胎动后堕胎。还有一些州不对堕胎作任何规定,结果造成 19 世纪 50 年代和 19 世纪 60 年代的分娩与堕胎数量比从 1/30 至 1/25 增长到 1/6 甚至是 1/5。堕胎人数增长最多的主要是白人中产阶级,宗教界领导人谴责堕胎是一种“时尚”的杀人方式(Friedman 1993:229;Hall 1989:162)。

从1820年到1860年,美国妇女盛行堕胎。对此,美国医学协会开展了反堕胎运动。该协会公开表示,虽然中产阶级白人妇女生育率下降的警钟已经敲响,美国移民儿童数量超过本国儿童数量的可能性令人担忧,但是其更关心的是不法堕胎给妇女造成的危害(Friedman 1993:229-230)。1857年,美国医学协会成立了反堕胎犯罪委员会,该委员会在报告中称,堕胎是对“胎儿的肆意谋杀和毁灭”,令人“深恶痛绝”(American Medical Association 1859)。

迫于美国医学协会的压力,公众对堕胎的看法也逐渐发生变化。从1880年至1910年,几乎每个州都宣布,除非为了挽救孕妇的生命,否则堕胎就是一种犯罪。胎动原则被废止,刑事责任的主体扩大至医生和孕妇(Hall 1989:162-163)。

这将成为美国的一种主流模式。20世纪30年代到20世纪60年代被称为堕胎的沉默时期。在这时期,堕胎大体上仅适于相对富有的妇女,因为她们能够雇得起愿意实施非法堕胎手术的医生,或者因为她们拥有经济能力和自由,可以到国外堕胎。而那些贫困的妇女就只好到背街小巷做危险的堕胎手术,或者在产下孩子后送人收养(Garrow 1998;Graber 1999)。

由于孕期药物沙利度胺对胎儿发育造成威胁,再加上风疹的传播,堕胎问题重新引起了人们的关注。而这时又恰逢“草根民众”支持堕胎运动的再次兴起。多个致力于让妇女掌控自己身体和生命的女权组织联合发起了这场运动。参与发起这场运动的还有美国医学协会。美国医学协会曾就非法堕胎行业对妇女身体健康的负面影响提出过警告,而且律师和法官也认为对堕胎妇女提起刑事诉讼的理由不足。这些不同的群体联合组成了全国堕胎法律废除协会,并于1969年呼吁,怀孕妇女征得医生的同意可以实施堕胎,不受法律限制。该协会认为,孕妇根据医生建议可自行决定是否堕胎,政府不应干预。支持堕胎运动的理念是“堕胎合法”(Epstein and Kobylka 1992:143-150)。

支持堕胎运动所采取的方式多种多样,从纠察、游行示威、医院静坐到教育宣传和游说。支持堕胎的理由是保护孕妇的身体健康、遏制全球人口爆炸式增长,以及劳动妇女有权决定何时组建家庭。到1970年,已经有19个州放松了法律对堕胎的限制。支持堕胎运动现在已经到达了民众诉求的政治领域。但其余各州都坚决反对放松对堕胎的限制(Greenhouse and Siegel 2011:2038-2047)。

率先许可堕胎的州是科罗拉多州、北卡罗来纳州和加利福尼亚州。1967年,这些州的法律规定,以保护妇女身心健康为目的,或存在孕妇遭受强奸或乱伦情况的,或如果生下的婴儿极有可能存在严重的身体或精神缺陷的,可允许堕胎。次年,又有7个州对法律进行了改革,这些州是阿肯色州、特拉华州、佐治亚州、堪萨斯州、马里兰州、新墨西哥州和俄勒冈州(Rosenberg 2008:262-263)。

主张堕胎合法的人士认为,这些改革过的堕胎法规限制性过强。这种看法得到了总统妇女地位委员会的支持,该委员会建议取消对堕胎的限制。1970年,夏威夷州通过了一项法律,允许孕妇对"无法存活"的胎儿自由选择是否堕胎,并规定人工流产手术必须在医院进行,且堕胎后需要居家休息90天。夏威夷州的做法随后被阿拉斯加州、纽约州和华盛顿州采用(Rosenberg 2008:263)。

戈登·西尔弗斯坦认为,堕胎权问题再有进展的可能性十分渺茫。1971年,34个州审议并否定了夏威夷模式,拒绝对堕胎开禁。支持堕胎者只得诉诸法院,以保障妇女享有更广泛的堕胎权(Silverstein 2009:113)。

这种司法途径终于在1973年有了结果。这年,美国最高法院对"罗诉韦德"案和"罗诉博尔顿"案作出了裁决。

美国最高法院在对"罗诉博尔顿"案的裁决中认为,妇女的堕胎权受宪法隐私权保护。但是,这一基本权利可被所在州令人信服的理由推翻。在孕期的前三个月,孕妇享有堕胎权,不受所在州的"不当干预"。在怀孕中期,允许进行合理的"与维护和保护孕妇健康有关"的管理。在妊娠后期,胎儿已经有了"存活能力",能够在子宫外生存,这时,州便具有令人信服的理由保护胎儿的潜在生命。现在,除非为了挽救孕妇的生命或保护其健康,宪法禁止孕妇堕胎(Epstein and Kobylka 1992:149-167)。

1983年,最高法院在对"阿克伦市诉阿克伦生殖健康中心"案的裁决中强调指出,自"罗诉韦德"案起20年来,最高法院一直肯定"妇女对是否终止妊娠享有高度的自主选择的基本权利"[*City of Akron v. Akron Center for Reproductive Health*,462 U. S. 416,420,n. 16(1983)]。

堕胎数量增长是"罗诉韦德"案引起的结果吗?杰拉尔德·罗森伯格发现,在"罗诉韦德"案裁决之前,堕胎的数量就一直在增加。他的研究结果如下(Rosenberg 2008:178-181)。

在"罗诉韦德"案裁决之前,堕胎数量就一直在增加。其中,1970年至

1971 年的堕胎数量增加最多,1972 年至 1973 年次之。

继 1973 年的"罗诉韦德"案裁决后,堕胎数量仍在增加,不过增加的速度趋于稳定,并到 20 世纪 80 年代初期开始下降。

也就是说,"合法堕胎的最大增加数值发生在最高法院最初对'罗诉韦德'案裁决之前的那些年"(Rosenberg 2008:178)。

罗森伯格解释说,"罗诉韦德"案反映了社会发展的趋势,但并没有影响纽约等一些州的通行做法,纽约州被人们讥讽为全国的"堕胎中心"。

在"罗诉韦德"案之前,为数很少的州修改了堕胎法规,以减少终止妇女妊娠所遇到的障碍;1972 年,堕胎近 60 万例,比上年增加了 10 万多例。根据罗森伯格所述,"罗诉韦德"案之后堕胎数量不断增加,而这一事实表明,最高法院的裁决确实促进了对堕胎限制的放宽,并致使堕胎数量适度增加(Rosenberg 2008:179-184)。

民众在"罗诉韦德"案之前就已大力支持堕胎,在该案裁决之后,民众支持率也并没有大幅度增长。对医生、护士和社会工作者的非科学性民意调查发现,选择性堕胎得到了压倒性的支持。罗森伯格指出,这一点再次表明,"罗诉韦德"案总体上反映了现实民意,最高法院的裁决并没有显著改变民意(Rosenberg 2008:238,260-261)。

罗森伯格还认为,"罗诉韦德"案对那些总体上反对堕胎的州和地区的公众态度影响不大。1974 年,20%的妇女居住在加利福尼亚州和纽约州,而在这些州实施人工流产的比例为 37%。1973 年,在东中南部和西中南部人口普查区的 8 个州中,女性占全国妇女的 16%,而堕胎率仅为 4%(Rosenberg 2008:190)。反对堕胎的人把堕胎说成谋杀,而不是一种健康措施,他们得到了天主教会、宗教原教旨主义者和政治保守派的支持。堕胎被称作自由主义政治意识形态的一部分,与支持毒品、性自由和反对美国海外军事干预同属于自由主义政治意识形态的表现形式(Greenhouse and Siegel 2011:247-274)。琳达·格林豪斯和列瓦·西格尔指出,在最高法院作出裁决之前,"罗诉韦德"案加剧了关于堕胎的辩论,而"罗诉韦德"案为辩论的双方提供了一个焦点(Greenhouse and Siegel 2011:277)。

在"罗诉韦德"案之后的多年时间里,堕胎受到越来越多的人反对。美国国会通过了多项反堕胎法律,其中最主要的是 1976 年通过的海德修正案。海德修正案禁止联邦医疗补助基金用于低收入人群的堕胎。这种对联邦资金支出的限制还扩大到一些联邦项目。这项法律修正案将联邦资助的堕胎数量从1976年的25万例减少到1978年的2421例。实际上,在大约16个州,没有资格获得联邦资助的妇女能够获得州资助进行堕胎(Rosenberg 2008:187)。

许多州的立法机构都极力反对"罗诉韦德"案的裁决,并颁布了专门限制堕胎的法律。这些法律规定,堕胎需取得配偶和父母的同意,填写堕胎对胎儿造成"痛苦"的知情同意书,堕胎前需充分咨询,必须经过强制性的堕胎等待期,禁止使用最简陋的堕胎技术与设施,限定实施堕胎的医院,以及允许私人保险项目拒绝为堕胎投保。其他州通过的法律还规定,只有为了挽救孕妇的生命才可实施堕胎,对凡是违反规定实施堕胎手术的医生,吊销其行医资格证。

近年来,各州立法机构都采取新的措施限制堕胎,其中包括:禁止孕妇在妊娠的前20周内堕胎,要求孕妇在堕胎之前必须进行超声波检查,以及对胎儿进行正式的埋葬。

这些立法措施尽管大多数都被上诉法院裁定违宪,却迫使支持堕胎的运动为挑战这些法律耗费了大量的时间和资源(Rosenberg 2008:188)。

2013年,22个州的立法机构新颁布了70个限制生殖权利的法规。2011至2013年所颁布的限制堕胎的法规超过此前10年的总数。2000年,13个州至少有4种堕胎限制,被古特马赫研究所认为是对堕胎权利抱有"敌意"。17年后,对堕胎权利抱有"敌意"的州的数量增加到29个,15岁至44岁的育龄女性生活在有"敌意"的州的比例从31%增加到58%。2000年至2019年,"支持"堕胎的州从17个减少到14个,生活在"支持"堕胎州的育龄妇女比例从40%下降到35%。目前,整个美国南部地区以及中西部大部分地区都被认为对堕胎持有"敌意"。58%的育龄妇女生活在被归入对堕胎有"敌意"的州。

2011年至2016年7月,各州颁布了334项限制堕胎的法规,占自"罗诉韦德"案以来颁布的所有该类法规的30%。规定中要求孕妇去诊所做两次超声波检查,这样的限制性规定对于农村地区妇女来说是一种不小的负担,因为住处附近没有诊所可做超声波检查和堕胎手术。她们可能不得不请假,安排照顾孩子,解决远途交通问题。这就增加了堕胎的费用,不利于妇女堕胎。

反堕胎运动在政治上的重要性和影响都有所提高。反堕胎运动的主要推动者有美国生命联盟、全国生命权利委员会和救援行动等组织。如前所述,反堕胎运动抵制"妇女有权选择"的主张,对"堕胎就是谋杀"的说法予以驳斥(Dias and Lerer 2019)。

反堕胎团体从事集会、游说和示威，并在经费上支持同情的政治候选人以及协调立法倡议。救援行动组织还采取直接行动，封锁堕胎医院和诊所，规劝妇女不要堕胎。古特马赫研究所是研究生育问题的主要公共政策组织。据该机构称，80%的堕胎医院和诊所都遭到了封锁。2014年，美国最高法院裁定，堕胎诊所或医院门外设置35英尺缓冲区侵犯了反堕胎示威者的美国宪法第一修正案权利[*McCullen v. Coakley*,573 U. S. 464(2014)]。

反堕胎运动的外围人员不仅抗议实施堕胎手术的医生，甚至还对堕胎诊所或科室进行破坏，对医生和工作人员实施暴力。2015年，一家堕胎诊所遭到武装袭击，造成3人死亡，9人受伤。自1993年以来，11名堕胎医务人员在袭击中死亡(Rosenberg 2008:188)。

自"罗诉韦德"案以来，美国公众对堕胎的看法十分复杂，反映出支持堕胎与反对堕胎两派观点的平衡。公众一般支持以下4种情况下的堕胎:(1)保护孕妇的健康和生命;(2)因遭受强奸而怀孕;(3)因乱伦而怀孕;(4)婴儿极有可能具有先天性严重缺陷。而对于"意外怀孕"的堕胎，公众舆论则表现出较大的分歧(Rosenberg 2008:188)。在盖洛普和皮尤的民意调查中，公众舆论一直非常稳定，超过一半的人认为堕胎只有在某些情况下或在所有情况下才是合法的，大约38%的人认为堕胎在所有情况下都是非法的。在某种程度上，更多的人认为自己支持堕胎，而不是反对堕胎。70%的美国人支持"罗诉韦德"案的裁决，并认为堕胎将在2050年变成合法，或者在一定程度上变成合法(Saade 2019)。

在美国的一些地区，要找到一家能做堕胎手术的医院或诊所一直是个难题。在美国，87%的县没有适合做堕胎手术的医院或诊所。在非都市区的县，该数字甚至高达97%。如今，32个州80%以上的县都没有适合做堕胎手术的卫生服务机构。美国大约有39%的育龄妇女生活在不具备堕胎服务条件的县。孕妇为了堕胎必须行路平均30英里(Guttmacher Institute n. d.)。超过1100万妇女居住在距离堕胎医院或诊所一个多小时车程的地方。迫于州有关法律的规定，一些医院或诊所被关闭或停止提供堕胎服务。强制等待期等规定加重了妇女的负担，她们必须去两趟才能堕胎。自2013年以来，大约有275家提供堕胎服务的机构被关闭。

美国有6个州仅保留一家提供堕胎服务的诊所，而密苏里州是其中之一。圣路易斯诊所的关闭意味着密苏里州将成为近50年来第一个没有提供堕胎服务诊所的州。诊所的关闭也意味着等待堕胎的时间更长,这是一个令人担忧的问题,因为全国 808 家诊所中有 72%的诊所不提供怀孕超过 12 周的堕胎服务。堕胎问题还不仅仅是农村遇到的一个问题。人口超过 5 万的 27 个城市距离堕胎诊所或医院超过 100 英里(Lai and Patel 2019)。

医院越来越不愿意做堕胎手术,造成堕胎越来越只能在专门诊所进行。目前只有 4%的医院提供堕胎手术服务。美国妇产科医师学会的一项研究发现,大多数医生迫于医院和同事的压力,不敢做堕胎手术(Freedman 2010)。造成的结果是,1983 年有 56%的堕胎手术都集中在 13%的医院或诊所进行,而 1985 年则是 60%的堕胎手术集中在 15%的医院或诊所进行。过了妊娠期的头 3 个月就很难进行堕胎手术。1985 年,只有 43%的医院或诊所可以做妊娠期大于 3 个月的堕胎手术(Rosenberg 2008:193-195)。

古特马赫研究所在报告中称,2008 年,美国有 121 万例堕胎。2011 年,大约有 108 万例堕胎,比 2008 年减少了 13%。2017 年,大约有 86.2320 万例堕胎,比 2014 年的 92.6190 万例降低了约 7%。专家将此归功于控制生育力度的加大、堕胎的限制性条件的增加以及质疑堕胎的文化。古特马赫研究所报告称,大多数女性基于各种原因决定堕胎,包括无力负担孩子的费用,认为生孩子会妨碍工作、上学或照顾受抚养者;事实上,她们不想成为单亲母亲,或者在与丈夫或伴侣相处时遇到困难。2014 年,59%的堕胎者至少曾经历过一次活产。

西尔弗斯坦将“罗诉韦德”案的持续脆弱的地位归因于这样一个事实,即支持堕胎的运动将其所有资源都投入到了一项法律战略中,从而使反堕胎势力在地方和国家政治生活和选举中成为一股强大的政治力量。他指出,从美国最高法院的裁决意见来看,堕胎权仍然是悬而未决的问题(Silverstein 2009)。

最高法院对“宾夕法尼亚州东南部计划生育组织诉凯西”案的裁决鼓励了堕胎反对者。“宾夕法尼亚州东南部计划生育组织诉凯西”案用胎儿存活能力(子宫外存活能力)标准取代了“罗诉韦德”案的妊娠期标准。最高法院多数意见认为,医疗技术的进步证明,胎儿在 22 周或 23 周时可以被视为存活,而不是“罗诉韦德”案确定的 28 周。现在,该州对胎儿潜在生命的关注是从怀孕早期开始的。最高法院认为,在存活期(怀孕 22 周或 23 周)之前,各州可以对堕胎进行监管,只要这些监管不会对妇女的堕胎权造成不应有的负担。在存活期和存活期后,各州可以监管甚至禁止堕胎,除非孕妇的生命受到威胁。“宾夕法尼亚州东南部计划生育组织诉凯西”案继而维持了宾夕法尼亚州一项规定的合宪性。这项规定是，妇女必须听取医生有关堕胎风险、胎儿发育及堕胎替代性措施的意见，并取得书面证明；未成年人堕胎必须征得父母一方（或一名法官）的同意，已婚女性则必须通知配偶，然后经过 24 小时的等待期才可实施手术[*Planned Parenthood of Southeastern Pa. v. Casey*，505 U. S. 833（1992）]。

然而，"罗诉韦德"案在最高法院尚未完全成为一纸空文。2016 年，在"全妇女健康诉海勒斯泰特"案中，美国最高法院以 5∶3 的表决结果裁定，得克萨斯州的一项法律给寻求堕胎的女性带来了不应有的负担，是违宪的。大法官斯蒂芬·布雷耶认为，这项法律规定医生须在当地医院获得接收病人住院的"住院特权"，堕胎诊所须拥有昂贵且难以获得的相当于流动外科中心的设施，"给女性寻求胎儿存活前堕胎的道路设置了巨大障碍……[和]对堕胎造成了不应有的负担，而且……违反了联邦宪法"。布雷耶大法官指出，得克萨斯州无法提供任何证据证明这些规定会为单身女性提供更好或更安全的手术。该法律已经导致该州近一半的堕胎诊所关闭，而如果批准得克萨斯州的该项法律将使居住在距离最近堕胎诊所 200 英里以上的得克萨斯州妇女人数从 1 万人增加到 75 万人[*Whole women's Health v. Hellerstedt*，579 U. S. ___（2016）]。

2019 年，在"朱恩医疗服务中心诉拉索"案中，最高法院推翻了第五巡回上诉法院的裁决，并以 5∶4 的投票结果阻止对一项路易斯安那州法律的执行，该法律与"海勒斯泰特"案所涉及的那项得克萨斯州的法律一样，要求堕胎服务提供者在当地医院拥有"住院特权"[*June Medical Services v. Russo*，___U. S. ___（2019）]。2020 年，最高法院驳回了路易斯安那州的该项法律。

2019 年，最高法院对"博克斯诉印第安纳州和肯塔基州计划生育协会"案作出裁决，裁决结果令反对堕胎的人备受鼓舞。在"博克斯诉印第安纳州和肯塔基州计划生育协会"案中，最高法院发表了一份简短的意见，直接限制妇女堕胎。在意见的第一部分，最高法院拒绝回应第七巡回上诉法院的一项裁决，该裁决认定印第安纳州一项法律的部分条款违宪，该部分条款禁止孕妇因为胎儿的种族、性别或唐氏综合征等残疾在怀孕期间任何时候堕胎。最重要的是，与此同时，最高法院确认了一项法律的合宪性，该法律对胎儿遗体的处理作出规定，要求对胎儿遗体由堕胎服务提供者负责埋葬或火化或交由妇女自己处理。法律允许集中火葬。大法官露丝·巴德·金斯伯格在反对意见中指出，处理胎儿遗体的规定因造成堕胎手术费用提高而加重了妇女在胎儿可存活之前堕胎的负担[*Box v. Planned Parenthood of Indiana and Kentucky*，587 U. S.（2019）]。

一些联邦上诉法院要求各州不得在2019冠状病毒病大流行期间把堕胎作为非必要手术加以禁止。最高法院可能会被要求对这个问题作出裁决。

罗森伯格针对学校种族融合和堕胎案例的研究表明,仅仅是最高法院一家并不能即刻带来社会变革。最高法院的裁决只有取得政府的其他分支机构(立法和行政)的支持与切实执行,或顺应正在发生的社会变革,才会有效。在美国这样的联邦制国家,州政府和地方政府在积极的政治运动的支持下,都能够限制最高法院的裁决所产生的影响,并能影响最高法院积极执行其裁决的意愿。

法院判决对刑事司法系统的影响

法院对警察以及其他刑事司法组织的执法工作起着重要的审查作用,以确保公民的个人权利和自由得到这些社会安全卫士们的尊重。可以理解的是,有人认为,法院的审查作用可能会对刑事司法组织的正常工作造成一些不必要的阻碍和干扰。在审理上诉案件的过程中,美国最高法院和其他上诉法院全面根据宪法精神,制定了刑事司法机构和部门应当遵循的司法规程。

在制定司法规程时,法院通常都十分注意兼顾个人自由与社会安全利益。尽管如此,一些批评人士指出,法官不具备为刑事司法专业人员制定工作规程的专业知识。于是,法院的判决对警察及其他刑事司法专业人员的行为有何作用就成了问题(Milner 1971)。

关于法律对各司法部门的影响,人们已经做了大量的研究。研究表明,在有外部压力监督其工作的情况下,司法机构才更有可能依法办事(Edelman 1990,1992)。研究人员发现,在没有受到严格监督的情况下,司法机构会通过试图说服法院接受其对合规的定义来间接地规避法院的判决(Edelman 1990,1992;Edelman,Uggen and Erlanger 1999)。一种更为乐观的看法是,各种法律判决和规定能够得到司法机构的"良好执行",并具有自己的生命力,成为司法机构的日常工作(Dobbin and Sutton 1998)。

在接下来的两节中,我们将考察有关警察在审讯犯罪嫌疑人前执行米兰达规则*和惩教机构执行改革政策的案例研究。在讨论米兰达规则时，请特别注意警方如何变通米兰达规则，以使该规则不再成为警方获取口供的障碍。

关于监狱改革的讨论则表明，法院要求监狱改革的判决能否得到行政部门的支持十分重要。对得克萨斯州监狱系统的“鲁伊斯诉埃斯特尔”案的判决也表明，法院可能因缺乏必要的专业知识，而无法对其判决的监狱改革所产生的后果做出准确预见。最后，该判决还表明，一些外部事件如何压倒改革。

审讯与供述

1929年，赫伯特·胡佛总统任命11名成员组成全国守法与执法委员会，司法部长乔治·威克沙姆为主任，该委员会囊括了法律和刑事司法领域一些最有名望的人物。在该委员会报告的警方审讯部分，该委员会证实，警察在审讯被告时都普遍采用“严刑逼供”(National Commission on Law Observance and Enforcement 1931)。

该委员会的报告列举了多起持续时间长的单独监禁审讯，有的竟然长达96小时。在审讯过程中，犯罪嫌疑人不得吃饭、睡觉和上卫生间，也不得见家人、朋友和律师；警方还不断给犯罪嫌疑人转换监室，以使其因始终辨不清方向而倍感迷惑。警方强烈希望犯罪嫌疑人招供，因为只有犯罪嫌疑人认罪，才能基本上保证陪审团会作出有罪判决。因此，犯罪嫌疑人一旦认罪，才会愿意进行辩诉交易。

威克沙姆领导的委员会谴责“严刑逼供”破坏了刑事司法制度。“严刑逼供”可能致使犯罪嫌疑人“屈打成招”，造成警方为隐瞒在审讯中使用暴力而在法庭上掩盖事实与做伪证，可能会损害刑事司法程序的公正性。陪审员们对刑事司法系统日渐失去信任，这有可能造成陪审员越来越不相信口供，甚至对被告人作出无罪判决。

多名警官在向威克沙姆委员会的报告中为“严刑逼供”做辩解。

他们的依据是理查德·里奥所称的“工作理念”，即在打击犯罪的战斗中，严刑逼供是一种必要的武器(Leo 2008:66)。这些警官认为，“严刑”是从明显有罪的犯罪嫌疑人口中获取供词的一种必不可少的手段，否则，犯罪嫌疑

---

* 米兰达规则(Miranda Rule)，又称米兰达警告/米兰达告诫(Miranda Warnings)、米兰达权利(Miranda Rights)。在接下来的相关段落中，三个不同的说法交替使用，甚至还用“米兰达”一词代替，为英文语篇衔接的一种常见现象。——译者注

人就会根据第五修正案关于禁止犯罪嫌疑人自证其罪的规定,拒绝回答警方讯问。这些“精明”的被告人,一旦保持沉默,就会聘请老练的“精明”律师为其辩护,并最终在法庭上获得无罪判决。在警方看来,“严刑逼供”只是被用来对付那些危险的、明显有罪的被告人,而禁止“严刑逼供”,就会挫伤警察的士气(National Commission on Law Observance and Enforcement 1931:137,146-147,178-179)。

在“布朗诉密西西比州”案中,美国最高法院裁定认为,警察在审讯过程中获取犯罪嫌疑人违背其本意的供述,违反了宪法第十四修正案关于正当程序的条款,不能作为证据采信。在该案中,警方通过对3名非洲裔被告人实施“肉体折磨”获取了供词。最高法院认为,“这些是最为违背公正原则的审讯方式,难会再有更甚者”。大法官查尔斯·埃文斯·休斯指出,“布朗诉密西西比州”案对被告人所受严刑的描述读起来“更像是中世纪的案卷记录,而不像是现代文明社会的案卷记录。现代文明社会追求的是开明的合乎宪法精神的治理”[*Brown v. Mississippi*,297 U.S. 278(1936)]。

一些在全国颇具影响力的执法官员已经意识到,警察面临失去民心的危机,审讯方式需要改变。时任联邦调查局局长的埃德加·胡佛,积极推动警察队伍专业化和审讯方式科学化运动。该运动的核心工作是执行审讯手册汇编,该守册汇编最早颁布于20世纪40年代晚期,曾用于培训数万名警察的科学审讯技能。手册汇编的主要编纂者是美国西北大学法学院的已故教授弗雷德·英博,他和多名编纂者一起提出了审讯九步骤。这些经过试验和验证的步骤旨在使审讯工作通过掌握和利用犯罪嫌疑人的心理,从而获得其口供(Inbau *et al*,2001)。该手册的一个版本收录了1600种方案,供警察在审讯50多种犯罪案件的嫌疑人时使用(Leo 2008:153)。

现在谈谈最高法院对“米兰达诉亚利桑那州”案[*Miranda v. Arizona*,384 U.S. 436(1966)]的裁决。最高法院指出,近几年,“刑讯逼供”已被心理强制攻势所取代。受到警方单独监禁与审讯的犯罪嫌疑人感到孤独与孤立,在警方复杂巧妙的心理攻势面前败下阵来,不得不如实招供。

最高法院在对“米兰达诉亚利桑那州”案的裁决中指出,警方在审讯犯罪嫌疑人之前,须向犯罪嫌疑人提出四项告诫。为了维护被告人的不自证其罪的权利,“米兰达警告”提醒犯罪嫌疑人:他们可以不回答警方讯问;如回答警方讯问,其所供述的一切都可成为对其不利的呈堂证供;其有权获得律师帮助;如果雇不起律师，司法部门可以为其指派律师。通过提醒犯罪嫌疑人为保护其不自证其罪的权利所应知晓的有关事项，“米兰达警告”为警方和犯罪嫌疑人创造了一个“公平对决的竞技场”。“米兰达警告”还提醒犯罪嫌疑人，他们已进入对抗性司法程序，而警方在这场智慧的较量中是其对手。“米兰达警告”包括四项内容，见表 10.1。

表 10.1 “米兰达警告”四项内容

1. 沉默权	你有权保持沉默
2. 供述后果	你所供述的一切都可作为对你不利的呈堂证供
3. 有权聘用律师	你有权在接受审讯时聘请律师到场，有权咨询律师
4. 指派律师	如你雇不起律师，可以为你指派律师

犯罪嫌疑人可以行使沉默权或律师辩护权，也可以放弃这些权利。如果犯罪嫌疑人行使米兰达规则所给予的权利，警方就可能无法对其进行审讯。犯罪嫌疑人一般会被要求在一份米兰达权利告知表上签字，表明其已知晓米兰达权利，并放弃使用这些权利。检方要确认犯罪嫌疑人是否是在知情、自愿、明智的情况下放弃其权利，简直是个“沉重的负担”。最高法院在对一系列案件的裁定中都指出，在某些情况下，警方可不向犯罪嫌疑人宣读四项告诫。例如，对那些未被拘押的或“基本上未被剥夺自由”的犯罪嫌疑人，警方一般可在审讯时不向其宣读米兰达权利。

最高法院在“米兰达诉亚利桑那州”案裁决中创立的一整套法律保护措施，目的是保护犯罪嫌疑人在接受警方审讯过程中的权利。实际上，最高法院是在告诉警方，他们调查犯罪不能再如此严重地依靠审讯，而是需要依靠其他调查手段。

“米兰达诉亚利桑那州”案的裁决迅速引起美国国会和各州政界人士的反应，他们认为，这一裁决是最高法院“溺爱罪犯”的又一判例。为此，美国国会出台了一项法案，要求警察必须提交所有被告自愿供述的证据。随后最高法院指出，国会出台的这一法案是违宪的“一纸空文”，并坚持认为，根据宪法第五修正案，警方须执行米兰达警告［*Dickerson v. United States*, 530 U. S. 428 (2000)］。

作为警方审讯领域的权威专家，理查德·里奥认为，“米兰达警告”对限制警方获取犯罪嫌疑人口供并没有产生“实际作用”。里奥指出,有研究表明,78%到96%的犯罪嫌疑人放弃其权利而向警方招供。他借用一位学者的话说,除了烟盒上的告诫语,“米兰达警告”是最为广受忽视的官方告诫语。里奥注意到,警方同“米兰达警告”打交道已有40余年经验,能够十分老练地让犯罪嫌疑人放弃权利,也能十分老练地制造出若干情形,而最高法院已认定,在这些情形下依照宪法可不向犯罪嫌疑人宣读米兰达权利。里奥还列举出警方为了不使米兰达规则成为获取供词的障碍而使用的各种变通手法。他最后指出,警方各种精明的手法使“几乎所有的犯罪嫌疑人都放弃行使米兰达权利”。这些手法包括(Leo 2008:124-127,280):

可自由离开。警官传唤犯罪嫌疑人到警察局接受讯问,并告知对方不是对其进行拘押。最高法院曾作出裁定,在这种情况下,犯罪嫌疑人不属于拘押讯问,故不适用于米兰达规则,警方可以不向嫌疑人宣读“米兰达警告”即可对其进行审讯。

默认放弃权利。警官一宣读完米兰达权利,便开始讯问。犯罪嫌疑人如果回答讯问,就被认为“默认放弃”其米兰达权利。

不强调权利的重要性。在讯问过程中,警官同犯罪嫌疑人“闲聊”,漫不经心地把四项告诫融入闲聊中,却不向其表明四项告诫的重要性。犯罪嫌疑人可能会放弃米兰达权利而没有意识到放弃该权利的后果。

威逼利诱。警官会告诉犯罪嫌疑人,只有放弃米兰达权利,他才有机会讲述他自己的案情。警官还可能表示,如果犯罪嫌疑人开口招认,他会向检察官求情,在起诉中减少对其罪责的指控或寻求对其从轻处罚。警官还可能会提到,除非犯罪嫌疑人回答讯问,否则,警官就不与其谈论案件,也不告诉其所受到的指控。

不宣读告诫词。警方可能回避向犯罪嫌疑人宣读“米兰达警告”。最高法院已裁决指出,尽管未经宣读告诫词而获得的供述不能作为证据采用,但可以在犯罪嫌疑人出庭受审时用来向其进行盘问。在某些情况下,警方在没有向犯罪嫌疑人宣读四项告诫而进行讯问后,可补充宣读告诫词,并获取第二份可采信的供述。

公共安全。美国最高法院对宣读米兰达权利确定了一个“公共安全例外”规则。在审讯恐怖案件犯罪嫌疑人时,因涉及公共安全,可不向其宣读“米兰达警告”。

斯蒂芬·沃世柏考察了人们早期对“米兰达诉亚利桑那州”案裁决的影响所做的实证研究,他发现,耶鲁大学的研究生也不了解“米兰达警告”。尽管法学教授已经在审讯前向这些学生透彻地讲解过米兰达权利,但在实际接受审讯时还是不由自主地配合警察审问。沃世柏指出,如果没有律师,人们很难主张自己的米兰达权利(Wasby 1970:161-162)。

一旦犯罪嫌疑人放弃这些权利,米兰达规则就不再对警察构成障碍。这时,警察通常会采取穷追不舍的讯问方式。审讯手册假定每一个犯罪嫌疑人都是有罪的,审讯的目标就是获取口供。一个有效的审讯技巧就是“指责”。不管犯罪嫌疑人如何否认罪行,警察都坚决不相信,并宣称没有人会相信嫌疑人无罪。警察还被告知要无视并打断犯罪嫌疑人的无罪辩白和辩解(Godsey 2017:190-191)。

另一个审讯技巧是“谎称掌握证据策略”,即警察谎称其已掌握犯罪嫌疑人涉案的头发、血液或 DNA 证据。警方还可使用“承诺与威胁动态策略”,即向犯罪嫌疑人表明,坦白从宽,沉默从严(Leo 2008:147,154,158-159)。

一些犯罪嫌疑人此时就认为警察决意要认定自己有罪,因而就感到害怕,心理崩溃。他们最终会认为,还是招认对自己有利,可减少指控或从轻判决。警察下一步就是帮助犯罪嫌疑人完成一份可确保对其有罪判决的犯罪供述。犯罪供述通常包括犯罪动机、缺乏悔意、只有犯罪嫌疑人才知道的犯罪情节,并声明此供述均系本人自愿。警方甚至会代拟一份犯罪供述交与犯罪嫌疑人签字。警方通常会有意在代拟供述中出现一些拼写或语法错误,并要求犯罪嫌疑人进行更正,好显得被告人曾阅读、了解并更正过供词。除此之外,警方还经常会在供词里添加一些只有被告人才知道的事实,如在何地读高中等,以使供述看起来是被告人亲手所写(Leo 2008:163-164,171-177)。

正如我们能想象到的,青少年通常会被警察的审讯吓坏,而在青少年审讯过程中是否需要父母在场的问题上,各州的规定也不尽相同。一项研究发现,在近 90%的审讯中,青少年要么承认自己有罪,要么做出对自己不利的供述,并且在做虚假供述的犯罪嫌疑人中,青少年至少占 1/3(Feld 2013:145-147,239-240)。

如果审讯人执意认定犯罪嫌疑人有罪,而犯罪嫌疑人又有易感性和脆弱性,再加上警方已为犯罪嫌疑人拟定好完整的犯罪供述,虚假供述就不可避免(Kassin and Gudjonsson 2004)。如前所述,在那些提供虚假供述的犯罪嫌疑人中,胆小、心理素质差的人以及青少年所占比例最高。里奥通过对 6 项关于错判案例的综合研究发现,14%—16%的错判都是由虚假供述造成的。在这 6 项研究中,错判案件中大约有 250 起是由虚假供述造成的,其中大部分都发生在过去的 20 年间。陪审团发现犯罪嫌疑人供述有着十分突出的有罪指向。一项研究发现,如果犯罪嫌疑人作了有罪供述,陪审团即使在 78%到 85%的情况下都已经意识到犯罪嫌疑人有着无罪证据,也仍然会给被告人定罪(Leo 2008:243-245,250)。

布兰登·加勒特研究了 40 名曾供认犯罪但却被 DNA 证明无罪的被告人。他发现,每个被告人的供词都十分详细,有着只有其本人才可能知道的细节。其中,有 26 名男子或“精神错乱”,或未满 18 岁,或既“精神错乱”又未满 18 岁。有 13 人还被警方带去指认犯罪现场。对他们的审讯漫长而充满压力,警方甚至还为被告人提供了犯罪细节。在某些情况下,尽管某些案件存在无罪证据,但陪审团却被说服判定被告人有罪(Garrett 2010:14-44)。

加勒特在随后的一项研究中发现,死刑案件的主要问题是招供。他指出,他研究了 20 名被 DNA 证据证明无罪的人,这些人都曾被错误定罪并被判处死刑,其中有一半的人当初提供了虚假供词(Garrett 2017)。

丹·西蒙指出,无辜的人愿意回答警方的审问,因为他们相信自己的清白对警察来说是显而易见的。然而,这可能会使他们作虚假供述。他指出,研究表明,警方有时依靠错误的身体信号来评估犯罪嫌疑人可能有罪,审讯人员对其认为有罪的犯罪嫌疑人会施加强制性压力,并使出各种手法诱使犯罪嫌疑人招供,包括使用“虚假证据”和从宽承诺(Simon 2012:136-140)。

纽约“中央公园强奸”案已经成为犯罪嫌疑人受到警方拘留审讯时“表现脆弱”“屈审成招”的代名词。1990 年,5 名少年(其中 4 人为非洲裔和 1 人为西班牙裔)因袭击、抢劫、寻衅滋事、强奸、性虐待和企图杀害年轻的华尔街投资银行家特里莎·梅里而受到不同程度的起诉。他们在两次单独的审判中被定罪,并被判处 5 年至 15 年不等的刑期。其中 4 人的上诉被维持原判(Weiser 2014)。

案发 12 年后的 2002 年,正在服无期徒刑的系列强奸犯和杀人犯马蒂亚斯·雷耶斯向媒体宣布“中央公园强奸”案系他一人所为,是他强奸了正在慢跑锻炼的女子。随后 DNA 测试结果证实他对该起强奸案负有责任。5 名蒙冤者之一的约瑟夫·萨拉姆说,他当时之所以做出了虚假供述,是因为不堪忍受警察虐待，超过 24 个小时不许吃不许喝不许睡，警察还告诉他在受害者的衣服上发现了他的指纹。几名当初的少年在被无罪释放时，已分别在监狱里度过了 6 年到 13 年。随后，面对“中央公园五人组”（the Central Park Five）提起的诉讼，纽约市以 4100 万美元同他们达成和解。

里奥指出，米兰达规则并没有实现保护被告人不自证其罪权利的目的。一旦警方确实已向犯罪嫌疑人宣读了“米兰达警告”，犯罪嫌疑人的犯罪供述通常就会被法官作为证据加以采信。这样一来，检察官就会省事得多，而不必每个案件都要确认被告人是自愿认罪。被告人之所以做有罪供述，是希望绕开法庭审判，渴望以辩诉交易换取较轻的刑罚，而这样也减轻了检察官的工作负担。因而，在多数情况下，也从未有人要求法院审查被告人供词的可靠性（Leo 2008：281）。

米兰达规则对司法判决引领社会变革有着若干作用。但是，为什么米兰达规则在实际中并没有更有效地保护犯罪嫌疑人的权利呢？

警方的自身利益：米兰达规则与警方的自身利益发生冲突。警察的工作是打击犯罪，因此，他们会想方设法绕开那些妨碍其完成主要工作目标的规则。

法院监督能力有限：法院无法监督全国每起案件的审讯过程。全国被拘押的人简直太多，被告人太多，审讯和供述也太多。由于只有少数司法管辖区会对审讯过程进行录音，因此很难准确判断每个案件的审讯情况。

变通对策：过去 40 年的实践表明，最高法院在作出“米兰达诉亚利桑那州”案裁决时，没有预料到警方为尽量减少该裁决的影响而会采取各种对策。

犯罪嫌疑人心理因素：最高法院通过犯罪嫌疑人行使米兰达权利。但大多数犯罪嫌疑人都慑于警方威权，不敢行使其米兰达权利，或者根本不了解米兰达权利。

事与愿违：最高法院的一些裁决削弱了米兰达规则对被告人权利的保护。例如，不可作为证据的供词却可用来盘问在审判中为自己辩护的犯罪嫌疑人［*Harris v. New York*，401 U. S. 222（1971）］。除此之外，最高法院还允许警方在按规定向犯罪嫌疑人宣读米兰达权利时有相当大的灵活性［*Florida v. Powell*，559 U. S. 50（2010）］。

不了解情况：如果最高法院大法官对讯问过程有较为充分的了解，那么他们就能更好地懂得米兰达规则对保护被告人不自证其罪权利的局限性。

自从“米兰达诉亚利桑那州”案裁决以来，警方获取犯罪嫌疑人招供的比率与“米兰达诉亚利桑那州”案裁决之前大致相同。米兰达规则虽然最初受到了一些执法人员的批评,但现在已经与执法人员结成盟友。一旦警方宣读了“米兰达警告”,而犯罪嫌疑人又放弃了米兰达权利,那么犯罪嫌疑人的供述就会成为辩方无法辩驳的证据(Zalman and Smith 2007)。

对于“米兰达诉亚利桑那州”案裁决为约束警方获取口供的能力而推出了具有改革意识的司法审判方式,警方在执行中都作了某些变通以减少约束。最高法院当初在对“米兰达诉亚利桑那州”案进行裁决时,似乎忽略了官僚机构阻碍和逃避法律改革的创造性能力。

值得注意的是,针对人们的批评指责,警方和检方都表示,被告人可以自由行使沉默权,而不完全是执法部门手中的棋子任人摆布。他们还表示,强迫招供只是个别现象,绝大多数口供都是在严格尊重犯罪嫌疑人权利的情况下获取的。

迫于立法或司法决定,大约有一半的州、哥伦比亚特区和联邦调查局现在在某些情况下对审讯进行录音或录像,以防止虐待犯罪嫌疑人,并对审讯进行记录。这是否会防止虚假或非自愿招供还有待确定。值得注意的是,记录不包括记录之前发生的情形。

鉴于大量错误定罪与虚假招供有关,少数警察部门已对咄咄逼人的审讯方法开始复查。

下文我们将讨论监狱系统在实行司法改革中遇到的困难。

监狱改革

法院历来对囚犯都采取“撒手”的态度。弗吉尼亚州最高法院在对著名的“拉芬诉弗吉尼亚州”案的裁定中指出,囚犯“已经为自己的罪行承担了后果,不仅丧失了自由,还丧失了除法律赋予的基本人权以外的全部个人权利。他们只是本州暂时的奴隶”。“撒手主义”也是基于这样一种认识,即法院不具有告知监狱官员如何管理监狱的权威[*Ruffin v. Commonwealth of Virginia*, 62 Va. 790(1871)]。

20世纪60年代末期,美国最高法院开始背弃“撒手主义”。保守派和自由派大法官都意识到,不合格的监狱条件引起了犯人的愤怒和沮丧,并使监狱演变成“犯罪学校”(Goldfarb and Singer 1973:369)。在“库珀诉佩特”案中,美国最高法院在没有给出任何解释的情况下作出裁定,黑人穆斯林囚犯同基督徒囚犯一样,具有可以携带宗教读物的权利。这里,最高法院传递出其思维转变的一个强烈信号[*Cooper v. Pate*,378 U. S. 546(1964)]。1969 年,在对“约翰逊诉艾弗里”案裁决中,最高法院裁定,监狱如不能让囚犯充分咨询外部律师,就不得拒绝囚犯咨询“监狱律师”;可以看出,最高法院根据宪法第六修正案精神,承认囚犯享有咨询律师的权利。对此,最高法院解释说,如不允许服刑人员咨询“监狱律师”,那么就等于堵死了贫穷和文盲犯人对其判决提出申诉的道路[*Johnson v. Avery*,393 U. S. 483(1969)]。限制囚犯的权利是出于维护监狱安全的需要,囚犯不会像“自由世界”人们那样享有广泛的权利。联邦法院承认囚犯享有一定的权利,这些权利包括(Goldfarb and Singer 1973:370):

人身安全,囚犯享有不受暴力攻击和虐待的权利。

公民权利,囚犯享有宗教自由、言论自由以及不受种族歧视的权利。

司法准入,囚犯有权使用法律图书室,有权咨询律师或“监狱律师”。

程序保护,在因其不良表现而被处罚(如扣减“表现优良积分”)之前,囚犯有权要求举行程序正当的听证会。

医疗保障,囚犯享有适当的医疗权。

根据美国宪法第八修正案关于禁止残酷与异常惩罚的规定,联邦法院在一系列案件中裁定认为,各州监狱系统的“总体性条件”对服刑人员的宪法权利构成侵犯。在对“霍尔特诉萨弗尔”案的判决中,阿肯色州一联邦地区法院认为,卡明斯监狱农场“压抑且让人恶心”的环境对囚犯构成了残酷而异常的惩罚。在“霍尔特诉萨弗尔”案的判决中,这家联邦地区法院具体列出了监狱 9 个方面的问题,并特别对其托管人制度提出批评。托管人制度是指,监狱管理部门为了维持监狱的秩序和安全,将管理权交给一些囚犯,让他们以武力、恐吓和勒索的方式监管其他犯人。卡明斯监狱农场的问题还不止这一个。囚犯被迫卖血以筹措伙食费和医药费,挤在露天的工区内劳动到精疲力竭,而且还遭受随意殴打和抢劫[*Holt v. Sarver*,309 F. Supp. 362(E. D. Ark. 1970),*aff' d* 442 F. 2d 304(8th Cir. 1971)]。对此,史密斯·亨利法官指出:

> 普通犯人如果被判去阿肯色州监狱服刑,就相当于从今天的文明社会被放逐到一个黑暗而邪恶的世界,那是一个与自由世界完全不同的地

方,由罪犯根据一些不成文的规则和完全不同于自由世界文化的习俗进行管理。

在该联邦法院宣布对阿肯色州监狱系统实行管辖17年后,阿肯色州的情况才恢复良好(Feeley and Rubin 1998:78-79)。

"霍尔特诉萨弗尔"案的判决引发了人们对监狱条件的质疑。到1983年,美国有8个州的监狱系统被判定违宪。3年后,在37个州中,每个州都至少有一所监狱或整个监狱系统受到联邦法院的监管(Rosenberg 2008:306)。

截至1966年,只有218名服刑人员就监狱条件问题向联邦法院提起诉讼。6年后,诉讼案件达到3000多起,到1984年,就"监狱条件"而提起的诉讼已达到1.8万起。以文章声援这场囚犯维权运动的有大名鼎鼎的黑人囚犯作家乔治·杰克逊、政治活动家囚犯埃尔德里奇·克利弗和休伊·牛顿等,还有著名学者安吉拉·戴维斯。这些极具魅力的人物把囚犯维权运动同民权运动和20世纪60年代的反越战学生运动联系在一起。1971年,乔治·杰克逊在所谓试图从加利福尼亚州的圣昆丁州立监狱越狱时被开枪打死。纽约州阿提卡监狱发生了近1300名囚犯参与的暴动事件,进一步加剧了紧张局势。阿提卡监狱以武力平息了暴动事件,造成32名囚犯死亡(Thompson 2016)。

最具争议且导致冲突频发的监狱"总体条件"案判决涉及得克萨斯州惩教局。惩教局是一个传奇的惩教系统,20世纪60年代和20世纪70年代初由不同凡响的乔治·贝托任局长,他因实行"控制系统"而远近驰名。这位局长人送外号"走狗乔治",他对得克萨斯州的12个监狱实行了军事管理。新押送来的囚犯都要派到野外干苦活。"表现好"的囚犯所得到的奖励是被派到工厂劳动,而且最终还有可能被指定为"监舍管理员",负责监管其他犯人。而不服管教的囚犯则受到关禁闭的严厉惩罚。黑人在得克萨斯州监狱系统所遭受的虐待让人联想起旧时南方的奴隶制度(Perkinson 2010:230-240,246-250)。

对监狱条件提起诉讼反映出囚犯维权运动的不断高涨。得克萨斯州维权案的原告是大卫·鲁伊斯,刑期为25年,已服刑多年,在狱中不服管教,因在伊斯罕的得克萨斯州监狱越狱未遂而被加刑。他被关进监狱的一处惩戒区,并在那里遇到了具有政治意识、且深受民权运动和20世纪60年代音乐与文化影响的新一代囚犯[*Ruiz v. Estelle*, 503 F. Supp. 1265(S. D. Tex. 1980), *aff' d* 688 F. 2d 266(5th Cir. 1982)]。

在惩戒区,鲁伊斯遇到了弗雷德·克鲁兹,一名曾起诉过监狱当局的活动分子。1974年,克鲁兹和鲁伊斯联合一些热心的律师,代表得克萨斯州的所有囚犯,对得克萨斯州惩教局提出诉讼,并得到了美国司法部的支持(Perkinson 2010:260-271)。

诉讼发生时,惩教局局长已由贝托挑选的前助手詹姆斯·埃斯特尔接任,这名新任局长几乎否认了全部指控。埃斯特尔发誓表示,他不会向那些故意破坏监狱制度、到处制造“混乱”和“恐怖”的“病理上不适应的犯人”妥协(Perkinson 2010:271-272)。这场审判持续了159天,涉及349名证人。14个月后,法官威廉·韦恩·贾斯蒂斯作出了118页的判决。他在判决中称,得克萨斯州惩教局的“总体条件”在人均监室面积、惩戒程序、与法院系统的联系以及医疗和卫生条件等许多方面都违反了宪法。以下摘录一定程度上反映了贾斯蒂斯法官对情况的了解[*Ruiz v. Estelle*, 508 F. Supp. 1265 (S. D. Tex. 1980)]:

> 要描述出普通囚犯在得克萨斯州惩教局各监狱所遭受的恶劣条件和痛苦……是不可能的——初次犯罪的年轻囚犯遭受可怕的强暴;……多名囚犯监禁于一个监室,二名或三名囚犯挤在45英尺的牢房……所遭遇的极度惨状……那些无法获得适当医疗的囚犯……所必须忍受的身体痛苦;犯人被随意单独监禁所感受到的无助,……没有适当机会为自己辩护,……囚犯因无法向法院申诉……洗刷自己受到的冤屈而感到的痛苦与绝望。

贾斯蒂斯法官在判决中所提出的监狱改革被称为美国历史上最彻底的改革。法院和惩教局双方被说服就监狱改革措施达成协议,并于1981年得到贾斯蒂斯法官的批准。根据协议,文森特·内森教授将被法院任命为监狱改革“特别专家”,其职责是监督改革的实施,并就可能需要采取的其他措施向法院提出建议。内森配有13名助手和100多万美元的经费。他坚持要惩教局提交监狱系统几乎各个方面的详细计划,包括医疗、采暖通风、官员聘用及升职政策。得克萨斯州立法机构已对惩教局及其财务状况进行调查,因此,惩教局毫无疑问地愿意达成协议。由于惩教局的问题被揭露,局长埃斯特尔被迫辞职(Perkinson 2010:284-285)。

接着,雷·普罗卡尼尔被任命为惩教局新任局长,他表示愿意配合“特别专家”工作,并宣布其优先要做的工作是废除“囚犯托管人”制度,改用新的狱警。由于监狱纪律恶化,普罗卡尼尔上任一年后引咎辞职。接替他的是莱恩·麦克考特——一名严肃的军人,曾领导军事监狱长达 20 年(Feeley and Rubin 2000:85-91)。

漫长的监狱改革于 1992 年 9 月 11 日结束。贾斯蒂斯法官宣称,州惩教局已经“成为运作规范的惩教机构,其目标是达到惩教工作优秀的最高标准”。马尔科姆·菲利和爱德华·鲁宾在其关于监狱改革的著作中认为:监狱系统“发生了巨大的变化”,贾斯蒂斯法官取得了“决定性”的胜利。“囚犯托管人”制度被取消,恶劣的生活条件得到改善,犯人由专业狱警看管,监狱医疗条件得到升级,还引进了教育计划。用于改善监狱设施和条件的经费投入多达 10 亿美元(Feeley and Rubin 2000:95)。

罗伯特·柏金森承认得克萨斯州监狱改革所取得的成绩,但是,他仍指出,贾斯蒂斯法官在 1999 年检查得克萨斯州监狱改革的成绩时,谴责了监狱中存在的丑恶现象,如帮派团伙欺负弱小囚犯,狱警经常对囚犯施暴,把患有精神病的囚犯隔离于难以想象的恶劣环境中(Perkinson 2010:236)。

詹姆斯·马夸特和本·克劳奇在其 1985 年发表的一篇文章中,分析了“鲁伊斯诉埃斯特尔”案判决对伊斯特汉监狱的影响。伊斯特汉监狱是一所大型监狱,关押着近 3000 名囚犯。他们发现,在“鲁伊斯诉埃斯特尔”案判决后,监狱系统解决事端所采用的非正式手段已经被严格尊重法律的规范做法所取代。新做法按照确立的规则和程序一视同仁地对待所有囚犯。

过去,监狱是由囚犯托管人和狱警共同管理。囚犯之间发生的小的分歧冲突,通常都由囚犯托管人处理,并向狱警报告事态的发展情况,他们有权毒打不服管教的囚犯。囚犯托管人一般都是最凶恶、最可怕的囚犯。狱警用“铁腕”手段管理监狱,对犯人不是言辞要挟,就是动手殴打。挑起事端的囚犯都会受到“粗暴对待”,那些胆敢袭击狱警、破坏财产或试图组织罢工的囚犯都会遭到毒打。后来,埃斯特尔部长用 141 名新来的狱警负责监室管理,取代了囚犯托管人。这些狱警接到的命令是避免采用不必要的暴力。一名狱警因违纪被开除,还有两名狱警因殴打囚犯被留职察看(Marquart and Crouch 1985)。

马夸特和克劳奇在调查中发现,在取消囚犯托管人、起用新的狱警并实行新的监管制度后的 2 年中,犯人威胁甚至袭击狱警事件增加了 500%。囚犯如果同狱警发生冲突，也不再担心会受到殴打，而狱警却不能再指望囚犯托管人来协助。狱警如果打了犯人，必须向上级提交一份书面报告，然后由监狱对整个事件进行全面调查。一旦预料到要和囚犯发生肢体冲突，狱警必须进行录像。囚犯不再是“本州的奴隶”。囚犯受到处罚前，有权要求进行正当程序的听证。法律现在承认犯人有权对狱警提起法律诉讼。狱警通常不愿与囚犯发生正面冲突，对犯人轻微的违规行为不予计较，努力同犯人达成谅解。新招用的狱警甚至还表现出对犯人的惧怕。

由于犯人袭警事件频发，监狱不得不对严重违反狱规狱纪的犯人加大关禁闭的处罚力度。

囚犯托管人制度被废除后，犯人开始争当狱霸。“鲁伊斯诉埃斯特尔”案判决后，虽然监狱囚犯的数量减少了 300 人，然而犯人之间的暴力冲突却不减反升。以前，囚犯之间有了争端，都由囚犯托管人解决；而现在有了争端就会演变成打架斗殴。现在犯人感到有必要拿起武器自卫。囚犯为了寻求保护纷纷加入团伙。一些团伙由于囚犯争夺领导地位而不时发生内讧。

近年来，监狱诉讼所进行的多项改革因监狱服刑人员暴增而受到削弱。加利福尼亚州监狱系统的设计容量是 10 万人，然而，全州监狱到 2008 年在押人数就已达到 17 万人。一家联邦地区法院把该州监狱系统称为“犯罪滋生地”，因为监狱系统缺乏对犯人进行改造，而且犯人中弥漫着的自暴自弃情绪也是滋生犯罪的温床。因此，这家联邦法院作出判决，加利福尼亚州监狱在押人员须减少约 4.7 万人。这一判决后来得到美国最高法院的支持。

判处初次涉毒罪犯有期徒刑是造成服刑人员暴增的主要原因。1968 年到 1973 年，得克萨斯州每 10 万人的服刑比例增长了 7 倍，监狱服刑人员增长了 1300%（2008 年为 10 万人中有 991 人服刑，而全国的平均比率为 788 人）。在乔治·布什任州长的 6 年中，得克萨斯州监狱的预算增加近 10 亿美元，监狱床位增加约 4.6 万张。2000 年，得克萨斯州的人口占全国人口的 7%，但囚犯人数却占到了全国的 12%。

服刑人员的构成也发生了变化。在得克萨斯州监狱系统，囚犯以种族为基础结成越来越多的帮派团伙，从而加剧了狱中毒品泛滥和暴力事件的发生。在监狱中，黑人服刑人员的数量是白人服刑人员的 5 倍。一方面，服刑人数不断增长；另一方面，美国经济的低迷造成监狱预算削减，使监狱对犯人的监管越加松懈，也使犯人无法获得充足的阅读资料、法律图书以及同外界的联系（Perkinson 2010:313,318-320,341,343-345,365)。

近年来,非营利的智囊团组织“量刑项目”组织(The Sentencing Project)报告称,29 个州通过改革减少了监狱人口,39 个州的监狱人口有所下降。由于量刑改革,得克萨斯州的监狱人口减少了 1%,但得克萨斯州监狱系统大约有 14.7 万人口,可以成为该州第 20 大城市,34 亿美元的预算将使其成为得克萨斯州最大的地方预算之一。目前,非洲裔和拉丁裔男子在得克萨斯州 109 所监狱的囚犯中占 2/3。

1996 年,美国国会通过了监狱诉讼改革法案,其目的是约束权威的联邦法院对州监狱系统的监管。该法案对律师代理“监禁条件”诉讼的律师费作出限制,规定犯人必须缴纳诉讼费,限制法官指派特别专家,规定司法裁定的有效期,以及败诉后不得提起多个上诉。柏金森指出,如果按照该法案规定,贾斯蒂斯法官当时就不可能纠正得克萨斯州惩教局的问题(Perkinson 2010:329)。

根据 1994 年出台的《暴力犯罪控制与执法法案》规定,联邦法院在命令州监狱系统采取整改措施之前,须认定监狱犯人过多构成残酷和异常惩罚(Feeley and Rubin 2000:382)。

法院对监狱系统进行司法干预的最终裁决产生了怎样的作用?菲利和鲁宾认为,监狱改革诉讼保障了犯人依法享有诉讼权利,而这个权利在司法改革运动开始前简直是不可思议的。他们还指出,南方地区种族隔离监狱用黑人囚犯充当现代奴工的做法已被废除。然而,具有讽刺意味的是,针对犯人在诉讼中所提出的要求,赞成改革的监狱官员只能够依靠联邦法院的法官进行改革,否则改革就不可能实现。

维权律师提起的诉讼案件有助于阐明并形成惩教机构的议程,为全国的惩教系统设定了一个标准。对此,美国惩教协会具体制定了认证标准。这些标准现已为监狱官员采纳,成为惩教机构必须遵守的标准。菲利和鲁宾指出,虽然法律诉讼所带来监狱改革尚不理想,但并不意味着法院没有进行大量的工作(Feeley and Rubin 2000:366-380;Yackle 1989:256-260)。约翰·迪鲁里奥对法院介入监狱改革一直持批评态度。与菲利和鲁宾的观点不同,他认为,法官缺乏改革惩教机构的专业知识,其理想主义必然导致像得克萨斯州监狱那样的秩序崩溃(DiIulio 1987:227-231,246-250)。

基蒂·卡拉维塔与瓦莱丽·詹内斯对加利福尼亚州监狱申诉制度的综合研究发现,囚犯已经形成了一种“权利意识”,并意识到自己的宪法权利。虽然囚犯的申诉很少(如果有的话)成功,而且受到官僚主义的冷漠对待,但法官意识到在裁决申诉时面临诉讼的威胁,并作出了非正式的努力,确保惩教人员遵守法律规范。卡拉维塔与詹内斯理所当然地得出结论,尽管有“权利革命”的承诺,但囚犯的诉求不可避免地要服从于监狱秩序和管制的要求(Calavita and Jenness 2015)。詹内斯与卡拉维塔在后来的一项研究中发现,囚犯的诉求往往涉及“高风险”,如医疗保健或对其预定释放日期的威胁,囚犯对申诉制度公平性的看法在一定程度上取决于他们案件的结果(Jenness and Calavita 2018)。除了个别例外情况,他们的发现总体上得到了许多其他研究的支持(Steiner 2017)。

劳伦・埃德尔曼引用卡拉维塔和詹尼斯的研究来说明法律内生性的概念。埃德尔曼将法律内生性定义为法律的“意义”和“执行”由被监管的组织控制,而不是由负责监管该组织的机构控制。由于其目标是高效运作并尽可能少地受到限制,因此被监管的组织内生出埃德尔曼所说的“象征性”而非实质性遵守法律的机制。而监管机构则听从他们监管的组织的判断。法律内生性与法律的外生性形成对比,法律的外生性是指法律是由上层组织的监管机构制定、定义和执行的。埃德尔曼指出,加利福尼亚州监狱的申诉制度是由州立法机构作为保护囚犯权利和特权的正当程序的典范建立的,并被其他州效仿;然而,监狱管理人员对于提供正当程序在很大程度上只是走过场,认为囚犯的申诉无足轻重,并任由看守和监狱工作人员根据自己的判断行事。2005—2006年,向囚犯提供最后一级上诉的结果是,囚犯的上诉案件被完全证明无罪的只占0.02%。司法机关和州立法机关没有密切审查和监督监狱申诉制度的运作,而是听任监狱行政管理人员的判断,并没有独立审查申诉程序结果的公正性。其结果对于囚犯而言是正当程序的“影子”而不是“实质”(Edelman 2016)。

罗森伯格认为,决定法院能否成功对惩教机构实施司法干预的核心因素是,法院的监狱改革议程能否得到监狱长和监狱官员的支持。在得克萨斯州和其他州,具有改革意识的监狱官员欢迎法院的改革令,以便借此获得更多的经费,改善监狱条件。另一个十分重要的因素是,监狱工作人员支持监狱改革,对这种“硬塞进他们喉咙里”的改革不反感、不抵制。监狱改革如果削弱了狱警管制犯人的权威,使其难以进行工作,就会受到抵制。然而,监狱改革毕竟不是一个政治热点问题;如果没有法院的司法干预,州立法议员不可能主动改革

(Rosenberg 2008:309-314)。

监狱官员还可以巧妙地利用法院命令的改革来维持现有的状况。劳伦·埃德尔曼讨论了 1975 年联邦地区法院的一项判决,该判决命令佛罗里达州将监狱人口限制在"正常容量"以避免监狱过度拥挤。该法院并没有对"正常容量"给出定义,而是在很大程度上将"正常容量"留给了佛罗里达州惩教局的专家去把握。惩教局遵从法院命令,将"正常容量"定义为监狱实际可容纳的"最大容量",而不是监狱设计容纳的囚犯人数。监狱管理人员在监舍中实行双层铺位,并重新定义和减少了监舍中每个囚犯所需的空间。从长远来看,联邦法院要求在不对囚犯提前释放或分流的情况下减少监狱过度拥挤的命令,被监狱官员和政界人士用来当作在过度拥挤的监舍中监禁更多囚犯的正当理由,这反过来又使建造更多的监狱成为必要。最终的结果是扩建该州的监狱系统(Schoenfeld 2010)。

法律和社会运动

一个有说服力的观点认为,社会变革必然要求对法律进行相应的改革,而法律改革是由社会运动促进与推动的。社会运动有自由主义的,也有保守主义的,其参与者有茶党成员、环保主义者、同性恋、反核团体、反战团体以及移民权利与经济适用房联盟。社会运动所采取的方式各种各样,包括游行示威、书写标语、游说立法和选民动员等(Stout,Dello Buono and Chambliss 2004)。

人们经常指责现有的诉讼方式花钱多,耗时长,即使胜诉了,而法律判决也不可能在几年内引起社会变革。

最高法院在对"布朗诉教育局"案的裁决中判令以"审慎的全速"进行学校融合。最高法院对"布朗诉教育局"案和其他歧视案所作出的裁决,尽管对保障教育权利平等起到了非常重要的作用,但是却无法解决造成教育权利不平等的社会问题,如贫困、失业、住房困难和交通困难,以及有利于郊区学校的拨款政策。这些根本问题都是政治问题,只能通过政治解决,而不是通过法庭解决。律师也能够阻碍社会运动,他们告诫社会活动分子,他们的示威活动和高声呼吁可能会离间法官和立法议员,也可能会离间公众(Gabel and Kennedy 1984)。

斯图尔特·沙因高尔德在其经典著作《权利的政治》中呼吁人们关注他所

提出的“权利的神话”。在沙因高尔德看来,“权利的神话”就是误导人们认为,当法院承认公民个人拥有权利时,就会自然而然地引起社会变革。他告诫道,法院虽然在推动社会变革方面能力有限,却可以通过其司法判决发挥重要作用,使社会活动人士坚信其事业是正义的、合法的,可以鼓舞和激励人们不懈斗争(Scheingold 1974;参见 Klarman 2006)。

迈克尔·麦卡恩以法律动员的途径阐述了社会运动如何将政治行动与法律相结合以实现薪酬公平(McCann 1994)。麦卡恩指出,薪酬公平运动兴起于20世纪80年代,旨在为职场妇女争取公平的薪酬待遇。当时,妇女的收入大约是男士的55%,男女工资待遇差距巨大,因为越来越多的女性需要“挣钱养家”,而且大约有66%的职业女性为单身、分居、离异或丧偶状态,不得不依靠工作养活自己和家人。以女方收入为主的家庭处于贫困线以下的可能性超过其他家庭的5倍(McCann 1994:23-46)。

要求薪酬公平的社会活动人士认为,技能、工作经验和教育程度只是造成男女工资差别的部分因素,造成这种差别的还有对妇女的歧视因素。在他们看来,问题在于女性所从事的工作没有得到高度重视,但这些工作岗位却要求她们具备的高级技能与男性员工相同。这些社会活动人士主张使用岗位评估工具确定工资水平,评估工具应纳入与其他岗位相比一个岗位所要求的技能、培训、经验和责任等评估要素。然而,一些反对薪酬公平的人士则认为,工资高低应该交给市场经济的运作方式以及供求规律去决定。自由市场的支持者也指出,男女工资差异的实际原因是,妇女因为要生养孩子,往往无法全身心投入工作(McCann 1994:24-32)。

1964年的《民权法案》在第7章中明确规定,雇主不得对男女员工支付不平等的工资。但是,该法案又列出可基于资历或业绩区别对待的多种例外情况。最初,联邦法院对薪酬公平诉讼案件都予以驳回。1981年,美国最高法院在“华盛顿县诉冈瑟”案中改变了这一法律环境,裁定指出,如果男员工因工作不同而收入高于女员工,控告人可根据《民权法案》控告政府或私营公司在工资待遇上歧视妇女[*County of Washington v. Gunther*,452 U. S. 161(1981)]。

麦卡恩指出,这一裁决“引发”了薪酬公平运动,并且使人们认识到,华盛顿州和康涅狄格州的公务人员是性别歧视的受害者。薪酬公平原本是一个模糊与难以理解的概念,但此时却一下子引起了媒体的关注,并且成为性别平等运动的主要焦点。基本上各个州都急忙启动了“可比价值”(comparable worth)研究,对涉及员工的薪酬公平问题进行评估(McCann 1994:53-64)。

薪酬公平运动的活动人士所采取的主要策略是,工会代表其会员向雇主提出要求,女权主义团体鼓励女员工争取薪酬公平。大多数活动人士都一致认为,在提出同值同酬问题以及帮助职场女性组织起来要求薪酬公平方面,法律诉讼是一个重要的工具。虽然法律诉讼遇到一些挫折,但美国最高法院对"华盛顿县诉冈瑟"案的裁决使职场女性相信,她们拥有获得公平薪酬的法律权利,而不仅仅只是道义上的要求。因此,职场女性受此鼓舞纷纷把雇主告到法庭。

然而,活动人士并没有把所有的鸡蛋都放在法律诉讼这一个篮子中,而只是把法律诉讼当作可用来开展基础广泛的薪酬公平运动的多个策略方式之一。法律诉讼进展太慢、费时太长、花钱太多,且结果太不可预测,不能作为唯一可依赖的策略方式。法律诉讼被看作最后的方式,其显然不如游说议员、举行集会、媒体呼吁、向雇主要求薪酬公平等方式那么重要(McCann1994:75-85)。

薪酬公平运动第二阶段的重点是要求雇主做出让步。活动人士以法律诉讼为"棍子"迫使雇主同意通过协商解决问题。活动人士明白,雇主宁愿协商解决问题,也不愿意花费时间和金钱到法庭上为自己辩护。而且,雇主也不想冒险在法庭上受挫,因为一旦败诉,法官就会对各个工种的工资标准作出判决(McCann 1994:138-179)。

运动的第三阶段是执行雇主和活动人士之间达成的协议。在这个阶段,活动人士呼吁法官确保协议得到全面落实,确保工人得到工资赔偿与议定的加薪,并得到晋升以及进入新的岗位所要求的培训等(McCann 1994:180-226)。

运动的最后阶段是麦卡恩所说的法律留给薪酬公平运动的"遗产"。同值同酬运动所涉及的员工不仅具有了职场中的"权利"意识,并且还致力于实现妇女更多的权利,如公平受雇权(McCann 1994:518)。

麦卡恩总结指出,活动人士不应忽视法律武器对取得社会运动的成功所起到的作用。司法裁决可以引发和动员社会运动,而且能在谈判中发挥影响力。由于薪酬公平被定性为一项权利,妇女在与雇主谈判中就有了强有力的道德主张。通过这场运动,妇女增加了 5 亿多美元的工资,许多妇女由低工资岗位进入中等收入的岗位。此外,麦卡恩的研究还告诉我们,一项社会运动要达到社会改革的目的,最好是采用多种战术,而不是把所有的希望都寄托于法院,因为法律诉讼的结果是不可预知的,法律诉讼不仅费时,还可能会把小规模运动的资金和资源耗费殆尽(McCann 1994:229,295)。

2001年9月11日恐怖袭击发生后,纽约市“世界之窗”餐馆撤换了一些员工。萨米尔·阿谢尔对撤换下来的员工进行了研究。“世界之窗”餐馆的管理层在时代广场新开了一家非工会餐馆,并拒绝雇用原来餐馆的工会员工。于是,下岗员工通过示威和媒体宣传迫使餐馆雇用了他们。接着,他们代表全纽约市的连锁餐馆员工成功地扩大运动声势与规模。通过抗议活动、媒体宣传和策略性的法律诉讼,他们成功地迫使整个纽约市的餐馆提高工资、改善工作条件,并向那些因参加工会活动而被停职的员工提供赔偿。

像参加薪酬公平运动的其他人一样,餐馆员工宣称自己是在捍卫其生存工资权和作为人的基本尊严,从而占据了道德上的制高点(Ashar 2007)。此外,社会活动人士还成功地运用法律和非法律相结合的综合战略推动住房政策改革(Harris 2004)。

危地马拉和萨尔瓦多难民为躲避中美洲的暴力冲突而非法进入美国。苏珊·库丹在对这些难民的研究中,探讨了律师如何解释社会活动人士所寻求的议程(拟定问题)。如果将这些难民遣返回国,那么,其中就会有很大一部分人面临迫害、监禁或死亡的威胁。尽管如此,美国当局仍然把危地马拉和萨尔瓦多难民驱逐回中美洲;但是,对于逃离“左”翼反美政府迫害而来美国的尼加拉瓜难民,美国当局则通常都会给予庇护。

多个宗教团体都认为,中美洲难民有充分理由害怕在本国遭受迫害,美国应该对他们提供政治庇护。这些团体向危地马拉和萨尔瓦多难民提供了避难所。一些美国活动人士因涉嫌帮助难民非法入境而被拘留。对于受到非法协助难民入境罪指控的美国活动人士,许多律师志愿担任其辩护律师(Coutin 1993)。

受理一系列这类案件的律师根据法律条款列举出中美洲难民的困境,并无可辩驳地指出,根据多个国际公约,美国政府不得把难民遣返回国。这些律师最终成功地说服政府向这几十万中美洲难民办理了临时居留签证,并延长了期限。

库丹指出,即使有些案件没有成功,但却有助于向美国公众表明难民庇护运动的焦点问题,而且还有助于美国公众了解中美洲人民的处境(Coutin 1993)。

查尔斯·埃普在其对世界人权的发展情况的研究中强调,权利的改善依赖于社会运动和那些愿意资助法律诉讼的组织。他指出,诉讼案件不会变戏法似的出现在美国最高法院和世界各国的最高法院,必须有一些组织致力于支持对政府政策的法律诉讼(Epp 1998)。

大卫·科尔认为,在大多数情况下,重大的法律变革是有组织的社会运动不懈努力的结果。他认为,实现社会变革有几个策略步骤,如下所述。科尔关注的组织之一是全国步枪协会。全国步枪协会成立于19世纪,最初是为了提高前联邦士兵的射击技术,现在已经发展成为一个“持枪权利”组织。2008年,全国步枪协会成功说服美国最高法院承认个人具有持枪权[*District of Columbia v. Heller*,554 U. S. 570(2008)]。两年后,该协会又成功说服最高法院宪法第二修正案适用于各州和联邦政府[*McDonald v. City of Chicago*,561 U. S. 742(2010);参见(D. Cole 2016:95-148,221-230)(D. Cole 2016:95-148,221-230)]。

宪法的修改通常开始于其他形式的州法、联邦法和国际法。全国步枪协会最初专注于州一级的法律变革,并成功地说服了除6个州外的所有州将携带武器的权利纳入其宪法,并成功地使几乎每个州通过了一项法律,承认在公共场合隐藏携带枪支的权利。联邦法院随后要求每个州承认隐藏携带枪支的权利。

宪法改革的大部分工作发生在联邦法院之外。一些学者在全国步枪协会的资助下开展了有关研究,其研究结论认为,最高法院1939年对“合众国诉米勒”案的裁定不准确,因为该裁定认为宪法第二修正案旨在保护各州组建民兵的权利,而没有规定个人持有武器的权利[*United States v. Miller*,307 U. S. 174(1939)]。这些研究为诉至美国最高法院的论点提供了支持,即最高法院应该推翻当年的裁定意见,承认宪法第二修正案赋予个人携带武器的权利。

宪法改革的工作具有强烈的政治性。全国步枪协会对支持持枪权的候选人开展竞选活动提供资金支持,并在州和联邦层面反对那些不支持持枪权的候选人。该协会关注影响持枪权的投票,并根据每位州立法办公室候选人和每位国会议员对持枪权的支持程度对其进行排名。这些排名用于确定哪些候选人可以获得竞选捐款,并将排名结果分发给本协会的成员,以指导他们投票。全国步枪协会反对1994年投票支持联邦取缔“攻击性武器”的24名国会议员,并在投票中击败了19名议员。

框定问题和信息传递同正式的法律论证一样对宪法运动必不可少。全国步枪协会将拥有武器的权利视为一项个人权利,这对保护家园、抵抗政府镇压和保障个人自由至关重要。

宪法改革步履艰难进展缓慢。经过近30年的努力,全国步枪协会才成功地使最高法院承认拥有武器是宪法第二修正案赋予的一项个人权利。

宪法改革是一个持续的过程,涉及对来之不易的成果的保护。全国步枪协会一直在参与说服30多个州出台"不退让法",以扩大在家园内外的自卫权利,并挫败了扩大联邦背景调查和追究枪支制造商对枪支暴力后果的民事责任的动议。全国步枪协会一直在挑战州和联邦法院限制宪法第二修正案个人持枪权利的努力。

全国步枪协会有500万会员,平均每个州有10万会员。该协会宣称,还有3900万人支持协会的目标。全国步枪协会的成员通常是"单一议题选民",他们就"持枪权"进行投票。而支持枪支管制的人们则倾向于将枪支管制列为他们投票的几个议题之一。在绝大多数美国公众的支持下,全国步枪协会成功地挫败了州和联邦对持枪权扩大背景调查等努力。

大卫·科尔可能没有预料到一场挑战全国步枪协会的社会运动会兴起。据一些评论人士称,2018年发生在佛罗里达州帕克兰市马乔里·斯通曼·道格拉斯高中的校园枪击案,是控枪运动的一个转折点。全国步枪协会第一次遭遇有组织的群众运动。2018年,各州议会通过了69项控枪措施,是2012年康涅狄格州纽敦市桑迪胡克小学枪击案以来最多的一年,是2017年各州议会通过的控枪法律的3倍。根据由前纽约市市长迈克尔·布隆伯格资助的枪支管制组织"各城镇支持枪支安全"(Everytown for Gun Safety)的数据,2018年全国步枪协会支持的州法案中有90%被否决。全国步枪协会的数据显示,6年来,各州通过的枪支管制法律首次超过了维护枪支权的法律。超过一半的枪支管制法律是在"帕克兰枪击"案发生后的两个月内通过的(Astor and Russell 2018)。

在康涅狄格州纽敦市桑迪胡克小学枪击案中,20名儿童和6名成年人被杀,随后反枪支激进运动就有了广泛的社会基础。"母亲要求行动"组织(Mothers Demand Action)作为"各城镇支持枪支安全"组织的地方组织,在数百个社区拥有1万名成员和分部,电子邮件列表超过400万。该组织在亚拉巴马州、俄克拉何马州和弗吉尼亚州成功挫败了无证持枪法案(Blinder and Mazzei 2018)。帕克兰枪击案发生后,马乔里·斯通曼·道格拉斯高中的学生和佛罗里达州的"我们胡说八道"青少年团体聚集在该州首府塔拉哈西市的州议会大厦,唱歌、合着节拍喊口号、举着标语、游说议员,并出现在媒体上,以此向州立法机构施压,要求通过枪支管制立法。活动人士还对枪支制造商提起了创新性的法律诉讼。根据联邦法律,当枪支制造商生产的枪支被用于犯罪时,他们可以免于承担责任。桑迪胡克小学的家长们提起的一起诉讼称,枪支的销售方式吸引了问题青年(Rojas and Hussey 2019)。拉斯维加斯的一起法律诉讼称,AR-15 式枪支的制造是为了使该武器能够转换为相当于机关枪的武器,这是联邦法律禁止的武器(Baker 2019)。全国步枪协会首次经历了内部分裂、会员人数减少、收入下降(Hakim 2019a)。

总之,我们通过本章以上内容可以看出,法律能否在短时间内独立地影响社会变革仍然是一个问题。我们对于社会运动的讨论强化了本章所贯穿的主题,即社会运动只有与其他策略结合起来,才能有效地实现其目标。法律诉讼能够唤起民众,公开表达不满,把不满转化为宪法权利的语言,迫使社会精英接受谈判并落实改革的承诺。通过资助法律诉讼来推进其事业,社会运动还有助于扩大社会全体成员的权利(Sarat and Scheingold 2006)。当然,我们在分析社会运动时还应该考虑这一现实,即强大的既得利益者会坚决抵制那些最坚定的活动人士(Brisbin 2002)。

在思考本节内容时,我们还应考虑"占领华尔街运动"(the Occupy Wall Street)在纽约市以及在全国其他城市所产生的影响。该运动所受到的批评是,没有充分利用民众的支持,没有涉足公职岗位竞选,也没有对企业政策提起法律诉讼。然而,该运动却成功地使公众注意到收入不平等、经济流动性不足、最低工资保障不充分以及企业的贪婪与腐败等问题。占领运动最重要的遗产可能是"争取 15 美元"运动,该运动通过大规模示威活动在 7 个州、哥伦比亚特区和一些主要城市成功实现了 15 美元的最低工资标准。大约 30%的工薪阶层居住在这些辖区,同样数量的州提高了最低工资。

"我也是"(Me Too)运动对美国的社会结构产生了深远的影响。"我也是"一语源于社会活动家塔拉娜·伯克,她在 2006 年的一篇主要针对有色人种女性的社交媒体贴文中写道,她后悔在与一名遭受性虐待的 13 岁女孩交谈后没有回应"我也是"。2016 年总统大选后,数十万人在华盛顿特区举行了"妇女大游行",反对特朗普政府对女性取得的权益加以限制的任何做法。女性平等运动也从中得到了鼓舞。好莱坞大制片人哈维·韦恩斯坦性侵女性事件曝光后,女演员艾莉莎·米兰诺于 2017 年 10 月 15 日在推特上发布了"我也是"的贴文,公开了自己被性侵的遭遇,并呼吁其他女性说出自己的遭遇。到当天结束时,“我也是”这个短语已经被使用了 20 多万次。到第二天结束时,该语在推特上的使用次数超过了 50 万次。在接下来的 24 小时内,超过 470 万人在脸书(Facebook)上发布了 1200 万个贴子,45%的脸书美国用户发布了“我也是”贴文(Garcia 2017)。

“我也是”引发了人们讲述自己遭遇的运动,人们要求结束性虐待和性骚扰,呼吁结束薪酬不公平,并要求在招聘以及在商业、艺术、宗教和科技领域对族群和性别多样性做出有意义的承诺。由好莱坞著名女演员和高管发起的“是时候了”运动(Time Is Up)为低薪员工建立了法律辩护基金,资助了 100 起法律案件和调查(Cara Buckley 2019)。2018 年 10 月,《纽约时报》报道,200 多名知名男性因被指控性侵或性骚扰而失去工作,数人被刑事起诉。估计有 920 人遭受过这些人的性侵(Carlsen et al. 2018)。性侵事件的纷纷曝光,吓得有权势的男性主动找其侵害过的女性签订非曝光非诋毁的私了协议。根据协议,女性无需出庭控告对方就能获得经济赔偿。作为回报,她们同意永不透露所发生的事情或指责性侵过她们的男性(Silver-Greenberg and Kitroeff 2020)。2020 年 3 月,好莱坞著名制片人哈维·韦恩斯坦因对两名女性实施性犯罪被判处 23 年监禁。韦恩斯坦被 90 名女性指控性骚扰和性侵犯,但其中大多数性侵犯指控都因过了追诉期而没有被受理(Ransom 2020)。

运动所带来的一个明显的变化是,越来越多的女性当选公职,甚至有的女性参加民主党总统竞选。2018 年,民主党国会候选人首次以白人女性或有色人种女性或有色人种男性为主。研究表明,在投票时,女性当选的可能性与男性不差上下,女性候选人的成功体现在 2017 年至 2018 年国会中女性人数增加了 21%。有色人种女性在国会中的代表人数增加了 41%,在州立法机构中的代表人数增加了 38%(Steinhauer 2019)。

在像“我也是”这样的各式各样的运动中,虽然人们普遍关注女性健康、公平薪酬、公平对待性犯罪受害人、严格执行工作场所性骚扰管制政策以及招聘和晋升中的族群和性别多样性等问题,但在各种问题上也存在明显的分歧(Stockman 2018)。

我们也许进入了一个行动主义的新时代,在这个时代,抗议政府在移民、环境、医疗保健等方面政策的群众运动与法律诉讼相结合,旨在实现社会变革。采取这种双重策略的一个例子是立岩苏族及其支持者对达科他输油管道的抗议。该部族称,输油管道威胁到他们的协定权利和神圣的土地。2019 年,数十万人在波多黎各示威反对腐败,并迫使总督里卡多·罗塞洛因腐败、处置不当和在电子邮件中表达对普通波多黎各人的蔑视而辞职(Romero et al. 2019)。为了应对这种重新抬头的行动主义运动,美国至少有 16 个州通过了旨在遏制示威的立法,并加重对抗议中被捕个人的处罚(Smith and Wines 2017)。

最近,美国发生大规模街头示威,要求对造成 2020 年 5 月乔治·弗洛伊德死亡的明尼阿波利斯市警察提起刑事诉讼,并要求进行刑事司法改革。抗议活动还针对美国一直存在的种族歧视与不平等。

在法国,以劳工阶层为主的"黄背心"运动抗议汽油税、收入不平等,以及抗议在一个据称有利于富人的体制中普通人缺乏工作机会和流动性(Goodman 2019)。苏丹的示威活动迫使奥马尔·巴希尔下台。伊拉克、智利和厄瓜多尔等国也爆发了大规模示威活动。

从历史上看,社会活动人士一直依靠公民抗命运动抵制被视为不公正的法律,以实现法律变革。

公民抗命和社会变革

我们已经了解到法律对实现社会变革的局限性。如前文所述,有些学者认为,社会改革运动只有把法院和法律作为斗争策略之一,才能实现重大的社会变革。然而,在某些情况下,人们会故意违反法律,以引起社会对其诉求的注意,激励其支持者,并影响公众舆论。

拉恩·赫希尔重点研究的是法律和法院对社会变革所起的阻挠作用,而非促进作用。他指出,世界各国都有着强大的司法系统,这反映出,政治家和社会精英都希望把决定权交给非选举产生的法官,以避免自己陷入"政治棘丛"。他认为,在那些有着强大的法官队伍且其宪法包含权利法案的国家,法院都拒绝受理收入公平案件,实际上保护了富人和强势群体的利益。法官以权利法案为托词,把言论自由延伸到公司企业,并为公司企业对环境脆弱的荒原地区的无度开发提供便利(Hirschl 2004)。

美国有着悠久的公民抗命历史,一些团体通过公民不服从运动寻求改变政府政策。直接的公民抗命是人们通过违反法律以谋求社会变革。例如,美国黑人故意到种族隔离制的午餐长柜台买饭就餐。而间接的做法则是违反不相关的法律。又如,一些民权示威者会到市长办公室进行静坐,抗议学校的种族隔离政策。

1850年,国会要求联邦执法官协助抓捕逃亡的奴隶,并遣返给其"主人"。人们如果给奴隶提供帮助,就会受到1000美元的罚款及最长6个月的监禁。联邦政府派出1000名执法官和士兵到波士顿执行把逃亡奴隶安东尼·巴恩斯押送回弗吉尼亚州的任务。这一举动是联邦政府发出的强烈信号,表明了其遣返逃亡奴隶的决心。

反对奴隶制度的废奴运动帮助数万名奴隶逃离强制性的奴隶制度。在1830年到1860年,仅在费城一地就有超过9000名逃亡奴隶获得援助(Cover 1975)。

许多对逃亡奴隶伸出援手的废奴主义者受到了联邦法院的起诉。主持审判的法官对陪审员宣讲判决被告人有罪的必要性,称这是为了表明对法律以及对奴隶主财产权的尊重,还能阻止逃亡奴隶涌入北方各州。法官还告诫陪审员在原则问题上不能让步,如果对法律存有异议,也只能通过立法程序对其进行修改。那些因违反《逃亡奴隶法》而受到指控的废奴主义者被视为狂热分子和煽动分子。北方地区的陪审团有时会不顾法官的警告而判决这些人无罪,不过,大多数废奴主义者都被判决有罪(Cover 1975)。

被关押在南方的废奴主义者遭受了严酷的对待。1884年,海军当局在佛罗里达州近海拦截了乔纳森·沃克的船只,发现他的船上载有逃亡奴隶,并当即逮捕了沃克。沃克随后被判有罪,并被戴上刑具示众一小时,遭受市民向其投掷垃圾。他的一只手上还被联邦执法官(佛罗里达州属于联邦领土)烙上字母"SS"(意为偷窃奴隶者),并被监禁11个月(Aptheker 1989:111)。

非暴力抗议活动和废奴主义者的著作深刻地影响了印度活动家莫罕达斯·甘地的思想。他发起的反抗英国殖民主义的非暴力运动和他的著作鼓舞着世界各地的非暴力运动。甘地把其非暴力思想称为"紧握真理"或"真理的力量"。

非暴力行动是甘地为真理辩护所采取的方式,包括罢课、纠察、罢工、游行、集会以及拒绝与政府合作。甘地的核心非暴力方式是公民不合作运动,即人们要公开地、非暴力地违反其所不赞成的法律。甘地认为,暴力行动会招致报复从而掩盖问题,还会转移人们对抗议者最初诉求的注意力;而非暴力则迫使直接的抗议对象去考虑抗议者为什么如此坚信一项事业而不惜被逮捕坐牢。抗议者总是不确定自己所从事的活动是否“正义”,如果是非正义的活动中诉诸暴力,就有可能伤害他人。

非暴力抵抗的另一个重要特征就是通过接受惩罚的方式表示对法律的尊重。抗议者可能会反对某个特定的法律,但同时却又表现出对法治的尊重。他们接受有罪判决与惩罚,就是在具体表明其坚定的信念和为事业献身的精神(Gandhi 1957)。

甘地的理念深刻地影响了美国民权运动的重要领导人之一马丁·路德·金。在20世纪60年代,马丁·路德·金领导了反对南方种族隔离制度的非暴力抗议活动。这些民权示威者所使用的主要策略是以和平的方式争取在实行隔离制的餐馆就餐。在美国电视荧屏上不时闪现出非暴力示威者遭到逮捕、被高压水管喷水以及被警犬袭击等画面。美国公民不合作运动的参与者都认为,他们是在以行动维护自己的宪法权利,而且,与甘地不同的是,他们不承认有罪,不会顺从地接受监禁判决(Garrow 1979)。

最高法院在裁决中认为,1964年《民权法案》禁止在宾馆、饭店等公共场所实行种族隔离[*Hamm v. Rock Hill*,379 U. S. 306(1964)],这就是说民权示威者发起的抗议运动是正当的。而南方各州当局并没有因此而退缩,他们转而以扰乱治安为由逮捕了那些抗议公共汽车种族隔离、教育歧视以及剥夺美国黑人投票权的示威者,并对他们提出刑事指控。在亚拉巴马州,抗议者遭到了暴力镇压。1957年至1963年,美国黑人教堂和民权领袖家中先后发生了17起爆炸案,至今尚未破案(King 1963:49)。

亚拉巴马州伯明翰市也许是美国种族隔离现象最严重的城市。那里的美国黑人占整个城市人口的2/5,但选民却只占1/8。马丁·路德·金组织了抗议示威活动,但被捕的抗议者多到监狱无法容纳。伯明翰市当局限制抗议活动的办法是,规定未经该市委员会许可不得进行抗议活动(King 1963:68-71)。1963年4月,马丁·路德·金被捕,原因是他拒绝向市委员会申请许可,并违抗法院禁止其领导游行的命令。美国最高法院维持了对他的有罪判决,并提出:

在司法公正上,没有人可以站在自己的立场上作评判,无论他的地位多么崇高,他的动机多么正当,也不论其种族、肤色、政治立场或宗教信仰如何……人们可以同情这些请愿者对事业的热切执着。但尊重司法程序是换取法律文明所应付出的低廉代价，只有这样，宪法自由才具有意义［*Walker v. City of Birmingham*，388 U. S. 307（1967）］。

在“考克斯诉路易斯安那州”案中，最高法院推翻了对一名被告人的定罪，这名被告人因在法院门前执行抗议纠察任务而被捕，尽管他事前已经得到明确的告知，他进行纠察的地点属于法律许可的范围。虽然最高法院通过表决改判被告人无罪，但是大法官汤姆·克拉克对这种“暴民统治”提出批评［*Cox v. Louisiana*，379 U. S. 559（1965）］。三K党前成员、后来成为公民自由的有力捍卫者的大法官雨果·布莱克随后认为：

> 从我的判断来看，一个并不乐观的情况是，这个群体［非洲裔美国人］比其他群体更需要一个法律平等与司法公正的政府，现在他们越发认为，推进其事业（这是值得为之奋斗的事业）的最佳方式就是时时处处都把法律掌握在自己手中……我再次申明，今天由崇高的思想所推动的运动将来可能借由仇恨、狂热、贪婪和暴力演变为暴民统治［*Cox v. Louisiana*，383 U. S. 131（1966）］。

公众对美国政府对外政策的抵制因反对越南战争而达到了高潮。1965年11月2日，教友派信徒诺曼·莫里森看到了一篇描述轰炸越南平民的报道。莫里森感到自己无助于阻止战争，于是就在离美国国防部长罗伯特·麦克纳马拉的办公室50码处往自己身上浇上煤油自焚。7天后，激进分子罗伯特·拉波特在联合国大楼前自焚。

义务兵役制度是公民进行抗议与公民抗命运动的一个主要焦点。在越南战争期间，有10055人被指控抵制征兵服役，其中8750人被判有罪。有人对4000名抵抗者的判刑情况作了统计，结果发现，他们的平均刑期为3年（Baskir and Strauss 1979：69）。

1967年，50位著名知识分子联名签署了《抵制不法当局呼吁书》，并表示愿意向征兵服役的抵制者提供法律咨询、律师代理、保释和经费援助。学生们开始当众烧毁他们的兵役登记证。针对这种情况，美国国会于1965年作出法律规定，烧毁兵役证者可被判处5年以下有期徒刑，并处1万美元以下罚款。来自南卡罗来纳州的国会议员、该修正案的提案人孟德尔·瑞弗斯解释称，该规定是针对那些“向自己的政府翘鼻子的人”。然而,抗议者并不为所惧。1966年,大卫·保罗·奥布莱恩和他的3个同伴在南波士顿法院门前的台阶上公然烧毁了他们的兵役证,受到故意损毁兵役证的指控。

最高法院维持了对奥布莱恩及其同伙的有罪判决,指出,政府拥有合法的实质性权力确保公民不损坏或烧毁其兵役证,因为该证能够无可争辩地证明个人兵役登记情况。大法官威廉·道格拉斯对此持有异议,他宣称,最高法院一直回避的一个“深层次和基本问题”是,在“没有[正式]宣战”的情况下,征兵是否合法[*United States v. O' Brien*,391 U. S. 367(1968)]。

第二巡回上诉法院在一起涉及烧毁兵役证的案件中发问道,下一步将会发生什么情况呢?“是打开水龙头、在市政厅门前倾倒垃圾、拦截汽车、制造事端引起交通拥堵、焚烧美国国旗……,还是在电视节目中撕毁法院判决书或国内税收规定应保留的票据呢”[*Untied States v. Miller*, 367 F. 2d 72(2d Cir. 1966)]?第八巡回上诉法院强调指出,公民有充分的机会通过投票箱推动社会和平变革[*United States v. Kroncke*,459 F. 2d 697(8th Cir. 1972)]。

在“合众国诉贝里根”案中,天主教牧师菲利普、丹尼尔·贝里根和玛丽·莫伊伦进入巴尔的摩征兵局往兵役档案上泼血。被告人声称,他们这样做是出于良好的动机,是为了制止非法和大规模死伤的战争。而最高法院则认为,一个文明的国家“不能容忍其公民按照自己的道德观或宗教信仰选择哪些法律要遵守,哪些法律可以不遵守”[*United States v. Berrigan*,283 F. Supp. 336(D. Md. 1968)]。在与之相关的一起案件中,第四巡回上诉法院发问道,如果这些被告人被判无罪,那么其他人,为了“表明他们真诚地认为国家不应该进行战争,就有足够有力的理由被判无罪,是否会觉得自己有权违反法律呢”[*United States v. Moylan*,417 F. 2d 1002(4th Cir. 1969)]?

从20世纪80年代到90年代的数十年中,美国司法系统一直受到反核示威者的挑战,他们宣称核武器是非法的,是对人类未来的威胁。根据《以赛亚书》第4章“铸剑为犁,化矛为镰”的圣经典故,公民抗命者把他们的抗议活动称为“铸犁裁军行动”(Laffin and Montgomery 1987)。

乔纳森·谢尔所著的《地球的命运》一书,影响力远播,鼓舞了众多非暴力抗议者。谢尔预测指出,美国和俄罗斯一旦发生核战争,将造成数亿人死伤。美国将变成“昆虫与荒草共和国”,在这里,城市犹如荒漠,没有通信,没有交通运输,没有公用设施,没有食品,没有水电,社会系统彻底瘫痪。核战争对环境所产生的破坏将危及全球粮食生产，并把人类变成一个“濒危物种”（Schell 1982：3-96）。

在“合众国诉奎尔蒂”案中，第七巡回上诉法院裁决认为，辩称这些被告人是在别无选择的情况下非法进入岩岛兵工厂是“说不通的”，对核信息进行合法宣传的“机会有数千种”［*United States v. Quilty*, 741 F. 2d 1031 (7th Cir 1984)］。在“合众国诉莫伊伦”案中，第四巡回上诉法院认为，如果人人都根据个人标准去评判法律，觉得法律有悖道德就不遵守，那么法律制度就不可能长期存在。宽容这种无视法律的行为绝不是民主……而必然会造成无政府状态［*United States v. Moylan*, 417 F. 2d 1002(4th Cir. 1969)］。

在许多情况下，反核示威者受到的刑罚都相对较重。在“合众国诉卡巴特”案中，被告人因破坏核武器发射井而受到包括破坏核设施罪在内的多项刑事犯罪的指控。4 名被告人分别被判处 8 年到 18 年不等的刑期。然而，迈伦·布莱特法官却对此持有不同意见。他指出，被告人的抗议活动“并没有伤害任何人，没有破坏也不可能破坏导弹的攻击能力”。他还指出，对他们的判刑竟然“相当于对抢劫犯和强奸犯等暴力罪犯的判刑，或相当于对贩卖毒品等性质恶劣罪犯的判刑”［*United States v. Kabat*, 797 F. 2d 580(8th Cir. 1986)］。

从堕胎权到联邦政府拒绝批准用于治疗艾滋病的多种药物等诸多问题，公民不服从运动对推动社会关注和讨论这些问题都发挥积极作用。在不合作主义者看来，那种认为人们能够通过法律途径有效地争取社会变革的主张是不现实的。他们认为，只有采取直接行动，自己的诉求才会引起有关方面注意。他们坚信自己所抗议的政策和法律是不道德的，是违反美国宪法和国际法的。他们认为自己是在维护法治，而政府是在利用资源维护非法的政策，阻碍社会变革。

本章总结

本章提出了法律是反映社会还是改变社会的问题。有些学者坚持认为，社会态度和社会实践塑造法律，法律如果在改变社会习俗和观念方面太过激进，就会遭到抵制。另有一些学者则举出一些实例说明法律影响社会变革。还有学者从一个更为复杂的视角认为，社会变革是由政治行动主义和法律共同作用的结果。更有一些学者从社会运动视角强调政治行动主义和公民抗命对实现社会变革的作用。

法律对社会产生怎样的影响以及法律能否有效地引起社会变革,这些都受许多因素决定,如法律的制定主体、法律与社会基本价值相一致的程度、同龄群体对法律的接受度,以及是否通过奖惩方式执法等。对于法律,人们可能遵守,可能抵制,也可能逃避。

美国的法院一直乐于作出基础广泛的判决,旨在完成重大公共政策的改革。对法院的作用持积极观点的人强调,民选的议员出于某些政治原因会设法回避某些问题,而非民选的法官却能够对这些问题作出判决。例如,民选的议员如果涉足监狱改革,不但捞不到什么好处,反倒会失去不少。而对法院促进社会变革的作用持保留观点的人则认为,案件只有被列入诉讼事件表,法官才有机会解决问题,而且没有能力强制他人服从其判决。

在美国国会以资金断供为要挟的情况下,"布朗诉教育局"案的裁决才得到种族隔离学区的完全接受,否则这些学区就会失去美国国会的经费支持。在"罗诉韦德"案的判决发布之前,公众就已接受堕胎行为,而且堕胎现象日渐增多。因此,罗森伯格认为,"罗诉韦德"案判决对助长堕胎的影响是有限的。由于支持堕胎运动没有在政治上动员对"罗诉韦德"案判决的支持,造成公众对"罗诉韦德"案的支持率受到一定程度上的削弱。

这些案例研究表明,社会变革是法院、立法机构和政治行动主义共同作用的结果。

法院在制定刑事司法部门应遵循的规则方面遇到特别的挑战。刑事司法人员可能会感到,法院所判令的执法程序与他们维护社会秩序、调查侦破犯罪案件的能力之间发生冲突。米兰达规则虽然已经被警方纳入其审讯规程中,但它在保护犯罪嫌疑人权利方面作用有限。

监狱改革得到成功实施,因为法院能够派驻督查专家监督改革的执行。但是,监狱改革也产生了意想不到的负面后果。有报告称,监狱改革扰乱了监管纪律,并致使监狱暴力事件频发。这些情况的发生,是由于法院对刑事司法领域的专业性不够了解,对自己的判决所产生的后果缺乏应有的预判。

似乎没有哪一个理论能够充分解释清楚法律、社会同社会变革之间的关系。法律可以直接或间接地带来社会变革,在某些情况下,法律是社会的一种反映。总之,社会变革通常是法律、社会行动主义运动和政治压力共同作用的结果。

第十一章　法律与种族不平等

引　言

我们往往认为法律是保护个人权利和确保平等的。我们如果遭遇到自己认为不公正的事情,就会想到“应该有一部法律来管制这种行为”。于是,我们的第一反应就是威胁要把对方告上法庭。

法律并不始终都是维护社会公平与正义的一种力量。在某些情况下,法律可能是社会偏见的体现与强化,帮助维护社会不公与歧视。例如,一百多年来,美国南方各州都把黑人看作毫无权利的奴隶。1857 年,美国最高法院在对“德瑞德·斯科特诉桑福德”案的裁定中认为,非洲裔是“劣等人,无论是在社会关系中还是政治关系中,都完全不适合与白种人交往……而且,他们远不如白种人,没有白种人必须尊重的权利”。[*Dred Scott v. Sandford*,60 U. S. 393 (1857)]。

法律虽然表面上显得公正,但可能被以歧视的方式执行。立法机关或法院还可以要求那些诉称遭受歧视的个人必须符合严苛的诉讼标准,而这些诉讼标准却使得种族歧视行为、民族歧视行为或性别歧视行为难以被法院认定。1942 年,富兰克林·德拉诺·罗斯福总统颁布了第 9066 号行政命令,要求日裔美籍公民和日本侨民从美国西海岸迁移到美国内陆的集中营。美国最高法院驳回了是松丰三郎对这种迁移令的申诉(持有异见的大法官弗兰克·墨菲称这种迁移是“合法化的歧视”)[*Korematsu v. United States*,323 U. S. 214(1944)]。最高法院给出的理由是:

是松丰三郎被迫迁出军事区,并非因为军方对他或他的种族身份怀有敌意,而是因为我们正在与日本交战,是因为组织得当的军事机关担心我们的西岸一旦遭受侵略而不便采取适当的安全措施,是因为他们决定,由于军情紧急,所有日裔美国人必须暂时撤离西海岸,而归根结底是因为国会出于战时对我军方领导人的充分信任,授权他们这么做。

1988 年,原本持反对意见的美国总统罗纳德·里根签署了美国国会的一项法案,对美国“二战”期间拘禁日裔公民的行为道歉。该法案的依据是里根总统任命的委员会的调查结论。该结论认为,美国政府拘禁日裔美国人的行为是“种族偏见、战争歇斯底里和政治领导无能”的结果。美国政府随后向曾遭受拘禁的日裔公民及其后代支付了 16 亿多美元赔偿金。

本章将考察种族因素对执行刑法和美国移民政策的影响。

批判种族理论

作为一种学术思潮,批判种族理论(Critical Race Theory, CRT)研究的是,法律如何维护白人的优势地位和特权,以及法律如何维持非洲裔美国人的从属地位。批判种族理论的学者关注法律与社会的互动关系。他们研究的问题是,法律如何影响社会对种族的态度,以及社会如何影响涉及种族的法律。批判种族理论是批判法学发展的产物。批判种族研究领域的学者赞同批判法学的观点,认为法律并非理性的、客观的,而是偏爱强者的。然而,批判种族理论的支持者通常把精力集中在批判性审视种族与法律的关系上,他们认为这个问题并没有得到批判法学的足够重视。

德里克·贝尔教授20世纪70年代挑战民权运动某些“圣牛”的文章,被认为激发了批判种族理论的发展。例如,贝尔教授提出的问题是,为争取学校融合而提起的诉讼是否符合黑人学生及其家长的利益?他认为,与其通过诉讼把黑人子女融入新的学校,倒不如通过发起一场运动,为黑人子女争取更多的教育资源和教育机会。白人与黑人学生融合的学校,时间一长,就会出现白人学生纷纷从城市社区逃离的现象,而白人学生走后的学校又重新沦为资源匮乏的隔离学校(Bell 1976)。以下是批判种族理论所强调的一些主题(Delgado and Stefancic 2001)。

用少数族裔视角看待法律:与主流的白人学者不同,批判种族理论的学者采用少数族裔的视角看待法律,并以美国黑人和其他少数族裔群体所经受的遭遇教育读者(Delgado 1995:34)。

种族歧视:种族歧视被认为是美国社会的一个基本特征(Delgado and Stefancic 2001)。

种族建构:把种族分为“白人”、“非洲裔”或“西班牙裔”缺乏坚实的生物学或科学基础。美国南方在历史上曾认为,一个人血管里只要有黑人的“一滴血”就是非洲裔。从历史上看,各少数族裔都与负面特征相关联,而“白人”则与正面特征相关联(Gotanda 1995)。

白人特权:白人的种族身份是一种产权,它使白人在教育、住房和就业等方面享有“白人特权”(Harris 1993)。

法律和少数族裔的从属地位:法律尽管在形式上“不分颜色”,然而实质上却是维护白人优势地位的一种机制(Green 1995;Johnson 2000)。例如,反歧视法规定,对歧视的认定依据,必须是有歧视的意图,而不是依据获得雇用和晋升的少数族裔所占比例,或出租房屋的少数族裔所占比例等实际问题。这就使人们对歧视很难加以认定(Freeman 1978)。

具体情境中的法律:反歧视法针对的是具体问题,如个人是否遭受就业歧视,是否在检察官提出给予被告人死刑判决上遭受歧视。而批判种族理论的学者则采取更为广阔的视野,关注造成美国黑人和其他少数族裔处于从属地位的种种因素,如劣等学校、贫困、失业、高监禁率以及人们的歧视性态度(Gotanda 1995:265-266)。

法律平等:批判种族理论认为,白人当局利用法律手段消除种族歧视,目的是维持其统治地位,而不是为了真正实现权利平等。从批判种族理论角度来看,美国最高法院对“布朗诉教育局”案的裁决是冷战期间美国与苏联竞争的一部分,是为了赢得发展中国家人民的心和思想(Bell 1980)。

交叉劣势:由种族劣势、性别劣势和阶层劣势共同造成的少数族裔的劣势地位,称作“交叉劣势”,或者说处于各种力量的夹缝中(Roberts 1995:384)。

实质性歧视:种族的不同导致少数族裔遭受的歧视和不利处境超过了妇女或穷人所遭遇的歧视和不利处境(Crenshaw 1995:357)。

新的法律分析:现有的法律研究途径往往不能给予少数族裔以充分的保护。例如,有人把对少数族裔的言语侮辱归入言论自由,而批判种族理论的学者则对此观点提出了挑战(Delgado 2000:131)。

金伯利·克伦肖在她那篇关于强奸的文章中提出了一系列的观点,这些观点对于批判种族理论至关重要。在过去的几十年中,反强奸法在改革中删除了普通法强加给妇女的不公平责任的若干规定。例如,美国几乎没有哪个州还在要求妇女演示如何“极力抵抗”以证明被告人“违背妇女意愿”。在赞赏这种改革的同时,克伦肖指出,黑人妇女在刑事司法制度中仍然遭受歧视,而白人妇女则从未有此遭遇(如实质性歧视)。被指控强奸黑人妇女的被告人,无论是白人还是黑人,都不大可能受到起诉和定罪,也不大可能被判长期徒刑。然而,如果有人被指控强奸白人妇女,情况就会大不相同。克伦肖认为,对被指控强奸黑人妇女的被告人给予宽大处理,在某种程度上是因为人们习惯把黑人妇女视为“粗俗的”和“放纵的”,与“坏女人”没有什么两样。换言之,与白人妇女不同,评判黑人妇女的标准依然是“她们是谁,而不是对她们做了什么”(Crenshaw 1995)。

哈利勒·纪伯伦·穆罕默德认为,犯罪是理解对非洲裔歧视的核心。他展示了 19 世纪末开始的通俗和学术出版物是如何将非洲裔视为暴力罪犯的。大多数评论家都不认为美国黑人的犯罪是贫困、失业和种族隔离的产物,而是生理与基因的产物,后来又认为是黑人文化的产物,认为黑人文化是认可、鼓励和颂扬犯罪的文化。第一次世界大战期间,从南方迁徙到北方城市的美国黑人遭受警察的骚扰和暴力,被逮捕和监禁的比例很高。《统一犯罪报告》始于 1930 年,记录全国的犯罪发生率,此后不久开始通过区分白人犯罪和黑人犯罪来突出社会的种族差异,而不包括其他种族或族裔类别。穆罕默德的结论是,将非洲裔与犯罪和暴力等同起来一直持续到今天,从而为种族歧视和不平等合法化提供理由(Muhammad 2010)。这一结论在伊布拉木·肯迪对美国种族主义思想史的研究中得到了加强。肯迪对该思想史的研究从第一批欧洲定居者的到来开始。他指出,非洲裔美国人的任何“消极行为”都被视为“黑人哪里出了问题”的证据,而白人的“消极行为”“只能证明那个人哪里出了问题”(Kendi 2016)。

奥赛奇·奥巴索奇教授通过研究先天性失明者的态度,展现了种族主义在社会中如何根深蒂固以及种族特征是如何形成的。他发现,白人盲人从很小的时候就通过家人和其他人的行为或陈述了解到美国黑人从事负面的行为,是一个“不同”的种族。然后,他们将这些偏见和歧视带入他们与非洲裔的日常互动和关系中(Obasogie 2014)。

请考虑种族的社会建构如何强化种族特权和法律归属的一个例子。伊恩·哈尼·洛佩斯认为种族是“合法建构的”。1879年至1952年的美国法律在很大程度上对公民身份作了限制,并且多年来限制“白人”和“非洲出生”的个人进入美国。对白人没有固定的定义,法院认为白人应该根据“普通人”的观点来确定,而不是根据科学分析。在绝大多数情况下,通过观察一个人,就“可见”其种族。亚美尼亚人最初被归类为“亚洲人”。经过一番辩论后,法官们改变了主意,将亚美尼亚人归类为白人,并有资格获得公民身份。洛佩斯指出,关于谁是白人和有资格获得公民身份的决定产生了重大影响,因为白人享有非白人无法享有的特权。例如,在加利福尼亚州,非公民被禁止拥有弗雷斯诺山谷农业用地的长期租约,这意味着农村的日本裔和其他亚洲裔没有资格购买、耕种和出售财产,也没有资格积累财富。种族的社会建构的另一个例子是南方对白人和黑人的历史定义。美国南方各州直到20世纪60年代才实行合法的种族隔离。种族决定了你在哪里生活、上学和结婚。南部和边疆各州的法律不尽相同地遵循“一滴”、“半滴”或“八分之一滴”规则,即一个人,哪怕具有最少的非白人血统,也会归入非白人,其身份受歧视(López 2006)。

理查德·罗斯坦列举了无数联邦住房政策如何强化种族特权的例子。“二战”后,联邦住房管理局担保从银行向退伍军人提供购房低息贷款。因此,参与该计划的银行在向退伍军人发放贷款时没有风险。退伍军人在还清担保贷款后拥有了这所房子,后来他们可以把房子卖掉获利,或者把它传给孩子。大量的郊区住宅项目建成后出售给从战争中归来的退伍军人。这种担保住房贷款计划刺激了学校、购物中心、办公园区和连接郊区与城市的道路的建设,并吸引商业向郊区聚集。联邦住房管理局明确拒绝向非洲裔退伍军人和靠近非洲裔社区的郊区住房项目提供担保贷款。有一次,底特律的一个建筑商只有在建造了一堵高六英尺、厚一英尺、长半英里的混凝土墙,将他的项目与一个非洲裔社区隔开之后,才能为他的购房客户获得联邦住房管理局的担保贷款。由于联邦住房管理局的歧视性担保贷款政策,非洲裔退伍军人被迫住进隔离地区的出租住房,或者只得按要求获得一般的抵押贷款,购买了一套不太可能随着时间的推移而大幅增值的老房子。1973年,美国民权委员会报告指出,“受到政府帮助和怂恿的住房行业必须对隔离住房的遗留问题承担主要责任……政府和私营企业联手创建了住房隔离制度”。值得注意的是,住房是创造代际财富的核心组成部分,并在很大程度上造成了美国白人和非洲裔之间的“贫富差距”(Rothstein 2017)。

下一部分将介绍非洲裔美国人在刑事司法系统中的经历。

非洲裔美国人和刑事司法制度

美国最早的 13 个州中有 6 个州对黑人实行合法奴役。弗吉尼亚州 1680 年的法规是整个美国南方“奴隶法典”的模范,施行了 180 年。根据该法规,奴隶不具有法律人格,可以作为财产买卖。奴隶不能提起诉讼,控告自由的白人男女,不能签订合同,不能拥有财产,不经许可不得出售物品,或在自由市场出卖劳动力。奴隶不能打斗或说亵渎的言语,不能击鼓或吹号,不能宣讲宗教教义。奴隶如抗拒“基督教”生活方式则会被鞭打 20 下。不经许可,奴隶不得离开种植园。奴隶须遵守宵禁令,并接受任意的搜查和抓捕。除非有白人男子监督,否则多个奴隶不能聚集在一起。逃跑的奴隶可被处死(Higginbotham 1978)。

法律禁止人们教奴隶学习文化,送给他们书籍或小册子,教他们打字以及向他们传授毒药知识。按照惯例,奴隶犯错不够处死的,会被处以鞭责。大多数州限定鞭数为最多 39 下,但亚拉巴马州则可最多 100 下。

北卡罗来纳州法院 1829 年在对“北卡罗来纳州诉曼恩”案的判决中指出,“奴隶主有绝对的权力要求奴隶完全服从”。该判决称,奴隶无权“纠正”“其主人”的权力,奴隶主的权力是“……若非为上帝之法律赋予,则为人类之法律赋予”[*State v. Mann*,13 N. C. 263(1829)]。

在美国宪法起草时,南方 13 个州共有奴隶 67.5 万人,几乎每 5 个美国人就有一个是奴隶。为了分配国会席位,宪法规定,每个奴隶作 3/5 人计算。在 1808 年之前,国会并不禁止进口奴隶。“逃亡奴隶”条款规定,逃到“自由州”的奴隶可以由其主人索回(Delbanco 2018)。

1857 年,美国最高法院对“德雷德·斯科特诉桑福德”案的裁决,破灭了限制联邦中奴隶制州数量的任何希望。最高法院首席大法官罗杰·托尼认为,《独立宣言》所主张的人人生而平等,不包括非洲裔美国人。非洲裔美国人是“劣等人……不适合与白种人交往……而且,由于他们是劣等人,因而不具有白种人必须予以尊重的权利”。非洲裔美国人,无论是自由人还是奴隶,没有资格成为美国公民。奴隶是财产,联邦法律不能剥夺奴隶主对奴隶的财产权益

[*Dred Scott v. Sandford*,60 U. S. 393(1857)]。

1865 年,随着美国内战的结束,美国国会和 27 个州签署了美国宪法第十三修正案,废除奴隶制。大约 18 个月后,国会表决通过了宪法第十四修正案。该修正案规定,“未经法律正当程序,任何州不得剥夺任何人的生命、自由或财产;不得剥夺其管辖范围内人人所享有的法律平等保护的权利”。宪法第十五修正案迈出了种族平等的第三步,该修正案规定,“美国公民的选举权不得因种族、肤色或以前的奴隶身份而被剥夺或削减”。这三个宪法修正案由国会负责执行(Gates 2019)。

美国南方的黑人纷纷涌向投票站,选举数以百计的黑人出任地方和州公职人员,黑人还担任陪审员,制定学校制度,废除残酷的刑罚。然而,美国南方的白人并不接受黑人解放浪潮的兴起。整个南方以没缴纳人头税、没通过读写能力测试和犯有重罪为由,剥夺了黑人公民的投票权。美国最高法院在一系列案件中维持了这些歧视性的做法。到 1910 年以前,美国黑人实际上都被排除在南方政治势力之外。在密西西比州,1896 年登记投票的美国黑人有 14.0344 万人,而 1900 年 3 月登记投票的美国黑人却只有 5320 人。

美国黑人还遭受恐怖统治。1883 年到 1903 年的 20 年间,已被证实的美国黑人遭受白人暴徒以私刑杀害的就有 3000 人,而且几乎没有白人暴徒受到刑事起诉。仅 1893 年就有 231 名美国黑人遭受私刑而被杀害(Waldrop 2006)。

同时,美国南方各州开始恢复在公共场所与设施实行种族隔离。1896 年,在“普莱西诉弗格森”案中,美国最高法院裁决认为,为不同种族提供“隔离”而“平等”的铁路设施没有违反宪法第十四修正案。最高法院的裁决称,种族隔离没有给非洲裔美国人盖上“劣等人的戳记”。在投票或竞选公职中的政治平等并不要求在公共设施、影剧院和学校也一律平等。这种类型的隔离并不“意味着一个种族低劣于另一个种族”。最高法院的说法是,每个种族都更愿意跟本种族的人交往[*Plessy v. Ferguson*,163 U. S. 537(1896);亦可参见 Luxenberg 2019]。

奴隶制结束后,南方面临着廉价体力劳动力短缺问题。获取廉价劳动力的办法是对轻微犯罪的黑人进行逮捕、定罪并处以罚款。许多被定罪的人无法支付罚款,被判入狱。当地的治安官把囚犯租给私人糖作物和棉花种植园、伐木营地和建筑公司。成千上万的美国黑人的生活条件让他们想起奴隶制,包括定期的惩罚和殴打。从 1880 年到 1904 年,亚拉巴马州从出租州囚犯中获得的利润占到该州预算的10%。1923年,佛罗里达州和亚拉巴马州成为最后两个废除囚犯租赁的州(Bauer 2018;Blackmon 2008)。

前文提到,种族歧视在刑事司法系统表现最为明显。1931年3月,9名半文盲的黑人青少年在阿肯色州的佩恩特·罗克被拖下铁路列车,被指控轮奸两名白人妇女。这些所谓的"斯科茨伯勒男孩"成为举世公认的司法不公的牺牲品。这9名被告人被判处死刑。但案件审判疑点重重:为其指定的辩护律师只与他们交谈了30分钟,没有询问关键证人,没有对全部由白人组成的陪审团提出疑问,也没有让被告人作最后陈述,更没有因庭审周围充满暴乱气氛而改换审判地点。美国最高法院以律师辩护不力为由推翻了对他们的有罪判决,随后又以陪审团没有黑人陪审员参加为由推翻了第二次有罪判决。最后,年龄最小的4人在服刑6年后被释放出狱,剩下的除1人外都被假释(Goodman 1995)。2013年11月,时隔80多年后,亚拉巴马州众议院和参议院承认被告人遭受不公正对待,并表决赦免了这些"斯科茨伯勒男孩",但他们都已不在人世。

"斯科茨伯勒男孩",指的是1931年被诬告并首次被指控轮奸两名白人妇女的9名美国黑人男孩。为讨回公道,他们数十年来经历了一系列全部由白人组成的陪审团的审判,并上诉至美国最高法院。"斯科茨伯勒男孩"案经常被人们作为可耻的冤案来引述。2013年11月,亚拉巴马州赦免和假释委员会投票通过了对"斯科茨伯勒男孩"追授了身后赦免。

刑事司法系统在"斯科茨伯勒男孩"案中的失败只是美国黑人遭受虐待的一个缩影。在经常提及的"布朗诉密西西比州"案中,尽管证人自愿承认被告人的认罪口供是通过身体胁迫获取的,但几名被告人仍被判犯有杀人罪。

其中一名被告人"先是被用绳子吊在树枝上,放下来又被拉上去……但他坚持说自己冤枉,于是就被绑在树上鞭打"。随后他就被拘捕,再次遭受"鞭子毒打",并听到威胁说:不认罪,就一直打。另外两个被告人"被放倒在椅子上,背上被镶着金属扣的皮带打得皮开肉绽……屈于不堪忍受的鞭打,他们……承认了犯罪"[*Brown v. Mississippi*,297 U. S. 278(1936)]。

最高法院推翻了对这些被告人的有罪判决,指出:"以这种方式获取供词……以及根据这种方式获取的供词进行定罪和判刑,很难想象还有什么比这些做法更加违背正义感。"

耶鲁大学法学院詹姆斯·惠特曼教授记录了美国的种族政策对纳粹德国的种族法律的影响。美国的法律并没有直接移植到德国,但它向纳粹官员表明,另一个强大的国家认可并实施了种族排斥和白人至上的政策。德国法学家把美国对待非洲裔的做法作为建立双重公民制度的范例,在这种制度下,被纳粹视为“劣等群体”的犹太人被赋予一些最低限度的权利,但没有投票权,不能享受充分和平等的教育和公共设施。受到美国30个州禁止白人与各种族群之间性关系与通婚的法律的启发,并以此作为如何解决“种族玷污”和“种族混合”问题的范例,德国官员起草了纳粹纽伦堡法律,将雅利安人和犹太人之间的性关系定为犯罪(Whitman 2017)。

1955年,芝加哥的14岁黑人男孩埃米特·蒂尔去看望他在密西西比州莫尼的家族亲戚。他被指责向21岁的店员卡罗琳·布莱恩特吹口哨。她的丈夫罗伊·布莱恩特和他同父异母的兄弟米拉姆为了报复,绑架了蒂尔并殴打他,挖出了他的一只眼睛,并朝他的头部开枪。经过67分钟的审议,一个全是白人的陪审团判决他们无罪。罗伊·布莱恩特和米拉姆后来在一份全国性杂志上承认了自己的罪行,换取了4000美元。2017年,卡罗琳·布莱恩特承认她之前说蒂尔朝她吹口哨一事是撒了谎。1963年,亚拉巴马州伯明翰的第16街浸信会教堂遭到炸弹袭击,造成4名年龄在11岁至14岁之间的非洲裔女孩丧生。法院直到1977年才对其中一名肇事者进行审判,直到25年后才将另外两名肇事者绳之以法。在过去的几十年里,联邦当局审查了发生在20世纪50年代和20世纪60年代南方民权运动期间的100多起杀人“悬案”,有20多名男子因种族动机杀害非洲裔以及非洲裔和白人民权工作者而被判入狱(Leamer 2016;Romano 2014:1-66)。

由林登·约翰逊总统任命的克纳内乱委员会于1968年发布了一份关于1967年新泽西州纽瓦克、密歇根州底特律等城市骚乱原因的报告。报告得出的结论是,“白人种族主义”导致就业、教育和住房方面普遍存在歧视和隔离,使大量非洲裔美国人无法享有“种族进步的好处”。引发城市骚乱的一个因素是美国黑人“普遍相信警察暴行的存在”以及“司法和保护的‘双重标准’,一个是针对非洲裔美国人的标准,另一个是针对白人的标准”(Gillon 2018:448-449)。

米歇尔·亚历山大在她的重要著作《新黑人隔离法》(*The New Jim Crow*)中指出:“黑人隔离法”(Jim Crow,法律歧视制度)随着1954年最高法院对“布朗诉教育局”案具有历史意义的裁决而土崩瓦解。最高法院在该案裁决中要求以“审慎的全速”废除公立学校的种族隔离制度。如今,非洲裔美国人却又遭到刑法的压制。数量庞大的美国有色人种青年都被监禁在远离家乡的地方。由于坐过牢,他们没有资格参加选举,处处受到就业排斥,没有资格获得公共住房、福利和学生贷款。《新黑人隔离法》致使大量的黑人男子无法进入主流的白人社会(Alexander 2010:182-208)。

哈佛大学法学院教授查尔斯·奥格莱特里指出,“种族不平等在刑事司法系统中普遍存在,令人震惊”,如果被告人是黑人,就对其作“有罪推定”,而不是“无罪推定”(Ogletree 2010:75)。他引述了皮尤研究中心2008年的一份报告,该报告显示,18岁以上非洲裔男性坐牢或被关押的比例是15∶1,而拉美裔男性的这一比例是36∶1,白人男性是106∶1。司法部2003年的一份报告称,2001年出生的人一生中遭受牢狱之灾的可能性为:非洲裔男性是3∶1,拉美裔男性是6∶1,白人男性是17∶1。奥格莱特里最后引用量刑研究项目的报告称:现在出生的黑人男孩中每3人中就有1人会在有生之年遭受牢狱之灾,而拉美裔男孩的这一比例为6∶1(Ogletree 2010:15-16)。

下文将通过两起案例讨论美国黑人所遭受的法律歧视。首先讨论的是美国黑人所遭受的拦截搜身,其次讨论的是霹雳可卡因犯罪和粉状可卡因犯罪的差别性起诉和惩罚。在阅读这些内容时,请思考,虽然美国过去几十年在消除种族歧视工作中取得了一些进步,但是在刑事司法系统中美国黑人是否依然遭遇不公。

种族定性

种族定性(racial profiling),是指把种族身份作为扣留一个人进行调查或逮捕的依据。换句话说,扣留一个人是依据是“他/她是什么种族”,而不是“他/她做了什么”。例如,不同种族的两个人走在街上,警察会根据种族身份而拦下其中一个人。这种做法违反了美国宪法的平等保护条款。

歧视性司法可能出现在多种情况下。警察以轻微犯罪为由扣留一个人,而其真正的动机是调查更为严重的犯罪。这种借口拘留涉及司法歧视,或者说,警方仅因为一个人是非洲裔或西班牙裔就决定将其拘留以进行调查或提请逮捕。而一个其他种族、民族或性别的人犯下同一罪行,警方就可能会忽略不计。法官认为,有些案件可以把种族因素纳入考虑范围。例如,受害人在向警方描述罪犯特征时,会提到罪犯的种族身份。

少数族群绝大多数人都感觉到,警方在执法中存在种族定性行为。2004

年的盖洛普民意调查显示，67%的非洲裔美国人、63%的西班牙裔美国人和50%的美国白人认为，种族定性普遍存在（Walker，Spohn and Delone 2007：125，127，129）。在哥伦比亚广播公司/《纽约时报》的民意调查中，有67%的美国黑人称，他们觉得是因为肤色或族群背景而遭受警察拦截，而只有9%的白人称自己曾遭受警察拦截（Ogletree 2010：110）。2014年10月，《原因》（*Reason*）期刊发起的一项民意调查显示，70%的美国人反对种族定性，25%的人支持种族定性，81%的非洲裔美国人强烈反对种族定性，而西班牙裔和白人的这一比例分别为62%和40%（Ekins 2014）。在《国际商业时报》（*International Business Times*）的一项民意调查结果显示，反对意见有所减少（Morrison 2015）。

美国宪法第四修正案禁止无理搜查和扣押。但是，可根据合理原因（扣留）或合理怀疑（调查性拦截）对当事人进行合理扣押。

1996年，最高法院对"合众国诉冉"案的裁定使被告人难以证实遭受种族定性。在该案中，两名年轻的非洲裔被告人宣称，华盛顿特区几名缉捕警察曾对他们实施借口拦截。他们认为，自己遭受拦截的真正原因是种族身份，他们被怀疑持有毒品，而不是因为开车时没有发出转弯信号，以及行车速度"不合理"。

这几名警察认为，被告人的越野车在一个十字路口停留"时间过长"，他们示意被告人调头。但是，越野车不但没有掉头，反而加速开走。缉捕警察追上去拦住了被告人的车，发现前座上有两大袋可卡因。两名被告人宣称，根据美国宪法第四修正案规定，两名便衣缉捕警察因他们轻度违犯交通规则而在城市拥堵区域拦截他们是不合理的。警察条例明确规定，缉捕警察只可拦截严重违犯交通规则的机动车辆。被告人辩称，交通法规太多，警察总能找到理由认为驾驶人违反交通规则，并示意其路边停车。美国最高法院裁定认为，警察只要有合理怀疑或合理根据就可以拦截车辆，最高法院不会追究警察拦截车辆的动机。最高法院着重指出，被告人唯一的办法是以警察故意进行种族歧视为由，起诉警察违反了平等保护条款。但是只要警察拘留一个人有合法理由，这个障碍就很难逾越［*United States v. Whren*，517 U. S. 806（1996）］。

2013年，联邦地区法院法官希拉·谢恩德林在"弗洛伊德诉纽约市"案中判定，纽约市警察局从事了她所称的"间接种族定性"。于是，种族定性成为这一年公众高度关注的一个话题［*Floyd v. City of New York*，959 F. Supp. 2d 540

(S. D. N. Y. 2013)]。

为了降低犯罪率,纽约市市长迈克尔·布隆伯格实行了"拦截搜身"的激进政策。2003年,也就是在布隆伯格市长第一个任期的第二年,警方在160651次拦查中没收武器604件,平均每266次拦查没收枪支1支。2011年,警方在685724次拦查中没收枪支780支,平均每879次拦查缴获枪支1支。据估计,在纽约实行"拦截搜身"政策的头10年,纽约警察局共查获枪支8000支和其他凶器8万件。

纽约市警察局宣称,实行拦截搜身政策以来,纽约市凶杀案数量,较之十几年前报道的数量,已出现大幅下降。纽约市警察局解释称,人们知道携带枪支会有被拦查的风险,而且一旦被查获,根据纽约市《枪支严格管制法》规定,就会面临长期徒刑,因而人们一般不会携带武器外出。纽约市警察局宣称,拦截搜身政策已挽救了数千名少数族裔年轻人的生命。在拦查中,警察时常查到负案在逃人员,当即予以拘留。

批评人士指出,不管纽约市"拦截搜身"政策的效果怎样,问题在于该政策是否符合宪法。

1968年,美国最高法院在"特里诉俄亥俄州"案裁决中认为,警方在合理怀疑犯罪嫌疑人已实施犯罪或将要实施犯罪的情况下拘捕犯罪嫌疑人,符合宪法第四修正案规定,是合理的。判断事实要根据理性自然人标准,而不是根据警官(主观)意见。警察在决定基于对犯罪活动的合理怀疑而拘捕某人时,不能依靠直觉、概括或刻板印象[*Terry v. Ohio*,392 U. S. 1(1968)]。

在拦查开始阶段,警察如果无法"消除"对自己或他人人身安全的合理担心时,有权在一定限度内搜查可能用来袭击警察或公众的武器。1993年,美国最高法院在"明尼苏达州诉迪克森"案的裁决中扩大了警察拦截搜身的权限,提出,警察在合法对犯罪嫌疑人搜身时如搜到一个物品显然是非法的麻醉品,警察完全可以扣押该物品[*Minnesota v. Dickerson*,508 U. S. 366(1993)]。

"特里诉俄亥俄州"案的裁决意见旨在扩大警方为调查和侦破犯罪而实施短时拦查的权限。最高法院指出,"在巡逻时,警察根据现场观察判断需要采取迅速行动的",可实施拦查。在"特里诉俄亥俄州"案中,有39年克利夫兰警察经验的马丁·麦克法登,发现有人"闯入"一家商店,他走近这些人,出其不意地对他们进行了仔细的搜身,检查是否携带武器。最高法院解释称,由于"特里诉俄亥俄州"案中警察依靠非法拦查和非法搜身所获取的证据不被采信,因此可以阻止警察侵犯个人享有的宪法第四修正案权利。

“特里诉俄亥俄州”案所涉及的搜身政策,由于是有意针对某一种族成员的拦截搜身,即使是基于合理怀疑,也违反了美国宪法的平等保护条款。哈佛大学法学教授兰德尔·肯尼迪指出,各法院已裁定,虽然种族因素不应是基于合理怀疑而进行拦查的唯一因素,但可作为警察依据的若干因素之一。例如,凡是符合抢劫案受害人对罪犯身高、性别和种族特征描述并滞留于案发现场数个街区范围内的人,警察都可对其拦查。肯尼迪教授指出,除“特殊情况”外,将种族因素作为拦查的唯一因素,会加深不信任,妨害少数族裔与警察之间的关系,给人以警察滥用权力的印象(Keddedy 1998:137,151,153)。

地区法院法官希拉·谢恩德林在裁决中认为,纽约市的拦截搜身政策违反了宪法第四修正案和美国《宪法》的平等保护条款。谢恩德林法官指定了一名联邦督查员,负责监督纽约市警方拦截搜身政策的改革,包括为某些地区的警官配备穿戴式摄像头,就拦截搜身的适用问题同社区进行协商,并对警员培训进行适当改革。纽约市随后对警察部门拦截搜身的政策进行了一系列改革。

谢恩德林法官认为,虽然纽约市警察局在政策上禁止种族定性,但警察实际执法中仍然“以种族歧视的方式”进行拦查。从 2004 年年初到 2012 年年中,警方大约共进行了 440 万次拦查,其中 83%的拦查针对非洲裔美国人(52%)和西班牙裔美国人(31%),而这两个族群的总人数还占不到纽约市居民总人数的 50%。2011 年,超过 40%的拦查针对的是 14 岁到 24 岁的非洲裔和西班牙裔男性,而这一人群只占纽约市总人口的 4.7%。

纽约市长布隆伯格和纽约警方,根据少数族裔青年犯罪比例过高的事实为其拦截搜身政策辩护。法官谢恩德林指出,如果“被拦查的人都是罪犯”,这种说法可能是成立的。然而,她指出,有数据显示 88%的被拦查者是“完全无罪的”,警方的扣留,结果既没有使多少人遭到逮捕(占被扣留者的 6%),又没有使多少人接到因轻微犯法而出庭受审的传票(占被扣留者的 6%)。法官谢恩德林认为,“某个种族群体中有一些人犯了罪,因而警方就对该族群全体成员进行强化执法,这是绝不允许的”。此外,也没有证据可以表明,拦截搜身就必然能查出武器。

谢恩德林法官接着指出,大约一半遭受扣留的人都有着被搜身的经历,但只有 1.5%的人被搜出了武器。在拦查中被搜出武器的,非洲裔占 1%,拉美裔占 1.1%,美国白人占 1.4%。在拦查中被查获违禁品而不是武器的,非洲裔占

1.8%,拉美裔占1.7%,白人占2.3%。一旦被拦查,非洲裔和西班牙裔就会受到不同于白人的对待。在接受拦查时,非洲裔和西班牙裔遭受身体强制的分别比白人多出14%和9%。

谢恩德林法官的结论是,对非洲裔美国人和西班牙裔年轻人进行调查性拦截,至少"部分"是因为他们被视为"适当的人"。她指出,警督要求警察要"在适当的时间、适当的地点"拦查"适当的人"。根据高级警官的证词,她认为这是专门针对非洲裔和西班牙裔青年的要求。

谢恩德林法官指出,警方的报告表明,少数族裔青年因种类繁多的行为而受到拦查,比如"行为诡异"或口袋中有"可疑凸起物"。行为诡异可包括"烦躁不安,不断变换方向,以特种方式走路,攥紧口袋,或扭头回盼"。11%的非洲裔和9.6%的西班牙裔因口袋有"可疑凸起物"而遭受拦查,而因此遭受拦查的白人却只有4.6%。在大多数情况下,可疑凸起物原来是钱包或手机。谢恩德林法官强调,口袋里的钱包或手机既不是警察进行拦查的正当理由,也不是警察继续搜查的正当理由。她指出,如果纽约警察局错误地认为这种行为构成了合理的怀疑,那么拦截这么多次却没有找到犯罪活动的证据也就不足为奇了。

有时,14岁到21岁的少数族裔男性受到拦查,是因为据称他们符合犯罪嫌疑人的外部特征。属于这一类的人即使没有可疑的行为或不符合对犯罪者的描述,也会被拦截。

谢恩德林法官强调,根据平等保护条款,警方不得根据犯罪数据中种族比例差异区别对待不同种族群体相似处境的成员。然而,警方却正是这样区别对待不同种族的,他们依据合理怀疑标准扣留白人,却较少依据该标准扣留少数族裔。

法官谢恩德林引用了科尔纳利奥·麦克唐纳被拘留的案例。麦克唐纳深夜正走在纽约市皇后区的街上,突然被警察拦住,原因是附近发生了两名黑人男子实施的抢劫案和入室盗窃案。"也就是说,因为两名黑人男子在皇后区犯罪,所有黑人男子……都受到警察的高度关注。"这种拦截搜身政策的更大影响是让人们害怕走在街上,不信任警察,害怕冒险进入城市的白人区。

尽管政府官员和警方意识到拦截搜身政策在执行中存在违法和种族歧视的做法,但是谢恩德林法官认为,这些人并不在乎拦截搜身政策的歧视性执行问题。迫于压力,警察不顾拦查行动正当与否,加大了拦截搜身的力度。因而,拦查数量从2002年到2011年增加了7倍(由2002年的9.7万人次增加到

2011 年的 68.6 万人次）。

谢恩德林法官指出，纽约市高级官员“对拦查‘适当的人’的政策在执行中存在种族歧视……违反了美国宪法的确凿证据故意视而不见”。

纽约市长白思豪（Bill de Blasio）对纽约警察局的拦截搜身政策实施了一系列达成一致的改革，使扣留人数大幅下降（2017 年为 10861 人，而 2011 年为 68.6 万人），同时犯罪率也有所下降。尽管如此，对警察局拦截搜身做法的审计发现，警方并未完全实施改革（Baker 2016）。2018 年，代理“弗洛伊德案”对纽约警察局提起诉讼的律师报告称，警察对其扣留的人有 73%没有做拦查记录。被扣留者的种族差异与拦截搜身“顶峰”时的比例相似。被扣留的人中有 80%以上是非洲裔或西班牙裔，与白人社区相比，警察在少数族裔社区的巡逻力度更大。自 2015 年纽约警察局开始跟踪有关种族貌相的投诉以来，在接下来的三年里，该局尚未发现一起对拦截搜身的投诉是合理的（Borchetta，Charney and Harris，2018）。

美国司法部民权司 2017 年的一份报告认为，巴尔的摩存在歧视性拦截搜身的做法，毫无怀疑根据的拦截搜身是执法部门街头执法工作的常见现象。芝加哥、费城和其他城市也有类似的对少数族裔无根据的拦截（U. S. Department of Justice 2017a：201-264）。

迈克尔·怀特和亨利·弗莱德拉考察了纽约和其他城市关于拦截搜身的社会科学研究文献，他们分析得出了几个结论（White and Fradella 2016：81-115）。

对犯罪的影响：对纽约和其他城市的调查表明，拦截搜身对犯罪至多具有“最小到中度”的影响。

宪法权利：纽约实行的拦截搜身侵犯了成千上万人的宪法权利，特别是非洲裔和西班牙裔年轻人的权利。

后果：拦截搜身的广泛滥用对遭受拘留和搜查的个人产生了消极的情绪和心理影响，在某些情况下，被拘留者受到殴打或性虐待。

社区关系：在少数族裔社区进行拦截搜身造成人们对警察失去信任，并使警察与这些社区之间的关系变得紧张。

对拦截搜身持批评态度的法律专家指出，尽管拦截搜身在威慑和预防个人犯罪方面可能是有效的，但它决不是为了用作控制整个社会犯罪的拉网式手段（White and Fradella 2016：113）。

2016 年,纽约市签署了一项司法裁定,并为 2007 年至 2015 年向个人发出的 90 万张传票支付了 7500 万美元的赔偿金,收到传票的人被错误地指控犯有扰乱治安、擅自进入私人宅院和公共场所饮酒等轻微罪行。提起法律诉讼的原告称,这是一种有选择地和不成比例地拦查少数族群年轻男性的做法;为了完成扣留犯罪嫌疑人的指标,警察对个人违法行为不管是否成立,都发出传票(Weiser 2017)。

2012 年,《纽约时报》的一项民意调查显示,关于拦截搜身是不是改善纽约市治安状况的一种可接受的举措,持正反两种意见的纽约市民大致各占一半。55%的白人投票者认为拦截搜身政策使纽约治安状况得到改善,而 39%的白人投票者则持不同意见;35%的非洲裔投票者认为该政策改善了纽约治安状况,而 56%的非洲裔认为该政策没有改善纽约治安状况;48%的西班牙裔投票者认为该政策改善了纽约治安状况,而 44%的西班牙裔投票者认为该政策没能改善纽约治安状况。2016 年 10 月的拉斯穆森民意调查显示,47%的公众反对拦截搜身,41%的人支持拦截搜身,12%的人没有意见。尽管 2/3 的人担心该政策侵犯了公民自由,但公众对拦截搜身是否能减少犯罪存在分歧。

2019 年 11 月,纽约市前市长迈克尔·布隆伯格在期待正式宣布竞选民主党总统候选人提名时,为他在任期间实施的拦截搜身政策道歉。布隆伯格表示,作为市长,他关心的是公共安全和拯救生命,但他现在意识到有太多无辜的人,其中大多数是非洲裔和西班牙裔,遭到不公正的拦截搜身。

美国公民自由联盟对 2003 年到 2004 年洛杉矶警察拦查情况进行了研究。哈佛大学法学院教授查尔斯·奥格莱特里教授在一份报告中回顾了该项研究。报告的结论是,少数族裔被“过分拦截、过分搜身、过分检查和过分扣留”。

奥格莱特里在报告中指出:

· 在每 1 万名居民中,非洲裔受到拦查的人次数高出白人 3400 人次,而西班牙裔受到拦查的人次数高出白人近 360 人次。

· 相对于受到拦查的白人,受到拦查的非洲裔和西班牙裔被搜身的可能性分别高出 12%和 43%。

· 相对于受到拦查的白人,受到拦查的非洲裔和西班牙裔被搜查的可能性分别高出 76%和 16%。

· 相对于受到拦查的白人,受到拦查的非洲裔和西班牙裔被逮捕的可能性分别高出 29%和 32%。

·受到搜身的非洲裔被搜出武器的可能性比受到搜身的白人低 42.3%，而受到搜身的西班牙裔被搜出武器的可能性比受到搜身的非西班牙裔低 31.8%（Ogletree 2010：110–111）。

有几项关于种族定性的重要研究涉及新泽西州和马里兰州的交通拦查。一项关于新泽西州交通拦查情况的研究发现，非洲裔和白人违反交通法的概率相同。在新泽西州收费高速公路上驾驶的人群中，少数族裔占 15%，但却占被拦查人总数的 42%，占被逮捕人总数的 73%。新泽西州司法部长/总检察长在其第二次调查中发现，在警方所实施的所有同意搜查中，77%的同意搜查涉及非洲裔。同意搜查很重要，因为警察只要获得驾驶人的同意，即使缺乏法律依据，也可以对车辆进行搜查（Alexander 2010：131–132）。

一项关于马里兰州交通拦查情况的研究发现，在巴尔的摩路段以外的 I–95 号州际公路上驾驶的人群中，非洲裔占 17%，但却占到在该公路上被拦查驾驶人的 70%。少数族裔（西班牙裔、亚洲裔和非洲裔）驾驶人占驾驶人总数的 21%，却占了被拦查的近 80%（Alexander 2010：141）。

马里兰州的这些数据源自该州警方的多个报告，这些报告是因一名非洲裔律师提起诉讼才披露出来的。这名接受过哈佛大学培训的律师在同家人行驶在 I–95 号州际公路上时遭到拦查。对重点拦查非洲裔驾驶人的一种解释是，该州警方人员所收到的备忘录提示称，贩毒者大多是非洲裔，携带武器，十分危险，清晨在 I–95 号州际公路上行驶。而事实是，行驶在该公路上的白人贩毒者比非洲裔贩毒者多 4 倍（Ogletree 2010：107–108）。在新泽西州，白人私藏毒品的可能性是非洲裔的 2 倍和西班牙裔的 5 倍（Walker et al. 2007：131）。人们对佛罗里达州、伊利诺伊州和加利福尼亚州的种族定性问题的研究，也得出了相似的结论（Alexander 2010：132）。

司法统计局 2002 年的一项研究强调，交通拦查之所以重要，是因为 80%的警民接触是靠交通拦查实现的，而且公民对警察的认知也是通过交通拦查形成的。根据这项研究，非洲裔和西班牙裔在交通拦查中被逮捕的可能性是白人的 2 倍多，在拦查中对他们使用武力的可能性是白人的 3 倍多（Walker et al. 2007：128–129）。

查尔斯·埃普、史蒂文·梅纳德–穆迪和唐纳德·海德–马克尔对堪萨斯州的交通拦截进行了研究，把警察交通拦截分为安全拦截和调查拦截。在安全拦截点被拦截的司机，其种族身份几乎没有影响，因为他们都是以威胁道路安全的速度开车。不管他们是哪个种族的驾驶人都受到同样的对待。然而,在受到调查拦截的驾驶人中,非洲裔是白人的 270 倍,在调查拦截期间,警察搜查非洲裔的可能性是白人的 5 倍,但警察在搜查非洲裔时却很少发现枪支或违禁品(Epp,Maynard-Moody and Haider-Markel 2015)。

一项对 2002 年至 2013 年北卡罗来纳州达勒姆市 25 万起交通拦截的研究也发现了种族歧视的做法。达勒姆市的交通拦截与整个北卡罗来纳州的拦截相似。弗兰克·鲍姆加特纳及其合著者分析了 2002 年至 2016 年北卡罗来纳州的每次交通拦截。他们对 2000 万次交通拦截进行了全面而复杂的分析,发现警察对非洲裔和西班牙裔驾驶人进行了不成比例的拦截、逮捕和搜查(Baumgarten,Epp and Shoub 2018)。

美国司法部对密苏里州弗格森市两年时间内 11610 辆汽车被拦停的情况进行研究后发现,被拦停的非洲裔司机在当地人口中所占的比例过高,而且被搜查和逮捕的比例远远高于白人司机。然而,搜查白人司机时查获违禁品的频率要高得多。非洲裔驾驶人收到传票或被捕的可能性是白人司机的 2 倍多(U. S. Department of Justice 2015a:70-78)。

自 2013 年以来,弗格森市对非洲裔驾驶人的拦截增加了 5 个百分点,对白人驾驶人的拦截减少了 11%。密苏里州司法部长的一份报告发现,非洲裔驾驶人被拦下的可能性几乎是其他种族驾驶人的 2 倍,这是基于他们在驾驶年龄人口中的比例。白人司机被拦下的频率比根据他们在驾驶人口中的比例预期的要低 6%(Eligon 2019;Koster 2015)。

有记录显示,许多因轻微违法行为而被逮捕的人中存在种族差异。在纽约市,警察在宣誓书中称,他们被指示专抓非洲裔和西班牙裔年轻人地铁逃票行为,而对其他种族和族裔群体的逃票行为可以不管不问。在两年的时间里,收到地铁逃票罚单的人中有 73%的人是非洲裔或西班牙裔。非洲裔和西班牙裔占被逮捕者而不是被开罚单者的 90%(Goldstein and Southall 2019)。

2015 年,当时的司法部长/总检察长埃里克·霍尔德更新了司法部 2003 年《关于联邦执法机构适用种族问题的指导意见》。新的指导意见规定,联邦执法人员不得将种族、民族、国籍、宗教、性取向或性别认同作为“在常规或自发执法决策中任何程度的考量因素”,如在普通的交通拦截中,联邦执法人员可根据所列出的犯罪嫌疑人身体描述或特征进行拦截。超过一半的州制定了解决警察种族定性问题的立法。

2009年7月,马萨诸塞州剑桥市的詹姆斯·克劳利警官以违反“体面和良好秩序”罪为由拘留了哈佛大学受人尊敬的非洲裔教授亨利·路易斯·盖茨,从而把种族定性问题推到了全国的政治聚光灯下。事情的缘由是,一个邻居报案称,看到两个男人用力撞开了盖茨家的前门。其实是门被卡住了。克劳利警官赶到盖茨家,要求盖茨离开,但遭到盖茨的拒绝,于是双方发生了对抗。克劳利怀疑盖茨是私闯民宅,而盖茨则大骂这位警官是“种族主义分子”,并多次喊道:这是“专对美国黑人的歧视行为”。后来,盖茨教授同意从房屋里出来,并向克劳利出示了他的哈佛大学工作证和驾驶证,以此证明这就是他的家。

奥格莱特里在分析该案时认为,克劳利“偏见”作怪,竟然认为,59岁的盖茨不可能是这所房屋的主人,因而推定盖茨正在作案。于是,不等哈佛大学工作人员前来证实盖茨的解释,克劳利就拘留了盖茨。后来,这起备受质疑的法律指控被驳回(Ogletree 2010:15-64)。

巴拉克·奥巴马总统后来评论说,“这名剑桥警察做事愚蠢”,并邀请两名当事人参加白宫的“啤酒峰会”。这一事件说明,在种族和刑事司法问题上仍然存在种族分歧。美国有线电视新闻网(CNN)的一项民意调查显示,61%的非洲裔同情盖茨教授,而同情盖茨教授的白人则占29%。45%的白人同情克劳利警官,而同情克劳利警官的非洲裔则只有19%。与此同时,超过60%的所有种族美国人认为警察对驾驶人和行人进行种族定性,并反对这种做法(Elkins 2016)。

警察的不当行为是由“害群之马”造成的,还是由警察中普遍存在“偏见”的共享文化这一更深层次的问题造成的,对于这一问题,“平视项目”(plain view project,是一个数据库,收录了来自美国多个司法管辖区的现任和前任警察在Facebook上发表的公开帖子和评论)2019年的一项研究提供了不完全的见解。研究人员查阅了大约2800名现任警察和近700名曾经在8个警察局工作过的警察发在Facebook上的公开帖子。1/5的现任警官,包括一些担任监督职务的警官,以及2/5以上的前任警官,发布了种族主义、厌恶女性、伊斯兰恐惧症或有偏见的言论,或发表了蔑视正当法律程序重要性的言论。这些言论通常会得到其他几名警官的跟帖赞同。Buzz Feed网站和不公正观察(injustice watch)组织对费城进行的一项相关研究发现,近1/3的警察所发的帖子因为内容令人反感而被标记,这些警察是公民权利和暴行投诉的对象,最终导致对所涉公民有利的和解或判决(Dewan 2019)。规范警察行为的工作因记录在案的

“警方伪证”或警察在与公众接触时歪曲事实而变得复杂(Goldstein 2018)。

有迹象表明,纽约市警察局以违反“保持社交距离”规定为由,针对并逮捕了少数族裔年轻人。就在逮捕发生的同一天,警方竟然对密集的白人日光浴者不管不问,其中许多人没有戴口罩(Southall 2020)。

涉警暴力

根据普通法,警察有权对他们有理由相信犯有重罪的人使用致命武力。授权使用致命武力是基于这样一种想法,即重罪犯是一种无法无天的犯罪分子,剥夺他们的生命可以保护公众。重罪犯会被判处死刑并被没收财产的事实加强了这一假定。重罪犯被认为已经丧失了生命权,警察只是在实施罪犯应得的惩罚。请注意,逃亡重罪犯规则是在执法人员配备枪支之前制定的,因此,执法人员只有在直接面对有威胁的重罪犯时才可以使用致命武力。

1985 年,美国最高法院在“田纳西州诉加纳”案中对逃亡重罪犯规则做了限制,并裁定,根据宪法第四修正案禁止不合理搜查和扣押的规定,逃亡重罪犯规则构成了非法扣押。在“田纳西州诉加纳”案中,最高法院在侵犯犯罪嫌疑人隐私权与扣押的必要性之间进行了平衡,并认为,逮捕犯罪嫌疑人的合理理由并不能证明在每一起案件中都可以使用致命武力。然而,“如果警察有合理理由相信嫌疑人对警察或其他人构成严重身体伤害的威胁,那么使用致命武力阻止犯罪嫌疑人逃跑在宪法上并非不合理”[*Tennessee v. Garner*,471 U. S. 1 (1985)]。

联邦调查局开始全面记录全国范围内与警察有关的枪击事件。《华盛顿邮报》为了深入了解警察使用致命武力的情况,于 2015 年开始追踪涉及警察的致命枪击事件。2017 年,《华盛顿邮报》记录了 986 起。2018 年,该报记录了 992 起。在大多数情况下,发现被打死的人持有枪(551 起)或刀(183 起),而开枪打死人或被认为是正当的,或仍在调查中。据该报记录只有 47 人没有携带武器,大约有 35 起枪击事件情况不明。枪击事件发生在各个部门和各种场合,包括日常巡逻、卧底行动和特种武器和战术小组行动(Lowery 2016a, 2016b;“2018 Police Shootings Database”2020)。

《华盛顿邮报》发现,101 人驾车逃跑时被枪击,135 人徒步逃跑时被枪击。绝大多数受害者是男性,大约 2/3 的受害者年龄在 18 岁到 44 岁。《华盛顿邮报》确定了 213 名被枪击者是患有“精神疾病”的人,并发现警察在 113 起枪击事件中佩戴了随身摄像头。

根据《华盛顿邮报》报道，2018年，被警察枪杀的受害者中，白人452人，非洲裔229人，西班牙裔164人，40个是“其他”，107个是未知。“警察暴力地图”数据库收录有抓捕行动造成的死亡、拘押造成的死亡以及非执勤时突发情况造成的死亡。2018年，该数据库列出了1164起与警察有关的个人死亡事件，并指出全年只有23天没有发生与警察有关的致人死亡事件。被警察开枪打死的人中，非洲裔占26.7%，西班牙裔占18.0%，白人占50%以上，其他受害者的种族身份不明。2013年至2018年，手无寸铁的受害者中，白人占14%、西班牙裔占17%、非洲裔占21%。总体而言，非洲裔被警察杀害的可能性是白人的3倍。在100个最大的警察局中，有13个警察局杀害非洲裔的比率高于全国平均水平。“警察暴力地图”数据库报告称，犯罪率与警察开枪打死人之间没有显著联系（Harriot 2019）。

一项对2000年至2015年12个司法管辖区1.9万起警察使用武力事件的研究得出结论，对非洲裔使用武力的平均比率为每10万人中有273人，而白人为每10万人中有76人，其他所有人为每10万人中有108人。根据对被捕人员的调查，对非洲裔使用武力的比率为每10万人中有46人，对白人使用武力的比率为每10万人中有36人。

对本研究数据的分析表明，与被警察枪杀的白人相比，被警察枪杀的非洲裔在被枪杀时对警察构成迫在眉睫威胁的可能性并不大。预测手无寸铁的人是否被枪杀的唯一重要因素是他们是否为非洲裔（Williams 2016a）。

旧金山的一个蓝带小组发现，在2010年1月至2015年7月，非洲裔尽管只占该市居民的5.8%，却占了涉警枪击受害者的40%。该研究还揭示了非洲裔在拦截和搜查方面所遭受的种族歧视（Williams 2016a，2016b）。一项针对加利福尼亚州、佛罗里达州和得克萨斯州警察局1000起案件的研究发现，警察枪击事件中没有种族偏见，但该研究发现，非洲裔更有可能被戴上手铐，被摁倒在地或墙上，甚至在他们服从警察的命令时被喷辣椒面（Bui and Cox 2016）。

保罗·巴特勒教授根据来自6个城市（佛罗里达州的杰克逊维尔和奥兰多，得克萨斯州的奥斯汀、达拉斯、休斯敦，加利福尼亚州的洛杉矶）的报告指出，非洲裔被警察脚踢、喷辣椒面或枪击的可能性比白人高87%，被戴上手铐的可能性要高出217%，被枪指着的可能性要高出305%。巴特勒根据有限的数据认为，手无寸铁的非洲裔犯罪嫌疑人被非洲裔警察射杀的可能性高于白人或西班牙裔警察(Butler 2017:33,34,52)。

加利福尼亚州大学洛杉矶分校和哥伦比亚大学法学院的教授金伯利·克伦肖发现,非洲裔女性只占美国人口的10%,却占被警察杀害的女性的33%。她指出,从2013年5月到2015年1月,57%被杀害的非洲裔妇女手无寸铁。克伦肖指出,不幸的是,直到28岁的阿塔蒂亚娜·杰斐逊被杀,人们才开始关注警察对非洲裔妇女使用致命武力的问题。2019年10月,一位邻居一大早就注意到杰斐逊家的门大开着,于是拨打了非紧急警察电话寻求帮助。这两名赶来的警察没有表明自己的身份,在朝屋内看了一眼后,从她卧室的窗户外开枪打死了杰斐逊(Crenshaw 2019)。

弗兰克·齐姆林仔细分析了《卫报》关于警察使用致命武力的数据库。齐姆林的总体结论是,警察杀害平民是一个重大问题,大量平民死亡是可以通过合理调整警察管制使用致命武力的政策来避免的。值得考虑的改革措施包括:对警察面对携带武器或凶器的个人使用致命武力作出限制;修改攻击者距离警察21英尺以内可使用致命武力的规则;以及限制警察多处致伤射击。齐姆林还指出了应该研究警察开枪的可能性会增大的情况,比如单个警察面对一名公民,尤其是一名非洲裔的情况(Zimring 2017)。《总统特别工作组关于21世纪警务的中期报告》就警察使用武力提出了一些建议,如培训警察减少对抗、避免对抗升级的业务技能(President's Task Force on 21st Century Policing 2015)。

95%的大警察机构都购买了随身摄像机。研究发现,随身摄像机对警察行为的影响很小,在几个备受瞩目的案件中,警察都没有开启他们的摄像机(Ripley and Williams 2017)。依靠随身摄像机记录事件的一个困难是,摄像机有时不能记录整个事件,而只能从警察的角度反映事件(Cahn 2019; Smith 2019b)。

2016年,《纽约时报》和哥伦比亚广播公司联合进行的民意调查显示,75%的非洲裔认为警察对非洲裔使用致命武力的可能性更大,而持这一观点的白人只占白人的一半。56%的白人和18%的非洲裔认为,警察使用致命武力的决定与嫌疑人的种族无关。80%的白人认为他们社区的警察局是好的或优秀的。大多数非洲裔认为他们社区的警察局很差或较好。超过40%的非洲裔表示,警察让他们感到的是不安,而不是安全。绝大多数白人和西班牙裔表示警察让他们感觉更安全(Russonello 2016)。

非洲裔和白人警察在社区关系方面的看法存在明显分歧。在一项民意调查中,超过60%的白人和西班牙裔警察认为警察与非洲裔的关系“非常好”或“较好”,而只有32%的非洲裔警察同意这一说法。92%的白人警察认为美国实现了非洲裔的平等权利,29%的非洲裔警察同意这一说法(Bromwich 2017)。

在皮尤研究中心2017年的一项社会趋势调查中,67%的警察和39%的公众认为警察和非洲裔之间的暴力冲突是个别事件,而不是非洲裔与警察之间存在更广泛问题的迹象。大约7/10的白人警察和不到一半的黑人警察将这些暴力冲突视为孤立事件(Morin et al. 2017)。

黑人的命也是命

2013年,乔治·齐默尔曼因在佛罗里达州桑福德市枪杀17岁赤手空拳的特雷沃恩·马丁而被无罪释放,再次引发了关于刑事司法系统是否公平、是否保护非洲裔的辩论。齐默尔曼当时是一名志愿社区保安,他怀疑马丁是窃贼,当时马丁穿着“连帽衫”一边打电话一边走在回家的路上。2014年8月,18岁的迈克尔·布朗在密苏里州弗格森市被达伦·威尔逊警官枪杀。有传言说,布朗在举手表示与警察合作后被枪杀。“举起手来,不要开枪”成了全国的战斗口号。圣路易斯县选出的检察官鲍勃·麦卡洛克拒绝任命特别检察官,并召集了一个大陪审团,投票反对起诉威尔逊警官。司法部随后的调查发现,据称,当时这位身材魁梧的少年向威尔逊走来,威尔逊向他开了8枪。调查得出的结论是,威尔逊使用致命武力并非“客观上不合理”。然而,非洲裔社区质疑是否有必要杀死布朗。枪击事件成为弗格森市认为警察表现出的不尊重和漠视的象征。社区成员问道,为什么布朗的尸体在案发后被留在柏油路上四个多小时。数百人参加了示威活动,并高喊“我是迈克尔·布朗”(U. S. Department of Justice 2015b)。

美国司法部的一项民权调查发现,弗格森市警方存在“故意的种族歧视”,并且存在违反宪法的“做法”。“警官们违反了第四修正案……在没有合理怀疑的情况下拦截人们,在没有合理理由的情况下逮捕他们,并使用不合理的武力。”警察也“频繁”侵犯个人的第一修正案权利,“根据个人的表达内容作出执法决定”(U. S. Department of Justice 2015:7,25)。

活动人士认为,未能追究威尔逊警官的刑事责任,象征着一种全国性趋势,即不对杀害公民(尤其是非洲裔和其他少数族裔)的警察提出指控。鲍灵格林州立大学警察诚信研究团队负责人菲尔·斯廷森教授在《华盛顿邮报》上发表的一项全国性调查报告显示,2005 年至 2019 年,106 名非联邦执法人员因在执勤时枪击致死事件而被捕。这些警察中有 36 人被判犯有刑事罪,通常是较轻的罪行,如冲动杀人、过失杀人或行为不当。截至 2019 年 3 月,已有 3 名警察被判犯有杀人罪,但上诉维持原判,22 名警察被陪审团无罪释放,9 名警察在法官审判期间被无罪释放。另外 10 起案件被检察官或法官驳回,大陪审团有一次拒绝起诉警官。涉及杀人事件的 21 名警官的刑事案件正在审理中(Ross 2019)。斯廷森教授发现,2018 年,有 10 名警察因杀人罪或过失杀人罪被捕,大约每发生 100 起致命的警察枪击事件,就有 1 名警察被捕。他指出,2018 年至少有 3 名警官因杀人罪被判入狱(Smith 2019b)。

被判犯有杀人罪的警察平均服刑 4 年。分析确定,这些警察被起诉需满足几个条件:受害者在背后被枪杀,录像带显示有罪,警察掩盖真相,以及同事的有罪证词(Lowery 2016b:46,113)。齐姆林认为,假设有 1000 名平民被警察杀害,预计会有 1 名警察受到重罪起诉(Zimring 2017)。

2014 年 11 月 22 日,12 岁的塔米尔・赖斯在俄亥俄州克利夫兰被枪杀,这一事件加剧了公众对警察杀害非洲裔的愤怒。蒂莫西・罗曼和弗兰克・加姆巴克警官接到报案称娱乐中心外有持枪人员。调度员没有告诉警察,“911”报案者提醒说,这个人也可能是一个正在玩弄玩具枪的孩子(Lowery 2016b:102-108)。

塔米尔・赖斯被枪杀的视频显示,警察直接把车停在凉亭前,赖斯在过去一个小时里一直在那里玩他的弹丸枪。罗曼从巡逻警车的副驾驶座位上跳了出来,并声称对赖斯大喊,要他举起手来,但赖斯却举起衬衫,伸手去抓他的腰带。罗曼说,当他看到赖斯从裤子里取出武器时,他开了两枪。整个情节只花了两秒钟。当地检察官蒂莫西・麦金蒂在经过 13 个月的调查后宣布,他已经告诉大陪审团,他反对提出指控,陪审团同意了他的决定。他称这起杀人事件是“所有相关人员的人为失误、误判和沟通不畅的‘完美风暴’”。麦金蒂解释说,虽然赖斯可能是想把枪交给警察或给警察看,但“警察不可能知道这一点,因为他们从一个非常不同的角度看到了眼前迅速展开的事件”(Lowery 2016b:74-77)。

在其他一些案件中,警察也没有因非洲裔公民的死亡而被起诉或定罪。2014 年 7 月,一段视频记录了多名纽约市警察制服 43 岁手无寸铁的非洲裔埃里克・加纳的情形。加纳因在街头出售散装香烟而遭到抓捕。随后,加纳死于警察丹尼尔·潘塔莱奥非法扼住他的喉咙,以及多名警察压在他的肚子上。大陪审团接受了潘塔莱奥警官的陈述,即他并没有打算掐住加纳的脖子,尽管加纳说“我无法呼吸”,但他并不认为加纳处于危险之中(Lowery 2016b:116)。加纳死亡5年后,司法部长/总检察长威廉·巴尔宣布,美国司法部不会指控潘塔莱奥故意过度使用武力侵犯加纳的公民权利。司法部解释说,它无法证明潘塔莱奥警官故意过度使用武力(Benner 2019a)。文字记录显示,尽管警方法规明确规定,扼住咽喉绝不是正当的,但仍有133起关于警察非法扼住咽喉的投诉(Winston 2019)。

2019年8月,纽约警察局在等待司法部决定是否起诉潘塔莱奥期间,解雇了潘塔莱奥,并剥夺了他的养老金福利。警察局长詹姆斯·奥尼尔虽然表达了对警察面临的挑战的理解,但他得出的结论是,潘塔莱奥在将加纳扑倒在地后未能放松对加纳脖子的控制,他的鲁莽导致了加纳致命的哮喘发作(Southall 2019)。

2015年4月,迈克尔·斯莱格警官在南卡罗来纳州北查尔斯顿杀害沃尔特·约翰逊一案被宣布审判无效。一段视频清楚地显示,约翰逊因尾灯丢失而逃离交通检查站时,斯莱格从背后向约翰逊开枪。视频显示,斯莱格在约翰逊的尸体旁边放了一把电击枪。据推测,50岁的海军陆战队老兵约翰逊可能惊慌失措,因为他担心自己会因为未支付子女抚养费而被逮捕。斯莱格随后承认侵犯了联邦民权,以换取撤销其他联邦和州的指控。2015年7月,桑德拉·布兰德在得克萨斯州沃勒县交通拦查中因拒捕而遭到逮捕后上吊自杀。大陪审团决定不追究警察对布兰德死亡的责任。对执行逮捕任务的警察布莱恩·恩西纳的伪证指控随后被检察官撤销,恩西纳被得克萨斯州公共安全部解雇(Lowery 2016b:111-115,162-167,171-172)。2014年,密尔沃基和明尼阿波利斯发生了警察枪杀非洲裔事件,涉事警察被无罪释放。2017年6月在辛辛那提、密尔沃基和明尼阿波利斯郊区以及2019年在匹兹堡杀害非洲裔的警察被无罪释放。2017年在俄克拉何马州塔尔萨杀害美国黑人的警察被撤销了指控。2018年,在路易斯安那州首府巴吞鲁日,2019年在加利福尼亚州萨克拉门托和亚拉巴马州胡佛也都发生了在类似事件中警察被无罪释放或撤销指控的情况(Smith 2019a)。

有几起警察被定罪的重大案件。2018年,达拉斯县一名白人警察因使用高性能步枪射杀15岁的黑人男孩乔丹·爱德华兹而被定罪,被判处15年监禁。2018年,明尼阿波利斯的索马里裔警察穆罕默德·努尔因杀害澳大利亚裔白人妇女贾斯汀·鲁斯奇克而被判12年监禁。在另一起备受关注的案件中,芝加哥白人警察杰森·范·戴克向非洲裔少年拉全·麦克唐纳开了16枪,被判二级谋杀罪和16项加重处罚的殴打罪,被判处近7年监禁。一段视频显示,麦克唐纳拿着一把刀,曾用这把刀破坏了几辆汽车和一辆警车,正要躲开杰森·范·戴克警官时被枪击中。麦克唐纳躺在街上奄奄一息时,杰森·范·戴克还继续向他开枪。另外3名白人警察因掩盖枪击事件被无罪释放,但另外4名警察被芝加哥警方解雇(Smith 2019a)。检察官称,这起芝加哥案中的警察参与了一场有组织的隐瞒行动,以"心照不宣的[蓝色]沉默法则",阻止"独立的刑事调查人员了解真相"(Smith 2018)。

2019年,达拉斯警察安布尔·盖格在一起极具争议的案件中被判杀害手无寸铁的美国黑人博瑟姆·珍。据称,盖格把博瑟姆的公寓误认为不是她自己的公寓,并开枪打死了博瑟姆,她被错误地认为是窃贼。盖格被判处10年监禁,这是自2017年以来第三名被判谋杀罪的达拉斯县警察。得克萨斯州监狱中超过一半的杀人犯刑期超过40年(Martinez and Mervosh 2019)。

2019年11月,亚拉巴马州的一个陪审团决定判定亚伦·科迪·史密斯警官犯有过失杀人罪,而不是故意杀害持枪的非洲裔格雷格·冈恩。冈恩在深夜打完纸牌游戏回家的路上,史密斯对他进行了拦截和搜身,声称冈恩符合盗窃嫌疑人的特征。冈恩往家逃时,史密斯紧追不放,用金属警棍击中冈恩,并用他的泰瑟枪开了3次,前后总共射出7枪,其中5枪击中,打死了冈恩(Swales and Hassan 2019)。

尽管没有追究刑事责任,但根据陪审团的裁决或与受害者家属的和解,涉警枪击事件使城市在民事案件中花费了大量资金。2019年,明尼阿波利斯市向一名手无寸铁的澳大利亚裔妇女的家人支付了2000万美元,这是民事涉警杀人案中最大的和解金额之一。前两次最大的和解金额是2018年芝加哥市支付的1800万美元和2016年芝加哥市支付的1600万美元。2018年,芝加哥支付了8500多万美元来了结对警察不当行为的诉讼,并另外支付了2800万美元给聘请的外部律师来为警察不当行为案件辩护(Hassan 2019a)。

美国司法部长/总检察长如有"合理理由"认为某一警察局有"违宪模式或做法",可以要求法院指示该警察局予以调查整改。要求对违宪模式或做法进行调查整改是一种解决警察系统广泛存在的非法行为的机制,该机制不适用于孤立事件。不过，各警察局通常都会与司法部协商，并主动接受司法部的要求，以避免法院向其发出调查整改的裁决。特朗普政府对这些“违宪模式或做法”的调查表示怀疑，因为它们干扰了地方的执法工作，而地方执法工作是最适合解决当地社会问题的，因而特朗普政府没有进行联邦对“违宪模式或做法”的调查（Pérez-Peñaand Stolberg 2017；Stolberg 2017）。

奥巴马政府对警察系统的模式和做法进行了 20 多次调查。其中一些警察局签订了协议，承诺改善培训，加强对警察不当行为的监督，调查过度使用武力和使用致命武力，并改革公民投诉程序和内部纪律机制。进展情况由法院监督的监察人员进行评估。例如，在 2016 年的一份报告中，巴尔的摩警方被认定所采取的“执法策略在对非洲裔拦截率、搜查率和逮捕率方面造成严重和不合理的差异”，并被认定存在违反宪法的拦截、搜查和逮捕以及对被拘留人员过度使用武力的情况（U. S. Department of Justice 2016）。

2017 年，一份关于芝加哥警察局的报告得出结论，芝加哥警方经常过度使用武力，包括射杀不构成威胁的平民犯罪嫌疑人，以及对言语挑战警察或拒绝服从命令的人不必要地使用电击枪。芝加哥 80% 的警察开枪事件涉及非洲裔，警察对非洲裔过度使用武力的情况超出其他种族 10 倍。白人向该市独立警察审查机构提出的投诉被审查机构认定合理的占 6%，而非洲裔和西班牙裔的投诉被认定合理的分别占 2% 和 1%。2009 年至 2014 年，芝加哥警方杀害了 70 人，其中大多数是非洲裔，是美国十大城市中警察杀害人数最多的城市。报告还发现，警察经常发表侮辱非洲裔的言论（U. S. Department of Justice 2017b）。

“黑人的命也是命”（Black Lives Matter）运动是针对白人民族主义者迪伦·鲁夫在南卡罗来纳州首府查尔斯顿的伊曼纽尔非洲卫理公会圣公会杀害特雷冯·马丁、迈克尔·布朗和其他九人而发展起来的。“黑人的命也是命”是一个组织松散的网络，主要由全国各地的年轻活动人士组成（Cobb 2016）。

根据杰拉尼·科布的说法，“黑人的命也是命”这句话最早出现在 2013 年 7 月发布在社交媒体上一条题为“给黑人的情书”的帖子中。帖子是当时 31 岁的艾丽西亚·加尔扎发布的。加尔扎是全国家政工人联盟的一名工会活动人士，该联盟代表家庭护工和管家的利益。她还积极参与维护同性恋和变性人的权利以及反警察暴行运动。

加尔扎在帖子中写道：“我仍然对黑人的生命如此微不足道感到惊讶。我会继续这样做，不放弃黑的生命……黑的人。我爱你。我爱我们大家。我们的命也是命。”加尔扎和她的朋友(同样是活动分子的帕特里斯·库洛斯)一起,在#BlackLivesMatter主题标签下发布了这条帖子,随后邀请奥珀尔·托梅蒂在社交媒体上宣传“黑人的命也是命”(Cobb 2016)。

2020年2月,64岁的格雷戈里·麦克迈克尔和他34岁的儿子特拉维斯·麦克迈克尔在他们的卡车上追赶手无寸铁的慢跑锻炼者艾哈迈德·阿伯利,并开枪打死了他。两名白人被告人解释说,他们认为黑人阿伯利看起来像是他们社区发生的多起入室盗窃事件的案犯,并声称他们是在执行“公民逮捕”。视频记录这起杀人案的威廉·布莱恩随后也被指控犯有杀人罪。阿伯利被杀两个月后,当时的视频被公开,这三人才被逮捕。

2020年6月,一段迅速传播的视频显示,德雷克·肖万警官用膝盖压住46岁的乔治·弗洛伊德的颈部。美国黑人弗洛伊德当时戴着手铐,因使用20美元假钞而被捕。肖万跪压弗洛伊德的脖子近9分钟,弗洛伊德尖叫着说他无法呼吸。弗洛伊德在最后2分45秒失去了知觉,随后死亡。案发后,四名警官被解职。肖万最终被指控犯有二级谋杀罪。其他涉案警官托马斯·莱恩、亚历山大·库恩和邵杜(Tou Thao)被指控犯有协助和教唆谋杀罪。他们没有阻止肖万,莱恩和库恩协助把弗洛伊德按倒在地,而邵杜则在一旁看着。

在早些时候的一起事件中,26岁的急诊医技人员布伦娜·泰勒被路易斯维尔市的一名警察连开8枪。这名警察错误地认为泰勒家中藏有毒品,因而执行了不敲门的搜查令。以上这些事件在全国各城市引发了一系列示威活动。

“黑人的命也是命”最初是一条信息,但迅速演变成抗议警察暴行的最重要的活动组织。迈克尔·布朗在密苏里州弗格森市被杀后,纽约布鲁克林的作家、“黑人的命也是命”组织的活动人士达内尔·摩尔协调组织了从纽约、芝加哥、波特兰、洛杉矶、费城和波士顿到弗格森市的“自由乘车”抗议活动。数百名年轻人参加了抗议活动,并将弗格森市视为美国制度性种族主义的象征和体现。

在美国和加拿大有30多个“黑人的命也是命”组织的分支团体。各地团体都在几项共同的指导原则下联合起来,但相对自由地致力于当地的关切问题。“黑人的命也是命”运动自称是“对一个黑人的生命被系统地、故意地以死亡为目标的世界的一种意识形态和政治干预”。它肯定了黑人对这个社会的贡献,肯定了我们的人性以及我们在面对致命压迫时的韧性。

“黑人的命也是命”组织开展了一系列被称为“零计划”的立法改革。其目标是监督和制止警察的非法不当行为和暴力行为,建立警察问责制,并使社会参与有关警察的决策。“黑人的命也是命”运动提出了一个比警察改革更广泛的议程,也致力于员工的权利和性别平等,并将不同群体的个人及其关注的问题纳入运动。该组织致力于社会活动和抗议活动,并对选举政治的有效性表示怀疑,因为它认为非洲裔美国总统奥巴马当选后未能实现“后种族美国”的承诺。该组织提出重点是建立社会的“扁平化组织”,在这种组织中,个人和群体共同努力实现社会变革,而不是由少数领导人进行集中控制和指导。在 2016 年总统大选期间,“黑人的命也是命”活动人士与民主党总统候选人对峙,以确保候选人无法回避警察和刑事司法改革问题。

2013 年 7 月,乔治 · 齐默尔曼因枪杀特雷沃恩 · 马丁被无罪释放后,“黑人的命也是命”这一话题标签首次出现,截至 2018 年 5 月,该标签已被使用超过 3000 万次,平均每天使用 27002 次(Anderson et al. 2018;Lowery 2016b:87-89)。

皮尤研究中心的一项民意调查发现,55%的人“强烈支持”或“基本支持”“黑人的命也是命”运动,34%的人反对该运动。82%的非洲裔支持该运动,而 52%的白人也支持该运动。哈里斯/哈佛大学在同一时期对登记选民进行的一项在线调查显示,支持和反对“黑人的命也是命”的人数正好相反。《纽约时报》/哥伦比亚广播公司新闻频道的一项民意调查发现,大多数非洲裔警察认为,“黑人的命也是命”抗议活动的动机至少在一定程度上是追究警察责任的不当愿望,而白人警察这样认为的比例为 27%(Bromwich 2017;Easley 2017;Russonello 2016)。

公众对警察工作的看法存在分歧。83%的公众表示,他们理解警察面临的挑战,但大致相同比例的警察认为公众不理解警察所面临的挑战。大约 65%的保守派和 55%的温和派信任警察。这与 40%的自由派、45%的西班牙裔和 35%的非洲裔信任警察形成了鲜明对比(M. Smith 2019b)。

不退让法和对霹雳可卡因与粉末可卡因犯罪惩罚上的差异,是刑法执行中种族偏见的另外两个经常被提到的例子。

种族和不退让法

2013 年,乔治 · 齐默尔曼被无罪释放。齐默尔曼因自卫枪杀了 16 岁的黑人男孩特雷沃恩 · 马丁。虽然齐默尔曼的辩护不是基于佛罗里达州颇有争议的“不退让法”(stand your ground law),但陪审团在评估“马丁案”的自卫主张时似乎受到“不退让法”的影响。

“不退让法”允许个人在“合法情形”下依靠自卫“阻止对其自身或者他人造成死亡或严重身体伤害的行为,或阻止暴力重罪的发生”。该法废止了关于自卫的传统规定,即个人在住所以外的地方必须在所有可选择的自卫手段(如退到墙根)都用完之后,才可使用致命武力自卫。正当防卫的申辩是在初步听证中裁决的,在初步听证中,控方必须通过高度清晰和令人信服的证据来确定被告人防卫不当。该法修改了被告人在审判中援用正当防卫的标准程序。法律免除个人自卫行为的刑事责任和民事责任。佛罗里达州的“不退让法”随后扩大到包括警察使用致命武力防卫(Light 2017)。

该法最初由美国全国步枪协会和美国立法交流委员会(一个由州立法议员和工商业人士组成的保守联盟)共同提出。美国全国步枪协会认为,法律过于维护罪犯的利益,而“不退让法”则致力于保护受害者。继佛罗里达州于2005 年施行“不退让法”后,还有 33 个州也相继施行该法。

评估佛罗里达州和其他州施行“不退让法”的效果是很困难的,因为警察和检察官通常对他们决定不予起诉的案件不做跟踪记录。

没有什么证据证明“不退让法”降低了犯罪率。得克萨斯农工大学的程成(音)和马克·霍克斯特拉对比研究了有关各州施行“不退让法”前后的杀人犯罪率,并对比研究了施行“不退让法”各州和不施行该法各州的杀人犯罪率。程成和霍克斯特拉证实,施行“不退让法”各州的杀人犯罪率上升了 8%,也就是说,在施行“不退让法”各州,杀人犯罪案件每年比预期增加近 600 起。程成和霍克斯特拉认为,普通人际纠纷激化为暴力冲突是杀人犯罪率增加的原因(Cheng and Hoekstra 2012)。

佛罗里达州在施行“不退让法”之前的 5 年中,每年平均发生正当自卫杀人案 12 起。在施行“不退让法”之后的 5 年中,每年平均发生正当自卫杀人案 35 起。程成和霍克斯特拉解释说,“不退让法”“降低了使用警力的成本”,因而“造成杀人案增加”。钱德勒·麦克莱伦和埃达尔·特金的一项研究发现,由于施行“不退让法”,每月有 4.4—7.4 名白人男性被杀,但该法对非洲裔的被杀率没有影响(McClellan and Tekin 2012)。

《坦帕湾时报》指出,虽然佛罗里达州检察官通常以负责任的方式执行“不退让法”,但是地方检察官却对许多类似案件给予区别对待。该报还发现“嘲弄”“不退让法”的案件。“在近三分之一的案件中……被告挑起了搏斗，枪杀了手无寸铁的人，或者追赶受害者——而被告却依然逍遥法外”（Hundley, Martin and Humberg 2012）。

人们争论的核心问题是，“不退让法”在执行中是否存在种族歧视。

2010 年和 2013 年，《坦帕湾时报》先后两次分析了佛罗里达州发生的 200 起涉及“不退让法”的案件，发现在 70%的案件中，被告人都是根据“不退让法”避免了有罪判决。杀死黑人的被告人被判无罪的案件占当时案件的 73%，而杀死白人的被告人被判无罪的占当时案件的 59%（“Florida’s Stand Your Ground Law”2013；Montgomery and Jenkins 2010）。圣路易斯大学公共卫生研究人员对 2005 年至 2013 年佛罗里达州的数据进行分析发现，如果被告人的受害者是非白人而不是白人，则被告人被无罪开释的可能性增加一倍（Ackermann et al. 2015）。

城市研究所的约翰·罗曼分析了 2005 年到 2010 年他认为已施行“不退让法”的各州所发生的杀人案。在没有施行“不退让法”的各州，白人枪杀白人案被判定为正当防卫的占 1.68%，而白人枪杀黑人案被判定为正当防卫的却占 9.51%。在施行“不退让法”的各州，这些统计数据更具有倾向性——白人枪杀白人案被判定为正当防卫的占 3.51%，而白人枪杀黑人案最终被判定为正当防卫的却高达 16.85%（Roman 2013）。在没有施行“不退让法”的各州，种族差异在正当防卫申辩的审查上与上述情况大致相同（Lathrop and Flagg 2017）。

戴维·汉弗莱斯和他的合著者发现，“不退让法”与佛罗里达州杀人案的增加有关。他们发现，佛罗里达州施行了“不退让法”后，在 2005 年至 2016 年，每月的杀人率增加了 24.4%，枪支杀人率增加了 31.6%。这种增长只能部分地归因于正当防卫杀人率的增加，而佛罗里达州的自杀率和枪支自杀率没有增加。在没有施行“不退让法”的州，可比期间的杀人率普遍下降（Humphreys, Gasparrini and Wiebe 2017）。

2015 年，美国律师协会发布了一份关于“不退让法”的全面研究报告。美国律师协会特别研究小组的研究结果显示，实行“不退让法”的各州的凶杀案有所增加，该法造成了“不可预测的、不平衡的”结果，导致了“种族差异”，并损害了受害者的权利。美国律师协会的结论是，在实行“不退让法”之前，个人的自卫权得到了充分的保护，“不退让法”并没有提高人们的人身安全（American Bar Association National Task Force on Stand Your Ground Laws 2015）。

简言之,“不退让法”受到人们的批评。批评者指出,白人基于传统成见把黑人青少年看作暴力犯罪团伙成员,而“不退让法”则允许白人在感到恐惧的情况下以正当防卫为理由合法地对黑人青少年施行暴力。陪审员们也有这种恐惧,他们始终认为白人被告人杀死非洲裔男性的行为是正当的。而“不退让法”的支持者则认为,黑人受害者从“不退让法”中获益最多。杀死黑人攻击者的被告人被判有罪的比例之所以存在差异,部分原因在于,黑人攻击者更有可能携带武器,而且是在实施犯罪时被击毙的。佛罗里达州的大学生已经组织起来,要求废除该州的“不退让法”,但该州的一个委员会支持这项法律。你怎么看“不退让法”?

人们对“特雷沃恩·马丁”案判决的态度反映出明显的种族分歧。皮尤研究中心的一项民意调查显示,39%的白人受访者对这一判决表示不满,而86%的黑人受访者表示对陪审团的判决有异议。人们对“不退让法”存在明显的种族分歧,这也毫不奇怪,但绝大多数美国人支持“不退让法”。2013年8月,奎尼皮亚克大学的一项民意调查发现,53%的美国人支持“不退让法”,而40%的美国人反对该法。57%的白人支持“不退让法”,而37%的白人反对该法。对“不退让法”,37%的非洲裔支持,而57%的非洲裔反对。西班牙裔两派人数较为均衡,44%支持,43%反对。

种族和打击毒品犯罪

美国宪法第十八修正案禁酒令规定,禁止致醉性酒类的生产、销售、运输,以及致醉性酒类的进出口。1917年,国会参众两院通过了第十八修正案。在国会通过该修正案的5年内,有44个州批准了该修正案。多丽丝·玛丽·普罗文将禁酒运动称为美国的首次禁毒运动。她认为,禁酒运动之所以取得成功,是因为来自乡村和小城镇的禁酒斗士很巧妙地认定致醉性酒类的接触者是外来移民、少数族裔的天主教徒和犹太人。禁酒令有着象征性重要意义,是美国价值和外来异己价值的分界线。禁酒运动的活动人士认为,外来移民过度饮酒会削弱其劳动以及为美国社会做贡献的能力,激发不道德行为和社会动荡。他们还警告指出,美国黑人一旦有了酒,就会“发酒疯”、实施犯罪、闹事以及强奸白人妇女。

联邦执法人员只对穷人和少数族裔采取禁酒执法,而对富人则放任不管。普罗文认为,禁酒令确立了“禁毒战争”中惯用的思维定式:把少数族裔视为社会动荡和不稳定的根源(Provine 2007:37-62)。

18 世纪和 19 世纪大部分时期,鸦片同大麻一样被视为一种缓解疼痛的药物。哭闹的婴儿服用了鸦片就会安静下来,老人服用了鸦片就能缓解风湿性疼痛。艺术家和作家为了寻找灵感和创造力而注射吗啡。19 世纪末,可卡因、海洛因和巴比妥在美国和欧洲普遍被当作酒精替代品,而且随着禁酒运动的高涨,其价格越来越高(Provine 2007:64-67)。

1914 年颁布的《哈里森麻醉品税法》(以下简称《哈里森法》)是美国第一部打击非药用毒品的联邦刑法。该法对鸦片、吗啡、可卡因及其衍生物做出规定。美国国会将《哈里森法》作为一项税收措施出台。医生给病人开具涉毒处方,需缴纳 1 美元特种税。个人非处方获得麻醉药物的,将被判刑 5 年并处 5000 美元罚款。1919 年,美国最高法院认为,《哈里森法》是联邦政府有效行使权力提高税收的成功实践。同年,最高法院确认,吸毒成瘾者借助涉毒处方"维持"吸毒,而非医治毒瘾。因此,最高法院作出裁定,根据《哈里森法》,医生无权给吸毒成瘾者开具涉毒处方。该裁决造成的结果是,瘾君子"被迫转入地下",只有在黑市才能弄到毒品。短时间内,吸毒成瘾者占了联邦监狱在押囚犯的近 40%(Provine 2007:63-90)。

美国出产大麻,最初用来制绳和制药。大麻先是在世界其他地方成为消遣和放松制品的一种原料,截至 20 世纪,大麻已经成为美国消遣性药物文化的一部分。继 1933 年废除了禁酒令后,联邦和州政府将注意力转到对大麻的限制使用上。禁毒主义者把吸食大麻等同于墨西哥劳工和农场工人,这些人曾在 20 世纪 30 年代被认为抢走了美国人的工作(Dufton 2017:1-10)。

截至 1937 年,美国有 46 个州禁止大麻的种植、私藏、使用和出售。1937 年颁布的《大麻税法》规定,任何人买卖大麻,每盎司需纳税 100 美元。拒不纳税的将被判刑 5 年,并处罚金 2000 美元。而纳税的个人则面临"第二十二条军规"似的两难处境,纳税者因违反州刑法禁止种植、私藏、使用和出售大麻的规定将受到起诉(Provine 2007:81-86)。

接下来是法律把涉海洛因行为定为刑事犯罪。政府官员警告说,毒贩威胁要把海洛因传播给美国黑人,继而再卖给白人中产阶级。1951 年的《博格斯法案》和 1956 年的《麻醉品管制法》对私藏海洛因初犯判处监禁,对向未成年人贩卖海洛因的处以死刑(Provine 2007:86-87)。

将酒精和麻醉品定为刑事犯罪的运动认定移民和少数族群使用麻醉品和

致醉品,并警告说这些物质不可避免地会传播给白人中产阶级。可卡因刑事化运动也采取了麻醉品“种族化”的相同做法(Provine 2007:85)。

在过去30年中,霹雳可卡因(crack cocaine)已经成为美国缉毒政策重点打击的对象。可卡因是一种成瘾性兴奋剂。这种以粉末状盐酸盐形式存在的可卡因通常用于鼻吸或溶于水后注射。霹雳可卡因的简单制作过程是,将可卡因粉同苏打粉和水一起熬制,从而形成结晶状可卡因。“霹雳”是指吸毒者在吸食前加热该固态物质时发出的“噼里啪啦”(crackling)的声音。粉状可卡因通常采用鼻吸或注射方式,而霹雳可卡因,经与苏打粉混合后,可以当烟抽,这种方式可以使毒品充分、强力地发挥效力。吸食可卡因后,吸毒者很快就会极度渴望再来一次“两分半钟强烈快感的冲击”。对于吸毒者来说,霹雳可卡因价格低廉,吸食直接,可谓是完美的商品。霹雳可卡因通常都是低价小剂量在露天毒品市场交易。而粉状可卡因通常都是大宗交易,且交易一般不在街上进行。低成本的霹雳可卡因具有欺骗性,吸食者很快就会上瘾,而且为了不断满足毒瘾,贩毒者让做什么就做什么。菲利普·布尔古瓦对美国城市西班牙语区的可卡因贩卖情况做了研究。他指出,霹雳可卡因造就了成千上万个“夫妻店企业家”。这些外来移民在经济衰退中找不到谋生手段,于是就做起了这个“高利润、高零售的霹雳可卡因生意”(Bourgois 2003:75)。

伊利亚·安德森在对“街头规则”的研究中发现,由于毒品生意门槛低,不少赚钱无门的年轻人便纷纷做起毒品生意。此外,“快意生活”和牛气毒贩的地位也是他们从事贩毒的诱因。从事贩毒的许多年轻人渐渐染上毒瘾。这是一种充满暴力的生活方式。霹雳可卡因上瘾性强,一旦毒瘾发作,吸毒者就会实施暴力行为,以满足毒瘾需要。争抢客户、争夺地盘、报复交不起钱的吸毒者,以及难以避免的误会,这一切造就了暴力文化(Anderson 1999:114-121)。

1980年,罗纳德·里根当选美国总统,毒品问题被排上重要日程。第一夫人南希·里根敦促年轻人对毒品“果断说不”。霹雳可卡因是里根政府“严厉打击毒品”运动的对象。里根政府认为,打击毒品犯罪迫在眉睫,刻不容缓,因为毒品的交易和分销助长了非洲裔和西班牙裔街头帮派团伙的犯罪活动。1986年,里根总统签署了17亿美元的《美国禁毒法案》。里根总统的缉毒官员威廉·班内特批准联邦监狱增加一倍的容量以监禁贩毒者和吸毒者(Provine 2007:105)。

1986年春,马里兰大学篮球明星伦·拜亚斯和克利夫兰市布朗斯队的足球运动员唐·罗杰斯惨死,美国公众才普遍关注可卡因问题。媒体也转而关注“毒源性暴力雪崩似发生”的问题。

1989年9月,美国总统乔治·布什在第一次全国电视讲话中把霹雳可卡因称为“国家面临的最紧迫的问题”。他举起一袋可卡因说,这袋可卡因是在白宫对面的拉斐特公园买的。最初,作为卧底的联邦特工一直都没能在拉斐特公园发现任何贩卖可卡因的人影。于是,他们做出安排,让18岁的基思·蒂莫西·杰克逊去公园买可卡因,并承诺买到可卡因将支付他2400美元。在布什总统电视讲话后,有64%的调查对象认为吸毒是美国面临的最严峻的问题。而在一年前,只有1%的受访者持这种看法(Provine 2007:108)。

1986年,为了应对所宣称的毒品危机,国会通过了《反药物滥用法》。该法对可卡因犯罪设立了两级处罚制。处罚依据是抓捕罪犯时所查获的毒品数量。对私藏5克霹雳可卡因的初犯,最低可判处5年强制性刑事监禁,入联邦监狱服刑;对私藏50克霹雳可卡因的初犯,可判处10年刑期。私藏霹雳可卡因者所获刑期比私藏等量粉状可卡因者的刑期长100倍。对私藏霹雳可卡因者的处罚,远重于私藏等量的任何其他毒品者的处罚。人们一旦因涉毒犯罪被判刑,就没有资格申请公共住房或联邦福利,如学生贷款(Provine 2007:106-119)。许多州都参照联邦《反药物滥用法》模式颁布了自己的反毒品法,但霹雳可卡因和粉状可卡因的量刑比重通常没有严格按照联邦规定的100∶1的比率(Provine 2007:120)。

普罗文指出,在对霹雳可卡因惩治法的辩论过程中,人们把霹雳可卡因与美国黑人男青年联系起来。这项法律背后的考虑是,霹雳可卡因以量少、相对便宜的方式在街上进行交易,危害社会,导致贩毒团伙为控制毒品交易而发生街头暴力事件。然而,有人批评指出,这项法律造成美国黑人过多地受到逮捕和监禁,且刑期较长,而贩卖和吸食粉状可卡因的白人获得的刑期却短得多。惩治法的支持者预言,如果不打击毒品犯罪,霹雳可卡因将会由城市蔓延到郊区,并危及白人青少年。普罗文将这种反对霹雳可卡因的情感活动称为“道德恐慌”。她指出,霹雳可卡因变成了“民间恶魔”,是造成犯罪、教育失败和贫穷的罪魁祸首。从1987年到1998年,美国用于打击毒品犯罪的预算从60亿美元增至200亿美元,其中2/3用于执法和监狱管理,1/3用于对可卡因成瘾者的戒断治疗(Provine 2007:110,117-119)。

2010年颁布的《公平量刑法》是对美国禁毒法律的一个重大改革。这部

《公平量刑法》把霹雳可卡因与粉状可卡因之间的量刑差由 100:1 降至 18:1。据估计,《公平量刑法》将把霹雳可卡因犯罪的刑期减少到平均 27 个月,并在接下来的 5 年中为联邦政府节省 4200 万美元的开支。2012 年 6 月,最高法院作出裁决,新的更为宽大的处罚规定适用于该法生效之前从事霹雳可卡因犯罪并在该法生效后受到判决的人员。最高法院指出,依照旧的量刑标准判决霹雳可卡因犯罪将会"严重损害……量刑的统一性与均衡性"[*Dorsey v. United States*, __U. S. __(2012)]。

2013 年 8 月,司法部长/总检察长埃里克·霍尔德宣布对联邦法院判决的毒品罪犯减刑。他表示,美国人口占世界人口的 5%,而监狱在押人数却占世界在押人数的 25%。联邦监狱关押着大约 21.9 万名罪犯,其中一半是因涉毒犯罪被关押的。联邦监狱关押人数已经超出其关押能力的 40%,每年开支 800 亿美元。霍尔德指出,"太多的罪犯被关押在太多的监狱,而且刑期又太长,却没有合理的执法依据……虽然关押也起到一定作用……但是普遍关押……却是无效的,难以持续的"(Savage 2013)。

司法部长/总检察长霍尔德表示,司法部将谋求由州法院处理更多的案件,以实施毒瘾治疗计划替代关押,对非暴力犯罪且已服完大部分刑期的老年囚犯实行"同情释放"。

在毒品犯罪起诉方面,霍尔德鼓励地方联邦检察官在起诉毒品犯罪者时可不严格执行量刑指导意见,只对"严重的高级或暴力贩毒者"施以严厉的刑罚。霍尔德指出,得克萨斯州、纽约州、科罗拉多州、密歇根州和阿肯色州等州已经对毒品犯罪起诉进行了改革,并意识到"我们不能仅仅依靠起诉或关押来增进国家安全"。2014 年 4 月,霍尔德宣布了"2014 年宽恕项目",规定服刑至少 10 年并按现行改革后的联邦法律可获得较轻刑罚的非暴力重罪犯人将考虑给予宽大处理。

根据霍尔德的说法,毒品犯罪的量刑政策造成了"许多美国人"无法跳出"贫困、犯罪和监禁的恶性循环"的怪圈,并会瓦解社会。联邦监狱系统大约关押着 14%的全国服刑人员,如果在州一级不进行改革,涉毒罪犯的境遇就不可能有明显的改变。

2017 年,新的司法部长/总检察长杰夫·塞申斯推翻了霍尔德起诉刑事被告人的政策,并指示联邦检察官寻求有证据支持的最严厉的刑事指控和判决。塞申斯认为,贩毒与暴力犯罪和其他类型的犯罪活动有关,对毒品犯罪的积极起诉将会降低犯罪率。

大规模监禁与霹雳可卡因

对涉毒犯罪规定的强制性最低刑期被认为是造成所称的大规模监禁(mass incarceration)的原因(Gottschalk 2015)。在过去30年中,美国监狱人口从30万暴涨到200多万。大约1/5的人因毒品犯罪而被监禁。监狱政策倡议组织的报告称,因私藏、贩运或其他非暴力毒品犯罪而被关押在地方监狱以及州和联邦监狱的有45.6万人,而1980年为4.1万人。米歇尔·亚历山大指出,自1980年以来,因毒品犯罪而被逮捕的人数增加了2倍,自禁毒战争开始以来,已有3100多万人被捕(Alexander 2010:59)。

美国的监禁率为世界最高,而全球监禁率最低的国家是俄罗斯、中国和伊朗。美国的监禁率大约是德国的8倍。美国的监禁率明显高于犯罪率相同的国家,是其他工业化国家的6—10倍。亚历山大在2010年的著述中指出,截至2007年年底,被判监禁、缓刑或假释的美国人超过700万(占成年人的1/31)(Alexander 2010:6,8,59)。

乔纳森·西蒙认为,美国的大规模监禁具有以下特点(Simon 2007:141-175):

入狱比例高。按目前趋势估计,2001年出生的美国人将有1/15入狱服刑(占该出生队列的6.6%)。

具有种族选择性。按目前趋势估计,在监狱服刑的男性中,非洲裔将占1/3,西班牙裔将占1/7,白人将占1/17。非洲裔入狱的统计概率要大于其获得大学学位、结婚或服兵役的概率。

毒品犯罪居多。布鲁斯·韦斯顿认为,州监狱人口45%的增长率是由监禁毒品罪犯造成的。他指出,非洲裔男青年吸食毒品的人数并不比白人男青年多,但因毒品犯罪被捕入狱的人数却多于白人男青年(Western 2006:50)。

仓储式管理。乔纳森·西蒙称监狱管理模式是“废物管理”模式。监狱不是把财政资源用于为犯人提供足够的文体项目或矫正计划,而是用于扩建监狱。建设“超大型”监狱的目的不是改造罪犯,而是使罪犯失去犯罪能力,阻止其犯罪。直到最近,有关方面还在强调扩建监狱,以容纳不断增长的监狱人口(Simon 2007)。

零容忍。过去,法官根据被告人的犯罪情节酌情作出判决;而现在法官必须执行强制性最低刑期规定。过去,“改造好”的罪犯可获得假释与释放,而现在罪犯必须至少服满 85%的刑期。

法院系统已经退居一旁,对确定毒品犯罪判决的立法权几乎不作任何限制。1982 年,美国最高法院在“哈托诉戴维斯”案裁定中认为,对私藏和试图贩卖 9 盎司大麻判处 40 年徒刑与罪行不相称[*Hutto v. Davis*, 454 U. S. 370 (1982)]。后来在对“哈梅林诉密歇根州”案的裁决中,最高法院维持了对贩卖 672 克霹雳可卡因的初犯终身监禁的判决[*Harmelin v. Michigan*, 501 U. S. 957 (1991)]。另一个案例是“尤因诉加利福尼亚州”案。最高法院维持了给予尤因 25 年至终身监禁的判决,因为尤因曾有两次盗窃罪前科,现在又连续偷窃 3 根高尔夫球杆,且每根价值大约为 400 美元,被判决犯有严重盗窃罪。根据加利福尼亚州“三振出局法”规定,尤因服满 25 年刑期后才有资格获得假释。最高法院多数意见认为,加利福尼亚州的判决与惯犯对公共安全所造成的危害是相称的[*Ewing v. California*, 538 U. S. 11(2003)]。尽管司法接受了强制性最低刑期,但是,对被迫一律重判但情节轻微的毒品罪犯,法官们表示非常不满(Alexander 2010:91)。

种族与霹雳可卡因

亚历山大认为,保守派政界人士继成功地进行了种族融合和公民权利斗争后,把注意力转向种族和犯罪问题,以争取白人工薪阶层选民的支持。她指出,我们对犯罪、特别是毒品犯罪的观念存在“种族化”倾向。在一项对视频游戏的研究中,研究者向人们展示白人和黑人谁拿枪,谁拿物品(如钱包、铁罐或手机)的画面,参与者大多会误认为黑人拿枪,白人拿物品。美国黑人也像白人一样表现出“射手偏见”(Alexander 2010:42-44,104)。

2002 年,在西雅图进行的一项研究发现,警察一直对吸食毒品怀有“种族偏见”,死盯着非洲裔和西班牙裔美国人不放,但在很大程度上却对白人吸食霹雳可卡因视而不见。警方重点打击霹雳可卡因工作的目标是一家主要由非洲裔毒贩控制的西雅图毒品交易市场,但却不对白人区域的露天毒品交易市场实施打击行动。黑人毒贩比白人毒贩更可能受到警方抓捕,甚至黑人毒贩和白人毒贩都在同一地点贩卖毒品,被捕的也往往是黑人毒贩。尽管警察集中打击露天毒品交易市场,但警方的记录显示,市民对毒品交易活动的举报大多是指向药房交易,而不是街头交易。警方承认,除霹雳可卡因外,还有其他毒品会引发严重暴力行为，而且吸食毒品过量也会致人死亡(Beckett and Bowen 2005；Beckett，Nyrop，Pfingst 2006)。

在打击大麻毒品犯罪的执法中，"种族化"执法问题也同样明显存在。虽然各个种族都有吸食大麻的人，但吸食大麻以白人居多。在加利福尼亚州，1990 年至 2009 年因大麻犯罪而被捕的人达到 85 万，其中 2000 年至 2009 年被捕的人就有 50 万。被捕的黑人比被捕的白人多了 7 倍。在洛杉矶，2006 年至 2008 年平均每 10 万美国黑人中有 523 人被逮捕，而每 10 万白人中仅有 73 人被捕。在圣地亚哥，2006 年至 2008 年每 10 万美国黑人中平均有 835 人被逮捕，而每 10 万白人中仅有 145 人被捕。全国各城市均发现同样的情况(Levine，Gettman and Siegel 2010)。

美国公民自由联盟和人权观察于 2016 年发布了一份关于麻醉品执法的报告。2015 年，警方因私藏少量大麻而被捕的人数比所有暴力犯罪的总和高出 13.6%。因持有毒品而被捕的人数是因贩卖毒品而被捕的人数的 4 倍。50% 的人被指控私藏大麻供其个人使用。根据该报告，黑人成年人的吸毒率与白人成年人的吸毒率相似，甚至更低。然而，黑人因持有毒品而被捕的可能性要比白人高出 2 倍半以上，因持有大麻而被捕的可能性要比白人高出近 4 倍。蒙大拿州、爱荷华州和佛蒙特州的种族差异为 6∶1。在曼哈顿，黑人因私藏毒品而被捕的几乎是白人的 11 倍(Stauffer 2016)。自 1996 年以来，联邦法官已判处 54 人因大麻犯罪终身监禁不得假释(Schatz 2015)。

亚历山大指出，在美国各大城市，多达 80% 的黑人男青年都有犯罪前科，形成了一个被主流社会"锁在门外"的"低等种姓"(Alexander 2010：7)。1960 年代后期出生的黑人男子到了 1999 年更有可能被押在监狱，而不是大学毕业或服过兵役，几乎没有上过学的黑人男子更有可能被关在监狱或看守所，而不是加入工会或参加政府福利或培训计划。韦斯顿研究了哥伦比亚特区的两个街区，记录了在 12 个月内有 120 名非洲裔男子被判入狱，64 名因违反毒品规定而被捕(Western 2006：31，38)。

禁毒战争导致美国黑人的入狱人数快速增长。在州监狱服刑的黑人比例从 1986 年的 7%增加到 1991 年的 25%。从 1980 年到 1999 年，联邦监狱关押的黑人总数增长了 3 倍，从原来的每 10 万人中有 1156 人入狱到每 10 万人中有 3620 人入狱。美国黑人和美国白人被联邦法院所判的刑期存在种族差异，"主要是因为新的反霹雳可卡因法"造成的，种族差异从 1986 年的 11%扩大到 1990 年的 49%。黑人和白人因其他毒品犯罪而被判刑期的差异由 1984 年的 6%增加到 1990 年的 93%(Provine 2007:127)。

霹雳可卡因和粉状可卡因区别对待的主要负担一直由美国黑人承担。一项调查发现,95%的受访者在被要求闭上眼睛对吸毒者进行描述时,他们所描述的都是美国黑人。然而,黑人吸毒者只占总吸毒人数的 15%。多项研究发现,在那些回答说曾吸食可卡因的人员中,白人占 65%,非洲裔占 26%,西班牙裔占 9%(Provine 2007:127)。亚历山大指出,吸食可卡因的白人学生是黑人学生的 7 倍,吸食霹雳可卡因的白人学生是黑人学生的 8 倍,吸食海洛因的白人学生是黑人学生的 7 倍。白人学生和黑人学生吸食大麻的比例相同。研究还表明,吸毒者习惯于从本种族的毒贩手中购买毒品(Alexander 2010:96-97, 103)。

莫娜·林奇在多个不知名的联邦地区法院研究了对毒品犯罪的起诉。她指出,1986 年,被联邦判刑的涉毒被告人中有 58%是白人,但到 2013 年,白人只占 23%。她指出,这种转变的部分原因是出台了关于执行霹雳可卡因法律的决定。不同种族的吸毒情况没有显著差异。然而,根据林奇的数据,每年因违反霹雳可卡因法律而被判刑的被告人中,白人始终占 5%—10%。而非洲裔因违反霹雳可卡因法律而被判刑的人占 80%—90%。因可卡因犯罪被判处终身监禁的人中,近 94%是非洲裔美国人(Lynch 2016:8)。

尽管人们希望减缓禁毒法律的影响,但自 2015 年以来,因毒品犯罪被捕的人数每年都在增加。2018 年,因毒品犯罪被捕的人数为 165.4282 万人,而因暴力犯罪和财产犯罪被捕的人数持续减少。因私藏毒品而被捕的比例从 1989 年的约 67%上升到 2018 年的 86%。非洲裔美国人被捕的人数与其人口比例明显不成比例,而且比白人更有可能因“霹雳可卡因”犯罪而被捕。令人惊讶的是,2018 年有 66.3367 万人因吸食大麻被捕,比 2017 年的 65.9700 万人有所增加。其中 92%的人因持有毒品而被捕(Stellin 2019)。

禁毒战争的隐性影响是,罪犯一旦被判重罪,就意味着要失去很多重要的权益。被判犯有严重毒品犯罪的人不得享有公共住房,没有资格获得食品券和助学贷款,还要遭受就业歧视,无法取得各种职业许可证,而且许多州都规定这些人没有资格投票。被假释或被判处缓刑的罪犯也必须遵守一系列的规定(如不得与其他重罪人员联系,通过戒毒检测等),如有违反,将被收监。大约有 1/3 的罪犯被收监不是因为新的刑事判决,而是因为违反假释管理规定(Alexander 2010:93;Pager 2007;Western 2006)。

人们往往忽略的一个重要之处是,检察官对白人行使辩诉交易自由裁量权,而对黑人则坚持起诉。普罗文对判处强制性最低刑期的被告人作了研究,他发现,非洲裔获得强制性最低刑期的比率比白人高出 21%,西班牙裔比白人高出 28%(Provine 2007:128)。

一直以来,少数族裔被告人都对其所认为的歧视性执行禁毒法的问题提出挑战,但是,最高法院对两起案件的裁决却在很大程度上关闭了被告人挑战的大门。"阿姆斯特朗诉合众国"案的 4 名美国黑人因涉嫌共谋贩卖超过 50 克霹雳可卡因被捕。指派给此案的公设辩护人发现,在他们公设律师办公室过去 3 年所受理的 53 起霹雳可卡因案件中,非洲裔被告人有 48 名,西班牙裔被告人有 5 名。然而,这些辩护人心里清楚,大多数霹雳可卡因的吸食者是白人。他们认为,这些白人被告人可能都被移送给州法院系统审判,因为州法院判决的处罚较轻。

这些公设律师要求法院下令允许他们核查检察官的起诉档案,并提交了一名中途之家收容协调员出具的宣誓书(声明),该宣誓书称,据他所见,霹雳可卡因的吸食者中不乏白人和黑人。一名辩护律师作证说,作为一项政策,非黑人被告人都被诉至州法院,而不是联邦法院。

最高法院认为,阿姆斯特朗未能确定联邦检察官没有起诉私藏霹雳可卡因的相同情况的白人被告人。最高法院强调指出,在刑事起诉中,检察官几乎具有完全的自由裁量权。阿姆斯特朗如要获取"强制性披露"检察官起诉材料的法院命令,必须提供证据,以证明检察官的起诉决定具有歧视动机与故意,存在"选择性起诉"。阿姆斯特朗所面对的"第 22 条军规"则是,对于其所称的检察官对私藏霹雳可卡因的白人被告人不予向联邦法院提出起诉的决定,他必须提供这些白人被告人的姓名,而这些白人被告人的姓名阿姆斯特朗必须设法从政府文件中获取,而政府文件中只能查到被起诉者的姓名[*United States v. Armstrong*,517 U. S. 456(1996)]。亚历山大在结论中指出,最高法院对"阿姆斯特朗"案的裁决意见,实际上使人无法向基于种族偏见的起诉决定发起挑战(Alexander 2010:114-115)。

最高法院还为被告人设置了一个难以克服的巨大障碍,使其无法对在起诉和判决中所遭受的种族歧视进行成功的挑战。最高法院在对"麦克莱斯基诉肯普"案的裁决中认为,被告人如果认为检察官在对其刑事指控中存在种族歧视,则应拿出证据。麦克莱斯基此前被法院判定杀害了一名警察,并被判处死刑。他诉称,法院之所以判处他死刑是因为受种族偏见的影响,并提交了一份由大卫·鲍尔达斯对佐治亚州 2000 起杀人案件所做的详尽的统计报告。鲍尔达斯的统计报告在分析了 35 个非种族因素后发现,在获得死刑判决的被告人中,被指控杀害白人的被告人比被指控杀害黑人的被告人多出 4.3 倍。佐治亚州检察官在 70%的黑人杀害白人案件中要求判决黑人被告人死刑,而在 19%的白人杀害黑人案件中要求判决白人被告人死刑[*McCleskey v. Kemp*, 481 U. S. 279(1987)]。

最高法院认为,麦克莱斯基在其案件中应拿出证据证明检察官或陪审团在对其起诉或审判中存在种族偏见的主观故意。鲍尔达斯的统计报告并不足以证明死刑判决中存在种族歧视,因为该统计数据反映的是整个佐治亚州的检察官和陪审团对众多案件的起诉与判决情况,而每一起案件中都涉及许多需要权衡的因素。内奥米·村川和凯瑟琳·贝克特指出,被告人如以种族歧视为由对所获判决提出疑问,必须证明检察官和陪审团对其具有种族歧视的主观故意,最高法院的这一要求实际上使被告人无法基于种族原因提出申诉(Murakawa and Beckett 2010)。通过认真研究"麦克莱斯基诉肯普"案不难发现,虽然最高法院裁决的是死刑判决,但其关心的是被判定犯有非死刑罪的非洲裔、西班牙裔和女性被告人会宣称法院对他们的定罪和判决存在种族偏见。最高法院在对"麦克莱斯基诉肯普"案的裁决中指出,根据呈堂证据判决,即使可能存在种族歧视也是"宪法允许的"。

亚历山大以爱德华·克拉里的案件为例说明"麦克莱斯基诉肯普"案对黑人被告人的影响。18 岁的爱德华·克拉里在加利福尼亚州朋友们的劝说下把一些毒品带回家乡圣路易斯。他在机场被拦住搜查,以私藏霹雳可卡因超过 50 克而被捕,并被判处 5 年刑期。根据规定,私藏 5000 克粉状可卡因才应判处 5 年刑期。克拉里的律师在辩护中指出,在因私藏霹雳可卡因罪而被判处这一刑期的被告人中,黑人就占了 93%,与私藏粉状可卡因的被告人相比,黑人被告人所受判决明显不公。联邦地区法院法官克莱德·卡希尔支持这一意见。他指出,100:1 的比例是一种歧视。他认为,"无罪推定不过是一个法律神话",量刑标准"带有残忍性和不公正性",如果白人男子"具有跟黑人青年男子一样的监禁率,法律规定肯定早就做了修正"。卡希尔法官指出,这种法律是基于"私刑暴徒"惧怕非洲裔青年男性的心态而制定的,而这种恐惧是由黑人男性作为暴力分子和危险分子的媒体形象造成的。卡希尔法官按照克拉里假如被判定私藏粉状可卡因罪应得的刑罚作出了判决。然而,第八巡回上诉法院推翻了卡希尔法官的判决,并责令卡希尔改判克拉里 10 年刑期[Alexander 2010:109－112; *United States v. Clary*, 846 F. Supp. 768(E. D. Mo. 1994), reversed 97 F. 3d 1457(8th Cir. 1996)]。

亚历山大以芝加哥为例,说明禁毒战争的影响。该市 80%的黑人成年男性劳动人口都有重罪前科。在芝加哥地区,每年因毒品犯罪入狱的人大幅增加,从 1985 年的 469 人增加到 2005 年的 8755 人。在贫穷的北朗代尔社区,18 岁至 45 岁的美国黑人男子有犯罪前科的约占 70%,其中大多数人是毒品犯罪。2001 年 6 月,伊利诺伊州监狱系统收押的黑人男性比该州公立大学招收的黑人男性还要多出 2 万人。1999 年,获得伊利诺伊州某州立大学学士学位的黑人男子是 992 名,而因涉毒犯罪入狱的黑人男子将在次年刑满释放的就达到 7000 人(Alexander 2010:184-185,191)。

2016 年,联邦地区法院法官弗雷德里克·布洛克判处被指控犯有毒品走私罪的切维尔·内斯贝斯缓刑,而不是判她犯有重罪,并解释说,重罪定罪的附带后果“没有任何好处”,而只能带来“灾难性的后果,比如失去孩子监护权或无家可归”,可能导致个人“成为累犯,并重新开始犯罪循环”(Weiser 2016a)。

2013 年 12 月,奥巴马总统为 8 名被判犯有霹雳可卡因罪的联邦罪犯减刑。他们的刑期都在 15 年以上,其中有 2 名罪犯被判终身监禁。奥巴马总统表示,如果根据当前修订后的禁毒法判决,这些罪犯的刑期就会大大缩短,也许早已服完刑期。例如,克拉伦斯·亚伦 22 岁时因毒品犯罪被判终身监禁;斯蒂芬妮·乔治因允许其男友在她家中存放一箱霹雳可卡因于 1997 年 27 岁时被判终身监禁。到奥巴马卸任时,他一共赦免了 1927 名毒品罪犯,其中大部分是非暴力的,其中包括 1715 名减刑和 212 名赦免人员。

2018 年 6 月,特朗普总统为非暴力毒品罪初犯爱丽丝·玛丽·约翰逊减刑。约翰逊被判犯有密谋私藏可卡因和企图私藏可卡因罪,被判处终身监禁,已服刑 21 年。2018 年 12 月,国会两党多数通过了《第一步法案》,并得到特朗普总统的签署。该法案规定在联邦监狱系统内进行几项改革。该立法以及其他改革规定追溯适用《公平量刑法》,减少对 2010 年之前被定罪的联邦囚犯在霹雳可卡因和粉状可卡因量刑上的差异。这影响着大约 2000 名联邦囚犯。该法案还赋予联邦法官权力,对被判犯有毒品罪且犯罪历史有限的个人可以不判处强制性最低刑期;减少根据联邦《三振出局法》对被判犯有两项或两项以上暴力或毒品重罪的个人的刑期;并提高联邦囚犯可获得的“表现良好积分”。2019 年 7 月,根据该法案,联邦监狱释放了 3000 多名囚犯,其中绝大多数是黑人。国会预算办公室估计,《第一步法案》将在未来 10 年内把联邦囚犯的刑期总共减少 5.3 万年(Benner 2019b)。

有色人种移民法

不同民族和种族背景的批判种族主义学者提出要防止“二元思维”,因为“二元思维”只把种族差异看作白人和美国黑人的差异。这些学者以移民法为例说明法律专门对一些少数族裔群体给予苛刻的限制。移民政策受经济、对外来劳工的需求以及对外政策等多种因素的影响。一个不能否认的事实是,从历史上看,移民政策受到种族因素的影响(Delgado and Stefancic 2001)。

移民法对外国个体居民申请进入和居留美国的程序做了规定。每个国家都是一个主权实体,都拥有管控其边境的法定权力。在美国,移民和驱逐事务是移民和海关执法局与海关和边境保护局的职责,这两个局都隶属于国土安全部。

人们想要进入美国,必须申请签证,如果被认为符合条件,将会获得美国政府的签证,签证对入境和留居时间都有限定。签证分为多个类别,有旅游签证、学生签证、工作签证和居留签证。获得绿卡者可以在居留美国期间就业。庇护签证是另外一个程序,美国政府基于人道主义考虑准许那些在本国面临迫害的个人在美国居留避难。在某些情况下,美国准许那些从正经历国内暴力和内战的国家逃出的个人暂时居留美国。

从早年的美利坚合众国开始,移民问题就一直饱受激烈的政治争论。有些人主张无限制移民,而另一些人则对外来移民是否接受美国的民主价值观提出疑问,并警告称,种族太多将会引起社会局势紧张。从 1845 年到 1854 年的 10 年间,有近 300 万人进入美国,来自苏格兰、法国、瑞典和挪威的移民占据了美国人口的 15%。由于“路易斯安那置地”案和美墨战争,美国的领土得到扩张,因此需要新的移民愿意到那里定居,并愿意就业于那些为美国的工业革命提供能源的工矿业。截至 19 世纪末,美国国民才达成共识,同意北欧人和西欧人继续移民美国(Tichenor 2002:62,70)。

然而,美国人却强烈反对南欧人和东欧人移民美国。这是因为美国人蕴藏着反天主教徒和反犹太人的情绪。尤其是欧洲犹太人，被认为基因低等，且在智力和道德发展方面处于较低阶段(Higham 1974)。

传统智慧认为，大多数移民群体尽管早期遭受反对和歧视，但终究还是融入了美利坚“大熔炉”。莉娜·牛顿认为，“直线同化模式”未必可准确地体现美国人对亚洲裔和西班牙裔移民的看法。牛顿批评美国人没有认识到这些群体的贡献。她指出，由于语言、肤色以及美国人把来自亚洲和西班牙语地区的移民都笼统地归为“一类人”等综合因素，亚洲裔移民和西班牙裔移民被视为“不可同化的”“永久的外国人”。

在牛顿看来，许多美国人都认为西班牙裔移民是临时居民，不是美国社会的永久居民，他们在美国工作数年之后将会回到墨西哥。牛顿发现，美国人还把西班牙裔移民说成是“外来罪犯”，有犯罪和贩毒嫌疑的外来者。尽管西班牙裔群体具有复杂的多样性，但他们却被不加区分地认为是“越境”而来。在美国民众的想象中，国界以外都是一些无法无天的地方。

美国人还错误地认为，西班牙裔妇女越境生育是为了让她们的孩子获得美国国籍。由于“越境婴儿”的威胁，一些政界人士便主张废除宪法第十四修正案，因为该修正案规定“在美国出生者即可获得美国国籍”(Newton 2008：22-41)。

在对移民的多种负面叙事中，一个极端的叙事出现在哈佛大学已故教授塞缪尔·亨廷顿2004年的一篇颇具争议的文章中。亨廷顿在文章中认为，美国境内的西班牙裔抵制美国的职业道德、语言和文化，还支持将加利福尼亚州和得克萨斯州某些地区归还给墨西哥，对国家构成内部威胁(Huntington 2004)。牛顿指出，西班牙裔不像欧洲移民群体，他们没有为美国而战的功劳，美国人也不承认其为美国的建设所做出的牺牲和贡献。“在美国，‘墨西哥人’一词是个负面词。这个词很容易让人联想起非美国的，甚至是险恶的东西”(Newton 2008：26)。

人们对西班牙裔和亚洲裔的负面叙事体现在美国的移民法中。19世纪和20世纪初，中国劳工移民也遭到了反对，与时下美国人反对墨西哥移民一样。1850年至1882年，大约有25万中国劳工被招募来美国修筑铁路及充当矿工与农工。加利福尼亚州工会指责中国劳工抢走了“白人劳工”的工作，拉低了工资标准。政客们也迎合这种偏见。华人要缴纳特种税，不得就读于加利福尼亚州公立学校，不得出庭作证(Tichenor 2002：87-196)。

1882 年,美国国会通过了《排华法案》。该法案规定暂停中国移民入境 10 年,禁止中国移民加入美国国籍,并且规定,华人离开美国后想要回来的,需要重新办理特别签证。1884 年,国会禁止华人从夏威夷和菲律宾美国领地移民入境,并且宣布以前颁给中国移民的返美签证作废(Tichenor 2002:106-115)。

19 世纪 80 年代,丹佛、怀俄明、西雅图、波特兰以及加利福尼亚州的 31 个城市发生了排华骚乱。1888 年,美国同清政府签订条约,把禁止华人移民美国的规定再延长 20 年。美国国会随后专门针对旅居美国的华人(非美国公民)作出立法规定。华人要想留居美国,必须获得居留证,并须由 1 名白种男性证人发誓证明其在 1882 年前一直住在美国。华人还必须随身携带居留证(Tichenor 2002:106-108)。

美国最高法院在一系列的裁决中承认,国会对移民事务有着绝对的权力,而且行使这项权力无须接受法院的司法审查。在最高法院看来,华人居留美国是一项特权,但美国国会可自行撤销这一特权。1889 年,斯蒂芬·菲尔德大法官在裁决中指出:"[如果国会]认为一个国家不同种族的外国人居留美国,由于其不会与我们融为一体,会危及国家的和平与安全……那么,国会的决定对法院具有终局约束力"[*Chae Chan Ping v. United States*, 130 U. S. 581 (1889)]。

1902 年,美国国会再次延长禁止华人移民的期限,并于两年后宣布永久禁止华人移民入境。20 世纪初,美国华人从 10.7 万下降到 7.1 万,而与此同时,美国却接纳了 900 万欧洲移民。在这些欧洲移民中,有 600 万人来自南欧和东欧的意大利、俄罗斯、匈牙利和希腊。1910 年,哈佛大学校长劳伦斯·罗威尔承认,他曾一度认为排华是"完全错误的",但现在他认为排华政策"保持了美国社会有益的同质性"(Tichenor 2002:114-120)。1917 年,美国国会规定了"亚洲禁止移民区",禁止接收亚洲、印度以及非洲部分地区移民(Newton 2008:12)。

美国国会随后将注意力转向犹太人、意大利人、希腊人、葡萄牙人不断移民所带来的威胁。多项针对新移民的非常值得怀疑的研究表明,这些群体没有瑞典、荷兰和德国移民那样的人生观和文明程度。1924 年,在 1890 年就已留居美国的每种国籍每年的移民人数被限制到 2%。这个方案,连同对亚洲移民的持续禁止,造成 84% 的新移民来自北欧和西欧(Tichenor 2002:114-149)。1914 年,欧洲合法移民总数为 120 万,但根据 1924 年的法律,欧洲合法移民总数减少到16万(Okrent 2019:344)。

墨西哥人移民美国不受定额的限制,尽管1917年移民法规定,墨西哥移民须纳税并接受文化测试。纳税对墨西哥人移民美国来说并不是障碍,因为美国边境巡逻队没有办法控制美墨两国人员自由流动。

由于第一次世界大战造成劳动力短缺,美国只得主动招募墨西哥劳工。20世纪20年代初,墨西哥劳工占了加利福尼亚州农场劳工总数的3/4。1930年,美国西南部80%的农作物是靠墨西哥劳工收获的。据估计,自1910年到1930年移民到美国的墨西哥人多达100万人。这些劳工生活条件简陋,男人的平均工资是每小时38美分,妇女的平均工资是每小时27美分(1927年美国平均工资为男人每小时61美分,妇女每小时40美分)。他们没有病假工资、工人赔偿或就业保障(Strum 2010:4-9)。

美国尽管需要墨西哥劳工,但也出现过反墨西哥人风潮,并实行过反墨西哥人政策。美国经济大萧条时期出现大量失业人口,人们把怨恨指向墨西哥劳工。1929年至1939年,美国政府出台了墨西哥人遣返计划,近100万墨西哥人或被驱逐出境或被迫离开。被迫或自愿离开美国的占全美墨西哥人总数的1/3。据估计,其中60%的墨西哥人是美国的合法公民(Strum 2010:10)。

由于"二战"期间美国农业劳动力出现短缺,美国和墨西哥于1942年签订了一系列从墨西哥引进临时合同工的协定。这项计划一直持续到1964年。铁路方面则另有一招工计划。1945年,美国有7.5万墨西哥短期合同工从事铁路建设和维护,有5万墨西哥季节性合同工从事农业生产。尽管美国曾向墨西哥政府保证,墨西哥短工享有的工资水平和医疗条件与美国工人相同,但是美方给予墨西哥短工的待遇通常很差。1965年,《移民和国籍法》实行西半球移民签证体系,向墨西哥移民获得永久居留地位打开了大门(Tichenor 2002:167-174,211-216)。

墨西哥短工计划(布雷斯罗计划)对制止墨西哥非法劳工涌入美国作用十分有限,而且美国西部农业和牧业利益集体主要依靠非法劳工为他们工作,因而抵制政府对雇用非法劳工的雇主给予处罚的政策。德怀特·艾森豪威尔总统尽管支持墨西哥短工计划,但他还是认为,非法劳工拉低了美国劳工的工资水平,给美国的学校、公共安全和医疗卫生增加了负担。1954年,艾森豪威尔总统发起了军事化的偷渡移民遣返行动,数以千计的墨西哥人被驱逐出境,多达50万墨西哥人自愿离开美国。司法部长赫伯特·布劳内尔宣称,移民遣返行动需要打击“湿背入侵”(指墨西哥移民游过格兰德河进入美国),因为偷渡越境是引发疾病、犯罪和社会不稳定的因素。联邦特工对洛杉矶的墨西哥人居住区进行梳头式搜查,扣留西班牙裔移民并查验其身份证,还对芝加哥各工厂展开突击检查。联邦政府在报告中称,非法移民已受到沉重打击(Tichenor 2002:202)。

H-2A 签证目前适用于临时农业工人入境并短期在美国工作。雇主必须支付给他们最低工资,并提供适当的工作条件和住房。H-2B 签证适用于非农业雇主雇用临时员工。通过这一签证计划,墨西哥和中美洲的劳工得以进入美国,就业于受卡特里娜飓风影响的新奥尔良。美国工商业界人士不满地表示,他们无法通过这些签证计划获得充足的劳动力,只得从大街上招工,其中不乏非法移民(Newton 2008:50-51,101)。

罗纳德·里根总统成功说服国会于 1986 年通过了《移民改革和控制法案》。该法案宣布,对 1982 年 1 月 1 日前非法入境的 300 万移民既往不咎。为了防止出现新的非法移民,美国加强了边防控制。1993 年和 1994 年,美国除边防巡逻队外,还把探照灯、隔离栅栏和跟踪技术等多种手段用于边防。沿边境各薄弱点的隔离栅栏安装有电子传感器和其他装置以监测从墨西哥越境进入美国的偷渡者。根据 1996 年通过的《非法移民改革和移民责任法案》,美国投入 1200 万美元用于加强边防(González 2016;Newton 2008:56,60;Tribune News Service 2016)。

这些措施,加上美国经济衰退和墨西哥经济稍微好转,对非法劳工涌入美国的势头明显起到了抑制作用,但还没有完全遏制。1994 年,150 万人在偷渡进入美国时遭到逮捕。2012 年,由于非法移民减少,因偷渡被逮捕的人数下降到 35. 6 万。2015 年,逮捕人数约降至 18. 6 万,为历史低点(González 2016),但近几年逮捕人数又出现飙升(见下文的讨论)。

亚利桑那大学边境安全和移民问题全国研究中心发现,在边境被逮捕的人大多数都是低技能的劳工,在墨西哥找不到就业机会。他们大多数人表示还会再尝试偷渡。一项对内布拉斯加州 40 个肉类加工厂的官方调查发现,24310 名工人中有 4762 人的姓名与他们的社会保障号码不符。一项对华盛顿州苹果包装棚 1700 名工人的检查发现,有 500 名工人的姓名与他们的社会保障号码不符(Bacon 2008:24-26,146-147)。

亚利桑那州多年来都抱怨称,该州一直承受着学校教育、医疗和公共安全的沉重经济负担，而联邦政府却没有采取积极行动限制移民入境。亚利桑那州大约有10%的成年工人没有合法身份，主要集中在农业、建筑和低工资的服务业。据估计，亚利桑那州81%的非法移民是墨西哥人。没有合法身份的成年人及其子女占亚利桑那州贫困人口的1/5，占没有医疗保险人口的1/3，占学龄人口的1/6（Francis 2010a）。

2010年3月27日，58岁的罗伯特·克伦兹在牧场干活时被枪杀身亡，事发地点距离墨西哥边境约19英里。据称，凶手是从墨西哥入境的。2010年4月，亚利桑那州州长简·布鲁尔签署了第1070号参议院法案《支持我们的执法与安全社区法案》。该法案旨在保护亚利桑那州免受从墨西哥涌入该州的“在美不法分子”的冲击。该法案引燃了抗议的爆裂大火，人们指责亚利桑那州所颁布的立法是批准对西班牙裔进行种族定性。

《支持我们的执法与安全社区法案》是一部复杂而详尽的法案，不好用三言两语加以概括。2012年，美国最高法院对“亚利桑那州诉合众国”案作出裁定，亚利桑那州的这项法案违宪，因为该法案干涉了联邦对移民事务的司法管辖权[*Arizona v. United States*,567 U. S. 387（2012）]。亚利桑那州的这部法案有如下主要特点：

合理怀疑。警察如果合理怀疑一个人是非法滞留美国，只要对其进行合法拦截、扣留或拘留，即可确定其移民身份。合理怀疑是一个相当低的证据标准，对查出社区非法移民大致有15%的把握。这一规定由于最高法院不予否定，故仍然有效。

拘留查验。警方把人拘留起来，对其移民身份进行查验，在确定其为合法居留美国后方可释放。

备查证件。“外国人”需要根据联邦法律在联邦政府登记身份，并需随身携带登记证件。亚利桑那州法律规定，不随身携带登记证件为轻度犯罪，罚款100美元，并处20天监禁。如再次发现没有携带证件，可判处30天监禁。如果一个人能够出示有效的亚利桑那州驾驶证或美国原住民部落登记卡，或其他有效的可证明其公民身份的美国联邦、州或地方所颁发的证件，警察即可推定其是合法留居美国。

不得歧视。警察不得在执法中考虑种族、肤色或国籍等因素。

忠实执法。公职人员有不忠实执法的，亚利桑那州任何一个公民都可对其提起诉讼。

亚利桑那州立大学莫里森公共政策研究所的一项民意调查显示,亚利桑那州支持该法案的选民占60%,反对该法案的占23%(Francis 2010b)。大致相同比例的选民支持为无证个人提供获得公民身份的途径,另有15%的选民支持为无证个人直接提供永久居留权(Nevarez 2016)。全国性的盖洛普民意调查显示,支持该法案的民众占51%,反对该法案的占39%(Wood 2010)。皮尤研究中心在一项民意调查中发现,支持该法案的民众占59%,反对该法案的占32%(Pew Research Center 2010)。

批评人士称,该法案助长了警察对西班牙裔进行"种族定性"。警察往往会因轻微交通违规而拦截西班牙裔司机,以确定他们是否为合法居留美国。这样一来,西班牙裔公民或合法居留者都有可能遭受警察拦截,一旦没有携带所需的身份证件,就会被抓进监狱,直到他们能够证明其公民身份或合法居留身份。批评人士不满地指出,"你出门买个比萨饼,却因没有携带身份证明就有可能被抓进监狱,直到你能够证明你的美国公民或合法居留身份"。人们对要求美国公民和合法留居者必须向警察出示身份证件的规定尤为反感,因为这个做法不免让人想起"极权主义的警察国家"。

墨西哥总统菲利佩·卡尔德隆访问白宫时谴责该法案侵犯了人权。墨西哥向国民发出旅行警告,告诫他们去美国亚利桑那州可能会遭遇骚扰和警察审问。皮尤研究中心进行的一项调查发现,美国有近六成的西班牙裔称,学校种族歧视是一个"严重的问题"。36%的人认为"移民身份"是种族歧视的主要原因,31%的人认为,关于移民问题的辩论带来了负面的影响。75%的西班牙裔反对亚利桑那州的这项法案,86%的人赞成为大约1200万非法劳工提供成为美国公民的途径(Lopez,Gonzalez-Barrera and Motel 2011;M. Lopez,Morin and Taylor 2010;Pew Research Center for Hispanic Trends 2012)。

2010年5月1日,70个城市举行抗议活动,其中在洛杉矶参加抗议活动的多达6万人。在白宫前举行示威活动的抗议者要求总统奥巴马进行移民改革,但遭到逮捕。丹佛、洛杉矶、奥克兰、旧金山和圣保罗(明尼苏达州)等城市都宣布将禁止人们到亚利桑那州出差旅行,并停止与基地在亚利桑那州的公司进行一切业务往来。各行业协会决定将其会议转移到亚利桑那州以外的城市召开。这些抗议活动传递出一个强烈信号:无论哪个州,如果要出台类似亚利桑那州的法案,将会付出沉重的经济代价(Lacey 2010)。

奥巴马总统称,该法案起了误导作用,并提醒说,该法案会使西班牙裔面临拘留和骚扰的风险,而且也会损害警民关系。司法部长/总检察长埃里克·霍尔德宣称,司法部将会把该法案告上法庭。2010 年 7 月,联邦地区法院法官苏珊·博尔顿应奥巴马政府的要求发布了一项初步禁令,禁止执行该法案的若干规定,待对该法案的合宪性作出最终的法律判决。法官如果认为某项法律极有可能被判定违宪,就可以发布初步禁令。博尔顿法官解释说,移民事务归联邦政府管理,而不是归州政府管理,联邦法律由美国联邦机构执行。亚利桑那州的这部法案要求联邦政府检查在亚利桑那州被拘留人员的移民身份,是对联邦政府施加负担。这必然会分散联邦用于其他事务的资源(Archibold 2010)。

2012 年,在“合众国诉亚利桑那州”案中,美国最高法院推翻了亚利桑那州的这部法案,但最高法院没有就“请出示证件的条款”的合宪性作出裁决。该法案的这部分规定允许警察要求其拦下并合理怀疑为非法留居美国的人员出示证件。然而,2016 年,亚利桑那州与多个民权组织达成了一项协议,为警方制定了不具约束力的指导方针,规定警察不得进行种族定性或种族貌相,不得仅仅为了确定移民身份而延长扣押时间。

2005 年至 2013 年,大约 35 个州和一些地方通过了三项或更多针对非法移民的法令,亚利桑那州是其中最引人注目的。这些法律都因没有通过法律审查而被法院推翻(Provine et al. 2016:44-45)。弗吉尼亚州威廉王子县通过了一项法律,要求警方在有充分理由的情况下,对认为非法居留美国的人进行扣留并检查其移民身份。一项由弗吉尼亚大学和警察执法研究论坛联合进行的研究发现,该法律的实施导致该县非法移民的人数从 2006 年到 2009 年减少了 3000—6000 人(Tavernise 2010)。宾夕法尼亚州黑泽尔顿市 2006 年颁布的一部条例被法院推翻。该条例规定,房东不得租房给非法移民,企业不得雇用无证工人。该条例还要求城市工作人员“只用英语”交流,黑泽尔顿市的居民必须取得“居留证”。据称,由于该条例的实施,该市的西班牙裔人口数量出现减少,为西班牙裔服务的小型企业被迫关闭(Newton 2008;Provine et al. 2016:37,132)。

2008 年,美国国土安全部颁布了一项“安全社区”计划。奥巴马政府后来将该计划扩大至 3182 个执法管辖区,这一政策是自愿性的,旨在通过州和地方执法人员来加强移民执法。被拘留者的指纹会自动发送给联邦调查局和国土安全部。被拘留者在被拘留期间,移民和海关执法局决定是否发出继续拘留令并将其驱逐出境。继续拘留令是移民和海关执法局在被拘留者拘留期满将被释放前要求执法机构继续拘留的指令。非法进入美国的个人或有犯罪记录的合法移民几乎都会被驱逐出境。研究发现,“安全社区”计划造成警察的种族定性和借口拦查,以及在移民和海关执法局处理被拘留者的记录材料期间被拘留的时间过长。在 2013 年被驱逐出境的人中,只有 12% 的人犯下了严重罪行,而对其中一半的被拘留者而言,其严重罪行是违反交通规则或违反移民规定,如非法入境,学生签证或旅游签证逾期。数百名美国公民遭到错误拘留(Provine et al. 2016:100-102)。

一些城市和县宣布自己是“庇护城市”,并拒绝参加安全社区计划。这些城市明确禁止警察询问被捕者、证人和受害者的移民身份,并禁止警察向联邦移民当局通报公民的移民身份。这些“庇护”辖区的官员称,“安全社区”计划引起人们对警方的不信任,因此,移民团体不愿与警方合作侦查和调查犯罪。人们还批评“安全社区”计划加重了当地执法资源的负担。几项研究证实,西班牙裔移民遭受犯罪侵害或目睹犯罪行为后不敢报案,因为他们担心当局会调查他们的移民身份。地方官员还宣称,联邦政府没有宪法权利要求地方执法部门执行联邦法律(Provine et al. 2016;Semple 2010)。

2014 年,奥巴马政府放弃了“安全社区”计划,原因是有人指控地方当局借此进行种族定性,该计划导致美国公民和合法居留者被错误拘留。与此同时,国土安全部宣布了一项新的针对性更强的联邦—地方计划,即“优先执法计划”,重点关注那些对安全构成威胁、被判犯有重罪的个人。“庇护城市”运动随后蔓延到 39 个城市和 300 多个县,以及各种大学校园和教堂。非法进入美国是一种犯罪,但没有适当的证件而滞留美国不是犯罪(Yee 2017a)。2017 年 1 月,前纽约检察长埃里克·施奈德曼向地方政府发布了一套指导意见,规定了“庇护城市”的基本原则,概述如下。

警察。警察不应询问被捕者、受害者或证人的移民身份,也不应代表联邦执法人员处理移民事务。警察不应仅仅因为怀疑个人的移民身份而对其进行拦截或拘留。

登记。地方资源不应用来在社区中建立无证移民登记处。

拘留。地方警察应联邦当局的要求,不应超时限拘留个人,除非此人曾被判犯有重罪,曾在被驱逐出境后又非法进入美国,或者有合理根据表明此人参与恐怖活动,或者联邦法院发出了要求逮捕和拘留此人的刑事逮捕令。例如,纽约市将被指控犯有 170 项重罪的人移交给移民当局。

国际视野:全球人口贩运

1883 年,英国议会通过了《废除奴隶制法案》,并解放了大英帝国境内所有的奴隶。23 年后,美国宪法第十三修正案宣布,“在合众国境内或属合众国管辖的任何地方,不准有奴隶制或强制奴役存在”。

令人惊讶的是,世界上还有大约 2700 万奴隶。如今,世界上的奴隶人数超过 18 世纪和 19 世纪跨大西洋奴隶贸易高峰时期沦为奴隶的人口总数。奴隶人数大于加拿大人口总数,是以色列人口总数的 6 倍。奴隶的定义是,违背其意愿以剥削其劳动为目的而被限制自由的人(Bales 2004:9)。

大多数奴隶都是从事农业劳动,也有奴隶从事制砖、开矿、采石、织毯以及珠宝业劳动。虽然世界各地都有人沦为奴隶,但奴隶主要集中在孟加拉国、印度、巴基斯坦、尼泊尔、东南亚、非洲北部和西部以及南美洲部分地区(Bales 2004:9)。大卫·巴斯滕指出,“你穿的鞋子和你家铺的地毯可能是巴基斯坦的奴隶制作的,你咖啡里加的糖和你孩提时玩的玩具可能是加勒比地区的奴隶生产的。你穿的衬衫可能是印度的奴隶缝制的,你手上戴的戒指可能是印度的奴隶打磨的”(Batstone 2007:9)。最令人愤慨的一起虐待奴工事件发生在东南亚的渔业领域。美联社和《纽约时报》的调查报道揭露了抽打奴工、剥夺其食物和水以及不给其工资等现象(Urbina 2015)。

美国大约有 10 万奴隶,每年有 1.75 万人被贩卖到美国为奴。另外还有 3 万奴隶途经美国贩卖到其他国家。卷入奴隶贸易的不只有美国,超过 150 个国家作为输出地、目的地或交通枢纽卷入了奴隶贸易。每年超过 20 万奴隶被贩卖到欧盟国家(Batstone 2007:3-6)。

2004 年,联合国发布了一份报告,题为《1000 万儿童充当国内劳动力受尽剥削》。该报告披露,印度尼西亚有 70 万儿童被迫从事家务劳动,巴西有超过 50 万儿童从事农业劳动。使用童工的国家还有巴基斯坦(26.4 万人)、海地(25 万人)和肯尼亚(20 万人)(Batstone 2007:6-7)。

2003 年,美国总统小布什在联合国大会的发言中谴责指出,每年有 80 万到 90 万人“被买进卖出,或在世界范围内跨境被倒卖”。他宣称,“买卖人口……决不允许在我们这个时代愈演愈烈”。继毒品交易和武器走私之后,贩卖人口是世界第三大暴利犯罪活动(Batstone 2007:3)。

如何解释凯文·贝尔斯所说的现代奴隶制(新奴隶制)?“全球化”一词,是指由于世界各国间的交通、通信和经济活动越来越便利,各国和各国人民之间的联系越来越紧密。全球化通常被人们当成一件好事,因为它使全球各国人民得以共享跨境贸易、文化交流和人员流动所带来的利益。然而,许多人还没有分享到全球化的好处(Stiglitz 2012)。

多种因素造成了一批年轻人技术水平低、经济贫困,他们渴望获得经济保障。这些因素是(Bales 2004:1-33):

> 人口。自1945年以来,世界人口增长了2倍多。大部分增长发生在最不发达国家,这些国家50%或更多的人口年龄在15岁以下。这些年轻人往往缺乏在新的全球经济中取得成功所需的机会或教育。
>
> 战争。战争、国内动荡和种族灭绝迫使人们背井离乡。全球有5000多万难民和流离失所者,成为取之不尽用之不竭的劳动力资源。
>
> 经济发展。许多国家采取了向世界出口商品的发展战略。西方国家的企业与世界各国的工厂签订合同,而这些工厂竞相通过降低生产成本增强自身的竞争力。在生产产品销往欧美市场的工厂,工人们通常工作时间长,工资低,工作和生活条件差。农业耕地被大型集团公司兼并,用于种植花卉等出口经济作物。于是,大批农民被迫离开土地,农作物的生产受到限制,造成发展中国家的国内粮食价格上涨。
>
> 教育。发展中国家由于纳税人口少,富人偷税逃税,政府财政收入有限。用于公共教育,特别是科技方面的财政支出相对较少。因此,发展中国家缺少能够在全球经济高端水平上具有竞争力的技术工人。

贝尔斯把奴隶制分为现代奴隶制和传统奴隶制,传统奴隶制就是19世纪美国南部所实行的传统形式的奴隶制。贝尔斯认为,在过去,奴隶主以高价买下奴隶,像养牲口一样养着他们,并管着他们的生老病死。而奴隶对奴隶主的经济生存和安全至关重要,而且通常在种族或肤色上也不同于奴隶主。贝尔斯认为,现代奴隶制很大程度上是基于合同或同意。这些合同奴隶工作时间长,产出效益高。工人一旦不再有劳动能力就会被辞退,因为有无数的人可取代他们(Bales 2004:15)。请记住,无论贝尔斯的一般论点有什么优点,但有大量证据表明,非洲奴隶在美国南部曾受到不人道的待遇和虐待(Bales 2004:15;Clark and Poucki 2019)。

现代奴隶制基于5种形态(Bales 2004:19-22),见表11.1。

表11.1　现代奴隶制的形态

动产奴隶	现在世界上只有少数动产奴隶。动产奴隶制接近传统的奴隶制形式,存在于非洲北部和非洲西部。最明显的例子是毛里塔尼亚,那里的奴隶主拥有奴隶所有权,可出售,奴隶生下的孩子也是奴隶
债务奴隶	以工抵债,做工期限及所做工种不确定。儿童可用来抵押贷款,如果违约,儿童便被抓走。债务奴隶常见于印度和巴基斯坦,占世界奴隶人口的一半以上
合同奴隶	个人签订合同后,在重工业、工厂和餐馆打工,或者做家佣。合同用来胁迫工人就范。这种现象在东南亚、巴西以及中东地区十分常见
战争奴隶	青少年被抓后,被迫当娃娃兵参战。在缅甸等国家,平民百姓被迫在武装军警监督下在建设工地干活
宗教奴隶	在非洲和印度,家人会把家里的年轻女子送给祭司,以为家人赎罪。年轻女子到了那里需要打扫卫生、做饭,通常在生过几个孩子后才会被放出来

本杰明·斯金纳指出,全球的色情行业产值1000亿美元,并声称有200万妇女在任何给定的时间点被迫卖淫(Skinner 2008:132,143,177)。在东欧,社会制度的改变导致经济崩溃。20世纪90年代,苏联各加盟共和国的失业妇女占妇女人口总数的80%—90%,每4名10岁至19岁的年轻女子中有3名表示愿意到国外工作。20世纪90年代,摩尔多瓦大约有25%的人口移居国外。全球色情行业从业者的另一个来源是罗马尼亚和摩尔多瓦人满为患的孤儿院,因为这里的孤儿院院长被指控向妓院经营者贩卖儿童(Batstone 2004:103-104,166)。

人口贩子以承诺安排去西欧打工为由招募年轻女子。她们到达目的地才发现上当受骗,但却被告知已欠下数千美元旅费。人贩子通常把女子卖给妓院,而妓院老板则要求女子上班以偿还买她所花的钱。这笔钱还包括房租、伙食费、烟卷费和利息。年轻女子还受到威胁,如果不能还清债务,她们本人、家人或孩子就别想活。

被贩卖的女子抵达目的地后,护照被没收,遭受殴打、强奸、虐待。她们没有钱回家,也不懂当地语言和文化。年轻女子可能会发现自己被卖了4次或5次,从土耳其卖到意大利,再接着卖到西班牙、荷兰、日本和迪拜。警方往往对于人口贩卖视而不见。女子即使设法跟警方联系上,也面临语言障碍,还可能因卖淫和非法入境而遭到监禁,被遣送回国后还会受到一定的惩罚。

在荷兰,一晚上接待14—20个男人的女子称每年为妓院老板赚25万美元。妓女最后落下的是艾滋病、创伤后应激症和心理障碍,而且她们的生命安全也不断受到嫖客的威胁。一旦妓女的赚钱能力出现下降,妓院老板就会把她们抛弃(Skinner 2008:117-191)。

亚洲国家的情况也是如此。贝尔斯的报告称,有的年轻女子受骗签订在城市工作的合同,有的被父母卖给人贩子。花2000美元可买到一名12岁至15岁的女孩,而每年赚到的利润可高达800%。年轻女子生病或感染艾滋病之前,可被剥削3—4年。这些女孩子通常都是由女骗子到乡村花言巧语骗来的,说什么跟她走有的是机会游玩、赚钱,还能养家。

亚洲嫖客愿意为处女出高价,这种要求必然驱使“皮条客”不断地招募成群结队的年轻处女。处女被认为能够带来好运,而且不会传染艾滋病(Bales 2004:18-19)。巴斯滕称,有极少数亚洲富商会供养农村女孩,以待女孩到了青春期同房(Batstone 2007:61)。

年轻女子一旦被骗来,就会遭到殴打、虐待和威胁。女子如果抗命不从,就会被灌药,不给饭吃,锁进橱柜,剥光衣服抽打,甚至用钢衣架殴打。女子怀孕要被迫流产,即使生下孩子也要把孩子卖掉(Bales 2004:59-60)。

泰国有3.5万名妇女成为债务奴隶,每年创造的总收入约达17亿美元。这个数字还不包括从亚洲和欧洲的“性旅游”中获得的收入。泰国的“性旅游”所招引来的游客每年超过700万人。贝尔斯称,泰国“性旅游”收入是其利润丰厚的计算机行业总收入的13倍(Bales 2004:55-57,65,75-77)。

犯罪团伙已经涉足色情行业。全球性交易网联通着世界各地的色情行业。旧金山的一个俱乐部可以预定到东欧或亚洲的年轻女子。如果遇到警方强制取缔或经济开始衰退,妓院随时可转移至另一地方开业。女子的招募行动不断从一国转到另一国,主要看一个国家的经济发展状况(Batstone 2007:171-172)。米莎·葛列尼在关于国际有组织犯罪的研究中指出,拐卖妇女行业大有吸引力,因为拐卖妇女不牵涉巨额资金投入,被拐女子容易被跨境转送,一名妓女能够产出巨额利润,还能够被不断倒手卖出(Glenny 2008:19)。成千上万的女子被人沿着所谓的“巴尔干小道”贩运进入意大利,从意大利通往亚洲和西欧(Batstone 2007:158)。

2014 年,尼日利亚的恐怖组织博科圣地组织从学校绑架了近 300 名女生,扬言要把她们卖去做奴隶,以筹集资金购买武器和装备(Nossiter 2014:A1)。

联合国毒品和犯罪问题办公室(UNODC)发布的 2018 年全球人口贩运报告记录了 54 个国家的 10772 人被贩运。该报告称,2016 年大约有 1/6 的人口被贩卖的目的是性剥削,这类受害女性占 68%,其中 26%是年轻女孩。妇女和年轻女孩约占劳动力贩运受害者的 35%,而年轻男孩约占劳动力贩运受害者的 10%。另一个情况是,2016 年大多数人口贩运受害者是在本国境内被贩运的。另外,由于地区武装冲突,从撒哈拉以南非洲贩运人口的数量有所增加。这些人成为绑架勒索赎金和强行摘取肾脏和其他器官以赚取巨额利润的目标(UNODC 2018)。

各国在全球人口贩运网络中扮演着不同的角色,有些国家可能扮演着多种角色,见表 11.2。

表 11.2　各国在全球人口贩运网络中的不同角色

供应国	这些都是贫穷国家,为妇女提供的就业机会有限
过境国	妇女先被暂时安置在这些国家,随后被转送至目的地国家。过境国都位于贩运路线上
消费国	北欧、西欧、美国和加拿大以及日本等国家为色情业提供了市场

2000 年通过的《联合国打击跨国有组织犯罪公约关于预防、禁止和惩治贩运人口特别是妇女和儿童行为的补充议定书》是最重要的国际社会打击人口贩运的文件。这个综合性的议定书要求各签署国采取多种措施打击“有组织的犯罪集团”所实施的跨国人口贩运行为。该议定书已由 117 个国家批准,是《联合国打击跨国有组织犯罪公约》的补充文件,还包括打击走私移民的内容。该议定书旨在打击以劳动剥削或性剥削为目的,以强迫、欺骗、诱拐或控制为手段,对人口进行招募、运送、转移、窝藏或接收的行为。至少 171 个国家签署了该议定书。《联合国打击跨国有组织犯罪公约关于预防、禁止和惩治贩运人口特别是妇女和儿童行为的补充议定书》呼吁各缔约国实现四个目标。

(1)预防。预防和打击贩运人口,特别是贩运妇女和儿童。各国应对人口贩运行为给予刑事处罚。

(2)保护。在充分尊重其人权的情况下,保护和帮助人口贩运的受害人。

各国应为受害人提供住房及物质、医疗和心理帮助。

(3)消除根源。保护和防止人口贩运,应该解决人口贩运存在的社会根源问题,如贫困、缺乏平等机会和失业。

(4)加强合作。为实现以上目标,各缔约国应在侦破、拘留和起诉人口贩运行动中相互合作。

联合国报告称,2002 年只有 33 个国家的刑事法规与该补充议定书一致,2016 年有 168 个国家(在 181 个统计国家中)有这样的法规。起诉人口贩运的国家数量以及对人口贩运的起诉和定罪数量在过去 3 年中有所增加。联合国发现,超过 30%的国家每年报告 10 起或不足 10 起的定罪,同样比例的国家 2014 年至 2017 年报告 11—50 起定罪。大约 15%的国家总共有 50 多起被定罪。被定罪的人口贩运者中 1/3 以上是妇女,她们通常参与贩运妇女和儿童,绝大多数贩运者与受害者具有相同国籍(UNODC 2018)。

美国境内的人口贩运活动有一些特点(Batstone 2007:228)。

原住国。被贩运人口来自 35 个国家。人数最多的被贩运人口来自墨西哥和越南等国。

目的地。被贩运到美国的人口主要集中在佛罗里达州、纽约州和得克萨斯州。

贩运团伙。美国境内的贩运人口活动涉及墨西哥、东欧、俄罗斯和亚洲的犯罪团伙。

从业领域。被贩卖人口大多被迫从事卖淫和其他商业色情活动(占 45%),此外是从事家政服务和农业生产(占 26%)。

2017 年,联合国下属机构国际劳工组织(ILO)发布了一份关于现代奴隶制的全球评估报告。报告宽泛地定义了奴隶制,并发现有 4000 多万成年男女和儿童在威胁下违背自己的意愿工作、结婚或服兵役。世界上每 1000 名成年人中就有 5 人被奴役,世界上每 1000 名未成年人中有 4.4 人被奴役。1/4 的被奴役者是未成年人,被迫结婚的人中有 37%是未成年人。21%的遭受性剥削的受害者是未成年人。总体而言,超过 70%的被奴役者是女性。被奴役者数量和比率最高的是非洲和亚洲及太平洋地区。在过去 5 年中,8900 万人遭受了某种形式的奴役(ILO 2017)。

本章总结

我们通常认为,法律是一种保障个人受到平等对待和保护个人不受歧视的机制。批判种族理论对这种看法提出挑战,认为法律是维护与延续种族不平等的手段。刑事执法过程中存在种族化倾向,例如,对交通法规和拦截搜身的歧视性执法,对涉及霹雳可卡因与粉状可卡因犯罪的差别性判决。法律表面上看似中立,如"不退让法",但它体现在不同种族身上却有迥然不同的结果。

种族偏见历来都是移民法中的一个因素。历史上,华人和西班牙裔移民一直都是美国临时体力劳动的来源,但却被认为不适合做美国社会的永久性居民。亚利桑那州近年颁布的那部法案原本是为了限制非法移民,但却造成了西班牙裔移民问题的持续紧张。

第十二章 隐私与监视

引 言

2010 年 2 月,16 岁的布莱克·罗宾斯和其家人以侵犯布莱克的隐私权为由对宾夕法尼亚州费城劳尔梅里恩学区提出控告。之前,布莱克曾被叫进副校长办公室,被告知他受到刑事指控,罪名是私藏和意图贩卖毒品。

劳尔梅里恩学区是费城地区最富有的学区之一,曾向本学区所有高中学生(共计 2300 名)发放了笔记本电脑。电脑上装有网络摄像头,摄像头一经远程激活便可拍摄学生照片,并获取其电子邮件屏幕截图,而学生及其家长对此毫不知情。摄像头每隔 15 分钟拍摄一次,在两年时间里共拍摄了 56000 张图片。布莱克的父母诉称,在被拍到的照片中,他们的儿子持有的是糖果而不是毒品。学校对此事解释称,安装摄像头是为了给丢失的笔记本电脑定位。

布莱克称,学校在没有征得本人同意的情况下,拍摄其本人在家照片及其电脑屏幕照片,侵犯了他的隐私权。他还认为,学校无权监视学生的校外生活。然而,校方却辩称,学校有权确保学校的电脑安全,而且有责任确保学生不吸食毒品。学生如果没有什么可藏着掖着的,就没有理由反对学校的监视。

2000 年 10 月,詹姆斯·特纳从一家全国性的汽车租赁公司租了一辆汽车。特纳意外得知这辆车上安装的电脑能够使汽车租赁公司在网络上获得自己的行车记录。而且,公司随时都能使汽车熄火。特纳停车加油时被告知自己的银行卡金额不足。他于是打电话询问银行,得知汽车租赁公司已从其卡内扣款,原因是他曾 3 次被录下超速行驶。特纳的经历是对未来趋势的一种暗示。一些新车配备了个人安全警报系统,保安公司借此可监听到车内人员的谈话。该系统目前仍在发展完善,未来将能使警方远程检查驾驶人是否有未处理的罚单,是否买有适当的保险,是否已进行机动车注册,以及其驾驶证是否过期(O'Harrow 2005:292-293)。

我们可能想象不到我们每个人每天的数据会被人收集。罗伯特·欧哈罗指出,我们登录互联网浏览网页,会被记录;我们点开一家报纸网站并登陆,又会被记录。你可能会利用上课前或工作前的时间观看你下载的节目,但是你的这一举动会再一次留下记录。开车上班,你用"电子通行证"支付过路费,会留下出行记录。你在课前30分钟用借记卡买早餐,或从自动取款机取款,都会留下记录。你无论是行走在校园,还是进入停车场,监控摄像头都会记录下你的一举一动。你离开校园,用磁条ID卡或其他技术方式进入你所住的公寓,会留下记录。你收发电子邮件和浏览网页,会被电脑记录下来。你下班路上到药店买处方药,也会留下记录。到家后拨打"800付费服务电话"订购衣服,你的名字、地址以及其他一些详细信息也会被记录下来。你的所有信息几乎都被传输给"数据汇集"公司,该公司再把你的信息卖给各种销售商,以方便他们推销适合你的产品。同时,这类信息大多也被下载存储到政府部门的电脑上(O'Harrow 2005:284-285)。

在本章中,我们主要探讨人们对隐私和监视的观念。就像布莱克·罗宾斯案件所表明的那样,网络革命所带来的技术使我们很难对隐私权的范围作出界定。有人可能把布莱克的遭遇视为一种不祥的预兆——我们正在步入监视状态,时时都处在被监视之中。但是,有一些人却认为,隐私观念过时了,因为它妨碍着公共安全与保护。

在当代社会中,我们似乎总是处于电子眼或技术手段的监视之下。在日常生活中,无论我们走到哪里,我们的信息都会被不停地记录。如何保护个人隐私不受科技变革的侵犯,将是未来一个重大的有待解决的问题。

当代隐私问题的一个例子是政府资助的一款手机应用程序,该应用程序可以跟踪新型冠状病毒检测呈阳性的个人的活动,并可通过各自手机识别过去几周内那些与被感染者都到过某个地方的人。这款应用还可以借助蓝牙技术,联系上违反安全"社交距离"规定,与新型冠状病毒检测呈阳性者接触15分钟以上的人。你如何看待航空公司按规定收集乘客数据,并将这些数据传送给政府,用于识别和联系被发现新型冠状病毒检测呈阳性的乘客?是否应该要求登机的个人出示新型冠状病毒检测呈阴性的证明?

在阅读本章时,请思考这一问题,即我们的隐私权是增强了,还是削弱了?

隐私权是否是一个过时的、没有必要的概念？在隐私权问题的争论上，我们是否花费了太多的时间？另一个需要思考的问题是，技术是否已经跑赢了法律规定？

隐私重要吗？

你可能会认为自己“没有什么可隐藏的”，因此没有什么理由在乎隐私问题。每个人对隐私权的需求可能各有不同。你可能喜欢独自一人居住，而你的朋友可能喜欢和一些室友一起居住。思考为什么有人认为隐私无所谓，不重要(Solove 2011:22)。

“我没有什么要向政府隐瞒的，我怀疑政府是否关心我电脑上的东西，或者我在任何情况下告诉邻居的事情。”

“我没有什么好隐瞒的，大多数人也没有。反正政府什么都知道。”

“我没有什么要隐瞒的，如果我们能发现一个恐怖主义阴谋，那么我们所有人都值得向政府提供个人信息。”

有很多原因可以解释隐私为什么重要以及路易斯·布兰代斯大法官为什么把隐私权称作“文明人最看重的权利”[*Olmstead v. United States*, 277 U. S. 438,478(1928)]。下面所列出的是赞成保护隐私的理由，但很难得到衡量，也很难得到令人满意的证实(Solove 2008:80)。

> 减轻焦虑和压力。有了隐私，我们可以摆脱外界的混乱与纷扰，重获个人平衡感，重建自我。
>
> 发挥创造力。在隐私与独处中，我们可以更好地思考问题，反思自己的所作所为，发挥自己的想象力。众所周知，那些隐居的天才大师正是因为闭门不出，甘受寂寞，才创造出了艺术或音乐杰作。
>
> 表现自我个性。有了隐私保护，我们才能表现自我个性，才能自主决定所听所读所想，以及观看什么电视节目或是收听什么电台节目。换句话说，有了隐私，我们才好营造自己的生活环境，而不必去考虑众人的感受，是否符合众人的口味。
>
> 增进民主。一些学者认为，隐私对于民主至关重要。在私密空间

中，人们可以想说什么就说什么，相互交流看法，相互借鉴，毫无顾忌地进行各种思想观点的试验。

保障安全。隐私保护可保障个人信息安全，避免身份被他人盗用进而危害财产安全。

然而，并不是每个人都对隐私持赞成态度。有些学者认为，隐私有害于社会，是过去时代的产物，而我们正在步入一个更加开放、更加透明的社会。古希腊人把隐私看作是对社会参与和奉献责任的一种逃避。他们认为，人们没有权利把个人私利置于集体利益之上。也就是说，人们如果注重隐私，就会把个人利益看得重于社会责任，而人们应该把更大的集体利益放在心上。

还有一些人认为，隐私阻碍了社会的顺利与有效运转。我们对人们的信息掌握得越多，就越能够准确地判断他们是否可信。显然，假如你选择室友、雇员，你也一定很想知道他们到底是不是犯过重罪，有无毒瘾，是否酗酒成性。隐私让人们隐藏自己的个性，而将其虚假形象呈现给世人（Solove 2008：81-83）。

一个全国通用的身份证的小小芯片上储存着个人的所有信息，一经电脑查询就可以确认你是否为合法居民，能够获得你所有的医疗信息（例如，用过什么药物，对什么过敏），商场也可以瞬间查出你的账户里是否还有足够的钱可以兑付你填写的支票。人们需要出示“通用的新型冠状病毒通行证”，以便向雇主、商店、航空公司和餐馆证明他们已对新型冠状病毒产生免疫能力。如果保护隐私，这些还能做到吗？你会要求你约会的人接种过疫苗吗？

隐私会限制我们侦破犯罪案件与自我保护的能力。记录着我们进出建筑物时间的磁卡，可以为那些受到犯罪指控的人提供案发时不在现场的证据。电子跟踪设备可以记录性犯罪者和家庭暴力施暴者的行踪，进而保护社区安全。一个全面的国家 DNA 数据库可以帮助警方破案。

公共生活领域历来都是靠法律来管理，而私人住宅则受到隐私保护，政府不得侵犯。许多女权主义学者都认为，这种法律缺陷给了男人虐待妇女和儿童的空间和机会（Mackinnon 1987：93-102）。

下文我们将梳理隐私法的发展过程。

隐私法发展简史

19 世纪末见证了“通俗小报”新闻业的发展和社会对个人隐私的关切(Igo 2018)。约瑟夫·普利策接手《纽约世界报》后,该报的办报方针是“内容刺激诱人、文字精练生动、版面活跃多图”。1884 年总统大选的竞争对手是纽约州州长、民主党人格罗佛·克利夫兰和前美国众议院议长、共和党人詹姆斯·吉莱斯皮尔·布莱恩。布莱恩的信件被大量泄露给媒体,为传言布莱恩担任公职的同时又从铁路公司领取工资一事提供了可信度。布莱恩拒绝对此事件做出解释,坚称信件涉及他“神圣的隐私权”(转引自 Lane 2009:48-49)。

克利夫兰州长也是媒体关注的主题。据披露,克利夫兰在纽约水牛城做执业律师的时候有一个私生子,共和党人因此杜撰出那句有名的对话:“妈,妈,我爸爸在哪?去了白宫,哈哈哈。”克利夫兰在选举中胜出,入主白宫,越发受到媒体对其私人生活的调查。据媒体报道,就在克利夫兰计划迎娶比他年轻许多的前法律合伙人的女儿时,媒体就爆出这位总统未来的新妻子弗朗西斯·弗尔萨姆女士的一些丑闻。在他们结婚后,媒体对新的克利夫兰夫人的兴趣更是有增无减,而且她的肖像未经许可被用来为糖果、内衣和香皂等多种商品做形象代言。一位克利夫兰的坚定支持者称,总统看到自己妻子的肖像被用于产品宣传,非常惊骇,于是提出立法建议,把擅自使用他人肖像做广告的行为定为犯罪,但未获成功(Lane 2009:50-51)。

第一夫人弗朗西斯·克利夫兰的一个闺蜜名叫梅贝尔·贝亚德·沃伦,是华盛顿的一位社交名媛,她的活动成为八卦小报报道的主题。1883 年,她嫁给律师塞缪尔·沃伦,成为媒体普遍关注的人物(Lane 2009:53)。

就在沃伦结婚的当年,乔治·伊士曼改进了摄影工序,即底版无需经化学药品冲洗就能制出照片。1888 年,伊士曼研制出一款“柯达”牌照相机,可以同时拍摄多张照片。早在大约 10 年前,报纸行业就已经开发出有效复制照片的方法。这些技术的结合意味着,知名人物不仅是人们茶余饭后议论的对象,而且他们的照片也会轻而易举地出现在印刷媒体中(Lane 2009:52)。

另一重要的新情况就是“黄色新闻”小报的出现。这类哗众取宠的新闻小报,纸张低劣,专门刊载花边八卦和奇闻轶事。1850 年,这类报纸的数量达到

100 种，读者达到 80 万人；1890 年，这类报纸数量增加到 900 种，而读者也增加到 800 万人（Solove 2008：16）。

毫无疑问，这些事情触动了沃伦和他的律师合伙人路易斯・布兰代斯，他们于 1890 年在《哈佛法律评论》上发表了一篇题为《隐私权》的文章，该文章成为历史上最重要的法律评论文章之一。沃伦和布兰代斯认为，随着侵犯技术的发展，法院必须承认个人拥有隐私权。两人把隐私权定义为"独处的权利"（a right to be left alone），即不受打扰的权利，并提出，对那些"因其私房话被人拿到房顶上大肆宣扬"而遭受"痛苦和悲伤"的个人，法律应给予补救（Warren and Brandeis 1890：195）。

布兰代斯后来被任命为美国最高法院大法官。在"奥姆斯特德诉合众国"案中，多数意见裁定认为，宪法第四修正案关于禁止无理搜查和扣押的规定，并不涉及窃听与秘密录音。但是，布兰代斯对此提出重要的异议，并再次强调，公民拥有"独处的权利"，政府对隐私权的无理侵犯，无论采取何种手段侵犯，都必须被认定是违犯宪法第四修正法案。布兰代斯预言，终有一天人们会研制出一些技术手段，政府借助这些手段，不用从保密抽屉里取出文件，就能把这些文件重现在法庭上，而且还可以把家庭中最私密的事情呈现在陪审团面前［*Olmstead v. United States*，277 U. S. 438，478（1928）］。

隐私的概念是建立在"独处的权利"基础上的，由于概念模糊而受到人们的批评。一个定义把胃穿孔和"偷窥狂"混为一谈显然缺乏准确性。无论我们多么希望免受侵扰，如果我们离开家，走在大街上，我们还能合情合理地要求独处的权利吗？

尽管受到批评，但沃伦和布兰代斯却为隐私法的制定奠定了基础。在下一部分中，我们将探讨隐私的概念，以及我们生活的哪些方面属于隐私的范畴。

隐私法

我们可以用整整一章的篇幅来讨论隐私的定义，但是，要为隐私寻找一个通用的定义可能是徒劳的。大多数学者都认为，一个主题如果太过于复杂，就无法用一个简单的定义加以概括。那些所谓的简化论者认为，隐私只是对其他的、更为基本的权利的一种表达。例如，宗教信仰的隐私权，只不过是对我们拥有结社和信仰自由的另一种表述方式。我们的私生活不受侵犯的隐私权,也只不过是我们享有的不受无理搜查和扣押权利的一种延伸(Solove 2008:171-197)。

人们对隐私形成的共识是,最好的方法是把隐私视为一些松散却又相互关联的问题。应记住,隐私的维度有多种。我们已经谈到了独处的权利,而独处的权利就包括不被骚扰电话打扰的权利,免受街上乞丐侵扰的权利,个人及其财产免受无理搜查和扣押的权利,以及要求邻居调低其收音机音量的权利。关于隐私的另一种观点强调,对个人信息的管控可能会对他人造成偏见或伤害。例如,雇主在调阅了一个求职者的医疗记录后,可能会拒绝录用此人,因为其基因表明,此人患有严重疾病的可能性较大(Westin 1970:7)。第三种观点将隐私视为“个人生活”或“在生活中做出重大抉择的能力”。这可能涉及在个人生活中采取避孕措施,是否决定生育,以及决定同何人相爱与结婚。这些不同的观点与视角表明,隐私有着多种而广泛的方面。

信息方面。限制一些人接触某类信息,并对另一些人分送和使用该类信息的方式加以管控。

私密行为方面。自由决定用药、生育、医疗和死亡等有关身体健康方面的事宜。

日常生活方面。能够做出符合我们独特个性的日常生活决策,如吃什么食物、读什么书刊、观看什么节目、在何处居住、如何打发时间、如何穿衣、如何行动,以及同何人交往与共事。

精神生活方面。自由决定自己的宗教信仰、结婚、离婚以及与谁恋爱、与谁结婚。

谈话与通讯方面。谈话、信件和电子邮件不受监督和检查。

家庭和其他个人空间方面。家庭被认为是追求温馨生活的港湾。工作场所中的某些区域受个人管理,雇主不得搜查。

肖像使用方面。有权阻止个人肖像或代言被擅自用于商业广告。

在一些国家,这类事项都由个人做决定。而在另一些国家,这些决定权却大多集中于政府。隐私当然是有限定范围的。不能仅仅是因为在你自己的家里,你就可以做一些不法的行为。功利主义平衡了个人对隐私权的掌控和社会利益对隐私权主张的限制。例如,如果警察有理由怀疑你家里藏有违禁品或与犯罪有关的证据,并且持有搜查令,那么他们就可以搜查你的家。经法院认定,在那些有着重大政府利益的领域,政府有权利限制个人的隐私权(Mills 2008:120)。

公共安全:限制个人拥有致命化学品和易爆品,乘车或驾驶时必须使用安全带,驾驶摩托车必须佩戴头盔。

公共健康:个人必须接种疫苗,不得使用非法麻醉药品。

公共道德:法律禁止卖淫与乱伦行为。

公共福利:必须接受义务教育。

在接下来的两部分中,我们将概述隐私权的法律范围。

宪法与隐私权

美国宪法并没有提及“隐私”这个词。这也是可以理解的,因为18世纪的制宪者无法预料到21世纪科技的发展情形以及政府和私人企业对隐私的威胁。尽管如此,最高法院于1965年认定,隐私权作为一项保护公民的宪法权利不受州和联邦政府的侵犯。从美国最高法院创立到1953年厄尔·沃伦宣誓任职首席大法官的166年间,“隐私”一词出现在最高法院的88项裁决中,而且大多不对这一词进行解释。这一事实表明,隐私问题越来越受到关注。在沃伦任职首席大法官的15年半的时间里,“隐私”一词出现在107项裁决意见中(Lane 2009:153)。

作为宪法权利的隐私权保护个人“免受政府的无辜侵犯”。美国最高法院承认4个方面的隐私权:(1)个人亲密关系的权利;(2)妇女生育的权利;(3)个人信息不受广泛曝光的权利;(4)不受无端搜查或扣押的权利(Soma and Rynerson 2008)。

亲密关系

1965年,在著名的“格里斯沃尔德诉康涅狄格州”案中,美国最高法院裁定,康涅狄格州刑法禁止使用和发放避孕药以及禁止建议人们使用避孕药的规定违反宪法。

被告人格里斯沃尔德因建议已婚夫妇使用避孕药避孕而被康涅狄格州判定有罪[*Griswold v. Connecticut*,381 U. S. 479(1965)]。

大法官威廉·道格拉斯指出,虽然宪法对隐私权没有明确的规定,但是"几项基本的宪法规定还是保障了"这种权利。在道格拉斯大法官看来,这些基本权利为个人创造了一个"隐私区"。《权利法案》中的各项规定都有"由这些基本权利的放射所形成的'半影'(penumbra)……从而构成了'隐私区'。有了隐私权,个人才可以独立地作出某些重要的决定"。

道格拉斯大法官指出了多项涉及隐私权的宪法条款。宪法第一修正案"半影"中所包含的自由结社权和第三修正案(规定在和平时期,未经主人同意,任何士兵不得"在任何民宅"驻扎)是隐私权的又一方面。宪法第四修正案明确规定,"人民有权保护自己的人身、住宅、文件和财产不受无理搜查和扣押"。宪法第五修正案的不得被迫自证其罪条款"使公民能够有一个隐私区,政府不得强迫公民做出对自身有害的事情"。宪法第九修正案规定,"本宪法对某些权利的列举,不得被解释为否定或轻视由人民保留的其他权利"。

道格拉斯大法官认为,毋庸置疑,已婚夫妇享有管理其亲密关系的隐私权,这项权利"比《权利法案》的历史还要悠久"。"婚姻是一种同甘共苦的、期望天长地久的、亲密到神圣程度的结合。"

生育权

1972年,在"艾森斯塔特诉贝尔德"案中,最高法院延续了对"格列斯伍德"案所作的裁决并作出裁定,马萨诸塞州一项法规"对那些向未婚者提供避孕药的个人(医生和药剂师除外)所作规定的处罚"侵犯了公民的隐私权。威廉·布伦南大法官在裁决意见中写道,"如果说隐私权有什么意义的话,那就是,任何人,不管结婚还是单身,都有权不受政府无故对其个人事项的侵扰,这种无故侵扰可能从根本上影响个人对是否要生育或养育孩子所作出的抉择"。这就是"隐私权"的"核心"[*Eisenstadt v. Baird*,405 U. S. 438(1972)]。

最高法院后来在"凯里诉国际人口服务组织"案中,宣布纽约州的一项法规违反宪法,因为这项法规规定"除执业药剂师外,任何人向未成年人提供避孕药以及向年满 15 岁者提供避孕药的行为构成犯罪"[*Carey v. Population Services Internatinal*,431 U. S. 678(1977)]。

在早些时候,最高法院曾对"罗诉韦德"案作出裁定,妇女在怀孕的前6个月里，享有堕胎的隐私权。大法官布莱克曼在裁决书中写道，隐私权“包括妇女自己决定是否终止妊娠”的权利[*Roe v. Wade*，410 U. S. 113(1973)]。个人私密决策方面的隐私权就是在这一起起案件中逐步确立的，而最终完成确立这方面隐私权的是“劳伦斯诉得克萨斯州”案。在此案中，最高法院裁定，得克萨斯州法规对同性性行为的处罚违反宪法。最高法院宣称，公民有权对自己的私生活做主……政府不得侵犯个人自由的领域，这是宪法所承诺的权利[*Lawrence v. Texas*，539 U. S. 558(2003)]。

个人信息

1977 年，在“沃伦诉罗”案中，美国最高法院面对的是个人信息隐私权问题。这起案件涉及纽约州的一项法律，这项法律规定，医生和药剂师凡是开出成瘾性药物处方，必须把处方领受人的姓名、住址等信息报备于纽约州政府。作为原告，医生和药剂师担心向政府报备患者信息可能会造成个人信息泄露，并且也会使患者心有余悸，使他们不敢开取所需的处方。最高法院认为，政府对危害人们健康的成瘾性药物的使用负有重大的监管责任，该责任胜过保护个人隐私的责任，更何况纽约州已采取适当防范措施保护个人隐私数据安全。最高法院承认，该规定会阻止一些人开取成瘾性药物，但同时指出，尽管有这项法律规定，然而大量的这类处方仍是照开不误[*Whalen v. Roe*，429 U. S. 589(1977)]。

最高法院最后明确指出，“电脑数据库或其他众多的政府文件”对隐私权构成威胁，并承认，故意或无意的不当泄露个人信息可能会侵犯隐私权。

最高法院同时也承认公民享有精神生活隐私权。1969 年，在“斯坦利诉佐治亚州”案中，警方在搜查斯坦利家中的编书工具时发现并没收了 3 卷淫秽录像带。大法官瑟古德·马歇尔认为，“无论州政府拥有怎样的权力去监管有损公德的思想意识的传播，但从宪法上来讲，州政府不能把控制人们的个人思想作为立法的前提”[*Stanley v. Georgia*，394 U. S. 557(1969)]。

搜查与扣押

巴里·弗里德曼粗略估算，地方和州警察每年对行人和车辆进行 800 多万次搜查，不包括对住宅或企业的搜查，或联邦政府进行的搜查(Friedman 2017)。

在著名的“卡兹诉合众国”案中,美国联邦调查局在特工人员怀疑卡兹用来传送非法跨州赌博信息的电话亭内安装了监控设备。最高法院认为,卡兹对电话谈话内容享有隐私权,政府如要获取谈话内容,必须有合理理由并获得法院的搜查令。而政府方面则辩称,特工人员能够看到卡兹在电话亭内的情况,因此卡兹没有隐私期待。最高法院驳回了这一辩解。美国最高法院设立了隐私的两个法律标准。第一,个人必须在被搜查区域有隐私期待。第二,社会必须认为其隐私期待为合理[*Katz v. United States*,389 U. S. 347(1967)]。

在众所周知的“加利福尼亚州诉格林伍德”案中,最高法院认为,格林伍德将垃圾放置在门前街道上,有待垃圾公司清运。因此,格林伍德对这些垃圾并没有隐私合理期待。最高法院因此认为,警方不需要获得由法官签发的搜查令便可翻查不透明的塑料袋中的垃圾。最高法院解释称,格林伍德意欲将垃圾交给第三方(垃圾清运方),而且丢在街边的垃圾袋很容易被儿童和动物弄开翻看。因此,在垃圾袋中发现的毒品可作为起诉格林伍德的证据[*California v. Greenwood*,486 U. S. 35(1988)]。

在“史密斯诉马里兰州”案中,最高法院认为,我们主动拨打的电话号码和电话公司的营业额都有可能被透露给警方[*Smith v. Maryland*,442 U. S. 735(1979)]。在“合众国诉米勒”案中,最高法院认为,人们“在把私事透露给他人时,就承担着私人信息被传送……给政府的风险……即使是认定这些信息只会被用于有限的目的……而且对第三方的信任不会被辜负”[*United States v. Miller*,425 U. S. 435(1976)]。

2012 年,最高法院在“合众国诉琼斯”案中指出,政府声称,个人将自己或其活动暴露在公众视野之下,就会失去对隐私的期望,这种说法是片面的。执法人员在琼斯的车上安装了 GPS 追踪装置,以监视该车在公共街道上的行驶情况。琼斯声称,他对隐私的合理期望受到侵犯,因为 GPS 追踪装置对他的公开出行进行了为期 20 天的未经授权的监视。大法官塞缪尔·阿利托及 4 名大法官的一致意见认为,“对大多数犯罪行为进行较长时间的 GPS 监控侵犯了隐私合理期望”[*United States v. Jones*,565 U. S. 400(2012)]。

2018 年,在“卡彭特诉合众国”案中,蒂莫西·卡彭特涉嫌参与一系列抢劫案。一名联邦治安法官发布了两项命令,要求无线运营商提供卡彭特电话的地理/位置数据,具体是在该系列抢劫案发生的 4 个月期间,卡彭特的接听电话和拨出电话开始与结束时的地理/位置数据。政府获得了 12898 个记录卡彭特活动的位置点——平均每天 101 个位置点。根据这些资料和其他证据，卡彭特被判 11 项罪名成立，并被判处 100 年监禁。他对判决提出上诉，诉称政府获取他的电话记录违反宪法。首席大法官约翰·罗伯茨以 5 票赞成、4 票反对的表决结果裁定，根据宪法第四修正案，卡彭特对其带有时间标记的蜂窝基站定位信息具有隐私期望，尽管这些信息已经传送给了无线运营商。首席大法官罗伯茨认为，个人的行动轨迹"深刻地反映"其活动，并且是反映个人活动的一个"私密的窗口"，通过其活动轨迹可看出其"在家庭、政治、职业、宗教和性生活等方面的相关活动"。因此，政府必须根据合理理由标准申请并获得搜查令，"才可从私营无线运营商那里调取手机通话记录"[*Carpenter v. United States*, 585 U. S. ___(2018)]。

技术手段可对人们是否拥有隐私的合理期待产生影响。最高法院已作出裁定，警方通过空中监视的方式发现毒品是许可的，因为，直升机飞过封闭的庭院是很平常的一件事，而且，其居民对后院并没有隐私的合理期待。请记住，通过空中监视，警察能够发现从街上看不见的麻醉品[*Florida v. Riley*, 488 U. S. 445(1989)]。

我们要记住的另一点是，最高法院对个人在家中的隐私权给予保护。在"基洛诉合众国"案中，警察使用热成像装置来测量从基洛家中散发的热量。高强度热量、水电费账单和线人提供的信息都使警方有合理理由相信，基洛正在使用高强度泛光照明灯种植大麻。随后，警察对基洛的住宅进行搜查，并查出 100 多棵大麻。最高法院谴责了非法对基洛住宅进行技术监视的行为，并强调，宪法第四修正案"在民宅门口划定了一明确的界限"[*Kyllo v. United States*, 533 U. S. 27(2001)]。2014 年，最高法院裁定，在逮捕搜查行动中，如无搜查令，警察不得搜查嫌疑人的手机[*Riley v. California*, 573 U. S. 373 (2014)]。

对于"特殊需要"的搜查或旨在保护公共安全的搜查(而不是调查某一特定个人是否参与犯罪活动的搜查)，最高法院对合理理由和搜查令申请要求作出了例外规定。这一规定适用于机动车检查点的短暂拦查[*Michigan Department of State Police v. Sitz*, 496 U. S. 444(1990)]、边境搜查[*United States v. Flores-Montano*, 541 U. S. 149(2004)]，以及登机和上火车搜查[*MacWade v. Kelly*, 460 F. 3d 260(2d Cir. 2006)]。

法规保护

美国国会和州立法机关填补了最高法院裁决中的空白,特别是明确了政府机构的责任,并禁止私营企业通过收集美国人信息而侵犯隐私权。

作为核心法规,1974 年颁布的《隐私权法》要求联邦机构在收集个人信息时须告知个人收集信息的用途,并禁止政府部门把为特定目的而采集的公民个人信息用于其他目的。而且,政府机构还必须建立数据信息保护机制,未征得本人同意,不得对外发布私人信息,但执法机构有权发布关于犯罪活动的信息。批评人士指出,隐私权受到侵害的个人很难获得赔偿,因为你必须证明你的信息是被故意泄露出去的,而不仅仅是由于疏忽大意造成的不慎泄露(Solove 2004:134-139)。

联邦法律规定私营企业对隐私权所承担的义务主要有以下几个方面(Mills 2008:135-136):

> 医疗记录。医生及医院不得泄露敏感的个人医疗信息和基因信息。
>
> 金融信用和消费记录。法律规定银行和金融机构不得泄露个人的信用信息。个人有权获得自己的信用信息并有权更正自己的信用信息。
>
> 教育记录。教育机构所保存的个人信息应受到妥善保护。
>
> 影像租赁记录。影像租赁记录应对外保密。许多州还保护书店销售记录和图书馆登记记录。

联邦法律还保护个人隐私在各种领域不受州政府侵犯。现举两例如下:

> (1)驾驶执照。机动车辆行驶记录不得外泄。
>
> (2)个人身份信息和个人敏感信息。保护个人身份信息,防止信息泄露导致个人身份被盗,如社会保障号码被盗。保护尸检照片和收养记录等敏感信息,以防信息泄露。

我们应注意到,美国有 10 个州的宪法都对隐私权做了规定。其他各州的最高法院也对其宪法做出了保护隐私权的解释,而且每个州的立法机关都已通过保护隐私的法律。这些法律包括要求企业合理维护员工与顾客的信息安全。

其中一项要求是企业必须公开其信息安全漏洞，而且在向投资者销售股票筹集资金时，企业需向投资者公开其信息安全措施。另一套法律规定，企业必须对不需要的个人信息及时进行销毁（Soma and Rynerson 2008：170－185）。

圆形监狱社会

杰里米·边沁，是英国 18 世纪颇具影响力的法理学家和功利主义哲学的教父，他设计了方便监视囚犯的"圆形监狱"。圆形监狱（panopticon）的字面意思是一个具有全景或圆景的建筑。边沁设计的圆形监狱为环形结构，一所所监室环绕着瞭望塔。看守士兵从监狱中心的瞭望塔上监视囚犯，而且能够每天 24 小时监视每个牢房里的囚犯，而囚犯却从来不确定自己是否正被卫兵观察和监视，所以都只好遵守监狱规定，以免受到惩罚。这是一个开放透明的世界，在这里，囚犯处于不断的观察和监视之中，毫无隐私可言，因而总是不断规范自己的行为（Foucault 1977：200－228）。

约翰·米尔斯把这种自我管理行为称作"圆形监狱效应"，并指出，在当代社会，我们也不断受到监视，而同时也在不断监视着他人。这句话原本出自克里斯多夫·斯劳伯根，他把闭路电视监控的普及称为"环视主义"，一种"微妙的胁迫"，而这种"微妙的胁迫"下无所不在的"电子眼"，影响着我们的一举一动。在伦敦，每人每天要被摄入镜头 300 次，而且，由于政府监控设备拍摄到的图像可以下载到全国的家用电脑中，因此人们的被监视感也就愈加强烈（Mills 2008：72－73）。在英国，政府在公共场所安装了超过 100 万个摄像头，并且以每周 500 个的速度增加。这些监控设备能够对数据库中已存其图像的犯罪分子和恐怖分子进行面部识别。在对该系统进行的一项测试中，主干道路上的监控设备 1 小时就扫描了 6 万个车牌号，并查出 1000 起违规驾驶，致使 65 名违规者被拘留（Rule 2009：69）。

伦敦纽汉区安装了配有自动人脸识别软件的摄像头，并吹嘘说，这一举措使犯罪减少了 60%（O' Harrow 2004：165－166）。一项美国关于摄像头监控效果的领先研究发现，在政府为贫困家庭提供的住宅区内，安装摄像头对抑制犯罪活动收效甚微。摄像头经常遭到居民破坏，社区对警察不信任，而且管理监控系统的社区成员对其邻居的犯罪行为也不愿举报（Musheno，Levine and

Palumbo 1978)。

任何人都无权逃避政府或是他人的监视。法律假定,人们只要出现在公共场所,就意味着自动接受摄像头的监控,从而放弃其隐私期待。摄像监控系统在预防和侦破犯罪活动中所取得的社会效益,远远超过对个人隐私的轻微侵犯,利远大于弊。

美国公民自由联盟发现,大约 25 万纽约居民每天都会遇到公设或私设摄像头的拍摄。其中有不少摄像头是固定不动的,而其他摄像头都具有旋转和放大功能,可以对特定的个人进行跟踪。当然,纽约市的大多数人都欢迎安装这些摄像头,并举例说,这些摄像头帮助警察成功逮捕了 2010 年 5 月时代广场爆炸案的凶手。其他各大城市也都普遍安装了覆盖市中心和地铁系统的摄像头,城外辖区也依靠摄像头抓拍到闯红灯或违规停车的驾驶人(Staples 2000:59-60)。

摄像头和电子监控系统的使用已经普及工作场所。威廉·斯台普斯对工作场所的情况曾做这样的描述,雇主为了能够掌握员工完成工作配额情况,时刻都把员工置于被监视之中,就连员工敲击电脑键盘的次数也被记录下来。长途运输公司在车中安装监视器,以检测平均车速、油耗、停车时间以及车辆所处位置。约 67% 的大公司雇主对员工进行电子设备的监控(Staples 2000:1,75,81)。

我们许多人都渴望成为"秀场明星",留下自己的生活影像,以增强自身的存在感,并引起他人注意。内布拉斯加州奥马哈市的一名中学生让他的朋友拍摄下他殴打一名低年级学生的视频,还有俄亥俄州的两名大学生把他们强奸一名昏迷女性的过程拍摄下来,向朋友展示。也有人像首都华盛顿的詹妮弗·林利那样,把数码相机连接到电脑上,每周 7 天、每天 24 小时、每隔 2 分钟就把自己的照片传到网上(Staples 2000:63,144)。我们应注意,还有一些人把在中学更衣室、服装店试衣间、日光浴浴房所偷拍的照片和视频以及偷拍女性的"裙底"照片私自发布到网上(Staples 2000:141-146)。联邦政府和 48 个州禁止在个人有着隐私合理期待的场所私自拍摄他人裸体照片或视频(Staples 2000:141-146)。

体育主播艾琳·安德鲁斯在起诉一家酒店和迈克尔·大卫·巴雷特的诉讼中获得了 5500 万美元的赔偿,巴雷特在她不知情的情况下拍摄了她在酒店房间里的裸体视频。巴雷特承认有罪,并因跨越州界对安德鲁斯进行录像而服刑两年。巴雷特承认曾秘密录制其他女性的视频，并供述称，他用钢锯改变了安德鲁斯房间的窥视孔，然后将视频上传到网上。联邦政府和 48 个州禁止未经同意在个人有隐私合理期待的地方拍摄“脱衣状态”或“裸体”的个人照片或录像(Mills 2008:164-165)。

美国有一部以拍摄年轻女性在派对和夜店中裸露身体为主题的影片，名叫《狂野女孩》。该片的一些镜头反映出一个有趣的问题。这些镜头记录了年轻女子在狂欢节或春假活动中跳舞和聚会的过程。法院普遍认为，这些女性是自愿、公开参与活动的，“即使公开这些视频会带给她们尴尬、冒犯或伤害”，但是对她们的隐私并不构成侵犯(Mills 2008:192)。

越来越多的摄像头配置有高灵敏度的麦克风，可以录下对话。据报道，一家有名的甜甜圈连锁店就是以此监听客人和雇员之间的谈话，发现了有预谋的犯罪活动(Staples 2000:64-65)。

人们如果向公众展示其肖像或活动，或向他人吐露秘密，就是放弃了自己的隐私期待。这一观念构成了隐私权法的核心支柱。

在“佩克诉联合王国”案中，欧洲人权法院采用了一种不同的方法。闭路电视摄像头捕捉到佩克有自杀意图。政府把佩克试图割腕的影像透露给一家报纸，并在电视台播出。欧洲人权法院指出，佩克原本无意参与公共事件，制造新闻，而媒体把其影像传播出去，使看到该影像的人数远超可能现场看到这一幕的人数。在该法院看来，英国政府在公开视频前本该征得佩克同意，并在画面上打上马赛克。换句话说，欧洲人权法院是在质疑，当我们进入公共领域时，我们是否真的完全失去了隐私期待及对肖像的控制权[*Peck v. United Kingdom*,(2003)36 ECHR 41]。

政府监视

2001 年的“9・11”袭击事件把美国和全球的民族—国家带入了公众恐慌与恐惧的时代。在“9・11”事件后 5 个星期，美国国会通过了《使用适当之手段阻止和避免恐怖主义以团结并强化美国之法案》(Uniting and Strengthening America by Providing Appropriate Tools Required to Intercept and Obstruct Terrorism Act)，根据其首字母缩略转称为《美国爱国者法案》(USA PATRIOT

Act)(2001 年)。这项详尽的法案长达 324 页,连同其他法规一起,旨在通过增强政府获取文件和记录以及监听监视电话、电子邮件和其他通讯渠道的能力,更加容易地对恐怖主义展开调查。

另一个重要的反恐法规是 1996 年颁布的《反恐怖主义和有效死刑法》,这部法案规定,联邦对恐怖主义行为处以死刑,禁止同资助恐怖主义的民族—国家进行金融交易,授权国务卿对私人实体进行恐怖组织认定,并禁止有恐怖主义嫌疑的私人组织在美国境内筹资。

1987 年,美国国会颁布了《外国情报监视法》(Foreign Intelligence Surveillance Act,FISA),具体规定了对威胁国家安全的组织和个人进行电子监视的程序。1994 年,《外国情报监视法》的内容得到扩充,涵盖对居民住宅和其他建筑物的物理搜查。

根据《外国情报监视法》规定,美国设立了由 11 名联邦地区法院的法官组成的外国情报监视法庭。这 11 名法官都是由美国最高法院首席大法官和另外 3 名联邦法官推举的。对威胁国家安全行为实施监视的,或对涉恐行为实施监视的,需要向一名法官申请准许令。如该法官拒绝签发准许令,则由全体法官对申请进行复核,以决定是否颁给准许令。外国情报监视法庭的审理程序和准许令都是保密的,准许令批准的监视“目标”并不出席听证。然而,批评人士认为,外国情报监视法庭并没有对安全机构实施有效的检查。

《外国情报监视法》针对的是国际恐怖势力对美国的威胁。《外国情报监视法》所批准监视的目标人物,是那些为外国组织或政府工作的人(如外交官)、外国特工(如参与间谍活动的人)、外国恐怖主义组织的成员,以及从事国际恐怖活动的个人。

不管是电子监视监听还是现场搜查,都必须取得《外国情报监视法》规定的准许令。根据美国宪法第一修正案赋予的权利,美国公民或合法居民不受专门针对自己的监视。

据透露,继 2001 年“9·11”事件之后,安全部门相互之间就不再互通与分享信息。为解决这一问题,《美国爱国者法案》第 218 条规定,根据《外国情报监视法》所实施监视工作的主要目的(并不是唯一目的),必须是保护国家安全和打击国际恐怖主义。人们把这一规定理解为开启了国家安全官员与刑事侦查人员相互共享信息与协作配合的大门。外国情报监视法庭作出裁定,既然监视工作的“主要目的”是获取外国情报信息或有关恐怖主义的信息,那么,调查犯罪分子的犯罪活动也同样是政府的目标。由于此举消除了壁垒，如今，调查人员在进行国家安全调查活动时，如果无意中听到信用卡诈骗信息，就会随时把该信息通报给联邦调查人员[In re Sealed Case No. 02-001, 02-002, 310 F. 717(2002)]。

《9·11 事件调查委员会报告》建议整合一切对内对外的情报机构(National Commission on Terrorist Attacks 2004:401-402)。其中一项重要的改革建议就是成立恐怖主义威胁情报整合中心。该中心由国家情报总监领导，负责对大约 19 个美国情报机构搜集的情报进行汇集。政府已经借助私营机构的庞大数据库建立了数据监控网络。这种依靠数据对美国人的活动进行追踪的做法，被称作"数据溯源"(Webb 2007:88-89)。

对信息进行汇集的过程被称为"数据挖掘"。个人不会因出国旅行而被怀疑参与恐怖活动。然而，个人在出国旅行中，如果给恐怖组织头目打电话，前往恐怖组织训练营所在地，或者加入同情恐怖主义的组织，就值得怀疑(O'Harrow 2005:147, 152)。美国国家安全局负责监管电子监视系统，以对美国国内和全球各地的恐怖威胁进行侦查。该机构还负责打击威胁美国通信系统的恐怖行为。美国国家安全局 2013 年的预算为 108 亿美元，除雇用独立承包商外，该机构还雇用了 3.3 万名员工。2013 年，美国所有情报机构(共 17 个)的情报预算总额估计为 720 亿美元(Schneier 2015:45)。

2005 年，据揭露，美国政府机构未经许可对国外个人同美国境内个人之间的通话进行了广泛监听。2002 年，乔治·布什总统签署了一项密令，授权美国国家安全局对美国境内的通信进行监听，而无须申请批准。布什总统解释说，这项"反恐监视计划"是他作为美国武装部队总司令负有保护美国职责的一部分。《外国情报监视法》规定的程序太复杂，申请准许令工作进展缓慢，使得政府无法及时有效应对恐怖威胁。无授权监视计划的曝光使国会对《外国情报监视法》进行修改。司法部长和国家情报局局长(美国所有情报机构的首脑)可继续对国外个人进行无授权的电子监视，但是必须一件件具体说明如何在无授权情况下，避免搜集那些电话或其他电子通信涉及的美国人的个人信息。《外国情报监视法》对配合布什总统监视计划的电话公司给予司法豁免，不受起诉。

美国政府行政部门随后制订了一个大规模的电子监控计划，用以收集美国人拨出的电话号码("元数据")。美国国家安全局的全部计划仍是保密的，不过该局的前分析员爱德华·斯诺登公布的材料表明,政府要求电信公司提供美国人拨打的电话号码。每个电话的呼叫号码都作分析(连锁)。如果一个电话或电子邮件同涉嫌恐怖活动的个人有联系,安全部门就会申领准许令去监听与此号码有联系的电话,或查看电子邮件。收集到的电话号码由国家安全局保存5年(President's Review Group on Intelligence and Communications Technology 2014;Privacy and Civil Liberties Oversight Board 2014)。

美国国内监视计划的范围因外国情报监视法庭签发的准许令泄露给英国《卫报》而得以公开。准许令是依据《美国爱国者法案》第215条规定签发的,政府获得此令就可以要求相关组织提供必要的信息,用于打击国际恐怖主义或秘密情报活动。美国国家安全局要求威瑞森(Verizon)无线通讯公司提供其每个客户2013年4月23日至7月19日的通话记录。外国情报监视法庭每隔几个月都会签发这种准许令,要求提供的通话记录包括"每天持续发生的""完全在美国境内的电话(含本地电话)记录",以及"美国与国外之间往来的"所有电话记录。

国家安全局依法收集广泛的数据,包括被告的住宅和工作场所、年龄、性别、收入、种族、婚姻状况、性取向、子女人数、受教育程度以及位置信息。

一个与此有关的监视计划,是渗入网络游戏和"第二生活"(在线虚拟世界),以监控玩家之间的信息交流,并秘密招募举报人。美国国家安全局解释称,恐怖分子正在通过打游戏的方式进行沟通并暗中策划恐怖袭击。另一种监控途径是美国邮政局每年跟踪大约100亿封邮件的正反面(Schneier 2015:29)。

2013年6月,爱德华·斯诺登不仅揭露了美国国家安全局对国内的监视计划,而且还揭露了该局对国外所进行的大范围秘密监视计划。该计划包括对同美国结盟的35个欧洲国家领导人的通讯情况进行监视。仅在2012年12月10日至2013年1月8日,美国国家安全局就收集到7930万条法国公民的电话录音。美国宪法并没有限制国家安全局审查在境外收集的通话内容、电子邮件以及其他信息。

美国在犹他州耗资20亿美元建立了一个巨大的存储器,用以存储收集来的数据。这些数据包括私人电子邮件、手机通话、谷歌搜索、社交媒体、银行记录和转账、医疗处方、停车单、旅行和信用卡购物等信息。

针对所有美国人电话记录的元数据收集计划是根据《美国爱国者法案》第

215 条规定实施的。根据该法案第 215 条的规定，美国联邦调查局有权命令任何个人或实体向其移交“任何有形物品”，但是联邦调查局需说明其执行该命令是“为了开展经授权的调查活动……目的是打击国际恐怖主义或秘密情报组织”。联邦调查局可以认为，被调取记录的当事人从事犯罪活动或充当外国势力的代理人，但无需说明合理理由或合理疑点。批评人士指出，政府收集所有美国人的电话记录是对《美国爱国者法案》第 215 条的滥用。

根据《外国情报监视法》第 702 条的规定，美国实施了对非美国人的监视计划。根据该规定，司法部长和国家情报总监可在长达一年的时间里“以合理认为位于美国境外的人员为目标，获取外国情报信息”。但是，这项规定不允许“故意”针对美国境内的个人，或目前居住在美国境内或境外的美国公民。在实施过程中，不需要透露目标人物的姓名。问题是，美国国家安全局的这项大范围的对外监视计划是否符合该项法律的规定。同样，这项法律规定也可能不具决定性。美国境外的非美国公民无权免于美国的监视。巴里・弗里德曼指出，由于难以确定目标人员的所在位置，政府机构根据该法第 702 条规定所实施的对非美国人的监视计划却实际上正在收集大量美国人的信息（Friedman 2017：295－296）。

布鲁斯・施奈尔指出，在 2013 年的一天，美国国家安全局就对 11 万多人进行主动监视，包括与他们有联系的人在内，可能有数百万人受到元数据项目的监视。请记住，搜索电话号码以及谈话的时间、时长和频率可以看出一个人的很多信息。斯坦福大学的一项实验项目在几个月的时间里分析了 500 名志愿者的电话元数据。通过检查他们拨打的号码，该项实验能够识别出何人怀孕、何人堕胎、何人患有各种严重疾病，以及何人拥有枪支（Schneier 2015：22）。

美国政府官员称，美国的监视计划对于打击和遏制恐怖主义是必不可少的。有一个很大程度上未经证实的言论称，美国的这项监视计划已经挫败了或至少“有助于”挫败 54 起恐怖主义阴谋，分别为欧洲 25 起，美国 13 起，亚洲 11 起，以及非洲 5 起。美国国家安全局称，去年一年对美国网络的攻击就增加了 17%。然而，由奥巴马总统任命的一个特别审查委员会得出结论，元数据项目对于发现恐怖主义阴谋并不重要，通过元数据项目获得的信息本可以依靠传统的搜查令程序获得（President's Review Group on Intelligence and Communications Technology 2014）。

尽管这些监视系统很先进复杂，但是其有效性最终取决于人类的能力。在

2009 年的圣诞节,奥马尔·阿卜杜勒穆塔拉布在其航班刚抵达底特律时,试图引爆藏在其内衣里面的炸药,美国通过监视系统在千钧一发之际避免了惨剧的发生。阿卜杜勒穆塔拉布在尼日利亚首都拉各斯登机,经阿姆斯特丹转机到底特律,并且逃过了检查。阿卜杜勒穆塔拉布,时年 23 岁,尼日利亚人,在伦敦参与了伊斯兰教徒的激进活动,因此其英国签证没有得到续签。阿卜杜勒穆塔拉布曾从也门到拉各斯,而美国在之前曾截获了基地组织成员在也门的两段对话,提到一个受过训练的尼日利亚人将在圣诞节实施袭击。阿卜杜勒穆塔拉布用现金购票,而且没有行李,这两处关键性的疑点,使他成为怀疑对象。他曾和一位激进的在美国出生的也门牧师安瓦尔·奥拉基有过通信联系,而这个神职人员过去也曾和胡德堡杀手尼达尔·马利克·哈桑少校有过联系。阿卜杜勒穆塔拉布的父亲对儿子十分担心,便于这年 11 月与美国驻拉各斯大使馆取得联系,而大使馆把他的担心反映到美国国家反恐中心。然而,反恐中心却没有将阿卜杜勒穆塔拉布的名字列入需要仔细检查的人员名单或“禁飞”名单(Lipton,Schmidt and Mazzetti 2010:A1)。

2015 年 5 月,第二巡回上诉法院从根本上改变了关于大规模元数据项目的辩论。该法院在一起案件中裁定,国会制定第 215 条规定并没有许可元数据项目的意图,该条规定的措辞不能被解读为实施如此广泛的监控计划是正当的[*ACLU v. Clapper*,785 F. 3d 787(2d Cir. 2015)]。

元数据项目的曝光促使奥巴马总统提出对该项目进行改革。2015 年,经过长时间的辩论,国会通过了《通过履行权利和确保有效监督纪律团结和加强美国法案》(Uniting and Strengthening America by Fulfilling Rights and Ensuring Effective Discipline Over Monitoring Act),根据其首字母缩略转称为《美国自由法案》(USA FREEDOM Act)。该法案规定电话服务提供商保留元数据,而不得将数据移交给政府。国家安全局只有在获得外国情报监视法庭的授权后才能查看这类数据记录。该法案还对外国情报监视法庭作出的大多数判决意见降低了密级,规定律师可在外国情报监视法庭上代理涉及重大问题的公民自由案件,并规定,对为恐怖主义提供物质支持的个人加重处罚,刑期从 15 年增加到 20 年。该法案将国家安全局可以分析的“链条”限制为“两跳”,即由目标号码拨打的所有号码(第一跳)和由目标号码所拨打的号码再拨打的所有号码(第二跳)。元数据计划的目标是确定不同的号码是否在一个恐怖网络中有交集。这是一种比监听成千上万个电话内容更为有效的分析方法。

2016 年,元数据项目锁定 42 名犯罪嫌疑人,收集了 1.51 亿条记录;2017 年,该项目锁定 40 名犯罪嫌疑人,收集了 5.34 亿条记录。2018 年,以 11 名犯罪嫌疑人为目标,收集到 4.34 亿条电话和短信数据。2018 年,无许可令监听境外目标达 16.47 万个,比 2017 年的 12.91(约为)万个有所增加(Savage 20119a,20119b)。

斯诺登除泄露元数据监控项目外,还泄露了“X 关键得分”(XKEY-SCORE)监控项目。该项目允许美国国家安全局远程监控个人的整个互联网活动,包括电子邮件、浏览器历史、搜索历史、社交媒体帖子、照片、电脑麦克风和摄像头,并在受监控的设备被激活时发出通知(Snowden 2019:277-280)。

根据《美国爱国者法案》所设立的另一个项目允许联邦调查局发出国家安全信函,要求各组织向政府提交与恐怖主义、反恐或领导调查“相关”的信息。这些信函可在不经司法批准的情况下发出,信函接收人受“禁言令”约束,不得披露信函内容。自 2002 年以来,银行、大学、科技公司和信贷机构共发放了大约 50 万份贷款担保。2007 年联邦调查局的一份报告指出,国家安全信函牵出了对武器交易指控的认罪,对物质支持恐怖主义的定罪,以及对各种欺诈和洗钱案件的指控。据报道,国家安全信函曾被用来调查俄罗斯干涉 2016 年美国总统选举(Valentino-Devries 2019)。

托林·莫纳汉提出的问题是,我们是否对监控项目的有效性未作评估,就急于执行监控项目而牺牲掉我们的公民自由。例如,莫纳汉指出,美国对外国游客实行严格的签证审查,其目的是防止恐怖分子进入。然而,这项反恐举措的代价巨大,包括阻碍旅游业发展,造成出行延期,鼓励其他国家对美国人设置入境障碍,以及损害美国的国际形象。其实,恐怖分子通过从墨西哥或加拿大边境非法入境美国,照样能够避开入境限制。我们不仅在可信的监视名单管理和保留方面存在问题,还在确保让经过正当培训的官员管理监视系统方面也存在问题。我们过于关注国外恐怖分子,而忽视了(但我们却见证了)那些合法居住于美国的本土恐怖分子所企图实施的多起恐怖袭击案(Monahan 2006)。

2010 年 7 月,备受争议的“维基泄密”(WikiLeaks)网站公布了 251287 份文件,其中包括从陆军情报官切尔西·曼宁处获得的关于阿富汗作战行动的多份秘密报告。曼宁在奥巴马总统卸任时获得赦免,随后被释放。“维基泄密”网站将这些报告“泄密”给 3 家主要的国际报纸,由这些报纸公布于世。之前,该网站就曾发布了一段秘密视频,该视频显示,美国阿帕奇直升机对伊拉克的攻击造成了多个平民和两名记者死亡。此外,“维基泄密”网站还公布了政界人物逃税、倾倒有毒垃圾以及具有种族主义组织成员身份的报告。

2017 年 2 月,“维基泄密”网站公布了关于中央情报局能够访问加密音频和留言以及利用智能电视进行录音的信息。中央情报局因为试图影响 2016 年美国总统大选而似乎失去了地位。美国要求英国引渡“维基泄密”网站创始人朱利安·阿桑奇,对他以涉嫌间谍罪进行审判。另一个黑客组织“匿名者”是一个分散组织,自称“自由战士”和“罗宾汉”,在 2012 年被《时代》杂志评为世界上最具影响力的“人物”之一。在技术应用领域还新增了一个能够使个人免受监视的行业(Schneier 2015:167-238)。

美国监视计划的许多信息都是基于斯诺登提供给美英报纸的信息。斯诺登逃往俄罗斯临时避难,被贴上“叛徒”和“英雄”等多种标签。

2019 年,美国国家安全局的一份报告披露,该机构 2018 年删除了早在 2015 年就无意收集到或未经法律授权而收集到的数据。该机构还在继续“过度收集”美国公民的数据。另一份 2016 年的报告显示,尽管情报官员经常宣称元数据项目对打击恐怖主义至关重要,但国家安全局没有找到能够证实这一说法的信息。在过去 4 年里,国家安全局根据元数据项目发布了 15 份情报报告,其中只有两份报告引用了与对恐怖主义的调查有关的信息。目前尚不清楚监视信息是否已经掌握在联邦调查局手中(Savage 2020)。特朗普政府于 2019 年 8 月承认,由于元数据计划的问题,国家安全局暂停了该计划;但特朗普政府请求国会在元数据计划于 2019 年 12 月到期时延长该计划,因为在打击恐怖主义方面该计划还有价值(Fandos and Savage 2020;Savage 2019d)。

斯诺登应该因泄露机密而受到刑事指控,还是应该被视为以其行动阻止政府违法作为的“吹哨人”?

政府监视与国内犯罪

监控技术不仅限于国际“反恐战争”,近年来,在日益复杂的“打击街头犯罪的战争”中,警方也依赖于监控技术。克里斯托弗·斯洛博金指出,美国警方正朝着“全面监控”的方向发展,大量公民受到常规监控(Slobogin 2014)。

芝加哥、密苏里州堪萨斯城和其他几十个“智慧城市”的警察局采用“预测性警务”计划确定哪些人可能会实施暴力,哪些人可能成为暴力的目标。芝加哥警方开发了一种电脑程序,通过该程序识别出了 1400 名容易遭受暴力侵害的人,并将他们列入“战略对象名单”。芝加哥警察局支持该计划的有效性,指出,2016 年前 7 个月遭受枪击的 2100 多人中有 85%为名单上的人。名单上的人会收到“定制通知”,告诉他们警察、神职人员和社区人员会对他们进行走访,提醒他们其人身安全面临危险,正受到警方的监护。“预测性警务”为他们提供“改变生活”的机会和帮助。在某些情况下,芝加哥警察在接听“911”紧急求助电话后可查看相关个人的“暴力得分”,以确定自己是否会遇到危险的对抗(Gorner 2016)。

在测算个人的“暴力得分”时,警方会分析各种因子,并赋予不同的权重。这些因子包括个人的犯罪历史、武器犯罪、暴力犯罪、首次被捕的年龄,以及是否曾是枪击事件的受害人。据认为,在芝加哥,得分在 500 分以上的个人,其暴力倾向超出普通居民的许多倍。批评人士指出,“预测性警务”正在远离这一规定,即警察逮捕个人依据的是个人在特定情况下的行为而不是其背景或身份。还有一种批评指出,警察只锁定逮捕名单上的个人,将他们从街上带走,却忽视了一个事实,即犯罪是缺乏经济机会、缺乏社会服务和缺乏教育的必然产物。

另一种在纽约首创并在芝加哥得到采用的现代警务技术,是利用数据定位犯罪“热点”,以确定哪些地区可能出现犯罪高峰。犯罪热点和高峰出现后,市警察局就会向这些地区派出大量警力。批评者称,当大量警察涌向一个地区时,他们就开始抓捕一些轻微犯罪的个人,不可避免地将严重犯罪的个人推向其他地区(Hardy 2016;O'Neil 2016:84-104)。

大约有 20 个州采用“循证量刑”法,即法官使用基于数据的预测系统来确定对被告人的判决。批评者反对风险评分过于看重就业、婚姻状况、教育、社区和家庭成员犯罪史等因素,而非看重被告人的犯罪行为(Starr 2014)。

很明显,警方不再仅仅依靠街上警察的“眼睛和耳朵”来侦查犯罪行为。根据司法统计局的数据,警察局采用某种技术监控的比例从 1997 年的 20%上升到 2013 年的 90%以上。最常见的监控形式是摄像头和自动车牌读取器,但也越来越多地使用手持生物识别扫描仪(如指纹或面部特征)、社交媒体监控软件以及收集手机数据和无人机的工具。在马里兰州的蒙哥马利县,一名警官在 27 天的时间里使用车牌读取器 100 个小时,收集了近 5 万张车牌扫描图,这一事实说明了这些技术工具的力量。依靠技术工具,警方开出200多张交通罚单,暂时吊销26个驾驶证,查出16台违反排放标准的车辆、4个被盗车牌和1套过期车牌,拘留3人。据报道,2016年和2017年,加利福尼亚州洛杉矶的车牌阅读器追踪了超过2.3亿辆汽车。随着个人的姓名、车牌、犯罪记录、未执行的查扣令、生物特征数据、照片和个人信息都被联网到一个统一的全国执法数据库,这些调查工具有望在未来变得更加强大。一个项目就可使警察瞬间获得丰富的信息(Friedman 2017:230)。

警方已经扫描并整合了特定地理区域内社交媒体网络上的内容。在巴尔的摩,这项技术曾被用于确定何时计划举行抗议弗雷迪·格雷在警方拘留期间死亡的示威活动,且发挥了非常重要的作用。装有摄像机和数字技术的飞机被用来拍摄抗议活动,帮助警方从抗议者中识别具有非法行为的人。另一个有争议的调查工具是手机数据监控装置,其合宪性尚未确定。它模拟手机信号塔,警方可以在没有搜查令的情况下获取一个地区的所有手机数据(Goodman 2015:7)。

在大多数大都市地区,庞大的信息库集中在先进的指挥中心。这些指挥中心跟踪警察的活动,监控整个城市的公共和私人监视摄像头,并利用技术扫描车牌号码。而获取的所有这些信息都链接到各种数据库,并将在未来使执法行动变得更加高效、更加强大(Jouvenal 2016)。

亚马逊旗下的可视门铃(Ring)公司与全美400多个警察机构建立了视频共享合作关系,警察部门可以访问该公司数百万户家庭的互联网摄像头。根据协议,警方可以要求房主提供特定时间和区域内的视频内容。使用该公司可视门铃的房主可以将他们的数据与该公司其他用户的数据合成,并可以与邻居分享"可疑"个人的图像(Harwell 2019)。

在警察监控问题上存在明显的党派分歧。67%的共和党人和37%的民主党人对监视技术感到"满意"。借助这些技术,警方能够"密切监视他们认为具有罪犯共同特征的人"(Singer 2018)。

私营公司的在线数据收集

信息服务是一项大生意。私营公司的数据库存储着我们的受教育记录、消费品购买记录、旅游记录以及我们的态度立场记录,你得知后一定会感到震惊。

这些信息的购买方是产品销售公司、保险公司(想知道是否值得向你推销汽车保险),甚至是雇主(想要了解“所雇的是何许人”)。罗伯特·欧哈罗指出,个人数据“已经成为可供买卖交易的商品……像腊肉、大豆和报纸一样”。在日常生活中,我们只要买买东西,走动走动,就会留下信息的影子(O' Harrow 2005:145)。

在过去的好日子里,征信公司把欠债不还的消费者编入名册。汽车经销商会花钱查阅这份名册,以确定他们是否应该冒险让顾客以首付方式购车,并在以后几年内分期支付剩下的车款。房东也希望了解房客是否可靠。如今,我们的信用价值已简化为一个三位数的信用评分。艾奎法克斯(Equifax)、益百利(Experian)和环联(TransUnion)三大征信公司掌握并维护着几乎每个美国成年公民的全面档案。信用评分会随着我们是否按时付款、是否有稳定的工作记录、是否按时偿还房屋按揭贷款而不断变化。2004 年,信用行业卖出了近 10 亿份关于美国消费者的信用报告(Rule 2009:98-102)。

提供信息服务的还有综合损失保险商交易所(Comprehensive Loss Underwriting Exchange,CLUE)。CLUE 保存着各主要保险公司提交的近 2 亿份文件。保险公司在对这些文件进行分析后,会给每个人打一个“分数”,而这个分数决定着你需要为房屋保险或汽车保险支付多少保费。一个困难是,除非你索要一份你的信用报告的副本,否则你就不会知道你的信用报告是否存在不准确的信息,而这些信息会影响你的信用评分和保险费率(O' Harrow 2005:140)。

丹尼尔·索洛夫指出,超过 550 家公司涉足信息服务产业,获得几十亿美元的利润(Solove 2004:19)。这些公司懂得,企业愿意购买对其产品可能有兴趣的顾客的个人信息。这些公司的信息专家从报纸上收集人们的信息,也通过拜访邻居朋友收集个人信息。随着信息咨询公司开始把其客户的姓名和地址及购物信息出售给这些企业,信息收集如同滚雪球一样发展起来。信息服务公司向拨打免费电话的消费者免费提供礼品和有关健康和运动的小册子。消费者打进来电话时,接线员就会询问对方的收入、健康、运动习惯以及既往病史。接着,公司再转身把获得的信息出售给大的数据聚合公司。

随着信用卡的广泛使用,追踪消费者的全部购买信息变得更加容易,所获取的个人信息量继续滚雪球似地增加。多家法院裁决认为,个人只要使用信用卡,就意味着自愿把个人信息提供给信用卡公司,而信用卡公司则可自由地将你的信息出卖给利益相关的公司[*Dwyer v. American Express Company*, 652

N. E. 2d 1351,(Ill. App. Ct. 1995)]。另一个富饶的数据来源是个人自愿填写的问卷调查。一家主要的杂志出版商每年对读者进行700项内容的调查,包括25项与健康相关的问题以及他们确切的结婚日期。

数据聚合公司也开始发掘大量的易于到手的政府数据。这包括选民名单、逮捕记录、法律诉讼、结婚证、房屋交易、财产税和抵押贷款、信用卡支付等各类数据。虽然联邦政府和州政府对有些类型的数据(如涉及健康、收养、有线电视、录像带租赁、信用和驾驶执照的信息)进行保护,但是数据聚合公司仍然可较容易地获得大量的数据信息。

信息聚集的最大增长源于互联网,而网站通过出售用户信息牟利。一个网站的隐私政策依据其网站上所公布的隐私条款。“服务条款”往往确立的是“默认规则”,在默认规则中你允许网站以消费者请求方式为你开通电子邮件,或把你的信息出售给信息聚合公司谋利。用户可以选择“退出”这些服务条款。这种以市场为基础的方法所基于的前提是,作为使用网络的交换条件,网站创建方出售你的数据是合理的。用户可以选择“退出”这些服务条款。这一条规定当然是假定用户有足够的动机去了解网站的隐私政策,并有能力去看懂那些通常难以理解的隐私政策。

英国的一项实验研究发现,一天之内,有7500名游戏网站的用户在不知情的情况下自愿将自己“不朽的灵魂”的所有权交给了该公司。美国联邦贸易委员会正在考虑要求互联网服务商让用户能够选取“不追踪”选项。互联网服务商提醒人们注意,那些不想让网站追踪自己行动的人,可能只有付费才能访问网站,因为网站不能通过把用户个人信息提供给广告商而实现获利(Solove 2004:76-92;Goodman 2015:57)。

在线零售持续增长,在线购物的个人每年平均花费近1750美元,互联网公司每年产出利润超过3200亿美元。企业大约把1/5的广告费花在了网上。年轻人是互联网的主力军,也是互联网企业最大的收入来源之一。网站收集用户信息的方法多种多样。首先是利用注册信息和调查问卷。其次是利用人们访问网站时会留下的“点击流”或他们浏览网页的电子记录。高级网站能够在网页上展示消费者感兴趣的产品以延长客户浏览网站的时间(“粘住”客户),从而增加他们的消费金额。网站也通过电子邮件促销产品,吸引顾客,诱使其再次访问网站重复消费(Staples 2000:133-137)。

还有一种方法是利用间谍软件收集信息。间谍软件可对访问者的浏览过程进行跟踪。使用间谍软件收集来的数据信息被用于制作有针对性的弹出式广告。“第三方跟踪器”分配给访问网站的计算机一个号码，跟踪器会记录下这台计算机所访问的其他网站，并把这些网站汇集成一个文件，向企业拍卖（Mills 2008：32）。

借助新的技术，广告商可以数周甚至数月访问用户数据，包括用户的位置、照片、博客、购物车里的商品类型、电子邮件和网页访问列表（Vega 2010）。大约 1%的美国人接受位置共享软件跟踪定位他们的位置，并把此信息和朋友共享。位置共享软件可以收集到诸如用户在哪里吃饭、在哪里购物、在哪里度假，以及如何度过闲暇时光等信息（Miller and Wortham 2010）。

超过 75 家公司从提供当地新闻、天气及交通信息等服务的应用程序中获得匿名的精确位置数据。总数约为 1000 个的这些应用程序可以跟踪个人在其位置几码内的活动，每天更新超过 1.4 万次。位置数据虽然是匿名的，但通过观察个人经常在哪里消磨时间或睡觉，可与个人其他数据联系起来（Valentino-DeVries et al. 2018）。

挪威消费者委员会的一份报告指出，像 Grindr、OkCupid 和 Tinder 这样的交友约会网站向数十家私人营销公司出售男女约会模式、位置数据、种族等用户信息，以及关于吸毒等个人情况的咨询回答（Singer and Krolik 2020）。

亚马逊旗下的亚莉克莎智能语音助手（Alexa）等家庭中流行的数字伴侣通常会处理像打开空调或播放音乐这样的任务。许多科技公司内部的举报者称，他们听过 Alexa 和苹果公司的 Siri 智能语音助手的录音，里面记录有用户与配偶做爱、打架甚至是毒品交易的声音。据称，这些录音被用来训练这些语音助手识别语音的细微差别，比如“奥斯汀”和“波士顿”之间的差别。这些公司声称，只有不到 1%的录音经过了监控人员的审查，并向公众保证，他们已经普遍暂停了对录音的人工监控。从车库开门器到音频扬声器，几乎所有的“智能家电”都会收集数据，当连接到个人智能语音助手时，这些数据就会与亚马逊等公司共享（Fowler 2019）。

这种信息超载是“控制论资本主义”或“监视型资本主义”的基础（Zuboff 2019）。消费者数以千万计，如果能够从中筛选出谁有可能会接受一个产品，则可以节省时间和资金。过去的一般规律是，在企业所联系的消费者中，只有 2%的人会给出回应。因此，重点关注对产品或服务感兴趣的消费者就会有不凡的效果。分析定性和“市场划分”是消费心态学的基础。有些公司已经为近 90%的家庭编制了档案,并提供了 1.2 万个不同的邮件列表。例如,一家公司可以查找到郊区的一位男性,他以前有辆本田车,现在开的是一辆宝马。在计算机键盘上再敲几下,你就会“命中”一位男性:共和党,白人,年薪超过六位数。数据经纪人可以将汽车车主、最近结婚的夫妇、城市单身者以及枪支拥有者的名单卖给有需要的公司(O'Harrow 2005:134)。

有些刊物根据投资方向、兴趣爱好和度假方式把 2800 万个家庭分为 100 种“生活方式”,公司可订阅提供这类信息的刊物。《信息美国》登载了 7000 万美国人的基本信息和平均收入(Staples 2000:88)。大多数成年人被分为不同类群,如“家族显赫者”、“放荡不羁者”、“年轻的文人雅士”、“猎枪和皮卡狂人”或“年轻白领”(Solove 2004:18-19)。在线搜索引擎 Spokeo 提供给客户的个人信息极其全面。据估计,每天有超过 100 万人访问 Spokeo 的数据库,以决定雇用人员、延长信用期限或建立人际关系等事项(Andrews 2012:9-10)。

马克·古德曼指出,阿肯色州小石城的安客诚公司(Acxiom)拥有一个数据库,储存着 96%的美国家庭和全球 7 亿消费者的信息。这些信息被卖给信用卡公司、银行、电信和保险公司。该公司给每人分配一个 13 位数的代码,并根据其行为和人口统计数据把他们分为 70 个“集群”。例如,“集群 38”是在职场工作的有孩子的黑人和西班牙裔人,属于中下层阶级,在折扣店购物(Goodman 2015)。

你可能以为外界对你的生活方式一无所知。你错了,信息公司正忙着把你的杂志订阅、网上购物、去过的饭店、航空目的地以及住过的宾馆等信息统统搜集起来,给你建立档案呢。在欧洲,法律规定,未经你本人同意,这种对你既往情况的“二次分析”属于违法行为,但慈善机构、政治运动以及有着“既定业务关系”的组织除外(Rule 2009:104-105)。

洛里·安德鲁斯举了一个例子,说是有一个人在医疗网站发了一个关于自己焦虑症的帖子,接着又搜索了人寿保险。一家数据集合公司就可能会因这两次访问把这个人划入有自杀倾向的一类人中。那么,这个人就可能因此被认定为信用等级差,并很难获得低利率的房屋贷款或高额度的信用卡(Andrews 2012:34)。美国联邦贸易委员会的一名研究人员在交友约会网站 OkCupid 上注册了一个虚拟账户,并能够跟踪到他的回答(包括他声称的吸毒情况)被实时转发给数十个数据经纪人(Goodman 2015:74-75)。

马克·古德曼讲述了这样一个故事:一位愤怒的父亲冲进美国一家塔吉特

(Target)百货商场,要求解释为什么他 15 岁的女儿会收到婴儿服装和婴儿床的优惠券。几天后,在得知女儿怀孕后,他打电话给商场道歉。塔吉特公司综合分析了这名未成年女孩既往的购物信息,并根据怀孕预测算法得出结论,她怀孕了。通过这种分析和测算,该公司在其数百万女性客户的档案中识别出数千名孕妇(Goodman 2015:73)。

欧哈罗讲述了一家大型制药公司的一名员工的遭遇。这名员工在 2001 年"9·11"事件后遭到解雇,原因是数据库错把他侄子的社保号码当成他的,并且错误地报称他有两项犯罪记录。一位 46 岁的单身母亲失去了她做管道隔热工的工作,因为背景调查发现她在 2 年前曾被拒付了一张 60 美元的支票。还有一名工人,因为背景调查显示其在 10 年前曾被认定私藏 1 磅大麻,5 年后也失去了工作(O'Harrow 2005:132,141-142)。

大学和企业理所当然地都会聘请公司收集入学申请者和求职者的信息,检查员工在社交媒体上所发的帖子及其谷歌搜索内容(Andrews 2012)。东斯特劳兹堡大学的格洛里·亚加兹登副教授因在"脸书"页面上发布状态更新而被停职。学校方面解释称,这名女教师讽刺性地称自己过得很好,"连一个学生也不想杀死",这必须被严重地视为构成"安全威胁"(Andrews 2012:76-77)。

在 2008 年的一次调查中,1/10 的大学招生人员称,他们查看了入学申请人的社交网站,有近 40%的招生人员称,这些申请人发布的帖子对录取决定产生了负面影响(Andrews 2010:122)。

一些学生受到暂时停学处罚,原因是他们在网上发布批评老师、教练或学校资源的言论,或创建学校的假冒网站。但是,联邦法院基于言论自由的权利,推翻了许多此类的处罚(Andrews 2010:76-78)。

一个相对较新的情况是,雇主录用员工或银行发给贷款还要分析申请者的社交媒体交友。如果你在"脸书"上被拖欠贷款的人加为好友,你的信誉可能会下降。他们的想法是,如果你的朋友是信用风险高的人,那么你也会被认定信用风险高。多家公共机构要求应聘者和在职员工提供其社交媒体网站的密码。越来越多的高中学生和大学运动员也被要求透露密码(Goodman 2015:75-77)。

美国管理协会的一项调查发现,67%的公司企业对其员工进行某种形式的电子监控。在 1/5 的案例中,员工并不知道其电脑或电子邮件被人检查,或不知道自己一直受到视频监控(Staples 2000:77)。由于新型冠状病毒造成的封控,许多在家工作的人被雇主要求下载员工监控软件。每隔几分钟,该软件就会对员工访问的网站、正在处理的文件和访问的社交媒体网站进行截图。GPS会监控员工的位置。一天结束时,个人会收到一个工作情况计分(Satariano 2020)。

《消费者报告》的一项民意调查显示,超过60%的美国人错误地认为其在线活动是保密的,未经授权不会被分享。绝大多数美国人反对在网上被跟踪,认为自己的信息不受他人控制(Andrews 2012:22)。2016年4月,特朗普总统签署了一项法律,使有线电视和电信公司更容易监控并向广告商出售客户的在线信息(Lohr 2017)。

脸书能够将用户的社交媒体活动与他们在其他各种平台上的浏览整合起来,可以根据不同的个人特点和兴趣,甚至他们的心理特征来为个人定制服务。例如,脸书告诉广告商,它可以预测年轻用户何时感到“不安全”、“不中用”或需要“提振信心”。其研究人员称,他们有能力根据用户的社交媒体数据预测他们的抑郁情绪。

脸书上的广告商可以专注于他们的现有客户,并整合来自社交聚合公司的数据,或者创建一个与公司客户群具有相同特征的潜在客户列表。

大多数社交媒体网站都为用户提供了隐私政策,以保护个人隐私。然而,研究发现,这些隐私政策冗长、难懂,其写作水平甚至超出了受过写作教育的专业人士预期达到的水平。研究人员发现,脸书的隐私声明比19世纪哲学家伊曼努尔·康德的那本以深奥著称的《纯粹理性批判》更难读(Litman-Navarro 2019)。

谷歌在2019年宣布,它将重新强调用户隐私。在一系列创新举措中,允许用户以“隐身模式”使用导航地图、在视频网站YouTube上观看视频以及搜索信息,从而限制用户的信息被谷歌共享。用户还可以在3个月或18个月后自动删除登录谷歌网站和使用应用程序的历史记录。新的版本升级后,用户将更容易地限制应用程序提供商共享其位置数据。在谷歌浏览器Chrome上使用跟踪缓存文件(cookie)也将受到限制。在线广告只能基于个人搜索过的商品或个人过去浏览过的在线商店。谷歌文档(Google Docs)或谷歌邮箱(Gmail)等应用程序中的个人数据也不会被用于定向在线广告(Pichai 2019)。

身份盗窃

美国政府问责局把身份盗窃定义为，“窃取他人的个人身份信息……然后利用这些信息欺诈性地建立信用，积累债务，或接管现有的金融账户”。换句话说就是，罪犯“冒充”受害人使用其个人信息（Solove 2004：110）。

身份盗窃简直成了新兴行业。索洛夫认为，身份盗窃之所以增多，是因为私营公司和政府机构对其掌握的我们个人信息资料没有给予充分的保护。他认为，一旦获得我们的社保号码，有人就会相当容易地利用我们的身份信息。从前抢劫银行的团伙，现在改做黑客，侵入人们的电脑，窃取大量的“数据信息”，包括社会保险号码、信用卡号码、家庭住址、电话号码、母亲出嫁前的名字和其他信息。索玛和莱纳森指出，从 2005 年 1 月 1 日到 2007 年 11 月 1 日，美国出现了 500 起安全漏洞事件，致使数百万的信息记录被盗（Soma and Rynerson 2008：178）。

每天有超过 60 万个脸书账户遭到盗用。这可能会产生从出生日期和地点到母亲的婚前姓名和家庭照片的有用信息。一旦查到个人的脸书认证信息，黑客就可以访问一系列在线服务。由于绝大多数人在多个网站都使用相同的登录信息和密码，黑客就可能会登录银行、信用卡界面和电子邮件网站（Goodman 2015：88）。

身份盗窃者能够出售系列成套身份信息，而这些身份信息被“中间人”用来申请信用卡、从银行账户取款、借钱以及获得抵押贷款。2013 年，联邦贸易委员会估计，有 1300 万人遭受过身份盗窃。该委员会的研究结论指出，身份盗窃造成了大约 180 亿美元的损失。受害者平均要花费大约 200 个小时弥补身份盗窃所造成的伤害。这可能要花费数千美元，而且只要受害者的信用报告中还有债务未偿清，受害者就会发现要获得信用几乎不可能，而没有所要求的信用，无论你是租赁房屋、买房买车，还是开通电话或互联网服务，甚至是找工作，都会处处受阻，寸步难行（O' Harrow 2005：78；Solove 2004：110）。

美国司法部司法统计局发现，2016 年，约有 2600 万 16 岁以上的美国人（约占美国居民总数的 10%）的个人信息至少遭到一次泄露。虽然超过一半的受害者在一天内解决了问题，但有 260 万人经历了“严重的情绪困扰”。2016

年,身份盗窃造成的经济损失总计 1750 万美元。大约 2/3 的身份盗窃受害者遭受了直接的经济损失,平均损失 850 美元,中位数损失 300 美元。86%的身份被盗的美国人报告说,盗窃者在获取信息后不久就试图以他们的名义办理信用卡或银行账户。身份盗窃的威胁不再是单个计算机被黑客入侵,身份盗窃的真正威胁是入侵大型数据库。2013 年,奥多比系统(Adobe Systems)数百万个信用卡号被盗,2014 年,家得宝(Home Depot)的网络中有超过 6000 万个信用卡号被盗,摩根大通银行有 8300 万个信用卡号被盗。近年来发生的其他重大的数据泄露事件包括安申(Anthem)医疗保险公司、第一资本(Capital One)、易趣(eBay)和艾奎法克斯(Schneier 2015:116)。针对金融机构的成功攻击超过 3494 次,黑客获取了银行客户的一系列个人信息(Cowley and Perlroth 2019)。

美国司法部司法统计局报告称,女性比男性更容易成为身份盗窃的受害者,白人遭受身份盗窃的比例高于非洲裔或西班牙裔,年龄越大、收入越高的人身份盗窃的比例最高。3/4 的身份盗窃受害者知道犯罪者是如何获得他们的信息的,但只有 6%的身份盗窃受害者了解犯罪者的情况。遭受多种身份盗窃(如信用卡和银行账户)的个人中,有 27%的人在一年多后仍未能解决问题。

根据司法部统计局的数据,在 16 岁及以上的个人中,19%的人曾经遭受过一次或多次身份盗窃事件,不包括过去 12 个月。联邦贸易委员会 2018 年《数据手册》报告称,该委员会收到的身份盗窃投诉数量从 2017 年的 371034 起增加到 2018 年的 444602 起,占所有欺诈投诉数量的近 15%。

2006 年 4 月,据发现,69%的个人非常担心或比较担心他们的身份被盗。身份盗窃被认为比遭受犯罪侵害、患癌症或经历恐怖袭击更令人担忧(Mills 2008:240-241)。1998 年,国会通过了一项将身份盗窃定为犯罪的法案,各州还通过了惩治身份盗窃的刑事法律。在"弗洛雷斯-菲格罗亚诉合众国"案中,联邦最高法院认为,联邦身份盗窃法律要求被告人知道其提交、持有或使用的"身份识别工具""属于另一个人"。换句话说,根据联邦法规,个人向雇主提供伪造的社会保障号码和社会保障卡还不足以负有法律责任。因此,根据该法律规定,弗洛雷斯-菲格罗亚没有因身份盗窃而被追究法律责任,因为政府没有证明他知道自己购买并提交给雇主的身份证件属于另一个人。各州身份盗窃法规在很大程度上将使用伪造身份证定为犯罪,而不要求犯罪者知道该身份证"属于另一个人"[*Flores-Figueroa v. United States*,556 U. S. 646(2009)]。其他法律禁止有线电视提供商、驾照管理部门和其他类型的实体发布信息。丹尼尔·索洛夫质疑身份盗窃法律的有效性,并指出,州政府和联邦政府没有投入足够的资源来解决这个问题,因为与打击暴力犯罪相比,身份盗窃犯罪似乎并不重要,而且调查工作还需要训练有素的警官花费很长的时间。据估计,每700个身份盗窃案中只有一个被定罪。根据联邦贸易委员会的说法,有一个问题是,受害者一般不会立即得知身份被盗。在受害者试图向债权人申请审查其信用报告之前,盗窃行为不可能会被发现(Solove 2004:112)。

欧哈罗在报告中提到,2002年,有3名罪犯因盗卖3万多张信用卡而被捕。此外,计算机黑客了解到一家公司为多家信用卡公司处理流水交易业务,竟然从这家公司中窃取了1000万个信用卡号码。为什么身份盗窃现象越来越多?正如我们所提到的,原因是掌握我们信息的公司往往不采取得力的防范措施。我们的身份信息不断在杂货铺、药店、餐馆和银行使用,因此很容易落入坏人之手。我们的信用卡邀约信息可能会通过邮箱或“网络钓鱼”(一种互联网欺诈手段,旨在诱骗用户泄露个人信息)的手段被盗取。如果我们在垃圾桶里发现了丢失或被盗的钱包或识别信息,那么,失主或被盗者极有可能会遭遇金融麻烦。2010年7月,犹他州的一名政府工作人员,在呼吁人们关注移民改革问题时,发布了一份非法居住在犹他州的人员名单,其中包括机密的医疗信息(O'Harrow 2005:74-82)。

2014年盖洛普的一项调查发现,与其他犯罪相比,人们更担心自己的信用卡信息从商店被窃取(69%),或者信用卡信息从电脑或智能手机上被窃取(62%)。在收入超过7.5万美元的个人中,85%的人担心黑客攻击,而在收入低于3万美元的个人中,这一比例为50%。大约1/4的个人的信用卡信息曾被黑客从他们的电脑中窃取。

欧哈罗讲述了迈克尔·贝里的遭遇。2002年,贝里无意中发现,他的信用报告显示,他在多家商店消费了数千美元,还被刷了数百美元的汽油费,又购买了一部昂贵的手机。贝里居住在弗吉尼亚州,但报告清单竟然还显示,他给一个住在洛杉矶、名叫琼的女人买了多件昂贵的礼物。

几个月后,德莫瑞斯·安迪·亨特,冒充贝里在佛罗里达州奥兰多租了一套公寓。亨特是一个曾经被判刑入狱13年的杀人犯。他持有加利福尼亚州驾驶证,名字是贝里,还有一张假冒的社保卡,是贝里的号码。亨特利用这些证件以及他所租住的那套公寓,得到了一份在当地烧烤餐厅洗碗的工作。几个星期后,住宅区里的一个居民被发现惨遭杀害,死者名叫特丽莎·格林。接着,警方发布了缉拿贝里(亨特)的全美通缉令。通缉令把贝里当成警方正在寻找的杀人嫌疑犯。为防不测,贝里让加利福尼亚州奥克兰警方给他出具公函,说明通缉的是那个冒充贝里的人。2003 年 12 月,亨特被捕。同月,乔治·W. 布什总统在白宫以真正的迈克尔·贝里为单独的例子,告诉人们一个无辜的人一旦身份被盗会发生什么事(O' Harrow 2005:74-97)。

西蒙·科尔和亨利·彭泰尔指出,消费者总是被告知要采取防范措施,然而,问题的核心是信息行业没有对信息数据采取充分的保护措施。整个信息行业应该做出承诺,保护我们免受身份盗窃(Cole and Pontell 2006:125-146)。

有一家公司雇用多名监狱囚犯侵入数据库。一名囚犯给数据库里的人发送性暗示邮件。一名加利福尼亚州帕萨迪纳的电视记者,冒用一名众所周知的儿童猥亵犯兼杀人犯的名字,向同一家公司支付 277 美元获得了 5000 名儿童的信息。还有一个例子,一个海军水手用“bosyrch”的账户名回复了一封电子邮件请求,为其所在军舰发起的捐赠玩具活动捐献玩具。这引起了该舰法律顾问的注意,他调查了这个账户,发现账户注册人为“Tim”,自称是同性恋。一名海军律师帮办诱使“美国在线”非法披露了“Tim”的全名,结果这名律师帮办按照以前的“不问不说”政策被海军解雇(Solove 2004:4)。

需要注意的是,黑客攻击也可能是出于政治动机。情报专家警告说,外国政府的网络攻击是美国面临的头号威胁(Sanger 2017)。

2013 年 11 月和 12 月,计算机黑客攻击达到了一个新的高级程度,多达 4000 万塔吉特客户的加密信用卡和借记卡数据被盗,一起被盗的还有另外 7000 万人的个人信息。零售业巨头内曼·马库斯的安全系统也遭到了破坏。在这两起案件中,黑客都安装了恶意软件,并直接从信用卡和借记卡的磁条上复制信息。被盗的数据被发送到塔吉特公司内部的一台服务器上,再由此转发给另一个网络服务器,并最终发给一个位于俄罗斯的服务器。

2017 年 4 月,俄罗斯侨民罗曼·瓦列列维奇·塞列兹涅夫被判犯有身份盗窃罪,被判处 27 年监禁。据称,他从 3700 家金融机构和 500 家企业中窃取了 200 万个信用卡号,造成了无法估量的经济损失(Perlroth 2017)。

身份盗窃,如果涉及黑客侵入计算机,便构成网络犯罪的一种。

网络犯罪

网络犯罪可分为两类：一类是攻击计算机网络的犯罪，另一类是通过互联网进行的犯罪。攻击计算机网络的犯罪包括：

· 病毒。破坏计算机程序。
· 造成死机。阻止访问计算机程序。
· 黑客侵入。侵入网站。
· 恶意软件。监视用户对计算机的操作并记录信息以侵入加密文件。

通过互联网实施的犯罪包括：

· 身份盗窃。盗取个人信息。
· 欺诈。骗取他人钱财。
· 网络钓鱼。发送电子邮件以骗取用户个人身份信息。
· 做套。设置圈套骗取他人信息。
· 儿童色情。获取未成年人色情内容或教唆未成年人色情犯罪。
· 侵犯版权。在没有支付版权费的情况下，使用他人的文本、音乐或创意性产品。

联邦调查局网络犯罪投诉中心的年度报告显示，2018 年网络犯罪受害者的投诉超过 35 万起，比 2017 年的 30 万起有所增加。2018 年，网络犯罪造成了 27.1 亿美元的经济损失。自网络犯罪投诉中心成立以来，共受理投诉 4415870 件，平均每天 900 多件。需要注意的是，只有 15%的网络犯罪被举报给执法部门。投诉和举报最多的类别是未付款/未交货、敲诈勒索、个人数据泄露、未经请求的电子邮件、短信和索要个人财务验证码或登录密码的电话。平均每个受害者的经济损失最大的州是加利福尼亚州、纽约州、得克萨斯州、佛罗里达州、北卡罗来纳州、俄亥俄州和伊利诺伊州（Internet Crime Complaint Center 2018：10-24）。

2018年,一个热门话题是商业电子邮件泄露,它被定义为针对与外国供应商合作的企业或定期发送电汇付款的企业的骗局。受害企业被指示将欠外国供应商的资金电汇到欺诈者控制的账户。2018年,此类欺诈造成的损失总计超过12亿美元。联邦调查局还收到了有关工资转存骗局的举报,涉及约1亿美元的损失。在这种骗局中,网络罪犯向员工发送旨在获取员工登录密码的网络钓鱼电子邮件。一旦网络犯罪分子获得了员工的密码,他们就会利用密码访问员工的工资账户,并更改直接存款信息,从而将工资款项转到网络犯罪分子控制的账户。2018年,要求个人受害者购买礼品卡的投诉数量也有所增加。受害者收到来自权威人士的欺骗性电子邮件、电话或短信,要求受害者购买多张礼品卡。另一种形式的礼品卡诈骗涉及个人与个人联系,声称个人的电脑出现问题,需要向科技公司发送礼品卡才能解决问题。礼品卡欺诈的大多数受害者年龄在60岁以上,2018年的损失总额为3900万美元。

另一个热门话题是与敲诈勒索有关的投诉,损失超过300万美元,比2017年增加了242%。敲诈勒索,是指以身体或经济伤害,或者以公布敏感信息等方式威胁受害者,除非受害者提供有价值的东西。勒索方式包括攻击计算机使之拒绝服务、雇用职业杀手、性勒索、冒充政府、贷款骗局和数据泄露。犯罪者通常要求用虚拟货币支付,以避免被发现。2018年最常见的勒索形式是性勒索,受害者收到一封电子邮件,威胁要将其在色情网站的视频发送给其家人、朋友或雇主。在过去的几年里,"冒充联邦调查局欺诈"很普遍,它涉及一封电子邮件,该电子邮件错误地将发件人识别为联邦调查局,并要求收件人提供个人信息。2018年的另一个热门话题是勒索病毒软件。公司企业或政府、医院的文件被黑客入侵,并被要求支付赎金。酒店房间访问系统以及医院和市政府的整个文件档案都出现瘫痪,直到赎金支付完成。

2017年,勒索软件黑客从74个国家的计算机中获取数据,包括英国医院、俄罗斯内政部和联邦快递,并要求用比特币支付。这种恶意软件是从美国政府的网络间谍工具目录中窃取的。大约一个月后,发起第二次攻击(Shane, Rosenberg and Lehren 2017)。2019年,佛罗里达州里维埃拉海滩小镇向黑客支付了近60万美元的赎金,因为黑客冻结了该市的计算机系统。佛罗里达州的莱克城同意支付大约46万美元的比特币赎金。巴尔的摩市的计算机系统遭到入侵,该市为此花费了1800万美元进行修复。黑客还以佐治亚州首府亚特兰大为目标进行攻击,并同时攻击了得克萨斯州的22个城镇和其他18个司法管辖区(Mazzei 2019b)。

其他流行的诈骗包括占星术诈骗、经济诈骗(政府刺激资金承诺)、求职网站诈骗、“军人诈骗”(使用驻扎在战区的需要资金的军人身份)以及推销防病毒软件的弹出式广告诈骗。还有一种新的诈骗形式是在拍卖网站上发布购买广告,买方冒充现居国外的富人,给卖方寄去一张超过其要价的虚假支票,随后再要求卖方将找回款的支票寄回给买方。黑客入侵“忠诚计划积分账户”导致人们每年损失近10亿美元。在大多数情况下,这些积分要么被黑客花掉,要么在“暗网”上出售。政府机构报告了与新冠疫情相关的许多病毒谎报和骗局,包括伪造检测试剂盒和欺诈性的病毒感染治疗方法。

46个州和哥伦比亚特区已经通过立法,禁止“复仇色情”或未经同意发布照片,通常是由愤怒的前任恋人或被抛弃的情人发布的。布鲁金斯学会在2015年也记录了1397名“性勒索”受害者。其中一个典型的案例是,一名成年人在社交媒体上冒充未成年人,并说服年轻女性给他发送色情照片。然后他威胁要把这些照片发布在网上,除非年轻女性再给他发送照片或给钱(Smith 2016)。

还有一些领域的网络犯罪在报告中没有专门提到,因为没有受害者投诉。这其中包括:教唆未成年人犯罪、获取未成年人色情内容以及非法网络赌博(FBI 2015:12-13)。在所谓的“暗网”上有近30个网站,各种各样的非法麻醉品随时都可以在上面买到。这些网站使用Tor网络浏览器或其他浏览器来隐藏网站和浏览者的位置,并且通过难以追踪的加密货币比特币进行交易(Popper 2019)。

在2009年的网络犯罪报告中,3/4的罪犯是男性,其中一半居住在加利福尼亚州、佛罗里达州、纽约州、得克萨斯州、华盛顿州和哥伦比亚特区。在国外的罪犯居住在加拿大、尼日利亚、加纳、马来西亚和英国。一般来说,投诉人为男性,年龄在40—49岁,居住在加利福尼亚州、佛罗里达州、得克萨斯州或纽约州。近年来,公众对网络犯罪防范意识的提高导致投诉量下降(Internet Crime Complaint Center 2009:5-8)。

盖洛普2018年年度犯罪调查发现,71%的美国人担心网络犯罪,67%的人担心身份盗窃。人们对这两种犯罪的关注度远远高于对任何其他类型的犯罪活动的关注度。这种对网络犯罪的焦虑反映了这样一个事实,即在调查前的12个月里,个人信用卡或财务信息被盗(23%的受访者)或身份盗窃(16%的受访者)的受害者比任何其他类型的犯罪都要多(Reinhart 2018)。这些数据反映了皮尤研究中心 2017 年的一项研究结果,该研究发现,大多数美国人都经历过某种形式的数据盗窃或欺诈,一半的受访者认为他们的数据近年来变得不那么安全。与此同时,大约 1/3 的美国人对各种机构保护其数据安全的能力缺乏信心,大多数人担心会发生重大的网络攻击。尽管对身份盗窃问题非常关切,但公众普遍未对他们的在线数据进行保护(Smith 2017)。

一些对网络罪犯的研究表明,这些犯罪人员花费大量的时间上网,属于一个对网络犯罪活动给予鼓励和奖励的社会群体。大多数网络罪犯认为自己不会被警方抓获,而且犯罪收益远大于被抓获的代价,因此他们并不收手。有些类型的网络犯罪活动,如窃取书籍和音乐,被社会认为是司空见惯的、可接受的行为。一些学者指出,由于互联网的匿名性以及犯罪者和受害者之间的物理距离,一些人从事网络犯罪活动更加有恃无恐(Higgins 2010:89-109)。

数字时代宪法

洛里·安德鲁斯提出制定“社交网络”宪法,以保护个人的数字权利。以下是她提出的一些建议条款,以及 2009 年由 100 个组织签署的《马德里隐私宣言》所包含的保护措施。这些规定基于每个人都享有个人数据保护权的主张(Andrews 2012:189-190;Schneier 2015)。

网络使用权利。个人应当有权使用互联网,其交流的内容与来源不受监控。

言论与表达自由权利。数字表达自由受到保护。雇主和学校不得访问个人的社交网页,或根据个人的言论或披露的信息对个人采取行动,出现迫在眉睫的伤害威胁除外。

位置和信息隐私权。个人享有网络配置文件隐私权,其位置应受到免受跟踪的保护。

形象权。未经本人同意,不得使用个人形象。

正当程序。个人有权管控、更正或删除其网上信息。未经本人通知或同意,不得对其信息进行收集或分析。

反对歧视。个人不得因其社交网络活动或个人资料而受到歧视。

结社自由。个人有权在社交网络上自由结社,有权保持其结社的私密性。

不受监视。未取得司法部门基于合理理由所签发的司法命令,军事或情报机构不得对个人进行监视或收集其信息。

尊重民意。大规模监控的新技术应该经过论证和民主辩论。

詹姆斯·鲁尔考察了世界各国的隐私保护情况。作为对洛里·安德鲁斯所提建议的补充,鲁尔提出,不得将以一种目的所收集的信息用作其他目的。鲁尔还主张对非法收集信息并滥用信息的行为给予民事和刑事重罚,并给以补救(Rule 2009:26)。

2018 年颁布的《加利福尼亚州消费者隐私权法案》规定,加利福尼亚州居民对在该州运营的大型公司企业所收集的个人信息拥有所有权。公司企业必须把信息的收集和使用以及向谁披露和出售等情况告知消费者,必须向消费者提供选择不将其个人信息出售给另一个实体的机会。消费者可以要求公司企业删除其个人信息。消费者可以就违法行为提起个人或集体诉讼,并要求赔偿损失。而公司企业如有违规的,每次将受到 2500 美元的民事处罚;故意违规的,每次将受到 7500 美元的民事处罚。

加利福尼亚州法案的基础是 2018 年欧洲通用数据保护条例。该条例在欧洲是统一的数据隐私权法。欧洲通用数据保护条例详细规定了 99 项条款,除加利福尼亚州法案的保护种类外,还赋予个人在不准确、不充分、不相关或过多的信息方面被搜索引擎"遗忘的权利"。另一项保护措施规定,网站在电脑上安装缓存文件之前须征得个人同意。条例还加大了对 16 岁以下未成年人的保护。

我们接着要讨论的药物检测和 DNA 信息收集也对个人隐私权构成挑战。

药物检测

科学、技术和医学的发展大大便利了对人们的健康检测,确保了人们健康地生活、远离不健康行为。药物检测在学校和工厂越来越普遍。DNA 和指纹的收集鉴定已发展成为调查犯罪活动的一项有力工具。未来,我们可以预测,当我们走在街上或进入一幢建筑时,科技创新手段会以最低程度的侵入性识别出我们每个人的身份。

1998 年,超过 1500 万人接受了药物检测,总花费 6 亿美元。大约 90%的生产和运输企业对员工进行了检测。美国最高法院在两起案件中都支持联邦法规对从事可能危及公众健康职业的联邦雇员进行随机药物检测的规定[*National Treasury Employees Union v. Von Raab*, 489 U. S. 656(1989); *Skinner v. Railway Labor Executives' Association*, 489 U. S. 602(1989)]。

最受争议的药物检测是对中学生的随机检测。在"佛诺尼亚第 472 学区诉阿克顿"案中,最高法院支持一项专门针对高中学生运动员的药检计划。该学区称,药物问题在运动员中已达到泛滥的程度,而运动员对药物的滥用会引起其他学生效仿,鼓励其他学生尝试麻醉品。该校区还举出几起事例,说明学生运动员因滥用药物而遭受伤害或险遭伤害。最高法院认为,尿检是非侵入性的,运动员受一系列管理规则的约束,因此也降低了隐私期待[*Vernonia School District* 472 *v. Action*, 515 U. S. 646(1995)]。

7 年后,在"波塔瓦托米县第 92 号独立学区教育委员会诉伊尔斯"案中,最高法院支持对所有参加课外活动的学生进行药物检测。尽管特库姆塞高中(俄克拉何马州)并未出现毒品问题,但最高法院认为,由于年轻人滥用药物问题呈全国泛滥态势,实行必要的预防措施是合理的[*Board of Education of Independent School District NO.* 92 *of Pottawatomie Country v. Earls*, 536 U. S. 822(2002)]。一些法官不同意以上两种裁决意见,他们认为,药物检测已构成搜查和扣押,而根据宪法精神,必须至少有合理的怀疑表明学生参与毒品交易或使用毒品才可对其进行药物检测。药物检测当然不局限于在学校进行。越来越多的家长从药店购买了各种家用药物检测试剂盒,以便在家对孩子进行药检(Staples 2000:101)。

在所有的学区(2000 个学区)中,大约有 16. 5%的学区对学生随机药检。据报道,有 2 个学区每周都进行药检。前毒品事务总统顾问约瑟夫·卡利法诺指出,在美国的初高中学校,"教室和走廊"被毒品"充斥",对许多学生来说,"来上学"简直就是"来吸毒"。卡利法诺接着指出,药物滥用就像算术和英语,完全成了必修课。一系列研究表明,学生在高三阶段吸食毒品的可能性是 35 岁时的 8 倍。这个数据类似于吸食可卡因和酗酒的数据。传统智慧认为,那些不断吸食毒品的学生在学业成绩上远不如那些称自己不吸食毒品的学生(Student Drug Testing Coalition 2008)。

药物检测行业是一个 8 亿美元的产业。药检公司所收取的检查化验费为每次 15 美元到 40 美元。由于事关阻止学生吸食毒品,对于大多数人来说,这个钱花得还是很值的。2002 年,一份署名密歇根大学山口良子、劳埃德·约翰斯顿和帕特里克·奥马利的研究报告对药检在阻止青少年吸食毒品中的作用提出了疑问。在这份题为《监控未来》的研究报告中,三位作者跟踪调查了 9.4 万名初高中学生。这项调查在结论中指出,学校实行随机药检与否,对学生吸食毒品的影响不大。原因何在? 因为学生认为自己不会被发现。那些吸食毒品的学生可能已经接触毒品有相当一段时间,并没有被发现。因此,我们没有理由认为,药检能够有效地检测出吸食毒品的学生。学生还认为,即使被发现,也不会有严重后果(Grim 2006;Yamaguchi,Johnston and O'Malley 2003)。

DNA 鉴定

在过去的几十年里,DNA 鉴定技术也许是刑事侦查破案的最有力的手段。DNA 是位于生命有机体细胞内的生物大分子,它携带有遗传密码信息,能够控制各种遗传特征。每个人的 DNA 都是独一无二的。执法机关发现,DNA 是鉴定罪犯的最有价值的工具,同时,DNA 鉴定也可以用来为那些蒙冤受屈的人洗刷罪名。1988 年,联邦政府建立了国家 DNA 检索系统,并经过不断扩充,收录了被联邦判为重罪的犯人的 DNA。在美国 50 个州中,各州都建有 DNA 数据库,收录本州罪犯的 DNA。这些数据库实现了全国联网,州和联邦的执法人员可以检索数据库,以寻找与犯罪现场发现的 DNA 相吻合的 DNA。

联邦调查局的数据库是世界上最大的数据库,有 800 万份 DNA 档案。法院认定,从已判决有罪的罪犯和即将刑满释放的囚犯身上提取 DNA 样本不违背宪法。其理由是,这些人今后有可能还会犯罪,也可能牵涉过去未被侦破的案件。

2013 年,在"马里兰州诉金"案中,美国最高法院认定,马里兰州的一项法律允许从那些因暴力犯罪或意图暴力犯罪、入室盗窃或意图入室盗窃而被捕的嫌疑人身上提取 DNA 的做法符合宪法规定。如犯罪嫌疑人被判无罪,其 DNA 样本将被销毁。DNA 鉴定除用于身份鉴别外,不得用于其他任何目的。与马里兰州的这项法律相似的,至少还有 28 个州[*Maryland v. King*,569 U. S. 435 (2013)]。

批评人士指出,DNA 数据库最初针对的是最暴力的罪犯。被抓捕的人可能被无罪释放,或被撤销指控;因此,他们的 DNA 不应进入政府的数据库,即使最终会被销毁。数据库收入少数族裔的 DNA 过多,而且,从被逮捕的人身上提取 DNA 则意味着,数据库被主要用来对非洲裔和西班牙裔进行调查。DNA 可以从医学上反映出个人身体构成的各个方面,一个人的 DNA 信息如果被泄露,就有可能被用来作为拒绝其投保和就业的依据。欧洲人权法院认为,英国保留那些被捕后又被判无罪的人的 DNA 样本,侵犯了他们的人权(Sandoval 2020)。特朗普政府于 2020 年 1 月宣布,将开始从被拘留的移民身上提取 DNA(之前只收集他们的指纹)。这是联邦 DNA 数据库第一次收录一些未受到犯罪指控的个人的遗传信息(Morales,Ram and Roberts 2020)。

DNA 对侦破犯罪的作用有限。即使 DNA 出现在犯罪现场,也可作完全无辜的解释。DNA 也可能发生变质,无法做到较好匹配。有一些迹象表明,DNA 并不像人们所说的那样是独一无二的。一项对亚利桑那州数据库的研究表明,在 100 例 DNA 配对中,DNA 样本都非常相近,可被认为 DNA 吻合。

一项有争议的鉴定技术家族检测,因为利用家族检测无法在基因库里找到完全匹配的基因。于是,执法部门便会寻找部分匹配。他们寻找那个 DNA 产生部分匹配的人的亲属,认为这样可能会找到完全匹配。有 8 个州使用了这种方法,但这种方法在许多州是被禁止的,因为它在过去曾导致无辜的人被定为案件的嫌疑人。不过,加利福尼亚州已经通过家族检测侦破了 7 起案件,其中包括杀害多名妇女的系列命案,凶手格里姆·斯利帕被捕。数十年来,这名连环女性杀手一直逍遥法外,直到刑侦人员将犯罪现场数据与凶手儿子的 DNA 进行比对后才被发现,因为凶手儿子的 DNA 已收录在罪犯数据库中(Rosenberg 2017)。

2018 年,萨克拉门托县警方逮捕了 72 岁的前警官约瑟夫·詹姆斯·德安吉洛,DNA 证据证明他就是恶贯满盈的"金州杀手"。德安吉洛涉嫌制造 20 世纪 70 年代中期至 20 世纪 80 年代中期 10 年间发生的多达 50 起强奸案和 12 起谋杀案。加利福尼亚州警方留有从犯罪现场提取的一份保存完好的 DNA 样本,并将 DNA 上传到系谱网站(GEDmatch)上,发现与他们正在追捕的未知嫌疑人的一个第三代堂表亲几乎匹配。因而,一位系谱专家利用各种资料构建了可以追溯到犯罪嫌疑人的天祖(曾祖的祖父母)的 25 个家谱。世界上一般有 800 个人的 DNA 是部分匹配的。警方在将搜索范围缩小到德安吉洛之后,从他的垃圾中找到了一件含有他 DNA 的物品,发现与凶手的基因图谱相匹配。警方通过在“金州杀手”案中采用的调查方法在 6 个月内确定了至少 15 名强奸案和杀人案的犯罪嫌疑人(Fuller and Hauser 2018)。

系谱网站的优势是收录有数百万人的个人资料。据预测,在几年内,90%的欧洲血统将通过 DNA 识别出来。据报道,在线系谱网站在 60%的情况下找到了第三代堂表亲。在线系谱网站是否应该允许警方利用其数据库调查犯罪?执法部门是否应该在未经个人同意的情况下鉴定他们的 DNA?

另一项创新是“快速 DNA 机器”,地方警察部门越来越多地使用这种机器,从因轻微犯罪而被捕的个人身上提取 DNA 样本,并将其与当地 DNA 数据库中的数据进行比对。在不久的将来,使用这项技术的当地警察将能够在联邦调查局全国数据库中搜索 DNA(Murphy 2019)。在荷兰,1.75 万人自愿接受 DNA 检测,一名涉嫌强奸并杀害 11 岁少女的案犯被捕(Ransom and Southall 2019a)。

幸运的是,我们的基因信息受到反对滥用的保护。针对雇主检测员工对镰状细胞性贫血等疾病的易感性以及在招聘决策中使用基因信息的做法,小布什总统于 2008 年签署了《基因信息非歧视法案》。该法案规定,保险公司不得通过基因测试拒绝为客户提供保险,雇主不得依据基因测试结果拒绝雇用员工或拒绝为员工加薪升职(Soma and Rynerson 2008:117-128)。此外,34 个州通过了保护基因信息的法律。这些法律进一步加强了对基因信息的保护(Mills 2008:43)。

指纹和生物识别

指纹分析是传统的身份鉴别方式。美国联邦调查局指纹数据库保存有超过 4000 万个指纹,包括已被定罪的犯罪人员的指纹和申请联邦工作的公民的指纹。越来越多的警察配备有移动设备,用于在交通拦截或调查拦截中提取司机的指纹并和指纹库中的指纹比对,以确定其是不是被通缉人员(O'Harrow 2005:185)。

2014 年,联邦调查局推出了“下一代身份识别系统”,将 1.8 万个地方、州和联邦警察机构联系起来,共享信息。该系统可以在几秒钟内处理完指纹分析

(Friedman 2017:264)。在加利福尼亚州,凡驾驶执照申请人都必须接受指纹采集。加利福尼亚州还使用指纹鉴别技术对福利享受者进行鉴别,以防有人冒用多个姓名登记。在许多州,如果你到一家你没有开户的银行兑现支票,就必须把你的拇指放到扫描器上进行识别。各种连锁超市为了兑现支票也需要扫描顾客的指纹。顾客把手指放置在扫描器上,系统就会报出该人是否有可靠的支付历史(O'Harrow 2005:174-175)。指纹识别软件可以迅速扫描指纹,完成身份确认(Staples 2000:110)。

美国和欧洲规定,入境人员须提供 10 个可被扫描设备读取的指纹(O'Harrow 2005:185)。

一旦你的指纹进了数据库,你就会一直面临被错误认定为涉嫌犯罪活动的风险,虽然这种可能性很渺茫。2004 年 5 月,俄勒冈州辩护律师布兰登・梅菲尔德被联邦调查局当作重要证人拘留,他的办公室和住宅遭到搜查。逮捕令指控梅菲尔德参与了 2004 年 3 月"马德里列车爆炸"案,因为他的指纹和罪犯留下的指纹一致。

梅菲尔德坚称这不是他的指纹,但联邦调查局却称他们从未在指纹鉴定上出过错。联邦调查局的多名鉴定人员也声称,他们百分之百地确定西班牙提供的指纹和梅菲尔德的指纹相符。西班牙官员虽不太确定,但也赞同联邦调查局的鉴定意见。梅菲尔德被拘留后不久又被释放,因为西班牙当局宣布,梅菲尔德的指纹与从那包雷管上提取的指纹不符,指纹是一名阿尔及利亚基地组织的行动人员留下的。随后,国际专家小组发现联邦调查局的鉴定报告存在几处错误。梅菲尔德状告美国政府的民事诉讼以赔偿 200 万美元而达成和解。后来,联邦调查局把错误归因于西班牙提供的指纹样本"质量不合格"(Wax 2008)。

指纹识别只是政府今后采用生物识别技术的冰山一角。同时,政府也正在完善以计算机为基础的面部识别、虹膜识别、皮肤以及声音识别工作。这些生物识别将连通个人的档案资料。便携式设备将方便警察在机场和大型公共活动中使用这些识别系统(O'Harrow 2005:186-188)。各个银行正在尝试在自动取款机上使用虹膜识别技术(Staples 2000:110)。2001 年,在美国佛罗里达州坦帕举行的橄榄球超级杯大赛首批使用面部识别技术。该识别系统识别出 19 人,他们的照片已在赛前输入系统。面部识别技术软件可以识别一个人脸上的 16000 个点,并在几秒钟内将它们与警察登记照片或其他照片中的成千上万个相似点进行比较，并与犯罪档案、DNA 和其他信息联系起来。面部识别系统在大约 80%的时间里是有效的，这意味着有相当大比例的无辜者可能被认作犯罪嫌疑人（O'Harrow 2005：178-181；Williams 2015）。

说到身体监视这个话题，我们还想谈谈测谎仪或多导生理记录仪的广泛使用。意大利犯罪学者切萨雷·龙勃罗梭（1836—1909 年）曾试图演示犯罪嫌疑人受审时的血压和其诚实度之间的关联。这一基本见解促使第一台测谎仪的诞生。1987 年，一家政府机构估计，每年政府和私营企业都会进行 200 万次测谎工作。测谎仪的理论依据是，“说谎”会使血压、呼吸率和出汗率上升（Staples 2000：103-104）。

我们须记住的重要一点是，测谎仪被认为在科学上不可靠，而且法庭不允许使用测谎仪。然而，刑事案件的犯罪嫌疑人可自愿接受测谎，以此说服警方自己不是犯罪嫌疑人。有时，为了使测试对象相信测试的科学性，检测人员会身穿白色大褂，戴上听诊器，并且在实验室喷洒酒精。中央情报局特工奥尔德里奇·埃姆斯，隐瞒其身份，却能屡屡混过测谎仪测试。他后来表示，测谎仪完全不起作用（Staples 2000：104）。

1988 年通过的《雇员测谎保护法案》禁止在雇用员工时使用测谎仪，并限制雇主对员工使用测谎仪。测谎仪可依法用于调查不端行为，并可用于证明对员工的解雇是合理的（Staples 2000：104）。

在美国，我们把自由和无限制地上网视为理所当然。其他国家的情况并非如此。

本章总结

隐私权被认为对促进创造力、个性发展、民主和个人安全感至关重要。但是，有一些人对隐私权的重要性提出疑问，并认为隐私权是有害的，因为它允许个人隐瞒可能对社会和他人构成威胁的信息。更重要的一点是，在当代这个透明的世界，一些人不再看重隐私。人们关于隐私的讨论说明了需要修改法律以应对技术和社会变化所带来的挑战。

隐私权包含着受法律保护的众多活动和广泛的领域。尽管如此，隐私权仍然存在不少法律漏洞。

圆形监狱是理解当代网络世界中个人隐私的核心隐喻。圆形监狱中的人们时时处处、一举一动都受监视,因此不得不修正自己的行为以免引起注意。我们在本章回顾了政府监控、私营企业的信息聚合以及生物识别。网络世界使人们受到身份盗窃和各种形式的网络犯罪的威胁。

马克·安德烈耶维奇注意到了“隐私的非对称损失”现象,企业和政府的信息收集工作变得越来越隐秘,越来越不可控,而我们的生活则变得越来越公开,越来越透明(Andrejevic 2009)。

本章的讨论表明,我们现今的隐私领域已从根本上大大缩小。更为严重的问题是,有人会问:“这又有什么关系呢?”我们的生活受到了负面影响吗?在网络革命来临之前把法律的时钟拨回到过去的时代是否为时已晚?

图书在版编目（CIP）数据

法律与社会 /（美）马修·利普曼著 ；刘路阳等译.
3 版. -- 北京 ：法律出版社，2024. -- ISBN 978-7
-5197-9598-6

Ⅰ. D902

中国国家版本馆 CIP 数据核字第 20248M0T84 号

法律与社会(第三版)
FALÜ YU SHEHUI (DI-SAN BAN)

[美]马修·利普曼 著
刘路阳　杨清平 等译

责任编辑 韩满春
装帧设计 李　瞻

出版发行 法律出版社
编辑统筹 学术·对外出版分社
责任校对 王晓萍
责任印制 胡晓雅　宋万春
经　　销 新华书店

开本 710 毫米×1000 毫米　1/16
印张 38.25　　**字数** 607 千
版本 2024 年 12 月第 3 版
印次 2024 年 12 月第 1 次印刷
印刷 北京新生代彩印制版有限公司

地址：北京市丰台区莲花池西里 7 号（100073）
网址：www.lawpress.com.cn
投稿邮箱：info@lawpress.com.cn
举报盗版邮箱：jbwq@lawpress.com.cn
销售电话：010-83938349
客服电话：010-83938350
咨询电话：010-63939796

书号：ISBN 978-7-5197-9598-6
定价：168.00 元